経済学のパラレルワールド

入門

異端派総合アプローチ

岡本哲史・小池洋一【編著】

新評論

Parallel Worlds of Economics: An Introduction to Heretical Synthesis
Edited by Okamoto Tetsushi and Koike Yoichi
Shinhyoron, Tokyo, 2019

はじめに

読者の皆さんは、本書のタイトルにある「パラレルワールド」「異《い》端《たん》派《は》総合」という聞き慣れない言葉に首をかしげたのではないでしょうか？　あなたがいまどこかの書店で本書を手に取り、「何だろう？」と思ってこの一文を読まれているのならば、研究者冥利《みょうり》に尽きるというものです。願わくばこのままレジにお進みいただき、電車の中でも自宅の書斎やトイレの中ででも、ダマされたと思ってお好きな章からパラパラと本書をめくって読んでみてください。経済学を学んだことのない人はもちろんのこと、学んだことのある人ですら、1つや2つの（ひょっとしたら数えきれないくらい多くの）、それこそ目から鱗《うろこ》が落ちるような発見に遭遇できるとわたしたちは確信しています。というのも、本書は世に出回っているあまたの経済学入門書とは異なり、通常はあまり光が当たらない、下手すれば一生知らないままでいるかもしれない経済学の「異端」学説ばかりを取り上げ、そのエッセンスを分かりやすく解説したヘンテコな入門書だからです。

　しかし、経済学にあまり馴染《なじ》みのない初学者の皆さんにおいては、経済学の「異端」学説と言われても、そもそも何が「異端」であり、何がその逆の「正統」なのか、ピンと来ない人がほとんどでしょう。また、通常は、最先端の宇宙理論やSFなどで見かける「パラレルワールド」という用語が、どうして「経済学」で使われているのか、戸惑いを感じる人もいるのではないでしょうか。

経済学における異端と正統

図表0を見てください。これは経済学が生誕して以降およそ250年間の経済学の流れ、すなわち、経済学史の見取り図です。図の中の矢印は、影響の授受や経済学の継承関係を表しています。これを見れば、経済学が18世紀スコットランドの偉大な経済学者、**アダム・スミス**[1]を祖として生まれ、その後、さまざまな学派に分裂していった様子が分かると思います。実際には、スミス以前にも何人かの有名な経済学者がいますし、スミス以後でも、この見取り図に含まれていない重要な経済学者が多数存在します。また、理論の継承関係もこの図ほど単純ではなく、もう少し複雑に絡み合っているのが真実に近いと思います。しかし、大胆な整理を行えば、だいたいはこの図のような流れになります。

さて、異端と正統に関するさきほどの疑問に単刀直入に答えるならば、図の右側の「**新古典派経済学**」という名称を付した太枠の中に含まれる経済学のことを、一般には、正統派、もしくは主流派（main stream）経済学と呼びます。図からも分かるように、これは、スミスを源流として、リカード[2]やJ・S・ミル[3]を経由し、「限界革命トリオ（限界トリオ）」と呼ばれる3名の経済学者を始点として継承されていく理論群のことです。

他方、異端というのは、正統の逆ですから、大胆な言い方をすれば、この太枠に含まれていないすべての経済学のことを**異端派経済学**と呼ぶことも可能です。ただし、経済学に限らず、何かを分類するときによく生じることですが、数学の世界のように、数直線を任意の実数値ですぱっと切断する感じで、物事をきっちりと整理・分割できることはめったにありません。分類の基準を正確に設定したとしても、どちらに属しているのかがはっきりとしないグレーゾーンが必ず存在するのです。図ではその点を考慮し、経済学の系譜の

1　アダム・スミス（Adam Smith　1723～90年）イギリスの古典派経済学者。経済学の創始者。主著『国富論』（1776年）。詳しくは序章を参照。

2　リカード（David Ricardo　1772～1823年）イギリスの古典派経済学者。主著『経済学および課税の原理』（1817年）。

3　J・S・ミル（John Stuart Mill　1806～73年）イギリスの古典派経済学者。主著『経済学原理』（1848年）。

図表0 経済学の系譜で見る異端と正統

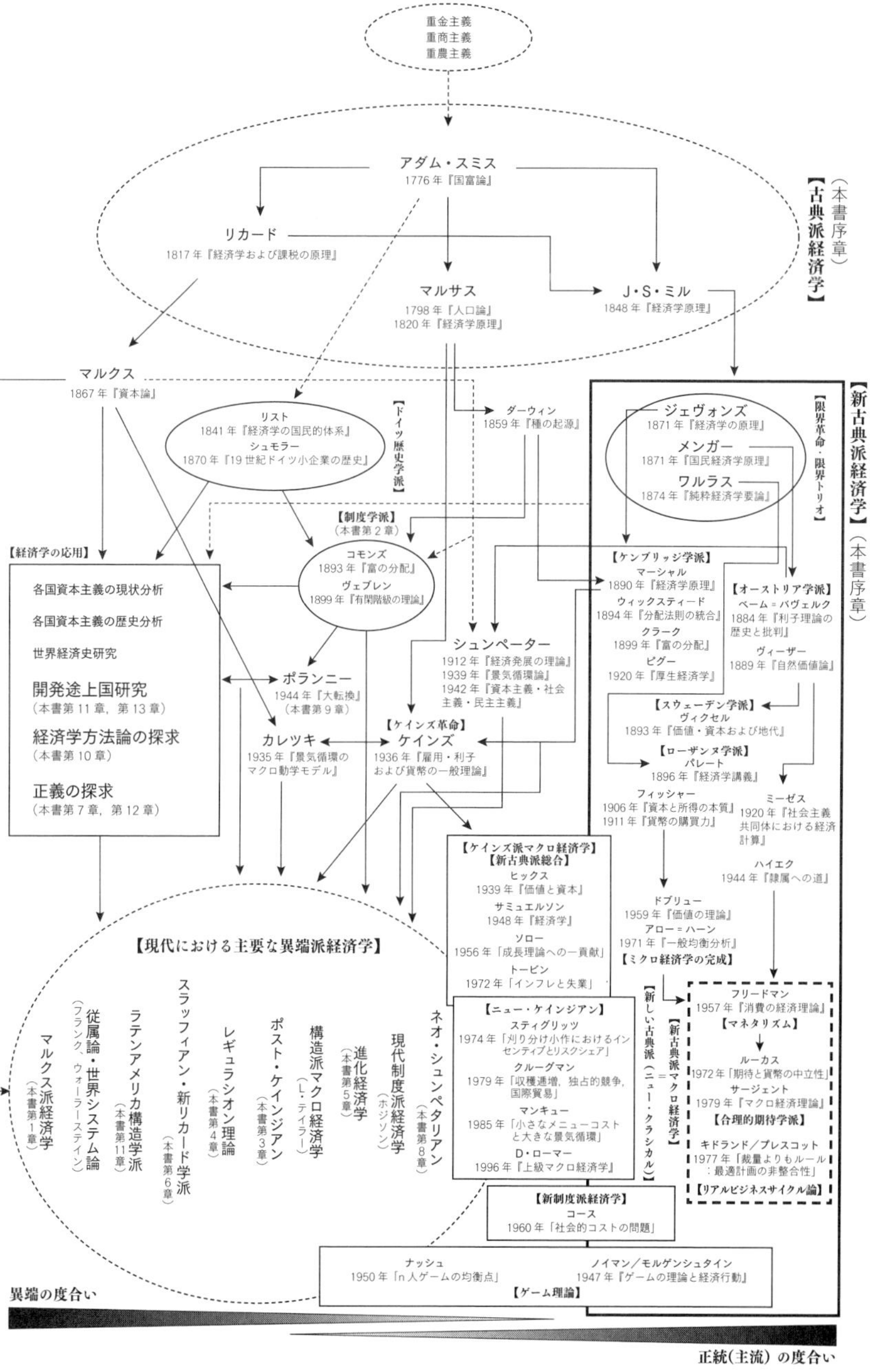

注）重なりの部分は分析手法や理論体系などに共通する点があることを，矢印は影響の授受と継承関係を意味している。
出所）さまざまな経済学史の文献を参考に作成（序章末尾「読書案内」参照）

一番下に、異端と正統（主流）の強弱を表すゲージを付しておきました。このゲージが示しているように、一般的に言って、図の左側に位置する経済学ほど異端の度合いが強く、右側にいくほどそれが弱まり、主流派の度合いが強まっていくという見立てです。その点に留意してあらためて図を見ると、正統とも異端ともとれる折衷《せっちゅう》的な経済学説が意外と多いことが分かります。また、図にはさまざまな異端派の簡単な位置づけと各章との対応関係も記入しています。各章を読み進む際の見取り図にしていただければと思います。

もちろん、このような分類が完全というわけではありません。例えば、新古典派にどこからどこまでの経済学者を含めるのかは、専門家の間でも昔から意見が分かれます。本書ではその範囲を広く解釈しています。その上でもう一度、**図表0**で太枠でくくられている新古典派に言及すると、図の最右翼に位置していることからも分かる通り、新古典派経済学は、世界中の専門家がほぼ一致して正統派もしくは主流派と考える経済学の一大派閥《はばつ》です。それゆえ、本書では、新古典派経済学＝正統派経済学＝主流派経済学であること、つまり、この3つの語句をほぼ同じものとして議論を進めていきます。

異端と正統をめぐる注意点

ただし、1つ注意してほしいことがあります。正統（主流）vs. 異端、という言葉を聞くと、えてして人は、正統（主流）が正しく、異端が間違ったものであるかのように考えがちです。しかし、それは誤解です。理論の正しさで正統（主流）と異端を区別しているのではなく、単に、それぞれの派閥に属する経済学者の数が多いか少ないかという観点に着目しているだけなのです。したがって、当然、時代や国によってこの関係が逆転するような場合もあります。

例えば、20世紀の冷戦時代には、社会主義陣営の旧ソ連や中国は当然として、資本主義の日本やアジア、アフリカやラテンアメリカなどでも、学界の主流を占めたのはマルクス経済学（第1章参照）でした。また、1930年代から60年代頃までの欧米で主流派だったのは、新古典派ではなく、ケインズ派（序章、第3章参照）でした。そう考えるならば、正統や異端と言っても相対的な概念で、どちらの経済学が正しいか間違っているかとは関係ないことが分かると思います。それゆえ、図表0は、永遠不変の固定的な分類ではなく、21世紀の今現在に限定した分類だと理解してください。

経済学における多様性の喪失

ところで、本書はなぜ、新古典派＝主流派経済学ではなく、異端派経済学にこだわり、読者の皆さんにその一端を伝えようとしているのでしょうか？　その理由は大きく分けて2つあります。1つは単純に、理論の優位性です。新古典派と異端派とを比較した場合、新古典派経済学には看過《かんか》できない深刻な問題があり、現代資本主義を分析する道具としては異端派の方に分《ぶ》があるのではないかと考えるからです（新古典派経済学については序章の、また、それぞれの異端派アプローチの優位性については第1章から第13章までの記述を参照してください）。

しかし、それだけではありません。もう1つ別の理由があります。それは、理論の中身というよりも、新古典派経済学が専門家集団の中で主流派化することによって生じてきた、教育現場における多様性の喪失です。

新古典派経済学が、大きな飛躍を見せ日本における主流派経済学の地位を確立したのは1990年代のことです。転機となったのは、ベルリンの壁崩壊（1989年）をきっかけとしたヨーロッパにおける社会主義体制の瓦解《がかい》と冷戦時代の終焉《しゅうえん》です。これ以後、世界では、資本主義の勝利だとする知的雰囲気が支配的となり、マルクス経済学はもとより、新古典派以外のさまざまな異端派経済学への関心が大きく低下していきます。世界のあちこちで新自由主義・市場《しじょう》原理主義の言説が怒濤《どとう》のように広まり、日本でも、貿易と金融の自由化、成果主義の導入、年功賃金・終身雇用の解体と非正規労働者の激増、緊縮財政による福祉国家の縮小などが進みました。

大学関係者以外にはあまり知られていないことですが、この時期、経済学教育の現場である大学でも大きな変化が生じます。国立大学の独立行政法人化や、教員評価制度の導入、トップダウン型の大学運営と教授会自治の見直しなど、国立、私立を問わずガバナンスの大改革が行われたのです。それと並行して、大学教育の質と実効性を高めるさまざまな教育改革が実施され、カリキュラム改正がどの大学でも頻繁《ひんぱん》に行われるようになりました。問題なのは、この過程で、経済学教育の標準化、体系化の必要性が叫ばれるようになり、経済学部のカリキュラムにおいて異端派経済学の科目が廃止され、新古典派系列の学問しか学べないような教育内容の変更が進行していったことです。

もちろん、授業評価アンケートを取り入れて講義の改善を図《はか》ったり、評価基準の客観化やシラバス（＝講義内容の紹介文）を改善し、学生の出席管理を強化するなどして大学教育の質を向上させる、という教育改革の方向は間違っていなかったと思います。大学教育の中身は、わたしたちが学生だった頃に比べて明らかに良くなっているからです（それはある意味、30年以上前の大学教育が滅茶苦茶だったということでもあるのですが……）。しかし、１９９０年代以降に進む経済学教育の標準化＝新古典派化に関しては、やはり、教育改革としては失敗だったと思います。

そう考える理由は2つです。1つは、経済学という学問の特性です。経済学が新古典派という単一の理論へと収斂《しゅうれん》していくのならば、このようなカリキュラム改革にも意味があります。しかし、わたしたちの見立てでは、序章で触れるように、社会科学としての経済学は、おそらく、今後も複数のパラダイム[4]に分裂したまま統一されることはないでしょう。単一理論へと収斂しないことが経済学の宿命なのです。だとすれば、経済学教育の標準化は、そもそもの発想自体が間違っていたことになります。

4 パラダイム（paradigm）知識や理論体系のベースにある世界観や考え方の枠組みのこと。

多様性の保全のために

2つ目の理由は、単一学派の経済学しか知らぬことの危険性です。

進化論を援用《えんよう》して考えればすぐ分かることですが、生物界はもちろんのこと、学問でも組織でも国家体制でも、その持続的な生命力は、そのグループの中にどれだけの多様性（＝異端の存在）を許容するかが重要な鍵になっています。多様性があれば、困難な状況が生じたときに、さまざまな種や人や学問が多様な試行錯誤を繰り返すことで、状況に最も適した解決法を発見し、絶滅を防ぐことができるのです。

昔ならばさまざまな異端派経済学を、主流派経済学と並行して学ぶことができ、何らかの課題解決を迫られたときには、どのような経済理論でどう考えるかを、多様な理論メニューの中から選び取り、自分の頭で考えることが可能でした。

しかし、最近の経済学の教育現場では、主流派経済学以外の学問を学ぶ機会が著《いちじる》しく減少しているため、学生の思考回路がどんどん画一化してきた印象を受けます。もしそのような画一的な経済学教育しか受けていない今の若者たちが将来、政治家になったり、官僚となって政策立案に関わったり、企業経営者として大勢の従業員を引っ張っていく立場になった時、果たして本当に国や会社の進路を誤らせないような正しい決断ができるでしょうか。わたしたちはそれを危惧《きぐ》しています。

本書はこのような憂《うれ》いの産物です。各章を執筆していただいた先生方は皆、日本や世界で第一線級の活躍をされている方々ばかりです。どの章も紙幅《しふく》の限られた中での概説ではありますが、異端派の神髄《しんずい》を明瞭かつ正確にまとめてくださっています。もうお分かりだと思いますが、パラレルワールドという言葉は、複数の理論体系が併存《へいぞん》している経済学の現状を象徴的に表す比喩《ひゆ》として用いています。この本をきっかけに1人でも多くの方が異端派経済学に関心を持ってくれれば、そのことが経済学の多様性の保全につながり、ひいてはわたしたちの暮らす社会の安定につながっていきます。本書の出版意義はまさにその点にあると言っても過言ではありません。

読者の皆さんは、1章以下のすべての章で、通常はあまり触れることのない異端派学説の核心に触れることができるでしょう。本書は、専門用語や人名などに解説を丁寧に付し、巻末には人名・事項索引と図表一覧を設け、各章の関連も「第○章参照」などの形で随時示しました。また、幅広い層の方々に読んでいただけるよう、編者・編集部でルビも広範囲に付しました。経済学を系統的に学んだことのない人にも親切な作りになっていますので、お好きな章から、お好きなペースでお読みください。そのうちじわじわと異端派経済学の魅力が伝わってくると信じております。さらにまた本書は、**大学における初級経済学の講義やゼミナール（少人数クラス）のテキストとしても使えるよう、１００分授業・半期14回のカリキュラムに最適な14章構成（序章〜13章）としました。**各大学における本書の活用を切に願うところです。ここを入り口としてまずは新古典派とは違う異端派のパラレルワールド[5]に触れていただき、その後は、各章末の読書案内などを通じてより高度な専

5 パラレルワールド（Parallel World）
1億分の1センチのような極小の世界で見られる不思議な性質を説明するために生み出された物理学の仮説。量子世界の物質、例えば電子のような物質は、その位置を確率でしか予測できず、位置を知ろうとして観察者が観測した途端、無数の可能性の中から1つの結果だけが現れる不思議な性質を持って

門書へと進んでください。

「異端派総合」という言葉

ところで、「異端派総合」という言葉は、新潟大学教授の故・佐野誠《さのまこと》さん（「特別収録」および「おわりに」参照）が、その著書『開発のレギュラシオン』（新評論、１９９８年）の中で初めて使った言葉です。異端派経済学同士が小さな差異をめぐって小競《こぜ》り合《あ》いするのはよくない……すべての異端派は発言権の確保を目指して大同団結《だいどうだんけつ》し、異端派理論そのものも異端派相互の研鑽《けんさん》によってグレードアップを図ろう、それこそが、新古典派経済学と新自由主義（序章の注9参照）が猛威《もうい》を振るう今日、異端派経済学に求められている使命である……。この言葉にはそんな思いが込められていました。佐野さんは、ユーモア精神溢《あふ》れる人だったので、異端派が目指すべきこのような方向性を、サミュエルソンの「新古典派総合」（序章41ページ参照）という言葉をもじって「異端派総合」と命名しました。わたしたちは、佐野さんの、先見の明あるこのアイデアに敬意を表し、本書のサブタイトルとして採用した次第です。

前置きが長くなりました。いまから異端派総合のパラレルワールドへと皆さんを招待します。わたしたちと一緒に旅に出ましょう。あなたに1つでも新しい発見があることを、わたしたちは心の底から願っています。

２０１９年３月13日

（岡本哲史・小池洋一）

いる。これを矛盾なく説明する仮説として、１９５７年にアメリカの物理学者ヒュー・エヴェレット3世（Hugh Everett III）によって唱えられた有力仮説がパラレルワールドである。多世界解釈とも呼ばれるエヴェレットのこの仮説によれば、宇宙は量子世界を観測するたびに枝分かれしており、われわれが存在するこの宇宙は無数にある宇宙の1つにすぎない。現在、この仮説は「超ひも理論」によって理論的に補強されつつあり、膜宇宙論やホログラム宇宙論などの最新仮説へと進化している。詳しくは以下を参照のこと。ミチオ・カク『パラレルワールド――11次元の宇宙から超空間へ』（斉藤隆央訳、ＮＨＫ出版、２００６年）、Ｂ・グリーン『エレガントな宇宙――超ひも理論がすべてを解明する』（林一・林大訳、草思社、２００１年）、佐藤勝彦『宇宙は無数にあるのか』（集英社新書、２０１３年）、村山斉『宇宙は本当にひとつなのか――最新宇宙論入門』（講談社ブルーバックス、２０１１年）、リサ・ランドール『ワープする宇宙――5次元時空の謎を解く』（向山信治監訳／塩原通緒訳、ＮＨＫ出版、２００７年）。

経済学のパラレルワールド　目次

特別収録

経済学のパラレルワールド

入門・異端派総合アプローチ

序章

新古典派経済学の系譜とその問題点

「はじめに」でも述べたように、本書は経済学の世界で異端派《いたんは》と呼ばれる学説を選《え》りすぐって解説した異端派経済学の入門書です。異端派と正統派の定義や、本書がなぜ新古典派＝主流派経済学ではなく異端派経済学にこだわるのかの理由についても「はじめに」で述べました。理由の1つは単純に、理論の優位性です。新古典派と異端派とを比較した場合、新古典派経済学には看過《かんか》できない深刻な問題があり、現代資本主義を分析する道具としては異端派の方に分《ぶ》があるのではないかと考えるからです。

とはいえ、そもそも、新古典派経済学がどのようなものかよく分からない読者には、新古典派批判をいきなり聞かされたところで、会ったこともない人物の悪口を延々聞かされるような嫌な気分を味わわされるだけでしょう。

それゆえ、この序章では、最初に、**図表0**（本書3ページ）が示す経済学の歴史を見て皆さんが抱くであろう素朴な疑問、どうして経済学は異端と正統に分かれていがみ合っているのかについてお答えした後、新古典派経済学とはそもそもどのような学問であるのかについて述べたいと思います。1章以下のさまざまな異端派学説が、新古典派とどう異なるかを理解する一助にしてください。新古典派批判については、最後のところで触れましょう。

経済学における派閥対立の理由

まず最初に、経済学がさまざまな派閥《はばつ》に分かれる理由です。

たとえば、物理学や数学に代表される自然科学を考えた場合、学問がさまざまな学派に分かれて対立しあうようなことはありません。物理学派Aと物理学派Bとで、異なった物理学の体系があるわけではなく、世界中どこの大学で物理学を学んでも、学ぶ内容は同じ物理の標準理論です。対立があるとすれば、まだ謎を解き切れていない未解明の現象をめぐって複数の理論が競合し合うことくらいで、経済学の場合とはかなり様相が異なります。

これはなぜでしょうか？ その答えは学問の対象にあります。

物理学の研究対象は自然現象であり物理法則です。物理を探求する場合、そこに、観察者である科学者の価値観やイデオロギーが入り込む余地はありません。自然そのものが観察者から独立した存在だからです。この点で、研究する主体（＝科学者）と、研究される対象である客体（＝自然）とは、完全に分離していると言えます。科学者がどのような価値観を持とうとも、どのような物理理論を構築しようとも、それが自然や物理法則に影響を及ぼすことはないのです。[1]

これに対し、経済学が対象とするのは経済現象です。経済現象、すなわち経済とは、そもそも何でしょうか？ 経済とは、人間が生きていくために必要な財（＝モノやサービス）を生産して賃金や利潤、利子等を稼ぐことに関わるあらゆる事象を意味します。労働、生産、市場《しじょう》、交換、貨幣、流通、分配、消費、税金、財政、金融、物価、企業、地代《ちだい》、配当……、その内容は多岐《たき》にわたります。しかし、経済に特有なことは、これらすべての事象に、さまざまな人間が関わっていることです。つまり、人間活動の関与なしに経済は存

1 厳密に言うと、物理学の場合でも、電子のような微細な物質を扱う量子力学の分野では、観察者の行動が観測結果に影響を与えることが知られている。量子の世界では、物質の位置と速度を同時に決定できない不思議な性質（不確定性原理）があるからである。

立しえないのです。その意味で、経済とは、さまざまな人間活動が複雑に絡み合った社会関係のことであると言ってもいいでしょう。経済とは人間が形成している社会の一側面なのです。

ここで重要なポイントは、物理法則と違い、社会は人間の働きかけによって作りかえることが可能だという点です。しかも、当然、経済学者もその社会の一員ですから、社会のあり方自体が自分の利害に影響を及ぼします。この意味で、研究する主体（＝経済学者）と研究される客体（＝社会）との関係が、分離不可能となって絡み合っているのです。より具体的に言うと、経済学者の理論は、研究対象たる社会に影響を与え、社会のあり方が社会の一員である経済学者自身にも跳《は》ね返ってくるという、物理学にはない大きな特徴が経済学にはあるのです。税制度に関する研究などはその最たる事例です。

さて、経済学者の理論や政策や発言は社会を動かし、その変化が自分自身の状態に影響を及ぼすとすると、経済学者の脳裏《のうり》に（意識的にか無意識的にか）去来《きょらい》するものは何でしょうか？　それは次の2つです。1つは、どのような社会を理想と考えるかという世界観や価値観、もう一つは、社会のあり方が自分の境遇に及ぼす影響です。経済学者も人の子ですから、この2つの問題を無視して経済学研究を行うわけにはいきません。どのような客観研究を目指したとしても、この問題は、なにかしらの方向へと研究を引っ張っていくのです。さらに言うと、この2つは別個の問題ではなく密接に関係し合っています。世界観・価値観と利害のあり方は、どちらも、経済学者の生い立ちや所属階級や個別の人生体験、つまり、経済学者の実存主義[2]的存在状況から派生したものだからです。その意味で、**経済学は生まれながらにして、経済学者の実存を背負った学問**なのであり、「わたしの理論は価値判断を交《ま》じえない客観的で中立的な経済学研究だ」といくら言い張ったところで、

2　実存主義　合理主義や実証主義に対抗して、人間存在を思索の中心におき、生きることの意味や絶望などについて考える哲学のこと。ここでは、経済学者それぞれが、さまざまな事情を抱え、さまざまな経験を重ねて思想形成している様子を表現する言葉として使われている。

それを額面通りに受け取ることはできないのです。

こう考えるならば、経済学が、統一科学とはならず、複数の学派に分裂している理由も明らかではないでしょうか。世界観や利害の有り様は人それぞれであり、経済学が引っ張られる方向もさまざまであること、このことが長年にわたって経済学が分裂し続け、今後も統一科学へと収斂《しゅうれん》することはない（と思われる）根源的な理由なのです。

数理モデルは価値中立的か？

よく誤解されることですが、経済モデルに数学を導入していれば客観的で価値中立的だという考えは間違いです。方程式の等号の付し方（＝解釈）や連立方程式の組立方法、あるいは数理展開の前提となっている諸々《もろもろ》の仮定自体の中に、研究者の世界観は容易に侵入するからです。また、価値判断を必要とする問題は規範《きはん》経済学[3]に任せ、自分たちは価値判断を必要としない分野での理論研究をやっているのだから科学的で客観的なのだ、とする議論も同様に誤りです。価値判断を含む問題は扱わないという方法的態度自体が、歴《れっき》とした特定の価値観の表明だからです。例えば、独裁者とその一部取り巻きだけが豊かな暮らしをする一方、大勢の国民は飢えて死ぬような社会があるとします。そんな社会で所得分配の問題は価値判断を含むから論じないという経済学者がいたとすると、その発言が、誰を忖度《そんたく》し誰を利しているかは、すぐに分かります。沈黙すること、語らないことが、特定の価値観と結びついている場合もあるわけです。

もっとも、わたしたちは、価値観を混入させた経済学がダメだと考えているわけではありません。むしろ逆です。経済学者は自らの世界観をもっとはっきりと表明した上で、堂々と自分の経済理論を闘わせればいいという立場です。その点、異端派経済学の方は、

3　**規範経済学**　狭い意味では、人々の幸福について研究する「厚生経済学」のことを意味している。より一般的には、「～である」という事実の解明や現実の模写を目指す経済学に対して、「～であるべきだ」とか「～はすべきではない」などの行動規範や正邪の判断を下すことに関わる経済学のことを意味する。

理想とする社会像を明示している場合が多いのですが、新古典派の方は、価値中立を信じがちな素朴《そぼく》な科学観が災《わざわ》いして、自らの価値観の経済学体系内への侵入に無自覚なのが特徴です。

ミクロ経済学としての新古典派経済学

次に、新古典派経済学とは何かについて述べます。

経済学を学んだことのある読者には、新古典派経済学とは、さしあたり、ミクロ経済学のことだと言った方が分かりやすいかもしれません。ミクロ経済学とは、1人1人の個人（＝消費者）や、個別企業というミクロの（＝小さな）経済主体（＝経済行動を行う主人公）に焦点をあてて経済分析を行う経済学のことです。その際、消費者は自分の効用（＝気持ちよさ）のことだけを考えて行動し、個々の企業は自社の利潤のことだけを考えて行動する合理的（＝利己的）な経済主体だという仮定が設けられます。合理的な個人や個別企業の行動から経済の仕組みを解き明かそうとするこのような手法は、「**方法論的個人主義**」と呼ばれます。

さて、経済学を学んだことのない読者の場合でも、右下がりの需要《じゆよう》曲線と右上がりの供給《きようきゆう》曲線がX字状に交わっている図を、高校時代の「政治・経済」の授業で見たことがあるのではないでしょうか（**図表0・1**）。需要と供給の不均衡《ふきんこう》（＝不一致）は価格変動によって調整され、X字状に交わる2曲線の交点で財の取引量と価格が決定されるというような議論です。

この図表0・1は簡単なグラフですが、新古典派経済学の発想法をよく表しています。

ミクロ経済学が繰り返し強調していることは、独占企業の存在しない完全競争下で消費者

図表0・1　価格変化による需給の一致

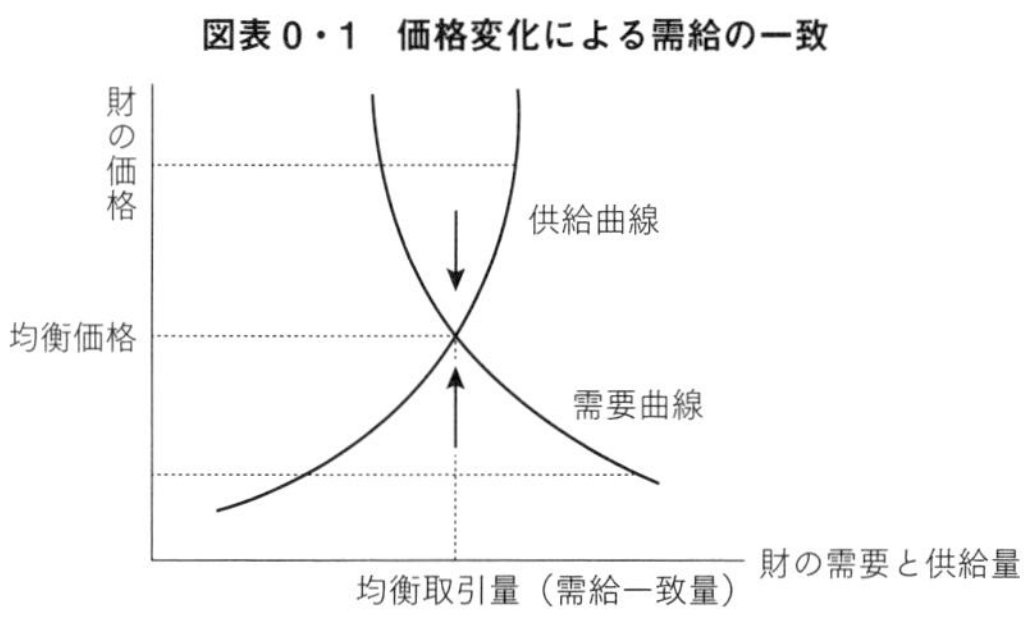

出所）筆者作成

や企業が効用や利潤を最大化するように行動すれば（＝最適化行動）、さまざまな資源（＝財や労働など）の需給を過不足なくマッチングさせる均衡価格が形成され、最も効率的な資源配分が実現するという結論です。つまり、価格が柔軟に変化しさえすれば、経済はつねに均衡状態に至るというアイデアが、新古典派の経済モデルのコアにあるのです。これを「**均衡論的な問題設定**」と言います。

　このようなアイデアが、一体いつ頃、誰によって唱えられ始めたのかというと、本章３ページの**図表０**が示すように、その源流は**アダム・スミス**（「はじめに」注１参照）に遡《さかのぼ》ります。しかし、価格メカニズムを通じた自己調整的市場《しじょう》というビジョンを、数学や限界概念（後述）を用いて本格的に研究し始めたのは、１８７０年代に活躍した「**限界（革命）トリオ**」と称されるジェヴォンズ[4]、メンガー[5]、ワルラス[6]という３人の経済学者です。図表０で新古典派が彼らから始まっているのはそのためです。

源流としてのアダム・スミス

　経済学が誕生した18世紀後半から19世紀前半頃までの経済学のことを、通常は、「**古典派経済学** Classical political economy」と呼びます。前節まで見てきた「新古典派 Neoclassical economics」という名称と似ていますが、こちらは「古典派」ですので、間違わないようにしましょう。

　「古典派経済学」という名称が付けられるようになったのは、この時代の著書の多くが、後の時代でも通用する内容を持った価値ある昔の文献、すなわち「古典」だからです。これに該当する経済学者は数多くいますが、その中でも経済学の創始者スミスは当然として、リカード（「はじめに」注２参照）、マルサス[7]、J・S・ミル（「はじめに」注３参照）などの、

4　ジェヴォンズ（William Stanley Jevons　１８３５〜82年）イギリスの経済学者。主著『経済学の原理』（１８７１年）。

5　メンガー（Carl Menger　１８４０〜１９２１年）オーストリアの経済学者。ウィーン大学教授。主著『国民経済学原理』（１８７１年）。

6　ワルラス（Léon Walras　１８３４〜１９１０年）フランス生まれ、スイス在住の経済学者。ローザンヌ大学教授。主著『純粋経済学要論』（１８７４年）。

7　マルサス（Thomas Robert Malthus

事実上のスミスの弟子筋《でしすじ》に当たるイギリス人が、この時代の最もレベルの高い古典派経済学者と考えられています。

経済学の出発点と言われるスミスの主著『国富論《こくふろん》』（1776年刊。『諸国民の富』と訳されることもあります）は、昔から多くの研究者によって日本語訳が行われており、今も書店で簡単に手に取ることができます。全訳版はどれもかなりの分量です。訳がダラダラと長いわけではなく、原著自体が長いのです。そのような大著ですから、当然ながら21世紀の経済学者がわずか10ページほどの狭いテーマの論文を専門誌に投稿して業績を競い合っているのとは違い、交換や分業、価値論、分配、資本蓄積、経済・財政政策など、経済に関わる幅広いテーマが詳細に論じられています。

読者の皆さんも容易に想像できるでしょうが、**図表0**でアダム・スミスから伸びている矢印が、19世紀に活躍した3人の経済学者を経由して、異端と正統それぞれの方向に分岐しているのは、スミスを継承した弟子たちが、『国富論』の幅広いテーマの中から特定のテーマに強い関心を持ち、それぞれのテーマを各人それぞれの価値観や世界観に基づいて独自の方向へと発展させていったことによるものです。

新古典派と経済自由主義思想

では、新古典派経済学は、スミスのどのような議論をどのように継承していったのでしょうか。新古典派が、『国富論』から継承していったものは、3つあると考えられます。

1つは、スミスが、その当時の重商《じゅうしょう》主義[8]的な経済政策に反対して展開した、自由競争や自由貿易こそが富の増大をもたらすという、経済自由主義の思想です。スミスは、『国富論』の第4編第2章や9章で、特定の産業分野を奨励《しょうれい》したり、規制するような政策は

1766〜1834年）イギリスの経済学者でありイギリス国教会の聖職者。東インド・カレッジ教授。主著『人口論』（1798年）など。

8　**重商主義**（mercantilism）特定の商人に営業独占権を与えたり、貿易に制限を加えることで、国富を増やそうとする政策思想のこと。

「**自然的自由の体系**」に反する不自然な政策であり社会の進歩を遅らせる、それゆえ、すべてを自由放任に任せ、私益に基づく経済活動を奨励することこそが、「**見えざる手**」の作用によって社会全体の利益を増進するので望ましい、主権者（＝国家）は、防衛や司法など限られた分野の仕事だけをすればよい……などと述べています。

このような主張は、全体の記述から切り離して読むと、今日の新自由主義[9]の主張と似ていますが、それは誤解です。スミス自身は、貧困は自己責任だと言い放って福祉政策を否定するような冷酷な人間ではありませんでした。労働者への高賃金を社会の幸福の観点から肯定し、低賃金を求める雇用者を批判したウォームハートの（＝心優しい）経済学者です。また、第5編の「財政論」では、政府による公共事業の必要性や教育制度の充実などが主張されていたり、能力に応じた徴税、いわゆる富裕層にかける累進《るいしん》課税《かぜい》が肯定され、国家財政を富ます（＝税収増加）方策の重要性が議論されていることが分かります。スミスを新自由主義や「小さな政府」論の元祖と位置づける人もいますが、スミスの議論は、福祉国家を否定して富裕層減税を唱える新自由主義者の「小さな政府」論とは似て非なる議論です。

しかし、いずれにせよ、J・S・ミルから限界学派へと流れ込み、そこから出発していく新古典派は、スミスの経済自由主義思想を、彼の生きた時代の制約（当時のヨーロッパの資本主義はまだ絶対王政や封建諸制度の中に埋没《まいぼつ》していたのです）や全体の文脈を無視して理解し、自由放任型の資本主義体制こそが最善の社会制度であるとする、一歩踏み込んだ形でのスミス理解を継承していくのです。

アダム・スミスの価値論と新古典派

9　新自由主義（neoliberalism）分かち合いを拒否して極端な規制緩和・自由化・富裕層減税を唱える政治イデオロギー。福祉国家の解体やすべての国民に競争を強いることを目指している。市場原理主義ともいう。本書48～50ページと第10章を参照。

新古典派がアダム・スミスから継承した2番目の要素は、さきほど述べた均衡論的な問題設定です。これは、スミスの価値論の1つを継承して発展させたものです。

価値論とは、商品価値の大きさが何によって決定されるかという議論であり、価値または交換価値とスミスが呼んでいるものは、現代の経済学の用語で言えば、商品と商品との交換比率、つまり（相対）価格のことです。例えば、米を基準として商品価値を表現すれば、大根1本＝米0・1キロ、上衣1着＝米2キロ、時計1個＝米30キロ等々の形で表現できます。ちなみに、米1キロ＝2千円、大根1本＝２００円、上衣1着＝4千円、時計1個＝6万円、という表現のことを通常は価格といいますが、これは価値評価の基準を米ではなく貨幣に置き換えただけの話ですので、相対価格というのは商品の価格と同じことです。価値論とは、このような商品の価格を決定する要因は何かを考える理論的探究のことです。この点に関し、『国富論』には2つの異なった考え方が混在していました。

1つは商品価格が市場における需要と供給の関係によって騰落《とうらく》するという考え方です。スミスは需要と供給とが一致する均衡価格のことを「**市場価格**《しじょう》」と呼び、現実の価格がもし均衡価格より低ければ、「需要＞供給」となるため、買い手は少々の値上がりも受け入れるようになり値段が上昇していきます。また、逆に、現実の価格が市場価格より高ければ、「需要＜供給」となるため、売り手の側が価格引き下げを受け入れ、どちらの場合にも、市場価格へ復帰することになります。新古典派に継承されていったのはこのような「需給均衡説」という考え方です。[10]

しかし、例えば、1個１００円のあんパンと1台１００万円の車との間にある1万倍もの価格差を説明する要因は何でしょうか？　需給からこの価格差を説明することも可能ですが、通常わたしたちが想起するのは、生産費の違いです。あんパンと車とでは、その製

10　ここの記述は、堂目卓生『アダム・スミス――『道徳感情論』と『国富論』の世界』（中公新書、２００８年）の１６７ページを参考にした。スミスには短期均衡価格の考えはなかった、という見解も存在する。

造工程にかかる費用が全く違うことが容易に想像されるからです。
スミスは、需給による市場価格を説明したすぐ近くの文章で（『国富論』第1編第7章）、商品の価格はその商品を作るのに費やした賃金・利潤・地代の自然率（＝一般的、平均的な大きさ）の総和によって決定されると述べ、これを「**自然価格**」と名付けています。さらに、競争がある限り市場価格は長期的にはこの自然価格に落ち着くはずだとも述べています。このような考え方を「**価値構成説**」といいますが、さまざまな生産費の積み上げから価値を考察しているので「**費用価値説**」とか「**生産費価値説**」とも呼ばれます。

大まかな経済学史の流れを言うと、J・S・ミルから限界トリオを経て新古典派へ流れ込んでいく学派は、『国富論』の中にあった価格による需給調節機能に着目してそれを継承発展させていった流れです（＝**需給均衡説**）。他方、費用価値説の方は、リカードやマルクスの労働価値説（本書第1章参照）によって継承・精緻《せいち》化され、現在では、価格から独立した数量体系（＝再生産構造）をフルコスト原理（後述）で解明するスラッフィアン（本書第6章）やポスト・ケインジアン（同第3章）などの異端派経済学に受け継がれています[11]。

この両者の対立は、「水の惑星」の比喩を使うと理解が深まるかもしれません。ある宇宙空間に地球と同じような岩石からなる惑星があり、地表面の全てが大量の水に覆《おお》われていると仮定しましょう。比喩的にいえば、惑星表面をさまざまな方向へと流れたゆたう海水の動きの解析に強い関心を持つのが新古典派の需給均衡説です。これに対し、海水面の動きではなく、海面下にある固い岩盤の全体構造こそが、この惑星を理解する重要なテーマだと考えるのが、スラッフィアンなどに流れ込む古典派経済学の費用価値説です。この場合、水の惑星が現代資本主義、海水面の動向は需給均衡、固い岩盤構造は再生産構造の

11 新古典派経済学の場合も、供給関数を導く際に費用面を考慮するので、費用価値説を異端派だけの特色とする議論には反論があるかもしれない。しかし、新古典派は、収穫逓減を前提として限界原理で費用（限界費用）を取り扱い、需要関数と供給関数の交点で価格が決まることが議論の中心であるため、供給サイドのみに注目してフルコスト原理で費用を考察して価値論を構築する異端派の手法とは異なる。本章では後者のような価値論を費用価値説と呼んでいる。第6章も参考のこと。

比喩です。

アダム・スミスの実物経済論と貯蓄＝投資論

さて、新古典派がスミスから継承した3つ目の議論は、需給説とも関係する**実物経済論**と**貯蓄＝投資論**です。

先述したように、スミスは『国富論』の中で、重商主義的な経済政策に強く反対しています。批判点はさまざまですが、その中の1つに、重商主義者が貿易黒字を通じた金属貨幣の受け取りこそが国富増大の手段と誤解し、金貨、銀貨の蓄蔵にやっきになっていることを批判したくだりがあります（第4編第1章）。スミスによれば、貨幣こそが富という重商主義の考え方は間違っており、本当の国富とは人々の暮らしを支えている便益品、つまり財であり、貨幣というのは単なる交換の媒介物《ばいかいぶつ》にすぎず、貨幣自体に特別な価値は存在しない。その証拠に、金銀が大量に流れ込んで貨幣価値が下落すると、財の価格は一斉に上昇して国富が増加したように見えるが、それは価値の評価基準である貨幣価値の下落を意味するにすぎず、国富の実質的な価値に変化はない……。スミスはこのように論じ、貨幣の背後にある実物経済の動きこそが経済の本当の姿だと捉《とら》えました。これが実物経済論と言われる考え方です。それゆえ、『国富論』のあちらこちらで、実物としての財の動きから経済の動向を探ろうとする議論が行われています。

『国富論』にある「貯蓄＝投資」という考え方も、この実物経済論の流れに位置づけられます。スミスの場合、人々が貨幣という形で価値貯蔵することを合理的なことと考えていませんでしたから、貨幣の役割としては、財の価値を評価する機能（価値尺度機能）と、交換を媒介する役割（流通手段）のみを想定していました。それゆえ、貯蓄と投資の問題も、現代のように、貨幣でのやり取りというよりも、物財のやり取りとして考察するのです。

21世紀からすると分かりにくい考え方なのですが、スミスの考えた資本というのは、今日のような一定額のお金というのではなく、機械類などの資本財（固定資本）と、原材料などの中間財（流動資本）、そして雇い入れた労働者を食わしていくための消費財（賃金財）の貯えのことでした（『国富論』第2編序論）。なかでも、毎年の経済循環の中で重要な役割を果たすのが労働者を雇い入れるための賃金財の貯えであり、これが後に**賃金基金説**[12]というJ・S・ミルの経済理論へつながっていきます。それはともかくとして、このような物財の集合からなる資本概念ですと、貯蓄とは資本家が得た収入（例えば小麦）の一部を消費せずに残しておくことを意味します。しかし、貨幣による価値貯蔵が行われない社会を想定すれば、物財をただ貯蓄しても無意味です。使われない物財は、やがて腐敗等の影響でその価値を減じるからです。それゆえ、貯蓄はそもそもの初めから投資を目的として行わざるを得ないのです。つまり、その物財を誰かに貸し付けて利子を取るか、労働者に賃金財としてそれを提供して追加雇用を行い、事業の拡大に使用する等の利用法です。こう考えると、貯蓄と投資は最初から一致（＝均衡）することになります。

セイ法則体系の出現

ところで、資本家が貯蓄して消費を抑制《よくせい》すれば、その分、経済全体で消費が落ち込み不況になるのではないかという疑問が浮かびます。しかし、スミスの実物経済論を援用《えんよう》すれば、投資によって追加的に雇われた生産的労働者が資本家の代わりに消費を行うので、消費の落ち込みは回避され、不況は起きません。スミスはそれゆえ、積極的な節制《せっせい》によって

12 賃金基金説　労働者に支払われる賃金は、資本家階級があらかじめ所有している雇用のための資財の量（ファンド）によって決定されるという説。労働者の数が増えれば、1人あたりの賃金は下がると考えられた。

貯蓄を増やし、投資（＝資本蓄積）を促進することで経済を発展させることを強く推奨したのでした。

スミスが述べたこの実物経済論的な**貯蓄＝投資論**は、後に、セイ[13]やリカード、J・S・ミルなどに引き継がれ、供給された財は必ずそれと等しいだけの需要を生みだす、という有名な仮説（＝**セイ法則**）として整理されていきます。要するに、生産者がどれだけ財を供給したとしても、財市場は常に均衡するという考えのことです。これを現代風に言えば、財市場での需要Y_dは消費Cと投資Iと政府支出Gの和（$Y_d = C + I + G$）であり、供給Y_s量は、消費Cと貯蓄Sと政府収入Tの和（$Y_s = C + S + T$）ですから、G＝Tという財政均衡が成立した上で、I＝Sが成立するならば財市場では必ず需給が均衡し（$Y_s = Y_d$）、財市場での売れ残りは発生しないという理屈です。

この考え方も、貨幣は交換の媒介物にすぎず、実物経済には影響しないという実物経済論の考えがベースにあります。つまり、貨幣による価値貯蔵がないからこそ、「生産物は生産物によって購入される」ということになるのです。生産物は販売されて誰かの所得になりますが、それがそのまま価値貯蔵されず消費されれば、需要額は生産物の販売額に等しくなるからです。セイ法則はそれゆえ「セイの販路説《はんろ》」とも呼ばれます。

ところで、セイ法則を経済モデルに採用すれば、つねに財市場は均衡するのですから、商品の一般的な過剰生産は存在しません。つまり、後世の表現で言えば、有効需要不足による恐慌現象はありえない、という議論になるわけです。セイ法則は後に**ケインズ**[14]によって厳しく批判されますが、財市場が最初から自動的に均衡するというこの考え方は、多数の市場が同時均衡する一般均衡論（後述）の考え方に馴染《なじ》みやすいため、新古典派の人々は21世紀の今日でも、経済理論のコア仮説として保持し続けています。

13 セイ（Jean-Baptiste Say 1767〜1832年）フランスの経済学者。主著『経済学概論』（1803年）。

14 ケインズ（John Maynard Keynes 1883〜1946年）イギリスの経済学者。ケンブリッジ大学を卒業後、インド省などの高級官僚として働き、後にイングランド銀行理事に就任。主著『雇用・利子および貨幣の一般理論』（1936年）など。

限界学派の考え方

さて、1870年代の限界トリオの話に戻りますと、「限界」という名称は、彼らが「限界効用」のような「限界」概念に着目したことに由来します。

例えば、ジェヴォンズらは、アダム・スミスらの時代には無視されていた消費から生じる主観的な満足感Uを、$U=U(x)$ のような効用関数として定式化し、**図表0・2**のような関係が消費量 x と効用Uの間にあると想定して議論を進めました。

限界効用というのは、x の増分 Δx とUの増分 ΔU との比 $\frac{\Delta U}{\Delta x}$ を考え、x の増分を限界ぎりぎりまで（=無限に）小さくしていったときの、この比の極限値のことです。x の増分をどんどん小さくしても、Uの増分もどんどん小さくなっていきますから、この比はある一定の値=極限値を取ります。この極限値のことを「**限界効用**」というのです。この極限値は、もちろん x の値それぞれにおいて固有の値を持ちます。

ちなみに、現代のミクロ経済学では必ずしも必須の仮定ではないのですが、ジェヴォンズらの理論では、消費の限界効用は消費量が大きくなるほど小さくなると仮定して議論が進められます。これを**限界効用逓減**《ていげん》の仮定と言います。よく使われる例で説明すると、ビールを飲んで腹が膨《ふく》らんでくると、追加的に1杯ビールを飲んだときの効用の大きさ（=うまいと感じる満足度）は、最初の頃に飲んだビール1杯のときよりも下がっているという話です。つまり、消費量の水準 x が増えれば増えるほど、その x に対応した限界効用が小さくなるということです。高校で微分を勉強したことがある人ならば、経済学における限界概念とは、何かの関数（この場合は、効用 $U=U(x)$）を独立変数（この場合は x）で微分して導出した微分係数（$U'=U'(x)$）のこと

図表0・2　効用関数の形

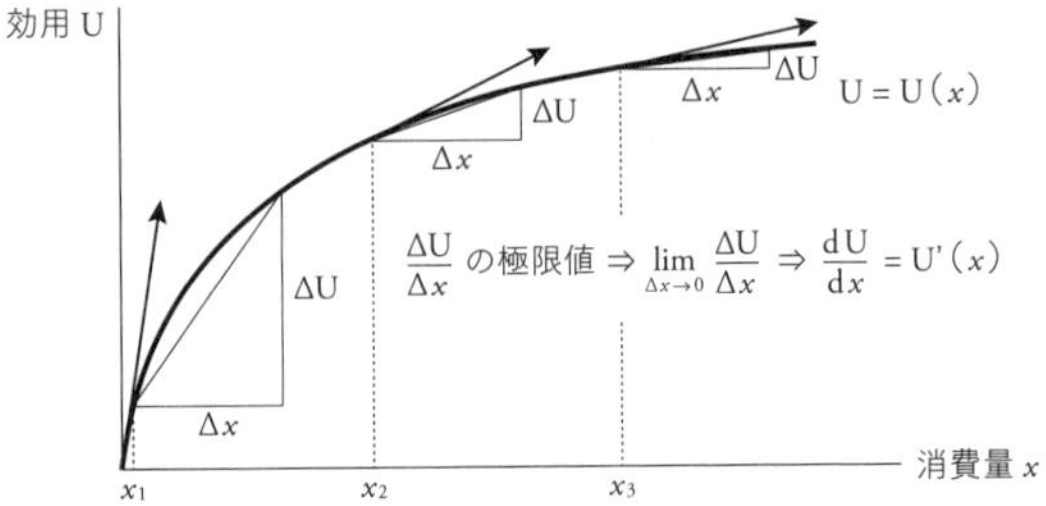

注）$\Delta U / \Delta x$ は図中三角形の左下側の角度を意味する。限界効用はこの比の極限値なので，それぞれの x の値に対応する矢印の傾き，つまり効用関数の接線の傾きに等しくなる。

出所）筆者作成

だと気付くでしょう。限界効用の逓減とは、この微分係数の値がxの増加につれて低下するという話です。

ジェヴォンズやメンガーはこのような限界概念を用いて交換比率の決定を論じ、主観的な限界効用の比が価格比と比例するような交換を行うことが総効用を最大化するという結論を提示して、スミス流の需給価値説を大きく刷新《さっしん》しました。限界学派の出現により、スミスにあった費用価値説（＝生産費の積み上げによる客観的な価値決定）の考え方は、これ以降、新古典派理論から排除されていくことになるのです。

限界トリオ以後の新古典派経済学

限界トリオの出現以後、新古典派経済学はさまざまな人々によって彫琢《ちょうたく》されていき、20世紀の初め頃には、ほぼ現在のようなミクロ経済学の体系が出揃います。ミクロ経済学の核となる部分を今日では「価格理論」と呼びますが、その内容は「消費者行動の理論」「企業行動の理論」「市場均衡」の3つから構成されるのが普通です。ジェヴォンズらの限界効用理論はミクロ経済学の「消費者行動の理論」へと発展していきました。

また、生産要素（労働Lと資本K）の使用量と産出量Yとの関係を関数と把握し、YがKとLの2変数によって決定される関係Y＝Y(K, L)を**生産関数**としてとらえ、この関数に限界原理（＝微分）を適用することで生産量や生産要素価格（＝賃金や資本設備への報酬）の決定を論じるウィックスティード[15]やヴィクセル[16]らの議論もこの頃に創案されます。労働と資本の組み合わせが自由である点や、KとLの投入量をt倍すればYの生産量もt倍になるような不自然な関数（一次同次関数）を仮定することは、今日でも「恣意的《しいてき》」（＝現実にはあり得ない）との批判がありますが、生産関数のアイデアはミクロ経済学の

15 **ウィックスティード**（Philip H. Wicksteed 1844～1927年）イギリスの経済学者兼聖職者。主著『分配法則の統合に関する論評』（1894年）。

16 **ヴィクセル**（J. G. K. Wicksell 1851～1926年）スウェーデンの経済学者。主著『価値・資本および地代』（1893年）。

「企業行動の理論」へと彫琢されていきます。

また、ミクロ経済学の完成にとって最も重要な役割を果たしたのは、ワルラス（本章注6参照）です。ワルラスはジェヴォンズらの効用理論をさらに一般化し、n個の財（労働などの生産要素も含む）とm人の経済主体が存在する完全競争市場で、人々が価格を参照しながら自らの効用や利潤を最大化するよう行動すれば、n個すべての財の需給が過不足なく調和する均衡価格が成立し、m人すべてが満足できるとする斬新な数学モデルを発表して多くの人を魅了しました。多数財の需給均衡を扱うこのようなワルラスのモデルのことを**一般均衡理論**と呼びます。

ワルラスの一般均衡理論では、生産者は消費者と交換を行いますが、生産者の側は消費者の需要の動向に反応して供給量を変化させているように見えるので一見、後にみるケインズの数量調整原理が盛り込まれているかのように誤解する人もいます。しかし、ワルラスのモデルにおける諸財の交換は、いわば競《せ》り人のもとで売り手と買い手が対峙《たいじ》して価格と取引量を決めるという発想ですので、生産者は実際に生産量を調整しているのではなく、競り人に向かって希望価格と供給量を叫んでいるだけなのです。今日の株式市場での売買方式（板寄《いたよ》せ）と似ています。競り人は売り手と買い手の希望をすべて聞いた上で、均衡価格を決定し、その下で一斉に交換が行われるというのが一般均衡理論のアイデアです。

一般均衡理論は、今日、ミクロ経済学の最も中核的な分析手法であり、ミクロの教科書では、後にマーシャル[17]によって開発された**部分均衡理論**[18]とセットで、「市場均衡」の箇所で解説されるのが普通です。

以上の流れを総括すれば、マーシャルが活躍した19世紀末から20世紀の初頭にかけてが、ミクロ経済学としての新古典派経済学が一応の完成を見た時期と言えるかもしれません。

17 **マーシャル**（Alfred Marshall 1842～1924年）イギリスの経済学者。ケンブリッジ大学教授。主著『経済学原理』（1890年）。

18 **部分均衡理論** 多数財の均衡ではな

ただし、一般均衡理論における均衡解の存在証明など、一部の残された数学的難問は、20世紀の半ば頃に、アロー[19]やドブリュー[20]らによって解決されることとなったため、ミクロ経済学の価格理論はこの頃に完成したという見方も可能です。

新古典派マクロ理論の誕生

さて、効用や効率的な資源配分をめぐるミクロ経済学的な価格理論と並行して、新古典派では、利子や貨幣や資本や景気循環など、価格以外のテーマも活発に研究され、経済全体の産出量の水準がどう決まるのかという、(今日の言葉で言えば)マクロ経済学的な理論も整い始めます。新古典派の場合は、ミクロとマクロの垣根が曖昧《あいまい》で、どこまでがミクロでどこからがマクロかという判断が難しいのですが、ケインズが1936年に出版した『雇用・利子および貨幣に関する一般理論』の中で、「古典派理論」とか「正統派経済学」と呼んで批判したマーシャルやピグー[21]などの経済学がそれに当たります。今日のマクロ経済学の教科書で、「**古典派の体系**」として紹介されているのがそれです。

ただし、そこでいう「古典派」という言葉は、本書の用語法に従うならば「新古典派」と書くべきですが、ケインズが「古典派」と呼んだため、今日のマクロ経済学の多くの教科書では、それに倣《なら》って、ケインズ以前の新古典派によるマクロ的な議論のことを「古典派体系」と呼び続けています。しかし、経済学史の観点からは、スミスやリカードの時代の古典派経済学と混同されないよう、ここでは「新古典派マクロ理論」と呼称します。

新古典派マクロ理論の変なところ

新古典派マクロ理論がどのような体系になっているかといえば、価格調整による需給均

く、特定の財のみを取り上げて均衡分析を行う手法。マーシャルによって開発された。

19 **アロー** (Kenneth J. Arrow 1921～2017年) アメリカの経済学者。スタンフォード大学教授。主著『一般均衡分析』(共著、1971年)。

20 **ドブリュー** (Gerard Debreu 1921～2004年) フランス生まれ、アメリカ在住の経済学者。カリフォルニア大学バークレー校教授。主著『価値の理論――経済均衡の公理的分析』(1959年)。

21 **ピグー** (Arthur Cecil Pigou 1877～1959年) イギリスの経済学者。ケンブリッジ大学教授。主著『厚生経済学』(1920年)。

衡、実物経済と貯蓄＝投資論、セイ法則体系、といったスミスに見られた特徴がかなりストレートな形で継承されていることが確認できます。

新古典派が扱うマクロの市場は、労働市場《しじょう》、資本市場[22]、財市場、貨幣市場[23]の四つですが、このうち、議論の重要なウェイトを占めているのは、労働市場と資本市場の分析です。なかでも、労働市場の分析が最も論争的であり、今日でも新古典派と異端派とを分ける大きな分水嶺《ぶんすいれい》になっています。

図表0・3は、労働市場と資本市場の均衡を図で示したものです。紙幅の都合上、細かな話は省きますが、労働需給と貯蓄と投資の合計4本の曲線は、企業の生産関数と消費者の効用関数を用いて導出されます。23ページの図表0・1で見たような財の需給曲線と同じ形をしていますが、言っていることも同じです。つまり、労働市場も資本市場も、価格（この場合は実質賃金と利子率）が迅速《じんそく》に変化することで、両市場とも速やかに均衡がもたらされるという話です。

こう説明されると、「ふーん、なるほどぉ、価格が動くことで市場が均衡するのだな。分かる分かる。簡単だ」と多くの人は違和感なくこの結論を受け入れそうになりますが、待ってください。実はここにこそ、新古典派の深い闇が隠れているのです。

この議論のどこに問題があるのかというと、労働市場が均衡するということは、次の職へと転職する準備のために一時的に離職している失業者は別として（これを「摩擦的失業」とか「自然失業」と言います）、実質賃金が変化することを通じて、働きたいと思う人はすべて職を見つけることができ、企業の側は欲するだけの労働者を雇用できているということです。つまり、労働市場に失業者が1人もいないのです。理論モデル自体が、「働きたいけど職を見つけられない」ような慢性失業（＝**非自発的失業**）の問題をハナか

22 **資本市場**　貯蓄と投資が出会う市場のこと。貯蓄は家計が供給し、投資需要は企業が生みだす。

23 **貨幣市場**　貨幣の需要と供給が出会う市場のこと。貨幣の供給は政府・中央銀行が行い、貨幣の需要は家計や企業が生みだす。

ら排除しているのです。このような経済モデルのことを、**完全雇用モデル**といいます。

それに加えてさらにおかしな点は、労働市場と資本市場で均衡雇用量L^*と均衡資本量K^*が先に決まると、産出量Y^*は、雇用量Lと資本Kの均衡値を生産関数Y＝Y(K, L)の右辺に代入することで自動的に決まってしまうというシナリオです。つまり、社会全体の財の供給量Yが、需要量とは一切関係ないところで先に決まってしまうのです。ここでは詳述できませんが、こんな変な議論になっている理由の1つは、理論の出発点において、一次同次という理論展開に都合の良い恣意的な形の生産関数Y＝Y(K, L)が持ち込まれ、そこから労働需要と資本需要の2本の曲線が導かれているためです。

また、生産関数を用いて生産量を確定すること自体にも、隠れた問題があります。生産関数に代入される資本設備の量Kとは、(1国に存在する)工場内のすべての資本設備を意味しますが、Kの値を生産関数に代入して生産量を確定するということは、Kの全体が生産Yに貢献すること、すなわち、資本設備のフル稼働が暗黙裡《あんもくり》に前提されていることになります。しかし、現実の経済では、資本設備がフル稼働していることはめったにありません。パン工場でも自動車工場でも、製造ライン(＝資本設備)には遊びの部分があり、企業はラインの稼働率を調節することで需要(＝景気)の変動に対応するのが普通だからです。

図表0・3　労働市場と資本市場の均衡

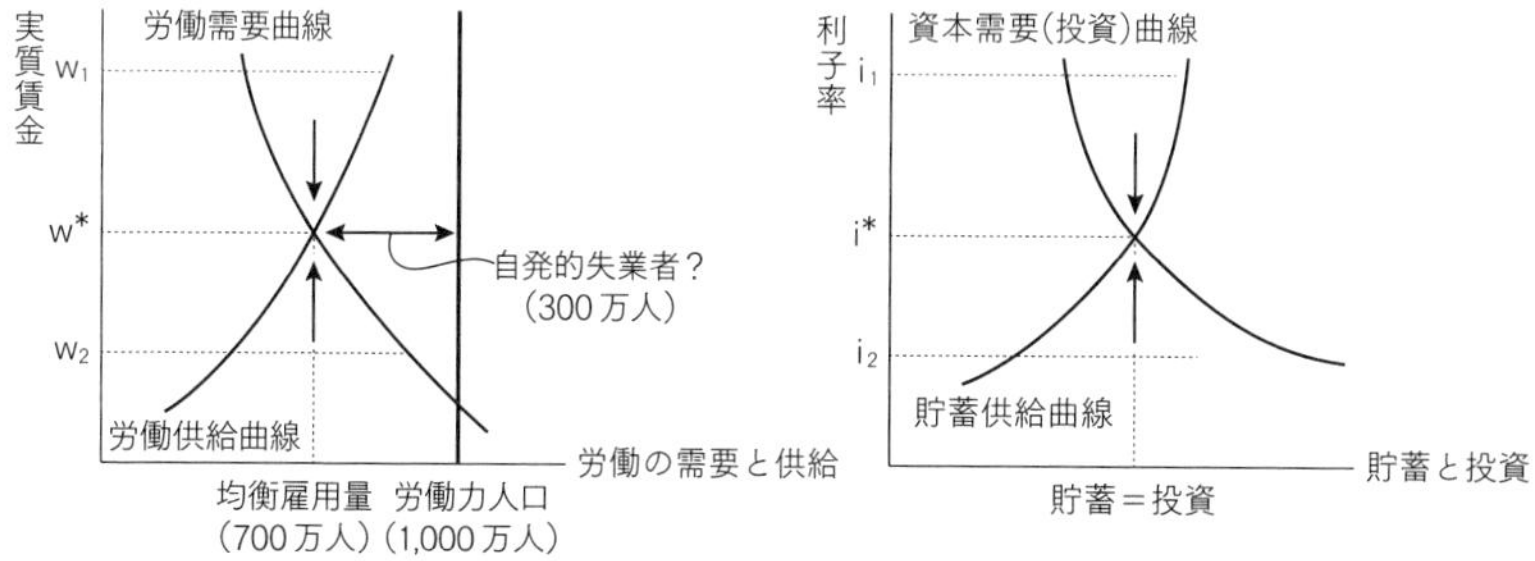

注）労働市場では右下がりの労働需要曲線と右上がりの労働供給曲線が，企業の生産関数と消費者の効用関数から導出される。新古典派の考え方によれば労働需給は賃金の変化に敏感に反応するため，賃金はw^*の水準へとすばやく移動し，この水準で結果的に700万人の均衡雇用が生まれることになる。新古典派の考えによれば，仮に労働力人口が1000万人いたとしても，その差の300万人は自ら進んで失業している人（自発的失業者）なので，社会的な救済の対象となる非自発的失業者ではない，という理屈になる。資本市場における2本の曲線も，生産関数と効用関数から導出されたものである。ただし，ここで価格の役割を果たすのは，資本を借り入れる際のコストである利子率である。利子率がすばやくi^*の水準に移動することで，資本市場では貯蓄＝投資が実現するというのである。
出所）筆者作成

セイ法則体系と貨幣ベール観

さて、3番目の財市場ですが、需要を一切考慮せずに生産したとすると、普通は、財の売れ残りが心配されます。しかし、新古典派のマクロ理論では、連立方程式の数学的な特性（＝**ワルラス法則**[24]）をうまく利用することで、財の供給量がなぜか財の需要量とピタリと一致して、財市場の均衡が成立するという結論が提示されます。これは、前に触れたセイ法則のマクロ理論への応用です。

最後の貨幣市場ですが、貨幣市場には受動的な役割しか与えられていません。貨幣は実物経済を覆うベールのようなもので、経済の実質的な動向に影響を与えないと考えられているからです。この考え方を、「古典派の二分法」とか「貨幣の中立性」とか「**貨幣ベール観**」などと表現します。

具体的な分析は、**貨幣数量説**（＝貨幣の流通量が物価水準を決定するという説）を数学的に表現した $M_d = kPY$ という方程式（ケンブリッジ方程式とか数量方程式と呼ばれます）を用います。この式の意味するところは、貨幣需要 M_d が名目国民所得 PY に比例するということです。kは比例定数です。簡単に言うと、原材料の現金買い付けや不意の出費への備えなど、一般的な経済取引のためにしか貨幣は需要されないという貨幣理論です。スミスの時代にもあった、貨幣は交換を媒介する手段にすぎないという発想と同じです。

さて、貨幣需要 M_d が政府・中央銀行によって供給される貨幣供給量 M_s と一致し、M_s の値が外生変数として一定ならば、国民所得Yはすでに労働市場と資本市場の均衡から決まっていますので、$M_s = M_d$ から価格水準Pが自動的に決まります。つまり、貨幣市場はただ単に、実物市場で決定された均衡値から価格水準を決めるという役割しか果たさないのです。

また、数量方程式から容易に分かることですが、仮に政府・中央銀行が金融政策を発動

24　ワルラス法則　一般的には、n個の財市場が存在するとき、もしnマイナス1個の市場が均衡しているならば、n番目の市場も自動的に均衡するという法則。ここでのより具体的な意味は、労働市場と資本市場が均衡しているならば、財市場も自動的に均衡するという話である。

して貨幣量M_sを増やしても、国民所得Yが貨幣市場以外のところで先決している以上、物価PがM_sに比例するだけで実物的な産出量Yには何らの影響を与えないことになります。この議論が、後述するマネタリズムの金融政策無効論へと発展していくのです。

新古典派の変な焼き鳥屋

以上のような新古典派マクロ理論のおかしさを、分かりやすくかみ砕いて説明するとこうなります。

ある国においしい焼き鳥屋があるとしましょう。この店で焼き鳥を何本焼くかの生産決定は、オーナー兼大将が決定します。この設定をさきほどの新古典派の話に重ねるとどうなるかといえば、焼き鳥を何本焼くかはお客さんの動向にまったく関係なく決まるというのが、新古典派の主張するところなのです。

では、オーナーはどうやって生産量を決めるのかというと、近隣店舗で見られる焼き鳥価格の相場と労働市場における賃金の動向を睨《にら》みながら決めるというのです。オーナーは、焼き鳥の生産量と従業員数との科学的な関係を生産関数として熟知しており、従業員数が多くなればなるほど追加した従業員1人あたりの焼き鳥生産量（＝限界生産物）が逓減していくことを知っています。オーナーは、これらの情報を巧《たく》みに活用し、限界生産物価値（＝限界生産物×焼き鳥の価格）が賃金とちょうど等しくなる、例えば時給千円の均衡賃金で15人（＝均衡雇用量）の従業員を雇い入れて生産を行えば、利潤が最大化することに着目するというのです。そこで、オーナーは15人を雇い入れ、全員で焼けるだけの焼き鳥を作るのですが、なぜか客がどこからともなく現れ、次から次へと焼き鳥を食べてくれて、焼き鳥の売れ残りは全く発生しません。また、労働市場全体でも全員が仕事を見つけることができ、すべての人がハッピーエンドで1日を終える……これが新古典派マクロ理論の世界なのです。

もちろん、極端な例え話ですので、突っ込みどころはいろいろあるとは思いますが、新古典派が言わんとしていることの本質をパロディー化すると確かにこういう話にならざるをえません。

ケインズと新古典派経済学

以上のようなへんてこりんな新古典派マクロ理論に異を唱えたのが、J・M・ケインズ（本章注14参照）です。

ケインズ以前の新古典派には、先述したように、長期失業（＝労働の超過供給）や、財市場の不均衡を扱う理論視角が最初からありませんでした。それゆえ、世界中の国々が慢性不況で苦しんだ1929年に始まる**世界大恐慌**の際には、自由放任政策を唱える以外になんらの具体的政策を提示できず、理論の信頼性が失墜《しっつい》したのです。

このような時期にケインズは、価格調整の万能視や、作った生産物がすべて売り尽くされるという新古典派の理論体系（セイ法則体系）を批判して、需要水準に応じて企業が生産量を調整するという新しい経済モデルを提唱します。これが有名な「**有効需要理論**」と呼ばれるものです。ケインズによれば、稼得《かとく》した貨幣所得の一定額を価値貯蔵する資本主義経済では、貯蓄と投資が一致することは稀《まれ》で、財市場にはそれがゆえに需給ギャップが生まれやすい。このギャップは、企業による生産調整（＝数量調整）によって均衡を取り戻すが、需要のレベルが不足すれば、たとえ財市場が均衡したとしても、労働市場では不完全雇用が発生するため、不足する需要を政府が肩代わりすることで不況からの脱出を図る積極財政が必要だ。また、貨幣市場の動向は利子率を通じて実物経済に影響を与えるので、不況脱出には利子率を低下させる適切な金融政策も発動すべきである……。ケインズはおおよそこのように主張し、現代では常識となっているマクロ的な財政金融政策の重要性を唱えたのでした。

ケインズ革命に対する新古典派経済学の対応

ケインズが提起した経済学の新しい理論体系は、新古典派経済学しか知らなかった当時の経済学者に「**ケインズ革命**」と称されるほどの知的衝撃を与え、新古典派陣営を大きく揺さぶります。

この時の新古典派の対応は3つに分かれました。1つは、ケインズ経済学の影響を受け入れ、ケインジアンへと転向した人々です。これは欧米の若手経済学者に多かったと言います。この中からケインズ経済学を異端派経済学として彫琢するポスト・ケインジアン（本書第3章）というグループも生まれていきます。

2番目の対応は、サミュエルソン[25]やヒックス[26]などがやったように、ケインズ理論に一般均衡理論を持ち込み、新古典派とケインズ派の折衷《せっちゅう》を目指した人々です。ケインズ体系を用いて、財市場と貨幣市場の同時均衡分析を考案したヒックスのＩＳ－ＬＭ分析[27]がその代表例ですが、このような人々は、「**新古典派総合 Neo-Classical Synthesis**」（サミュエルソン）と呼ばれました。

新古典派総合の戦略的な考え方は、ケインズ理論と、新古典派理論とを使い分けることです。つまり、有効需要が落ち込み、生産設備の不完全稼働や非自発的失業が生じているような局面では、ケインズ理論の説く数量調整が一般的で、国家による積極的な財政金融

25 サミュエルソン（Paul Anthony Samuelson　１９１５～２００９年）アメリカの経済学者。マサチューセッツ工科大学教授。主著『経済学』（１９４８年）。

26 ヒックス（John Richard Hicks　１９０４～89年）イギリスの経済学者。オックスフォード大学教授。主著『価値と資本』（１９３９年）。

27 ＩＳ－ＬＭ分析　ケインズ理論をヒックス流に解釈した均衡分析の方法。ヒックスによれば、財市場を均衡させる「利子率と産出量の組み合わせ」を表すＩＳ曲線と、貨幣市場を均衡させる「利子率と産出量の組み合わせ」を表すＬＭ曲線との交点で、両市場を同時均衡させる利子率と産出量が決定される。

政策が必要になる。しかし、景気が回復し完全雇用や生産設備のフル稼働が実現するようになると、価格調整が均衡回復の主要な手立てとなる新古典派的世界が出現する……という理解です。このタイプの経済学は特にアメリカで流行し、「新古典派総合」という名称にもかかわらず、アメリカ流のケインズ経済学と考えられました。

3番目の対応は、ケインズ経済学が主張する国家による経済管理という発想を、共産主義思想だとして排撃した人々です。アメリカには筋金入りの自由至上主義者（リバタリアン）がいますが、そういうイデオロギーを持つ新古典派経済学者には、ケインズ理論すら、共産主義思想（本書第1章参照）に見えたということです。このような立場には、オーストリア学派のミーゼス[28]やハイエク[29]がいました。

新古典派マクロ経済学の誕生

さて、1936年にケインズの『一般理論』が出版されてから1960年代に至るおよそ30年ほどの間は、欧米では、ケインズ経済学（新古典派総合を含む）が圧倒的な知的権威を有し、新古典派経済学は守勢に立っていました。しかし、1970年代になると状況が変わってきます。世界各国でケインズ的な財政金融政策がうまく働かなくなり、景気を刺激しても実質経済成長率は伸びず、ただインフレ率だけが昂進《こうしん》する現象が広く見られるようになったからです。インフレ（inflation, 物価の上昇）と不況（stagnation）とが同時に存在する**スタグフレーション**（stagflation）という現象です。

このような中で開始されたのが、新古典派経済学によるケインズ経済学への反撃であり、新古典派経済学自身の進化です。簡単に言うと、新古典派総合のように、景気局面の使い分けでケインズ理論と新古典派理論との折衷を図るのではなく、マクロ経済モデルの中に

28 **ミーゼス**（Ludwig Heinrich Edler von Mises 1881〜1973年）オーストリア＝ハンガリー帝国生まれの経済学者。ウィーン大学教授。1940年、アメリカに亡命。主著『社会主義共同体における経済計算』（1920年）。

29 **ハイエク**（Friedrich August von Hayek 1899〜1992年）オーストリア＝ハンガリー帝国生まれの経済学者。ロンドン大学（LSE）教授を務めた後、アメリカに移住、1950年シカゴ大学教授に。主著『隷属への道』（1944年）。

新古典派の諸仮定を積極的に潜り込ませ、ケインズ理論を新古典派マクロ経済学へと換骨《かんこつ》奪胎《だったい》する試みです。

その最初の推進力になったのが、ハイエクの弟子にあたるフリードマン[30]でした。フリードマンは、インフレ期待（＝予想）や短期と長期という概念を巧みに用いることで、ケインズ的な非自発的失業が存在する局面は一時的な（短期の）現象であり、労働者のインフレ期待が修正される長期においては、摩擦的失業（＝自発的失業）しか存在しない完全雇用が実現するという議論を展開しました。これを「**自然失業率仮説**」といいます。

フリードマンによれば、裁量的な金融政策によるマネーストック（＝経済に出回っているお金の総量）の変化は予期せぬインフレを生み出し、これが短期の景気変動の原因になるが（＝「貨幣的景気循環理論」）、長期的にはインフレ期待と現実のインフレ率とが一致し、すべての経済変量が価格変化に対応して均衡を達成するため（＝完全雇用の実現）、裁量的なマクロ政策（＝不景気の際の財政金融政策の発動）は無意味であることが強調されます。フリードマンは、現代版貨幣数量説を信奉する**マネタリズム**という学派を形成し、ケインズ理論への攻撃を強めたことで有名です。

なお、マネタリズムには新旧２つの流れがあって、フリードマンらの研究が「旧」、ルーカス[31]らの**合理的期待学派**と呼ばれる流れが「新」となります。どちらも景気循環の主因をマネーストックの変化に求める点では同じですが、後者の場合、経済予想（＝期待）が合理的であるならば、民間部門は将来の変化を織り込んで行動するため、短期においても裁量的な金融政策は無効であると主張されている点が特徴的です。

最も新しい新古典派の動きとしては、実物的景気循環モデルとか**リアル・ビジネス・サイクル（ＲＢＣ）理論**と呼ばれるプレスコット[32]らの議論が有名です。この派の議論は、ま

30 **フリードマン**（Milton Friedman　１９１２〜２００６年）アメリカの経済学者。シカゴ大学教授。主著『資本主義と自由』（１９６２年）。

晩年のフリードマン
（2004年9月17日）

31 **ルーカス**（Robert Emerson Lucas, Jr.　１９３７年〜）アメリカの経済学者。シカゴ大学教授。主要業績に「期待と貨幣の中立性」（１９７２年）がある。

32 **プレスコット**（Edward Christian Prescott　１９４０年〜）アメリカの経済学者。カーネギーメロン大学教授。主要業績に「裁量よりもルール」（共著、１９７７年）がある。

さに新古典派の極北《きょくほく》ともいうべきかなり攻めた内容になっており、マネタリズムのようにマネーストックに着目するのではなく、供給サイドにおける技術進歩こそが景気変動の主因であると考え、短期でも長期でもマクロ経済は常に均衡しているという、徹底した反ケインズ的、実物経済論的な議論が展開されています。

新古典派モデルのリアリティ欠如

以上、新古典派経済学の大まかな流れを見てきました。初学者の皆さんもなんとなく新古典派の輪郭《りんかく》が分かってきたのではないでしょうか。ここでは、あらためてその問題点について考えたいと思います。

理論面で一番大きいと思われる難点は、新古典派の経済モデルが、現実経済の模写となりえていない点です。つまり、理論と現実との間にかなりのズレがあり、経済モデルにリアリティがないことです。

たとえば、労働市場では常に労働需給が均衡し失業者が存在しないなどの完全雇用体系は、善人しかいない社会を想定して悪を論じるような方法論的な錯誤《さくご》を感じさせます。長い平成不況の時代に、非自発的失業者が1人もいない、そんなユートピアのような社会が存在していたと考える人は一体どれだけいるでしょうか？　どんなに優秀な大学生でも、2000年代には、正規労働者としての就職が決まらぬまま卒業することが多々ありました。学生が就職活動をサボったからではなく、新卒に対する企業からの求人自体が不足していたのです。また、当時は、企業の大リストラが猛威《もうい》を振るった時代ですので、川沿いや公園の片隅や駅舎の通路で野宿する人々の姿が頻繁に見られました。彼らは、ほんの数ヶ月の間、転職の準備をしているだけの摩擦《まさつ》的失業（＝自然失業）者だったのでしょうか？ リストラされ住宅ローンの支払いにつまずいて自殺した会社員の話が、屋台や居酒屋でよく話題にのぼったのを、筆者はつい昨日のことのように思い出します。

また、企業が需要（＝お客さんや景気の動向）のことを一切考えずに供給量を決定し、どのような生産量であっても財が１つも売れ残ることなく、販売し尽くされるなどの議論は、町工場の社長や横丁の居酒屋の大将が熟知している現実経済とは似ても似つかぬ絵空《えそら》事《ごと》でしょう。資本主義では、それこそ、少しでも多くの利潤を得ようと企業がしのぎを削っており、需要を無視して生産計画を立てるなど、旧ソ連の国営企業でしかやらぬことです。

このような批判をすると、新古典派の人々（ＲＢＣ理論は除く）は、「完全雇用やセイ法則体系は、短期の話ではなく、価格変化にすべての経済量が適応し終えた長期の話だ」と理論防衛に走りますが、長期とはどのくらいかと訊《たず》ねれば、「価格への対応を終えられるような時間だ」とトートロジー（＝同義反復）的な答えが返ってくるのが普通です。わたしたちは、これを仲間内《うち》で「新古典派の極楽浄土論」と呼んでいます。結局、すべての市場が均衡するような理想状態は、現実に存在するというよりも、いつか実現して欲しいと願っている新古典派の願望（＝極楽浄土）なのです。非現実的な仮定の上に非現実的な仮定を次々と積み重ねて数学的な推論を行えば、価格調整が万能に働きすべての人が満足することで極楽浄土（＝理想的な市場）が生まれるというわけです。仏教でも同じですが、問題は、そのような浄土が一体どこに存在し、そこへ本当にたどり着けるのかという素朴な疑問に対しては、「信じる」という超科学的行為しか用意されていないことです。

価格は柔軟には変化しない

極楽浄土はともかくとして、経済モデルにリアルさがない根本原因は、価格が変動することで需給が調節されるという均衡論的な問題設定にあります。新古典派が想定する、競り人の下で価格と取引量を決定するメカニズムというのは、現代では、生鮮食品（魚や野菜）の卸売りや中古品・美術品のオークション、株の売買など、限られたごく一部の領域にしか存在しないのです。

実際、今日の資本主義社会では、スーパーでもコンビニでも衣料品店でも、メーカー希望小売価格に準じた値付けが一般的であり、ディスカウントストアなどを除いて価格はめったに変更されません。商品価格は需要と供給の関係によって決まるのではなく、生産者たるメーカーが、原価に一定の利潤を上乗せして出荷前に事前決定しているのです。このような価格設定方式のことを**マークアップ原理**とか、**フルコスト原理**と言います。この原理を重視するのが異端派経済学の価格理論です。また、よっぽどのブラック企業でないかぎり、賃金にも下方硬直性《かほうこうちょくせい》があり（＝昇給はあっても降格による賃下げはない）、賃金が柔軟に伸び縮みすることはありません。

ちなみに、筆者は、１９８９年に南米アルゼンチンを訪れた際、ハイパーインフレ（＝猛烈な物価上昇）を体験したことがあります。この年のインフレ率は３０００％を超える深刻なもので、ブエノス・アイレスのホテルでは宿泊料金が朝と夕方とで違い、レストランでもブティックでも土産物屋でも、ひどい場合には数時間単位で価格が変わったことを覚えています。どこで何をするにも、売り手といちいち値段交渉して価格を決める煩《わずら》わしさがありました。新古典派は価格による迅速な需給調整を資源配分の優れた手段と考えていますが、価格が頻繁に改定される社会は実は悪夢のような社会なのです。商品価格が毎日大幅に変動するのも困りますし、いつ解雇されるか分からない雇用環境で、今日上がった賃金が明日大幅に下がるかもしれないような社会では、長期の人生設計を困難にします。また、利子率が頻繁に変動するような社会は、おちおち住宅ローンすら組めません。価格による需給均衡とか柔軟化、自由化という言葉の響きは綺麗ですが、**規制されない剝《む》き出しの価格調整社会というのは、本当は怖い不安社会なのです。**

新古典派の価値観

もちろん、どの経済学派にも、市場《しじょう》均衡という考え方ないし方法は多かれ少なかれ採用されています。数学を経済モデルに導入しようと思えば、経済変数同士を等号で結びつける作業が必ず必要になってくるからです。

しかし、均衡論を採用するにしても、その均衡が何によって実現したかという判断は、数学的な要請ではなく、経済学者が選び取るものです。新古典派の人々は、自由な市場《しじょう》、競争的な市場こそが最も効率的な資源配分をもたらすという、価格メカニズムの選択にこだわったのです。この思想的な背景にはおそらく、19世紀末から急速に台頭《たいとう》し始めた社会主義思想への対抗意識があったという側面もあるでしょう。その意味で、新古典派理論は、一見、数学を駆使した価値中立的な理論体系に見えますが、物理学のような自然科学とは違い、分析者の価値観や世界観やイデオロギーに支えられた人間くさい社会科学の仲間なのです。

例えば、新古典派の源流である古典派経済学のスミス、リカード、マルサスは、生み出される富が、三大階級たる地主、資本家、労働者の間にどう分配されるかを重要なテーマと位置づけ、分配が誰にとって有利・不利かを盛んに議論しました。しかし、１８７０年代の限界革命以後、新古典派はこのような問題への関心を大きく後退させ、交換を通じた資源の効率的な配分というテーマにのみフォーカスして、分配や格差や貧困問題についてほとんど言及しなくなっていきます。語らないこと、沈黙を守ることも立派な価値観の表明ですので、これが新古典派のどのような価値観を表すかは皆さんの想像にお任せします。ちなみに、古典派にあった分配をめぐる議論は異端派の方に引き継がれ、今日でもその重要な研究テーマになっています。

新古典派経済学と新自由主義イデオロギー

最後に理論面以外で、新古典派が持つ問題点を述べます。

一つは、新古典派と新自由主義イデオロギーとの結びつきについてです（経済学の「方法」と新自由主義との関わりについては、本書第10章参照）。新古典派経済学者の中にも、さまざまな社会問題と真摯《しんし》に向き合い、異端派から尊敬の念を抱かれているような経済学者は存在します。例えば、一般均衡理論を創始したワルラスは土地国有化を唱える社会主義者でしたし、限界生産力説を唱えたウィックスティードも社会主義の理想には寛容でした。怜悧《れいり》な頭脳だけでなく、恵まれない人々への優しい気持ち（ウォームハート）が経済学者に必要だと諭《さと》したのはマーシャルです。スウェーデン学派のヴィクセルも、反キリスト教的な言動で逮捕され、社会主義者を自称していました。

しかし、市場機能に信頼を置いた既述《きじゅつ》のような特徴を有する新古典派理論は、ある意味で、理論創始者たちの意図を超えて一人歩きしていったのです。市場への過度の信頼や、分配問題への不介入という理論的特性には、小さな政府の下で規制緩和とグローバル化を推し進め、福祉国家を解体して富裕層の減税を主張するような新自由主義（＝市場原理主

33 **ピノチェ**（August Pinochet １９１５〜２００６年）チリ生まれの軍人、独裁者。日本では「ピノチェト」という表記が流布しているが、現地のスペイン語では最後のｔを発音しないため、「ピノチェ」という表記が正しい。チリでは１９７０年に、民主的な選挙で選ばれた世界初の社会主義政権Ｓ・アジェンデ政権が誕生するが、その3年後の１９７３年9月11日、ピノチェは経済的混乱に乗じてクーデターを実行し政権を掌握、以後１９９０年3月までチリの独裁者として君臨した。ピノチェ時代には共産主義者だけでなく、ピノチェ独裁に反抗的なすべての政治勢力が徹底弾圧され、判明しているだけで

義）イデオロギーとの一定の親和性があったからです。

そのような新自由主義イデオロギーと新古典派経済学との不幸な結びつきを象徴するような出来事が、１９７０年代に生じました。フリードマンとその師であるハイエクが、１９７３年に南米チリのＡ・ピノチェ[33]将軍が実行した残虐な反共（反共産主義）クーデターを支持し、当該国での新自由主義的な経済政策の旗振り役を務めたことです。16年間におよぶチリの軍事独裁政下では、およそ3千人が軍の秘密警察によって殺害されるのですが、両名は人権問題を一切不問に付したうえでチリを訪れてピノチェと会見し、独裁政権下での徹底した福祉国家解体にエールを送ったのです。過去にも、新古典派の主流中の主流であるローザンヌ学派のパレート[34]が、イタリアのファシストに共鳴したような事例がありましたが、チリの事例は、それを上回るほどのインパクトを世界の経済学者に与えました。

これがどの程度、ハイエクやフリードマンの個性に由来し、どの程度が新古典派の理論体系と関わっているのかよく分かりませんが、社会主義vs.資本主義という20世紀的な時代状況の中で、新古典派に見られる次のような特徴が、企業経営者、富裕層、保守的政治家などに好意的に受け取られ、反共主義の知的砦《とりで》としての役割が新古典派理論に求められていくという不幸が生まれたのかもしれません。その特徴とはすなわち、①数学を用いる客観的な経済科学という外観を獲得していたこと、②労使対立や貧困や分配問題という政治的な研究テーマを避けてきたこと、③競争重視の市場観が、労働運動や労働組合を競争を妨げる独占組織として認識することにつながりやすかったこと、④供給サイド重視のセイ法則体系だったため、賃金を需要ではなくコストと捉える視点が強く、賃金は低ければ低いほどよいという経営者的な賃金観とシンクロしがちだったこと、⑤市場経済への信頼

３１９５名が殺害、２万８４５９名が拷問被害を受けた。ピノチェは民主化後も軍に睨みを利かし民主勢力を威嚇していたが、１９９８年、病気療養で訪れたイギリスで「人道に反する罪」で逮捕され、以後、裁判が国内外で断続的に続くうちにその影響力は急速に低下していった。チリについては、岡本哲史『衰退のレギュラシオン』（新評論、２０００年）や、内橋克人・佐野誠編『ラテン・アメリカは警告する――「構造改革」日本の未来』（新評論、２００５年）、後藤政子・山崎圭一編著『ラテンアメリカはどこへ行く』（ミネルヴァ書房、２０１７年）の編者（岡本）執筆部分を参照のこと。

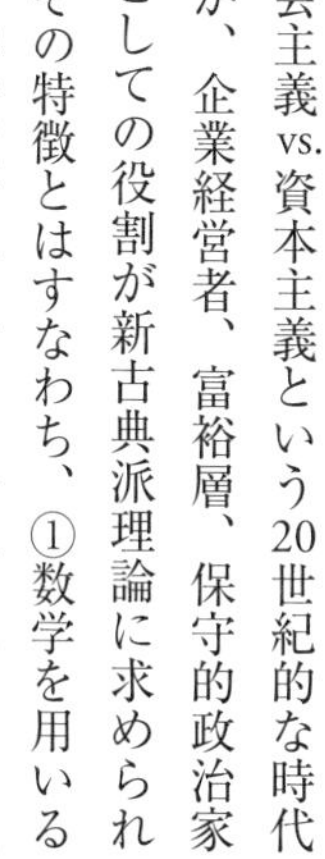
クーデター翌年のピノチェ（Ministerio de Relaciones Exteriores de Chile）

34 パレート（Vilfredo Frederico Damaso Pareto　１８４８〜１９２３年）イタリア生まれの経済学者。後、フランスに亡命。その後スイスに移住、ローザンヌ大学教授に就任。主著『経済学講義』（１８９６年）。

が資本主義的な営利活動の積極承認へとつながっていたこと、などです。

経済学における異端のすすめ

新古典派に関する記述は以上です。わたしたちの問題意識の一端をお分かりいただけたでしょうか。

ただし注意してください。わたしたちは新古典派に厳しい態度を見せましたが、新古典派経済学を学ぶ必要が無いとか、富裕層や資本主義体制の擁護論だから排撃すべきだ、などと考えているわけではありません。先ほど見たように、新古典派の中にも、真摯な学問態度を貫いた尊敬に値する研究者は多くいます。また、ここでは触れることができませんでしたが、その分析手法にも学ぶ点は多々あります。

わたしたちが本書の出版によって企図していることはシンプルです。本書を通じて、少しでも多くの人々に経済学の世界の多様性を知ってもらいたい。それだけです。どうか、いろいろな異端派の世界をのぞき込んで見てください。もしかしたら、新古典派とは違う側面を見せてくれるパラレルワールドに魅了され、あなたから未来の経済学の刷新が生じるかもしれません。

本書によって、経済学教育の画一性が少しでも和《やわ》らぐことを心より期待したいと思います。

【読書案内】

①吾郷《あごう》健二・佐野誠・柴田徳太郎編［２００８］『現代経済学――市場・制度・組織』岩波書店

②荒川章義［1999］『思想史のなかの近代経済学——その思想的・形式的基盤』中公新書
③伊藤誠編［1996］『経済学史』有斐閣
④伊東光晴［1993］『ケインズ』講談社学術文庫
⑤———［2006］『現代に生きるケインズ——モラル・サイエンスとしての経済理論』岩波新書
⑥稲葉振一郎［2016］『不平等との闘い——ルソーからピケティまで』文春新書
⑦岡本哲史［2000］『衰退のレギュラシオン——チリ経済の開発と衰退化1830-1914年』新評論
⑧植村博恭・磯谷明徳・海老塚明［2007］『新版　社会経済システムの制度分析——マルクスとケインズを超えて』名古屋大学出版
⑨宇仁《うに》宏幸・坂口明義・遠山弘徳・鍋島直樹［2010］『第2版　入門社会経済学——資本主義を理解する』ナカニシヤ出版
⑩喜多見洋・水田健編著［2012］『経済学史』ミネルヴァ書房
⑪クライン、ナオミ［2011］『ショック・ドクトリン——惨事便乗型資本主義の正体を暴く』上・下、幾島幸子・村上由見子訳、岩波書店
⑫後藤政子・山崎圭一編著［2017］『ラテンアメリカはどこへ行く』ミネルヴァ書房
⑬佐野誠［1998］『開発のレギュラシオン——負の奇跡・クリオージョ資本主義』新評論
⑭———［2012］『99%のための経済学【教養編】』新評論
⑮———［2013］『99%のための経済学【理論編】』新評論
⑯塩沢由典［1990］『市場の秩序学——反均衡から複雑系へ』筑摩書房
⑰塩沢由典・有賀裕二編著［2014］『経済学を再建する——進化経済学と古典派価値論』中央大学出版部
⑱シュムペーター［1980］『経済学史——学説ならびに方法の初段階』中山伊知郎・東畑精一訳、岩波文庫
⑲杉本栄一［1981］『近代経済学の解明』上・下、岩波文庫
⑳武隈《たけくま》慎一［1998］『マクロ経済学の基礎理論』新世社
㉑堂目《どうめ》卓生［2008］『アダム・スミス——『道徳感情論』と『国富論』の世界』中公新書

㉒根井雅弘［1996］『ケインズを学ぶ――経済学とは何か』講談社現代新書
㉓根岸隆［1985］『ワルラス経済学入門――「純粋経済学要論」を読む』岩波書店
㉔早坂忠編著［1989］『経済学史――経済学の生誕から現代まで』ミネルヴァ書房
㉕平井俊顕・野口旭編［1995］『経済学における正統と異端――クラシックからモダンへ』昭和堂
㉖平澤典男［1995］『マクロ経済学基礎理論講義』有斐閣
㉗松嶋敦茂［1996］『現代経済学史1870～1970――競合的パラダイムの展開』名古屋大学出版会
㉘馬渡《まわたり》尚憲［1997］『経済学史』有斐閣
㉙――［1990］『経済学のメソドロジー――スミスからフリードマンまで』日本評論社
㉚三土《みつち》修平［1993］『経済学史』新世社
㉛森嶋通夫［1994］『思想としての近代経済学』岩波新書
㉜柳沢哲哉［2017］『経済学史への招待』社会評論社
㉝吉川洋［1995］『ケインズ――時代と経済学』ちくま新書
㉞――［2000］『現代マクロ経済学』創文社
㉟――［2017］『マクロ経済学 第4版』岩波書店
㊱ロビンソン、ジョーン［1973］『異端の経済学』宇沢弘文訳、日本経済新聞社

経済学史についてはここに列挙した諸文献を参照してください。どれも有益ですが、⑲と㉚は特に優れています。なかでも杉本栄一著⑲の初版は終戦間もない1950年に刊行されていることを考えると、まさに驚嘆すべき良書です。㉚の著者三土修平さんは数学が完璧にできる上に異端派経済学にも通じているので、経済学史の本としては出色の出来栄えです。ワルラスの解説書としては、㉓が優れています。ケインズの考え方と新古典派理論の誤りについては、⑥や㊱の他に、吉川洋さん、塩沢由典さん（本書第6章担当）、伊東光晴さんの諸著作から多くを学べます。なかでも、塩沢さんの書かれた⑰の第3～4章は、古典派の費用価値説を現代社会の文脈で再評価したものであり、学ぶ点が多くあります。異端派経済学の教科書として必読文献なのは、⑧と⑨です。ラテンアメリカ研究者による新古典派批判については、佐野誠さんの⑬～⑮の他に、①⑦⑫を参照してくだ

さい。新自由主義が各国で引き起こした悲劇については、⑪が必読文献です。アダム・スミスの読み方については、柳沢哲哉さんの㉜が勉強になります。柳沢さんからは、新古典派の生産関数の起源などについて個人的なアドバイスを受けました。もちろん、本章に含みうる誤りはすべて筆者に帰するものです。

（岡本哲史）

第1章

21世紀におけるマルクス経済学の効用

序章で述べたように、経済学の世界には、新古典派経済学とは考え方や理論体系が異なるさまざまなパラレルワールドが存在します。なかでも**マルクス経済学**は最も古くから存在する異端派《いたんは》中の異端派、その意味ではまさに「異端の王道」ともいえる道を歩み続けた経済学のパラレルワールドの1つです。20世紀に誕生した異端派経済学のうち、マルクスから何らの影響も受けなかったという学派はほとんどないでしょう。それほど、マルクスの存在は大きかったのです。この章では、主としてマルクスを知らない若い世代の人々を念頭に置きながら、マルクスとは何者であり、マルクス経済学とはどのような学問なのか、という初歩の初歩から話を進めていきたいと思います。

マルクス経済学と『資本論』

マルクス経済学というのは、19世紀の経済学者**カール・マルクス**（１８１８～83年）が創始した経済学のことです。マルクスは、１８６７年、ちょうど日本で明治時代が始まった頃に『資本論』を出版し、資本主義経済に関する画期的な経済理論を世に問いました。『資本論』は、序章で触れたアダム・スミスの『国富論』のボリュームを上回り、ドイツ語版で全3巻、総計2千5百ページほどの大著です。もっとも、マルクス自身の手によって出版されたのは第1巻だけで、第2巻（1885年）と第3巻（1894年）は、マルクスの死後、彼の遺稿をマルクスの盟友**F・エンゲルス**[1]が整理編集して出版したものです。

マルクスが『資本論』全3巻を通じて懸命《けんめい》に取り組んだテーマは、わたしたちがいま暮らすこの社会、すなわち、歴史的には19世紀中葉のイギリスにおいてその原型が確立し、以後世界中に広まった**資本主義** capitalism（「資本制」という語が使われることもあります）と呼ばれる社会システムの原理や法則を明らかにすることでした。その意味ではまさに、「資本」こそがテーマなのです。書籍のタイトルが『資本論』となっているのはそのためです。日本語では大正時代の初翻訳以来ずっと『資本論』というふうに「論」という語句がくっついていますが、ドイツ語では Das Kapital、フランス語では Le Capital、英語では Capital、スペイン語では El capital と、直訳すればすべて『資本』というタイトルになります。マルクスはつまり、資本とは何かというテーマをこの本の中で徹底的に考え抜いたのです。『資本論』各巻の簡単な目次は、58〜59ページの**図表1・1**にまとめています。これにざっと目を通すだけで、『資本論』で扱われているテーマがいかに広くかつ体系立っていたかが分かるでしょう。

マルクス経済学というのは、この『資本論』にインスパイアされて進化していった経済学のことです。もっとも、マルクスの死後、さまざまな人々が、さまざまな方向にマルクスの考えを継承・発展させていったため、今日「マルクス経済学」と呼ばれる経済学の中身は、19世紀にマルクスが創始した「マルクスの経済学」とはかなり異なっています。また、マルクス以後のマルクス経済学も、かならずしも純粋な経済理論の分野だけで発展したのではなく、経済史や経済哲学や開発途上国研究などにも応用されていき、これら応用

1 エンゲルス（Friedrich Engels 1820〜95年）ドイツ生まれの実業家、革命家、経済学者、哲学者。裕福な家庭に生まれ、長じてイギリスの紡績会社の共同経営者となる。恵まれた地位にありながらも、終生マルクスと一緒に共産主義の理想を追い求め、マルクスに資金援助して彼の窮地を幾度となく救った。主著に『イギリスにおける労働者階級の状態』（1845年）などがある。

分野を含めた全体を、マルクス経済学と呼ぶこともあります。理論研究だけに限って言っても、すべての人が一枚岩のように同じ理論を奉じているわけではなく、その内容にはかなりの分散傾向が存在し、一部では、マルクス経済学自体が他の異端派経済学と融合しているようなケースも存在します。それゆえ、マルクス経済学の外延《がいえん》（＝範囲、輪郭《りんかく》）、つまり、どこからどこまでをマルクス経済学と呼ぶのかという点には、かなり曖昧《あいまい》な部分があるのです。しかし、ここでは、あまりこの点にはこだわらず、マルクス以後のマルクス経済学の範囲をできるだけ緩《ゆる》く、広く解釈して整理したいと思います。

19世紀資本主義とマルクス

マルクスが生きた19世紀中葉の西ヨーロッパでは、商品流通が部分的にしか存在しない農業中心の**封建的《ほうけん》な自給自足経済**から、ほとんどの財を商品として売買する資本主義経済へと経済制度が根本的に変わっていく時代でした。特にイギリスでは、18世紀後半の産業革命を契機に、綿工業部面を中心とした機械制大工業が普及《ふきゅう》し、国民の必要とするほとんどの財が利潤目当ての商品生産を通じて供給される社会へと変化しました。つまり、大工場で労働者を雇用して生産を行い、その商品を販売することで利潤を稼《かせ》ぐ、**産業資本的な資本主義**が、社会全体を覆《おお》い尽《つ》くすようになったのです。この結果、イギリスは圧倒的な工業生産力で世界市場を席巻《せっけん》し、空前の繁栄を謳歌《おうか》します。マルクスが観察していたのは、このような19世紀中葉のイギリス資本主義です。

もちろん、19世紀に資本主義が確立する過程で、中世・近世のような封建的な社会構造も変わっていきます。中世や近世社会では、人々が国王を頂点とした身分的なヒエラルキー（＝階層）の中に位置づけられ、国民の大多数を占めた農民が領主に対して人格的に

図表1・1 『資本論』全3巻の構成

第1巻

第1部 資本の生産過程

第1篇 商品と貨幣
- 第1章 商品
- 第2章 交換過程
- 第3章 貨幣または商品流通

第2篇 貨幣の資本への転化
- 第4章 貨幣の資本への転化

第3篇 絶対的剰余価値の生産
- 第5章 労働過程と価値増殖過程
- 第6章 不変資本と可変資本
- 第7章 剰余価値率
- 第8章 労働日
- 第9章 剰余価値率と剰余価値量

第4篇 相対的剰余価値の生産
- 第10章 相対的剰余価値の概念
- 第11章 協業
- 第12章 分業とマニュファクチュア
- 第13章 機械と大工業

第5篇 絶対的および相対的剰余価値の生産
- 第14章 絶対的および相対的剰余価値
- 第15章 労働力の価格と剰余価値との量的変動
- 第16章 剰余価値率を表わす種々の定式

第6篇 労賃
- 第17章 労働力の価値または価格の労賃への転化
- 第18章 時間賃金
- 第19章 出来高賃金
- 第20章 労賃の国民的相違

第7篇 資本の蓄積過程
- 第21章 単純再生産
- 第22章 剰余価値の資本への転化
- 第23章 資本主義的蓄積の一般的法則
- 第24章 いわゆる本源的蓄積
- 第25章 近代植民理論

第2巻

第2部 資本の流通過程

第1篇 資本の諸変態とその循環
- 第1章 貨幣資本の循環
- 第2章 生産資本の循環
- 第3章 商品資本の循環
- 第4章 循環過程の三つの図式
- 第5章 流通期間
- 第6章 流通費

第2篇 資本の回転
- 第7章 回転期間と回転数
- 第8章 固定資本と流動資本
- 第9章 前貸資本の総回転。回転の循環
- 第10章 固定資本と流動資本とにかんする諸学説。重農学派とアダム・スミス
- 第11章 固定資本と流動資本とにかんする諸学説。リカード
- 第12章 労働期間
- 第13章 生産期間
- 第14章 流通期間
- 第15章 回転期間が資本前貸の大きさにおよぼす影響
- 第16章 可変資本の回転
- 第17章 剰余価値の流通

第3篇 社会的総資本の再生産と流通
- 第18章 緒論
- 第19章 対象についての従来の諸論述
- 第20章 単純再生産
- 第21章 蓄積と拡大再生産

第3巻

第3部 資本主義的生産の総過程

第1篇 剰余価値の利潤への転化と剰余価値率の利潤率への転化
- 第1章 費用価格と利潤
- 第2章 利潤率
- 第3章 利潤率と剰余価値率との関係
- 第4章 回転が利潤率に及ぼす影響
- 第5章 不変資本充用上の節約
- 第6章 価格変動の影響
- 第7章 補遺

第2篇 利潤の平均利潤への転化
- 第8章 生産部門の相違による資本構成の相違とそれにもとづく利潤率の相違
- 第9章 一般的利潤率（平均利潤率）の形成と商品価値の生産価格への転化
- 第10章 競争による一般的利潤率の平均化。市場価格と市場価値。超過利潤
- 第11章 労賃の一般的変動が生産価格に及ぼす影響
- 第12章 補遺

第3篇 利潤率の傾向的低下の法則
- 第13章 この法則そのもの
- 第14章 反対に作用する諸原因
- 第15章 この法則の内的諸矛盾の展開

第4篇 商品資本及び貨幣資本の商品取引資本および貨幣取引資本への転化（商人資本）
- 第16章 商品取引資本
- 第17章 商業利潤
- 第18章 商人資本の回転。価格
- 第19章 貨幣取引資本
- 第20章 商人資本に関する歴史的事実

第5篇 利子と企業者利得とへの利潤の分裂。利子生み資本
- 第21章 利子生み資本
- 第22章 利潤の分割。利子率。利子率の「自然的な」率

出所）マルクス『資本論』（マルクス＝エンゲルス全集刊行委員会訳、大月書店、全5分冊、１９６８年）の目次より作成隷従《れいじゅう》し、年貢《ねんぐ》やら労働賦役《ふえき》を提供する義務を負っていました。しかし、産業資本主義の確立と相前後してフランス革命（１７８９年）をはじめ数次の市民革命が勃発《ぼっぱつ》したヨーロッパでは、多少の濃淡はありますが、中世・近世のような固定的な階層身分は消滅し、人々は古い隷従から解放され自由身分となっていきます。明治維新（１８６７年）の際の日本で、廃藩置県《はいはんちけん》や秩禄処分《ちつろくしょぶん》[2]が行われ、江戸時代の身分制度が廃止されたのと同じです。しかし、身分に基づく階層差別が消滅した代わりに、今度は、資本主義化の過程で富裕化した資本家階級（ブルジョワジー[3]）と、没落して無産《むさん》（＝生産手段などの資産を持たない）貧民化した労働者階級（プロレタリアート[4]）という新しい階層（階級）秩序が出現してきます。

19世紀資本主義は、この無産貧民にとても冷淡でした。早朝から深夜に及ぶ長時間労働などは普通でしたし、児童労働は炭鉱や紡績工場などの過酷な作業現場で当たり前のように見られました。賃金は安く値切られ、工場で機械に巻き込まれて怪我《けが》をしたり死亡するような労働災害も頻発《ひんぱつ》しました。工場主は労働者の生命よりも機械が壊れていないかどうかの方を気にかけるような、21世紀の今日からするとにわかには信じられないような過酷な労働条件が一般的だったのです。

19世紀に「世界の工場」と言われたイギリスの様子をイメージするためには、ユービーアイソフト社の『アサシン クリード シンジケート』（２０１５年発売）というＰＳ４のゲームが最適です。19世紀後半のロンドンがＣＧで忠実に再現されており、マルクス自身もゲームの登場人物として現れます。空前の繁栄で資本家階級は多額の富を手中にして贅《ぜい》沢《たく》な暮らしを謳歌しますが、その足下では、都市化と工業化によって汚染された川が悪臭を放ち、工場の煙突からはもくもくと黒煙が吐き出され、石畳の街のあちらこちらを山高

2 秩禄処分 明治維新の際、江戸時代の侍階級が得ていた秩禄（＝給与）を廃止し、代わりに政府の公債を1回限りで交付した政策のこと。

3 ブルジョワジー（Bourgeoisie フランス語）もともとはフランス革命などの市民革命の際に活躍した商工業者などの中産階級を指す言葉。現在では、豊かな企業経営者や資本家、お金持ちなどを漠然と意味する。

4 プロレタリアート（Proletariat ドイツ語）貧しい賃金労働者のこと。ブルジョアジーの対義語。

帽をかぶった紳士が闊歩《かっぽ》する傍《かたわ》らで、子どものホームレスが物乞《ものご》いをし、貧民街では工場労働者や失業者が酔っ払ってバカ騒ぎし喧嘩する、そんな様子がそこかしこで見られたのです。つまり、今日と一番違う点は、貧困が誰の目にも観察できた、つまり可視化《かしか》の状態にあったという点です。

若い頃から弱者に寄り添い権力や金力を嫌ったマルクスは、貧困が誰の目にもはっきりと剝《む》き出しの状態で見えていた時代の資本主義社会に憤《いきどお》ります。しかし、その憤りを、上流階級との交流によって喪失したり、逆に憎悪を募《つの》らせテロリストになることもありませんでした。階級対立を生み出す資本主義を原理的に考察し、沈着冷静に分析することで、画期的な理論のいくつかを発見したのです。まさに、ウォームハートとクールヘッド[5]（「温かい心と冷静な頭脳」）の見本のような人物がマルクスだったといえます。

マルクスへの誤解

さて、マルクス経済学とは何か、その解説を行う前に、ぜひとも触れておきたいことがあります。それは、マルクスやマルクス経済学に対する、世上数多《せじょうあまた》ある誤解、なかでも、マルクスの共産主義思想に関する誤解です。

まず第1に、巷《ちまた》では、『資本論』を共産主義のプロパガンダ書籍ではないかと考える人が少なからずいるようですが、このような認識は正しいのでしょうか？　答えはノーです。『資本論』を読めばこの誤解はすぐに払拭《ふっしょく》できます。マルクスが『資本論』の中で共産主義に触れている箇所は2千5百ページ中のほんの数ページ分しかありません。これは全体に占める比率で言うと、ほぼ皆無《かいむ》と言ってもよいほどの分量です。つまり、『資本論』は、自らの政治思想や未来社会の構想について語ることを抑制した上で、ひたすら資本主義社

5　ウォームハートとクールヘッド　イギリスの経済学者マーシャル（序章注17を参照）が講演会で述べた有名な言葉。経済学者には弱者に対する共感（ウォームハート＝暖かい心）と、冷静に物事を分析する怜悧な知性（クールヘッド＝冷静な頭脳）の両方が必要だという意味。

会とはどのような社会なのかを怜悧《れいり》に論じ続ける書物なのです。

また第2に、年配の人を中心に、いまでもマルクスという名前を聞くと、北朝鮮や旧ソビエト連邦（ソ連、現在のロシア連邦の前身）などのグロテスクな共産主義体制を連想し、「マルクスはこれら体制の生みの親、けしからん」などと嫌悪感を示す人がいます。マルクスを現存、既存の共産主義体制と結びつけてしまうこのような理解は正しいのでしょうか？　これも答えはノーです。

もちろん、マルクス自身が共産主義者であったことは事実です。マルクスは、１８４８年、大規模な民衆蜂起の波がいままさに起きようとしていたヨーロッパで、労働団体の求めに応じて『共産主義者宣言』を書き上げました。フランス二月革命によって七月王政[6]が倒れ第二共和制が誕生するわずか2週間ほど前のことです。この本は、その後、聖書とならぶほどの世界的なロングセラーになり、マルクス＝共産主義革命家というイメージが世界中に広がるきっかけとなりました。また、１９１７年のロシア革命以後、20世紀にはさまざまな共産主義政権が誕生するのですが、これら政権のほとんどが、「自分たちこそマルクスの継承者」然《ぜん》として、マルクスの肖像画を掲げ軍事パレードを行っていたことも、50代以上の人々には記憶に新しいところでしょう。

6　七月王政　１８３０年のフランス七月革命によってブルボン王朝が倒れた後、立憲王政として誕生したフィリップ1世（注26参照）の政治体制のこと。

20世紀共産主義体制の非道

今日、20世紀の共産主義体制がいかに非道なものであったのかに疑問の余地はありません。１９１７年のロシア革命でソビエト政権が樹立された際、皇帝政治の圧政と貧困から解放され、平等で豊かな新しい社会が生まれるだろうと多くの人々が期待と理想に燃えていました。しかし、ほどなく絶望が到来します。帝国主義勢力のスパイを摘発し、祖国防衛戦争を完遂《かんすい》するという口実の下に、党指導部や官僚層が富と権力を独占し、体制に反抗的な国民を片っ端から流刑もしくは銃殺刑に処すグロテスクな社会が誕生したのです。スターリン[7]時代のソ連では、1937～38年だけで、約69万人の党員や一般人が粛清《しゅくせい》（＝殺害）され、1930～32年期には、富農認定された200万人の農民が土地を奪われ収容所送りになっています。[8] 毛沢東《もうたくとう》時代の中国やポル・ポト[9]政権下のカンボジアでも多かれ少なかれ同じような悲劇がありました。北朝鮮に至っては21世紀の現在でもこのような野蛮な抑圧体制が継続しており、キム一族が3代にわたって国家元首を世襲する異様な独裁政権が存立しています。そのため、共産主義という言葉がほとんどの国民に嫌悪感しか抱かせず、共産主義思想の生みの親であるマルクスに対しても強い拒否反応を生んでしまうのは、無理からぬところがあるのです。

にもかかわらず、マルクスが20世紀以後の共産主義体制と関係がないというのは、どういうことなのでしょうか？　その答えは簡単です。マルクスが19世紀に考えていた共産主義とは、20世紀の共産主義体制とは全くの別物だったからです。マルクスがもしこの世に生き返り、20世紀の共産主義体制を目の当たりにしたとしたら、彼は怖気《おぞけ》を震《ふる》ってこれらのグロテスクな体制を激しく罵倒《ばとう》したに違いありません。

それでは、マルクスが考えた共産主義社会とは、どのような社会だったのでしょうか。それを知る手がかりは、共産主義思想に辿り着くまでのマルクスの人生にあります。少し回り道になりますが、マルクス経済学の解説に先立って、この点を確認しておきたいと思います。

7　スターリン（1878～1953年）ソ連邦第2代目の最高指導者（在位1924～53年）であり独裁者。ソ連邦で大量粛清を行った。

8　S・クルトワ／N・ヴェルト『共産主義黒書〈ソ連編〉』（外川継男訳、ちくま学芸文庫、2016年）を参照。

9　ポル・ポト（1928～98年）1976年に民主カンボジアの首相に就任した人物。1975年頃より国民の大量虐殺を行った。

マルクスの青少年期

マルクスは１８１８年５月５日、日本で言えば江戸後期の文化15年、プロイセン西部の都市トリーアという街で、裕福な弁護士一家の家に生まれています。父親の家系は代々ユダヤ教のラビ（＝指導者、律法学者）を務めるような名家《めいか》でした。母親は、もともとオランダに定住していたハンガリー系ユダヤ人で、豊かな商人の家柄です。マルクスの母親の妹、つまりマルクスの叔母に当たる女性は、オランダでリオン・フィリップスという銀行家と結ばれるのですが、この叔母夫婦の孫が、オランダを代表する巨大多国籍企業フィリップス社[10]の創業者ヘラルド・フィリップスです。つまり、マルクスからすれば、自分の従弟の長男が、後に世界市場を席巻するような資本主義的巨大企業を創設したというわけです。また、マルクスが25歳の時に結婚する相手、4歳年上のイェニー・ヴェストファーレンも、プロイセン貴族の家系で、彼女の父親はプロイセン政府の高官でした。イェニーには腹違いの兄（フェルディナント）がいましたが、この兄は後にプロイセンの内務大臣にまで登り詰め、義理の弟マルクスを取り締まるという皮肉な仕事に精を出します。**後に労働者階級の解放を生涯の使命とするマルクスの出自《しゅつじ》は、意外にも華麗なる一族だったのです。**

さて、マルクスの生誕地トリーアを含むライン地方は、19世紀初頭の一時期、封建的圧政からの解放を唱えるナポレオン軍に征服され[11]、人々の政治意識に大きな変化が現れます。ルソー[12]、ヴォルテール[13]等々のフランス啓蒙《けいもう》思想[14]が大流行し、ユダヤ人差別に苦しんでいたマルクスの父親も、自由と平等というフランス革命の理想を称揚《しょうよう》する進歩的知識人の１人であったことが知られています。

しかし、自由の息吹《いぶき》は長くは続きません。１８１４年にナポレオンが敗北すると、ヨー

10　フィリップス社（Philips）１８９１年のオランダで電球を生産する小さな町工場として生まれ、後に世界的な電気機器メーカーへと成長した会社。20世紀にはテレビや音響機器等で有名であったが、現在ではヘルスケア事業を中核とした多国籍企業へと変貌し、日本にも進出している。

11　杉山淑彦『ナポレオン――最後の専制君主、最初の近代国家』（岩波新書、２０１８年）などを参照。

12　ルソー（Jean-Jacques Rousseau １７１２～78年）フランスで活躍した哲学者、政治思想家。主著『人間不平等起源論』（１７５５年）、『社会契約論』（１７６２年）など。

13　ヴォルテール（Voltaire １６９４～１７７８年）フランスの啓蒙思想家、哲学者、小説家。主著『哲学書簡』

ロッパ全土で自由や民主主義を否定する「ウィーン体制」と呼ばれる復古《ふっこ》的な国際体制が再構築され、再びプロイセン領となったライン地方でも、公安警察がスパイ網を張り巡らして、国民の思想を厳しく監視する絶対主義王政が復活したのです。マルクスが生まれ育ったのはこのような暗い時代です。

マルクスの通ったギムナジウム（＝中高一貫校）でも、言論の自由を要求するパンフレットを所持していたというだけで生徒が逮捕され、教師が無神論的な発言で厳しく咎《とが》められるような事件が、マルクスの在学中に発生します。警察当局はこの事件の直後、王党派の新校長を任命し、生徒を「善導」する対策をとりますが、まだ10代だった少年マルクスは、このやり方に反発を覚え、卒業式の当日、ほぼ全員が新校長に恭順《きょうじゅん》な態度で挨拶するなか、マルクスを含む2人の生徒だけがこの反動派校長への挨拶を拒否して不興《ふきょう》を買う事件を起こしてしまいます。当時のプロイセンは、国王が絶対的支配者として君臨する、今で言えば北朝鮮のような独裁国家です。当局の代理人と考えられる校長への反抗的態度は、大問題に発展する可能性がありました。

このときに火消しに動いたのが、トリーアの弁護士会会長も務めていたマルクスの父ハインリヒです。ハインリヒはギムナジウムの旧校長とも個人的に親しく、トリーアの上流階級のサークルにも顔の利《き》く人物だったため、ことを大げさにしないよう裏で手打ちし、マルクスはお咎め無しとなり、無事に高校を卒業することができました（1835年9月）。父ハインリヒは、その後も息子の進路と行く末を案じ続け、大学生になったマルクスに胸の内を伝える手紙を多く送りますが、残念なことに卒業式事件の数年後、マルクスが20歳になったばかりの年に、結核が悪化して他界します（1838年、61歳）。

（1734年）など。

14　啓蒙思想　理性の力を信じて迷信を打破するような教え。フランス革命などにも影響を与えた。

マルクスと父親

ハインリヒは啓蒙主義的なリベラル思想の持ち主ではありましたが、権力と対峙《たいじ》するほどのラジカルさはなく、地元の王党派の有力者とも良好な関係を保つ常識人でした。世俗《せぞく》的な立身出世を第一に考え、息子のマルクスにもそのような人生を送って欲しがっていたことが、先に触れた手紙から分かっています。しかし、マルクスが父親と違ったのは、ラジカルさです。マルクスの場合は、父親以上に、独裁を嫌い権力や権威に反抗的で、有力者に媚《こ》びてまで出世しようとは思わない直情型の若者だったことが、ギムナジウムでのエピソードからもうかがわれます。

マルクスが父のことをどう思っていたのか、当人の発言はあまり残っていません。しかし、マルクスの死後明らかにされた家族などの話では、彼は日頃から父の写真を肌身離さず身につけており、１８８３年、65歳で自宅のソファにもたれかかったまま死んでいるのを発見されたときにも、彼の上着の内ポケットには父の写真が大事にしまわれていたそうです。このことからも、マルクスが父を深く敬愛していたことは間違いないでしょう。

マルクスが後に、社会主義や共産主義に関心を持つようになったきっかけも、幼少期に父から受けた薫陶《くんとう》にあるのではないかとわたしは想像します。父ハインリヒは弁護士として身を立てて上流階級の仲間入りに成功した人物ですが、ナポレオン戦争以前には、ユダヤ人としてさまざまな差別を経験し苦労しています。しかし、ナポレオンによってライン地方が征服された時は、近代的なナポレオン法典が適用されたことで、露骨な制度的差別はなくなり、ユダヤ人でありながらも世俗的な成功を遂げることが可能となりました。しかし、１８１５年に、ライン地方が再びプロイセンに編入されると、ユダヤ教徒を公職から排除するという理不尽な規則が適用され、マルクスの父は再び苦境に立たされます。ハ

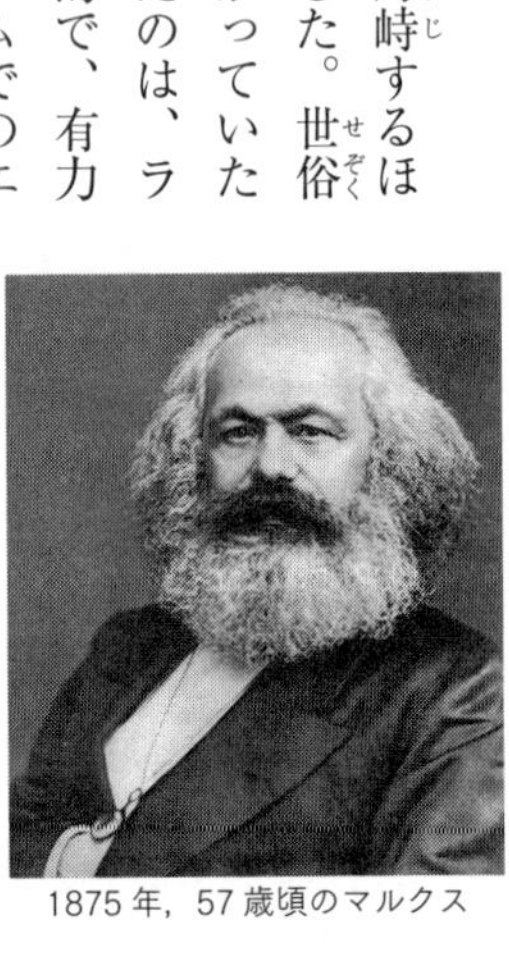
1875 年，57 歳頃のマルクス

インリヒは、ナポレオン法典の有効性を訴え、ぎりぎりまで抵抗を続けるのですが、最終的には、先祖代々続くユダヤ教を棄《す》て、福音派キリスト教（プロテスタント）へと改宗します（１８１６年）。そのため、マルクス一家の成功は反動期になっても覆《くつがえ》ることはありませんでしたが、ハインリヒの悔しさは想像に難くありません。

彼は長男であるマルクスに対して、差別の愚かさや民主主義の大切さなど、啓蒙思想のエッセンスをファミリーヒストリーと重ねながら何度も何度も語り聞かせたのではないでしょうか。そのような過程を経ることで、幼いマルクスの心の中には、差別や不公正を許せない正義の心が強く育ってきたと想像できます。青年時代のマルクスが、工業化の進展とともに出現してきた最底辺の人々、つまり、労働者階級という貧しい人々に目を向け始め、抑圧からの人間解放とは、ブルジョワ階級が封建勢力から解放されるだけでは不徹底であって、労働者階級が貧困から解放されてこそ実現されるという思想に辿り着いたのは、幼少期に父からの薫陶によって培《つちか》われた、不正を嫌う真っ直ぐな正義感が原点になっているのではないかと推察されます。

マルクスとヘーゲル哲学

少し話を戻しますと、１８３５年10月、17歳になったマルクスは親元から離れ、大学で法律学を学び始めます（最初はボン大学、１年後にはベルリン大学に転学）。当初は、恋愛をしたり、酔っ払って騒いだり、王党派の学生団体の連中と喧嘩をしたりといった程度で、思想的な目覚めはなく、むしろ詩人や小説家に憧れる、悩み多き文学青年の１人に過ぎませんでした。しかし、文学の才能というのは、マルクスのような左脳型人間（＝論理的思考タイプ）には宿りにくかったのでしょう。いくつかの作品を書いたものの、ほどなく、自分には文学の才能がないことを自覚してマルクスはひどく落ち込みます。他にもいろいろな悩みがあったのかもしれませんが、この頃のマルクスは一種の精神の危機に陥り、心身の不調を癒《いや》すためベルリン郊外の下宿屋で転地療養することを決意します（１８３７年、19歳）。これがある意味で、マルクスの人生における最初の転機となりました。転地療養中の有り余る自由時間を使って読み始めたヘーゲルの著作から大きな感銘を受け、以後、**ヘーゲル哲学**[15]の虜《とりこ》になったからです。マルクスは、ベルリンに戻ってからも哲学研究に没頭し、大学へはほとんど通わず、昼は自宅に引きこもってひたすら読書に明け暮れ、夜は夜で酒場に繰り出し、ヘーゲル哲学を無神論の立場から批判する青年ヘーゲル派（「ヘーゲル左派」とも）の人々と議論を交わすという生活を始めます。当然、大学での法学研究はおろそかになりました。

父ハインリヒは、息子が法律の勉強をやめて哲学の道に進みたいと言い出したのを聞いてがっかりしたといいます。哲学のような学問では飯を食っていけないことを心配したのでしょう。しかし、マルクスも馬鹿ではありません。世の中で役に立たない哲学が唯一、役に立つ世界があります。それは、アカデミズムの世界です。この頃、トリーアでの幼なじみイェニーとの結婚を考えていたマルクスは、大学教授となり身を立てようと下宿に引きこもって猛烈に勉強し、１８４１年４月、23歳の時に「デモクリトスとエピクロスの自然哲学の差異」と題するギリシャ哲学に関する論文を書き上げて博士号を取得し、青年ヘーゲル派のコネを使って大学に職を得ようと「就活」を始めるのです。

しかし、大学教授への道は、昔も今も才能よりも運に左右されがちです。マルクスにはその運がありませんでした。マルクスが「就活」をしていたちょうどその頃、プロイセン

15　ヘーゲル哲学　ドイツの哲学者ヘーゲル（Georg Wilhelm Friedrich Hegel １７７０〜１８３１年）によって創始された哲学体系のこと。弁証法という思考方法で有名である。ヘーゲルの主著には『精神現象学』（１８０７年）などがある。

ではヘーゲル哲学のシンパだった国王が死去し（１８４０年）、キリスト教正統主義の新国王が即位します。その結果、新任の保守派の文部大臣が大学の研究活動に介入して、瀆《とく》神《しん》的、自由主義的な教員を大学から一掃し始めたのです。これにより、マルクスが就活の頼りにしていたバウアー[16]という哲学者がボン大学を追放され（１８４２年３月）、大学教員への道は絶望的となります。21世紀の日本の常識からすると馬鹿げたことのように思われますが、キリスト教の伝統が強固な当時のヨーロッパ、特にプロイセンなどの絶対王政下の国では、神の存在を否定するような言動は、絶対君主に対する批判と並んで、最も過激な反体制思想として睨《にら》まれたのです。

16　バウアー（Bruno Bauer　１８０９～82年）ドイツ出身の神学者、哲学者。ヘーゲル左派に属した。主著『ヘーゲルを裁く最後の審判ラッパ』（１８４１年）。

新聞記者マルクスと亡命生活

就活の望みの綱を断たれたマルクスですが、共稼ぎをしない貴族出身の妻（正式な結婚は１８４３年６月）を養っていくためには、なんとしてでも定職を見つけなければなりません。大学教員の道を断念した代わりにマルクスが見つけたのが、新聞記者という文筆業の道です。１８４２年５月、24歳のマルクスは、自由主義派の『ライン新聞』に誘われて記者となり、ジャーナリズムの世界で活躍を開始します。ドイツの絶対王政を相手に、遅れた封建制度を批判し、言論の自由を求める論説が最初の記事でした。信心深い人が激怒するような無神論的論説も書いています。**この頃のマルクスは共産主義者ではなく、急進的自由主義者だったのです。**ここで言う「急進的」というのは、「体制転覆的」という意味ではなく、「無神論的」という意味です。しかし、プロイセン政府は42年末から検閲《けんえつ》を強化しはじめ、プロイセン国内の自由主義新聞はほとんどが廃刊の憂《う》き目に合います。『ライン新聞』も例に漏《も》れず、創刊１年足らずで廃刊（43年３月）、マルクスも危険人物として公安警察にマークされるようになりました。

しかし、反骨精神旺盛なマルクスも容易には屈しません。新婚ほやほやの妻イェニーを連れてパリに向かい（1843年10月）、その地で『独仏年誌』という雑誌を創刊して『ライン新聞』の遺志を継ごうと奮闘《ふんとう》するのです（44年2月創刊）。しかし、在フランスのプロイセン大使がこの雑誌の危険性を本国に報告すると、ドイツに送られた創刊号はすべて没収、帰国すればマルクスらを逮捕するとの声明が出されます。さらに翌45年1月には、プロイセン政府の要請を受けたフランス政府のギゾー[17]外相が関係者の追放令を出したため、マルクスはベルギーへの亡命を余儀《よぎ》なくされました（2月）。

17 ギゾー（François Pierre Guillaume Guizot 1787〜1874年）フランスの政治家、歴史家。1847〜48年には首相を務めたが、48年の二月革命で失脚しベルギーなどに亡命。

マルクスの思想的転機

この頃、つまりマルクスが25〜27歳（1843〜45年）の時期が、マルクスの思想にとっての大きな転換期だと言われています。プロイセン政府からの迫害が強まれば強まるほど、マルクスは、社会の最底辺で暮らす貧しい労働者（プロレタリア階級）への共感を深め、共産主義や社会主義の思想への関心を強めていったからです。**マルクスにとって、資本主義制度の下で搾取《さくしゅ》され抑圧されている労働者階級の姿は、絶対主義権力に迫害される自分たちの姿に重なって見えたのではないでしょうか。**

特に、マルクスの思想転換に大きな影響を与えたのは、1844年6月、プロイセン東部のシュレージエン（現ポーランド領）で起きた織布工一揆《しょくふこういっき》だったと言われています。これは、困窮《こんきゅう》化した織布職人が工場主に賃上げを懇願《こんがん》したところ、守衛に発砲されて蹴散《けち》らされたため、激高した民衆が工場主の自宅を襲撃し、プラハ、ザクセンなどにも騒動が波及してドイツを揺るがした大事件です。最終的には、プロイセンの軍隊が派遣され一揆は鎮圧《ちんあつ》されましたが、わずか数日で死者11名、重傷者24名を出す大惨事となりました。資本主義の発展がイギリスやフランス比べて遅れていたドイツですが、それでも、１８４４年のストライキ件数が１８３０年代の全件数を上回るほど、労使の緊張は高まりつつあったのです。マルクスはこの事件に憤慨《ふんがい》し、織布工を批判した青年ヘーゲル派のルーゲ[18]と袂《たもと》を分かち、共産主義に接近した論稿をパリの新聞『フォアヴェルツ（前進）』に多数投稿します[19]（44年夏頃）。マルクスは、『ライン新聞』に関わっていた42年秋頃に、ワイトリング[20]らの職人共産主義や、ヘス[21]やグリューン[22]などのドイツ真正社会主義、サン＝シモン[23]、フーリエ[24]らのフランス社会主義などを集中的に研究していますが、その頃はまだ共産主義には否定的でした。しかし、１８４４年のパリ時代にははっきりと共産主義思想を抱くようになり、労働者組織と接触を始めます。労働者階級の解放のためには、彼らが置かれている物質的諸条件の解明が不可欠と悟《さと》り、哲学ではなく、スミス、リカードなどの国民経済学（古典派経済学）（序章24ページ参照）の研究を本格化させたのもこの時期からです。つまり、マルクスの共産主義思想はパリ時代に開花し、亡命先のベルギー・ブリュッセルでヨーロッパの共産主義的な労働者団体と交わることで、１８４８年2月、『共産主義者宣言』という形で結実し、世に出るのです。

マルクスと１８４８年革命

マルクスが後にも先にも、革命に身を投じたといえるのは、**１８４８年革命**[25]の時だけです。この年は、１７８９年のフランス大革命の年に続く、19世紀ヨーロッパ最大の動乱の年であったと言っても過言ではありません。前年の１８４７年には、ヨーロッパを世界恐慌が襲い、およそ50万人の市民が飢饉《ききん》で命を落とすなど、すでに不穏《ふおん》な空気がヨーロッパ

18 **ルーゲ**（Arnold Ruge １８０２～80年）ドイツの哲学者、ジャーナリスト、革命家。マルクスと一緒に『独仏年誌』を刊行するも、後に仲違いする。

19 的場昭弘「『フォアヴェルツ』とドイツ人亡命者達――パリのマルクスに関連して」（『一橋大学社会科学古典資料センター』Study Series No. 12, 1–32, １９８７年）などを参照。

20 **ワイトリング**（Wilhelm Weitling １８０８～71年）ドイツの仕立て職人であり革命家。主著『調和と自由の保障』（１８４２年）。

21 **ヘス**（Moses Hess １８１２～75年）ドイツの社会主義者、哲学者、ジャーナリスト。マルクスと『ライン新聞』の創刊に関わる。主著『社会主義と共産主義』（１８４２年）。

22 **グリューン**（Karl Theodor Ferdinand Grün １８１３～87年）ドイツの神学者、哲学者、社会主義者。主著『フランスとベルギーの社会運動』（１８４５年）。

23 **サン＝シモン**（Saint-Simon

を支配していました。年が明け1月になると、イタリアでまず暴動が起き、社会変動の始まりを予感させます。その予感は翌2月に現実のものとなり、フランスで大規模な民衆蜂起が勃発し、ルイ・フィリップ[26]とギゾーが率いた七月王政が倒されます（二月革命）。革命の波は、3月にはプロイセンやオーストリアにも波及し、ウィーン体制の象徴であったオーストリアのメッテルニヒ[27]が亡命に追い込まれ、プロイセンの絶対王政も立憲制に向けた譲歩を見せました（三月革命）。

マルクスは『共産主義者宣言』などによりヨーロッパの各国政府から危険人物として警戒され、１８４８年3月には夫婦ともどもベルギー政府に逮捕されブリュッセルを追放されます。その後一時的にフランスに亡命するも、ドイツの三月革命の報に接し、4月にはケルンに赴《おもむ》き、『新ライン新聞』を創刊してドイツでの民衆蜂起をペンの力で側面援護しようと奮闘しました。翌49年5月2日にはドイツ全土で民衆蜂起が起こり、エンゲルスや音楽家のワーグナー[28]も労働者・市民の側に立ち、バリケード戦に加わり闘いますが、最終的にはどこもプロイセン軍に鎮圧され、ドイツの共和主義革命は失敗に終わります。同年5月16日には『新ライン新聞』関係者全員に国外退去命令が出され、新聞の最終紙面を赤《あか》刷《ず》りにした最終号（5月18日号）を出した後、マルクスはフランスに亡命します。しかし、亡命先のフランスは前年の12月にルイ・ナポレオン・ボナパルト[29]が大統領となって政権の右傾化が進んでおり、この地からも事実上の追放処分を受けるのでした。途方に暮れたマルクスが最後の最後に目を向けたのが、当時世界でも最も繁栄していたイギリスです。イギリスは立憲制度の歴史が長く、亡命者にも比較的寛容な国でした。マルクスは、１８４９年8月、家族を引き連れ無一文《むいちもん》のままドーバー海峡を渡ります。イギリス国籍の申請は政府から拒否されましたが、幸運なことに、寛容なイギリスはマルクスを追放しま

１７６０～１８２５年）フランスの初期社会主義者。主著『産業者の教理問答』（１８２３～24年）。

24 **フーリエ**（Francois Marie Charles Fourier １７７２～１８３７年）フランスの初期社会主義者、哲学者。主著『産業的共同社会的新世界』（１８２９年）。

25 **１８４８年革命** この年から翌年にかけてヨーロッパ各地で連鎖的に生じた民衆蜂起のこと。これにより抑圧的なウィーン体制が崩壊し、ヨーロッパ諸国の民主化が前進した。

26 **ルイ・フィリップ**（Louis-Philippe １７７３～１８５０年）１８３０年のフランス七月革命でブルボン王朝が倒れた際、新しいフランス国王にフィリップ1世として即位した人物。立憲王政を採用するが、１８４８年の二月革命が勃発すると亡命を余儀なくされ、ほどなくしてイギリスで客死した。

27 **メッテルニヒ**（Metternich １７７３～１８５９年）オーストリアの保守政治家。ナポレオン戦争後のウィーン会議をオーストリア外相として主宰し、その後の保守的な世界秩序（ウィーン体制）を構築した立役者。１８２１～48年まではオーストリアの宰相として

せんでした。その後、マルクスは死ぬまでイギリスでの滞在を認められたのです。

イギリスでの生活

革命の夢破れイギリスに亡命したマルクスは、その後は労働運動からは一定の距離を取り、研究活動にすべてを捧げるようになります。エンゲルスからの仕送りと家族からの遺産、『ニューヨーク・トリビューン』紙からの原稿料収入で日々の暮らしを立てながら、毎日朝から晩まで大英博物館の資料室に閉じこもって本を読み、経済学の勉強を猛烈な勢いで進めていきます。途中、極貧《ごくひん》生活の中、幼い子どもを立て続けに3人も死なせてしまう悲劇に襲われ鬱《うつ》状態になったりするのですが、くじけることなく、1日の内のほとんどの時間を研究に使い、欧米のありとあらゆる学派の経済学文献に目を通して、自分なりの新機軸を粘り強く考え続けました。常人《じょうじん》にはとてもマネできない生活です。この研究の成果が、イギリス亡命時から数えてちょうど10年後の1859年6月に、まずは『経済学批判』という書物として出版されます。そしてさらにその8年後の1867年9月、マルクス49歳の時、ついに世界的な名著として名を残す『資本論』第1巻が世に出るのでした。

マルクスの考えた共産主義社会

さて、先に提出した疑問、「19世紀のマルクスが考えた共産主義とはどのようなものであったのか」に答えを出す時が来ました。

共産主義（ドイツ語ではKommunismus、フランス語ではCommunisme、英語ではCommunisim）という言葉が誰によっていつ頃から使われるようになったのかに関しては諸説あります。フランス大革命の際、第三身分（ブルジョワ平民層）のさらにその下で貧困と

権勢を振るったが、48年にオーストリアで三月革命が生じると、イギリスへ亡命した。

28　ワーグナー（Wilhelm Richard Wagner　1813〜83年）ドイツの作曲家であり革命家。1849年5月のドレスデン蜂起に参加し、警察に追われてスイスに亡命したという逸話は有名。主な作品に楽劇『ニーベルングの指環』など。

29　ルイ・ナポレオン・ボナパルト（Charles Louis-Napoléon Bonaparte　1808〜73年）ナポレオン1世の甥に当たる。1848年のフランス二月革命で七月王政が倒れると、フランス第二共和政の大統領に選出された。その後、議会勢力と対立してクーデターを起こし、1852年から第二帝政の皇帝として即位、ナポレオン3世を名乗った。しかし、1870年の普仏戦争でプロイセン軍の捕虜となり第二帝政は崩壊した。以後、フランスは第三共和政に移行して今日に至っているため、彼がフランス最後の皇帝となった。

飢えに苦しむ第四身分（都市貧民や貧農）を救済しようと武装蜂起を企て処刑（１７９７年）された、急進ジャコバン派のバブーフ[30]が最初だとする説がありますが、異説もあります。ブリタニカの英語辞書によれば、この言葉は「共有 common」や「全員 universal」という意味を持つラテン語のコムニス communis を語源として生まれたとされており、資本主義が抜き差しならない貧富の格差を生み出し始めた19世紀、特にフランス七月革命[31]後の１８３０年代頃から、平等主義的な未来社会を構想するさまざまな国のさまざまな思想家によって多用されるようになったようです。

　初期の共産主義は、キリスト教の理想を忠実に再現した、小規模で自給自足的、相互扶《そうごふ》助《じょ》的なコロニーを意味することが多く、地域共同体（コミュニティ community、コミューン commune）という言葉に通じる響きがありました。マルクスがドイツで最初に接触した共産主義者たちも、貧苦にあえぐ職人層たちが聖書を手がかりに思い描いた財産共同体、いわゆる「職人共産主義」と呼ばれる素朴なユートピア論の提唱者たちでした。もちろん、この言葉に20世紀共産主義のような血塗られたマイナスイメージは皆無《かいむ》です。わざわざヨーロッパ中の労働者階級に向かって自分たちの立場を「共産主義者」だとして「宣言」を発するくらいなのですから、共産主義という造語《ぞうご》には、新鮮なイメージすらあったものと思われます。

　それでは、マルクスの考える共産主義とはどのようなものだったのでしょうか？

　前述したように、マルクスは、共産主義社会の具体的なイメージについてはほとんど語っていません。盟友エンゲルスが饒舌《じょうぜつ》だったのとはかなり対照的です。『宣言』では数カ所共産主義のイメージが語られていますが、この書はもともと「共産主義者同盟」という労働者団体から依頼された綱領《こうりょう》なので、マルクスが執筆したとはいえ、過去の綱領やエン

30 **バブーフ**（François Noël Babeuf １７６０～97年）フランスの革命家、思想家。詳しくは平岡昇『平等に取り憑かれた人々――バブーフとその仲間たち』（岩波新書、１９７５年）を参照。

31 **七月革命**　フランスで１８３０年７月に生じた市民革命のこと。これによりブルボン復古王政が倒された。

図表 1・2　マルクスが残した共産主義に関する記述

①「人間による人間のための人間的本質の現実的獲得としての共産主義［…］この共産主義は完成した自然主義として＝人間主義であり，完成した人間主義として＝自然主義である」――1844 年『経済学・哲学草稿』（城塚登・田中吉六訳，岩波文庫，1964 年，pp. 130–131）
②「1 人 1 人の自由な発展が，すべての人の自由な発展のための条件となるような連合体［eine Assoziation］」――1848 年『共産主義者宣言』（金塚貞文訳，平凡社ライブラリー，2012 年，p. 53）
③「共同の生産手段で労働し自分たちの個人的労働力を自分で意識して 1 つの社会的労働力として支出する自由な人々の結合体」――1867 年『資本論』第 1 巻第 1 章第 4 節（マルクス＝エンゲルス全集刊行委員会訳，大月書店，1968 年，p. 105）
④「労働がすべての労働能力ある社会成員のあいだに均等に配分されていればいるほど，［…］社会的労働日のうちの物質的生産に必要な部分はますます短くなり，したがって，個人の自由な精神的・社会的活動のために獲得された時間部分はますます大きくなる」――1867 年『資本論』第 1 巻第 15 章（同上，pp. 686–687）
⑤「協同組合運動が階級対立に基礎をおく現在の社会を改造する諸推進力のひとつであること［…］。この運動の大きな功績は，資本に対する労働の隷属にもとづく，窮乏を生みだす現在の専制的制度を，自由で平等な連合社会（association）という豊かな共和的制度とおきかえることが可能だということを実地に証明する点にある。［…］社会的生産を自由な協同組合労働（cooperative labour）の巨大にして調和ある一体系に転化するためには，全般的な社会的変化が［…］必要である」――1867 年「個々の問題についての暫定中央評議会代議員への指示」，『ゴータ綱領批判』（望月清司訳，岩波文庫，1975 年，pp. 64–65 訳者解説）
⑥「各個人の十分な自由な発展を根本原理とするより高い社会形態」――1867 年『資本論』第 1 巻第 22 章（同上，p. 771）
⑦「もし協同組合の連合体が 1 つの共同計画にもとづいて全国の生産を調整し，こうしてそれを自分の統制のもとにおき，資本主義的生産の宿命である不断の無政府状態と周期的痙攣［恐慌］とを終わらせるべきものとすれば――諸君，それこそは共産主義，「可能な」共産主義でなくてなんであろうか」――1871 年『フランスの内乱』（村田陽一訳，大月書店・国民文庫，1970 年，pp. 86–87）
⑧「土地の国有化は労働と資本とのあいだの関係に完全な変化をひきおこすであろうし，結局は工業であれ農業であれ，資本主義的生産を完全に廃止するであろう。そうなったときにはじめて，階級差別と特権とは，それを生み出した経済的土台といっしょに消滅し，社会はひとつの自由な「生産者たち」の協同組合（association）にかわるであろう。［…］生産手段の国民的な集中は，合理的な共同計画に従って意識的に行動する，自由で平等な生産者たちの諸協同組合からなる一社会の自然的な基礎となる」――1872 年「土地の国有化について」，『ゴータ綱領批判』（同上，p. 65）
⑨「生産手段の共有にもとづいた協同組合的な社会」――1875 年『ゴータ綱領批判』（同上，p. 35）
⑩「共産主義社会のより高度の段階において，すなわち諸個人が分業に奴隷的に従属することがなくなり，それとともに精神的労働と肉体的な労働との対立もなくなったのち，また，労働がたんに生活のための手段であるだけでなく，生活にとってまっさきに必要なこととなったのち，また，諸個人の全面的な発展につれて彼らの生産諸力も成長し，協同組合的な富がそのすべての泉から溢れるばかりに湧きでるようになったのち――そのときはじめて，ブルジョア的権利の狭い地平は完全に踏みこえられ，そして社会はその旗にこう書くことができる。各人はその能力に応じて，各人はその必要に応じて！」――1875 年『ゴータ綱領批判』（同上，pp. 38–39）

ゲルスの見解などを反映している可能性があります。マルクスが共産主義について語っている文書のほとんどは、彼の死後、残された手紙や草稿の中から発掘されたものです。しかも、その多くは断片的な文章であり、かなり抽象的な表現となっています。**図表1・2**は、それら数少ない記述の一部を拾《ひろ》ったものです。

ここから読み取れることは、マルクス流の共産主義社会が、協同組合があちらこちらで活躍するような社会だったということです。マルクスの構想では、土地や生産手段は市民の共有財産として活用されますが、生産過程は意識の高い「自由」な人々の連合（アソシエーション）が共同管理します。生み出された剰余《じょうよ》生産物も、国家がそれを一方的に吸い上げるのではなく、地域レベルのアソシエーションが、必要の度合いに応じて遅滞《ちたい》なく住民に富を配分し、万人が1人のために、1人が万人のために共助する原則を忘れることなく、新たな投資計画も民主的に立案・実行する、そのような制度を共産主義と考えていたようなのです（本書第9章も参照）。

そこでは、剰余生産物が本当に必要なことだけにあてられるので、特権階級の贅沢な暮らしを支えるような剰余労働（後述）は消滅し、その分だけムダな長時間労働も減少します。人々は、労働時間の短縮を通じて可能になった「自由」時間を、余暇《よか》に使うなり、「自分磨《みが》き」に使うなり、「自由」な処分を自己決定でき、「朝に狩猟を、昼には魚取りを、夕べに家畜の世話をし、夕食後には［批評家になって議論する］[32]」ような「自由」意志に基づく労働を行うことができるとマルクスは言っています。

このような社会、一言で言えば、**あらゆる人間が長時間労働から解放され、自由な自己決定権を持って自己実現を図れるような社会**、それこそがマルクスの考える共産主義だったのです。20世紀のグロテスクな共産主義体制とはまるっきり別物であったことは明らか

32 マルクス／エンゲルス『ドイツ・イデオロギー』（花崎皐平訳、合同出版、1966年）68ページ。

でしょう。**自由の抑圧を何よりも嫌ったマルクス**が、北朝鮮のような政治体制を擁護するはずがないのです。

資本の定義

さて、マルクスに対する皆さんの誤解もかなり解けたと思いますので、ここからはいよいよ、本論、つまりマルクス経済学とはどのような学問なのかについて述べていきたいと思います。その際、先述したように、マルクス経済学のどの分派でマルクス経済学を代表させるのかという難しい問題があるのですが、ここでは、『資本論』で述べられている「マルクスの経済学」を、現代のマルクス経済学諸派の解釈を適宜《てきぎ》採用しながら解説したいと思います。

ところで、資本主義とはそもそも、どのような経済システムなのでしょうか？　資本主義の定義には何種類かありますが、ここではそのシステムに基づく社会を「資本の論理が幅を利かせる社会のこと」、とかなり大雑把な定義ですませておきます。つまり、営利事業で金を稼ぐ行為が当たり前とみなされる社会です。

では、資本とは何でしょうか？　資本概念をめぐっては、これこそが正しいという唯一《ゆいいつ》無二《むに》の決定的な定義があるわけではありません。資本をどう捉えるかは、経済学者の間でいまだ激しい論争が行われるくらい、議論の行方が混沌《こんとん》としているのです。

とはいえ、われわれの日常的な語法で言えば、「資本とは事業活動を行うのに足りるだけのあるまとまったおカネ」という意味で使われることが多く、この場合の資本は、投資することで定期的に何らかの収益をもたらしてくれるような元手《もとで》のことです（もっとも、まとまったカネというのが何万円以上のことかと聞かれれば返答に窮《きゅう》しますが……）。

他方、新古典派の場合は、工場や機械設備などの物財（資本財）を資本と考え、このような物財が労働とともに生産に貢献していると考えるのが一般的です。よく見かける$Y=F(L, K)$のような生産関数はそれを数学的に表現したものです（Yは生産、Lは雇用量、Kは資本量）（詳しくは序章を参照）。

しかし、マルクスの資本概念はこれらいずれの考えとも違います。マルクス経済学では、通常、資本のことを「**自己増殖していく価値の運動体**」と定義しており、資本は商品流通から生まれてくるものだと説明します。マルクスにとっての資本とは、商品の中にある価値があたかもそれ自体が生きているかのように自立化し（物象化《ぶっしょうか》）、さまざまなものに転々と姿を変えながら自己増殖していく、そんな不思議な存在なのです。その際、個々の資本家は、資本の人格的な担い手に過ぎず、運動の主体はあくまでも資本だと考える点が、ヘーゲル哲学を学んだマルクスらしい視角です。この脈絡《みゃくらく》で言えば、**資本家というのは、資本という不思議な化け物が憑依《ひょうい》した人間のこと**であって、資本家が強欲になったり専制的になったり、札束を前にニヤついたりするのは、彼に取り憑《つ》いた資本という化け物のせいということになります。

しかし、ここで述べた「価値」とはなんでしょうか？　序章で見たように、古典派経済学から引き継がれている価値という言葉は、通常は商品同士の交換比率、つまり相対価格のことでした。しかし、価値を相対価格と理解したのでは、マルクスのこの資本概念は意味不明になってしまいます。まずは、マルクスが価値という言葉をどのような意味で使っているのかを明らかにしてみましょう。

商品と2つの価値

マルクスは『資本論』第1巻の冒頭で、商品こそが資本主義の最も基本的な経済カテゴリーであると宣言し、商品の分析から資本主義の探求を始めています。

マルクスがまず指摘するのは、商品には2つの異なった価値が存在しているという論点です。1つは、個々の商品が持つ具体的な有用性です。その商品が仮にあんパンだとすると、それには甘くて美味しく、カロリーを補充するという具体的な有用性があります。この有用性のことをマルクスは商品の**使用価値**と命名しました。このような有用性はもちろん、商品ごとに1つ1つ異なっています。わたしたち消費者がモノを買うのは、このように個々の商品がそれぞれ特有の有用性を持っているからです。

しかし、商品にはこれとは別の、ある重要な有用性があります。それはなんでしょうか？ それは、自分の商品を交換に差し出せば、他の人の持つ商品をゲットすることができるという有用性のことです。例えば山岳地帯に住むある部族が、自分たちが生産したサツマイモを海辺まで運搬し、そこに住む海の部族と交渉してサツマイモを一定量の海産物（例えば鯨の肉）と交換したとしましょう。すると、交換に差し出したサツマイモは立派に商品としての役目を果たしたことになります。この場合のサツマイモという商品が山岳部族にとって有する有用性とは、もはや、食べて美味しいというイモ本来の有用性ではなく、それを交換に差し出せば別の商品を入手できるという派生的な有用性であることが分かります。商品とは本来売る（＝手放す）ために生み出されたものですから、これこそが商品本来の特性といっても過言ではありません。商品の持つこのような有用性のことを、マルクスは**価値**（＝**交換価値**とも言います）と命名しました。

つまり、マルクスにおいては、**価値とは他の商品との潜在的《せんざいてき》な交換力、あるいは他商品をゲットする潜在的な力**、と言ってもいいでしょう。「潜在的」という形容詞を付したのは、仮に商品所有者がその価値を一方的に評価したとしても、買い手の側がそれに同意しない限り、その価値はあくまでも売り手の側の自己評価にとどまるからです。商品は売れること（＝物々《ぶつぶつ》交換社会では「交換」されること）で初めてその価値が確定（＝実現）するのです。その意味で、価値というのは、社会的評価によって定まる性質を有しているのです。

価値の実体

ところで、価値を他商品との潜在的な交換力と考えるならば、価値の大きさは価格で表現できます。たとえば、コンビニに並ぶ２００円のボールペンと１００円のあんパンは、現実に物々交換されることはありませんが、貨幣を介した両者の交換比率は1対２（ボールペン1本分の貨幣であんパンが2個買える）と考えることができます。序章で述べたように、価値とは通常、このような交換比率、つまり（相対）価格を意味する言葉です。しかし、マルクスは、このような通常の価値概念からさらに一歩踏み込み、価値の実体とは何かという哲学的な問いを発します。その論法はこうです。

マルクスは、２つの異なる商品が交換される関係を、「サツマイモのX量＝鯨肉《げいにく》のY量」というような等式で表現しました。これは、サツマイモの商品所有者が鯨肉の所有者に交換を持ちかけ、最終的にX対Yという比率での交換を実現したという意味です。マルクスは、ここで２つの異なる商品が等置されていることの意味を哲学的に考察し、異なったものが等しいとされるのは両者に共通する何かがあるからだと推論を進めます。その共通性とはなんでしょうか？　マルクスは、両商品がともに労働によって生み出されたという属性に注目し、これこそが価値の正体＝実体であると結論づけるのです。労働は、もちろん商品種類ごとに具体的な形は異なりますが、一定時間、頭脳や筋肉やカロリーを使うという点では同質的です。マルクスはこのような労働のことを「**抽象的な人間労働**」と呼びましたが、商品にはこのような労働がギュッと凝縮《ぎょうしゅく》した形で詰まっており、これこそが価値の実体だというのです。

マルクスの労働価値論

すぐに想像できることですが、商品のなかに労働が凝縮される仕方には2種類あります。1つは、生産過程で直接的に行われる労働量です。かかった労働時間が5時間であれば、その商品には5時間分の労働が直接に凝縮（＝投下《とうか》）されることになります。他方、生産には原材料や道具・機械なども用います。これらに含まれる総労働時間が300時間であるとし、生産過程で消費・損耗《そんもう》する比率がその1％であるとすれば、原材料や道具・機械などから移転する形で凝縮（＝投下）される労働量は3時間だと考えます。この場合、最終的に、この商品には直接間接合わせて合計8時間（5＋3）の労働が凝縮していることになります。

もちろん、ここでいう労働時間は、技術的・社会的に決定されている平均的な労働時間です。5時間で終わる仕事を9時間かけてやったとしても、労働時間として換算されるのは5時間分だけです。しかし、このような労働時間がきちんと計算されたとすれば、価値の大きさはその商品を作るのに必要な社会的な労働量によって計られることになります。労働量の単位は何でもいいのですが、通常は時間で計られます。商品Aの中に8時間の労働が、商品Bに4時間の労働が凝縮しているとすると、AとBの交換比率は1対2になると考えるのです。もしこの経済の中に貨幣が存在し、1時間の労働が千円にあたるとすれば、Aは8千円、Bは4千円という値段になります。

以上のような、価値の実体は労働であり、価値量は商品の生産に投下された労働時間によって決定されるという議論のことを、**投下労働価値説**とか、**労働価値論**と呼びます。この議論に従えば、価値＝労働という新定義が生まれます。こう理解すれば、「自己増殖する価値の運動体」というさきほど触れたマルクスの資本概念の意味も了解できるでしょう。

比喩的に言えば、マルクスの考えた価値とは、商品内部にギュッと凝縮されて閉じ込められている仮想的な経済エネルギーのようなものです。人々が自分の欲しいモノを手に入れることができるのは、**商品の中に労働由来の経済エネルギーが詰まっている**からです。この経済エネルギーは、モノを手に入れたり、人を動かす力を持っているのです。もっとも、そのエネルギーは、原子核内部のエネルギー同様、目には見えないので、その大きさはその商品を眺めるだけでは分かりません。他商品と交換する行為を通じて初めてその大きさが分かるのです。価値の現象形態が価格であると言われるのは、この点を指したものです。さらに言えば、商品流通の中で、この経済エネルギーが外化して貨幣形態へと進化し、さらに自己増殖して資本へと転化すると（後述）、このエネルギーは凄《すさ》まじい力を持つようになり、急激に社会を変えていきます。文学的に表現すると、マルクスの価値や資本の概念はこういうイメージで語ることができます。

価値＝労働＝価格

ところで、このような商品価値の実体を労働量に求める価値論には、１つの問題がともないます。価値とはもともと相対価格を意味するのですから、価値＝労働とするならば、前節の数値例で見たように、価格が投下労働量に比例しなければならないことです。つまり、すべての商品が価値に比例した価格で交換・売買され、価値＝労働＝価格という等式が成り立つことが言えないと、労働価値論は単なる便宜的《アドホック》な仮説ということになってしまいます。

価格がその商品に投下された労働量によって決まるという考えは、序章で触れたように、新古典派のような、需要と供給との関係で価格が決まるという需給均衡説とは真逆の考え方です。マルクスの労働価値論は、スミスやリカードにあった、供給側の費用の積み上げから価値（＝相対価格）を考察する**費用価値説**の系列に属します。[33]

スミスにも、費用を労働のみに還元して投下労働量が価値を決定すると論じた部分がありますが（『国富論』第1編第6章）、スミスの場合、そのような原理が成立するのは、「社会の初期未開状態」だけであり、資財が蓄積された資本主義社会になると、利潤部分が発生するので、投下労働価値説は成立しないと考えました。スミスはそれゆえ、労働のみを費用とするような価値論を放棄し、賃金や利潤や地代《ちだい》などの自然な水準の積み上げが価値（＝自然価格）を決定するという、価値構成説的な費用価値論を採用します。

これに対し、リカードは、スミスが途中で放棄した投下労働価値説を復活させ、労働量による価値規定は利潤の存在する資本主義社会でも成立すると主張してスミスを批判しました。しかし、価値＝労働量が成立するのは、機械設備などの固定資本の比率（原材料などの流動資本に対する比率、雇用量に対する比率）が産業部門ですべて等しい場合だけで、この比率が異なると、投下労働価値説が成立しない問題点が存在することに気付きます。リカードはこれを解決しようとしてさまざまな模索を試みるのですが、結局、問題を解けないままこの世を去りました。

33 マルクスの場合、費用という価格レベルの話ではなく、投下労働量という抽象的な次元で価値を論じているので、労働価値論を費用価値説としてまとめるのには異論があるかもしれない。しかし、投下労働量で価値を論じる手法も、広い意味では費用価値説であり、その純化された労働費用バージョンだと考えられる。序章や第6章も参考のこと。

マルクスの生産価格論

マルクスの労働価値論は、リカードの理論を純化・発展させたものですので、価値通りの売買が本当に成立するのかという難問の存在をマルクスも熟知していました。マルクスの死後公刊された『資本論』（１８９４年）第３巻の１～２篇で議論されているのが、この問題です。価値と価格の乖離《かいり》問題を扱うこのようなテーマのことを、今日では「**価値の生産価格への転化問題**」とか、「**転形問題**」と呼びます。

マルクスは価値と価格の問題をどう考えたかというと、まず需給の状況によって商品価格が価値から乖離する事実を認めます。しかし、市場価格は決して商品に投下された価値＝労働量と無関係に乱高下《らんこうげ》するのではなく、価値量は「**生産価格**」という高次の価値概念へと転化し、価値量の規制を受けた生産価格が市場の価格変動の重心として機能するというのです。

生産価格の成立要因を、マルクスは資本間競争に求めています。いうまでもなく、個別資本は、第一義的には同じ産業部門内で競争を行いますが、競争は同一の産業部門内だけで行われるわけではありません。個別資本は部門内競争を闘いながら、同時に、他の産業部門を含む経済全体の状況を視野に入れて行動します。もし、自らの産業部門の収益率（＝利潤率）が他の部門に比べて極端に低いことが分かればどうするでしょうか。その部門にとどまって熾烈《しれつ》な競争を続ける意味が薄れます。当該個別資本は、固定資本の償却《しょうきゃく》（＝費用の回収）が終わり次第、より収益率の高い部門へと移動する決定を行うはずです。資本の至上命題は少しでも多くの価値増殖を実現することですから、これは当然の決断です。低収益部門は、社会的な需要に対して供給能力が過剰であり、収益率の高い産業部門ではその逆の状況が生まれていると考えられますので、マルクスは、部門間の資本移動によって需給ギャップが均《なら》され、異なる部門間の利潤率は均等化するはずだと考えました。このような利潤率をマルクスは「**一般的利潤率**」と呼びました。

生産価格というのは、部門間競争が一段落して一般的利潤率Rが成立した際に成立する、新たな商品価格のことです。この時、異なる部門には、その資本量にRを乗じた「**平均利潤**」が分配され、それが**費用価格**（＝製造原価）に上乗せされることで、生産価格が形成されるというモデルをマルクスは考えたのです。もちろん、これは年間の生産量で割って考えた商品1単位あたりの概念です。当然、部門ごとに配分される利潤量は、資本量に応じて異なりますし、もはや商品に体化された労働量とも一致しません。しかし、マルクスはこれを労働価値説の否定と考えず、①剰余価値（後述）の総計と利潤の総計が等しいこと、②価値量の総計と価格の総計が等しいこと、という2つの命題（これを「**総計二命題**」と言います）を例証することで、価値法則は生産価格の場合にも貫かれており、生産価格は市場価格が変動する際の重心のようなものだと主張したのでした。

マルクスの生産価格論の証明にはいろいろと穴があったのですが、いまはそれについては触れません。しかし、ここで大切なことは、マルクスが価格という次元でも、労働価値説は成立すると考えていたことです。『資本論』の第1巻では、ほぼ全編にわたって価値通りの売買が想定されて議論が進められるのですが、そのような仮定は決して思いつきの仮定でも便宜的《アドホック》な仮定でもないということが、この点から理解できると思います。

価値形態論――単純な価値形態

さて、これまでは労働価値説という価値の実体的側面についての議論を紹介してきましたが、実は、マルクスには、価値の形態をめぐる面白い議論があり、ある意味でそれは労働価値論より後世の人々を多く引きつけました。それが『資本論』第1章第3節の「**価値形態**」論と第2章の「**交換過程**」論です。皆さんもぜひ読んでみてください。21世紀の今読んでも読み応えのある秀逸な議論です。

A　20キロのサツマイモ　＝　1キロの鯨肉　（単純な価値形態）

価値形態論とは、簡単に言えば、商品交換の中で価値はどのように表現されるのかという議論です。議論の出発点となるのは、右に掲げたA式のごとく「サツマイモのX量＝鯨肉のY量」という等式です。マルクスはこの関係を、サツマイモの価値が鯨肉という商品体によって表現されていると考えました。つまり、サツマイモの所有者が鯨肉をY量だけ欲しいと思い、自らの商品をX量だけ差し出してもいいという関係を表していると考えるのです。この価値表現は「**単純な価値形態**」と命名されており、このケースでは、自分の価値を表現しようとしているサツマイモのことを「**相対的価値形態**」、その現物がそのままサツマイモの価値の大きさを表している鯨肉のことを「**等価形態**」というふうに表現します。つまり、価値を表現しようとする側（サツマイモ）のことを相対的価値形態、相手側からラブコールを送られている側の商品（鯨肉）のことを等価形態と呼ぶわけです。この場合、鯨肉は、サツマイモの価値の「**等価物**」になっているのだと考えます。

先に述べたように、サツマイモという商品の価値は、その商品の生産において投下された労働に実体的な根拠があるのですが、価値形態においては、その労働という価値対象性が、鯨肉という商品体によって表現されているとマルクスは考えたのです。いまもしこの交換が同意され、サツマイモが鯨肉と無事交換されるならば、サツマイモを作った私的労働は、もはや私的労働ではなく、社会的分業の一環を担う総労働の1つとして、社会的に認知されたことになります。そうなると、サツマイモの生産に費やされた労働は、もはや私的で具体的な有用労働ではなく、鯨肉を作った全く別の形の労働とも共通する抽象的人間労働という性格を受け取ることになるというのです。

マルクスの価値形態論で興味深い論点の1つはここです。社会のさまざまな構成員は、さまざまな私的労働を無政府的に行い商品を作り出しているのですが、価値形態というモノとモノとの関係を通じて初めて他の私的労働と関係し合い、現実に交換されることで労働の社会的な性格を獲得する、つまり、社会的分業の一環を担う意味ある労働であることを実証するということです。人間同士の関係がいわばモノとモノとの関係に媒介されて現れる現象は**物象化**と呼ばれますが、哲学系のマルクス経済学では、このような現象が重要な研究テーマになっています。

さて、もちろん、価値はそれぞれの商品に投下された労働量(=時間)であり、価値量(=投下労働量)に比例した交換が行われるというのが、第1巻を通しての理論の前提ですから、サツマイモ20キロに仮に100時間の労働が投下されたとするならば、それと交換される鯨肉1キロの中にも同じ量の労働が対象化されているということになります。鯨肉2キロを欲するならば、鯨肉には200時間の労働が投入されていますので、提供するサツマイモは2倍の40キロとなるはずです。

また、ここでの別の重要なポイントは、相対的価値形態にある商品サツマイモと、等価形態にある鯨肉とでは、その関係に大きな非対称性が存在するという点です。それは何かというと、サツマイモの側はあくまでも相手にラブコールを送っているだけで、そのコールに答えるかどうかは相手側に委ねられていることです。サツマイモ側とは違い、鯨肉側は、もし望みさえすれば、すぐにでもその交換に応じることができます。つまり、等価形態にある商品には、相手の商品といつでも交換できる有利さがあるのです。マルクスはこれを「**直接的な交換可能性**」と呼びました。

展開された価値形態

マルクスはさらに議論を進めます。サツマイモの所有者は、実際には鯨肉だけが欲しいとは限りません。もっと多くのものを欲すると考えるのが一般的です。その関係を表したのが、次のB式にあるような価値関係です。つまり、鯨肉以外にもお茶や小麦や金や鉄などを欲し、それぞれの財の需要量に対して、自分の所有するサツマイモの一定量を提供するという関係を表しています。マルクスはこれを「**展開された価値形態**」と呼びます。この価値表現は基本的に単純な価値形態と変わりません。違うのはただ、サツマイモの価値を表現する等価物の種類が増えていったという点だけです。

B　ある量のサツマイモ　＝
- 鯨肉1キロ
- 100グラムの茶
- 300グラムの小麦
- 5グラムの金《きん》
- 2キロの鉄
- その他
- ……

（展開された価値形態）

一般的価値形態

しかし、左のC式にあるように、この関係をひっくり返した「**一般的価値形態**」になると話は異なってきます。この関係では、相対的価値形態にある側の商品の種類が増える一方、等価形態にある商品がサツマイモだけになります。この関係が意味していることは、鯨肉や、茶、小麦、金《きん》、鉄などの多岐にわたる商品の所有者の側が、ある量のサツマイモを欲し、それに対しておのおのがこれだけの量の商品（鯨肉、茶、小麦、金、鉄等々）を差し出してもよいと考えている状況です。この仮想社会では、サツマイモという商品がモテモテなため、諸商品が一致してサツマイモという商品で自らの価値を表現しているのです。誰からもラブコールを送られるため、サツマイモの所有者は、自分が欲しいと思う任意の商品を手に入れることができます。つまり、サツマイモの直接的交換可能性が増しているのです。

C

鯨肉1キロ
100グラムの茶
300グラムの小麦
5グラムの金
2キロの鉄
その他
……
＝ ある量のサツマイモ（一般的価値形態）

ひとたびこのような関係が生まれるならば、この仮想社会に属する人々の意識にも変化が現れます。つまり、本当のところサツマイモは欲しくないが、サツマイモを入手できれば、それを使って本当に自分の欲しい商品を入手できるというふうに考え始めるからです。そうなれば、人々はよりいっそうサツマイモを欲するようになります。

貨幣の出現

ここまでくるとお分かりでしょう。この一般的価値形態におけるサツマイモは貨幣としての役割を担い始めているというわけです。しかし、実際、貨幣としてサツマイモを使うことにはいろいろな不都合が生じます。イモはその大きさ、重さゆえに持ち運びには適さず、手荒に扱えばポキリと折れてしまいます。そして何よりも時間が経てば腐敗するため、貨幣には向きません。物質の成分が劣化せず、丈夫で小さく、任意の量に分割できる属性をもつ商品が貨幣に向いているのです。このような性質をもつ商品としては貴金属、特に金や銀が最適です。歴史上に存在したどのような社会でも、金や銀が貨幣として選ばれるようになったのはそのためです。

もちろん、貨幣が出現するほど商品生産が広がりを見せるようになると、サツマイモや鯨肉のような辺境部族が生産する一次産品のウェイトは低下し、代わって、都市の職人層や農村の家内工業などで作られる衣料品や各種生活雑貨などの方が商品の主流を占めるようになります。

上着1着
時計1個
綿布1キロ

D　茶百グラム
　小麦百グラム
　鉄1トン
　サツマイモ1キロ
　鯨肉1キロ
　……
　＝ある量の金　（貨幣形態）

D式は金が貨幣として選ばれた、価値形態の最終形態である「**貨幣形態**」を表現したものです。この貨幣形態では、すべての商品は金を貨幣として欲しているのであり、さきほどのB式に現れている金とは、その「欲する構図」が違っています。B式のサツマイモの所有者は、金を貨幣として欲しているのではなく、虫歯に詰めたり、金箔の原料として使える等々、金素材の有用性（＝使用価値）ゆえに金を欲していたのです。しかし、D式になると、上着や時計や綿布の所有者の1人1人は、金が本来持っていたそのような使用価値には関心がなく、金と交換しさえすれば、あとはその金を使って任意の商品を手に入れることができるという、金に付加された貨幣としての新たな機能ゆえに金を欲し、すすんで自分の持つ商品の価値を金という等価物で表現しようとしているのです。

この貨幣形態は、金の一定量、例えば純金1・5グラムを1円と定めるなどの度量標準を決めてやると、完全に今日わたしたちが当たり前のように目撃している**価格形態**へと進化します。すべての商品は、その基本単位（例えば鯨肉1キロ）を一定の金量と関係づけた後、その金量をもはや重さではなく、度量標準に応じた通貨量で（x円やyドルなど）呼称するようになり、今日のような鯨肉1キロ＝3万円というような表示が一般的になっていくのです。

貨幣の呪物崇拝

しかし、こうなると、もはやもともとあったA～C式のような価値形態の存在は忘れ去られ、本来、金が数ある商品群の1つでしかなく、その属性がたまたま貨幣に適していたがゆえに、数多《あまた》の商品群の中から金が貨幣となっただけだという経緯が見えなくなってきます。とりわけ、各国通貨が持っていた金とのつながりを無くし、不換《ふかん》紙幣を流通させるようになった第二次世界大戦終結後の管理通貨体制の下では、貨幣と金との関係性すら忘れ去られるようになります。

しかし、貨幣さえ手に入れられればどのような商品でも獲得できるという一般的等価物たる貨幣の特性は、貨幣形態が完成した後、神秘性を増していきます。本来、貨幣としての金は、C式のサツマイモのように、その社会の中で「誰からも好かれる人気者」という無邪気な性格しかもたない一商品にすぎなかったのに、貨幣形態が確立した後は、最初は金が、後には紙幣のような紙切れでさえ、世の中のすべての商品所有者がひれ伏すような威光をもつ不思議な物体へと変貌していくのです。これがマルクスのいう**貨幣の呪物崇拝《フェチシズム》**です。札束を目の前に積み上げて「カネがあれば何でもできる」と豪語する人間を、映画やテレビドラマや、時には実生活の中でも見かけますが、あれは拝金主義、つまり、本来は商品世界の中の一等価物に過ぎなかった貨幣の出自を忘れ、貨幣の呪物崇拝に取り憑かれている人間の姿です。1万円の製造原価は約20円だといいますから、1千万円の札束にはわずか2万円ほどの原価しかかかっていません。しかし、紙切れが紙切れでありながら貨幣としての地位を持つのは、他の人々が自分の商品の価値を貨幣で表すからに過ぎないのに、拝金主義、呪物崇拝に取り憑かれた人々は、貨幣自体に不思議な力があるから、人々がそうするのだと考えるのです。

資本の出現

さて、マルクスが続く『資本論』第4章「貨幣の資本への転化」で議論するのは、資本主義を資本主義たらしめるための条件である「資本」がどのようにして誕生したのかという問題です。

資本主義が一般化する以前の古代社会や中世、近世においては、商品流通は部分的であり、しかもその大半は、商品と商品との物々交換が延長されたような取引が主流です。このような流通形態をマルクスは、W－W、またはW－G－Wと表現しました。ドイツ語で商品はヴァーレ（Ware）、貨幣はゲルト（Gelt）と言うため、Wは商品を、Gは貨幣を意味しています。すぐに分かるように、W－Wは物々交換を、W－G－Wは自分の生産した商品Wを市場で売り、その代金Gで他の商品Wを購入して消費する形式を表します。このような商品流通はあくまでも消費が目的ですから、商品と貨幣は存在しても、資本は存在していません。

しかし、貨幣経済が広がってくると、やがて、貨幣を神のように崇め、蓄財衝動に動かされる**人類最古の資本**（**家**）が2種類誕生します。1つは、蓄えた元手Gで商品を安く仕入れ、それを別の場所で高く売りつけ金を稼ごうとする「**商人資本**」です。彼らは、W－G－Wのような消費を目的とした商品流通に見切りをつけ、G－W－G（＋g）で表される取引に関心を寄せます。この流通形式の目的は、いうまでもなく、最初に投下した貨幣（資本）よりも多い貨幣、つまり利潤の獲得です。商品Wの購入は消費を目的としたものではなく、転売目的によるものです。貨幣は、もはや単純流通W－G－Wにおける貨幣Gとは異なり、**Gの獲得自体が自己目的化している**のです。また、もう1つの資本（家）は、蓄えた元手Gを他人に貸し付けて利子を稼ごうとする「**金貸し資本**」です。この場合の流通形式は、よりストレートに、G－G（＋g）と表現できます。ここではもはや商品の売買さえ行われず、貨幣資本自体の増殖を直接に目指す露骨《ろこつ》な利潤動機が支配しています。

この2タイプの資本ないし資本家こそが人類最初の資本（家）であり、彼らの行為を媒介することで、「自己増殖する価値の運動体」と定義される資本が誕生するのです。この場合、運動する主体は捉えどころのない「価値」なのですが、価値は貨幣や商品に姿を変えながら、その量を増やしていきます。その際、自己増殖の起点と終着点を貨幣Gで捉え、価値増殖の度合いを貨幣で計算するのが最も便利です。ここから、やがて、貨幣＝資本であり、貨幣＝富という通念が発達してくるのです。

産業資本の誕生

商人資本や金貸し資本は日本でも世界でも確かに古くから存在しています。日本の場合、奈良時代にも商人は存在しましたし、江戸時代になると豪商《ごうしょう》と呼ばれる商人が米の物流などを担ったり、両替商《りょうがえしょう》という名の金貸し資本も活躍していました。ヨーロッパも同様です。もし、資本の誕生が資本主義の誕生だと考えるならば、資本主義は極めて古くから存在したということになるでしょう。

しかし、取引相手の無知につけ込んで商品を安く買い叩き高く売りつける商人資本や、金高利を搾《しぼ》り取ることで借り手を破滅させてしまうような略奪型の金貸し資本では、利潤創出の基盤が脆《もろ》く、その活動が社会全体を覆い尽くすことはできません。それゆえ、本当の意味で資本主義が成立したといえるのは、資本が流通部面だけでなく、社会全体の再生産構造にがっちりと食い込んでからのことです。それを成し遂げたのが「**産業資本**」です。産業資本は18世紀後半の産業革命を契機にイギリスで発展し、以後、世界中に広まるようになります。

　産業資本の流通形式は $G-W<^{A}_{Pm}\cdots P\cdots W'-G'$ と表現できます。つまり商人資本形式G－W－G（＋g）の真ん中に生産過程Pを挟み、同じ商品Wを安く買って高く売るのではなく、商品Wを用いて新しい商品W′を生産し、それを売ることで利潤を稼ぐというスタイルです。

　ここで買い入れる商品Wは、これまでのように、転売するための商品ではなく、一言で言えば、生産Pを遂行《すいこう》するために必要となる商品のことです。生産を行うためには、まず第1に、原材料や機械類などが必要です。原材料や機械類のことをマルクス経済学では「**生産手段**」と総称しますが、生産手段はドイツ語でプロドゥクツィオンツメテイ Produktionsmittel といいますので、マルクスはそれをP_mで表現しました。また、第2に、工場生産には労働者の存在が不可欠です。いくら生産手段を買い増したところで労働者がいなければ生産過程Pは動き出しません。労働者のことをドイツ語ではアルバイター Arbeiter といいますので、マルクスはそれをAで表現しました。つまり、購入するWの中身は生産手段と労働者という2つの商品なのです。ここで、もちろんG′はG＋gであり、価値増殖していることを意味します。

搾取《さくしゅ》理論の誕生

さて、産業資本はどのようにして価値増殖しているのでしょうか？　ここが『資本論』第1巻のクライマックス、第5章「労働過程と価値増殖過程」の議論です。その骨子を簡単に説明するとこうなります。

18世紀後半の産業革命から19世紀中葉にかけてのヨーロッパは、すでに数度の大きな市民革命を経験しているため、この時代には、政治だけでなく、経済の領域でも「自由・平等・所有・ベンサム」[34]が理想だという自由主義的な観念が広まりました。つまり、私有財産を侵すことなく相互に平等な契約主体が自由意志に基づいて取り結ぶ等価交換的な経済取引こそが、**最大多数の最大幸福**（ベンサム）を生むという意識です。第1巻全体で置かれている、商品はすべてその価値量に比例して売買されるという仮定も、略奪的な取引やインチキがないという状況を想定したものと解釈することが可能です。

しかし、等価交換が行われると想定した場合、利潤はどこから出てくるのでしょうか？

さきほど見たように、マルクス価値論の基本は、価値＝労働という命題です。つまり、価値を生むのは労働を行う人間だけであって、原料や機械設備、労働用具などの生産手段は、生産に不可欠な要素ではあるものの、それ自体が新たな価値を生み出すことはないと考えられているのです。しかし、もちろん、これらの生産手段も別の工場で労働によって作られたものですから、一定の価値量を有しています。先に見たように、生産手段の場合、新たな価値は生まないものの、生産過程で消費された分だけの価値（＝労働量）を生産物に移転すると考えるのです。

例えば、ある商品1単位の生産に直接的な労働が6時間必要とされ、その間に消費された生産手段の中にあらかじめ2時間分の労働が投下されていたと考えるならば、この商品

34　ベンサム（Jeremy Bentham　1748〜1832年）イギリスの哲学者、法学者。快楽を増やし苦痛を減らすような行為が善であると考え、「最大多数の最大幸福」（＝できるだけ多くの人ができるだけ多くの幸せを享受できる状態）を実現する社会こそが最も望ましい社会であると論じた。主著に『道徳および立法の諸原理序説』（1789年）など。ベンサムの主張は、その後、さまざまな方向に発展させられ、人間の行為や制度の望ましさを効用の観点から考察する「功利主義」と呼ばれる思想潮流の出発点となった。

1単位の価値は、6時間（労働による価値創造分）＋2時間（生産手段からの価値移転部分）で合計8時間となります。かりに、1時間労働に千円という価格が対応しているならば、この商品の価値は8千円ということになります。

このとき、もし、労働者が生み出した価値（＝価格）と賃金とが同額であり、資本家と労働者の間で「労働価値」の等価交換が行われるのならば、利潤は生まれません。例えば、6時間労働に対する報酬として6時間労働に相当する6千円を賃金として支払い、この商品を価値通り8千円で売れば、2千円の差額しか残らず、この部分は生産手段の補塡《ほてん》分に充《あ》てなければいけないからです。

では、資本家と労働者との間の雇用関係は、不等価交換なのでしょうか？　マルクスは「違う」と言います。つまり、等価交換なのです。しかし、ここには賃金特有のカラクリがあるとマルクスは考えました。

労働力の価値とは何か

マルクスによれば、雇用関係で売買されているのは労働ではなく、「**労働する力能**《りきのう》（＝**労働力**）」なのです。つまり、労働者は労働市場で自分の労働を売っているのではなく、労働する力能を商品として資本家に販売しているのです。

通常、商品価値はその商品を生産するのに直接間接に投入されている総労働量によって決定されます。しかし、労働力は他の商品とは違い、人間の持つ力能であり、人間はモノではありません。では、労働する力能の価値、言いかえれば「労働力（という商品）の価値」とはいったいなんでしょうか？

マルクスは、こう考えました。……労働力を発揮するのは人間だが、その人間が毎日工場に来て労働に従事できるのは、労働者の暮らしが日々再生産されるからである……労働者の命と暮らしを支えているのは何か？……生活物資の消費である……とすれば、労働力商品の価値とは、労働者が生きていくために消費する生活物資の価値のことではないか？……。マルクスはこう考え、労働力商品の価値とは、労働者が消費する生活物資（＝賃金財）の中に体化されている総労働量だと定義し、賃金の大きさはこれに対応していると考えたのです。

つまり、賃金とは労働者が工場で実際に働いた「労働の価値」なのではなく、あくまでも「労働力（という商品）の価値」なのです。それゆえ、**生活物資を買えるだけの賃金を労働者に支払えば、資本家は労働者と「等価交換」をしたことになると同時に、実際に労働者が工場内で資本家に提供した労働時間と、労働力商品の価値量（＝生活物資に含まれている労働時間）との間には直接的なつながりがなくなるのです**。1時間の労働の価値が千円で、生活物資の中に6時間の労働量が投下されていた場合には、賃金は6千円となりますが、工場での労働が6時間で終わる必然性はないということです。

事実、労働力を1日何時間使うかは資本家の裁量です。19世紀のような野蛮な資本主義の時代には、1日12〜14時間労働は当たり前でした。21世紀の日本でも、ブラック企業による長時間労働や過労死が問題となっています。今も昔も労働者を何時間働かせるかの決定権は、基本的には資本家側にあるのです。

とすれば、等価交換の中から利潤が生まれる仕組みも明らかでしょう。労働者の仕事は6時間で終わらず、例えば追加で4時間の労働を命じられ、1日合計10時間の労働が義務とされるのです。つまり、**工場内で実施される労働時間と、生活物資の中に含まれる労働時間とが乖離し、通常は前者が後者を上回るため、資本家はその差額の価値（＝4時間＝**

4千円）を取得することが可能となり、それが利潤として現れるのだとマルクスは考えたのです。価値レベルで考察したこの差額部分のことを、マルクスは「**剰余価値** Mehrwert（ミアベルト）」と名付けました。

別の角度から言うと、賃金支払いは等価交換ですが、労働時間＝価値レベルで考察すれば、4時間分の労働が不払い労働となっています。マルクスはこれを「**搾取**《さくしゅ》 Ausbeutung（アウスボイトゥン）」と呼び、産業資本が獲得する利潤は、この部分に根拠があると考えたのです。10時間労働の最初の6時間は、生活物資が含む価値とちょうど同じだけの時間ですので、マルクスはこの部分を「**必要労働**」と呼び、自分のためではなく資本家のために働いていることが明らかな残り4時間の労働部分を「**剰余労働**」と呼んでいます。剰余労働は剰余価値に対応した労働部分のことです。

マルクスの基本定理

『資本論』第1巻の出版後、マルクスの搾取理論が広く知られるようになると、保守的な経済学者や富裕層から強い反発が出ます。富裕層にしてみれば、自分たちの富の根拠が、労働者からの搾取にあると糾弾《きゅうだん》されたわけですから、マルクス経済学に対し強い敵意と危機感が生まれるのはもっともなことです。

しかし、マルクス嫌いをこじらせている頑迷固陋《がんめいころう》の経済学者は別として、「利潤の源泉は剰余労働の搾取にあり」というマルクスの搾取命題は、根拠の無いイデオロギー的な論難ではなく、特定の仮説群から導き出された矛盾の無い一貫した主張であることは、多くの非マルクス経済学者からも認められています。その理由は、20世紀になってからマルクス経済学の数理化が進み、搾取理論を数学を用いて定理として証明する研究が進んだからです。この結果、マルクスの搾取理論は、今日では「**マルクスの基本定理**」という名称で呼ばれるようになっています。最初にこの証明を行ったのは、日本人の置塩《おきしお》信雄[35]です。置塩は1950年代に線形代数の非負行列[36]に関する諸定理を用いて搾取理論の証明に世界で初めて成功しました。そのため、マルクスの基本定理は、置塩に敬意を表して「マルクス＝置塩の定理」と呼ばれることもあります。

今日のマルクス経済学の教科書では、マルクスの搾取理論を、『資本論』のように個別企業を例にしたミクロの視点からではなく、社会的再生産や「剰余アプローチ」というマクロの観点から論じるスタイルが増えてきました。おおよそ、次節で述べるような理解が21世紀におけるマルクス搾取理論の概要です。102〜103ページの**図表1・3**を参照しながら読んでください[37]。

なお、以下では行列やベクトルという数学が使われますが、これは同じような計算を一括して行うために発明された便利な計算方法です。皆さんも高校時代に学んでいるはずですが、何らかの事情で学んでいない、あるいは忘れたという人は、お手数ですが、行列の掛け算の計算方法をグーグルなどで検索してみてください。何も難しくはありません。行（横）と列（縦）の要素を規則に従って掛け合わせていくだけです。ここでは紙数も限られているので、行列とベクトルの掛け算、足し算は知っているものとして話を進めます。どうしても数学が嫌い、という人は読み飛ばして、108ページの節に飛んでもらっても結構です。

各種投入係数の設定

いま社会の全生産部門がn種類あって、おのおのの生産部門ではただ1種類だけの商品

35 **置塩信雄**（1925〜2003年）日本を代表する数理マルクス経済学者。神戸大学教授などを歴任。

36 **非負行列**　行列の各要素にマイナスの数字が入らないような行列のこと。

37 次節以下の説明では、置塩信雄『マルクス経済学──価値と価格の理論』（筑摩書房、1977年）、小幡道昭『経済原論──基礎と演習』（東京大学出版会、2009年）を参考にした。

が生産されているとします。そうすると当然、商品の種類もｎ種類存在するということになります。この中には、生産手段（原材料や道具・機械類）も生活物資（食料や衣料品などの消費財）も含まれています。各生産部門においてどのような生産手段をどのていど使用するかは、部門ごとの技術的な特性によって異なりますが、ここでは技術が一定で、どの商品もそれを1単位作るために必要な生産手段の投入量（＝投入係数）は決まっていると仮定します。例えば、綿布を1単位作るために、棉花が3単位と、鉄が2単位必要だとしましょう。このケースなら、綿布生産における棉花の投入係数は3で、鉄の投入係数は2だ、というふうに表現し、これが技術的な定数として固定されていると考えるのです。各産業部門を1からｎの番号で表し、a_{ij}という記号で商品ｉを1単位生産するために必要な商品ｊの量を表すと決めるならば、1番目の商品1単位の生産にはa_{11} a_{12}… a_{1n}だけの生産手段の投入が必要だということになるし、2番目の商品にはa_{21} a_{22}… a_{2n}が、ｎ番目の商品の場合にはa_{n1} a_{n2}… a_{nn}だけの生産手段が必要ということになります。もちろん、綿布生産には使われない商品（例えばダイヤモンドなど）からの投入係数は0としておけばいいわけです。この技術的な関係を一括表示すると、ｎ行×ｎ列の行列Ａ（**図表1・3の①**）を作ることができます。これを投入行列といいます。

他方、各商品1単位を作るのには、機械などの生産手段を巧みに操り加工作業を行う労働が必要です。つまり、各商品の生産に直接的に投入される労働量です。これをマルクスは「**生きた労働**」と呼びました。原料や生産手段から移転される価値＝労働部分を「**死んだ労働**」と呼ぶのに対応した呼び名です。さて、技術が確定していれば、各商品1単位あたりに直接的に投入する「生きた労働」の量も決まってくると考えられます。そこで各商品を1単位生産するのに必要とされる直接的な「生きた労働」投入量をベクトルτ（タウ、

図表1・3 「マルクスの基本定理」の簡単な証明

（準備）

$$A=\begin{pmatrix} a_{11} & \cdots & a_{1n} \\ \vdots & \ddots & \vdots \\ a_{n1} & \cdots & a_{nn} \end{pmatrix} \geq 0$$ （a_{ij} は商品 i を1単位作るのに必要な商品 j の量）……①

$$\tau=\begin{pmatrix} \tau_1 \\ \tau_2 \\ \vdots \\ \tau_n \end{pmatrix} > 0$$ （τ は商品 i の生産に直接投入される労働量）……②

$$t=\begin{pmatrix} t_1 \\ t_2 \\ \vdots \\ t_n \end{pmatrix} > 0$$ （t_i は商品 i に投下されている総労働量＝価値量）……③

$$P=\begin{pmatrix} p_1 \\ p_2 \\ \vdots \\ p_n \end{pmatrix} > 0$$ （P_i は商品 i の価格）……④

$$X=\begin{pmatrix} x_1 \\ x_2 \\ \vdots \\ x_n \end{pmatrix} > 0$$ （x_i は商品 i の一年間の総生産量）……⑤

$$Q=\begin{pmatrix} q_1 \\ q_2 \\ \vdots \\ q_n \end{pmatrix}$$ （q_i は商品 i の一年間の純生産量）……⑥

$B=(b_1, b_2..., b_n) \geq 0$ （1単位の労働が消費する各商品量）……⑦

$Q=X-A^TX$ （Q は純生産，X は総生産，A^T は行列 A の行と列を入れ替えたもの，A^TX は生産手段の損耗分）……⑧

↑↓

$q_1=x_1-(a_{11}x_1+a_{21}x_2+\cdots+a_{n1}x_n)$ （第1商品の純生産は，その総生産量 x_1 から他の商品を作る際に生産手段として用いられて消費された分を引いたもの）

$q_2=x_2-(a_{12}x_1+a_{22}x_2+\cdots+a_{n2}x_n)$ （第2商品の純生産は，その総生産量 x_2 から他の商品を作る際に生産手段として用いられて消費された分を引いたもの）……⑨

$\vdots$

$q_n=x_n-(a_{1n}x_1+a_{2n}x_2+\cdots+a_{nn}x_n)$ （第 n 商品の純生産は，その総生産量 x_n から他の商品を作る際に生産手段として用いられて消費された量を引いたもの）

$Q=TB^T+\pi$ （Q は純生産，B は労働者階級が消費する生活物資，π は資本家階級の一年間の取り分を表す列ベクトル
T は年間の総労働量（スカラー値），B^T は行ベクトル B を列ベクトルに変換したもの）……⑩

（証明の流れ）

利潤が存在する条件は，$P-(AP+\tau BP)>0$（左辺は商品 1 単位あたりの利潤．左辺第 1 項は商品の価格，第 2 項は生産手段のコスト，第 3 項は賃金コスト）を満たす正の価格ベクトル P が存在すること……⑪

↑↓

$$\begin{cases} p_1-(a_{11}p_1+a_{12}p_2+\cdots+a_{1n}p_n)-\tau_1 BP>0 \\ p_2-(a_{21}p_1+a_{22}p_2+\cdots+a_{2n}p_n)-\tau_2 BP>0 \\ \quad\vdots \\ p_n-(a_{n1}p_1+a_{n2}p_2+\cdots+a_{nn}p_n)-\tau_n BP>0 \end{cases}$$

（括弧の中は第 1 商品の生産に使用した生産手段のコスト，最終項は直接的な労働投入 τ_1 に必要な賃金コスト）
（括弧の中は第 2 商品の生産に使用した生産手段のコスト，最終項は直接的な労働投入 τ_2 に必要な賃金コスト）……⑫
⋮
（括弧の中は第 n 商品の生産に使用した生産手段のコスト，最終項は直接的な労働投入 τ_n に必要な賃金コスト）

↓

価値＝価格＝労働量，という仮定より，価格は投下労働量に比例するはずだから $P=\lambda t$（λ は任意の正の定数）が成り立つ．

これを利潤が存在する条件 $P>AP+\tau BP$ に代入すると，$\lambda t>\lambda At+\lambda\tau Bt$ が得られる．……⑬

↓

両辺から λ を消去すると $t>At+\tau Bt$．ここで，商品価値は，$t=At+\tau$（1 単位の商品に投下された総労働量＝価値．右辺第 1 項は生産手段価値の移転部分，2 項は直接的な労働投入部分）で表せるから，これを不等式に代入すると $At+\tau>At+\tau Bt \quad \therefore \tau>\tau Bt$ が得られる．

これを整理すると，$\tau(1-Bt)>0$ が導出できる．τ は正のベクトルであるから，この式が意味するのは，$1-Bt>0$ である．……⑭

↓

$1-Bt>0$ の意味は，「労働者が 1 単位の労働の対価として受け取る賃金で購入する（＝買い戻す）生活物資には，1 よりも小さな労働時間 Bt しか含まれていない」ということ．この両辺に年間の総労働時間 T をかけると $T-TBt>0$ が得られるが，この意味は，「労働者階級は 1 年間に T 時間の労働を資本家に提供して商品生産を行い，その見返りとして受け取った賃金で別の資本家から生活物資を商品として買い戻すが，獲得した生活物資に含まれている総労働時間は T よりも小さい」ということ．つまり賃金を媒介にした生活物資の買い戻し関係において，労働者は自分が提供した労働時間に等しいだけの価値を受け取っておらず，雇用関係には労働価値の搾取が存在していることが分かる．……⑮

↓

（結論）

$P>AP+\tau BP$ を満たす P が存在するならば（＝利潤が存在するならば）$1-Bt>0$ がいえる．つまり，剰余労働（剰余価値）の搾取が存在している．

ｎ行×１列）で表すとします（②）。また、各商品に含まれる総労働量（生産手段から移転される部分と直接的な労働によって付け加えられた合計）をベクトルｔ（ｎ行×１列）で表します（③）。これは価値ベクトルです。

さて、以上のような技術的な特性を有するこの経済には、ある一定数の労働者が存在し、彼らが1年間にＴ（これはベクトルではなく、３００億［時間］などの形で表現される数です）だけの総労働量を提供し、これを用いることで、年間生産量Ｘが生み出されていると考えます。Ｘもさまざまな商品の生産量を表すベクトル（ｎ行×１列）です。

総生産物Ｘと純生産物Ｑ

最初にこう考えます。1年間にさまざまな人々がさまざまな労働を行うことで生み出された**総生産物**Ｘはいったいどのような用途に使われているのだろうかと……。生産現場の人々がすぐに思い浮かべるのは、この1年間に使用されて消失した原材料部分や道具・機械、つまり生産手段の損耗部分のことです。もし、これが総生産Ｘによって補填されないと、社会に存在する生産手段はそれだけ減少し、次の年から生産規模の累積的な縮小が生じてしまいます。それゆえ、飢饉や戦争などの特殊な事情が生じない限り、どの時代のどの社会でも、年間総生産物Ｘから真っ先に控除《こうじょ》されるのはこの部分です。

当然ですが、総生産Ｘから生産手段の補填が行われれば、自由に使える生産物はその分だけ減少します。年々の生産物Ｘからこのような補填部分を控除した残りの部分を、1年間に生み出された「**純生産物**」といいます。ここではＱという記号を用いて表しましょう（図表1・3の⑥）。もちろん、これもベクトル量（ｎ行×１列）です。

さて、生産手段の損耗部分の補填は、技術的に決まってくる話ですので、人々の思惑《おもわく》や争いが絡んでくる余地はほとんどありません。マルクスが問うたのはその先の話、すなわち純生産物Qの使い道です。

Qはどのような使途に用いられるのでしょうか。欠かすことができないのは、実際に生産に関わった労働者（勤労者）への分配です。歴史上、どのような社会でも必ず勤労者が生きていくだけの物資は純生産物Qの中からまかなわれていました。理由は単純です。Qの中から必要な物資が分配されなければ、働き手が飢えて死んでしまうからです。

生活物資は「**生活手段**」とか「**賃金財**」と呼ばれることもあります。ここではすべての労働者の消費パターンが同じだと単純化し、労働者が労働を1単位提供する見返りとして受け取る賃金で、1～n番目の商品をそれぞれ$b_1 b_2 \dots b_n$だけ生活手段として買い入れ消費すると考えます。労働者が生活物資として使わない商品の値は0と置きます。このようにしてできたベクトルのことを「**生活物資ベクトル**」といい、それをB（1行×n列）で表します（⑦）。生活物資ベクトルは労働1単位あたりの消費ベクトルなのですから、1年を通じてもしTだけの労働が提供されたなら、1年ではT×Bだけの商品が消費されることになります。生産手段の補填部に続いて控除されるのはこの部分なのです。

剰余生産物

では、T×Bが控除されたあと、純生産物Qには何も残らないのでしょうか？　生産力が極めて低い原始的な社会では、ほとんど何も残らなかったと考えられます。しかし、人類は古代、中世、近世と長い時間をかけてゆっくりと生産力を向上させ、純生産物Qは、剰余、すなわち余りの部分を持つようになります。純生産物QからT×Bの部分を引いた部分のことを、「**剰余生産物**」と呼びます。ここでは、これをベクトルπ（n行×1列）

で表すことにします。

剰余の存在は、生産力が発展した結果なのですから、その意味では好ましいことなのですが、同時にある深刻な問題を生み出してしまいます。それは、純生産物Qをどう分配するのかという問題です。純生産物Qは、ベクトルで表現するとQ＝T×B＋π（⑩）であり、一方の取り分が増えれば他方の取り分が下がるような対抗関係になっていることが分かります。Bの最低水準は1日あたりのカロリー摂取量などの生物学的な意味で決まっているとしても、上限をどこにするかは技術的には決まりません。**Qをどのような比率でT×Bとπに分けるのかについては、技術や科学がそれを客観的に決めるのではなく、社会、つまり人間がそれを決定するというのが、純生産物Qの宿命なのです。**

歴史的に考察すると、産業資本主義が成立する以前の古代、中世、近世では、王様や封建領主などの支配階級が、武力を背景とした強制力（これを「経済外強制」といいます）によって、農民などの被支配階級から剰余生産物πを年貢米のような形で奪い、その残りが農民に分け与えられていました。それゆえ、T×Bは生存水準ぎりぎりの低レベルであり、どの国の農民も貧しい暮らしを強いられていたのは周知の事実です。

産業資本主義が確立した近代以後はどうでしょうか？　昔のような剰余生産物の露骨な収奪がなくなったのは事実です。「自由・平等・所有・ベンサム」が支配する社会では、各経済主体は、自由意志に基づく対等な法的関係のもとで雇用契約に入るのですから、人類は支配階級の搾取から解放された、というのが、マルクスの時代のブルジョワ経済学の考えでした。マルクスはそれに異を唱えます。

皆さんもご存じのように、資本家が企業経営を行うのは利潤を追求するためです。この利潤を数学的に表現するとどうなるでしょうか？　利潤とは、一般に売値と原価との差のことです。原価１００万円の商品を１２０万円で売れば、20万円、すなわち、20％の利潤を稼げることは、簿記の基本として習った方も多いでしょう。ここでは、**図表1・3**の⑪の不等式の左辺、すなわち、商品の価格ベクトルＰ（④）から、原価、すなわち生産過程で損耗した生産手段の価値と、商品を直接生産する賃金コストの２つの価値を引いたものが利潤となります。それゆえ、利潤が存在する条件を数学的に言えば、この利潤が０より大きいことです。つまり、**⑪の不等式こそが利潤存在の条件なのです。**

損耗する生産手段の量はすでに各商品を1単位生産するための投入係数として行列Ａで表現しています。それゆえ、このＡに価格を掛けたＡ×Ｐが生産手段のコストです。他方、商品1単位あたりに直接投入する労働量もτとして決まっており、この労働量に対応した生活手段のコスト、すなわち、τ×Ｂ×Ｐが賃金コストです（⑫）。

このとき、『資本論』第1巻を通じて前提されている価値＝労働＝価格という仮定を思い出しましょう。各商品の総労働量（＝価値）を表す価値ベクトルｔは、生産手段から移転してくる価値量Ａ×ｔと、労働によって新たに生み出される価値量τとの合計です（⑭）。また、価値＝価格という仮定を数学で表現すると、これは商品の価格が価値量に比例するということですから、Ｐ＝λ×ｔ（λは正の定数）で表現できます（⑬）。以上、2つの式をさきほどの利潤条件を表す不等式に代入すると、$1-Bt>0$という不等式が導かれます（⑭）。この式の意味は、労働者は1単位の労働を提供したが、受け取る賃金で購入した生活手段には、Ｂ×ｔだけの労働時間しか含まれておらず、この値は1よりも小さいという結論です。両辺に総労働量Ｔを掛けて計算される$T-TBt>0$で表現するとより分かりやすくなるかもしれません。この不等式の意味は、1年かけてTだけの労働を提供したにもかかわらず、生活手段として受け取った労働価値はTよりも少ないということです⑮。マルクスはこれを搾取と呼んだのです。**搾取を表す最後の式は、利潤の存在条件から必要条件として導かれましたから、利潤が存在するためには搾取が必要であるという理屈になるのです。**

つまり、産業資本主義が確立した近代以後の社会では、近世以前の封建領主vs.農民のような、剝き出しの搾取関係は消えましたが、一見すると自由平等な当事者同士の雇用関係の背後にある生産部面でも、剰余労働＝剰余価値の搾取が継続しており、それが流通部面で実現される利潤の存在条件になっていることを、マルクスは明らかにしたのです。

マルクス以後のマルクス経済学

以上が主として『資本論』第1巻の概要です。もちろん、紙幅の都合上、多くの説明すべき事柄を端折《はしょ》っています。マルクス経済学に少しでも関心を持った方は、ぜひ『資本論』に直接当たり、知識の補完をご自身でお願いします。

ところで、冒頭で述べたように、マルクスの死後、マルクス経済学はさまざまな方向に継承、発展されていきました。**図表1・4は**、20～21世紀におけるその大まかな流れをまとめたものです。図を一瞥《いちべつ》すれば分かるように、マルクスの影響は、狭い意味での経済学にとどまることなく、政治学や哲学、人類学、社会学、歴史学など幅広い分野に及んでいます。１９７０年代頃までの世界は、まさにマルクスの思想がさまざまな分野で八面六臂《はちめんろっぴ》の活躍を遂げた時代だといっても過言ではありません。

もちろん、図表1・4に現れる研究分野や人物が、すべてマルクス派というわけではあ

図表1・4　マルクス以後のマルクス経済学（20～21世紀）

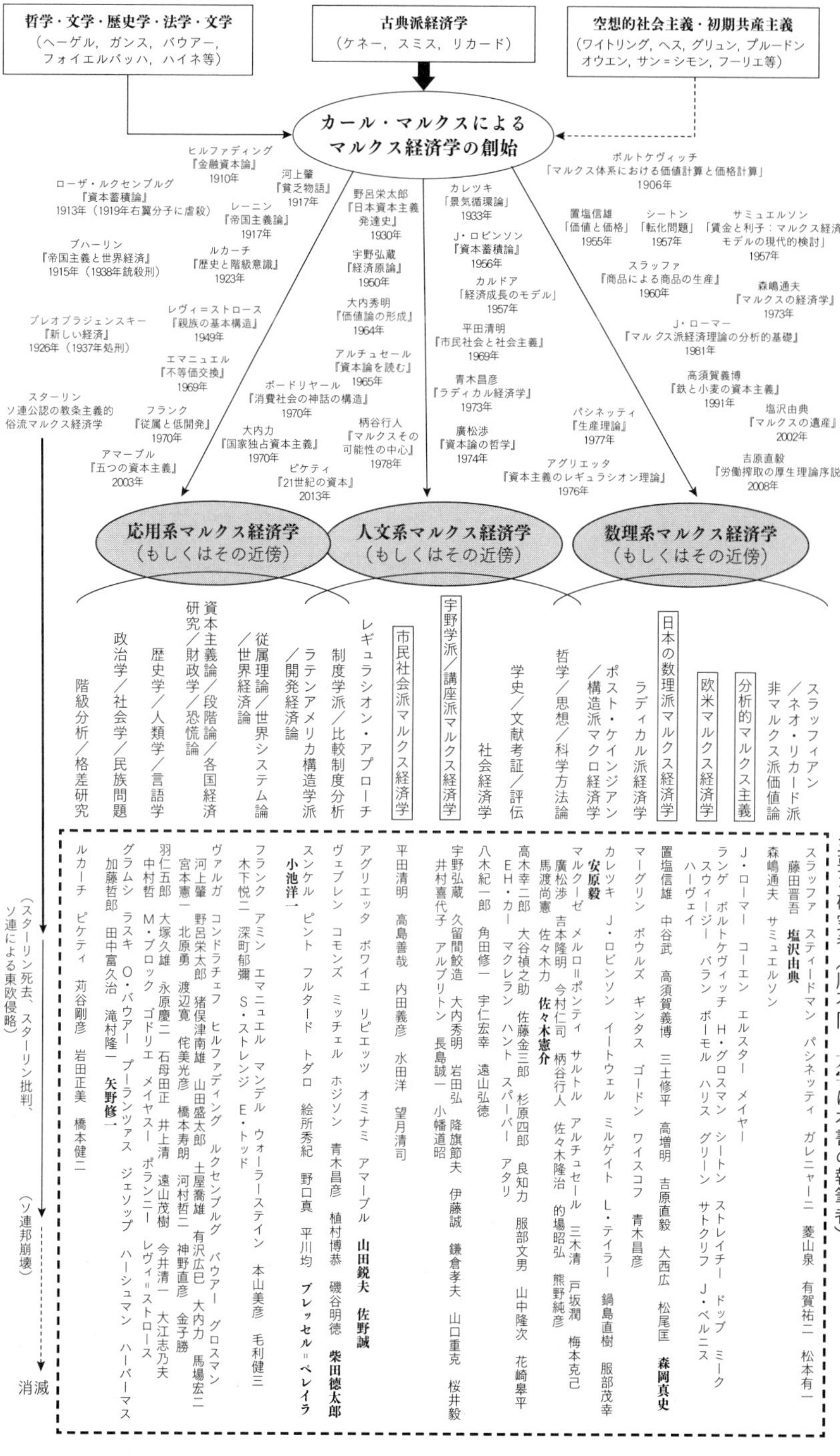

りません。今日、マルクスという「商標」をはっきりと掲げている研究分野は図表で囲みで表されている部分だけで、大半は、マルクスから一定の距離をとっているケースがほとんどです。しかし、少なくともこの図表に示した各研究分野と人物は、批判的にせよ、翼《よく》賛《さん》的にせよ、多かれ少なかれマルクスの問題意識の一端《いったん》を共有している人々＝学問だと考えていいでしょう。矢印の周辺に記した書名・論文名は、これらの継承・発展の中でも、特に有名な業績群です。

応用系マルクス経済学

マルクス経済学の継承・発展は、基本的には、①**応用系マルクス経済学**、②**人文系マルクス経済学**、③**数理系マルクス経済学**という3つの分野に分かれて進化していったと考えられます。

第1の応用系マルクス経済学というのは、価値論などの純粋な経済理論よりも、資本主義という社会経済制度の具体的な分析を主要な関心として発展していった研究分野です。その先鞭《せんべん》をつけたのは、ヒルファディング[38]やレーニン[39]などの資本主義研究です。ヒルファディングは『金融資本論』という著書の中で、マルクスの時代の産業資本的な蓄積とは異なる、金融資本的な蓄積様式に注目し、株式会社制度の発展や産業資本と銀行資本との融合など20世紀資本主義の新しい構造変化を詳しく論じました。ソ連邦の生みの親レーニンも、研究者としては一流の業績を残しており、名著『帝国主義論』の中で、巨大で独占化した資本主義は、過剰な生産能力のはけ口として植民地市場を必要としているがために、ヨーロッパ列強による帝国主義的な植民地獲得競争と世界分割合戦が生じるのだと論じました。

38
ヒルファディング（Rudolf Hilferding 1877～1941年）オーストリア・ハンガリー帝国生まれの医師、マルクス経済学者、政治家、ドイツ社会民主党の理論的指導者。帝政崩壊後のドイツ・ワイマール共和国（1918～33年）の時代に財務大臣を歴任（1923、28～29年）したが、ヒトラー政権の誕生を機にスイス、フランスに亡命。しかしナチス占領下のフラこのような問題関心はその後、各国の具体的な資本主義の制度分析や人類史の研究へと人々の関心を向けさせ、欧米だけでなく、日本やラテンアメリカ研究などにも受け継がれていきます。新古典派経済学のように、抽象的なモデル分析に基づいて、競争や効率についての当たり障りのない体制翼賛的な経済論を開陳《かいちん》して富裕層を安心させるのではなく、徹底した具体的事実や歴史的証拠を積み上げて、資本主義の暗黒面をどしどし告発し、時には権力者が嫌がる支配構造の闇まで明るみに出す作業が、これら学問領域の最も得意とする仕事の1つです。特に貧困と格差は、マルクスが格闘した重要な資本主義のテーマですので、マルクス派を名乗る、名乗らないは別として、フランスのトマ・ピケティ（『21世紀の資本』山形浩生他訳、みすず書房、２０１４年）や橋本健二さん（『新・日本の階級社会』講談社現代新書、２０１８年）、岩田正美さん（『現代の貧困』ちくま新書、２００７年）などの格差研究は、広い意味での現代版マルクス経済学であるとわたしは考えています。また、構造諸形態や蓄積体制、調整という観点から、各国資本主義の動態的分析を地道に行ってきたレギュラシオン・アプローチ（本書第4章参照）なども、マルクスの遺産を受け継ぐ制度派経済学の一種と位置づけることが可能です。

人文系マルクス経済学

第2の人文系マルクス経済学というのは、人文的・総合的な分析スタイルを放棄することなく継承し、『資本論』体系の解釈と再構築を目指していった研究領域のことです。人文的・総合的な分析とは、現実を言語によって抽象化・概念化し、概念同士の連関を論理的に再構成しながら、資本主義の構図を描き出していく、非数理的＝文系的な手法のことです。『資本論』の記述スタイルも、基本的にはこうした特徴を持っていました。その意

ンスで逮捕され獄死した。主著『金融資本論』（１９１０年）。

39 **レーニン**（Vladimir Ilyich Lenin １８７０〜１９２４年）ロシアの革命家、政治家、マルクス経済学者。ロシア革命を成功に導きソ連の初代指導者となる。主著『国家と革命』（１９１７年）など。

味で、マルクスの『資本論』体系をもっとも忠実に継承した人々がこの分類に属します。

宇野弘蔵[40]に起源を持つ「宇野学派」は、どちらかといえば、『資本論』体系の矛盾を積極的に指摘しながら体系の再構築を目指したのに対し、日本共産党に近かった「講座派」と呼ばれる人々は、マルクスがどう考えていたかを重視し、遺稿などを精査して厳密な文献考証による『資本論』解釈を行うような研究に精力的に取り組んでいました。また、多くの哲学者、社会思想研究家が『資本論』解釈に参加したことも、人文系マルクス経済学の特色です。哲学者のアルチュセール[41]や廣松渉《ひろまつわたる》[42]などがその代表格で、このような人々は、価値形態論や疎外論[43]や物象化論などの分野ですぐれた研究成果を残しています。

数理系マルクス経済学

第3の数理系マルクス経済学というのは、主としてマルクスが未完のまま残した生産価格と価値との関連や搾取理論の証明を現代数学を用いて研究している経済学のことです。価値の生産価格への転化を論じ労働価値論を修正した第3巻に関しては、すでに19世紀末に、これは価値＝労働＝価格で議論してきた第1巻の立場を放棄することであり、マルクス理論の破綻である、とするアンチ派の評論が出回っていましたが、当時はあまり真剣にこの点が議論されることはありませんでした。20世紀に入ってすぐに、革命や大恐慌や戦争や粛正などが起こり、世の中が騒然としたからです。しかし、戦後、人々が落ち着きを取り戻すようになる1950年代頃から、労働価値説や価値の生産価格への転化問題を、きちんとした現代数学で議論しようという動きがマルクス派・非マルクス派双方の間で芽生えます。今日からすると信じられないことですが、新古典派の森嶋通夫《みちお》[44]やノーベル経済学賞を取ったサミュエルソン[45]なども加わって、マルクスの転化問題が真剣に議論されたの

40 **宇野弘蔵**（1897〜1977年）日本のマルクス経済学者。価値形態論の独創的な解釈や三段階論（原理論、段階論、現状分析）、純粋資本主義論の提唱者として有名。主著は『宇野弘蔵著作集』（全11巻、岩波書店、1973〜74年）にまとめられている。1938年、人民戦線事件に関わったという無実の罪で投獄され東北帝国大学助教授の地位を失った。裁判では無罪判決が出たが大学には復帰しなかった。戦後は、東大教授などを歴任して多くの業績を残した。そのユニークな『資本論』解釈は海外にも紹介されて反響を呼んだ。

41 **アルチュセール**（Louis Pierre Althusser 1918〜90年）フランスの哲学者、思想家。構造主義の立場からマルクスの『資本論』を読み直し、世界のマルクス研究者に大きな影響を与えた。主著『資本論を読む』（1965年）など。

42 **廣松渉**（1933〜94年）日本の哲学者。唯物論や物象化論などのマルクス研究で有名。主著『資本論の哲学』（現代評論社、1974年）、『物象化論の構図』（岩波書店、1983年）

です。置塩信雄がマルクスの基本定理を証明したのもこの時期です。サミュエルソンは、マルクスの価値論に関する何本かの論文を有名なジャーナル（査読付き経済学雑誌）に発表していますし、森嶋は一連の論文をまとめて『マルクスの経済学』と題する英語の書籍を出版したほどです。その後１９６０年に限界原理や需給均衡を使わない画期的な価格理論がスラッファ[46]によって発表されると（『商品による商品の生産』）、数理派の多くは、そこにマルクス経済学再生のヒントを感じ取り、その後、一気にマルクス・ルネサンスと呼ばれる数理系マルクス経済学の活況が生まれていきました。

この過程で数理派が到達した結論は、例えば、マルクスが価値の生産価格への転化の際に想定していた「総計二命題」が一般には成り立たないということや、投下労働量＝価格体系が成立するのは、剰余生産物のない世界、つまり生産者がすべて単純商品生産者であるような場合に限られ、剰余が存在し、労働者が資本主義的に雇用されているような社会では、一般には価値＝価格は成立しないことなど、ある意味、伝統的なマルクス経済学にとってはショッキングなものでした。しかし、多くの論争を経て論点が整理された今日では、これら初期の数理派が発見した結論の多くは、マルクス経済学の基本常識として今日では広く受け入れられるようになっています。

また、このような研究成果を受け、数理派のマルクス研究者の中には、もはや労働価値という概念は不要であり、生産価格の次元で議論を進めるだけで充分とするような人々も増えてきました。マルクス経済学の最も中心的な命題である搾取に関するマルクスの基本定理をめぐっても、労働以外の任意の商品（例えばバナナ）を基準としてその価値を計算すれば、「バナナ1単位の生産に直接・間接に投入されるバナナ価値が1より小さい限り、バナナが搾取されている」とも言えるのではないか、という議論さえ誕生しました。つま

など。

43　疎外論　人間が作ったもの（労働生産物や貨幣など）が人間の手を離れてよそよそしくなったり、人間を支配して苦しめるような状況を研究する哲学のテーマ。過酷な長時間労働による人間性の喪失問題を重要な関心対象の１つとする。

44　森嶋通夫（１９２３〜２００４年）海外を拠点にして活躍した日本の経済学者。ロンドン・スクール・オブ・エコノミクス（ＬＳＥ）教授などを歴任した。主著『ワルラスの経済学――資本と貨幣の純粋理論』（西村和雄訳、東洋経済新報社、１９８３年）など。

45　サミュエルソン（Paul Anthony Samuelson １９１５〜２００９年）アメリカの経済学者。ケインズ経済学を新古典派と融合させ、新古典派総合という概念を考案した。１９７０年ノーベル経済学者を受賞。

46　スラッファ（Piero Sraffa １８９８〜１９８３年）イタリア出身の経済学者。１９２０年代にイギリスに渡りケンブリッジ大学教授などを歴任。１９６０年に『商品による商品の生産』を刊行し、生産条件が価格を決定するという全く新しい異端派的な一般「均衡」理

り、マルクスが終生こだわった労働価値説型搾取理論への懐疑《かいぎ》です。ボウルズ[47]やギンタス、[48]J・ローマー、[49]また何人かの反マルクス派の日本人によって先鞭を付けられたこのような考え方を、「一般化された商品搾取定理」と呼びますが、日本でも、マサチューセッツ大学（アマースト校）の吉原直毅さんや立命館大学の松尾匡《ただす》さんらの間で、この定理の意義や有効性をめぐって熱い論戦が継続中です。[50]

また、最近の数理派の中には、マルクス経済学の主要な論敵を新古典派経済学とするのではなく、逆に、マルクスと新古典派経済学の親和性に注目して、一般均衡理論を使った搾取理論の可能性を追求するような研究（三土《みつち》修平さん）や、マルクス派の価格決定理論として新古典派理論を積極的に採用していこうとする研究（大西広さん）さえ存在します。この意味で、数理系マルクス経済学の現状は、よくいえば百花繚乱《ひゃっかりょうらん》、悪くいえば、そもそもマルクス経済学とはいったい何なのかという根本的な疑問が頭をよぎる混沌とした状況が生じていると言えるのかもしれません。

21世紀におけるマルクス経済学の効用

21世紀初頭の資本主義が、すべての問題を解決する理想的な経済制度でないことはもはや誰の目にも明らかです。格差と貧困という資本主義に付きまとう疫病神《やくびょうがみ》が去る気配はなく、アジア通貨危機[51]やリーマン・ショック[52]など世界経済の危機も周期的に襲来するようになりました。また、グローバリズムと過剰な競争社会は、その反動として、差別や暴力や偏狭《へんきょう》なナショナリズムを刺激し、民主的な価値観それ自体を脅《おびや》かし始めています。

このような現状に鑑《かんが》みれば、経済学の世界が、新古典派経済学だけでいいわけがありません。新古典派のような効率重視の経済学だけが幅を利かせるようでは、人々は永遠に競

論を創始した。スラッファの理論は、マルクスが解けなかった価値と生産価格に関する難問を解きうる理論フレームを提供していたため、数理派マルクス経済学者にも大きな影響を与えた。若い頃の友人で、後にイタリアのファシスト政権によって逮捕・投獄されたグラムシ（Antonio Gramsci １８９１〜１９３７年。主著『獄中ノート』、イタリア共産党の創始者）の救出に力を尽くしたことでも有名。

47 **ボウルズ**（Samuel Bowles １９３９年〜）アメリカの著名なラジカル派経済学者。マサチューセッツ大学教授などを歴任。主著『資本主義アメリカにおける学校制度』（１９７６年）など。

48 **ギンタス**（Herbert Gintis １９４０年〜）ボウルズ（前注参照）と並ぶアメリカの著名なラジカル派経済学者。マサチューセッツ大学教授などを歴任。進化経済学にも詳しい。

49 **ローマー**（John E. Roemer １９４５年〜）アメリカの数理派マルクス経済学者。イェール大学教授などを歴任。主著『分析的マルクス主義』（１９８６年）など。

50 吉原直毅『労働搾取の厚生理論序説』（岩波書店、２００８年）、柘植徳

わされ続け、「死ぬまで働け」という制度設計が推し進められてしまいます（いま日本で進行中の年金改革などはまさにこの方向です）。このような極端な進路を回避するためにも、柔軟な問題解決能力が政治家や国民の間になければなりません。そのためには、国民が大学教育の現場で、マルクス経済学などの多様な経済理論に触れることが大切なのです。

　とりわけ、**マルクス経済学が持つ効用というのは、資本主義の暴走に対する対抗《カウンター》経済学として役立つことです**。前述したように、資本というのは自己増殖する価値の運動体ですから、その増殖欲求はとどまるところを知りません。資本が憑依した資本家は、放っておけば血眼《ちまなこ》になって利潤を追求し続け、政治家と結託して社会制度を改変（改悪）し、社会の隅々にまで競争原理や利潤原理を張り巡らせて、人々が共助し分かち合う共同体的な原理を破壊し始めます。これが資本主義の暴走です。

　このような状況は避けなければなりません。**資本主義の暴走を食い止めなければ、資本主義そのものが崩壊してしまう**からです。そのためのバランサーとしても、マルクス経済学を学ぶことに意味があります。実際、『資本論』を学んだからといって、共産主義に洗脳されるわけでも、明日から革命運動に参加する決意を促《うなが》されるわけでもありません。せいぜい、資本主義制度には批判があるんだな、という程度の認識で終わるはずです。

　しかし、そのような認識が国民の頭の片隅に少しでも残っていれば、資本主義が暴走し始めたときに、それを制御しようという気持ちにつながっていくと思うのです。つまり、マルクスの言説が、将来、極端な政策が実行されようとする際の、知的解毒剤《げどくざい》になるということです。マルクス経済学の一般的で今日的な効用は、このような点にこそあるとわたしは思います。

雄「『一般化された商品搾取定理』の検討」(TERG, Discussion Paper No. 354, ２０１６年）などを参照。

51　アジア通貨危機　１９９７年7月にタイで始まった通貨危機が広くアジア各国等へ波及していき、不況が世界的規模で広がった出来事を指す。

52　リーマン・ショック　２００８年9月にアメリカの投資銀行リーマン・ブラザーズ社が経営破綻したことで表面化した世界的な金融危機のこと。日本経済にも大きな打撃を与えた。

【読書案内】

①アタリ、J［2014］『世界精神マルクス 1818-1883』的場昭弘訳、藤原書店

②ウィーン、F［2002］『カール・マルクスの生涯』田口俊樹訳、朝日新聞社

③伊藤誠［2018］『入門 資本主義経済』平凡社新書

④宇仁《うに》宏幸・坂口明義・遠山弘徳・鍋島直樹［2010］『第2版 入門社会経済学――資本主義を理解する』ナカニシヤ出版

⑤宇野弘蔵［1964］『経済原論』岩波全書

⑥大西広［2012］『マルクス経済学 第2版』慶應義塾大学出版会

⑦置塩信雄［1977］『マルクス経済学――価値と価格の理論』筑摩書房

⑧小幡《おばた》道昭［2009］『経済原論――基礎と演習』東京大学出版会

⑨熊野純彦［2018］『マルクスの資本論』岩波新書

⑩小暮太一［2017］『超入門 資本論』日経ビジネス人文庫

⑪佐々木隆治［2016］『カール・マルクス――「資本主義」と戦った社会思想家』ちくま新書

⑫塩沢由典［2002］『マルクスの遺産――アルチュセールから複雑系まで――』藤原書店

⑬スパーバー、J［2015］『マルクス――ある19世紀人の生涯』上・下、小原淳訳、白水社

⑭高須賀《たかすか》義博［1979］『マルクス経済学研究』新評論

⑮高増《たかます》明・松井暁編［1999］『アナリティカル・マルキシズム』ナカニシヤ出版

⑯ハーヴェイ、D［2011］『〈資本論〉入門』森田成也・中村好孝訳、作品社

⑰――［2016］『〈資本論〉第2巻・第3巻入門』森田成也・中村好孝訳、作品社

⑱ハワード、M・C／キング、J・E［1998］『マルクス経済学の歴史――1929～1990年［下］』振津純雄訳、ナカニシヤ出版

⑲ハント、T［2016］『エンゲルス――マルクスに将軍と呼ばれた男』東郷えりか訳、筑摩書房

⑳廣松渉［2008］『青年マルクス論』平凡社ライブラリー

㉑松尾匡［2010］『図解雑学マルクス経済学』ナツメ社

㉒松尾匡・橋本貴彦［2016］『これからのマルクス経済学入門』筑摩選書

㉓的場昭弘［2008］『超訳『資本論』』祥伝社新書

㉔マクレラン、D［1985］『アフター・マルクス』重田晃一・松岡保・若森章孝・小池渺訳、新評論
㉕マルクス、K［1968］『資本論　第1巻第1・2分冊』大内兵衛・細川嘉六監訳、大月書店
㉖三土修平［1984］『基礎経済学──マル経と近経の断絶に悩む人のために』日本評論社
㉗──［1993］『経済学史』新世社
㉘メイヤー、T［2005］『アナリティカル・マルクシズム──平易な解説』（瀬戸岡紘監訳、桜井書店
㉙良知《らち》力［2009］『マルクスと批判者群像』平凡社ライブラリー

マルクスの『資本論』第1巻＝㉕は必須文献です。人文系マルクス経済学としては⑤と⑧が秀逸です。『資本論』の解説書としては、⑨⑩⑯⑰㉑㉒㉓が分かりやすいです。数理派の動向を学ぶためには⑦が必読文献です。その他に、④⑥⑫⑭⑱㉔㉖㉗㉘も有益です。マルクスや同時代人の伝記としては、①②⑪⑬⑲㉙が面白いです。その他、本文や注や図表の中で掲示してある文献もみな有益なので、ぜひ参考にして下さい。

（岡本哲史）

第2章

制度派経済学とは何か？

制度派経済学[1]は、19世紀末アメリカで**ソースティン・ヴェブレン**[2]に始まる異端派《いたんは》経済学の一学派です。1930年代頃までアメリカで影響力を保持していましたが、ケインズ経済学（序章40ページ以下参照）の隆盛とともに衰退し、その後影響力が低下していました。しかし、最近、もう1人の重要な制度派経済学者である**ジョン・R・コモンズ**[3]の法・政治経済学的アプローチ（後述）が再評価されるなど、制度派経済学への注目が再び高まりつつあります。この章では、ヴェブレンとコモンズの学説の紹介を通じて、制度派経済学の今日的意義を説明します。

ヴェブレンの主流派経済学批判（前進化論的経済学）

19世紀末のアメリカでは、古典派・新古典派経済学（序章参照）と後述するドイツ歴史学派が影響力を保持していました。こうした既存《きそん》の経済学をヴェブレンは、1898年に発表した論文の中で、「**前進化論的**」と批判しました。当時、進化論が最新の科学的知見であり、自然科学のみならず人文社会科学がそれに沿って刷新《さっしん》されていく中で、経済学のみがこの動向に乗り遅れている、というのがヴェブレンの認識でした。では、既存の経済学のどこに問題があるのか、まず、古典派・新古典派の問題点から見ていきましょう。

1　第二次大戦後に興隆した新古典派と親和的な新制度学派と区別するために、旧制度学派と呼ばれることもある。

2　**ヴェブレン**（Thorstein Bunde Veblen　1857～1929年）アメリカの制度派経済学者、思想家。

3　**コモンズ**（John Rogers Commons　1862～1945年）アメリカの制度派経済学者。

ヴェブレン

①快楽主義的人間像　人間は、快楽と苦痛を電光のように素早く計算する計算機である。幸福を欲求する1つの同質な球体で、刺激を受けると位置を変えるが、自分自身は変わらない。前歴もなければ、未来もない。孤立し、確立した人間的素材であり、衝突する力によって動かされる時を除いて、均衡《きんこう》状態にある……。このように、古典派・新古典派は、人間を孤立した受動的な存在ととらえます。ヴェブレンは、このような人間観がまちがっていると批判しました。今日、このような新古典派の人間観は、**方法論的個人主義に基づく経済人仮説**[4]と呼ばれ、ヴェブレンのみならず、多くの異端派経済学者から批判されています。

②想像上の物語　古典派・新古典派は、貨幣、賃金、土地所有のような制度に関する理論を、比喩《ひゆ》を用いて組み立てます。経済的制度の説明に際して、猟師《りょうし》、漁夫《ぎょふ》、船大工《ふなだいく》の取引、あるいは1丁の鉋《かんな》を持つ男と2枚の板を持つ男の取引、またはリンゴの入った籠《かご》を持つ男と木の実の入った籠を持つ男との取引といったものを仮想し、そこから物々交換の起源を説明するというのがその一例です。比喩を用いることによって、現実に生きている人々を考慮に入れることなく、制度生成の理論を組み立てます。こうして、歴史的因果関係から制度の生成を説明するという困難な仕事が放棄《ほうき》されているのです。

③自然法[5]**という先入観**　アダム・スミスの「**見えざる手**[6]」に代表されるような、神が創造した世界では自然に秩序が生み出されるという考え方です。ここから、「自然な」、「正常な」、「真理」、「傾向」、「支配的原理」、「攪乱《かくらん》要因」などという概念が生まれます。究極

4　方法論的個人主義に基づく経済人仮説　人間は個人として、自分の効用を増やし、不効用を減らすように合理的に行動する「経済人」である、という仮説。特に新古典派の拠って立つ人間像である。

5　自然法　人間の自然の本性あるいは理性に基づいて、あらゆる時代を通じて普遍的に守られるべき不変の法。実

的な法則や原理は、正常ないし自然な法則であり、すべての物事は、その本質からして、放っておいてもある究極的な状態に近づくという先入観が、古典派・新古典派の方法的なベースになっています。需給均衡を通じた価格理論を理論の中核に据えている新古典派の場合、長期均衡価格という概念が、スミスのいう自然価格に相当します。ヴェブレンが批判したことは、今日の言葉で言えば、均衡をベンチマークとして議論を組み立てるという方法的特徴のことです。

④静学的で分類学的な理論

彼らの理論には、物事がどのような因果関係の鎖《くさり》をもって、時間的経過を経て展開されていくのかという視点がありません。無時間的（＝静学的《せいがく》）で、前進化論的な経済学であると批判される所以《ゆえん》がここにあります。

当時、アメリカでは、この古典派・新古典派経済学に対抗する有力な学派が存在していました。それが、**ドイツ歴史学派**[7]です。歴史学派は、はたして古典派・新古典派の弱点を克服することができていたのでしょうか。ヴェブレンの答えは、否《いな》でした。では、歴史学派の弱点はどこにあったのでしょうか。「経済の発展過程を説明しようとしたが、現象を物語風に叙述《じょじゅつ》するにとどまった」というのがヴェブレンの評価です。事実を詳しく調べ上げる常識主義にとどまっていたので、科学的アプローチとは言えないというのです。

一方、同時期のヨーロッパでは、古典派・新古典派を批判するもう1つの勢力が生まれつつありました。**オーストリア学派**[8]です。ヴェブレンはこの学派の「貢献《こうけん》は大きい」といいます。限界効用[9]と主観的価値の問題を、市場《しじょう》における価値評価に関連付けながら論じた点を評価したのです。しかし同時に、彼らは「古典派の分類学的枠組みから脱却できなかった」とも指摘します。そして脱却できなかった理由を「人間の本質についての誤った概

定法を超越している法。

6　アダム・スミス（Adam Smith　１７２３～90年）スコットランド生まれの道徳科学者、政治経済学者。「**見えざる手**」の解説は以下の通り。時計は職人が自動的に動くように設計して製造される。つまり時計は職人の「見えざる手」が働くことで自動的に動く。スミスは、これと同じように、世界の秩序も創造者の「見えざる手」に導かれて生み出されると考えた。創造神という概念と近代科学を調和させる考え方を象徴する言葉。このような考え方を理神論《りしんろん》と呼ぶことがある。

7　ドイツ歴史学派　19世紀初めのドイツにおいて法学・経済学の分野で興《おこ》った学派で、啓蒙《けいもう》主義的合理主義や自然法思想の持つ抽象性・普遍性に反対して、歴史事象の具体性の重視を主張する歴史主義の立場をとった。先駆者はフリードリッヒ・リスト（Friedrich List　１７８９～１８４６年）。ドイツ歴史学派の中で旧歴史学派に分類されるのはロッシャー（Wilhelm Georg Friedrich Roscher　１８１７～94年）、ヒルデブラント（Bruno Hildebrand　１８１２～78年）、クニース（Karl Gustav Adolf Knies　１８２１～98年）

念」、つまり古典派・新古典派と同様の、快楽主義的人間像を抱《いだ》いていた点に求めました。

ヴェブレンの進化論的経済学

では、ヴェブレンがこうした「前進化論的経済学」とは根本的に異なるものとして提唱した「進化論的経済学」とはどのようなものなのでしょうか。まずは、その方法論的な特徴を見ていきましょう。

①能動的で「習慣」を共有する人間像　人間の最大の特徴は行動するということにあります。たんに、外部の力の衝撃を受けて喜びや苦しみを感じるだけの受動的存在ではありません。人間は、たんに欲望の束として、環境の影響を受けて、その力にさらされる存在なのではなく、何かを積極的になそうとする能動的な存在なのです。そして、人間が様々な目的に向かって主体的に行動する時、そこから社会秩序が生まれるのは、その行動が伝統や習慣に従ってなされるからなのです。そのため、人間の行動を説明するために必要な分析対象は「習慣」ということになります。そして、「習慣」は社会的に共有されているのですから、理論の出発点となる人間像は、個人として孤立する人間像ではなく、コミュニティの中に存在する人間像ということになります。

②「進化論的」科学　19世紀末当時、科学は絶対的真理や正常な秩序を前提とし、そこから**演繹**《えんえき》[10]的に事物を説明するような学問から、事実の観察や実験を重視する学問へと変わりつつありました。ですが、経済学は依然として自然的秩序や正常性などの先入観を残したままの「前進化論的」な理論状況にありました。これに対してヴェブレンの唱えた「進

など、新歴史学派に分類されるのはシュモラー（Gustav von Schmoller １８３８～１９１７年）、ワーグナー（Adolf Heinrich Gotthilf Wagner １８３５～１９１７年）、ブレンターノ（Lujo Brentano １８４４～１９３１年）などである。また、ゾンバルト（Werner Sombart １８６３～１９４１年）、ウェーバー（Max Weber １８６４～１９２０年）らを最新歴史学派と称することがある。ヴェブレンは、旧歴史学派、とくにロッシャーに対して厳しい批判を行っている。

8　オーストリア学派　ウィーン大学のカール・メンガー（Carl Menger １８４０～１９２１年）、およびその流れをくむ経済学者たちの学派。ウィーン学派とも呼ばれる。古典派経済学の労働価値説、生産費説が価格を費用により説明するのに対して、オーストリア学派の効用価値説は「効用」により消費財の価格を説明する。そして費用とは失われた効用であると考える機会費用の概念が説かれ、生産要素の価値はそれによって生産される消費財の効用に基づいて決まると考えられた。メンガーの主要な後継者は、ベーム＝バヴェルク（Eugen von Böhm-Bawerk

化論的」経済学は、比喩に頼るのではなく、事実として現れている人間の行動に注目し、それらの累積《るいせき》的因果関係によって経済社会のプロセスを説明しようとするものでした。

③環境の変化と旧制度との矛盾　手工業の時代には、職人の個人的な能力や経験、親方からの技術の伝授などが生産能力に大きく関わっていました。このため、個人の労働と所有権が結びついて考えられていました。これが、**自然権**[11]**思想**によって正当化された所有権の制度（心の習慣）であり、この制度は手工業時代の産業のあり方と適合していました。しかし、**機械過程**[12]に覆《おお》われた時代になると、生産に対する人格的影響が弱まり、自然法則の系統的な知識に沿うことだけが問題となるようになりました。このような環境の変化は、既存の制度（心の習慣）との摩擦《まさつ》を生み、それが社会の不安定化につながるとヴェブレンは考えました。産業のあり方が変わったにも関わらず、それを運営しているのが、旧《ふる》い所有権制度に則《のっと》った営利企業であるために、産業の効率性が失われたり、恐慌を繰り返したりするようになるというのがヴェブレンの時代認識でした。

④動学的制度進化論　このように、変化する環境（産業のあり方）と旧制度が矛盾する時、既存の制度（心の習慣）は置き換わることになります。ヴェブレンによれば、無時間的（＝静学的）な前進化論的経済学に対して、進化論的経済学は、人間の経済的行動を規定する歴史的、文化的、法的、社会的な諸制度が、経済的・社会的条件の変化によってどのように進化していくのかを解明する動学的な理論なのです。

1851〜1914年）とヴィーザー（Friedrich von Wieser 1851〜1926年）である。企業者による革新を強調して『経済発展の理論』を説いたシュンペーター（Joseph Alois Schumpeter 1883〜1950年）もオーストリア学派の出身である（本書第8章参照）。またベーム＝バヴェルクの打ち立てたオーストリア資本理論を基礎にした景気変動論や自由主義論で名高いハイエク（Friedrich August von Hayek 1899〜1992年）は、20世紀後半におけるオーストリア学派の代表的な存在であった。

9　限界効用　財（モノやサービス）を1単位よけいに消費することで効用（メリット）を得た場合、その増加分のことをこう呼ぶ。序章32ページ参照。

10　演繹　前提となる命題から、経験にたよらず、論理法則のみによって必然的に新しい命題を導きだす推論の方法。

11　自然権　人間が、自然状態（政府ができる以前の状態、法律が制定される以前の状態）の段階より保持している生命・自由・財産・健康に関する不可譲の権利。

12　機械過程　手工業時代の職人の熟練、偶然の季節要因などが、系統的な知識

「ものづくりの原理」対「金儲けの原理」

次に、ヴェブレンの「進化論的」経済学の具体的な内容を、１９０４年に出版された『営利企業の理論』を例に取って、紹介してみましょう。

彼は、現代の資本主義社会を、ものづくりの原理に基づく「産業」と金儲《もう》けの原理に基づく「営利」の対立という観点から描きました。「産業」と「営利」の特徴は次の通りです。

「産業」（industry）：現代の産業の規模と方法は機械によって規定されます。現代工業社会においては機械による生産工程を中心とした産業が支配的な地位を占め、産業社会のペースを決定しているのです。

「営利」（business）：それと同時に、現代は、営利企業の時代でもあります。産業・事業活動の主要な部分では、利潤追求が第１の目的となっています。この利潤追求に基づく産業・事業活動を組織化するのが営利企業、とりわけ法人企業です。そしてそこにおいて決定的な役割を果たすのが実業家です。実業家が、投資の機能と市場を通じて、工場と生産工程を支配し、産業社会の動きを決定するのです。

では、なぜ「産業」と「営利」が対立するのでしょうか。その理由は次の通りです。

（１）ある設備体系を利用して行われる機械過程は、他の多くの機械過程の適切な働きに依存し、それを前提としています。この機械過程の相互依存関係ゆえに、現代の産業体制は全体として１つの包括《ほうかつ》的で均衡的な機械過程となっているのです。この産業過程全体が効率的に機能するためには、構成要素である個々の機械過程が全体として適当な調和を保って機能しなければなりません。この個々の機械過程間の「隙間《すきま》の調整」（interstitial co-ordination）に少しでも狂いがあれば、産業過程全体の機能は妨《さまた》げられることになります。

に基づく合理的な手続きに置き換えられる場合、それを機械制産業、そして機械過程とヴェブレンは呼んだ。

（2）しかし、機械過程の構成要素である個々の機械過程は、営利企業の支配下にあります。このため、個々の機械過程相互間の均衡保持という問題、すなわち「隙間の調整」の問題は、実業家の利潤動機に従属することになります。均衡の攪乱から生まれる差別的優位（differential advantage）を利用して利益の獲得を目指す実業家の手に「隙間の調整」が委ねられると、産業過程全体の調整は「営利」目的で行われ、「営利原則」が産業過程を浸食《しんしょく》することになります。例えば、独占企業は生産制限により資源・設備・労働力を意識的に不完全雇用の状態に置き、独占価格により利益を獲得します。また、広告により差別的優位を作り出し、無駄な消費を助長することによって、差別的優位に基づく利益を生み出します。このように、営利企業が差別的優位に基づく利益の追求行動をとるようになると、産業全体の効率性が阻害《そがい》され、共同社会の福祉の増進からの逸脱《いつだつ》にもつながるのです。

金融バブルの形成と崩壊

このように、現代の産業社会では「産業」と「営利」の対立が生じていますが、この対立は、金融市場の発達に伴《ともな》いますます拡大するとヴェブレンは考えました。金融市場における価格決定が投機的な動機に基づいてなされるようになるからです。企業の実物的な生産手段の固定性は高まりますが、企業が発行する株式や債券は金融資産市場で高い流動性を付与されます。この市場で形成される価格は、企業の実物的な側面を反映するよりも、将来の差別的優位に基づく利益に対する期待によって大きく左右されるようになります。将来の予測に基づいて形成される資産価格の評価は、金融資産市場を不安定化させる要因となるのです。

差別的優位に基づく利益に対する楽観的期待が現実化すれば株価は上昇し、株の値上がりによる利益（キャピタルゲイン）を求めて、投機的な株取引が増え、特定の株の価格が急騰《きゅうとう》します。いわゆる金融バブルの発生です。しかし、楽観的期待が裏切られる事態が続くと、悲観的期待が優勢となり、株価の暴落が起こります。株価の暴落は投資の収縮を導き、有効需要は減退し、「働きたいが職が見つからない」という非自発的失業が大量に発生します。国民所得は大幅に減退し、実業家の利益への期待はますます悪化し、投資の一層の収縮、有効需要のさらなる減退、非自発的失業の増加……という悪循環が起こり、慢性的な経済停滞という事態に陥《おちい》ります。金融バブルの発生と崩壊、景気の螺旋《らせん》的悪化、慢性的不況という事態が、現代資本主義の制度に内在する要因によって引き起こされることを、ヴェブレンは19世末にすでに解明していたと言えます。ヴェブレンは１９２９年に亡くなっていますが、この議論はその年の秋に始まる「大恐慌」を予言していたのです。

ヴェブレンの未来社会像（思考習慣＝制度の進化）

このように、営利企業の「金儲け」の動機による事業活動は、現代産業社会の機械過程と矛盾《むじゅん》し、産業の効率を損《そこ》ない、共同社会の福祉増進からの逸脱をもたらすことがヴェブレンによって示されました。このことは、営利企業の「因習《いんしゅう》的で人格的な」思考習慣である「私的所有権制度」が、現代の産業社会とは矛盾し、時代遅れの存在になっていることを意味します。ヴェブレンはこの時代遅れの思考習慣＝制度に代わって、現代産業社会の担い手である労働者や技術者の新しい「即物《そくぶつ》的で非人格的な因果関係になじんだ」思考習慣（例えば、技術者集団による生産管理）が育ってくるはずで、その集積が新たな制度を形成すると考えました。そして、営利企業による古い思考習慣と、労働者・技術者による新しい思考習慣の対立が拡大していくのです。

ヴェブレンの時代、この対立はすでに労働組合と営利企業の対立や社会主義運動として顕在化《けんざいか》していました。さらに進めば、営利企業中心の体制はやがて衰退に向かいます。資本主義は内部崩壊し、経済活動は集団化し、中央集権化していくはずであり、そうなれば、産業全体の効率が高まり、共同社会の福祉増進が実現できると、ヴェブレンは考えました。現代産業社会が生み出した労働者や技術者の新しい思考習慣＝制度が主流となり、彼らを担い手とする社会主義が実現するはずだ――ヴェブレンは未来をそのように予想したのです。この未来社会像はマルクスのものと類似性を持っているように見えますが、相違点にも注意が必要です。①ヴェブレンは制度を「人々が共有する心の習慣」と考えましたが、これはマルクスの唯物論《ゆいぶつろん》とは異なる考え方です。②制度の進化は必ずしも必然的なものではなく、多様な偶然的要因によっても進化するとヴェブレンは考えました。これもマルクスの唯物史観とは異なる考え方です（マルクスについて詳しくは第1章を参照）。

現実の世界は、ヴェブレンの予想通りにはなりませんでしたが、彼の現代産業社会における「産業」と「営利」の対立に関する鋭い分析は、今日でも有効性を持っていると言えます。

コモンズの制度進化論

「制度」とは「思考習慣」であると定義したのは、ヴェブレンでした。しかし、彼は「制度」がどのようにして生まれ、進化するのかについては詳しく論じていません。この問題を掘り下げたのが、ジョン・R・コモンズでした。そこで次に、彼の制度進化論を紹介しましょう。まず、彼の描く人間像から見ていくことにします。

コモンズが描く人間像は、ヴェブレンのそれを深めたものとなっています。そのベースには、近代の思想家**ヒューム**[13]の思想と**プラグマティズム**[14]の創始者である**パースの哲学**[15]があります。その内容は次のようなものです。人間は「合理性の限界」と「根源的不確実性」という2つの問題に直面しています。それゆえ、未来の予測が困難です。人間は神ではないからです。そこで、人間は「**慣習**[16]」に依存して行動します。そして、共有される「慣習」が「制度」なのです。しかし、「慣習」が古びてしまい、「慣習」への依存によって問題が発生するようになると、「慣習」を組み替える必要が生じます。その場合は、多様な組み替え案がコミュニティ内で提案され、それらの案が試行錯誤を経て検証され、「慣習」が組み替えられていくのです。

コモンズはこの議論で、新古典派の「経済人」仮説に基づく合理的個人という人間像を批判し、これに代わる「慣習に依存し慣習を**創発**[17]する人間像」を提起しています。そして、「慣習の共有性」だけでなく「慣習を創発する人間の能動性」を強調しています。この制度進化論は、一見すると「遺伝子の複製とそのエラーによって生物は進化する」と考える進化生物学に似ています。しかし、進化する主体が「制度＝共有された慣習」であり、慣習の組み替えによる制度の創発が進化の原動力であるという点で、進化生物学とは性格を異にします。

では、「制度」とは具体的にはどのようなものを指すのでしょうか。コモンズは、制度を「個人の行動を制御し、解放し、拡大する**集合行為**[18]」と定義します。例えば、私有財産を守る法制度は、他人の財産を奪う自由を禁止することによって、個人の経済活動の自由を拡大するという役割を果たしています。つまり、制度は「合理性の限界」と「根源的不確実性」に直面する我々人間に、「**義務の調和**[19]」を通じて「**期待の一致**[20]」を保証するもの

13 **ヒューム**（David Hume 1711～76年）スコットランド出身の思想家、哲学者。穏健な懐疑論者。

14 **プラグマティズム** 1870年代にアメリカの哲学者パース（Charles Sanders Peirce 1839～1914年）が創始した思想。その他の代表的なメンバーとしては、ジェームズ（William James 1842～1910年）、デューイ（John Dewey 1859～1952年）などを挙げることができる。1930年代に論理実証主義が興隆するとともに衰退したが、クワイン（Willard van Orman Quine 1908～2000年）による論理実証主義批判（1951年）以降、プラグマティズムは再評価されつつある。その後のネオプラグマティズムの代表者としては、ローティ（Richard McKay Rorty 1931～2007年）を挙げることができる。

15 コモンズが依拠するパース哲学の要点は次の2つである。①ヒュームの心の観念が外からの印象の受動的な貯蔵庫であるのに対して、パースの心の観念は能動的で、印象の継続的な再組織者である。心は、仮説形成によって慣

なのです。利害の異なる多様な諸集団間での「義務の調和」によって、公共目的に資する制度が生まれ、進化するのです。このようにコモンズの制度進化論は、法と倫理を重視するアプローチを採用しています。こうしたアプローチを**法・政治経済学的アプローチ**と呼ぶことにしましょう。

3種類の取引

では、「個人の行動」とは何を指すのでしょうか。コモンズは「個人の行動とは、経済活動の究極的単位である3種類の取引へ参加すること」であると定義しています。3種類の取引とは、①バーゲニング取引、②経営管理取引、③割当《わりあて》取引、のことです。それぞれの内容を見てみましょう。

①の**バーゲニング取引**とは、法的に平等な者同士の自発的な合意による富の所有権の移転のことであり、わかりやすく言えばモノやサービスの売買のことを指しています。この取引ではモノやサービスの希少性《きしょうせい》を価値として売買がされますが、そのさい公正（fairness）という観点から次の4点が問われます。第1に、「機会の平等は保障されているか」。第2に、「公正な競争が行われているか」。第3に、「価格は適正か」。ここでは、売り手と買い手の交渉力に格差がないかどうかが問題となります。第4に、「正当な法的手続きがなされているか」。これは、正当な法の手続きによらない限り、個人の権利・自由は奪ってはならないという問題です。このように、法的に平等な者同士の売買でも、取引の公正さが問われるのです（第12章も参照）。

②の**経営管理取引**は、組織内の取引のことです。この取引は、命令を出す法的上位者（経営者、職長など）とそれに従う法的下位者（従業員、労働者など）との二者関係から

習を創発する能動性を持っている。②信念の形成は習慣の確立であり、個人的な習慣は、多数の人々の実験による社会的確証を通じて集合的な慣習（科学的信念）に転じ、意見の社会的一致がもたらされる。

16 **慣習** 習慣（habit）が個人的なものであるのに対して、慣習（custom）は共同体内で共有されるものである。

17 **創発**（emergence） 部分の性質の単純な総和にとどまらない性質が、全体として現れること。局所的な複数の相互作用が複雑に組織化することで、個別の要素の振る舞いからは予測できないようなシステムが構成されること。ここでは、様々な慣習から成る制度が、個々の慣習からは予測できない新たな性質を帯びることを指す。

18 **集合行為**（collective action） 共有されている慣習（ルール）に従って社会や組織の成員が行動すること。

19 **義務の調和** 他人の財産を奪わないという義務を皆が受け入れるということ。

20 **期待の一致** 自分の財産が奪われないという期待を皆が持つということ。

生まれ、前者の命令により富の創造が行われます。バーゲニング取引の原則が希少性であるのに対して、経営管理取引の原則は効率です。バーゲニング取引（希少性）の尺度がドルや円（価格の単位）であるのに対して、経営管理取引（効率）の尺度は**人時**[21]という労働投入量の単位です。１単位の生産物を製造するのに投入された労働量が削減されれば、効率（労働生産性）は上昇します。

③の**割当取引**は、「法的上位者の命令による富の負担と便益《べんえき》の配分」と定義されます。権力を持つ側が構成員に便益と義務を配分する取引です。取締役会が会社の予算案を作成する場合、あるいは政府が税制案を作成して所得の再分配を行う場合などが典型的な例です。

以上のように、コモンズは３種類の取引を経済的活動であると同時に、法的で倫理的な活動であるととらえています。これは、古典派・新古典派には欠けている観点です。「古典派・新古典派が物質的制御に関心を持つのに対して、取引は法的制御を決定」するとコモンズは述べます。財の売買取引では財が売り買いされるのではなく、財に対する所有権が売り買いされるととらえるのです。「法的制御」とは「将来の物的制御」への権利のことです。そして、「取引に内在する３つの社会的関係は、争い、依存および秩序」です。**社会的コンフリクトに着目する観点**は、理神論者スミスではなく、穏健な懐疑《かいぎ》論者ヒュームが強調した観点でした。「ヒュームは、**希少性の原則**とその結果としての**利害関係の衝突《コンフリクト》**の中に、この３つの社会科学（経済学・法学・倫理学）を見出した」のでした。

我々人間が生きていくために必要な財には希少性があり、そのためその財をめぐって争いが生まれ、その争いを収めるためには秩序（ルール）が求められるというわけです。

21　**人時**（man-hour）労働投入量の単位。1人の労働者が1時間働けば1人時。10人の労働者が10時間働けば１００人時となる。

ゴーイング・コンサーンと行動準則

先に述べたように、コモンズは制度を「個人の行動を制御し、解放し、拡大する**集合行為**」と定義しました。では、「**集合行為**」はどのような形をとるのでしょうか。「集合行為の形態は、組織化されていない慣習と組織化されたゴーイング・コンサーンである」とコモンズは説明しています。ゴーイング・コンサーン（going concern）とは、家族、会社、業界団体、労働組合、銀行制度、国家など、継続する活動体（組織）のことを指します。文化的なものもあれば、政治的なものもあり、経済的なものもあります。参入退出が比較的容易なコンサーンもありますが、家族や国家のように参入退出が容易ではないコンサーンもあります。そして、「慣習とゴーイング・コンサーンによる制御は、個人の行動を支配する**行動準則**によって行われる」のです。

行動準則による集合行為は次の4つの役割を果たします。（i）不確実性に直面する個人が抱く期待の実現を保証します。そのために、（ii）他者と期待を調和させます。（iii）個人に行動の自由を与えます。それは同時に、（iv）他者を他人の自由の影響にさらすということでもあります。（i）と（ii）については、個人の生命と財産を守るという法に皆が従うことによって、生命と財産の安全への期待が保たれるという例を挙げることができます。（iii）と（iv）については、「自由競争」によって「利益を得る自由」と「損失を出すリスク」が同時に存在することが例として挙げられます。

次に、行動準則の進化について見てみましょう。

私有財産概念の進化と拡張

コモンズは、ゴーイング・コンサーンの行動準則は歴史的に進化してきたと述べます。

そしてその例として、「私有財産制」を取り上げます。資本主義経済を支える最も重要な法制度が「私有財産制」だからです。イギリスにおいて早期に資本主義が順調に発達したのは、17世紀末の**名誉革命**[22]の成功により立憲君主制が確立し、「私有財産制」が保証されたからであると、コモンズは論じています。そして、「私有財産制」の進化が資本主義の発展を支え、促進したと、彼は考えました。「私有財産制」が時代遅れの「思考習慣」であるとみなしたヴェブレンに対して、コモンズは「私有財産」の定義が時代遅れのものから時代に追いついたものへ進化すると考えたのです。

実際、「私有財産」の定義は、17世紀末以降から今日に至るまで、宝石や家屋のような「**有体財産**」（corporeal property）から債権を表す「**無体財産**」（incorporeal property）へ、そして株式会社の暖簾《のれん》価値などを表す「**無形財産**」（intangible property）へと拡張されていきました。この定義拡張は、自由の概念もまた単に「肉体的な束縛を受けないこと」から「経済的強制を受けないこと」へ、そして「市場へ接近する権利」へと拡大していったことと軌《き》を一《いつ》にしています。こうした財産概念の拡張、自由概念の拡張は、封建制から資本主義への転換を促《うなが》し、資本主義の発展を推進する重要な要因となったのです。

コモンズは、20世紀の資本主義を**無体財産**と**無形財産**の概念で特徴づけます。製造業の企業組織A社が投資を行う場合を考えてみましょう。A社はまず原材料を購入し、労働者を雇用し、機械設備を発注します。それぞれの引渡し時点で、A社は原材料と機械設備という有体財産の所有権と労働力の一定期間の使用権（権利）を獲得する代わりに、取引相手に対する債務（義務）を引き受けることによって取引相手に無体財産を引渡します。原材料販売業者に対しては**約束手形**[23]を発行し、労働者に対しては未払い賃金債務を負い、機械設備納入業者に対しては支払債務を負うことになります。

22 **名誉革命**　1688年から89年にかけて、イングランドで起こったクーデター事件。王ジェームズ2世が王位から追放され、ジェームズ2世の娘メアリー2世とその夫でオランダ総督ウィリアム3世がイングランド王位に即位した。これにより「**権利の章典**」が発布された。「権利の章典」により国王の権限が制限され、イギリスにおける議会政治の基礎が築かれた。

23 **約束手形**　振出人が、受取人またはその指図人もしくは手形所持人に対し、この場合、重要なことは、A社が獲得した原材料、機械設備の所有権、労働力の使用権は、企業組織の生産システムに組み込まれることによって（予想収益を生み出す）無形財産を形成するということです。つまり、A社の投資は、取引相手に無体財産が創出される代わりに、無形財産を獲得する取引であると考えることができます。

無体財産と無形財産

ここまで「無体財産」と「無形財産」という言葉を、詳しく説明せずに使ってきましたが、ここで両者の性格の違いについて検討しておきましょう。コモンズは、この違いを次のように説明しています。①**無体財産**は、債権者と債務者の関係であり、権利－義務関係です。法的に強制が可能な契約であり、債権者は無体財産（債務者に対する債権）を保有します。この無体財産は**負担**（encumbrance）**の法**[24]の下にあります。債権者は時の経過に伴いあらかじめ決められた（債務者による）債務支払いから生じる貨幣収入をあてにすることができます。一方、②**無形財産**は、販売（生産）者と購入者の関係で、自由とリスクにさらされている状態の関係です。販売（生産）者は（将来の利益の源泉である）無形財産を保有し、無形財産は**機会**（opportunity）**の法**[25]の下にあります。販売（生産）者は、将来の不確実な生産物の売却（他者による生産物の購入）から生じる貨幣収入を期待するのですが、その収入が期待はずれであれば損失を負担するリスクも抱えています。

継続する企業活動（ゴーイング・コンサーン）は、無形財産と無体財産が繰り返し創造される過程と見ることができます。A社は個人企業ではなく法人組織だと仮定しましょう。A社は、株主や債券保有者の連合体であるだけではなく、被雇用者、取引先、得意先の連合体でもあります。連合体への参加者は、自分たちの貢献に対する報酬を期待します。し

一定の期日に一定の金額を支払うことを約束する有価証券のこと。

24　負担の法　債務者に対し、債権者への返済を義務付ける法。

25　機会の法　高い利益を得るチャンスもあるが、損失を被《こうむ》るリスクもある状況を規定する法。

たがって、総所得は結合所得です。それは各参加者の間で配分されます。この場合、報酬の期待には2種類あります。①債券保有者、銀行、被雇用者、取引先はA社に対する無体財産を保有し、時の経過に伴いあらかじめ決められた金額の支払いを債務者であるA社に請求します。②株主と被雇用者はA社の無形財産を保有しており、時の流れの中で期待通りあるいは期待を上回る利益が実現された場合には、高配当と高額のボーナスをA社に要求します。

コモンズはこのように、**資本蓄積**を無体財産と無形財産の取引として描き出します。その際、重要な点は、信用制度の発達に伴う「**債務の譲渡性《じょうとせい》拡大**」が資本蓄積を増進するということです。このことを、前項でみたA社の投資の例に立ち戻って考えてみましょう。

①A社が発行し、原材料販売業者が受け取った約束手形を銀行が割引けば、原材料販売業者は信用貨幣（銀行券または預金通貨）を受け取り、普遍的な購買力を獲得できます。②A社が労働者に対し、銀行借入で獲得した信用貨幣（銀行券または預金通貨）で賃金を支払えば、労働者は普遍的な購買力（譲渡性のある無体財産）を獲得できます。③A社が社債の発行あるいは銀行借入に依存して代金を支払えば、機械設備納入業者は信用貨幣（譲渡性のある無体財産）を獲得できます。では、右の①〜③それぞれについて、債務の譲渡性拡大にはどのような効用があるのでしょうか。

①A社の満期未到の譲渡性の低い債務（約束手形）が、満期を過ぎた譲渡性の高い銀行債務（銀行券あるいは預金通貨）に転換されれば、原材料販売業者は購買力を即座に入手でき、**資本の回転数**[26]を増やすことができます。②銀行がA社の保有する無形財産を信用して貸付を行った場合、労働者は働いた直後に労働債権を信用通貨で回収することができ、即座に消費支出が可能となります。消費者信用の制度（例えばクレジットカードや消費者

26　**資本の回転数**　一定量の資本が1年間に回転する回数をあらわす。

金融）が発達すれば、労働者は賃金を得る前に消費支出が可能となります。③社債の流通市場の発達により、満期までが長い無体財産の譲渡性が拡大すれば、A社の社債発行が可能となり、機械設備納入業者は納入と同時に代金を現金（信用通貨）で獲得でき、納入業者の資本回転数が増加します。

以上のように、預金通貨決済システムの形成、債券流通市場の発達などによる債務の譲渡性拡大は、資本の回転率上昇に貢献し、利子率の低下、利潤率の増進と資本主義の発展を促進します。イギリスの歴史では、17世紀初頭から18世紀初頭にかけて、初めに為替《かわせ》手形の譲渡性が承認され、それに遅れて約束手形の譲渡性が承認されていきました。その結果、**イングランド銀行**[27]の再割引率は2・5％（1724年）に低下し、その後も再割引率は2〜7％の間を推移しました。約100年を要した為替手形・約束手形（無体財産）の承認が、低金利、資本の回転率上昇を通じて、近代資本主義の成立に貢献したというのが、コモンズの基本的認識なのです。

この問題を考える際に重要なことが1つあります。**無体財産の譲渡性が承認される**ということは、**無体財産が無形財産に転化する**場合があるということです。社債は発行企業の債務ですが、証券市場で社債を売買する投資家や金融機関にとっては価格変動リスクを抱えた無形財産となります。住宅ローン債権（無体財産）に基づいて組成される住宅ローン担保証券（RMBS）も、利回りが変動する金融商品（無形財産）であって、機会の法の下にあります。短期借入に依存してRMBSに投資する場合、利回りが債務の固定金利を大幅に上回れば高収益が得られますが、利回りが低下あるいは消失してマイナスになれば損失が生まれます。これは、2007〜08年金融危機の際にアメリカで起こった事態（いわゆるサブプライム［低格付け］住宅ローン問題）です。同様の事態は、大恐慌前夜にも

27　イングランド銀行　イギリスの中央銀行。1694年に設立された。

生じていました。1920年代末、一般投資家たちはブローカーからの短期借入に依存して株式投資を行っていました。株価が値上がりしている限り高収益が得られますが、値下がりすれば損失が生じます。つまり、投資の際に債務への依存度を高めることはブーム期の利益を押し上げる効果がありますが、ブーム崩壊期の損失を増やすことにもつながります。このことによって景気変動の振幅《しんぷく》が拡大し、経済が不安定化するとコモンズは考えたのです。

コモンズの景気循環論

このように、現代の資本主義は無体財産と無形財産という2つの対照的な財産の取引によって特徴づけることができます。債務の譲渡性拡大、債権の証券化、株式市場の発達がこの傾向を強めているのです。そして、このことが景気循環の振幅を拡大していると言えます。無形財産が生み出す利潤が期待を上回れば、債務に依存した投資が拡大していきますが、利潤が期待を下回り、債務の返済が困難になれば投資は抑制され、場合によっては倒産に追い込まれるからです。

では、具体的に企業はどのような指標を基《もと》に投資判断を行っているのでしょうか。コモンズは、利潤マージンの比率（売上高利益率）の増減がその指標になっていると考えました。

当時、**不況の原因論**として、利潤シェア説と利潤マージン説がありました。利潤シェア説は、**マルサス**[28]の購買力不足説に基づくもので、マクロの購買力不足を問題視する考え方です。これに対して利潤マージン説は、個々の企業の投資判断に注目するという意味で、ミクロの考え方だと言えます。ここではこの利潤マージン説を少し詳しく見てみましょう。

28 マルサス（Thomas Robert Malthus 1766〜1834年）イングランド出身の経済学者。過少消費説を唱えた。

利潤マージン説には2つのバージョンがあります。第1のバージョンが**リカード**[29]の理論に基づくもので、物価が下落《げらく》している時には、賃金削減によってのみ利潤マージンは維持されるという考え方です（リカードについては第6章も参照）。当時の新古典派の考え方であったこの説に、コモンズは異を唱えました。企業にとっては、賃金が下落しても製品価格が下落すれば、負債の実質負担は増加し利潤マージンは浸食されるからです。物価水準が下落すると、無形財産価値（期待利潤の資本還元価値）の名目額は減少するが、無体財産価値（債務）の名目価値は減少しません。その結果、債務の実質負担が増加し、債務に依存した投資は抑制されます。こうして**負債デフレ**[30]が起こると考えられます。

第2のバージョンは、物価水準が下落せず、安定的に維持されるか、賃金より早い速度で上昇する場合には、賃金の上昇は利潤マージン維持と両立するという説です。この説は**ウィクセル**[31]の理論の影響下にあり、コモンズはこの説を基本的には支持しています。そこで、まず、ウィクセルの景気循環論に対するコモンズの評価を検討しておきましょう。

ウィクセルは、**自然利子率**[32]と**貨幣利子率**[33]の乖離《かいり》が景気循環を生み出すと唱えました（累積過程の理論）。貨幣利子率が自然利子率を下回れば経済の膨張《ぼうちょう》が生じ、他の事情が変わらなければ物価は上昇すると考えたのです。逆に、貨幣利子率が自然利子率を上回れば、物価上昇は止まり、下落に転じる。この理論は前述のオーストリア学派、『貨幣論』段階の**ケインズ**[34]にも多大な影響を与えました。

このウィクセル理論を、コモンズは次のように修正しました。まず貨幣利子率と比較する対象を「自然利子率」ではなく「**期待利潤率**」としました。「利子」と「期待利潤」は、前者は「無体財産」に関する概念、後者は「無形財産」に関する概念と、明確に区別する必要があるからです。コモンズはここでも、現代資本主義の取引を構成する2つの財産の

29 **リカード**（David Ricardo 1772〜1823年）自由貿易を擁護する理論を唱えたイギリスの古典派経済学者。

30 **負債デフレ**（debt deflation）デフレが生じると、企業の無形財産価値が減り、逆に企業が抱える負債の実質負担が増加する。その結果、経済は停滞し、企業は投資活動を抑制し、景気の悪化につながる。このような現象を負債デフレと呼ぶ。アメリカの経済学者フィッシャー（Irving Fisher 1867〜1947年）が提唱した概念。

31 **ウィクセル**（John Gustaf Knut Wicksell 1851〜1926年）スウェーデンの経済学者。スウェーデン学派の始祖。自然利子率と貨幣利子率の乖離から物価の累積的変動が生じるという累積過程説を提示した。

32 **自然利子率**　資本の限界生産性のこと。資本を1単位増加させた時の生産量の増加分を指す。

33 **貨幣利子率**　銀行の貸出金利のこと。銀行借入金利が自然利子率を下回れば投資が増加し、上回れば投資が減少するとウィクセルは考えた。

34 **ケインズ**（John Maynard Keynes 1883〜1946年）イギリスの経済学者、官僚。

性格の違いに注目したわけです。債務を負って投資を行うかどうかを企業経営者が判断する場合、判断基準は（無形財産に関わる）期待利潤率と（無体財産に関わる）利子率の差の大きさということになります。この差が十分に大きければ負債に依存する投資が行われ、この差が小さいかあるいはマイナスであれば投資は抑制されます。

以上のような、コモンズによるウィクセル理論の組み替えを踏まえたうえで、利潤マージン論の第2バージョンに立ち戻ってみましょう。利潤マージンとは総収入から総コストを差し引いた金額（当期純利益に相当する）で、コストには営業費用（賃金、地代、原材料費など）、税金、利子負担などが含まれます。仮に利潤マージンが総収入の3％であったとすれば、総収入が販売価格の下落により1％減り、総コストが減らなければ、総収入に占める利潤マージンの比率（売上高利益率に相当する）は約2％（2／99）に低下します。総収入が1％減れば、売上高利益率は約33％減ったことになります（（3－2）／3）。逆に、総収入が1％増加し、総コストに変化がなければ、売上高利益率は約4％（4／101）へ上昇します（上昇率33％）（**図表2・1**）。

ここで注目すべきことは次のことです。物価水準が下落して総収入が減少した場合、利子などの債務支払いは減少しないので、利益率は大幅に減少します。逆に物価水準が上昇した場合は、債務支払いは増えないので、利益率は大幅に上昇します。利潤マージン（売上高利益率）が上昇しているときは、無形財産価値が上昇している時でもあり、期待利潤率の高まりにより企業の投資が活発になる傾向があります。逆に、利潤マージンが下落し低迷する場合は、無形財産価値も下落し低迷しているので、期待利潤率は低下し投資は抑制されます。

この期待利潤率の変動が投資の変動を生み景気循環が生まれるという議論、そして、債

図表2・1　利潤マージンの変動

	基準年	不況年	好況年
総収入	100	99	101
総コスト	97	97	97
利潤マージン	3	2	4
利益率	3%	2.02%	3.96%

注）基準年の総収入を100とする。
出所）筆者作成

務に依存した投資が期待利潤率の変動幅を拡大するという議論は、ケインズの景気循環論、さらにはケインズ景気循環論を継承する**H・ミンスキー**[35]の金融的な景気循環論との類似性を想起させます。では、コモンズ理論の独自性はどこにあるのでしょうか。そこで、次に、コモンズの現代資本主義論を改めて検討してみましょう

コモンズの現代資本主義論（安定化の時代）

銀行家資本主義の時代

このような景気循環の不安定性を、どうすれば安定化させることができるのでしょうか。次に述べる**銀行家資本主義の時代**になると、不安定な資本主義を安定化させようとする様々な集合行為が、慣習のレベルでも法制度のレベルでも生み出されてくるというのがコモンズの議論です。

彼はまず資本主義の歴史的過程を商人資本主義、雇主《やといぬし》資本主義、銀行家資本主義の3段階に分けます。そして各々の段階を、希少性の時代、豊富な時代、安定化の時代と特徴づけます。最後の「銀行家資本主義」の段階では、銀行シンジケートあるいは投資銀行が法人企業や国家の証券発行に従事し、設備、企業、産業の統合と合併に重要な役割を果たすようになります。この時代には、「共存共栄」の理念の下で、個人の自由に新たな制約がかかることになりました。ロシアやイタリアでは政府による強制が主要な形態でしたが、アメリカでは連合組織・法人組織・組合などの協調行動（集合行為）を通じた経済的強制という形態が中心でした。

安定化をめざすこれら集合行為のうち、コモンズが重視したものの1つが、貨幣と信用による**購買力の安定化**に向けた集合行為です。現代の企業は大量の負債に依存しています。それと同時に、無形財産は現代の最も重要な財産です。物価水準の上昇は利潤マージンの

35 ミンスキー（Hyman Philip Minsky 1919～96年）アメリカの経済学者。ポスト・ケインジアン（本書第3章参照）。金融不安定性仮説を唱えた。

コモンズ

拡大をもたらし、需要が完全雇用水準を超えて拡大すれば、第一次大戦直後のドイツのように、物価と賃金の急激なインフレが起こります（ハイパーインフレ）。逆に、物価水準の下落は利潤マージンの縮小をもたらし、労働需要の減退が起こります。そこで、物価水準の安定化、貨幣と信用の購買力の安定化に向けた運動が起こります。負債デフレの発生を防ぐとともに、負債に過度に依存した投機を抑制しようというわけです。

コモンズ理論体系は、大別すると**効率**、**希少性**、**慣習**、**統治**、**未来性**という5つの要素から構成されています。最後の「未来性」とは不確実性であり、その中から秩序（慣習と統治）が生成するという発想を取ります。ケインズのように、政府が市場に介入するという**設計主義**[36]の発想は取りません。中央銀行の公共的義務も、民間銀行組織の中から自生的に生成すると考えます。現にイングランド銀行は、1847年以前には民間銀行としての利益を優先して行動していましたが、同年の金融危機以降は公共的義務を考慮するようになりました。1857年恐慌の際には、公共的義務の原則のもとでいち早く割引率引き上げを実施し、金《きん》流出を抑制したのです。

このように、イングランド銀行は、法制度なしに公共的責任を自覚して行動した、現代資本主義における最初の偉大な民間の協調行動者であるとコモンズは述べています。その行動とは、金準備を守るために割引率を操作したことです。こうした公共的責任の自覚は、世論の強い圧力の下に生じるとコモンズは考えました。公共的責任の自覚が民間銀行組織の中から生まれるという視点は、中央銀行の最後の貸し手[37]機能を論じた**バジョット**[38]にも共通するものです。

コモンズはこの議論を踏まえて、銀行家資本主義の時代になると、中央銀行の責務に「物価の安定化」が加わると論じています。これは、1898年にウィクセル、そして

36 **設計主義**（constructivism）人間は理性によって国家や社会を合理的に設計できるという考え方。ハイエク（注8参照）が、政府の市場への介入をよしとする社会主義計画経済やケインズ政策を批判する際に用いた言葉。

37 **最後の貸し手**（Lender of Last Resort）一時的な資金不足に陥った金融機関に対して、他に資金供給を行う主体がいない場合に、中央銀行が最後の貸し手として一時的な資金の貸付け等を行う

1911年に**フィッシャー**[39]が提起した問題です。そして、アメリカにおける**連邦準備制度**[40]の設立により、この責務の達成が現実のものとなったとコモンズは期待しました。連邦準備制度の金融政策によって物価水準の高騰や下落を抑制することができれば、景気循環の振幅も小さくできるようになると彼は考えたのです。とくにコモンズが期待したのが、当時の新しい金融政策の手段である公開市場操作でした。

中央銀行が市場で国債などを買うこと（買いオペ）によって市中銀行に準備金を供給できれば、銀行の貸出態度が積極的となり、物価の下落を反転させることができる。逆に、中央銀行が市場で国債などを売ること（売りオペ）によって銀行の準備金を吸収できれば、銀行の貸出態度が抑制的となり、物価の上昇を抑制することができる。コモンズはそう考えたのです。だが、この期待は必ずしも実現しませんでした。連邦準備銀行が買いオペで市中銀行に準備金を供給したとしても、借入需要が低迷していたり、市中銀行の貸出意欲が低迷していれば、市中銀行は連銀に借入を返済したり、過剰準備を積むことで対応し、銀行貸出が増加するとは限らないからです。この点を、コモンズは主著『制度経済学』（1934年）において認めるに至っています。

そして、利潤マージンが消失し、事業者も借りる意思がなく、銀行が信用貨幣を創出しない不況期には、事業者の利潤マージンを確保するための消費需要を創出すべく、政府自身が困窮者救済金として、あるいは公共事業建設費として政府紙幣を発行することをコモンズは推奨しています。これは、不況の底というような非常時に、利潤マージンを確保し信用貨幣の内生的供給を回復させるために、一時的に政府が貨幣を創造し、景気が回復に向かえば回収するという臨時の手段として提起されたものと考えられます。

無形財産の保護

安定化へ向けた集合行為として、コモンズはもう1つの観点を重視し

こと。

38 **バジョット**（Walter Bagehot 1826～77年）イギリスの評論家・経済学者・思想家。『エコノミスト』紙の編集長を務めた。

39 **フィッシャー**（Irving Fisher 1867～1947年）アメリカの経済学者。初期新古典派を代表する1人。貨幣数量説を復活させた。物価指数の初期の提唱者の1人。

40 **連邦準備制度**（Federal Reserve System）1913年に設立され、35年に制度改革されたアメリカの中央銀行制度。全国を12の地区に分けてその各主要都市に、それぞれ加盟銀行の出資による連邦準備銀行（連銀）が置かれ、首府ワシントンには統括機関の連邦準備制度理事会（FRB）がある。FRBは理事会を頂点とする官僚組織である。金融政策の基本手段は買いオペ・売りオペであるが、その方針決定の最高機関は、FRB理事7人に12連銀の総裁のうちニューヨーク連銀総裁を含む5人を加えた連邦公開市場委員会（FOMC）という組織である。FOMCの指示によりニューヨーク連銀が買いオペ・売りオペの実施を担当する。

ました。それが**無形財産の保護**です。その1つの例が**失業保険制度**です。アメリカで当時提案された失業保険制度には2つの潮流があります。第1が「州基金」で、「社会的責任」の理論に依拠したもの、第2が「設立基金」で、「雇主責任」の理論に依拠したものです。コモンズが支持し、プラン策定に関わったのは第2の「設立基金」でした。彼は1921年に原案の策定に関与し、その改訂案が32年にウィスコンシン州で「失業準備金法」として採用されました。この制度では、各々の雇主は自分の雇っている従業員にのみ責任を負っており、他の雇主が生み出す失業に責任は負いません。

この法律は、失業者の「救済」よりも失業の「予防」に主眼を置いており、雇主に失業を減らす誘因を与える制度でした。失業者を出さない雇主は保険料を拠出する必要がなく、逆に、多くの失業者を出す雇主は応分の保険料拠出を義務付けられるという仕組みです。これにより、雇主は雇用維持のための努力を促されることになりました。その意味で、雇主に従業員との「共存共栄」を促す制度であったと言えます。

このように、失業保険制度にみられるコモンズの安定化に関する考え方は、政府が課税によって雇用を維持できる企業から保険金を拠出させ、失業者を救済するという性格のものではなく、企業の雇用維持努力を奨励するという性格のものでした。企業の雇用維持は、**グッドウィル**[41]の重視という意味で、企業の長期的な利益にも資すると考えられます。この意味で、コモンズの失業保険制度のプランは、労働者の購買力の維持を重視する需要サイドの議論というよりも、グッドウィルの維持により需要と供給の長期安定的な確保をめざす議論であったと言えます。

無形財産の保護のもう1つの例が、この**グッドウィルの保護**です。コモンズの提案は、発明、特許、暖簾、商標の保護でした。発明、特許を保護する法は、生産性上昇の利得を

41 **グッドウィル**（good-will）企業とその顧客、従業員、取引先との良好な信頼関係のこと。企業の無形財産を構成する重要な要素。企業の収益力の源泉は顧客の企業に対する愛顧（good-will）であり、この愛顧の源泉は従業員や取引先の企業に対する愛顧《あいこ》（good-will）である。こうして形成されたグ

生産者の下に保護します。特許法の機能は次の3つです。①生産者は効率的手段の供給制限ができる。②生産者は生産を増やし、価格引き下げを行うことができる。③特許の期限切れにより、利得を買い手-消費者に移転できる。国家の集合的目的による介入——特許法——は、最初は、生産性上昇の利得を生産者に与え、徐々に消費者に移転していくという効果をもたらします。

この発明、特許、暖簾、商標の保護には、「生産性上昇の利得は、最初は、生産者に帰属すべきである」という倫理的言明が含まれています。このことは生産性上昇への誘因を高める効果があります。そして、生産性上昇により労働時間の短縮、利潤と賃金の増加が可能となるのです。これは、グッドウィルを保護することによって、現代の企業にとって最も重要な資産である無形財産を保護することにほかなりません。こうした公共目的の下で、立法や司法によって、利己的動機に基づく自由を制限することをコモンズは重視したのです。

この無形財産の保護という視点は、第二次大戦後の先進資本主義諸国における労使協調体制の確立という形で生かされたと考えられます。また、現在、株主資本主義の限界が明らかになる中で、この視点は**ステークホルダー資本主義**[42]の有効性の指針になると思われます。

ヴェブレンやコモンズが探究した**制度派経済学**のめざしたもの、確立したもの、その特徴と今日的意義をまとめれば、次のようになるでしょう。

（1）主流派の経済人仮説を批判し、慣習を共有し、慣習を創発する能動的人間像を提示しました。

ッドウィルは企業の差別的利益の源泉となる。この意味で、特許、暖簾、商標もグッドウィルである。ヴェブレンと比べてコモンズは、グッドウィルと差別的利益を肯定的に評価している。

42　ステークホルダー資本主義（stake-holder capitalism）株主資本主義が「企業は株主のためにある」とするのに対して、「企業は様々なステークホルダー（利害関係者：従業員、取引先、消費者、債権者、株主など）のためにある」とする考え方。

（2）同時に、主流派の比喩による想像上の物語、自然法信仰を批判し、歴史的因果関係から制度（＝慣習の集合体）の生成と進化を説く**進化論的経済学**を確立しました。

（3）この進化論的経済学は、人間の経済的行動を規定する歴史的・文化的・法的・社会的諸制度が、経済的・社会的条件の変化によってどのように進化していくのかを解明する動学的な理論を提示しました。

（4）**ヴェブレン**の制度派経済学は、「産業」と「営利」の乖離・対立から現代資本主義に内在する矛盾を解明し、営利企業の衰退、資本主義の内部崩壊という展望を提示しました。

（5）一方、**コモンズ**の制度派経済学は、法・政治経済学的視点から、私有財産概念の進化を論じました。そして、現代資本主義の不安定性を無体財産と無形財産の取引という観点から解明しました。そこから、資本主義安定化のための制度改革案として、購買力の安定化と無形財産の保護を提案しました。

（6）制度派経済学はこのように、主流派経済学への根本的批判の視座を有し、今日においてもそれに代替する理論の枠組みを提示していると言えるでしょう。

【読書案内】

①伊藤邦武［2016］『プラグマティズム入門』ちくま新書

②ヴェブレン［2015］『有閑階級の理論［増補新訂版］』高哲男訳、講談社学術文庫（原著1899年）

③――――［1996］『企業の理論』小原敬士訳、勁草書房（原著1904年）

④――――［1997］『経済的文明論――職人技本能と産業技術の発展』松尾博訳、ミネルヴ

ァ書房（原著1914年）

⑤コモンズ［2015～19］『制度経済学──政治経済学におけるその位置』上・中・下、中原隆幸・宇仁宏幸・坂口明義・高橋真悟・北川亘太訳、ナカニシヤ出版（原著1934年）

⑥ジャコービィ［2005］『雇用官僚制［増補改訂版］──アメリカの内部労働市場と〝良い仕事〟の生成史』荒又重雄・平尾武久・森杲訳、北海道大学図書刊行会（原著1985年、改訂版2004年）

⑦ドーフマン［1985］『ヴェブレン──その人と時代』八木甫訳、ホルト・サンダース・ジャパン（原著1935年）

⑧バジョット［2011］『ロンバード街──金融市場の解説』久保恵美子訳、日経BPクラシックス（原著1873年）

⑨パース、ジェイムズ、デューイ［2014］『プラグマティズム古典集成──パース、ジェイムズ、デューイ』植木豊訳、作品社

⑩ヒューム［1993］『道徳原理の研究』渡部峻明訳、晢書房（原著1751年）

②は「顕示的消費」（見せびらかしの消費）という言葉を流行らせたヴェブレンの出世作。③は本章で紹介したヴェブレンの現代資本主義論。④はヴェブレンの代表的な制度進化論。⑦は定評のあるヴェブレンの伝記。⑤はコモンズの主著。⑨は制度派経済学が依拠するプラグマティズムの主要著作が収録された便利な1冊。①は現代におけるプラグマティズムの優れた入門書。⑩はコモンズが依拠したヒュームの秩序生成論。⑧は中央銀行制度の内生的生成論。⑥はコモンズの制度派経済学をアメリカ労使関係史に適用した名著。

（**柴田徳太郎**）

第3章

ポスト・ケインジアン経済学の全体像

私たちが教科書で習う経済学は、１９８０年代までは新古典派経済学とマルクス経済学の2つに分かれていました（詳しくは序章と第1章を参照）。本章で紹介する**ポスト・ケインジアン経済学**、**カレツキアン経済学**は、この両方と距離を置きつつ、特に新古典派経済学に対する批判を展開してきました。これらをひとくくりにして異端《いたん》派経済学と呼ぶとすれば、異端派の論理とは、資本主義経済・市場《しじょう》メカニズムは本質的に不安定・不確実なものと考えるという意味で、新古典派のそれとは本質的に異なり、かつマルクスの問題意識と通じるものがあります。

新古典派も異端派も、基本的にはミクロ経済学とマクロ経済学の方法から成ります。ミクロ経済学は個々の消費者や生産者の「効用（満足度）最大化」を求める方法、マクロ経済学は社会全体の経済成長や好景気・不景気などを分析する方法です。19世紀から20世紀初頭にかけて完成された当時の新古典派経済学が、ミクロの方法で財（＝商品、グッズ）・サービス市場、労働市場、金融市場を別々に考えたのに対して、１９２９年世界恐慌で失業者があふれる現実を眼前にして根本的に異なる方法を主張したのが**ケインズ**[1]でした。ところが危機が過ぎると、ケインズの問題提起はそれまでの新古典派経済学の中に取り込まれ、現在の新古典派経済学が出来上がってしまいました。これに対して、ケインズ

1　ケインズ（John Maynard Keynes １８８３〜１９４６年）20世紀最大のイギリスの経済学者、官僚。ケンブリッジ大学を卒業後、インド省に勤務してから同大学で研究に戻った。第1次大戦時は大蔵省に出向したが、パリ平和会議で連合国側のドイツに対する過酷な賠償《ばいしょう》請求に反発して辞任。第2次大戦中は大蔵大臣顧問《こもん》として戦時経済運営に尽力《じんりょく》し、イングランド銀行理事と貴族に叙《じょ》せられた。戦後はイギリス代表団を率いて国際復興を担当し、国際通貨基金（ＩＭＦ）の設立に関してケインズ案を提案したが、結局アメリカ主導の構想であるホワイト案（財務官僚ハリー・ホワイトによる）が主に実現された。著作としては、貨幣数量説に対する批判に始まり、社会で貨幣を使うことの意味を論じた１９３６年の『貨幣論』（邦訳：小泉明・長沢

の問題意識――人間に欲望がある限り、資本主義経済は不安定で不確実なものであるという認識――を引き継いで、新古典派批判を続けてきたのがポスト・ケインジアン経済学です。

一方、ケインズと同時代に生きた**カレツキ**[2]も、独自にマクロ経済学の方法を考えていました。カレツキは、独占的な大企業と労働者、政府などからなる社会を考えて、独占企業の利潤の決まり方、所得分配、景気循環など、現代にもそのまま通じるテーマを理論・実証の両面から研究しました。

新古典派経済学はまず、すべての市場で価格が調整されて最適価格＝均衡《きんこう》価格が実現され、この最適価格を基準にして短期的にはすべての売買契約が実行され、長期的には労働力も資本も産業間で移動して、全社会的に最適な資源配分が実現されると考えます。ここでいう「資本」とはあいまいな言葉ですが、生産のために使われる資金や技術、機械や原材料など、労働力以外のすべてのインプット、と思っておいてください。それに対して異端派経済学は、市場で価格が動くことはあっても、そこから均衡価格が実現されるとは考えないし、さらに労働や資本が自然と移動するという論理を否定して、不均衡が累積《るいせき》するメカニズムを考えようとします。

マクロ経済の基礎

まずは新古典派、異端派経済学両方の基礎となるレベルで、統計に表れるマクロ経済の構成要素を見ておきましょう。マクロ経済学で最初に出てくる専門用語が**ＧＤＰ**（Gross Domestic Product：**国内総生産**）で、これは高校の社会科では「社会の豊かさを表す数値」なんて習ったでしょう。もう少し正確にいうと、ＧＤＰは「1年間に1国内で、新たに生

惟恭訳、ケインズ全集第5・6巻、1979～80年）、36年の『雇用・利子および貨幣の一般理論』（邦訳：塩野谷祐一訳、ケインズ全集第7巻、1983年）などが特に有名。とりわけ後者は、（当時の）古典派経済学による「労働力の需要と供給が賃金の変化によって調整されて完全雇用が実現する」とする理論に代わり、「企業が悲観的になれば社会全体の有効需要が不足する」というマクロ理論を提示し、「働きたくとも職がない」非自発的失業の発生を主張して政府の経済管理の必要性を論じた。彼の理論は戦後、積極的財政運営と金融政策とを組み合わせれば資本主義は永久に発展できるという考え方に再解釈され、ケインズ政策の基礎とされた。本書序章も参照。

2 カレツキ（Michał Kalecki 1899～1970年）ポーランドの政治経済学者。マクロ経済学をケインズと同時に発見した。不完全競争状態における独占企業の投資や賃金の決定を有効需要論と結びつけ、さらにこれを発展させて階級闘争や社会主義を論じた。

産・販売された付加価値を、市場価格で計測した総計」といえます。大切なのは付加価値だという点で、これは原材料や天然資源などを使って人間が労働し、新たに作り出した価値（社会的な有用性）です。だからＧＤＰ＝「社会の豊かさ」とは、どれだけの人間が労働したか、どれだけの雇用《こよう》が形成されたかによって測られるのです。なお、ここで「人間」と言ったのは、「国民」ではありません。国内に居住する外国人労働者や移民労働者も、１国のＧＤＰを生み出す存在なのです。

　少し話がそれますが、「社会の豊かさ」に関してしばしば目にする言説で、「日本は貿易黒字でお金を儲《もう》けて豊かになったが、平成期に貿易赤字になって損した」なんていうのがありますが、これは大間違いです。そもそも新古典派でも異端派においても、「国が儲けた・損した」なんて言葉自体ありえません。またＧＤＰと似た言葉として国民所得（National Income）があるし、内閣府や国連ではＧＤＰに加えてＧＮＩ（国民総所得）も使っています。ＧＤＰと国民所得の違いは技術的なことですが、ＧＤＰとＧＮＩでは方法論の考え方が根本的に異なります。これらの違いは大切なポイントではありますが、ここでは深入りしないでおきます。

　さて、**図表３・１**は、ＧＤＰが企業・生産者によって作り出されてから、分配され使われるプロセスを、１年間の循環プロセスとして描いています。ただしここでは単純化のため、政府に払う税金、企業が自身の内部に残す内部留保《ないぶりゅうほ》、それに外国との貿易は省《はぶ》いてあります。

　ＧＤＰとして生産者の手元に形成された富は、主に労働者賃金、株式の配当、経営者の利潤などとしてあちこちに分配されます。これらを総合して要素費用と呼びますが、これは労働者、経営者などあちこちに分配されて家計の所得になります。ここでいう家計とは

図表３・１　GDPが分配され支出に充てられるメカニズム

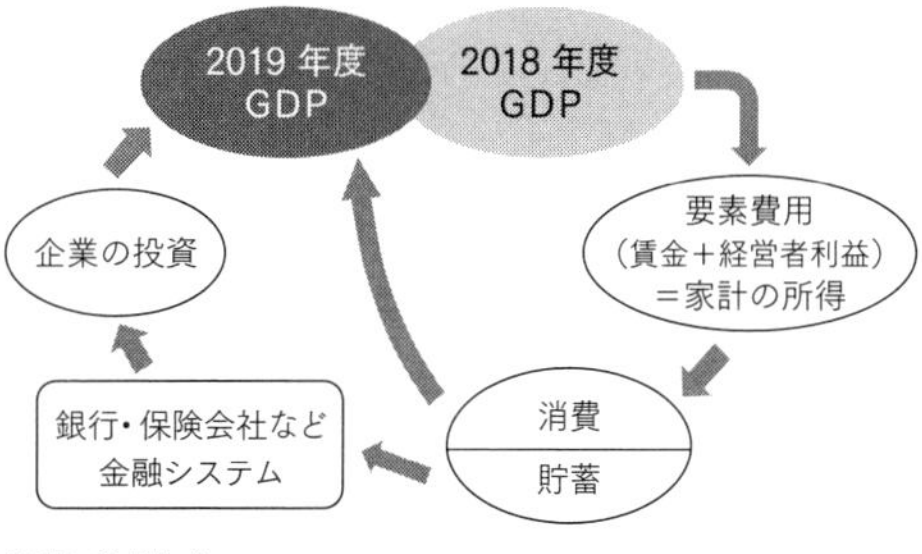

出所）筆者作成

会社員から資産家、企業の社長、さらに未成年者、高齢者まですべての人間を含むので、経営者利潤も労働者賃金も区別なく家計所得に含まれています。そして家計に分配された金額の80〜90％は消費に使われます。消費とは物を買うことだから、実際に行われた活動を後付けで見れば、これは誰かが物を生産・販売したことであり、そのまま翌年のＧＤＰになります。では残りの10〜20％はどうなるかといえば、これがマクロ経済学でいう**貯蓄**（saving）です。貯蓄には銀行に預ける貯金・預金も含まれますがそれだけではなく、保険や年金の掛け金、積立金などさまざまのお金が含まれます。

統計に表れた指標に沿ってマクロ経済を見れば、この貯蓄が銀行、保険会社、証券会社などの金融システムを通じて企業・生産者の手に渡り、これが企業の**投資**の資金になります。マクロ経済学でいう投資は、カブドットコム証券などの証券会社が取り次ぐ株式の売買とは全然意味が違います。投資とは、企業・生産者が生産活動のために機械や部品などの資本設備を購入する活動のことです[3]。つまり個人・家計が物を買って使うのが消費、企業・生産者が物を買って何年も使い続けるのが投資で、後者のうち政府が行う投資は公共投資です。そして投資による資本購入もまた、別の誰かが売ったということだから、翌年のＧＤＰを構成します。こうして家計に分配されたＧＤＰは、大部分は消費になり、残りは貯蓄になってから投資を形成し、ともに翌年のＧＤＰとなって、マクロ経済は毎年循環し続けるのです。

貯蓄や投資なんて、ＧＤＰ全体に比べればごく小さい金額なのに、そんなに重要なのか？　という疑問が残るでしょう。１つの産業で投資が行われれば、それは他の産業の生産物を多く需要することだから、それら他の産業でもまた投資が増えます。またこれらの産業で働く労働者に支払われる賃金額も増えるから、家計所得も増えます。こうして投資

3　企業の投資金額は生産された財の価格にコストとして含まれるはずなので、消費と投資をそれぞれＧＤＰにカウントしてしまうと二重計算になるのでは、という疑問がある。これは統計のテクニカルな問題になるが、ＧＤＰを１年ごとに区切って計算することで、投資金額が財の価格に含まれるよりも前の段階で当該年次のＧＤＰとしているのである。

は一ヵ所で増えればそれがあちこちに波及《はきゅう》して、ＧＤＰを持続的に大きくする役割を果たすのです。

以上までのところで、押さえておかねばならない論点があります。貯蓄と投資は均衡するのかという問題です。両者が常に同じ金額になるかといえば、これは難しい点で、実際の経済活動を後付けで見た統計では必ず一致するよう定義されています。だからここまでの貯蓄と投資についての説明も、後付けで見たものです。そして新古典派では、かつては貯蓄と投資は乖離《かいり》するものとされていましたが、近年の新しい新古典派経済学では、この2つは金利の動きによって調整されて等しくなると考えられています。これに対してポスト・ケインジアン、カレツキアン経済学は、貯蓄も投資もそれが**リアルタイム**に形成されるプロセスに注目します。後付けではなく、どの経済主体が、どういう方法で貯蓄や投資を形成するのかを考えれば、この両者が一致することはまずありえません。そのうえで両者が一致する状態を1つの基準＝均衡状態と捉《とら》えて、現実の経済はこの均衡から外れて不均衡になると考えます。

投資は何によって決まるか

最も単純な新古典派の考え方では、利子率（金利）が上昇すれば企業・生産者による投資は減少し、利子率が低下すれば投資は増えると説明されます。日本で実施しているマイナス金利政策は、基本的にはこの考えに基づいています。これはどういう論理かといえば、金利が上がれば銀行から融資を受ける企業にとってはそれだけ返済負担が増えるので、資金を調達しにくくなり、したがって投資しにくくなるということで、逆に金利を下げれば投資がしやすくなるという理屈です。もう少し厳密にいえば、投資すれば来年、再来年における資本の分量が増えるので、企業は来年、再来年もこの資本を使って利潤を得ることができます。新古典派ではそこから、企業は現在から将来にかけての利潤の合計を最大にするように投資額を決めると考えるのですが、将来の利潤は「とらぬ狸《たぬき》の皮算用《かわざんよう》」なので、その価値は利子率で割り引いて現在価値に置き換えなければなりません。こうして計算した「現在から将来にかけての利潤の現在価値の合計」が、今年投資を行うためにかかるコストよりも大きければ、企業は時間を通じて利潤を得られると判断して投資を行います。この場合、将来の利潤を割り引くという作業は、利潤額を１＋利子率の値で割り算することなので、利子率が高くなれば割引利潤額の値は小さくなり、それだけ投資は行われなくなるというわけです。また将来の利潤を現在価値に割り引く作業においては、物価の変化も考慮しなければならないはずです。したがってここでいう利子率とは、物価の変化を差し引いた「実質値」すなわち実質利子率です。

この議論に明確に反対しているのがカレツキアン経済学です。カレツキアン経済学では、企業家が資本稼働率《かどうりつ》を引き上げれば投資が増え、逆に資本稼働率を下げれば投資が減ると考えます。資本稼働率とは、現に存在する資本設備のうち何パーセントを生産活動に使うかということで、これは現実問題として１００％になることはなく、使われない遊休資《ゆうきゅう》本がどんな場合にも存在します。遊休資本があるということは、いいかえればその分だけ使われない労働力つまり失業も存在するはずです。このようにカレツキアン理論では、資本も労働力も不完全利用を前提とします。

資本と労働の不完全利用とは、単に不景気の状態を想定して議論するというような技術的なことではありません。たとえ好景気が順調に続く経済であっても、翌日に大災害が起きるか否《いな》か、地球温暖化が1年後にどれだけ進行するかなんて誰にも予知できません。これは「不確実性」と呼ばれ、どんな社会にも必然的に付きまとう問題です。そうした不測の事態への備えとして、資本も労働力も使わずに残しておく部分が必要になるのが、残念ながら現実です。そして不確実性とは、株式投資などでいうリスクとは別物です。例えば株の取引をする場合、近い将来その株価が上がると予測する場合にはそれを買い込んで先々に売ろうとしますが、逆に将来値下がりする可能性も少しは考慮して、買い込む余地も残しておこうとします。このように逆の予想を前提にした取引を組み合わせるのがリスク・ヘッジという方法で、新古典派の枠組みでは、ヘッジする（将来の損失を回避する手を打っておく）ことでリスクは最小限に抑えられると考えられています。しかし不確実性とはそもそも予測できないものだから、ヘッジという方法は成立しません。唯一可能な対策は、備えをとっておくことです。つまり社会における不確実性を前提にするならば、資本も労働も現時点で完全に使い切ることはありえず、「余分」を残しておかねばならないということです。この意味でカレツキアン経済学では、資本稼働率によって投資が決まると考えるのです。

新古典派の方法では、将来の利潤や物価変動をすべて予測可能なものとみなしているので、利子率を使って現在価値に割り引くという作業が可能になります。でも実際には、将来のマクロ経済がどうなるかは誰にも予知不可能なのだから、余分な資本・労働力を残して資本稼働率を基準に考えるカレツキアンの方法が現実に合っているのがわかるでしょう。

どんな産業においても、企業は一定の予測に基づいて生産計画を立てるので、そのために必要な稼働資本の分量もあらかじめ計算しているはずです。では、力の強い独占企業なら資本稼働率を好きなように決められるかといえば、そうではありません。というのも、新たな資本財が輸入されたり開発・生産されたりすると、社会に存在する資本設備の量が増えるので、稼働される資本量が一定ならば稼働率は下がることになります。また技術革新が進んで新種の機械設備が開発されれば、稼働率も変わるはずです。このように資本稼働率とは、一方では企業が自身の判断で操作するものですが、他方では外部の社会的条件によって決まる「内生変数」でもあるのです。

ではカレツキアン理論では、利子率は投資に影響しないと考えるかといえば、そうではありません。この点はのちに述べるポスト・ケインジアン（特にミンスキー）の議論ですが、銀行部門が貸出した資金が将来返済されない可能性（リスク）を考慮して、貸出利子率を設定します。この貸出利子率が高すぎると、借手である企業は実際に返済が困難になるので、借入れに消極的になってその結果投資を減らすことになります。新古典派経済学では、利子率は資金の貸手と借手が対等の立場で向き合う市場で決まると考えるのに対して、ポスト・ケインジアン理論では貸手の銀行部門が設定するものと考えます。

投資に必要な資金はどうやって調達されるのか

19世紀の新古典派経済学では、貯蓄は社会的に集められて一定金額の積立金になり、これが投資のための資金需要に応じて配分されると考えていました。つまり貯蓄とは資金の供給のこと、投資は資金需要のことというふうに区別されていたのです。これに対してケインズが批判を展開しました。先ほどの図表3・1を右60度回転させてみればわかるように、投資は一方で資金需要になりますが、他方で新たなＧＤＰを形成して新たな貯蓄を生み出します。つまり19世紀の新古典派経済学では、投資によって新たなＧＤＰ・新たな貯蓄が形成されるという関係が抜け落ちていたのです。

現在の新古典派経済学も、「新たに形成されたＧＤＰが家計所得に分配され、消費と貯蓄になる」という一連の流れを完結したものとして、後付けで見ています。だから投資によって新しく生み出されたＧＤＰは、新たに形成されたＧＤＰの中に含まれているものとして扱われてしまい、投資が貯蓄を形成するという関係は忘れられています。つまり図表３・１でいえば、「２０１８年度のＧＤＰ→２０１９年度のＧＤＰ」というサイクルは、実際には何重にも重なって、時間的なずれを伴《ともな》いながら連繫《れんけい》した状態で今年度から次年度へとつながっていくのに、これを1年単位で切って考える統計の方法をそのまま取り入れているのです。さらに最近の新しい新古典派理論では、各家計は金利や資産価格を目安にして現在行うべき消費と、将来の消費のためにとっておく貯蓄のいずれかを選択すると考えるため、貯蓄と投資は市場での金利の変化によって調整されて常に等しくなる、と説明されます。

新古典派理論ではそこから、経済成長のために投資を増やそうと思えば、家計は無駄遣いをやめて貯蓄を増やさねばならない、という理屈になります。例えば、工業化が遅れて開発が進んでいない途上国では、家計の浪費が多く貯蓄がたまらないか、あるいは銀行などの金融システムが整備されていないせいで、工業化に必要な資金が形成されないというわけです。

同語反復《どうごはんぷく》になってしまいますが、ポスト・ケインジアンの考えでは、投資が増えないのは、企業が投資をしないためです。ケインズが指摘したように、投資はそれ自体が新たな貯蓄を形成するのだから、投資が行われる前にあらかじめ存在する貯蓄の量は投資の制約にはなりません。もちろん投資が行われる時点では、それに必要な金額の貯蓄が生み出されるか否かはわかっていないのだから、投資と貯蓄が等しい金額になることはありえません。こうして、投資額があまりに大きすぎて貯蓄額を大きく上回る場合には、次のいずれ

ホワイト（左、注1参照）と談笑するケインズ。1946年3月8日、アメリカ・ジョージア州サバンナで開催された国際通貨基金（IMF）の最初の理事会にて

かの方法が社会的に行われます。①国外から債務を調達する。②企業が手にするであろう利益・貯蓄の一部が返済に充《あ》てられることを期待して、銀行は手持ち資本の額を大幅に上回る貸出を行う。③企業が内外で株式や社債を発行し、それを購入する投資家は将来得られるであろう利益から配当が支払われることを見越してそれを購入する。①〜③のいずれの場合も、将来を当てにして現在のお金の流れが発生するので、多かれ少なかれ不確実性がはらまれます。

さらに厄介なことに、図表3・1では明示してありませんが、貯蓄の全額が、必ずしも金融機関を通じて企業の投資資金に充てられるとは限りません。最近のように個人で株式を購入する一般投資家が増えると、貯蓄は直接投資の資金に充てられることになります。ここで株式などの金融資産を売買する投資家は、必ずしも企業の生産活動、投資に資金を回すことを目的としているとは限りません。むしろ株・証券や金《きん》資産、さらには土地が近い将来値上がりすることを期待して購入する、いわゆる**投機**目的であることも多いのが実情です。いつの時代も、こうした投機のために巨額の資金が動いています。

ケインズが生きた時代には、生産を行う企業と投機資金を動かす投資家とは別の主体であるのが普通でした。ところが現代では、メーカーなど生産主体が株式や土地の投機的売買を行うことも珍しくありません。ほかにも保険会社などの機関投資家、商社、地方自治体までがこうした投機に資金を充てています。このうちメーカーなどの企業が、生産に使われるはずの機械・資材を購入せずに、投機にばかりお金をつぎ込んでいるとどうなるか。GDPは増えたとしても、投資が行われる場合に比べて増え方が小さくなります。なぜかといえば、株式市場での投機が増えても、それが別の産業の投資や雇用に波及するというメカニズムが起こりにくいので、GDPを押し上げる効果はごく一時的なものにとどまるからです。そのため企業や資産家が投機にばかりお金をつぎ込んでいると、家計に分配される所得も小さくなり、消費も貯蓄も増えにくくなります。

この、お金の使い方によって経済活動が左右されるというケインズの論点は、教科書的には**"Money matters"（「貨幣は実体経済に影響する」）**と呼ばれる論点で、19世紀の新古典派の貨幣数量説[4]とケインズ経済学とを区別するポイントとされています。ただ、たしかにケインズは貨幣数量説を批判しましたが、この"Money matters"のように特定のポイントだけがキャッチ・コピーになって誇張《こちょう》されたのは、むしろ不幸だったかもしれません。

新古典派の考え方では、貯蓄が投資を形成するわけですが、ポスト・ケインジアンの議論では逆に投資が貯蓄を形成すると考えます。一見すると「鶏《にわとり》が先か卵が先か」みたいな話ですが、どちらの視点に立つかによって見えてくるものが全く違うのがわかるでしょう。貯蓄として形成された資金が企業の投資に配分されるのであれば、その関係は安定しており、大したリスク・不確実性は伴いません。しかし投資が貯蓄を生み出すと見れば、社会的にさまざまの不確実性が想定されるのです。先ほど見たように、投資のために資金が貸出されても、必ずしも全額返済されるとは限らないし、またその資金が投機に使われれば、社会全体で生み出される所得・貯蓄は小さくなります。もちろんポスト・ケインジアンの議論は、何も頭から「投機は悪」と決めつけているわけではありません。そうではなくて、貨幣を使う自由放任経済のもとでは、資金の需要側と貸手である供給側の双方が、危険を承知でリスクを引き受けねばならない状態が起こり得ることを指摘し、それが本質的な不安定性、不確実性だと考えたのです。

4 貨幣数量説　経済を財・サービスの生産と、貨幣の供給・流通とに分けて捉え、貨幣の分量が変化すればそれは物価を変化させるだけで生産活動や所得分配には一切影響しないとする見方。より詳しくは序章を参照。

企業の資金調達は社会的にどう影響するか

企業が投資のための資金を調達する方法を、各企業すなわちミクロのレベルで考えてみましょう。まず最も小規模の投資では、企業は内部に蓄積してあった資金を使い、次に投資を拡大させるために株式を発行して外部から資金を集めて自己資本とし、さらに巨額の資金が必要になれば銀行から資金を借入れます。ポスト・ケインジアンの視点に立ってこの行動をリアルタイムで見れば、企業は実際に生産・販売して利益を得るよりも前に株式を発行したり銀行から借入れたりするので、実際に得られた利益が期待よりも小さければ、株主に配当金を支払えなくなったり、銀行に債務を返済できなくなったりするリスクを抱えることになります。逆に銀行から見ても、融資したお金を回収できないで不良債権化するリスクが発生します。ポスト・ケインジアンの中でもこの点に着目して独自の理論を展開した**ミンスキー**[5]は、これらを借手リスク、貸手リスクと呼びました。

新古典派の理論では、こうしたリスクはヘッジできるから大した影響はもたらさないと考えます。しかし日本の１９８０年代バブル期のように、期待できる利益に比べて明らかに無理な借入れをする企業が社会全体で増え続ければ、どうなるでしょう。この場合銀行の立場では、安全な融資先を探して貸手リスクをヘッジすることは困難になります。ミンスキーはこのような、無理な借入がヘッジ不可能な規模まで拡大し、銀行・企業双方に影響を及ぼす状況を重視しました。そして、多くの企業が新たに調達した資金を昨年までの債務の返済に充てる、いわゆる自転車操業の状態に陥《おちい》ることを投機的金融、債務返済のために保有していた固定資産を売却する状態を**ポンツィ金融**[6]と名付け、これらが増える状況を「金融不安定性」（英語では financial instability もしくは financial fragility）と呼びました。固定資産の売却があまりにも増えすぎれば、その価格は市場で下落《げらく》するので債務返済のた

5 ミンスキー（Hyman Minsky １９１９〜96年）アメリカの経済学者。「創造的破壊」で知られるシュンペーター（Joseph Schumpeter １８８３〜１９５０年 本書第8章参照）の弟子でもあった。ケインズの『雇用・利子および貨幣の一般理論』を主流派経済学とは異なる視点で解釈し、企業の投資とそのための資金調達の方法に着目して「資本主義は不安定性を内包する」と主張した。

6 ポンツィ金融 20世紀前半にアメリカで「ねずみ講」に当たる金融詐欺をはたらいたイギリス人の名前 Charls

めの資金さえ得られなくなります。こうして金融不安定性が極限に達した状況が、90年代初頭の日本のバブル崩壊や２００８年のリーマン・ショック[7]だったのです。

この金融不安定性とは、金融システムが発達した現代の資本主義経済ではいつでも起こりうる問題です。例えばある１つの企業が、銀行債務を毎年順調に返済しながら経営していたとしても、他の多くの企業が投機的金融の状態に陥れば銀行側は融資条件を厳しくせざるをえません。そうなれば健全経営の企業も突然返済困難に陥り、投機的金融、ポンツィ金融の状態になります。このとおり金融不安定性とは、貸手・借手のモラルや自己規制で解消できることではなく、金融に依存する経済ならほぼ必ず起こりうる問題なのです。

ならばどういう対策を講じればよいのでしょう。近年アベノミクス[8]の下で、日本の中央銀行である日銀は、「異次元《いじげん》の金融緩和《かんわ》」と称して銀行から大量の国債を買い上げ、それが継続困難と判断すると「マイナス金利」政策に転換しました。現政権下のいずれの政策においても、日銀と銀行との間の資金の貸借額が変化しただけで、企業部門に貸出される資金額には大した影響はありません。マイナス金利政策で景気が回復したと報道されますが、実際は銀行がそれまで日銀に預金するつもりで積み上げてきた資金を受け入れてもらえなくなって、運用先に困ったすえに株式市場で使ったために株価が上昇し、特定分野で結果的に景気が回復しているだけの話です。株価を必要以上に引き上げ、同時にマイナス金利で債務の調達を簡単にするということは、無理な借入拡大の可能性を助長して新たな投機的金融、ポンツィ金融を招きかねません。そして企業も投機者もこんな状況から学習し、ますます投資やＧＤＰ形成に慎重になってしまいます。

Ponzi に由来する。

7　リーマン・ショック　２００８年９月、アメリカの大手投資銀行リーマン・ブラザーズ・ホールディングスが経営破綻したことで連鎖的に発生した世界的金融危機。日本経済にも大きな打撃を与えた。アメリカではその前年すでに、住宅価格上昇分を担保にしたローンが破綻して多くの低所得層が住居を失っていた。他方で高リスクの低格付け（サブプライム）債権を多数組み合わせて高格付けに見せる手法が開発されており、住宅ローンで集まった資金がこれに投資されていた。この双方が破綻したことから危機が生じた（サブプライムローン問題）。

8　アベノミクス　主に第２次安倍政権（２０１２〜14年）以来、同政権が掲げる経済政策の通称（第１次政権でもこの言葉は一部で用いられていた）。第２次政権では、小泉政権（２００１〜06年）が進めた「構造改革路線」を継承しつつも、新たに「大胆な金融政策・機動的な財政政策・民間投資を喚起する成長戦略」を「アベノミクスの３本の矢」とする方針を打ち出し、デフレ（物価が漸次下落するに伴い、個人消費も投資も減少して経済が停滞す

雇用はどのようにして決まるのか

企業・生産者が投資を行って実際に生産にとりかかれば、必ず同時に労働力が必要になります。人格を持った人間が賃金労働者という商品として売買されることが、昔から資本主義経済の存立《そんりつ》基盤になってきました。

最も古典的な経済学の議論では、労働力を単純に一商品とみなし、その需要と供給の均衡で賃金が決まると考えました。ところが労働力の需要側である企業はかなり自由に労働者を選別できるのに対して、一般の労働者は仕事に就《つ》けるか否かに自分と家族の生活が懸《か》かっています。だから労働力市場においては、労働力の需要側と供給側の力の大きさが極端に違うわけで、そもそも自由な市場メカニズムは想定できないはずです。こうした理論展開とそれに対する反省を踏まえて、「賃金の決定は市場での需要供給に委ねるべきだ」という考え方と、「労働者側が組合を通じて賃金引き上げを求めて声を上げるべきだ」という主張とが、せめぎあってきました。

以上の議論はいずれにしても、賃金－雇用量の座標軸上で描いた右下がりの労働需要曲線を前提にしているわけで、いいかえればミクロ経済学の初歩の需要・供給曲線（序章23ページ参照）をそのまま労働力商品の需給に当てはめているのです。つまりこれは、企業が資本のインプットを増やして生産を拡大するとき、追加された1単位当たりの資本の生産性は順次低下するから、それに対応して企業が支払える賃金額も引き下げられる、という「**収穫逓減《ていげん》の法則**」に基づく考え方です。ポスト・ケインジアンもカレツキアンも、この収穫逓減法則を否定します。現代の重化学工業やサービス産業では、生産規模と生産性との間に決まった関係を見つけることは困難だから、収穫一定もしくは**収穫逓増《ていぞう》**のケースだってありえます。また、「まず企業側が賃金を設定し、それに基づいて雇用量が決まる」

る現象）を脱却し、2％の物価上昇を目指すというインフレ目標政策を導入した。これは日銀が長期国債を大量購入して通貨を供給し続ければ（「異次元の金融緩和」）、人々が将来インフレになると予想して行動するだろうという予測に基づくものだったが、実際には行き詰まり、修正された結果がマイナス金利政策である。さらに第3次（2015～16年／16～17年）では「強い経済・子育て支援・社会保障」を「新たな3本の矢」とし、「1億総活躍社会」を目指すと発表、17年発足の第4次内閣で継続中。なお、アメリカの経済学者でニュー・ケインジアン型のモデルを提示したクルーグマン（Paul Krugman 1953年～）は、初めはアベノミクスに肯定的だったが、現在では誤りを認め、その金融政策に効果はないと警鐘を鳴らしている。（ちなみにニュー・ケインジアンとは、貨幣量や物価などの名目値が産出量や雇用量といった実物の数量に影響するという「ケインズ的状況」を、企業が価格や契約を調整する際にかかるコストの視点から説明しようとする立場であり、現在の主流派経済学であって、ポスト・ケインジアンとは異なる。）

のではなく、「まず企業が定めた生産水準に対応した雇用量が決められ、それに対応した賃金が決められる」という順序で考えます。

これは単なるレトリックの問題ではなく、極めて重要なポイントです。ポスト・ケインジアン理論では、複数の異なる生産技術から選ばれた技術を使って生産が行われ、この技術によって収穫逓減にも収穫逓増にもなりうると考えます。そして一定の技術水準・生産性を前提とすれば、企業は需要水準を見越して生産量を決め、それに対応する労働需要を決めます。そして実際に生産された財が販売されて売り上げが手に入れば、企業経営者と労働者との間で労使交渉が行われて、企業利潤と労働賃金との取り分が決められるわけです。まとめれば、新古典派経済学では企業利潤を最大化する賃金が市場メカニズムで決まり、それに対応する雇用が決まるのに対して、異端派経済学では賃金の決定は企業経営者と労働者との間の交渉で決まるとするのであって、これは企業の利潤最大化を基軸とする新古典派の仮説とは全く違います。

もう気付いた人も多いでしょうが、ポスト・ケインジアン、カレツキアンの理論では、雇用の決定をマクロ経済の産出・GDPの決定の枠組みの中で考えます。マクロの視点で考えれば、財・サービス市場において企業が投資を増やして生産を活発化させるとき、同時に労働力に対する需要も増えるのが普通です。もちろん、先述のとおり失業がゼロになることはありえませんが、人手不足の状態になれば企業は労働者の要求を受け入れざるを得なくなることが多いので、賃金は引き上げられるわけです。あるいは、別の見方もできます。現在の時点において賃金を引き上げることは、企業にとってはコスト増加と意識されるでしょう。しかし図表3・1に戻って考えれば、要素費用が増えて家計に分配される所得が増え、家計の所得も増加すれば、近い将来に財の需要が増えるのだから企業にとっては利潤を得るチャンスが拡大します。もちろん逆の場合はすべてが逆になり、企業が賃金を引き下げようとすると同時に企業の期待利潤も低下します。このようにマクロで考えれば、賃金と企業の利潤とは必ずしも「誰かが儲かれば誰かが損をする」というゼロ・サム・ゲームの関係にはなく、双方が同時に増加・減少するメカニズムも考えられます。

近年の日本では、若年人口が減少した結果、労働力の需給がひっ迫していますが、景気全体として見ればさほど好景気とはいえず、企業の投資もそれほど活発ではありません。だから企業側は、低賃金で契約しやすい非正規雇用を増やしたがるので、全体的には人手不足であるにもかかわらず、賃金が上昇しないという逆説状況が見られます。

「生産性が上がれば賃金が上がる」は本当か？

日本で近年、「働き方改革」[9]と称して賃金を上げる方法が議論されています。前節では技術が一定、すなわち生産性が一定の場合を考えました。技術革新や新製品開発がすすめられて企業の生産性が上昇する場合には、新古典派の考え方をそのまま当てはめれば、「生産性を上げれば賃金が上がる」という議論になります。つまり、技術が向上して生産性が上がれば、順に投資を増やしていった際の最後に購入した資本設備1単位が作り出す財も増えるから、生産した財がそれまでと同じ価格ですべて売れると仮定すれば、企業の利潤を最大にするような賃金の額も増えるというわけです。

しかしこの仮定は現実的でしょうか？　新古典派がよって立つ市場メカニズムに沿って考えても、供給が増えれば財1個当たりの価格が下がるので、総売上額は増えるか減るかわかりません。また生産効率の良い技術が導入されれば、企業は普通、雇用を削減して機械・技術に依存して生産を行いたい、つまり人件費を削減したいと考えるでしょう。いず

9　**働き方改革**　「時間ではなく成果で評価することで働き方の自由度を上げ、労働者の負担を軽減することで生産性を向上させ、賃金ベースアップをはかる」ことを掲げ、2018年に成立、19年より順次施行中の「働き方改革を推進するための関係法律の整備に関する法律」を軸とする労働法制改革。時間外労働の上限規制（年360時間）、有給休暇消化の義務化、高度プロフェッショナル制度（高度な専門知識・技能をもち、一定水準以上の年収を得ている人は、労働時間や残業代、有給などに関する規制の対象としない）、同一労働同一賃金の推進などを柱とする。

れにせよ1人当たりの賃金は上がるか下がるか全くわからないし、全体で見て雇用が削減されて失業が増えれば、労働者全体の賃金所得は減ると考えられます。

こういう論点については、机上《きじょう》の理論だけでわかったつもりにならず、実際のデータで検証してみることが必要です。**図表３・２**のとおり、１９７０年代から通して見ると、実質賃金の上昇率は年々下がっており、特に２０００年以後はほとんど上昇していません。これは労働生産性上昇率の低下に対応しているようにも見えますが、それでも明らかに２０００～２０１１年の実質賃金上昇率０・４％を説明するには不十分なのがわかるでしょう。そこで考慮しなければならないのが、労働分配率の変化、すなわち前節で見た労使間の交渉による賃金の決まり方です。賃金と企業利潤とは必ずしもゼロ・サム・ゲームの関係にはないと書いたとおり、不景気が続く状況では両方が同時に減ってしまうことも考えられます。

２０００年以後の日本企業の間では、製造業、非製造業ともに企業が自身の手元に残す**内部留保**が極端に増えています。内部留保とは、本来は減価償却費《げんかしょうきゃくひ》（何年も使用し続ける資本設備については、耐用年数の間、その購入価格分の価値が毎年少しずつすり減ると考えて、その分を1年間の費用として計上するもの）の金額に相当するはずのものです。しかし現実には、こうした毎年の減価償却費よりもはるかに多額の金額が、何にも使われないでただ溜め込まれていると考えられています。

これは長引く不況で多くの企業が投資に消極的になったことに加えて、企業の業績がその株価（市場での企業に対する評価）をはじめ内外の経済指標に大きく振り回されるため、企業がリスクや不確実性に備えるための資金を残しておかねばならないと考えていることを示しています。図表３・２からわかるように、現在の日本で賃金が上昇しない原因は何

時間外労働の上限規制により、年収の低い人ほど残業代＝収入が減ることが指摘されている。また高プロ制度はかえって長時間労働を助長するなど特に批判が強く、「定額働かせ放題制度」「残業代ゼロ制度」などと揶揄《やゆ》されている。

図表3・2　日本の労働生産性と実質賃金上昇率

年	1970-80	1980-90	1990-2000	2000-11
実質賃金率*	59.2%	23.8%	16.8%	0.4%
労働生産性上昇率	51.3%	45.4%	20.8%	16.4%
労働分配率の変化	19.4%	−9.5%	3.1%	−2.9%

＊ 実質賃金率：単位時間当たりの実質（物価変動を差し引いた）賃金支払い額

出所）深尾京司［2013］「賃金上昇の条件　生産性向上のみでは困難」RIETI（独立行政法人経済産業研究所）コラム（https://www.rieti.go.jp/jp/papers/contribution/fukao/09.html）

も生産性上昇率の低下だけではなく、むしろ企業が内部留保を積み増しすぎていることも重要なのです。このように新古典派の方法を用いた分析でも、「生産性を引き上げれば賃金が上がる」説に対する反証は可能だし、この点についてはポスト・ケインジアンでも同じ結論になります。

では、賃金を引き上げるためにとるべき経済政策とはどのようなものでしょうか。右で紹介した新古典派の方法による分析にしたがえば、打つべき対策とは、企業に何らかの刺激を与えて内部留保の積み増しをやめさせることです。ただし、あまりに急進的な対策は危険を伴います。企業の内部留保を吐き出させるために、首都の知事までが「内部留保金に課税すべきだ」なんていい出したこともありました。しかしこれは企業をさらに消極的にさせ、投資も賃金支払いも減らしてしまうだけです。たしかに企業行動に刺激を与えることは重要ですが、課税はあまりにも不確実要素が大きく、思わぬ逆効果を生む可能性もあります。

これに対して、ポスト・ケインジアン経済学が唱える経済政策、国家・公的部門の役割とは、一般論としては「**いかなる不確実性が発生するケースにも備えられるように、雇用を恒常的に維持できる体制を作ること**」です。賃金を引き上げる方法にしても、企業により高い賃金を支払わせるのではなく、社会的にニーズの大きい部門の労働力を確保して、マクロで見て多くの雇用を形成し多くの賃金額を受け取れる体制を作ることです。今日の日本経済の現実にそくして具体的にいえば、財政政策としての公共投資については失業者に対する職業訓練、とくに介護や災害復興など緊急性の高い分野での訓練を実施すべきです。そして金融政策としての金利の調整も、インフレ率ではなく失業率を基準にすべきです。現行のマイナス金利政策は企業・銀行両方の資産管理を歪《ゆが》めているだけで、雇用創出の効果はほとんどありません。ポスト・ケインジアン、カレツキアンの視点から考えられる経済政策とは、現行の新古典派経済学に基づく政策と比べて実際に行うことには極端な違いはないとしても、その基準とする指標が全く違うのです。

ポスト・ケインジアン、カレツキアンの方法の現代的意義

新古典派経済学は、マクロ経済の貯蓄－投資の連関を後付けで見ているのに対して、ポスト・ケインジアン、カレツキアン経済学は各経済部門が貯蓄や投資を形成し、それを図表3・1で見たサイクルの次の項目につなげられるメカニズムを、リアルタイムで捉えようとしているのです。「後付け」とか「リアルタイム」とかいいましたが、具体的にどういう違いがあるのでしょうか。財が消費されるプロセスを後付けで見れば、誰かが買ったとは誰かが売ったということだから、必ず消費額と販売額は一致します。しかしこれは、企業が販売を期待して生産した財がすべて残らず売り切れた、という意味ではありません。また消費者にしても、買いたいと希望していた財をすべて希望どおりに手に入れたとは限りません。だからリアルタイムで見ると、生産された金額と計画された消費の金額とは、ほとんどの場合一致しないのです。

このようにマクロ経済の動きをどの時点に立って見るかによって、見え方は全く違ってきます。後付けで見て需要と供給が一致しているという事実を、そのまま経済の「均衡」と捉えてしまうと、経済とは常に均衡に向かって動いているものと見えてしまいます。これは例えていえば、「世界各地の社会は宇宙人に侵略でもされない限り存続し続けている、だからどんな社会もいつも均衡している」と主張するようなものです。しかし、リアルタイムで見れば世界は、そして世界経済は、バブルとその崩壊、リーマン・ショック、ユー

ロ危機……といったように、多くの問題を抱えながらなんとかやりくりして成り立っているものなのです。

私たちが生きる社会とは、いつの時代もさまざまの不確実性をはらんでいます。多額の資金を有する企業のほうが、消費者・労働者に比べて、多くの不確実性に直面していると同時にそれに備える能力も大きいといえます。新古典派経済学のように、消費者も企業もすべてリスク・ヘッジを行うと考えるよりも、ポスト・ケインジアン、カレツキアンのように企業が不確実性に直面して行動すると考えるほうが、より現実的であることがわかるでしょう。

【読書案内】

①伊東光晴〔1993〕『ケインズ』講談社学術文庫

②――〔2006〕『現代に生きるケインズ――モラル・サイエンスとしての経済学』岩波新書

③――〔2014〕『アベノミクス批判――四本の矢を折る』岩波書店

④カレツキ、M〔1984〕『資本主義経済の動態理論』浅田統一郎・間宮陽介訳、日本経済評論社（原著〔没後刊行のアンソロジー〕1971年）

⑤ケインズ、J・M〔1995〕『雇用・利子および貨幣の一般理論〔普及版〕』塩野谷祐一訳、東洋経済新報社（原著1936年）

⑥佐野誠〔2012〕『99%のための経済学【教養編】――誰もが共生できる社会へ』新評論

⑦――〔2013〕『99%のための経済学【理論編】――新自由主義サイクル、TPP、所得再分配、「共生経済社会」』新評論

⑧ミンスキー、H・P〔1999〕『ケインズ理論とは何か――市場経済の金融的不安定性』堀内昭義訳、岩波書店（原著1975年）

⑨吉川洋［２０１３］『デフレーション――〝日本の慢性病〟の全貌を解明する』日本経済新聞出版社
⑩ラヴォア、マルク［２００８］『ポストケインズ派経済学入門』宇仁宏幸・大野隆訳、ナカニシヤ出版（原著２００４年）

ポスト・ケインジアン、カレツキアン経済学については、国内外に専門研究所が多い割には、日本語の書籍、とりわけ入門書と呼べるものはあまり多くはありません。そのなかでコンパクトで読みやすいものを選びました。①②はケインズの『雇用・利子および貨幣の一般理論』から現代のポスト・ケインジアン理論まで平易に解説してあり、特に推薦できる入門書。④⑤は新古典派の雇用理論とそれに批判的な論客の理論を明快にまとめてあります。④は利潤・費用と価格、投資の決定などカレツキアン経済学の基礎となる論文を集めたもの。⑤はケインズ理論の原典で、通読するのは困難ですが、第16章「資本の性質に関する諸考察」、第19章「貨幣賃金の変動」などだけでも勉強になります。理論ばかりではつまらないと思う読者には、③のような理論的枠組みを踏まえた現状分析の書を勧めます。⑥⑦は新古典派の雇用理論とそれに批判的なポスト・ケインジアンやその他の論客の理論を明快にまとめてあります。⑧は金融不安定性仮説について解説したもので、独特の専門用語が出てくるのでやや読みづらいかもしれませんが、資本主義経済が本質的に不安定・不確実なものであるとするポスト・ケインジアン理論の基礎を知るためにはぜひ読むべき1冊です。⑨の著者は自身ではポスト・ケインジアンと名乗ってはいませんが、ケインズに基づいてほとんどポスト・ケインジアン的な議論を展開しているといえます。特に「異次元の金融緩和」の根拠になっている貨幣数量説に対して、理論と実証の両面から批判を展開しています。⑩は著者の大著 *Foundations of Post-Keynesian Economic Analysis*, 1992 とその新版 *Post-Keynesian Economics: New Foundations*, 2014（ともに Edward Elgar Publishers 刊）を要約したような本。専門用語が多いですが、異端派の基本思想を解説してあります。

（安原　毅）

第4章

レギュラシオン理論の原点と展開

レギュラシオン理論の40年

今から数年前の2015年、**レギュラシオン理論**生誕40周年を記念する国際シンポジウムがパリで開かれました。世界各国から集まった研究者たちによって、200近くの報告がなされた大きな学会でした。1970年代半ばに生まれたレギュラシオン理論は、半世紀近くたった今日、依然として着実な歩みを続けているようです。

その2015年には、レギュラシオン理論を牽引《けんいん》してきたロベール・ボワイエ[1]が『資本主義の政治経済学——調整と危機の理論』（読書案内⑦）を出版しました。この本は彼自身の、そして世界のレギュラシオン的研究を集大成した観があります。そのタイトルを、ミシェル・アグリエッタ[2]によるレギュラシオン理論創設の書『資本主義の調整と危機——アメリカの経験』（邦題『資本主義のレギュラシオン理論』読書案内①）とくらべてみましょう。どちらも「資本主義」を問題とし、これを「調整《レギュラシオン》と危機《クライシス》」に焦点を当てて分析するのだ、というメッセージが伝わってきます。そうです、「**資本主義を調整と危機の観点から問う**」ことこそ、40年を隔ててなお変わることのないレギュラシオン理論の原点なのです。

でも「調整と危機」とはいったい何のことでしょうか。それについてはすぐ後で説明することにして、とりあえずこの40年間、レギュラシオン理論は何を問うてきたのかについ

1　**ボワイエ**（Robert Boyer　1943年～）レギュラシオン学派を代表するフランスの経済学者。技術革新や制度から国際経済、経済史・経済学説史、マクロ経済学の制度的基礎付けまで、研究対象は多岐にわたる。著作に読書案内⑤～⑦、また本章筆者との共編著⑩など。

2　**アグリエッタ**（Michel Aglietta　1940年～）フランスの経済学者、レギュラシオン学派の創始者。初めは経済計画の専門家として、その後は金融・通貨問題の専門家として活躍。資本主義の蓄積体制の具体的な姿を「調整様式」として理解・分析するレギュラシオン学派の基礎を、マルクス経済学、ケインズ経済学を発展させた形で確立した。著作に読書案内①など。

て一瞥《いちべつ》しておきます。レギュラシオン理論生誕の１９７０年代半ばは、戦後の資本主義が大きく変化した時代でした。レギュラシオン理論生誕の１９７０年代半ばは、

大きく変化した時代でした。先進諸国を中心にしてではありますが、第二次大戦終結以来、高い経済成長と成長の果実の比較的平等な分配によって、「ゆたかな社会」を築きあげてきた資本主義は、70年代になると高インフレと経済停滞に見舞《みま》われ、失業と危機の時代へと暗転したのです。この事態を前にして、政策当局者が困惑《こんわく》しただけでなく、経済学も正統と異端《いたん》を問わず大混乱に陥《おちい》りました。

そんななか、レギュラシオン理論は大学の研究室でなく、フランスの若き官庁エコノミスト（政府中枢で経済分析を担当する職員）のなかから生まれてきました。彼らは経済政策立案の最前線に立たされていたのですが、１９６０年代までの政策や計量モデルがまったく通用しなくなってしまったという苦《にが》い経験をします。従来の経済学の「常識」を捨てて、もう一度最初から自分たちの眼で学びなおそう――こうした苦闘《くとう》のあかつきに、彼らは時代の激変を「フォーディズムの成長と危機」という認識に結晶《けつしょう》させていきます（詳しくは後述します）。

それは大きな成功をおさめますが、経済は生き物です。以後、１９８０年代から今日まで、次々と大きな変化の波が押しよせます。これに対応してレギュラシオン理論も、経済のサービス化、旧社会主義国の市場《しじょう》経済への移行、アメリカを中心とした経済のグローバル化や金融化、資本主義の多様化と多様性、ヨーロッパやアジアにおける経済統合など、現代資本主義が呈《てい》するさまざまな問題へと分析対象を広げてきました。日本では当然ながら、高度成長から「経済大国」へ向かった日本経済（読書案内⑩参照）、そこから今度は「長期停滞」へと沈みこんだ日本経済の真実を探る試みがなされました。もちろんそれらは、決して順風満帆《じゅんぷうまんぱん》な航路《こうろ》であったわけでなく、時に自らの過去への厳しい反省や相互の

批判を含むものでもありました。2015年パリ・シンポジウムは、そうしたレギュラシオン理論の新しい展開について、情報や知見を交換しあう場ともなりました。

経済諸学派とレギュラシオン理論

レギュラシオン理論にかぎらず、経済学のさまざまな学派は、今日の経済社会（資本主義とも市場経済とも言われています）に対するある特定の見方のうえに立っています。緻《ち》密《みつ》に構成された理論体系も、その奥の奥にある根本的仮説（見方）を知っておきさえすれば、そんなに恐れるほどのものではありません。そこで以下、およそ資本主義（市場経済）をどうみるか——本質的に安定的なのかそれとも不安定なのか——をめぐる経済学各派のちがいを一覧しておきましょう。そこからレギュラシオン理論の位置もおのずと分かってきます（**図表4・1**）。

「正統派」を自認《じにん》する**新古典派**経済学は、「市場は本質的に安定的である」という仮説に立ち、これを「均衡《きんこう》」という大枠の概念で表現します。市場に撹乱《かくらん》があっても、それは市場がもつ自動均衡化作用によって収束していくというわけです。そこから導き出される政策的含意《がんい》は「すべてを市場にまかせよ、政府は経済に介入するな」となります。現に存在する不況や失業は、市場外的な力（政府、労働組合など）によって本来あるべき価格メカニズムが歪《ゆが》められた結果であって、そうした市場外的な妨害要因が除去されれば安定と繁栄がもたらされると考えるのです。

こうした考えを取らない経済学はしばしば「異端派《いたんは》」と呼ばれます（本書「はじめに」と「序章」も参照）。その筆頭は**ケインズ派**です。市場は人間にとって必要不可欠なものだが、残念ながら正統派が言うようには安定も均衡ももたらしてくれない。むしろ「市場は本質

図表4・1　経済諸学派の市場経済観

経済学派	市場経済観（仮説）	大枠的概念	危機（不況）からの脱出策
新古典派	本質的に安定	均衡	市場攪乱要因（政府，労組）の除去
ケインズ派	本質的に不安定	有効需要	政府による有効需要創出
マルクス派	本質的に矛盾	搾取	資本主義の打倒・超克
レギュラシオン派	本質的に不安定	調整	適合的な調整様式と成長体制の樹立

出所）筆者作成

的に不安定である」との仮説に立ちます。しかも資本主義が発展するほど「有効需要」の不足や金融の不安定性が拡大して、不況が深刻となる。不況から脱出するために市場の力はあまり期待できず、政府が積極的に有効需要の創出に乗り出す必要がある。こう考えます。

もう1つ、**マルクス派**ですが、これは「資本主義は本質的に矛盾《むじゅん》している」との仮説に立ち、その矛盾の源泉は私有財産制、階級的搾取《さくしゅ》、利潤追求主義にあるという。したがって市場であれ政府であれ、資本主義であるかぎり矛盾を解決できないのだから、この資本主義を打倒して社会主義の経済社会を打ちたてるしかないと考えます。そして社会主義体制になれば、商品生産つまり市場はやがてなくなるものと考えられていました（マルクス派については第1章も参照）。

以上の3つの学派と対比しつつ、**レギュラシオン派**の見方を説明するならこうです。まずレギュラシオン理論は、新古典派の市場万能論や市場均衡論にはきわめて批判的です。むしろケインズ派に近く、市場や資本主義は本質的に不安定だと見ます。では、不安定で矛盾だらけだから――マルクス派が言うように――すぐにも崩壊するし崩壊させるべきかというと、そうではなく、資本主義は適切に「調整」されれば成長と安定をもたらしうると考えます。その意味では、政府の適切な有効需要政策があれば経済は安定するというケインズ派と一脈《いちみゃく》通じています。しかし「政府」による政策のみ、「有効需要」政策のみのケインズ派とちがって、レギュラシオン派はもっと広く深く各種「制度」のレベルに視点を置き、また需要面だけでなく供給面にも目配《めくば》りをしたマクロ経済学を目指します。

レギュラシオンとは何か

他の経済学派とのちがいや共通点をこう理解しておいて、ここでレギュラシオン理論のいう「**調整**《レギュラシオン》」に話を移しましょう。

市場とは本来的に不安定なものであって、市場の主役たる資本もほうっておけば必ず暴走する（たとえば２００８年のリーマン・ショック[3]を引き起こした金融の暴走）。これほどに不安定かつ矛盾にみちた資本主義がそれでも一定期間安定するのは、社会の側からの適切な調整がなされるからだ——こう考えるレギュラシオン理論は、したがって市場経済の自動調整でなく、**資本主義の社会的調整**という観点を大事にします。つまり資本主義は社会的に調整されなければならない。「社会的に」とは、市場以外の、各種制度、政府、市民組織などの側から、ということです。その調整がうまくいけば資本主義は成長と安定を享受《きょうじゅ》するが、そうでなければ危機と不安定に陥る。最初に述べた「資本主義を調整と危機の観点から問う」とは、このことをいいます。

もう少し補足すると、ある1つの調整の仕方（調整様式）が成功したとしても、まさにその成功ゆえに各種制度が実質的に変化し、したがって経済社会が変化し、これまでの調整様式が通用しなくなって、資本主義は危機を迎える。危機のなか、新しい経済社会的現実に適合しうる制度や調整様式が生まれれば、資本主義はふたたび成長するが、そうなる絶対的な保証はない。危機を軸としたこうした運動こそ、資本主義の**歴史的変化**の源《みなもと》であって、資本主義はつねにそのような時間的可変性《かへんせい》のなかにあるものとして捉《とら》えられます。

しかも、新しい適合的な制度や調整様式は——新古典派の想定とは異なって——経済合理性や経済的効率を高める方向にむかうとは限らない。各種制度の変化や創出にとって決定的に重要な役割を果たすのは、各種社会的勢力のもつ政治的な力であり、さらには各種社会的勢力間の連合と妥協のあり方なのです。つまり制度形成にとって決定的に重要な役

3　リーマン・ショック　２００８年9月、アメリカの大手投資銀行リーマン・ブラザーズが経営破綻《はたん》し、これを機に世界的な金融危機が発生したことをいう。20世紀末以来のアメリカで金融革新と金融自由化が進むなか、21世紀には住宅バブルが生じ、その陶酔《とうすい》のなかサブプライムローン危機（信用度の相対的に低い顧客を対象とする住宅ローンの不良債権化）が起こり、これが引き金となってリーマン・ブラザーズが倒産した。その影響は世界に広がり、さらに製造業にも打撃を与え、金融主導型経済の脆《もろ》さが露呈《ろてい》した。

割を果たすのは、経済的効率といった要因ではなく、政治的利害をめぐる力関係なのです。こうした政治的要因は各国ごと大いに異なっています。そこから制度（調整）の**国民的多様性**が生まれ、ひいては資本主義の空間的可変性が説明されうるのです。

このようにレギュラシオン理論は、経済社会を確固不動《かっこふどう》の一大システムとしてみるのではなく、時間的にも空間的にも可変的なレジーム（体制ないし制度）としてみるのです。つまりレギュラシオン理論は「**可変性の経済学**」です。そして制度に注目するから空間的変化が、また歴史を重視するから時間的変化が、それぞれ視野に入ってきます。要するにレギュラシオン理論は「**歴史的制度的マクロ経済学**」だといっていいでしょう。

レギュラシオンの基礎概念

これがレギュラシオン理論が経済社会をみる基本的な姿勢です。それだけではまだ具体的分析に近づけませんので、いくつかの——といってもわずか5つの——基礎概念を設定します。それらを箇条書きふうに簡潔に整理してみましょう（図表4・2の太字の5項目）。以下、この図を参照しながら読んでください（読書案内⑤⑨⑪参照）。

（1）経済社会はたんに「市場」からなっているのでなく、各種の「**制度諸形態**」（変化するものとして捉えられた制度）の集合として存立《そんりつ》している。

（2）経済的に重要な制度領域としては、賃労働関係[4]、貨幣・金融関係、競争形態、国家、それに国際体制とそれへの各国の編入のされ方を挙げることができる。

（3）特定の経済社会にあっては、制度総体のあり方——つまり制度諸形態のもとでの人びとの行動の結果の総体——は特定の「**成長体制**」（マクロ経済的連関）を生み出す。

（4）同じく制度総体は特定の社会規範（ゲームのルール）を生み出す。それが時の成

図表4・2　レギュラシオンの基礎概念と見方

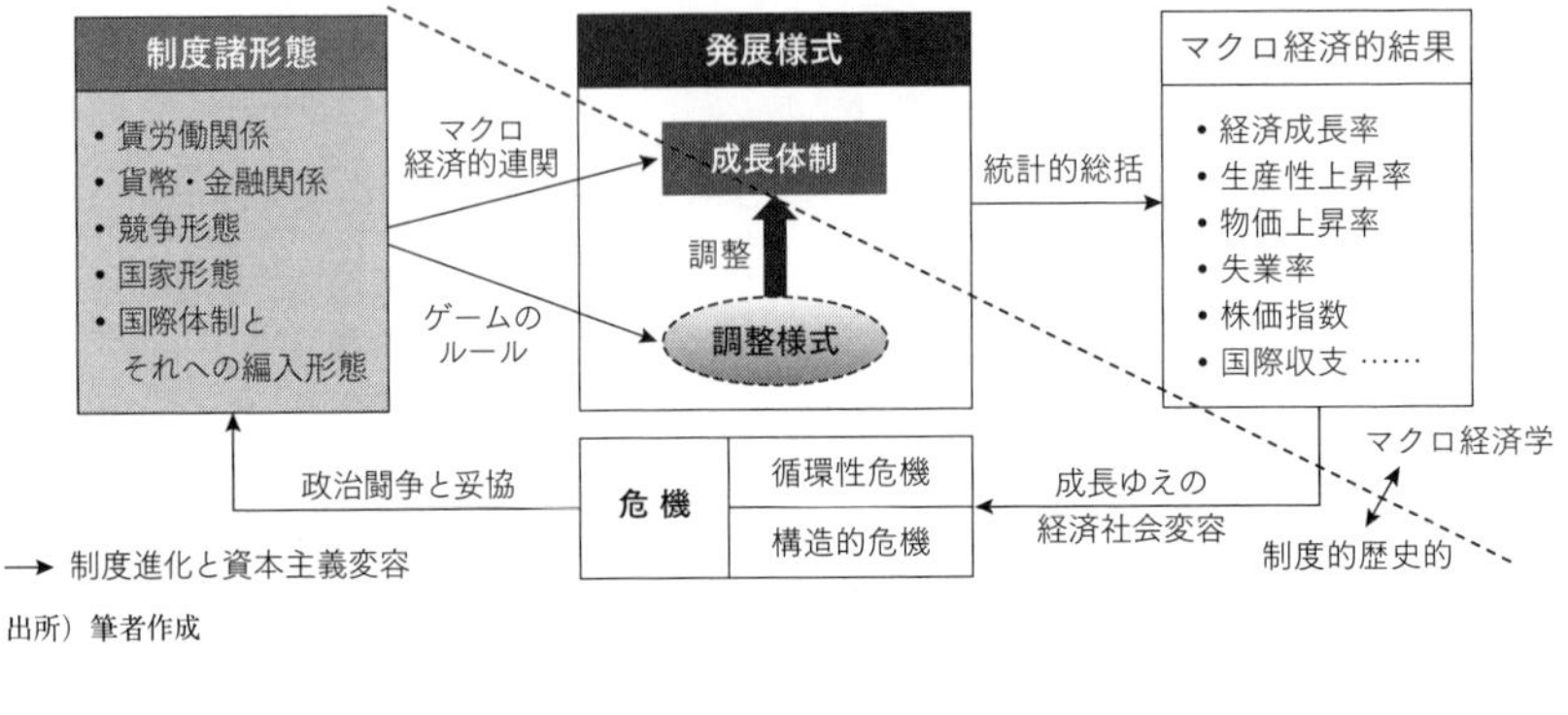

出所）筆者作成

長体制をうまく道案内することができれば、それは適切な「**調整様式**」となる。
（5）特定の調整様式と特定の成長体制の総体を「**発展様式**」という。
（6）特定の資本主義的経済社会は特定の発展様式をもって存立し、その内的作用の結果の総体は各種のマクロ経済的結果（具体的には統計指標）として総括《そうかつ》される。
（7）特定の発展様式のもと、経済は順調に発展するばかりでなく、否《いな》、順調な発展そのものの結果として経済社会が変容をこうむり、「**危機**」[5]（しかも大きな構造的危機）に陥る。
（8）危機のなか、各種の社会的勢力間の利害闘争が展開され、そのなかで何らかの妥協《だきょう》が形成されれば、新しい制度の形成なり古い制度の新しい解釈・運用なりの形で、制度の実質的変化が起こる。
（9）その新しい制度が再び新しい成長体制や調整様式の形成へとつながれば、経済社会は成長するが、そうでなければ構造的危機はつづく。

イギリス型発展様式

最初にみたように、レギュラシオン理論は１９７０年代の経済危機のなかで生まれました。第二次大戦後の先進諸国は「黄金時代」ともいわれる高度成長と分配的公正のなかで繁栄したのですが、それが頓挫《とんざ》したのが70年代でした。戦後的成長とその危機突入の秘密を解こうと出発したレギュラシオン理論は、その成果を「**フォーディズム**」（後述）という新鮮な概念を用いてみごとに説明しました。そしてフォーディズムを論ずるということは、実はフォーディズムに至る資本主義の歴史的転換を明らかにすることと表裏一体《ひょうりいったい》でした。そこで以下では、前史としての19世紀資本主義について簡単に触れたのちに、そこからの歴史的転換として20世紀後半のフォーディズムについて検討します。

4　賃労働関係　労働力の使用（つまり労働すること）と再生産（つまり賃金を受けとり、消費して生活を成立させ、次の生産に備えること）を規定する各種条件の総体。労働者の生活面をも含んでいる点で「労使関係」といわれるものよりも内包範囲が広い。後にみるようにフォーディズム期にはこれが各種制度のなかで主役を占めたが、金融主導型経済のもとでは金融に従属した下位の制度領域と位置づけられることになった。

5　危機　レギュラシオン理論が「調整」とともに重視する概念の1つ。経済の何らかの不調（不況、恐慌など）を意味するが、不調といってもやがて自動的に回復する小さな危機は「循環性危機」、これに対して新しい制度や経済構造ができないと回復しないような大危機は「構造的危機」とよんで区別し、この構造的危機をとおして資本主義は歴史的に変化していくとみる。

19世紀はイギリスが世界に覇《は》を唱《とな》えた時代でした。世紀初頭、他国に先駆《さきが》けて産業革命を完了したイギリスは、以後、スピーナムランド法の廃止[6]（１８３４年）によって競争的な労働市場を確立し、また穀物法廃止[7]（１８４６年）や国際的金本位制《きんほんいせい》を通して自由貿易体制を築きあげ、「世界の工場」「世界の銀行」としての地位を不動にします。世に「ヴィクトリア朝の繁栄」と呼ばれ、資本主義はここにはじめて自らの力で自立しました。イギリスの経済力の基礎は機械制大工業を軸にした工場制度にあり、生産財部門を中心に生産が拡大し、それなりに生産性も上昇しました。とはいえ労働の部面では、労働者の熟練《じゅくれん》や自律性《じりつせい》が全面的に解体されたわけではなく、消費部面では賃金が競争的な低賃金に抑《おさ》え込まれていたこともあって、消費生活に大きな革新が起こったわけではありませんでした。当然ながら消費財部門の発展は取り残され、消費需要はマクロ経済のなかで大きな位置を占めるには至っていませんでした。この時期のイギリスの経済成長は、生産性上昇よりも労働人口や工場規模の量的拡大に依存するところが大きかったのです。

これを、さきにみたレギュラシオンの概念で言い表してみましょう。この時代のイギリスの経済的構図は**図表４・３**のように描けます（読書案内⑦参照）。さきの図表４・２に即《そく》していえば、その中央部に示した「成長体制」と「調整様式」にしぼって浮かび上がらせたものが図表４・３です。成長体制はマクロ経済的連関として、つまり主要なマクロ変数（投資、生産性など）の相互連関関係として図示されています。これはいわば経済全体の骨組みです。

その骨組みを図によって確認しておきましょう。何よりもマクロ経済の起動力は投資（そしてその前提たる利潤）にあり、事実、19世紀のイギリスでは利潤→投資→生産性→生産／需要→雇用→賃金→利潤、という連関構造が出来あがって、経済がうまく回転した

6 スピーナムランド法　１７９５年に着手されたイギリスの救貧法《きゅうひんほう》改革。発祥の地からこの名がある。仕事のない者、仕事があっても賃金の低い者に、救貧税を原資として不足分を給付するという制度。民衆の浮浪化を防ぐのが目的であったが、逆に労働側では労働意欲の喪失、雇用主側では賃金引上げの回避をもたらしてしまった。１８３４年、ついにこの制度が廃止されて、競争的で「自由」な労働市場が確立されたとされる。

7 穀物法　19世紀初頭のナポレオン戦争後、イギリスではヨーロッパ大陸からの穀物輸入が増え、穀価が低下し、農業が不振に陥ったので、安価な小麦輸入の禁止を命じた法律。地主や農業家が中心となって１８１５年に成立。穀価低下は低賃金を可能にするので産業家たちは穀物法に反対。穀物をめぐる保護貿易か自由貿易かの論争が続けられたが、ついに１８４６年、穀物法は廃止されて自由貿易派が勝利した。

（貿易・財政は除外）。起動力に着目してこれを名づければ「**利潤・投資主導型**」の成長体制です。問題はその成長体制を支えた調整様式です。これを問うところにこそ、他の経済学とちがうレギュラシオン理論の真骨頂《しんこつちょう》があります。答えをいえば、この時代、制度面では労働者の団結を禁止した競争的な労働市場、企業間の自由競争、非介入的な国家、自由貿易体制などが広がり、つまりは「自由競争」という名のゲームのルールが確立し、いわば「**市場競争型**」の調整様式がこの成長体制を道案内したというわけです。

利潤・投資主導型の成長体制と市場競争型の調整様式、その総体を「イギリス型発展様式」とよんでおきます。マルクスが捉えた資本主義はこれでした。そして世にいう「19世紀末大不況[8]」（1873〜96年）は、このイギリス型発展様式が構造的危機に陥ったことの現れでしょう。

フォーディズムの成長体制

20世紀になると、イギリスに代わってアメリカが覇権《はけん》的地位につきはじめます。フォード自動車におけるベルトコンベア型の大量生産にみるように、生産性は急速に上昇する。ところが少なくとも20世紀前半は、賃金は相変わらず市場競争的に決められていて低いままでした。大量生産と低賃金の体制は当然に過剰生産や需要不足に陥ります。その矛盾が爆発したのが「1930年代大恐慌」ですが、この恐慌から脱出しようとする各国の暗闘《あんとう》は、悲劇的なことに第二次世界大戦へと雪崩《なだ》れこんでいきました。戦後の先進諸国には「フォーディズム」という安定した発展様式が開花したわけですが、20世紀前半はついにそれが成立しないまま終わったのです。だからそれが開花するこの世紀の中葉《ちゅうよう》までは「イギリス型」から「フォーディズム」への長い過渡期《かとき》だったといえるでしょう。

図表4・3　イギリス型発展様式の成長体制と調整様式

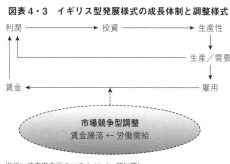

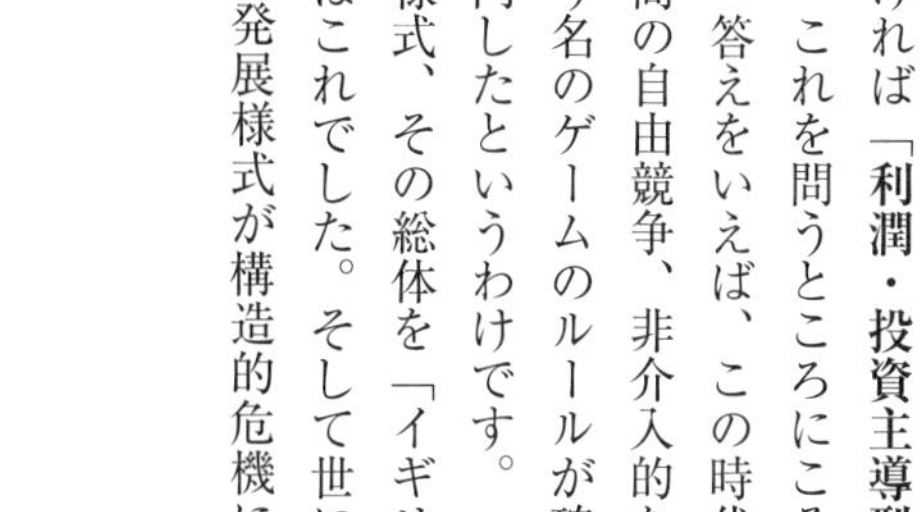

出所）読書案内⑦のコラム10（一部加筆）

8　**19世紀末大不況**　19世紀の覇権国《はけんこく》イギリスが世紀末に経験した長期不況。不況といってもその発現形態は激烈なものでなく、むしろ穏健なものであった。しかし生産性上昇は枯渇《こかつ》し、熟練労働者に頼るイギリス式の工場制度の限界が露《あら》わになった。この時代、代わってアメリカやドイツが世界経済のなかで躍進しはじめる。

戦後世界をまず統計的事実でみてみましょう。１９５０～73年、主要ＯＥＣＤ諸国[9]の経済パフォーマンス（年平均）をみると、経済成長率４・９%、生産性上昇率４・５%、１人当たりＧＤＰ（国内総生産）成長率３・８%といった具合に、この四半世紀は前後のいかなる時期よりも抜群に高い数字を示しています（読書案内⑧参照）。まさに持続的な高度成長の時代であり、それは同時に大きな社会的転換をもたらし、「ゆたかな社会」「大衆消費社会」が生まれたのです。資本主義はここに、前世紀や世紀前半の姿から一大転換をとげました。

なぜそれが可能だったのでしょうか。レギュラシオンの手法に従って、成長体制と調整様式という眼で追ってみます。まず「成長体制」。**図表４・４**から分かるように、戦後、製造業における高い生産性上昇がみられたが、以前の時代とくらべて決定的にちがうのは、生産性上昇が賃金上昇へとつながっていったことです。その賃金上昇は家電製品、自動車、住宅など耐久消費財《たいきゅうしょうひざい》の個人消費を刺激して大量消費を促《うなが》す。新しい耐久消費財が普及《ふきゅう》して消費や生活のスタイルが一変する。こうした消費拡大は大量生産にむけた工場規模の拡大や新型機械の導入など、投資を刺激する。貿易・財政を除外して考えれば、消費や投資の拡大は総需要の拡大つまり経済成長をもたらす。まとめれば、生産性の上昇がまわり巡《めぐ》って経済成長へと帰結したわけです。

他方、投資によって新型機械が導入されれば、それは生産性を上昇させる。また需要（生産）の拡大は、そのこと自体で生産性上昇につながる。どういうことかというと、市場が拡大するからそれだけ量産効果が発揮されて単位当たり生産コストが低下した、つまりは生産性が上昇したわけです。経済学ではこれは一般に「規模の経済」とか「収穫逓《てい》増《ぞう》[10]」とよばれていますが、この時代はそれが特に顕著だったことが知られています。ほか

図表４・４　フォーディズムの成長体制と調整様式

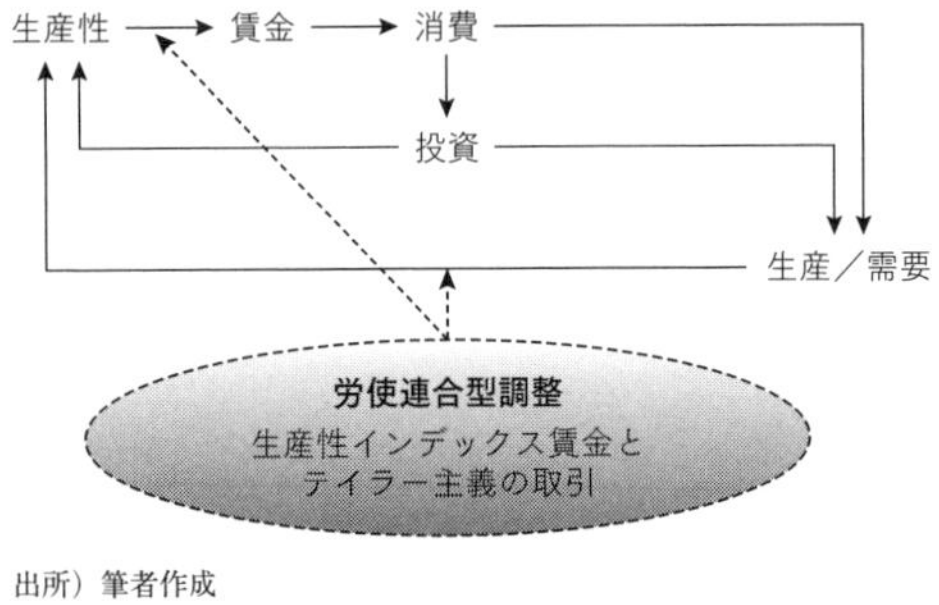

出所）筆者作成

9　経済協力開発機構（ＯＥＣＤ）の主要加盟国のこと。第二次大戦後の１９４８年、疲弊《ひへい》したヨーロッパ諸国の経済を建て直すため、アメリカのヨーロッパ復興援助計画「マーシャル・プラン」の受け皿として設立された欧州経済協力機構（ＯＥＥＣ）が前身（61年にＯＥＣＤに改組）。現在では事実上「先進国クラブ」を意味している。

に（図表には示されておりませんが）技術革新も相次《あいつ》ぎ、生産性をさらに押し上げる。まとめると、生産性→生産／需要（経済成長）、生産／需要（経済成長）→生産性という2つの回路が因果関係をなして相互に促進しあって、いわゆる大量生産−大量消費の成長体制が出現したのです。起動力に注目していえば「**賃金・消費主導型**」の成長体制です。

フォーディズムの調整様式

では戦後、なぜこういった新しい経済的骨組みが出来あがったのでしょうか。この問いを考察するときこそ、「調整様式」の意義が発揮されます。図表4・4で特徴的かつ重要なのは、「生産性→賃金」と「生産／需要→生産性」の回路です。後者からみていきましょう。

生産が拡大すれば生産性が上がるということの背後には、この時代に普及した新技術があります。その好例が流れ作業方式のような、単品種大量生産の技術です。その普及の鍵となるのは、労働者が単純単調な反復作業（いわゆるテイラー主義[11]的労働）を受け入れるかどうかです。戦前には総じてこうした非人間的労働は拒否されがちだったのですが、戦後、労働者自身がこれを受容することになり、こうして大量生産方式が拡がって生産性上昇をもたらしました。

ただし、タダで受け入れたのではありません。対価《たいか》として労働者は、生産性上昇に比例した賃金上昇を経営者に認めさせたのです。賃金はいまや、たんに労働市場での需給関係によってでなく、生産性に連動《インデックス》して決定されるようになり（生産性インデックス賃金）、結果として高賃金が実現し大量消費への道が開かれた。それが前者の「生産性→賃金」の回路が意味するものです。戦後、労使は大いに対立もしましたが、この「**生産性インデッ**

10 「**規模の経済**」または「**収穫逓増**」 生産規模が大きくなったとき、その規模の拡大分以上に産出が大きくなること、また規模拡大によって生ずるコスト節約的（経済的）効果のこと。経済学では当初、穀物の耕地面積の拡大は単位面積当たりの収穫を低下（逓減）させるという議論がなされたが、やがて大量生産型工業の発展とともに投入量当たりの産出（収穫）の増加（逓増）が注目されるようになった。

11 **テイラー主義** 19世紀末から20世紀初めのアメリカで普及した工場管理制度のもととなった考え方。工場技師でもあった経営学者テイラー（Frederick W. Taylor 1856〜1915年）が提唱した。科学的管理法ともいわれる。労働者の労働内容をいくつかの単純作業に分割し、その単純作業化と出来高《できだか》賃金によって生産性を上昇させた。労働者の熟練を解体し、経営側が労働内容をマニュアル化した。やがてこれがベルトコンベアと組み合わされて、大量生産方式の導入につながった。

クス賃金とテイラー主義の取引」という一点では妥協が成立し、それがゲームのルールとなったのです。その背後には、労働組合が広く公認され、労使の団体交渉が制度化されるという、新しい制度的環境があずかって力あったこと、いうまでもありません。まとめれば、「生産性インデックス賃金とテイラー主義の取引」に基づく**労使連合型**の調整様式が成立してこそ、あの大量生産－大量消費の成長体制が確立したのです。これが戦後の高成長を築きあげた発展様式であり、大量生産－大量消費の先駆者《せんくしゃ》ヘンリー・フォード[12]にちなんで「フォーディズム」とよびます。

しかし、繁栄を謳歌《おうか》したフォーディズムも、1970年代になると行き詰まってきます。インフレと不況が同時共存するという「スタグフレーション」[13]に見舞われて、先進諸国は経済危機に陥ります。最初に述べたようにレギュラシオン理論は、まさにこの成長から危機への転化の秘密を解こうとして生まれたのですが、探りあてた答えは、テイラー主義ではもはや生産性が上昇しなくなったばかりか、他方、都市化が進んで労働者にとって賃金上昇の要求はますます切実になってきて、生産性インデックス賃金も実効なきものになってしまったということです。フォーディズムはその成功ゆえに危機に陥った、とみるべきでしょう。

金融主導型資本主義

以上が、レギュラシオン理論の原点をなす認識であり、1980年代半ばまでの10年間ほどの間にこの学派が解明したことの骨格です。しかし資本主義は不断に変化します。だから、冒頭で述べたように、その後さまざまなテーマが新しく展開されました。とりわけ1990年代になると、**金融が経済を主導する時代**となり、また各国経済の多様性も顕著《けんちょ》

12 **フォード**（Henry Ford 1863～1947年）アメリカの自動車王、フォード・モーター社創業者。1903年、ミシガン州ランシングにフォード・モーター社を設立、08年に有名な大衆車「フォード・モデルT（T型フォード）」を開発。当時高価すぎて富裕層にしか手の届かなかった自動車を低価格で供給、大衆の足とした。自動車の組み立てに初めてベルトコンベアによる大量生産方式を導入。また当時破格の日給5ドルという高賃金を提供し、自動車の大量消費への道を開こうとした。こうして市場シェア50%を超える成功をおさめたが、1930年代に入ると、低価格の単一車種生産に固執したせいでライバルのゼネラル・モーターズに追い抜かれることになった。

13 **スタグフレーション** スタグネーション（停滞）とインフレーション（物価上昇）の合成語。不況下の物価上昇

になってきました。以下ではこの2点にしぼって、レギュラシオン理論による分析を紹介します。まずは金融主導型経済について。

フォーディズムの危機のなか、これに代わる新たな制度の模索《もさく》が各国で進められます。国内需要の隘路《ネック》を突破すべく、各国とも輸出＝海外需要の取り込みに活路を見出し、経済のグローバル化が急速に進みます。日本やアジア諸国が対米輸出を拡大し、ヨーロッパは自らの市場を囲い込もうと欧州市場統合へと舵《かじ》を切るなか、アメリカのみが産業的没落に苦吟《くぎん》していたというのが、１９７０～80年代の世界経済の風景でした。そんななかから90年代、アメリカ経済は見事な復活をとげます。しかし、その復活したアメリカはもはや工業のアメリカでなく、**金融（と情報技術）のアメリカ**でした。自動車産業を基幹とする「デトロイトのアメリカ」は、金融で儲《もう》ける「ウォール街のアメリカ」へと変身したのです。アメリカで何が起こったのでしょうか。

何よりもまず、制度諸形態が一変しました。企業から労働者が放逐《ほうちく》されて、代わりに経営側は株主と手を組むようになった。株主のなかでは、機関投資家（年金基金、保険会社、投資信託、ヘッジファンド[14]など）に代表される「物言う株主」が優勢になります。これらの株主は企業に対して高い金融収益を要求し、経営側に対して株主価値優先（株主主権）の圧力を高めました。もっとも株主は圧力だけでなく、ストックオプション[15]など、高株価が経営者にも有利となる制度装置を考案し、ここに**高株価経営をめぐる経営－金融の妥協**が出来あがります。そしてこの金融の力こそ、他のいかなる諸制度にもまさる最上位の制度装置として、制度階層性の頂点に位置することになったのでした。

かつてフォーディズム時代には労使の妥協が経済の主役をなしていました。ところが、この労使関係（広くは賃労働関係）という制度領域は、いまや金融関係（金融のグローバ

をいう。通例は不況時には物価は下落《げらく》するものであるが、１９７０年代危機にあってはそうはならず、不況下の物価上昇が続いた。これによって、それまで戦後高成長を導いてきたケインズ主義的政策が失効したといわれている。

14 **ヘッジファンド**　裕福な個人や機関投資家から資金を集め、各種規制や相場変動のリスクを回避しつつ（ヘッジhedge：損失からの防御策）自由度の高い運用を行い、その成績に応じた成功報酬を受けとる投資企業。昨今はハイリスク・ハイリターン型の運用も増え、「ヘッジ」の名にそぐわなくなっている面もある。

15 **ストックオプション**　あらかじめ決められた価格で自社株を買う権利のこと。その価格が時価より安ければ、この権利を行使すれば利益を得ることになる。したがって自社の株価が高くなればなるほど、この権利を与えられた者は得をする。株主は経営者らにストックオプションを与えることによって、彼らの高株価への士気を高めつつ、自らも株価上昇の恩恵を得る。

ル化を念頭におけば同時に国際体制でもある）に支配される下位の制度となったのです。金融の下僕《げぼく》となった賃労働関係は、雇用面ではフレキシブル（柔軟）化して不安定雇用が拡大し、賃金面では賃金停滞を強いられ、社会保障面ではワークフェア[16]的な福祉削減に甘んじることになりました。労働者は所得低下や所得不安定を補うため、消費者ローンであれキャピタルゲイン[17]目当ての株式投資であれ、収入の金融への依存を強め、その結果、金融の力はさら強くなる。国家形態では「小さな政府」の標語のもと、規制緩和と民営化、福祉削減が推進され、財政赤字補塡《ほてん》のため国家は金融市場への依存を強め、その金融市場からは緊縮財政の要求を突きつけられる。こうした制度諸形態の変容には「新自由主義」のイデオロギー（詳細は本書序章に第10章を参照）が深くかかわっていました。

　金融主導の新しい諸制度は、**図表４・５**にみるような新しいマクロ経済的構図、つまり成長体制を生み出しました（読書案内⑪参照）。この体制では経済の起動力は資産価格（株価、住宅価格など）の上昇にあります。もっとはっきりいえば資産バブルです。起動力はもはや工業生産性にはなく、資産価格という金融変数に移っている。そしてこの資産価格が金融収益へと連動する。それによって機関投資家の、ひいては富裕層を中心とした家計の金融所得が上昇し、この資産効果によって消費が拡大する。他方、高株価は企業の資金調達を容易にするから、投資が刺激されます。この消費と投資が総需要を構成することになり、つまりは経済が成長する（問題をわかりやすくするため、図表４・５では消費と投資以外の需要項目を捨象《しゃしょう》しています）。その経済成長が企業利潤を増大させ、増大した利潤はさらなる利潤期待を生んで企業の株価をさらに上昇させる。まとめて言えば、資産価格→金融収益→消費／投資→需要→利潤→資産価格という、金融が主導する循環回路が成立したのであり、いわば「**金融主導型**」成長体制が成立したのが、１９９０年代のアメリ

16　ワークフェア（workfare）従来の「福祉 welfare」に代わって、社会保障受給の条件として就労を義務づけるもの。20世紀末以降、福祉国家の危機のなかで政府支出の削減と福祉依存体質の一掃を目指して、主として新自由主義者から提起された政策。主にアメリカやイギリスで実施され、やがて程度の差こそあれ多くの国がワークフェア的な方向をむくようになった。

17　キャピタルゲイン　capital＝資産（株式、公社債、土地など）の価格変動にともなう利益。株式についていえば、そこから得られる収益にはインカムゲイン（配当）とキャピタルゲイン（譲渡益、売買益）がある。要するにキャピタルゲインとは、資産を安く買って高く売った時に得られる利益のこと。

カでした。

その成長体制を決定的に支えたのが、さきにみた資産価格上昇を金融収益上昇につなぐ制度装置です。金融収益のなかには、株主へと帰属するインカムゲインやキャピタルゲインだけでなく、経営者が獲得を期待するストックオプションも含まれるから、ここに経営者と株主の相利共生的妥協が生まれ、それが新しい成長体制を調整したわけです。いわば「**株主主権型**」調整様式です。こうして金融主導型成長体制と株主主権型調整様式のもとに、金融主導型と呼びうる資本主義の発展様式が成立したのが、１９９０年代以降のアメリカでした。20世紀末、歴史は明らかにフォーディズムから大きな転換を遂げ、新しい発展様式を生み出したわけです。

ただし、新しい発展様式はアメリカの他にはせいぜいイギリスに成立したのみで、他の諸国にはあまり広がりませんでした。もちろん、他国もアメリカ型金融の影響を大きく受けて金融の自由化や革新を迫られましたが、経済の骨組みが金融主導になったとまでは言えません。例えばドイツや日本は依然として製造業のもつ役割が主導的だといってよいでしょう。その意味で金融主導型は経済の骨組みとしては非普遍《ふへん》的（＝例外的）です。また、この発展様式はバブル頼みの成長という側面をもっており、きわめて不安定でもあります。事実それは、15年程度の「ニューエコノミー[18]」的成長ののち、２００８年のリーマン・ショックとその後のグローバル恐慌に示されるように、「世界金融危機」という名の構造的危機へと転がりこんでいきました（読書案内⑥参照）。それでも私たちは今日にいたってなお、覇権国アメリカにおける金融主導型という、普遍性も安定性もない資本主義の影響下にあり、しかもそれが大きな危機を経験した後の時代に生きているというわけです。

図表４・５　金融主導型資本主義の成長体制と調整様式

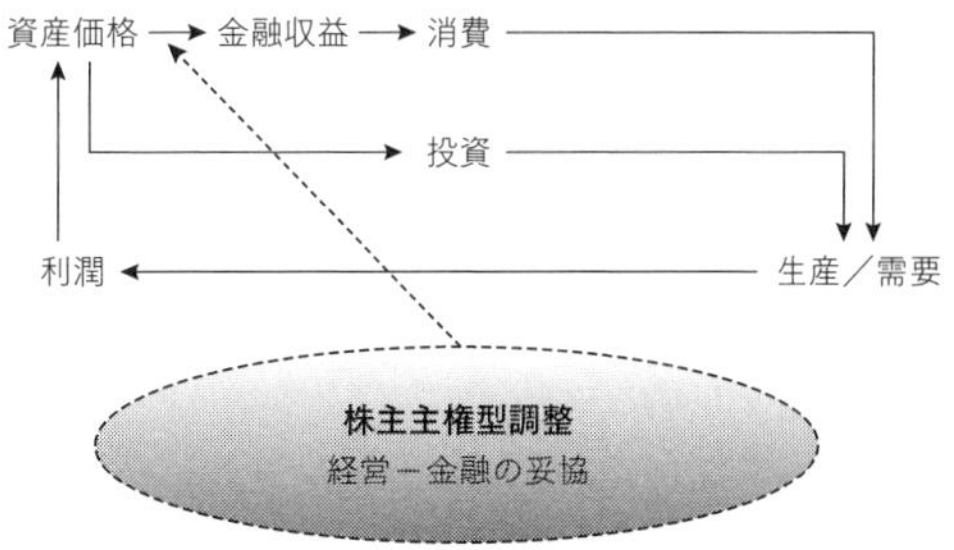

出所）筆者作成

18　ニューエコノミー　１９９０年代後半、アメリカでＩＴ関連企業への投資とそれによる成長が加速したことで、既存《きそん》の製造業中心の経済（old economy）に対して「情報通信技術による新しい経済（new economy）」が今後は中心になると唱えられた。しかし現実にはほどなくしてＩＴバブルが崩壊し、ニューエコノミー説も消えた。

資本主義の多様性

さて、ここまではずっと覇権国にしぼって発展様式転換の歴史をみてきたわけですが、当然ながら世界史は覇権国のみで動いているわけではありません。いわゆる先進諸国に限っても、各国は必ずしも米英と同じではないし、まして米英型に収斂《しゅうれん》しているわけでもない。これにかかわってレギュラシオン理論は、当初、フォーディズムは先進諸国にかなり共通した発展様式なのではないかと考えていましたが、やがて研究の進展とともに、フォーディズムはそれほど普遍的でなかったことを明らかにしていきます。例えば戦後日本は、そう簡単にはフォーディズムの枠組みには収まらないことも分かってきました。レギュラシオン理論はその苦い反省とともに、**資本主義の同時代的多様性**という問題に直面します。加えて金融主導型アメリカの躍進とともに、1990年代以降、主流派経済学の立場からは「世界各国はアメリカ型資本主義に収斂していくべきだ」とする資本主義収斂論も声高に叫ばれるようになりました。これに対抗してレギュラシオン学派からは、さまざまな収斂論批判、逆にいえば資本主義多様性論が提起されました。そこで以下では、資本主義多様性論の代表的な論者であるブルーノ・アマーブル[19]の『五つの資本主義』（読書案内②）に即してこの問題をみていきましょう。

アマーブルの議論はVOC（varieties of capitalism：資本主義の多様性）アプローチの批判的継承のうえに立っています。VOCを代表する文献としては、ホール[20]／ソスキス[21]編『資本主義の多様性』（読書案内④）を挙げることができます。この本は**アメリカ型モデル**（自由な市場経済＝LMEと呼ばれ、アングロサクソン諸国がこれに入る）に対置して、もう1つの道として**ドイツ型モデル**（調整された市場経済＝CMEと呼ばれ、日本や北欧もこれに属する）が明確に存在することを説得的に提示しています。そこでまず、この

19 アマーブル（Bruno Amable 1961年～）フランスの経済学者、ジュネーヴ大学教授。研究の対象はグローバリゼーションやイノベーション、産業政策、労働政策など多分野にわたり、読書案内②のほかにも多数の著作がある。

20 ホール（Peter A. Hall 1950年～）カナダ生まれ、ハーバード大学などで教鞭《きょうべん》をとる政治経済学者。制度と経済

VOCの議論を簡単に紹介しましょう。この2類型の資本主義はその制度構造を異にし、それはイノベーション（技術革新）能力や産業的比較優位の相違となって現れる。例えば、アメリカでは何ごとも短期的スポット的な市場的契約関係が支配的だが、ドイツでは労使間・企業間に市場外的な長期的協力関係の諸制度が発達している。その結果、アメリカでは人びとは会社に依存することなく個人としてどこでも通用する能力（一般的技能）を身につけるのが有利だが、ドイツでは特定の企業や産業で通用する技能（特殊的技能）がものをいう。こうした技能的特化のちがいはその国が得意とするイノベーション能力のちがいとなって現れ、アメリカでは急進的イノベーションが重きをなす産業（バイオ、医療、情報通信）に、ドイツでは漸進《ぜんしん》的イノベーションに立脚《りっきゃく》する産業（工作機械、耐久消費財、自動車）に、それぞれ比較優位を示すことになる、と。

アマーブルがこの議論を評価するのは、それが資本主義比較のある種の基準としてアメリカ型自由市場モデルを据《す》えている点であり、しかもこのモデルへの世界的収斂説を批判している点です。逆にアマーブルは、VOCアプローチがドイツ型モデルのなかに北欧や日本までも押し込めている点、またフランスやイタリアなど西欧の主要諸国がどちらのモデルにも属さない中間種として扱われている点を批判しています。

そこからアマーブルは、特定の国や特定の制度に偏《へん》した比較対象設定を排して、OECD加盟主要21か国につき、5つの制度領域（製品市場、労働市場、金融、福祉、教育）にまたがる夥《おびただ》しい数の制度を対象として詳しく比較分析を行いました。定性的（＝質的）・理論的な分析に加えて、因子分析・クラスター（集積）分析といった定量的手法を積み重ねて、最終的に「5つの資本主義」を析出《せきしゅつ》します。**市場ベース型**（アメリカ、イギリス、カナダ、オーストラリア）、**アジア型**（日本、韓国）、**大陸欧州型**（ドイツ、フラン

政策の研究を専門とする。

21 **ソスキス**（David Soskice　1942年〜）比較政治経済学を専門とするイギリスの経済学者。ロンドン・スクール・オブ・エコノミクス教授。ホールとの共編著『資本主義の多様性』（読書案内④）は、その鋭い分析によって政治経済学の世界だけでなくビジネス界でも大きな反響を呼んだ。

ス、オーストリア、オランダなど）、**社会民主主義型**（北欧）、そして**地中海型**（イタリア、スペイン、ギリシャ、ポルトガル）がそれです。計量結果を「市場」と「福祉」を軸にした平面上にプロットした結果、アマーブルは**図表4・6**のように各国の布置図《ふちず》を描いてみせました。資本主義の多様性は明らかです。

図から以下のことが分かります。

（1）VOCアプローチにいうLME（アマーブルでは市場ベース型）の諸国は同質性が高く、他のモデルと明確に区別される。その意味で市場ベース型はたしかに資本主義比較の原点をなす。

（2）他方、CMEについては諸国の異質性が強く、これらを1個のモデルに括《くく》るには無理があり、大陸欧州型、社会民主主義型、アジア型へと分解されるべきである。つまりこの3類型は、中程度の市場自由化度という点では共通していても、福祉国家の発展度では格段のちがいがある。

（3）市場の自由化度という意味で市場ベース型の対極にあるのは、アジア型、社会民主主義型、大陸欧州型のいずれでもなく、地中海型である。したがって資本主義比較をドイツ－アメリカ、日本－アメリカ、アメリカ－北欧の対比で代表させるときには、この点が考慮されるべきである。

（4）大陸欧州型ということでドイツとフランスが同一類型に括られることになったが、これはVOCにおけるフランスの欠落を批判的に乗り越えるものである。

（5）イタリアが地中海型として分類されることでも、VOCの難点が克服

図表4・6　主要OECD諸国にみる資本主義の多様性

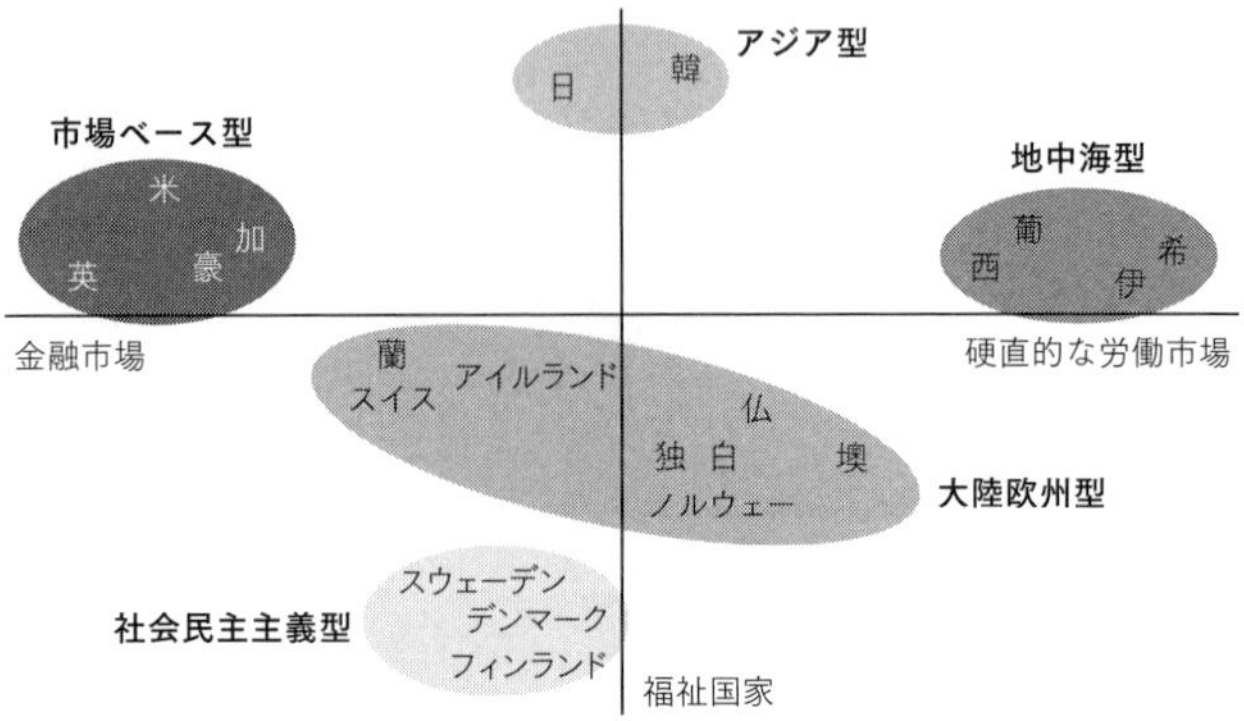

【国名略号】米：アメリカ，加：カナダ，豪：オーストラリア，英：イギリス，韓：韓国，日：日本，葡：ポルトガル，西：スペイン，希：ギリシャ，伊：イタリア，蘭：オランダ，仏：フランス，独：ドイツ，白：ベルギー，墺：オーストリア

出所）読書案内②の図5.1（一部加筆）

されている。
そのうえでアマーブルは、アメリカモデルへの収斂説に対しては、上記平面上の各国の位置を１９８０年代末と１９９０年代末の両時点で比較するとき、それほど大きな変化――市場ベース型への接近――はみられないとして、これを退けます。グローバリゼーションのなか、資本主義は均一化するどころか、逆に多様な展開をとげているというわけです。

アマーブルの議論はいわゆる先進資本主義国に限った類型化ですが、これに躍進著しいアジア諸国、あるいは２０００年代以降ＢＲＩＣｓ《ブリックス》として注目を浴びている諸国（ブラジル、ロシア、インド、中国）など、他の新興市場経済諸国を加えれば、資本主義の多様性はさらに複雑になることでしょう。レギュラシオン理論によるこの問題への挑戦もすでに始まっています（読書案内③参照）。また、多様性や類型化という大きな見取図のなかで、覇権国に限らず各国の今日的な成長体制や調整様式を丁寧《ていねい》に解き明かしていく作業も不可欠です。とりわけ、われわれ日本人としては、**高度成長・「経済大国」から準ゼロ成長・格差拡大へと落ち込んだ日本経済**をレギュラシオンの視点から分析していくことも大きな課題です。

フォーディズムから金融主導型へと覇権国の資本主義は転換し、これはたしかに世界史の大きなトレンドを形づくっています。そのトレンドに押されつつも、しかし各国の資本主義は覇権国の発展様式に必ずしも収斂することなく、それぞれ独自な展開をみせています。それらが総体として対抗しつつも補完しあうなかで、世界史はまた新しく変化していくことでしょう。「資本主義を調整と危機の観点から問う」レギュラシオン理論は、そうした資本主義の可変性を解き明かしていく政治経済学であろうとしています。

とりわけ現在、金融主導型経済の強い影響のもと、各国で富の不平等が拡大し、また民主主義の衰退が懸念されています。また、人口高齢化や伝統的家族形態の崩壊などによって、新しい社会的リスクが顕在《けんざい》化《か》しています。いわゆる先進諸国では、富の増大よりも分配が、また物質的な富よりも教育、職業訓練、医療、介護といった非物質的な――なかでもとりわけ「人間形成的」な――サービスの質的量的な充実が、切実な課題となっています。こうした現在的課題にまっとうに応えうるような経済社会をどう創りあげてゆくか。経済社会が「人間形成」という課題に向きあえば向きあうほど、ＧＤＰ中心の従来型「成長」の概念は見直されて、環境、健康、生きがいなどを考慮に入れた新しい概念へと発展せざるをえないでしょう。レギュラシオン理論は現在、そのような「人間形成的」発展と「民主主義的」調整を羅針盤としながら、具体的な社会的制度の構築をさまざまに模索しているところです。

【読書案内】

①アグリエッタ、Ｍ［２０００］『資本主義のレギュラシオン理論』増補新版、若森章孝ほか訳、大村書店
②アマーブル、Ｂ［２００５］『五つの資本主義』山田鋭夫ほか訳、藤原書店
③植村博恭ほか編［２０１４］『転換期のアジア資本主義』藤原書店
④ホール、Ｐ／ソスキス、Ｄ編［２００７］『資本主義の多様性』遠山弘徳ほか訳、ナカニシヤ出版
⑤ボワイエ、Ｒ［１９９０］『レギュラシオン理論』新版、山田鋭夫訳、藤原書店
⑥――――［２０１１］『金融資本主義の崩壊』山田鋭夫ほか監訳、藤原書店
⑦――――［２０１９］『資本主義の政治経済学』原田裕治訳、藤原書店

⑧マディソン、A［1990］『20世紀の世界経済』金森久雄監訳、東洋経済新報社
⑨山田鋭夫［1993］『レギュラシオン理論』講談社現代新書
⑩山田鋭夫／ボワイエ、R編［1999］『戦後日本資本主義』藤原書店
⑪山田鋭夫［2008］『さまざまな資本主義』藤原書店

①はレギュラシオン学派を創設したといわれる古典的著作です。⑤はレギュラシオン10年の歩みを振り返ってこの理論のエッセンスをまとめて今後の課題を述べたもの、⑦は同じ著者が創設後40年の今日の時点で成果を総括した好著です。⑨は日本人による初のレギュラシオン入門書。⑥はリーマン・ショック後の時点で金融主導型資本主義を批判的に解剖した書。②④⑪は資本主義の多様性についての文献。⑩は日本経済について、③はアジア諸国の多様性について、レギュラシオン的分析を試みた書。⑧は著名な統計家による長期経済統計で、20世紀第3四半期の先進諸国における成長ぶりがよくわかります。

（山田鋭夫）

第5章

進化経済学の可能性

進化経済学は、経済現象を「**進化**」という枠組でとらえようとする比較的新しいアプローチです。進化の概念は、ダーウィン[1]が『種《しゅ》の起源《きげん》』（１８５９年）によって基礎を据《す》え、20世紀半ば以降にめざましい発展をとげた生物進化論に由来《ゆらい》します。といっても、生物学の手法をそのまま経済学に移植しようというのではありません。様々な対象に適応可能なより一般的な概念として進化をとらえ直し、そのうえで、経済現象にみられる進化の固有の側面を明らかにしてゆくことが、進化経済学の基本的な立場です。進化的アプローチは、経済の再生産と発展を、時間の流れの中で進行する過程とみる点で、新古典派経済学の均《きん》衡《こう》論[2]的アプローチと鋭く対立する関係にあります。進化の視点はまた、多様性や複合性を経済の本質的な側面とみなすという特徴をもっています。

経済学で取り扱う対象のなかには、「進化する実在《じつざい》」とみなせるものが多数存在します。本章では、その中で最も具体的で身近な実在である**生産物**（財とサービス）に注目し、進化経済学による経済現象の把握《はあく》について、生産物の進化、あるいはその歴史的形態である商品の進化という観点から論じていくことにします。

1　**ダーウィン**（Charles Robert Darwin　１８０９〜82年）英国の博物学者。１８７１年には『人間の由来』を刊行し、人間もまた進化の産物であることを主張した。

2　**均衡論**　諸商品の価格は各商品の需要と供給を同時に一致（均衡）させるように決まり、それによって効率的な資源配分が達成されると説く理論。均衡価格を瞬時に見出す機能をもつ組織された市場の存在を仮想する。

生物学における進化の概念

はじめに、生物学における進化の概念と進化論について簡単にみておきましょう。その骨格は、以下のように要約できます。

生物は、ヒト、インドゾウ、イヌワシなどのように、さまざまな種に分かれています。1人の人間、1匹のインドゾウ、1羽のイヌワシ等々を個体、その集まりを個体群といいます。同一の種に属する個体群の中には、形状・生理・行動などの面での特徴（形質《けいしつ》）を異《こと》にするいくつかのタイプがあります。各タイプの形質は遺伝《いでん》によって子孫に伝達されます。しかし、遺伝による伝達は完全ではなく、生殖細胞に突然変異《へんい》[3]が生じると、例外的に、祖先や親にない新しい形質をもつ個体が誕生します。

1つの個体群を構成する様々なタイプは、生存・生殖における外的環境への適合度に応じて、異なった率で増加あるいは減少します。自然がより環境に適したタイプを「選択する」という意味で、この過程は**自然選択**（**自然淘汰《とうた》**）と呼ばれます。反復を基礎とする変異と選択が多くの世代にわたって累積《るいせき》的に作用し、タイプ間の相違が生殖を阻《はば》む程度にまで拡大したとき、既存《きそん》の種からの新たな種の分化が生じます。また、全てのタイプの個体が死に絶《た》えたとき、種は絶滅《ぜつめつ》します。現在地球上に存在する数百万種もの多様な生物は、太古の時代に発生した最初の生命から、このような種内の変化（小進化）および種の分化と絶滅（大進化）の累積を通じて形成されたと考えられます。

こうした進化の原理は、「最適者生存」という言葉で表現されることもあります。しかし、個々の個体群にとって外的環境は一定不変ではなく、気候条件や他の個体群との相互作用を通じて変化します。それゆえ、異なる種あるいはタイプの間の「優劣《ゆうれつ》」は、各時点の環境に左右されます。また、様々な生物の繁栄《はんえい》や絶滅には、例えば恐竜の場合がそうで

3　**突然変異**　子孫に伝達される性質を定めた設計図（遺伝子）に相当する物質（ＤＮＡ）が偶然に、あるいは放射線などの作用によって人為《じんい》的に変化すること。

あるように、偶然もまた大きな影響を及ぼします。さらに、新たな種の出現は、常に旧来の種の淘汰を伴《ともな》うとは限りません。新旧の種は多くの場合、それぞれの生活圏を確保して共存しており、だからこそ、生物界は多様性に満ちているのです。

ダーウィン自身の理論には、同一の個体群の中に複数のタイプが存在する理由や、各タイプの特徴が子孫に伝達されるしくみの説明が欠けていました。メンデル[4]が1866年に発表した遺伝に関する諸法則は、この欠落を補うものでした。遺伝学は、メンデルの法則の再発見を起点として20世紀に飛躍的な発展を遂《と》げ、やがて進化論の不可欠の構成部分となってゆきます。分子生物学によって遺伝と突然変異の機構が解明され、個々の生物種の具体的な進化や系統発生（さまざまな種への枝分かれ）の歴史についても、実証的な研究が進展しました。遺伝学の成果および実証の蓄積《ちくせき》に立脚する現代的なダーウィン進化論は、個別の論点ではなお論争があるとはいえ、基本的な枠組としては、生物学において揺《ゆ》るぎない地位を占めるに至っています。

4 メンデル（Gregor Johann Mendel 1822～84年）オーストリアの司祭。所属する修道院の庭でエンドウ豆の交配実験を行った。彼の研究は1900年にオランダの植物学者ド・フリース（Hugo Marie de Vries 1848～1935年）らによって再発見された。

進化概念の一般化

進化経済学では進化を、生物進化に限らず、様々な対象に適応可能な一般性をもつ機構ととらえます。これは、生物でも生物以外の対象でも、進化が全く同一の原理で生じるということではありません。進化の具体的機構は、対象によって異なります。それと同時に、種々の対象の変化の様式のうちには、対象ごとの独自性と並んで、「進化」という語で包《ほう》括《かつ》しうる以下のような共通性を見出すことができます。

①全体が相互に異なる特徴をもつ多様な要素から構成され、1つの要素がさらに複数の下《か》位《い》要素に区分されるという、入《い》れ子《こ》状に重なったツリー型の階層構造をもっていること。

②個々の要素が、時間の流れの中で、外的環境および他の要素との相互作用を通じて、それ自身を反復的に維持《いじ》するしくみを備えていること。③反復あるいは複製は完全ではなく、対象に特有な変異の機構を通じて、新たな特徴をもつ要素が断続的に分岐《ぶんき》すること。④各階層における様々な要素の配列や比重が、対象に特有な選択の機構を通じて、一部の要素の消滅を伴いつつ、長期的に大きく変化すること（図表5・1）。

このような一般化された進化概念は、生物だけでなく、ある空間に住む多数の生物とそれらをとりまく非生物的環境からなる生態系《せいたいけい》にも適用可能です。生態系もまた、多様性をもち、反復のしくみを備え、変異と淘汰を通じてその様相を変えてゆきます。進化経済学においては、生産物（財やサービス）、それらに体化《たいか》された人間の技術的知識、それらの生産および消費に関わる行動のパターンあるいはルール、企業その他の組織、所有・取引・分配などに関わる制度、各主体の経済行動がその相互作用を通じて形成するシステムなど、次元や性格を異にする多くの対象を、「進化する実在」とみなしています。

進化論的アプローチの意義

経済学において進化概念を用いることには、どんな意義があるのでしょうか。私たちは、それが以下の3つの視点を導くものであることがとりわけ重要であると考えています。

第1は、経済過程における反復の側面と変化の側面を統一的に把握《はあく》することです。進化は、反復を支える機構の存在を前提する点で、たんなる変化と区別されます。短期的には、変化ではなく反復こそが「進化する実在」の常態です。実際、もし変化が常態な

図表5・1　進化経済学における「進化」の概念図

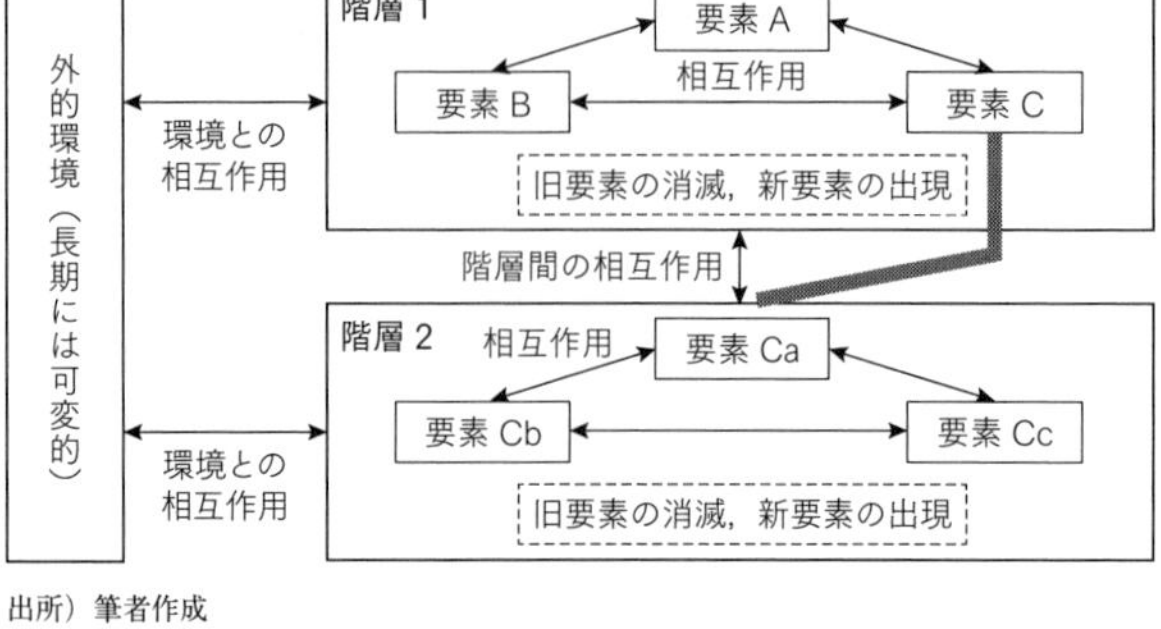

出所）筆者作成

らば、一つの変化によって望ましい性質が生じても、それは次の変化によってすぐに失われてしまいます。それゆえ、経済の進化論的分析は、反復を可能にする機構の解明を必要とします。ただし、これは一見そう思われるほど簡単な課題ではありません。なぜなら、個々の主体による反復的行動は、主体間の相互作用に媒介《ばいかい》されているからです。進化の視点は、このような反復性への注目という点では、経済の循環と再生産を重視するケネー[5]、リカード[6]、マルクス[7]らの視点と重なり合う面をもっています。

第2は、多様な要素の相互作用を対象の本質的かつ積極的特徴として認識することです。新古典派（「はじめに」および序章参照）に代表される理論的分析では、純粋で同質的なものだけを対象とする立場から、多様性は捨象《しゃしょう》すべきノイズとみなされがちです。確かに、多様な要素から構成され、それらの間に複雑な相互作用が存在する対象の分析は、分析者に多くの困難をもたらします。しかし、そのような多様性は、「進化する実在」にとって本質的です。内部に多様な要素をもつことは、環境変化への適応の可能性を高めます。すでに述べたように、淘汰は「最適」でない要素を一掃《いっそう》するわけではありません。淘汰の作用は、多様性が全体として維持され、さらには増大さえすることと両立します。

第3は、経済の変化を、事前に定められた方向も終着点ももたない過程ととらえることです。進化はしばしば、対象に内在する諸要素の必然的発現という意味での「発展」や、ある終局状態への段階的接近という意味での「進歩」と同一視されます。しかし、潜在的可能性の開花は多くの偶然に依存します。また、変異による新たな要素の絶えざる出現は、対象の状態が完結に至ることを妨《さまた》げます。経済進化では人間の意図や計画が大きな役割を演じますが、経済の複雑な相互作用の全体を意のままに制御することは、どのような単一の知性によっても不可能です。そのため、進化を特定の方向に導くための介入や設計は、

5 **ケネー**（François Quesnay 1694～1774年）フランスの医師・経済学者。1758年に1国経済の循環を図示する『経済表』を刊行した。

6 **リカード**（David Ricardo 1772～1823年）英国の経済学者。1817年に『経済学および課税の原理』を刊行し、繰り返し生産される商品に焦点をあてた価格と分配の理論を展開した。国際貿易の比較生産費説でも知られる。詳しくは本書第6章参照。

7 **マルクス**（Karl Heinrich Marx 1818～83年）ドイツ生まれの哲学者・経済学者。死後の1885年に刊行された『資本論』第2巻は資本主義経済の循環過程についての詳細な分析を含んでいる。詳しくは本書第1章を参照。

局所的な成功を収める場合ですら、常に意図せざる帰結を伴います。

進化論は、19世紀後半から20世紀初頭にかけて、自由放任主義や人種主義の根拠として利用された歴史をもっています。こうした利用は、淘汰の原理の一面的な理解や進化と進歩の混同に基づくものでした。進化論がけっしてその時点の「強者」を無批判に肯定する論理ではないことは、改めて強調しておく必要があります。

「進化する実在」としての生産物

私たちの社会生活は、様々な生産物の総体に依存しています。20世紀に登場した集積回路、NC（数値制御付き）旋盤《せんばん》、コンピュータ、ポリエチレン、ナイロン、自動車、飛行機、家庭用電気冷蔵庫、洗濯機、テレビ等々は、生産および消費のあり方に劇的な変化をもたらしました。日常的な次元においても、1人の人間としての〈私〉の衣服、住居、様々な愛用の持ち物は、〈私〉のアイデンティティーの一部を構成しています。

生産物は、その名が示す通り、生産と呼ばれる人間の活動によって産み出されます。ある生産物が繰り返し生産されることを、**再生産**と言います。生産物の再生産は、経済の全体としての循環の不可欠の条件です。ただし、一口に再生産と言っても、その内実は産業によって異なります。農業や漁業は動植物の生殖を、工業では自然法則の不変性を利用して生産物を複製するのに対して、鉱業における再生産は、多くの場合、枯渇性資源《こかつせい》[8]を反復的に採掘することを意味します。

生産されることと並ぶ生産物のもう1つの重要な属性《ぞくせい》は、人間によって、生産あるいは消費活動の中で**消費**されることです（ここで言う「消費」は、耐久性《たいきゅうせい》をもつ生産物の継続的な利用を含んでいます）。すなわち、生産物とは「消費物」でもあり、繰り返し生産さ

8 **枯渇性資源**　利用可能量が固定されているか、人間による消費より小さな率でしか増加しない天然資源。化石燃料はその代表である。枯渇性資源の再生産は、長期的にはその利用可能量によって限界を画される。

れる生産物は、特定の技術的必要を充足するために、あるいは生活上の特定の欲求を充足するために、繰り返し消費されます。生産物に注目することによって、生産と消費を分離せず、双方を一続きの活動として考察することが可能となります。

生産物は、財とサービスに分けられます。財は基本的には有体物ですが、電気やガスのような無形の物質も含みます。サービスは、人間・事物の状態や人間相互の関係にもたらされる有用な作用です。人間や事物の状態を変化させるサービスの例として、理髪、医療、輸送、点検、修理などがあり、関係を変化させるサービスの例として、商業、金融、賃貸、不動産仲介などがあります。サービスでは、財とちがって、生産と消費が同時に行われます。そのため、サービスは将来に持ち越せません。しかし、持ち越しができないという性質自体は、保存が困難な有体財とも共通しており、人間の欲求や必要の充足という観点からは、財とサービスの区別は本質的ではありません。同じ効果をもたらす活動が反復されるとき、これをサービスの再生産とみることができます。

生物学は、生物の分類に7つの階層からなる分類階級[9]を用います。それと同様に、生産物を分類するにも多くの階層が必要です。例えば、飲み物を入れる小さな容器は、素材（ガラス、陶器、金属、紙など）や形（取っ手や足の有無など）によって、様々な種類に区別されます。ガラス製の容器はタンブラー（コップ）、ジョッキ、グラス（細い足をもつもの）などに分かれ、グラスはワイングラス、カクテルグラス、シャンパングラス等々に分かれ、ワイングラスはボルドータイプ、ブルゴーニュタイプ等々に分かれます。しかもこれが分類の終点ではなく、同じボルドーグラスでも、そのデザインやサイズは生産者によって少しずつ異なります。

生産物総体の構成は、短期的には、品目の一部の入れ替わりや生産量などの比重の変化

9　分類階級　界《かい》・門《もん》・綱《こう》・目《もく》・科・属・種からなる。例えば「赤とんぼ」は動物界－節足動物門－昆虫綱－トンボ目－トンボ科－アカネ属に属するアキアカネやそれに近似するいくつかの種の総称である。

を伴いながらも、全体としてはおおむね連続的に維持されます。同時に、長期的にみれば、新たな生産物が登場し、既存の生産物の一部が生産されなくなるという変異と選択を通じて、生産物総体の構成は累積的に変化してゆきます。この過程の全体が、生産物の進化です。生物の多様性と同様に、現時点で存在する生産物の多様性もまた、長期にわたる進化の帰結としてとらえることができます。

知識と投入・産出関係

しかし、生産物の進化における変異と選択の機構は、生物進化のそれと同じではありません。この点について考えるために、生物の生殖と生産物の再生産（英語ではどちらもreproduction です）を対比して、後者の独自性について確認しておきましょう。

まず、生物の生殖は生物自身の本能的活動であり、親子間の同種性は遺伝によって維持されます。これに対して、生産物の再生産の主体は人間であり、生産物の同一性は人間による同一の活動の反復によって確保されます。生産における人間の労働（また消費における人間の活動）は、本能ではなく、学習（模倣《もほう》）や経験を通じて獲得《かくとく》された知識に基づいています。勘《かん》やコツのように言語化が難しい技能もまた、そうした知識の一部です。

ある個人や集団がもつ知識は、社会の知識総体の一部として、記憶や記録によって保存され、様々な経路を通じて他の個人や集団に伝達されます。この保存と伝達がうまくいかなければ、知識は（時として永久に）失われます。このような知識の伝達の問題は、経済活動が相互に一定の独立性をもつ多数の主体によって営《いとな》まれていることから生じます。地理的に隔たり、異なった文化・生活習慣をもつ諸地域間での知識の伝播《でんぱ》においては、交易《こうえき》や贈与《ぞうよ》を通じた生産物の地域をこえた移動と、それによる未知の生産物との遭遇《そうぐう》が、きわめて重要な役割をはたします。

人間は、新たな知識を用いて、意識的に生産物を変化させることができます。新たな生産物の開発は、シュンペーター[10]が**新結合**《しんけつごう》と呼んだ経済における革新的変化《イノベーション》の1つであり、実際に、新たな生産物の多くは、既存の生産物の新たなアイデアに基づく結合という面をもっています。異種の生物間の交雑は例外的であり、新生物は生殖を通じてのみ増大しますが、生産物の組み合わせや新たな生産物の普及《ふきゅう》にはそうした制約はありません。そのため、生産物の進化は生物進化よりもはるかに迅速《じんそく》に進行します。しかし、新たな生産物の開発には探求や準備が、またその評価には一定期間の利用を通じた事後的な検証が必要であり、生産物の変異の頻度《ひんど》は、これらの事情によって制約されます。

次に、人間は、あれこれの生産物の生産を目的とする労働において、すでに存在する様々な生産物を生産財、すなわち原材料・燃料・部品・道具等々として消費します。労働以外の投入《とうにゅう》をいっさい必要としない生産物はほとんどありません。このことを生産物間の関係として言い表せば、1つの生産物は、複数の生産物の同時的あるいは継起《けいき》的な消費を通じて産出されるということです。

人間の手作業と機械による作業は、ある範囲においては代替《だいたい》的（置き換え可能）です。このような労働と機械の間の代替を含めて、一般に、1つの生産物を生産する方法は複数存在します。しかし、いったん特定の生産方法を採用すると、それを別の方法に変更するには一定の時間がかかります。また、特定の生産方法の下で生産財として用いられる機械や原材料は、短期間では他の生産物によって代替することが困難です。そのため、特定の生産財を確保できないことによって、生産全体が中断してしまうことがあります。

生産における生産物間の**投入・産出関係**[11]は、生態系における生物間の食物連鎖《しょくもつれんさ》と対比す

10 シュンペーター（Joseph Alois Schumpeter　1883〜1950年）　オーストリア出身の経済学者。『経済発展の理論』（1912年）で、経済循環の軌道を変化させる要因としての新結合の役割を強調した。詳しくは本書第8章を参照。

11 **投入・産出関係**　生産に投入される生産物の種類・数量と生産される生産物の種類・数量の関係。産業連関ともいう。生産の技術的条件は、これらに、生産物ではない人間の労働や土地の投入量をあわせたものによって定義される。

ることができます。個々の生産者が特定の生産物（群）の生産に特化する社会的分業の体制の下では、1つの生産物に投入される種々の生産物は、それぞれ異なる生産者によって別個に生産されます。そこでは、生産物間の投入・産出関係は、それによって直接あるいは間接に連結された生産者たちの間に、1つの複雑な相互依存関係を形成します。生態系内の食物連鎖同様、様々な生産物の全体としての再生産は、この生産者間の相互依存関係を通じて進行するのです。

生産物の再生産を阻む諸要因

生産物において生物種の絶滅に相当する現象は、生産の断絶、つまりそれまで生産されてきた特定の生産物が、ある時点以降もはや生産されなくなることです。1つの生産物の生産が断絶する理由として、以下のような事情があります。

（1）自然環境（気候・地形・土壌《どじょう》・植生《しょくせい》・水質など）が、生産の継続を困難にする方向に変化すること。このような不利な環境変化は、乱獲《らんかく》や水質汚染のように、人間の生産活動自体によってもたらされることがあります。

（2）生産の実行が外的暴力や禁止措置《そち》によって阻害《そがい》されること。たとえば略奪《りゃくだつ》行為は、その対象が生産物だけでなく生産財（原材料・道具・設備など）にまで及ぶ場合には、生産の断絶をもたらします。政府による禁止命令の実効性は、密造による利益の大きさや、摘発《てきはつ》の可能性と処罰の厳しさ、禁止理由の正当性などに依存します。

（3）生産に不可欠な生産財の一部を確保できなくなること。ここで不可欠というのは、その生産財を他の生産財で代替するのがきわめて困難ということです。上述のように、分業の下では生産財の多くの部分を他の生産者から調達する必要があるため、交通の混乱や遮断《しゃだん》もまた、生産の断絶をもたらします。

（4）生産の人的要素に欠落が生じること。これには、労働力を量的確保できない場合と、必要な知識（およびそれを体現した技能）を利用できない場合とがあります。十分な数の働き手がいて、原材料や道具の調達が可能であっても、知識の断絶によってそれらの使い方がわからなくなれば、生産物を得ることはできません。

（5）生産について決定権をもつ個人や組織、つまり生産者がこの生産物を生産する動機を失うこと。自給的な経済では生産の動機は生産物への欲求から生じますが、分業の下では一般に、生産者を動機づけるのは、生産物それ自体ではなく、それと「引き替え」に獲得できる何か（利潤、所得、地位、名誉等々）です。生産における活動（労働）の充実感もまた、生産の動機に影響を及ぼします。

これらのうち、1と2は生産の外的環境、3と4は生産への物的および人的投入、5は生産の目的に関わります。個々の事情は、単独で作用する場合もあれば、1つのものが他のものを引き起こすことによって、複合的に作用する場合もあります。例えば、外的環境の悪化は、物的および人的投入の確保を妨げる要因の1つです。また、生産者への暴力や禁止命令は、生産への動機を弱めます。

ある生産物は、1～5のいずれかの事情によって生産が行われない状態が続くと、経済から消滅します。1つの生産物の生産断絶は、それを原材料とする生産物の生産の連鎖的な断絶の引き金となります。絶滅した生物種は二度と復元できませんが、人工物である生産物は、知識が保存されている限り、復元（生産再開）の可能性があります。しかし、伝統工芸品のように高度な熟練が必要な生産物では、職人技を身につけた人々がいなくなると、生産の再開は容易ではありません。

外的環境が生産を許容《きょよう》しない場合や、生産への物的および人的要素が揃《そろ》わない場合には、たとえ生産者が望んだとしても、生産は実行不可能です。しかし、これらの障害がなくとも、生産者の側に動機がなければ、やはり生産は実行されません。生物はその内的本性によって増殖《ぞうしょく》への志向をもっています。これに対して、既存の生産物の再生産や新たな生産物の生産開始は常に、生産の主体である人間の動機に媒介されなければならないのです。

資本主義における生産物の進化

再生産を阻む前項の5つの事情は、生産において人々が取り結ぶ経済的諸関係によって、異なった頻度と強さで作用します。現在私たちがその下で生活している**資本主義経済**では、ある生産物の生産が断絶する理由のうちで最大の比重を占めるのは、生産者の側での動機の欠如ないし喪失です。多くの生産物が、外的環境による制約がなく、必要な生産財・労働を入手できる状況にあるにもかかわらず、生産者が望まないという理由で再生産の対象から外されます。

資本主義経済の生産者がある生産物の生産を望まないのは、生産物を**商品**として販売しても**利潤**の獲得を見込めない場合、より詳しく言えば、費用に一定の利潤を付加した価格ではこの生産物に対して十分な需要を期待できない（費用を下回るほど安い価格でなければ売れない）場合です。ケインズ[12]の**有効需要原理**は、この制約をマクロ的な関係として定式化したものです。需要による制約は、資本主義経済の2つの特徴と結びついています。第1は、生産物の多くが**市場**《しじょう》[13]において商品として販売されることです。第2は、生産の主要な部分が、利潤の獲得を目的とする生産組織である営利企業（現代では多くの場合株式会社）によって担《にな》われていることです。企業がある生産物を生産するのは、それを商品と

12 ケインズ（John Maynard Keynes 1883〜1946年）英国の経済学者。『貨幣・利子および雇用の一般理論』（1936年）において、生産物への需要および雇用の水準は有効需要によって規定されるという認識に基づ

して販売することによって利潤を獲得するためです。したがって、需要の不足により利潤の獲得が見込めない状況が続けば、企業はこの生産物を商品として生産する動機を失います。商品として「生き残る」ためには、生産物は、少なくとも1つの企業に利潤をもたらす価格で販売され続けることが必要です。しかし、この条件はけっして簡単には満たされません。なぜなら、資本主義経済では、多くの企業が商品の販売をめぐって競争しているからです。

直接に生産を行う企業が資金面で銀行や投資家に強く依存する場合には、生産について実質的な決定権は、これらの資金提供者にあります。企業が生産の継続に意欲的であっても、資金提供者が独自の判断に基づいて貸付や投資の引き上げを行えば、この企業は必要な生産財や労働力を購入できなくなります。

生産の継続を阻害する5つの事情は、必要な修正を加えれば、新たな生産物の生産や外国からの新たな生産物の輸入の開始を妨げる事情として読み替えることができます。新たな生産物は新たな知識を前提しますが、新たな知識が利用可能であっても、その実際の利用は、政府による禁止や生産財の不足によって妨げられることがあります。またそもそも、生産者が利潤を見込めないと判断すれば、新たな生産物は、国内で生産されることも外国から輸入されることもありません。つまり、資本主義経済では、新たな知識が新たな商品の生産や輸入に結びつくための最大のハードルは、生産者が販売から利潤の獲得を見込めることにあるのです。

利潤の獲得に関する企業（あるいは資金提供者）の期待が実現するか否《いな》かは、市場における買い手（中間消費者としての企業および最終消費者としての家計）の購入行動にかかっています。買い手が新商品を継続的に購入すれば、この商品は生産者および売り手とし

く新たな経済分析を展開した。詳しくは本書序章および第3章を参照。

13　市場　商品と貨幣がそれらの所有者の間の自発的な合意に基づいて特定の条件で交換される場。取引所のように特別に組織された市場を除いて、個々の取引（売買）は他の売買から独立に進行する。

ての企業からみて再生産すべきものとなります。しかし、販売努力にもかかわらず、買い手が関心を示さなければ、企業はやがて生産を中止せざるをえません。こうして、商品＝生産物の進化の過程では、商品の生産者が意図的に引き起こした変異と選択が、買い手による関心と選択を通じて、定着・普及するものと消え去るものに振り分けられます。

生産物進化の歴史性

資本主義経済には、協同組合企業や自営業者のように、必ずしも利潤追求的ではない生産者も存在しています。しかし、これらの非営利的生産者もまた、市場の中で自立的に生産を継続してゆくためには、生産物の販売から自らの所得を確保する必要があります。生産の継続を可能にする所得にはかなりの幅《はば》があるとはいえ、賃金と同様に、その水準には社会的に規定された下限が存在します。市場で販売される全ての商品は、その生産者が市場の外部に何らかの持続的な所得の源泉をもっているのでない限り、買い手による選択を免《まぬが》れることはできません。

乱獲《らんかく》による個体数の激減、安全・健康面や人道的・環境的配慮に基づく生産の禁止、戦争の長期化に伴う物資・人員の不足、後継者の不在による技能の喪失など、実行可能性に関わる要因による生産の断絶は、資本主義経済でも生じます（乱獲はむしろ、資本主義の下で拡大したと言えるでしょう）。こうした事例にもかかわらず、生産物市場を全体としてみれば、資本主義経済における商品の「生き残り」を阻む要因は、今日でもなお、それらが市場において利潤を伴う価格で販売され続けることの困難にあります。

以上のように、資本主義経済では、生産物の進化は**商品の進化**という形態をとり、変異と選択の機構は、市場での利潤を伴っての販売という条件を通して作用します。様々な生産物は、利潤獲得の（またそれを可能にする需要獲得の）見通しを伴って市場に現れ、買い手による選択を経て、あるものは定着し、あるものは消え去ります。これは、資本主義経済のように市場が生産の多くの部面を包摂《ほうせつ》している経済に固有の状況です。

市場の拡大は古来、世界のどの地域でも、利潤を求める**商人**たちの活動を伴ってきました。そのため、市場が一定の広がりをもつ所には常に、資本主義の要素あるいは萌芽《ほうが》が存在します。しかし、資本主義以前の経済では、市場の包摂領域は狭く、競争は統制や特権によって制限され、商人たちが蓄積した富はしばしば権力によって恣意《しい》的に没収されました。このため資本主義以前の経済では、生産物の変異と選択において市場が果たす役割は限定的であり、既存の生産物の生産の継続や新たな生産物の出現を妨げる主要な障害は、実行可能性に関わる諸条件——過酷な自然、禁止や妨害、資源の不足、知識の欠如など——にありました。

生産物の進化は、生産者が取り結ぶ経済的諸関係を介して進行する1つの歴史的な過程です。これは、たんに進化が1回限りの不可逆《ふかぎやく》的過程であるということだけではありません。1回限りという点では、生物進化も同じ性質をもっています。しかし、生物進化の場合には、進化の機構そのものは常に同一です。これに対して、生産物の進化の場合には、変異と選択の機構において支配的な役割を演じる要因が、供給面での実行可能性から市場での販売可能性へと歴史的に変化してきたのです。

商品世界の多様性

現在地球上には、約１９０万種の生物が存在しています。これは学名を付されたものだけで、未発見のものを含めれば、種の総数はその10倍以上という推計もあります。それでは、いま生産され市場で販売されている商品の総数はどれくらいでしょうか。

国際的な商品分類としては、国連統計部による「中央生産物分類」（最新は２０１３年版）および国連世界知的所有権機関による「商品・サービス国際分類」（同２０１９年版）があります。どちらも全ての財とサービスを対象としており、品目数は、「中央生産物分類」が２８８７品目、「商品・サービス国際分類」が９９８２品目です。日本では、総務省による「日本標準商品分類[14]」（同１９９０年版、以下「標準分類」）が、移動可能な財のみを対象として、約2万9千品目というさらに詳しい分類を行っています。この「標準分類」における大分類・中分類の構成は**図表5・2**の通りです。

「標準分類」における分類の観点は、分野によって異なります。「紡織《ぼうしょく》基礎製品」つまり織物が、下位の分類によって素材（綿、麻、絹、各種の化繊《かせん》など）や加工の仕方（晒《さら》し・染色、織り方など）で細かく分類されているのに対して、「織物製外衣」は、素材ではなく用途（男性用・女性用・子供用、背広・礼服・制服・コート・ズボン・シャツなど）で区別されています。消費財の分類は総じて粗《あら》く、家庭用電気冷蔵庫は1ドアか2ドア以上で、乗用車は排気量で、機械式腕時計は手巻きか自動巻きかで区別されているだけです。明らかに、「織物製背広」「２ドア以上の冷蔵庫」「気筒容量６６１～１０００ｃｃの自動車」「機械式自動巻腕時計」はいずれも、１つの商品を表すくくりとしては広すぎます。というのも、消費者向けの生産物市場では、共通の機能をもちながら、個々の点で異なった特徴をもつ多種多様な商品が販売されているからです。商品の差別化は、異なる企業が生産する生産物間だけでなく、同一企業が生産する生産物間でも顕著《けんちょ》です。統計で用いられている分類は、こうした多様性を十分に反映するものとはなっていません。

そこで、実際の流通の場面でこれらの多様な商品を識別するために、日本では有形の消

14 日本標準商品分類　１９５０年に定められ、１９９０年まで5回改訂。その後、サービスへの拡張や国際分類との対応が検討されてきたが、２０１９年8月時点では新たな改訂には至っていない。

図表5・2　日本標準商品分類の大分類・中分類

大分類	中分類	品目数
1 粗原料・エネルギー源	01 生物　02 動物粗製品　03 植物粗製品　04 金属鉱物　05 非金属鉱物・岩石　06 石炭・石炭製品　07 原油・石油製品　08 電力・ガス・用水　09 その他	2,195
2 加工基礎材・中間製品	10 革製基礎材　11 ゴム製基礎材　12 木製基礎材　13 パルプ・紙　14 紡織基礎製品　15 化学薬品　16 基礎化学製品　17 非金属鉱物基礎製品　18 鉄・鋼　19 貴金属　20 非鉄金属　21 金属加工基礎製品　22 電線・ケーブル　23 シール　24 工業生産建築物・建築部材　25 容器（輸送・分配用）・包装用副材料　26 その他	8,262
3 生産用設備・機器，エネルギー機器	27 ボイラ　28 機関・タービン　29 原子力機器　30 重電機器　31 ポンプ・圧縮機・送風機・油圧機器・空気圧機器　32 金属加工機械　33 マニピュレータ・ロボット　34 工具・金型・ロール　35 運搬・昇降・貨物取扱装置　36 繊維機械・縫製機械　37 印刷関連機械・紙工機械　38 化学機械　39 鉱山・建設機械　40 農林・漁業用機器　41 保安・環境保全機器　42 トラクタ　43 その他の産業用機械　44 軸受・チェーン・歯車・動力伝導装置・潤滑装置　45 弁・管継手	5,286
4 輸送用機器	46 軌条上を走行する車両　47 自動車・二輪自動車　48 自転車　49 その他の輸送用車両　50 船舶　51 航空機，ロケット・人工衛星	1,221
5 情報・通信機器	52 電子計算機　53 プログラム　54 通信装置　55 電子部品	963
6 その他の機器	56 冷凍機・冷凍機応用製品　57 商業・サービス業用機器　58 自動販売機・自動サービス機　59 事務用機械・装置　60 民生用電気・電子機械器具　61 電子応用装置（電子計算機・通信装置を除く）　62 その他の電気・電子機械器具　63 計量器・分析機器・試験機・計測機器　64 時計　65 理化学機械・光学機械　66 医療用機器　67 武器　68 利器工匠具・手道具	3,796
7 食料品・飲料・製造たばこ	69 農産食品　70 畜産食品　71 水産食品　72 農産加工食品　73 畜産加工食品　74 水産加工食品　75 その他の食料品　76 飲料・氷・製造たばこ	2,070
8 生活・文化用品	77 台所用品・食卓用品　78 衣服　79 身の回り品　80 履物　81 装身具・身辺細貨品・銀器　82 家庭用繊維製品　83 家具　84 冷暖房用・食品調理用器具（主熱源に電気を使用しない），衛生設備用品　85 その他の住生活用品　86 医療用品・関連製品　87 医薬品・関連製品　88 化粧品・歯みがき・石けん・家庭用合成洗剤・家庭用化学製品　89 娯楽装置・玩具　90 楽器　91 スポーツ用具　92 印刷物・フィルム・レコードその他の記録物　93 文具，紙製品，事務用具・写真用品　94 美術品，収集品・骨董品　95 その他の生活・文化用品	5,086
9 屑・廃棄物	96 屑・廃棄物	204
0 分類不能商品	99 分解不能商品	1

出所）総務省ウェブサイト（http://www.soumu.go.jp/toukei_toukatsu/index/seido/syouhin/2index.htm）

費財に対してＪＡＮコード[15]と呼ばれる通常13桁の数字からなる商品コードを付しています（本書の裏表紙にもあるような、個々の商品に付されたバーコードは、このＪＡＮコードを黒い縦縞《たてじま》の列に変換したものです）。例えば、ボールペン「ユニボールシグノ黒０・５ｍｍ」のＪＡＮコード「４９０２７７８０３２９５４」では、最初の２桁「49」が日本を、次の５桁「０２７７８」がメーカーの三菱鉛筆を、次の５桁「０３２９５」が同社内での商品番号を表します（最後の「４」は入力誤り検出用のチェック数字）。

ＪＡＮコードの登録商品数は、２０１７年４月末の時点で６７７万品目です。データを管理する流通システム開発センターの推計によれば、このうち３６７万品目は実際に市場で流通しており、３１０万品目はすでに市場から消滅しています。流通している商品の内訳は**図表５・３**の通りです。「標準分類」では、加工食品は農産・畜産・水産あわせて１０００品目足らずですが、ＪＡＮコードによる分類では73万品目近くが流通しています。なお、サービスはＪＡＮコードの対象外であり、有形の消費財についても全てがＪＡＮコ

図表５・３　JANコード登録商品の内訳

分類		登録件数
食品	加工食品	728,459
	生鮮食品	30,209
	菓子	396,587
	飲料・酒類	327,246
	その他食品	67,730
	（食品計）	1,550,231
日用品	日用雑貨	123,064
	OTC 医薬品類	51,807
	化粧品	185,747
	家庭用品	295,729
	DIY 用品	106,322
	ペット用品	90,385
	その他日用品	6,161
	（日用品計）	859,215
文化用品		578,561
耐久消費財		341,026
衣料・身の回り品		333,966
その他商品		3,145
合計		3,666,144

出所：一般財団法人流通システム開発センターウェブサイト（http://www.dsri.jp/database_service/jicfsifdb/resister_statis tics.html）

15　ＪＡＮコード（Japan Article Number）　国際的な商品識別番号であるＥＡＮコードの日本での呼び方。13桁のものの他に、8桁のものもある。

ードをもつわけではありません。したがって、生産者自身による区別を基準として現在流通している商品を全て数え上げれば、367万をはるかに上回ることになります。

生産者が同一とみなす商品であっても、小売《こうり》市場では多くの流通業者によって、最終消費者に対して異なった条件で販売されています。特定のJANコードをもつ商品について「価格.com」（インターネット関連サービス企業カカクコムが運営する価格比較サイト）で検索すると、数十から、多ければ100をこえる流通業者名が提示価格の安い順に並びます。各業者が提示する条件は、価格以外に、支払・配達方法・保証などの面でも異なっています。「価格.com」にはサービスを除いてもおよそ3億品目もの商品データが登録されており、この数字は、異なる売り手によって販売される商品を全て異なる商品とみなしたときの商品総数の目安と考えることができます。

以上をまとめると、現代日本の生産物市場で流通している商品の総数は、用途や機能による基本的な区別では数千品目から数万品目、生産者による差別化を基準とする区別では数百万品目、販売条件の相違までも考慮すれば数億品目という規模に達します。したがって、商品世界は、生物世界に劣《おと》らない巨大な多様性をもっています。この多様性は、進化の長期的帰結であり、資本主義の形成期には、商品の種類は今よりもずっと少なかったでしょう。しかし、例えば靴下、石けん、鍋《なべ》、刃物などの一連の日用品については、早くも16世紀後半から17世紀前半の英国において、国内市場の拡大を伴って急速な多様化が生じたことがわかっています。

資本主義経済では、膨大《ぼうだい》な商品群は、何らかの全体的な調整を待つことなく、個々の企業によってそれぞれの考慮に基づいて生産され、企業間あるいは企業と家計の個別的な合意に基づいて取引されます。この取引において、個々の企業や家計は、それぞれの限られた視野のもとで行動しており、経済全体のつりあいを直接に意識しているわけではありません。にもかかわらず、諸商品の再生産は全体としてはおおむね円滑《えんかつ》に進行し、諸企業は生産に必要な商品を、家計はその購買力の範囲で自分の欲する商品を購入できています。このような、諸企業の自律分散的な決定の下で生産が需要に徐々に適応してゆく機構を明らかにすることは、進化経済学の基礎づけに関わる重要な課題です。

多様な商品の存在理由

いったいなぜ、資本主義経済には、これほど多くの種類の商品（生産物）が存在するのでしょうか。その理由について考えてみましょう。

第1に、素材の面では、商品世界の多様性は、自然界そのものの多様性、すなわち生物資源および無生物資源の多様性を反映しています。自然界の多様性を利用するには、諸々の物質や生物の所在・有用性・利用方法などについての知識が必要です。農業は生物資源に依存しますが、工業化に伴って人間は無生物資源をも大々的に利用し、さらには、それらを組み合わせて様々な新物質（合成樹脂《じゅし》や合成繊維《せんい》）を生み出してきました。動植物についても、従来から行われてきた品種改良に加えて、遺伝子工学を応用した開発が進んでいます。

第2に、生産方法の面では、商品世界の多様性は、生産技術の複雑化に伴い、個々の生産物の生産工程が多くの段階に分かれ、各段階で多くの種類の原材料・燃料・部品・道具などの投入が必要となることと関係しています。企業間での分業と専門化の進展に伴って、それらは商品として売買されるようになります。そのため、原油やプラスチックなど、多くの生産物の生産に共通に用いられるものだけでなく、自動車の部品のように、特定の生産物の生産のみに用いられるものも、独立した商品となることができます。

第3に、直接的な消費の面では、商品世界の多様性は、人々の生活が多くの活動に分化し、個々の活動がそれぞれ特定の商品（の集まり）への欲求を伴うことを反映しています。人々が朝起きてから床につくまでに行う活動は、きわめて多岐《たき》にわたります。それらの中には、1日に何度も繰り返されるものもあれば、一生にせいぜい数回しか行われないものもあります。しかし、一定の人口規模があれば、転居、出産、葬儀などのように個人にとっては例外的な活動であっても、経済全体では常にどこかで行われていることになり、そうした活動に関わる生産物の商品としての生産が、事業として成り立つのです。

第4に、類似の機能や構造をもつ消費財や消費者向けサービスの企業間および企業内での差別化は、買い手の嗜好《しこう》・趣味の多様性や、買い手の支払能力[16]のばらつきに対応しています。「蓼《たで》食う虫も好き好き」という諺《ことわざ》が示すように、嗜好は人（あるいは集団）によって異なります。服のデザインやカレーの辛さなど、色・味・形・スタイルなどに関わるバリエーションは、こうした嗜好の相違に対応する「水平的」差別化です。一方、買い手が特定の商品に実際に払える金額は、支払能力という客観的な要因によって制約されます。腕時計のような商品における、高価な最高級品から安価な徳用品に至る多くの等級（ランク）の存在は、こうした支払能力の相違に対応する「垂直的」な差別化です。

商品の多様化と販売競争

生産物の多様化は、資本主義の下で、商品の多様化として、急速に、また生産と生活のあらゆる分野で広範囲に進展しました。資本主義以前の経済でも多様化の趨勢《すうせい》はみられましたが、新たな生産物の誕生や普及は、特権層による奨励《しょうれい》や通商路の安全性に強く依存し

16 **支払能力** 主体が特定の商品（の集まり）に対して支出可能な金額。その主体の所得と他者からの借り入れの可能性によって規定される。月賦《げっぷ》販売制度（ローンによる支払）の普及は、消費者の支払能力を短期的に拡大する。

ていました。そのため、多様化の本格的な進展は、装飾品や美術品など王侯貴族の奢侈《しゃし》的な生活を彩《いろど》る生産物群に偏《かたよ》りがちでした。また、多様化のテンポは緩慢《かんまん》であり、政治的な要因でしばしば中断されました。

資本主義の下で商品の爆発的進化が生じた最大の要因は、私的所有権および法の支配を制度的前提として、商品の販売をめぐって売り手間で自由な競争が行われるようになったことです。**販売競争**は、自分が販売する商品を買い手に選んでもらうために売り手間で行われる競争です。この競争の下では、商品に関わる情報の大半が、広告や宣伝の形態で、まず売り手から買い手に発信されます。取引は売り手と買い手の双方に利益をもたらすにもかかわらず、取引の場面では、売り手は買い手を「客」として扱い、取引が成立すると売り手は買い手に謝意を表明することが慣行として定着します。

販売競争が成立する条件は、買い手の支払能力が有限であり、商品の供給が比較的短い期間で弾力的に増大可能であることです。そこでは、次のような状況が典型的です。すなわち、個々の企業は、自らが販売する商品について、価格を含む販売条件を定めたうえで、不特定多数の潜在的買い手に恒常的に販売を勧誘します。個々の企業はまた、販売機会を品切れや供給能力の不足によって逃さないよう、販売可能量（製品の在庫[17]と新規生産量の和）や設備の規模を、平均的に想定される需要をいくらか上回る水準に設定します。販売競争への対応として売り手が保有するこうした**緩衝在庫**《かんしょう》や**余剰生産能力**《よじょう》は、買い手の選択の幅を拡大することによって、販売競争をいっそう強める要因として機能します。

このような売り手側の準備のおかげで、支払能力をもつ買い手は、購入の意思を売り手に表明するだけで、比較的短い時間で希望する商品を入手できます。言い換えれば、「お金さえあれば何でも買える」ということです。資本主義において**貨幣**がもつ強大な力は、

17 在庫　ある時点で企業の内部に存在する、過去から持ち越された生産物のストック。原材料・仕掛品《しかかりひん》（製造途中の生産物）・製品のいずれかの形態をとる。

それによって購入できる商品の無限に近い多様性と並んで、購入（貨幣と商品の交換）が確実かつ容易であることに基づいています。売り手ではなく買い手が競争する場合には、こうはいきません。需要に対する供給の不足が生じ、そのギャップが価格の引き上げによって解消されなければ、買い手は購入をあきらめるか、行列に長時間並ぶことを余儀《よぎ》なくされます。

販売競争は、個々の売り手企業に対して、自分の商品を選んでくれる買い手を少なくとも一定の規模で継続的に確保するための努力を迫ります。買い手に選ばれる可能性を高めるには、他の売り手との比較において、販売する商品（の組み合わせ）を買い手の欲求により適合したものにすることが必要です。資本主義経済では、生産物市場に余剰が広範に存在し、購入が容易であるという事情によって、アイデアと資金をもつ企業は、新商品導入の計画を迅速に実行に移すことができます。競争の圧力に加えて、成功から期待できる大きな利潤もまた、企業による新商品の開発に誘因《ゆういん》を提供します。

企業は、新商品の導入に際して、事前に確定されている買い手の欲求にもっぱら受動的に対応するわけではありません。買い手の欲求の一部は、様々な商品との出会いを通じてはじめて確定します。それゆえ、新商品が買い手によって受容され、広く普及してゆく過程は、新たな欲求の創造と定着の過程でもあります。しかし、新商品が本当に売れるか否かは、事前には常に不確実です。新商品を市場に持ち込むイニシアティブは生産者＝売り手たる企業の側にありますが、その普及あるいは消滅は、買い手の評価にかかっています。新商品が創造した欲求から関連する新たな欲求が次々と派生《はせい》する場合には、それらに応じるまた別の新商品の派生を通じて、生産における新たな産業部門や、消費生活における新たな活動分野が形成されます。また、洗濯機、冷蔵庫、テレビなどの家庭用電気製品の生産で見られたように、生産量の増大に伴って1単位あたりの生産費用が低下してゆく場合には、新商品の普及は価格の低下によって加速されます。

販売競争は一方で、多くの商品の消滅を、またそれらを生産する多くの企業の市場からの退出をもたらします。にもかかわらず、パソコンのOSなどのように標準規格をもつ一部の商品を例外として、商品種類の多様性が収斂《しゅうれん》に向かう傾向は今のところみられません。競争を通じて商品種類がむしろ多様化する理由は、すでに述べたように、買い手が同質的な集団ではなく、嗜好や所得（支払能力）の点で分化していることにあります。個々の商品は、嗜好と所得の点で適合した買い手の集団を確保することによって、市場に存在し続けることができます。高級品と並んで、品質は月並みであっても値段の安い商品が販売されていることは、選択肢の拡大という点で、とりわけ低所得層にとって大きな意義をもっています。とはいえ、購買力の大小によって、買い手としての商品の選択の幅に絶対的な格差が存在することも事実です。購入できる商品の範囲が狭いことは、買い手の嗜好や関心の広がりを制約する要因となります。

商品世界の光と影

歴史的にみれば、資本主義のグローバルな拡大は、15世紀後半の大航海時代を起点として、20世紀の初頭までは、西欧による非西欧地域への貿易関係の暴力的な押しつけや、それらの地域の植民地支配を伴いながら進んできました。しかし、植民地時代の終焉《しゅうえん》後も資本主義の拡大が続いたことは、この経済システムが、直接的な強制を必要としない求心力をもつことを示しています。

新古典派経済学は、資本主義の長所として、それが市場均衡を通じて希少資源《きしょう》[18]の利用に

18
希少資源　人間にとって何らかの点

おける最大限の効率性を実現することを強調してきました。これは、正しい認識ではありません。なぜなら、新古典派が想定する市場均衡のような余裕部分をもたない張り詰めたつりあいは、ある一時点や特定の場所だけに注目すれば無駄がないように見えても、時間の流れや経済の各部分のつながりの中では維持することができないからです。すでに述べたように、現実の資本主義経済のつりあいは、在庫や未利用の生産能力を伴って達成されます。これらの余剰の多くは売り手によって保有され、買い手が希望の商品を確実かつ迅速に購入することを可能にする役割をはたしています。

　進化経済学では、資本主義の最大の求心力は、経済的自由と商品世界の多様性の結びつきにあると考えます。この結びつきは、人間の労苦を軽減し、利便性と快適性を高め、好みやこだわりの追求を可能にしてきました。多様な商品の消費は、生存・生活上の必要を満たすのみならず、知的あるいは芸術的な理解や創造に関わる欲求を含めて、自らの欲求を多面的に発達させる機会を人々に提供します。

　商品世界は、このような光の側面とともに、次のような影の側面ももっています。

　第1に、市場の拡大は、多くの地域で、工業や市場に依存しない伝統的な生活様式の解体をもたらすとともに、人間が産み出す生産物のますます多くの部分を売買の対象に変えてきました。その結果、商品世界の多様化の裏面で、自然環境の多様性や生活全体の文化的な多様性はかえって失われつつあります。現代の経済では、商品の選択について大きな自由はあっても、市場に頼らない生活を選択する自由は、事実上存在しません。

　第2に、商品の中には、長期的な使用により人々の健康を損なう可能性のあるもの（酒や煙草など）や、破壊や殺戮《さつりく》を目的とするもの（爆薬や武器など）が数多く存在します。日本では黄燐《おうりん》マッチ[19]、アスベスト、麻薬、拳銃などが健康や公共の安全を理由として禁止

で必要あるいは有用なもののうちで、人間の欲望を飽和《ほうわ》させるだけの分量では存在しないもの。それを誰がどれだけ、どのように利用するかを、希少資源の配分という。市場は希少資源を配分する社会的なしくみの1つである。

19　黄燐マッチ　頭薬に用いられる黄燐の有毒性が問題となり、1906年の国際会議で使用禁止条約が採択された（日本は1921年批准《ひじゅん》）。

されていますが、国ごとに禁止対象が異なる事実が示すように、特定の商品を禁止すべきか否かを決める一義的な基準を設けることは困難です。商品世界は人間の欲求を映す鏡であり、善《よ》き欲求と悪しき欲求とは、しばしば切り離し難《がた》い形で結びついています。

第3に、市場では買い手はその支払能力の範囲で商品を選択しますが、この選択は、買い手をとりまく社会的な環境や、売り手による広告・宣伝の形での購入の勧奨《かんしょう》に影響を受けます。進化経済学の先駆者の1人ヴェブレン[20]は、奢侈的消費の多くは、本人の快楽とともに、富裕や地位の誇示《こじ》を目的にしていると論じました。このような他者の目を意識した消費の広がりは、商品の多様化に伴って、商品によって自分や家族を他者から差異化しようとする欲求が強まる（また広告・宣伝によって刺激される）ことを示しています。

第4に、買い手の支払能力は、国内的にみても国際的にみてもきわめて不平等に配分されています。支払能力の不平等の背後には、所得や資産における不平等があります。所得の不足により商品選択の幅を極度に狭められた人々は、貧困に苦しむだけでなく、消費を通じて自らの欲求を発達させる機会を制約されます。市場それ自体には、所得格差を縮小に導く機構はありません。そのため、国内的には税・社会保障による国内所得の再分配、国際的には高所得国から低所得国への国際的援助が行われてきました。しかし、１９８０年代以降、高所得国では、成長率の鈍化《どんか》および新自由主義的政策への転換により、所得再分配の機能が弱まり、格差の拡大や世代間での貧困の固定化が進みつつあります（詳しくは序章、第10章を参照）。

第5に、販売競争は、商品の生産者および売り手としての人間に重い負担を課します。買い手が商品とその売り手に対してつきつける品質や価格に関する厳しい要求は、販売競争を通じて、企業が労働者に課す、労働の量と質に関する厳しい要求に変換されます。資

20 ヴェブレン（Thorstein Bunde Veblen １８５７〜１９２９年）米国の経済学者。進化経済学の先駆者の1人。『有閑階級の理論』（１８９９年）で消費の社会的側面について論じた。詳細は本書第2章を参照。

本主義経済では、労働者は雇われ続けることをめぐって、失業者と潜在的な競争関係にあります。そのため、雇用関係の継続を望む労働者は、自分の雇い先である企業が直面する課題を自らの課題と受け止め、企業が課す要求の遂行に全力を尽くします。この関係においては、労働者が消費の場面で快適性や利便性を貪欲《どんよく》に追求するほど、生産・販売の場面での労働の緊張度は高まります。というのも、買い手を満足させるために、企業は労働者に、より迅速・正確に動き、より愛想良くふるまうことを求めるからです。

本章では、経済学における進化論的アプローチについて、生産物（財とサービス）の進化、とりわけ資本主義経済における商品の進化という観点から論じてきました。冒頭で述べたように、「進化する実在」とみなせる対象は、生産物の他にも、企業組織や全体としての経済システムを含めて、様々なものが考えられます。また、このアプローチをとる最近の研究のなかには、相互作用の中で反復的に維持される「複製子《ふくせいし》」や相互作用の主体である「相互作用子」の概念[21]を用いて、多くの階層にわたる経済進化を統一的に概念化しようとする試みもあります。多様性を重視する進化経済学は、それ自身の内部に多様性をもっており、その進化の歩みはまだ始まったばかりです。

【読書案内】

①ヴェブレン、ソースタイン［2015］『有閑階級の理論』高哲夫訳、岩波書店（原著1899年）
②角山栄・村岡健次・川北稔［1992］『産業革命と民衆』河出書房新社
③川勝平太［1991］『日本文明と近代西欧――「鎖国」再考』NHKブックス

21 **複製子**とは、コピーや伝達が可能な行動のルール（パターン）を、**相互作用子**とは、ルールに従って行動する単位（個人や組織）を表す。相互作用子がもつ複製子は、短期的には維持されるが、中長期的には、内的な変異や相互作用を通じて進化する。

④コルナイ、ヤーノシュ［2016］『資本主義の本質について』溝端佐登史訳、NTT出版（原著2014年）
⑤サークス、ジョオン［1984］『消費社会の誕生――近世イギリスの新企業』三好洋子訳、東京大学出版会（原著1978年）
⑥進化経済学会編［2006］『進化経済学ハンドブック』共立出版
⑦西部忠／吉田雅明編［2010］『進化経済学基礎』日本経済評論社
⑧ネルソン、リチャード・R／ウィンター、シドニー・G［2007］『経済変動の進化理論』後藤晃・角南篤・田中辰雄訳、慶應義塾大学出版会（原著1982年）
⑨ブライアン・アーサー、W［2011］『テクノロジーとイノベーション　進化／生成の理論』日暮雅通訳、みすず書房（原著2009年）
⑩ホジソン、ジェフリー・M［2003］『進化と経済学』西部忠監訳、東洋経済新報社（原著1993年）
⑪本川達雄［2017］『生物多様性――「私」から考える進化・遺伝・生態系』中公新書
⑫森岡真史［2005］『数量調整の経済理論』日本経済評論社

⑪は生物進化論と生物多様性についての生物学者による考察。⑦は複製子および相互作用子の概念を基礎に据えた進化経済学の概説。⑥は基礎理論から用語集・事例集までを包括する便覧。⑩は進化の概念を軸とする経済学史の再構成。①は進化経済学の代表的古典。⑧は1980年代以降の進化論的アプローチの再興に寄与した研究。④は資本主義における余剰および販売競争の機能の考察。⑫は多数の商品が並行的に再生産される過程の理論的分析。⑨はイノベーションの理論化の試み。⑬は各時代・地域の生産物の集合に注目した近代化論。②⑤は資本主義の形成期における商品の多様化に関わる歴史学的研究です。

（森岡真史）

第6章

異端派貿易論の最前線

国際経済を考える基礎理論

「貿易論」なんて言葉を耳にすると、なんだか細かくてつまらなそうな学問だなと感じる人も多いのではないでしょうか。じつは私も、経済学者になった当初はそう考えていました。しかし、それは大きな誤解でした。

　貿易論（あるいは貿易理論）は、貿易実務の知識ではありません。じっさいに貿易するには、もちろん貿易に関するさまざまな実務知識が必要ですが、貿易論は、**国際経済を理解するための基礎理論**です。貿易論のことを国際経済学（ミクロ）、為替《かわせ》レートや貿易収支・国際金融のことを国際経済学（マクロ）と名づけている教科書もあります。しかし、ここでは古くからの学問名である「貿易論」を使うことにします。

　貿易論は、経済学の中では最古の部類に入ります。アダム・スミス[1]以前の経済学として重商《じゅうしょう》主義があります。経済政策の目標として、輸入よりも輸出を多くして国内に流通するお金《かね》となる金《きん》（あるいは銀）の国内総量を増やすことを目標にした政策を主張しました。これに対し、スミスは自由主義を唱えましたが、それは自由な貿易がけっきょくは国を富ませることになるという主張でした。

　貿易論は、もちろん、古いから重要なのではありません。日本経済の国際化はいうに及

1　アダム・スミス（Adam Smith 1723～90年）イギリスの哲学者・経済学者。古典派経済学の代表格。主著『国富論』（1776年）。本書序章24ページ以下も参照。

ばず、現代の世界経済を理解する鍵が貿易論です。貿易論は、みなさんが21世紀の世界経済を理解し、グローバル化した経済の中でみなさんが活躍するための基礎理論です。

みなさんの中には、将来、途上国の経済発展に貢献《こうけん》するような仕事をしたいと考えているひともいるでしょう。そのためには、開発経済学[2]や国際政治経済学[3]とともに、貿易論を学んでおく必要があります。どのような国であれ、貿易を抜きにして閉じた経済だけで経済発展をはかることはできないからです。

貿易論の歴史は古いのですが、それがいくらか理論的な形をとるようになるのは、スミスから半世紀ほど後の**デーヴィド・リカード**[4]からです。『政治経済学と課税の原理』（初版１８１７年、第3版１８２１年。以下『原理』と略）（邦題は『経済学および課税の原理』、読書案内⑥）の第7章「貿易について」でリカードが提起した数値例は意外なものでした。その後のすべての貿易論は、この数値例を考えるところから始まっています。この章でも、すこし後で、まずその数値例を掲《かか》げて、その意味を考えるところから、議論を始めます。ただ、貿易論は、すんなり正しい理論へと発展してきたわけではありません。じつはつい最近まで、貿易論は、とんでもない回り道をしてきました。それがなぜまちがった回り道であり、誤った方向への展開であったかを説明することが、この章の目標のひとつです。新しい貿易理論は、グローバル化やその中で起こっているグローバル・バリュー・チェーン（世界付加価値連鎖）[5]の動きを理解する鍵となっています。そのことを説明することがこの章のもうひとつの目標です。

リカード『原理』２００年

２０１７年は、貿易理論にとって、画期的な年となりました。それはリカードの『原

2　**開発経済学**　低開発国あるいは発展途上国の経済発展を考えるための経済学。初期（１９５０～70年代）の構造主義開発経済学と、国際通貨基金（ＩＭＦ）などによる「コンディショナリティ」（緊急融資にあたって課した緊縮財政をはじめとする一連の条件）以後の新古典派開発経済学とに２大区分される。ワシントン・コンセンサスは、後者の考え方によるもの。

3　**国際政治経済学**　新古典派開発経済学（前注参照）が経済中心主義になって、国際関係や国内の政治関係・社会関係への配慮がおろそかになったのを補完する形で誕生してきた。学問名からいえば、経済学の一部のはずだが、実情は政治学の様相が強い。より広い国際関係論の一部ともいえる。

4　**リカード**（David Ricardo　１７７２～１８２３年）近代経済学の創始者とされるイギリスの経済学者。

5　**グローバル・バリュー・チェーン**　現在の経済では、１つの製品は、さまざまな国で生産された多数の部品や原

理』初版出版200周年だっただけでなく、解釈と理論の両面において、大きな転換が確認された年だったからです。

まず「解釈」については、ほとんどの教科書の説明に出てくる比較優位《ひかくゆうい》[6]あるいは比較生産費[7]の説明は、リカードの文章を誤って理解したものだということが再確認されました。リカードは、このあと紹介するような比率を根拠に、どちらの財が比較優位をもつか判断したのではありません。ある国際価格を前提にした上で、貿易する2つの国にとって貿易することが利益になると説明したのです。先の誤った理解が長いあいだ自由貿易を是《ぜ》とする理由とされたのですが、じつはこれも後で説明するように、ひとつ重要な論点を見逃していました。それは貿易開始にともなう失業の発生という問題です[8]。

次に「理論」としては、リカードの国内価値論[9]すなわち生産費価値説[10]の延長上に新しい国際価値論[11]が構築されたことです。では、それ以前の貿易論はどういう理論だったのでしょうか。じつは、リカードのあと、未完成だった貿易論を完成しようとする努力の中から生まれたものは、後に新古典派の経済学と呼ばれるものの原型でした。この本の序章を読まれた方は、新古典派経済学が現在の主流の経済学であること、しかし、それはきわめて多くの問題点を抱えた理論であること（すくなくともそうであるかもしれないこと）に気づかれたことでしょう。貿易論は、古典派経済学が新古典派経済学に転換するきっかけとなっただけでなく、ながく古典派経済学が新古典派に太刀打ちできない大きな理由でもあった理論領域でした。しかし、2010年代に入って、貿易論の理論状況は大きく変わりました。いまや新しい国際価値論は、新古典派貿易理論では分析できないグローバル化の諸側面を分析できる有力な理論として展開されています。

そんな最先端の話は、難しくてとてもついていけそうもないと思われるかもしれません。

材料から生産されている。その部品や原材料もまたさまざまな国で生産された部品や原材料を用いており、次々と連鎖状のネットワークを作っている。この連鎖を物質面から捉《とら》えたものがグローバル・サプライ・チェーン（世界供給連鎖）、価値面から捉えたものがグローバル・バリュー・チェーン（世界付加価値連鎖）である。

6 比較優位　ある特定の産業 i の生産性を他の産業 j の生産性と比較してどのくらい高いか（低いか）を2つの国（A国とB国と）で比較して、「A国の i 産業が比較優位にある」などという。具体的には、労働投入係数を aA_i などと書くとき、投入係数の比率 aA_i/aA_j と aB_i/aB_j とを比較して、$aA_i/aA_j < aB_i/aB_j$ のとき「（B国に比べ）A国の i 産業は（j 産業より）比較優位にある」という。正確には（ ）内を省略することはできないが、省略されることが多い。同一国の異なる2産業を比較することが標準的だが、異なる国の同一産業の生産性の比を他の産業の生産性の比で比較する（たとえば $aA_i/aB_i < aA_j/aB_j$）こともできる。しかし、より一般の場合（多数国の場合あるいは投入財が貿易される場合など）

しかし、安心してください。じつは問題はきわめて基礎的なところにあり、正しく考えさえすれば、だれにでも理解できることなのです。

リカードの数値例

図表6・1は、毛織物一定量とブドウ酒一定量を生産するのに必要な労働者の数をイギリスとポルトガルで比較したものです。ここでは労働だけが唯一のコストと考えるので、この数字は生産性の絶対的な大小を表した数字ということになります（数字が小さいほど労働生産性が高く、大きいほど低い）。もちろんこれは意味のある現実の数値というわけではなく、貿易の原理を理解するために仮にこうした値の場合にはどうなるかを考えるための仮想的な例題です。この数値例は、高等学校の政治・経済の教科書にも出てきます。そんなものは履修《りしゅう》しなかったという方も、大学で経済学をとればどこかで目にするはずです。

20世紀後半の最高の経済学者といわれたポール・サミュエルソン[12]は、この数値を「魔法の4つの数字」と名づけました。なぜ「魔法」なのでしょうか。イギリスとポルトガルを比較してみますと、毛織物でもブドウ酒でも、ポルトガルの方がイギリスより生産性が高い。ならばポルトガルにとって、イギリスと貿易することには利益がないように思われます。しかし、じつはそうではなく、こんなときにもイギリスだけでなくポルトガルにとっても利益があるのだ、というのがリカードの示したことでした。

この数値例に関しては、サミュエルソンにひとつの逸話《いつわ》が残っています。サミュエルソンがまだハーバード大学の大学院生かＭＩＴ（マサチューセッツ工科大学）の若い助教授だったころ、ハーバードの先輩のひとりにスタニスワフ・ウラムという数学者がいました。

図表6・1　毛織物とブドウ酒の生産に必要な労働者数（人／年）

	毛織物	ブドウ酒
イギリス	100	120
ポルトガル	90	80

出所）筆者作成

では、比較優位は理論的に定義できない。

7　比較生産費　通常は比較優位説と比較生産費説とは、おなじ学説＝理論と理解されている。しかし、後にみるように、比較優位は労働のみが導入される場合の2国間以外には一般化しにくいのに対し、各国の賃金率が分かるならば、同一財のそれぞれの国における生産費は計算可能なものであり、その意味で国際的に比較可能なものである。新しい国際価値論は、比較優位説ではないが、各国の賃金率がいかに決まるかの理論を含んでおり、正常な粗利《あらり》を上乗せした原価の国際比較で各国の特化パターンが定まるとしている意味で、比較生産費説ともいえる。

ウラムは、後にモンテ・カルロ法[13]を用いて水爆開発に貢献したことで有名です。このウラムが、ある日、こう言ってサミュエルソンを冷やかしたといいます。「どんな社会科学でもよい。そのなかで真で自明でない定理がひとつでもあるなら、挙げてみよ」。さすがのサミュエルソンも、「真で自明でない」、つまり「理論的には正しいが、感覚的には正しいかどうか分からないあるいは正しいとは思えない」という基準にかなう定理をすぐには見つけられなかったようです。ずっと後の１９６６年、国際経済学会連合第3回世界大会の会長講演の中で、サミュエルソンはこの逸話を紹介して、30年近く後の今になって、リカードの比較優位の理論がそれだと気づいたと述べています。すこし話が盛られている可能性もありますが、サミュエルソンの回顧《かいこ》を真に受けると、リカードの比較優位は、それほど深い理論だということになります。

リカードが真に言ったこと

ところで、みなさんは比較優位の考え方をどう教わったでしょうか。標準的には次のように説明されています。まず、図表６・１の数値から算出した2つの比率（１００／１２０＝０・８８…と90／80＝１・２５）を取り、イギリスにおけるブドウ酒に対する毛織物の生産性がポルトガルにおけるそれより高いことを確かめます。これにより、イギリスが毛織物、ポルトガルがブドウ酒に特化することが有利であることが分かります。ブドウ酒に対する毛織物の価格（毛織物1単位でブドウ酒が何単位買えるか）を p とすると、

$$100/120 = 0.88\ldots < p < 90/80 = 1.25$$

のどこかに定まる。これが骨子《こつし》です。実際には、もうすこし詳しい説明があるかも知れません。たとえば、「貿易を行なうほうが両国の生産可能量を合計したものがより大きくな

8　貿易には利益だけでなく、経済的損失もある。失業はそのひとつ。主流の貿易論で失業の問題が議論されないのは、それが発生しないからではなく、それを分析する枠組みを欠いているためである。貿易理論は、政府が失業対策を採るべきとした「ケインズ革命」にも不感応だった（読書案内④）。

9　**国内価値論**（theory of domestic values）貿易のない状態で、ある国にどのような相対価値の体系が成立するかに関する理論。次注の国際価値論に対する。価値というのは、ここでは需要に依存せずに成立する交換比率の体系をいい、賃金も交換比率の一部をなす。価値という用語を使っていても、労働価値とは限らない。

10　**生産費価値説**　価格理論のひとつ。交換価値は、当該商品を生産するのに必要な生産費によって決まるという学説。この生産費には、利潤のもととなる上乗せ率（マークアップ）の付加分も含まれる。これをフルコスト（充実原価）という。生産費価値説は、労働価値説の完成形態と考えることができ、商品価値は需要と供給の均衡により定まるとする新古典派価値論に対立する。

11　**国際価値論**（theory of international

る」などが説明されます。しかし、これらの説明は多くの教科書にも出てくる話ですので、ここでは簡単にすませておきます。

図表6・1の4つの数字をもういちどよく見てみましょう。毛織物生産においても、ブドウ酒生産においても、ポルトガルではイギリスよりより少ない労働で同一量の生産が可能です。つまりポルトガルはイギリスに対し両商品について絶対優位を持っているが、その場合にも貿易は可能でかつ貿易する両国に貿易の利益がある。リカードの工夫の中核は、そのような数値例を示したことでした。

しかし、通常説明されているように、リカードがいわゆる比較優位を考えて貿易の特化パターンと利益とを説明したというのは正確ではありません。もしリカードがこういう説明をしたとすると、『原理』第7章の説明には、理屈に合わない部分が出てきます。リカードは、まずイギリスの2つの数字「100人と120人」だけを使ってイギリスの利益を説明し、そのあと次の段落でポルトガルの2つの数字「90人と80人」だけを使ってポルトガルの利益を説明しているからです。貿易理論家で、貿易理論の総合報告を書いたJ・S・チップマンは、これをnon sequitur（論理的でない推論）と批評しています[14]。しかし、リカードは、いわゆる比較優位の論理で貿易の利益を説明したのではありません。

リカードの書き方が悪かったといえるかもしれませんが、きちんと読んでみると、じつはリカードは、上の標準的な理解とは別の説明をしていて、その説明では筋が通っているのです。秘密は、図表6・1の毛織物とブドウ酒をどういう数量に取ったかにあります。明示されていないのですが（その意味では説明が不十分ですが）、リカードは国際価格で両者が1対1で交換されるよう数量を取ったのでした（別の表現をすれば、毛織物に対するブドウ酒の価格が1となるよう、毛織物とブドウ酒の単位を取ったのでした）。

values）2国以上の国々がたがいに貿易するとき、世界に相対価値の体系が成立するかに関する理論。この相対価値には、国ごとの賃金率と製品の価格とが含まれる。すなわち、世界にM個の国とN個の財とが存在する場合、国際価値**v**は（ある国際通貨により）、$(w, p) = (w_1, \ldots, w_M, p_1, \ldots, p_N)$と表される。過去にはさまざまな国際価値論が提唱されてきたが、新しい国際価値論は2014年に成立した最新の理論（読書案内⑧⑨参照）。

12 **サミュエルソン**（Paul Anthony Samuelson 1915年〜）アメリカの経済学者。現代経済学のほぼあらゆる分野で多大な貢献をしている。1970年ノーベル経済学賞受賞。

13 **モンテ・カルロ法** 数値実験のひとつ。関係数値を特定できない場合に、適切な範囲で乱数を取り、多くの場合を調べることにより、系の反応や安定性などを調べる方法。決定論的な計算では解が得られない場合などに用いられる。

14 Chipman, J.S. [1965] "A Survey of the theory of International Trade: Part 1, the Classical theory," *Econometrica* 33 (3): 477–519. 479ページをみよ。

もうすこし具体的に説明しましょう。図表６・１は、イギリスはポルトガルに毛織物X量を輸出して、（それを貨幣に換えてその代金で買える量の）ブドウ酒Y量を輸入する状態を想定しているのです。言い換えると、イギリスでは、毛織物X単位を生産するのに１００人の労働が必要ですが、交換に輸入できるブドウ酒を国内で生産するには、１２０人の労働が必要です。働く時間はそれぞれ1年間とします。他方、ポルトガルでは、毛織物X量を生産するのに年90人、ブドウ酒Y単位を生産するのに年80人の労働が必要だというのです。

この想定の下では、ブドウ酒Y量を生産するのに、イギリスでは年１２０人の労働が必要ですが、同量をポルトガルから輸入すれば、その対価として輸出する毛織物X量の生産には、年１００人の労働で済みます。貿易をすることにより、イギリスは年20人の労働を節約できます。他方、ポルトガルでは、毛織物X量を生産するのに年90人の労働が必要ですが、ブドウ酒Y量を生産して輸出し、その代金で毛織物を輸入すれば、年80人の労働で済みます。

図表６・１の場合に、リカードが貿易すればイギリスにもポルトガルにも利益があると言ったのは、こうした論理によるものでした。

図表６・２は、この事情を理解するための数値例です。イギリスがポルトガルの６・5倍程度の人口をもつと仮定した上での仮想例ですが、貿易をすることで、両国の毛織物とブドウ酒の消費量を減らすことなく、生産に必要な総労働量が両国とも少なくなる事情を示しています。

毛織物とブドウ酒の1単位は、上の説明におけるX量とY量で、すこし1国単位の統計らしく、それぞれを1万倍した数値を表示しています。なお、ここでは貿易量は、毛

図表６・２　貿易の利益（労働の節約：毛織物１単位とブドウ酒１単位とを交換する場合）

		生産（毛・ブ）	輸入（毛・ブ）	消費（毛・ブ）	労働（毛・ブ総計）
貿易前	イギリス	10・10	0・0	10・10	1000＋1200＝2200
	ポルトガル	2・2	0・0	2・2	180＋160＝ 340
貿易後	イギリス	11・9	0・1	10・10	1100＋1080＝2180
	ポルトガル	1・3	1・0	2・2	90＋240＝ 330

注）単位は毛織物とブドウ酒が万，労働が万人・年。同じ数量を消費しながら，全体の労働量がイギリスで20万人，ポルトガルで10万人減少していることがわかる。
出所）筆者作成

織物X量とブドウ酒Y量と考えていますが、貿易量をもっと増やしたらどうなるでしょうか。さらにまた、図表6・2では、じつは背後にイギリス国内の価格、ポルトガル国内の価格、国際価格の3つの価格が隠れていることになりますが、そのような状況が長続きするとは考えられません。そうとしたら、3つはどういう価格に近づくでしょうか。この問題を次に考えますが、その前に簡単な学説史的な説明を挿入しておきます。

比較生産費説の原型理解と変型理解

リカード『原理』第7章の従来の読み方にまちがいがあることに気づいた1人に、行澤《ゆきざわ》健三《けんぞう》[15]がいます。行澤は1974年の論文で、これまでの標準的な読み方は、リカードの説明を歪《ゆが》めた「変型理解」であって、正しい読み方＝「原型理解」ではないと指摘し、変型理解の起源をさぐっています。この論文は、日本では一定の注目を集めたのですが、英語に翻訳されなかったために世界での認識は四半世紀も遅れることになりました。R・ラッフィンが2002年の論文[16]で標準的な理解のまちがいに言及し、2年後A・マネスキーが詳しい解説論文[17]を書いて、原型理解が貿易論の世界で急に注目されるようになり、いわゆる「リカード貿易論」の歴史も大幅に書き換えられることになりました。教科書で「リカード理論」とされてきた考え方が、じつはジョン・スチュアート・ミル[18]に由来するものであることが確認されたのもそのひとつです（詳しくは読書案内①の第4章第4節、⑧の第7章参照）。2017年は、こうした新しい解釈と歴史とが再確認された年になりました（詳しくは読書案内⑦を参照。1章だけ読むなら第6章がお勧めです）。

交易条件はいかに決まるか

15 **行澤健三**（1924〜80年）元京都大学教授。リンパ節癌と戦いながら、リカード理論の実証的研究（とくに日米鉄鋼の労働生産性の比較）に取り組んだ。行澤［1974］「リカードウ『比較生産費説』の原型理解と変型理解」、『商学論纂』（中央大学）15（6）：25－51（森田桐郎編『国際貿易の古典理論』同文館出版、第2部第2章として収録）。

16 Ruffin, R. [2002] "David Ricardo's Discovery of Comparative Advantage," *History of Political Economy* 34 (4): 727–748.

17 Maneschi, A. [2004] "The True Meaning of Four Magic Numbers," *Journal of International Economics* 62 (2): 433–443.

18 **J・S・ミル**（1806〜73年）イ

リカードは、イギリスの国内価格ともポルトガルの国内価格とも異なる国際的な交換比率を想定しましたが、それがどのように決まるかについては、きちんとした理論は提出していません。『原理』第7章の後半3分の2で、そのことが議論されているのでしょうが、議論は両国の物価水準の話になっていて、関係するいろいろな経緯が述べられているだけです。この事情を「交易条件の不確定」[19]問題として定式化したのが、若き経済学者J・S・ミルでした。交易条件とは、輸出財と輸入財の価格比のことです。貿易されるのが2財だけのときには簡単ですが、多数の財が輸出され、輸入される場合には、それぞれの指数をとって比較することになります。

ミルは、これをのちに相互需要論[20]と呼ばれる考えによって「解決」しました。解決を括弧でくくったのは、これがまちがった解決だったとわたしが考えているからです。といっても、ミルの推論に論理的あやまちがあったという意味ではありません。交易条件を求めようとした**問題の設定自体に問題があった**のです。

教科書的な説明では、リカードの数値例に類似の状況において、交易条件がどう決まるかという問題を立てます。このとき、イギリスは毛織物生産に、ポルトガルはブドウ酒生産に完全特化[21]すると仮定します。じつは、ここにすでに問題があるのですが、それは後で説明します。完全特化の仮定では、イギリス・ポルトガルの労働者数が決まっていると、毛織物とブドウ酒の生産量も決まってしまいます。たとえば、イギリスはポルトガルに比べて大国で、今日でも両国の人口は5倍以上の差があります。かりに図表6・2のように、イギリスの労働者数が２２００万人、ポルトガルの労働者数を３４０万人と仮定してみましょう。イギリスが毛織物生産、ポルトガルがブドウ酒生産に完全特化し、それに見合うだけの生産設備と土地があるとすると、イギリスは毛織物を22万単位（２２００万人／

ギリスの哲学者、経済学者。リカードの親友であり、かれの『原理』の産みの親ともなったジェイムズ・ミル（１７７３〜１８３６年）の子。少年時代から父ミルによる英才教育を受け、後に功利主義哲学の中心人物となった。多数の著作があるが、経済学では読書案内⑤の『経済学原理』が主著。これは通常は古典派経済学の集大成の書といわれるが、本文中に示したように、国際価値の確定のために相互需要論を展開し、「生産の経済学」から「交換の経済学」への転換（２２９ページ以下参照）を促《うなが》した側面も見逃せない。その意味では『経済学原理』は、新古典派経済学の出発点でもある。この転換とその影響の詳細に関しては読書案内⑧の第7章を参照。

19 **交易条件**　ある国が甲財を輸出し、乙財を輸入しているとき、甲の価格÷乙の価格を交易条件という。甲の価格が下がり、乙の価格が上がると、交易条件は悪化する。一般に輸出財・輸入財は多種類にわたるため、通常は輸出財と輸入財のそれぞれ代表となるバスケット（財の組み合わせ）を取り、それらの価格（指数）の比を交易条件という。１９７０年代に国連開発会議で

100人）、ポルトガルはブドウ酒を約4・25万単位（340万人／80人）生産することになります。ここで毛織物とブドウ酒の単位は、それぞれ先に考えた毛織物X量とブトウ酒Y量です。

いまリカードが考えたように、毛織物1単位とブトウ酒1単位とが交換されるとしましょう。すると、ポルトガルはブドウ酒を全量輸出したとしても、毛織物4・25万単位しか輸入できません。ポルトガル人はブドウ酒も消費するはずですから、いまかりに毛織物とブドウ酒をそれぞれの単位で同数ずつ消費するとしてみましょう。ポルトガルは総生産量の半分の約2・1万単位のブドウ酒を輸出して、毛織物2・1万単位を輸入することになります。このとき、イギリスは約20万単位の毛織物と2・1万単位のブドウ酒を消費できることになります。しかし、これではイギリス人は、ポルトガル人に比べて毛織物をブドウ酒の10倍ほども消費することになります。イギリスがいくらポルトガルより寒いからといって、これはすこし変です。

ミルは、イギリスとポルトガルが生産物をそれぞれ自国の需要にあわせて、自分たちの効用が最大となるように交換比率を決めると考えました。毛織物1単位とブドウ酒1単位とが交換されるのでなく、もっと違う交換比率で交換されるなら、国際的に成り立つ交換比率（あるいはブドウ酒に対する毛織物の価格）で、ポルトガルもイギリスも、その価格で自分の効用を最大にしつつ、生産も貿易もうまく行なわれる状態があるのではないかと考え、その答えを探そうとしました。（このあたりの推論は、A・マーシャル[22]やF・Y・エッジワース[23]を経て、ボックス・ダイヤグラムという形に洗練《せんれん》されていきます。そうした図解の一例を読書案内①に挙げていますので［183ページ図4－1］、興味のある方は参考にしてください。）

採択された新国際経済秩序（NIEO）では、途上国からみた交易条件の悪化が大きな問題となった。

20 **相互需要論** 交易条件（前注参照）が貿易する2国間相互の需要で決まるという考え方。自国の需要が他国の供給と等しいと考えれば、これはふつうの需要供給理論の変型ともいえる。

21 **完全特化** この概念はじつは曖昧《あいまい》で、二様の定義がある。第1は、任意の財は世界のどこか1国のみで生産されるというもの。第2は、各国はただひとつの財のみを生産するというもの。2国2財のように国と財の数が等しい場合には、2つの定義は一致するが、国の数と財の数とが異なる場合には、2つの定義は違う意味になる。財の数が国の数よりも大きい場合（現実の世界経済では国・地域の数が200程度であるのに対し、財の数は数え方にもよるが数万以上数千万はある）には、第2の意味による完全特化はありえない。

22 **マーシャル**（Alfred Marshall 1842～1924年）イギリス新古典派の父。ケンブリッジ大学に経済学の卒業試験（tripos）を導入し、英語圏の近代経済学の祖《そ》となった。主著『経済学原理』は1890年に初版、ミルが実際に例としてあげたのは、イギリスとポルトガルではなく、イギリスとドイツでしたし、貿易される商品も別のものでした。さらにいえば「効用が最大となる」というのも後世の表現ですが、ここではみなさんになじみのある表現を使ってあります。具体的な名前は違いますが、設定された状況は同じです。2つの国が2つの商品を生産している。それらを国際市場で交換する（つまり貿易する）とき、2国はどう特化し、その交換比率（つまり交易条件）はどう決まるのか。これがミルの考えた問題でした。

2国の人口がうまい比率になっていれば、ブドウ酒に対する毛織物の価格pがうまく決まるかもしれません。そのとき、ブドウ酒に対する毛織物の価格pは

$$100/120<p<90/80$$

という範囲に定まります。これはイギリスとポルトガルが貿易する前の価格の中間にあります。しかし、イギリスとドイツの間ではこういう価格がなりたつとしても、人口がイギリスとポルトガルのように極端に違う場合には、このような国際価格は成立せず、たとえば、一方の国（たとえばポルトガル）がブドウ酒生産に完全特化しても、他の国（イギリス）は、毛織物とブドウ酒の双方を生産する不完全特化になるかもしれません。このとき、pは100／120（＝0・833、イギリスが不完全特化する場合）か、90／80（＝1・125、ポルトガルが不完全特化する場合）となります。

「生産の経済学」から「交換の経済学」へ

ここまで考えてくると、ミルの状況設定の問題性が明らかになります。ミルは完全特化の状況にのみ目を奪われて、もっと重要な場合を見落としているのですが、それは後に2国3財の場合を例に説明します。問題は、なぜミルが完全特化の場合にこだわったかです。

生前最後の第8版が1920年に出た。マーシャルはジェヴォンズ（注25）に次ぐ新古典派の創始者とされるが、J・S・ミルの思想と総合性を引き継いだ意味では古典派を継承・発展させた側面をもつ。ワルラス（注26）の一般均衡論に対し、マーシャルは部分均衡を唱えたが、各部分の均衡過程に注目する意味ではワルラスより現実的な理論ともいえる。

23 **エッジワース**（Francis Ysidro Edgeworth 1845〜1926年）イギリスの経済学者。競争市場における交換・契約理論の創始者の1人。

ミルは、両国に貿易の利益が生ずる場合を考えようとしました。そのことに誤りはなかったのですが、そこに2国2財の場合に特殊な罠《わな》が潜《ひそ》んでいました。2国2財で両国に貿易の利益が生ずるのは、それぞれの国が異なる財に完全特化する場合しかありません。ところが、それは図表6・1の状況だと、イギリスが毛織物、ポルトガルがブドウ酒に完全特化する場合しかありません。どちらかの国、たとえばイギリスが不完全特化する場合には、図表6・2でみたような貿易の利益はイギリスにはありません。なぜなら、この場合、価格pは0・833となり、これは貿易をしない場合のイギリスの国内価値と同一です。これでは、(先にみたような)貿易による利益はありません。利益のあるのは、ポルトガルだけということになりますが、そのときイギリスは貿易に応ずるかという問題が生じます。

完全特化の状態は、先にみたように、各国が何をどれだけ生産するかが決まってしまう状況です。これは実質的には、後にJ・R・ヒックス[24]が指摘した「**交換の経済学**」と同じです。名目的に生産はありますが、生産数量の調整はなく、ほんとうの意味での「**生産の経済**」とはいえません。

ヒックスによれば、経済学を古典派と新古典派とに分ける根本的な指標は、それが「生産の経済学」か「交換の経済学」かにあります。スミスからリカードまでの古典派経済学は「生産の経済学」、これに対してW・S・ジェヴォンズ[25]やL・ワルラス、[26]C・メンガー[27]などが創始した新古典派の経済学は「交換の経済学」だというのです。

みなさんも、19世紀後半に経済学に大きな変化が生じたことは知っているでしょう。学説史の授業では、この変化は経済学に限界効用《げんかいこうよう》理論(注28参照)という新しい分析方法が出現したことだと教わります。それぞれ国は異なるが、ジェヴォンズやワルラス、メンガ

24 **ヒックス**(John Richard Hicks 1904〜89年) 20世紀の経済学の抽象化を先導した経済学者として、サミュエルソンについで有名というべき人物。オックスフォード大学教授。主著に『価値と資本』(1939年)などがあり、サミュエルソンに2年遅れて、1972年ケネス・アロー(注52参照)とともにノーベル経済学賞を受賞。生産の経済学・交換の経済学については、Hicks [1976] "'Revolutions' in Economics," in S. Latsis (ed.), *Method and appraisal in Economics*, Cambridge Univer-

ーらが限界効用という概念を用いて価格理論を一新したこと、それが同時多発的な発見であったことが強調されたはずです。しかし、ヒックスによれば、これは古典派から新古典派への大転換のもっとも重要な変化ではありません。それは分析方法の革新ではあったが、ヒックスはより大きな視点の転換が古典派から新古典派への変化の中で生じた、それがplutology（富の経済学＝「生産の経済学」）から catallactics（「交換の経済学」）への転換だと言っています。

古典派から新古典派への経済学の転換は、ジェヴォンズたちが導入した分析法に注目してふつうは「**限界革命**」と呼ばれます。しかし、経済学の内容・分析視角からいえば、ヒックスの説明の方がより正確な把握《はあく》です。そこで以下では、この革命を「**新古典派革命**[28]」と呼ぶことにします。

細かい注意点を省くと、古典派の経済学は、技術に基づき原価が価格を決め、需要の大きさに合わせて生産量を調節するという理論構造になっています。これに対し、新古典派の経済学では、生産要素を所与《しょよ》として、それらで生産される財・サービスの数量を価格で調整するという正反対の構造をもっています。ワルラスがかれの理論を純粋交換経済からはじめたように、新古典派の経済学の基本は交換経済にあり、より複雑な構成になって概念上生産が入っても、生産は生産要素を製品に変化させる役割しか果たしていません。どの財・サービスの市場も、需要と供給が等しくなるよう価格と数量とが決まるというのが新古典派に共通した見方です。この最後の見方は、「**需要供給の法則**」と呼ばれることがあります。古典派経済学でも、需要と供給とは平均的には一致するのですが、それは価格よりも数量の調節によります。それに対し、新古典派では、価格と数量とに役割の違いがあることを認めず、需要供給を一致させるよう価格が変化するというのが基本の考えです。

sity Press, Chap. 8 をみよ。

25 **ジェヴォンズ**（William Stanley Jevons　１８３５～82年）イギリスの経済学者、論理学者。『経済学の理論』（１８７１年）で限界効用理論を確立。

26 **ワルラス**（Marie E.L. Walras　１８３４～１９１０年）フランス出身の経済学者。限界効用の概念を発展させて『純粋経済学要論』（１８７４～77年）で一般均衡論を創始。

27 **メンガー**（Carl Menger　１８４０～１９２１年）オーストリア出身の経済学者。『国民経済学原理』（１８７１年）で財の価値を限界効用によって説明。

28 **新古典派革命**　１８７０年代にイギリスのジェヴォンズ、フランス／スイスのワルラス、オーストリアのメンガーなどの学説により同時発生的に生じたとされる経済学の転換。前記3者がいずれも限界効用（財を1単位よけいに消費することで得られるメリットの増加分）を取り上げたことから「限界革命」とも呼ばれるが、本文中に説明したように、古典派の「生産の経済学」から新古典派の「交換の経済学」への転換とみるほうがより深い理解となる。現在主流の経済学は、このとき以下で「需要供給の法則」と括弧付きで引用するのは、つねにこの特殊な理解に基づく需要供給均衡《きんこう》の考え方を指します。

経済学のいちばん大きな転換が「生産の経済学」から「交換の経済学」への転換、つまり新古典派革命だったとすると、この革命に占めるJ・S・ミルの役割の大きさが改めて注目されます。ミルは、自分ではリカードに忠実に、リカード理論のいくつかの不満足点を修正したに過ぎないと考えていたのですが、じつは自覚することなく新古典派革命の口火をきっていたのです。このことは、英語圏では学説史としても確認することができます。ミルからジェヴォンズへの影響は明確ではありませんが、ミルからマーシャルへの影響は明確です。マーシャルの初期に『経済学の概要（Outline of Political Economics）』という著作があります[29]。2部に分かれていて、第1部が「国際貿易の純粋理論」、第2部が「国内価値の純粋理論」となっています。国際貿易の議論が国内価値論に先行しているという意味では、これはきわめて特異な構成です。その構成からもみてとれますが、内容を調べるとミルの貿易論の影響はもっとはっきりします。マーシャリアン・クロスとも呼ばれる「ハサミ状のシェーレ」（いわゆる需要曲線・供給曲線の交差図、**図表6・3**）は、ミルの問題を図式化する中から生まれたものです（この節の内容は、読書案内⑧の第7章に扱われています。ただし、初期マーシャルの理論形成史については、なお詳細な検討が必要です）。

古典派価値論の弱点

古典派経済学は、突き詰めると先述の生産費価値説（注10参照）とまとめることができます。これはスミスやマルクスが考えたような労働価値説（本書第

図表6・3　マーシャルの需要曲線・供給曲線交差図

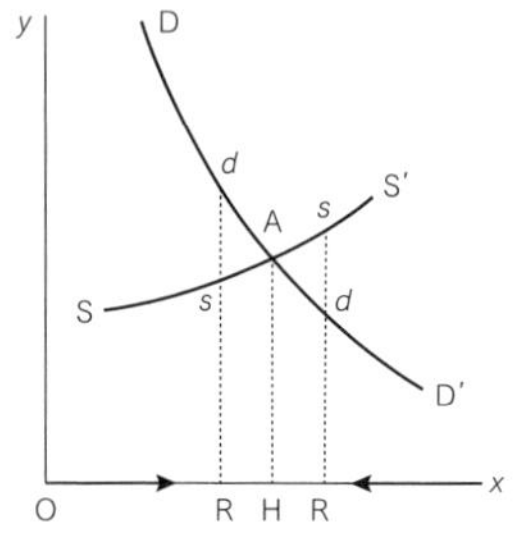

出所）Marshall［1920］*Principles of Economics*, fig. 19（Book V, Ch. 3, p. 288）. この図は本文中でなく脚注に掲示されている。ここからマーシャルの時代の図解の「地位」が推察できる。

成立した新古典派経済学を基礎としている。なお、メンガーの経済学は、限界効用の概念を用いてはいるものの、均衡理論とは異なり、現在ではオーストリア学派（本書第2章注8参照）として発展している。

29　この著作は1874年から77年の間に書かれたと推定されているが（J. K. Whitaker（ed.）［1975］*The Early Economic Writings of Alfred Marshall 1867–1890*, Vol.1, MacMillan for Royal Economic Society, p. 260）、マーシャルの生存中に公刊されることはなく、本人の許可を得て1879年、かれに大きな影響を与えた哲学者H・シジウィック（Henry Sidgwig）の手で私家版として出版されていた。

1章参照）ではありません。リカードが『原理』第3版の注で注意しているように、原価の中には正常利潤に相当するものが含まれます。それはマルクスが生産価格と呼んだものにほぼ等しいのですが、それがきちんと定式化されたのはひじょうに遅く、1960年のP・スラッファ[30]の本『商品による商品の生産』においてでした。18世紀・19世紀の工業化は、まだ農業を基盤とする性格が強く、生産調節が非常にゆっくりとしか働かない経済でした。そのような状況にもかかわらず、生産費価値説と数量調節という「生産の経済学」の基本形が示されたのは驚くべきことでしたが、そのためにいくつかの弱点も抱えていました。それが国際価値論、より詳しくいえば国際貿易状況における賃金や価格の決定理論の不在でした。

上に説明したように、J・S・ミルは、新古典派革命の口火をきることになったのですが、それはかれが意図したことではありません。かれが解こうとした問題の状況設定が必然的にミルを追い込んだ、というのがわたしの解釈です。その状況設定がすでに説明した「2国2財」です。1国では国際貿易はありえませんし、1財では交換もありえません。したがって、貿易を考えるには2国2財が最小限の想定であることは確かですが、じつはこれが不幸の始まりでした。繰り返しになりますが、この状況の中で貿易する2国双方に貿易の利益が存在するためには、両国がそれぞれひとつの財の生産に完全特化していなければなりません。そして、その状況では、2国の生産物と生産量とが決まってしまいます。生産物と生産量とが決まっていて、その上で交易しようとすれば、2人の人が砂漠の真ん中で、たまたまそれぞれ異なる財を持って遭遇したと同様の状況になります。

そんな状況では、生産量を変化させて生産物の量を調整することはできません。製品を生産するのにどのくらいの原価が掛かるかも関係がありません。持ち合わせた財に対する

30 スラッファ（Piero Sraffa 1898～1983年）イタリア出身の経済学者。『商品による商品の生産』は索引を含めて100ページ未満という薄い本だが、20世紀の経済学において古典派復興の大きな契機となった。読書案内⑩の第8章参照。

需要の強さのみによって交換比率が決まります。２国２財で完全特化の場合では、いちおうは生産が考えられるのですが、生産数量が固定されてしまうので、生産は名目的な役割しか果たせません。実質的にそれは「交換の経済」とならざるをえないのです。ミルは、交易される生産物の交換比率を検討して、それが生産費ではなく、古い時代からの「需要供給の法則」によらざるを得ないことに気づきました。ミル自身はこのことを比較的控《ひか》えめに表明したのですが、後の世代の人たちは価格理論の中核にスミス以前からの常識だった「需要供給の法則」を置くことになったのです。それによりせっかく成立していた「生産の経済学」が「交換の経済学」に後戻りしてしまいました。現在主流の経済学は、数学的定式は精緻《せいち》になっていますが、経済をみる根本は「交換の経済学」なのです。

２国２財の特殊な問題が経済学の理論構造を左右することになったとは驚くべきことですが、そこには経済学が国際貿易の理論を欠かすことができないという事情がありました。リカードは、生産費価値説を唱えましたが、それが適用できない場合があることは熟知《じゅくち》していました。すでに亡くなった有名画家の絵などの価格は、生産費では規定できません。しかし、それらは経済の全体からみれば小さな部分であり、産業化された経済の本質を研究するには無視してもよいことでした。リカードも（ミルとほぼ同時代の）マルクスも、国内価値論だけで価値論が完結するとは考えていなかったと思われます。しかし、国際貿易によって取り結ばれる世界経済において成立する価値論（すなわち国際価値論）を構築するのはきわめて難しいことでした。リカードは、この問題に立ち入ることなく、貿易の利益が生ずる事情を提示したのですが、国際価値論に相当するものには手を出しませんでした。

しかし、古典派価値論に残された問題があることは明らかでした。若きミルが取り組んだのがこの問題です。その結果、すでに説明した事情により、ミルは国際貿易というこの重要な局面で、生産費価値説は成立せず、より古い「需要供給の法則」に頼らざるを得ないと、（すくなくともかれの理解の範囲では）結論せざるを得ませんでした。あまり注目されている議論ではないのですが、新古典派の「交換の経済学」は、こうして始まりました。

経済学における新古典派革命は、イギリスやヨーロッパの（第一次）産業革命がほぼ終盤を迎えるころに起こりました。これはじつに皮肉な事態です。人々が工業生産力の上昇を驚きをもって目撃していたまさにそのとき、新古典派革命は、経済学をして生産が主要な役割を果たす「生産の経済学」を棄《す》て、交換過程の均衡を重視する経済学＝「交換の経済学」へと転換させたのです。このような基本的性格をもつ新古典派経済学、現在主流の経済学が、現代の経済が直面している問題に正しく応えられないのはとうぜんのことです。

ところで、新古典派のような「交換の経済学」ではなく、古典派経済学の伝統であった「生産の経済学」から貿易を再考するとどうなるのでしょうか。本章が紹介する異端派《いたんは》貿易理論の中核はそこにあります。

近年、**生産費価値説の立場から国際貿易をみなおす**ことで、これまでにない画期的な貿易理論が開拓《かいたく》されようとしています。この貿易理論のことをわたしは、古典派経済学の問題意識を現代に蘇《よみがえ》らせたという意味で、「**現代古典派の貿易理論**」あるいは「**新しい国際価値論**」と呼んでいます。章のタイトルでは本書全体のスタンスに合わせて概念の枠組みを広げ、「異端派貿易論」と記しておきました。なお、この貿易理論の数学的な構造はやや複雑ですので、ここでは細かい技術的な話は無視して、この新しい貿易理論の概要のみを紹介します。

連結財あるいは共通財の考え方

まず簡単に2国3財の場合を考えましょう。A国とB国が第1、第2、第3の3つの財を生産・交換・消費する経済です。この場合、いくつもの可能性がありますが、A、Bどちらの国にも貿易の利益のある場合が、完全特化以外の状況でもありえます。それはA国が第1財と第3財、B国が第2財と第3財とを生産する場合です（**図表6・4**の領域2、つまり平行四辺形RTUV内に世界需要と生産がある場合）。この場合、A国は第1財と第3財とに労働力を配分して生産量を調節することができます。B国も同じことができるので、ミルが考えた完全特化の場合とちがって、世界全体での3つの財の生産比率は、広い範囲で変化させることができます。ところで、この場合、財の価格はどうなるでしょうか。第3財はA国、B国の双方で生産されますから、生産が競争的に行なわれている場合、どちらの国で生産される第3財であっても、価格は同じになるはずです。もし、リカードが単純化した例として考えたように、生産が労働投入のみで行なわれるという前提では、2国の労働投入係数の比較から、A国とB国の賃金率の比率は決まってしまいます。そうすると、第1財の価格はA国の賃金率に労働投入係数を掛けたものとして、第2財の価格はB国の賃金率に労働投入係数を掛けたものとして決まってきます。すなわち、第3財という共通に生産される財に橋渡しされて、A、B両国の賃金率と3つの財の価格とが決まります。すなわち、国際価値（w_A、w_B、p_1、p_2、p_3）が決まります（正確にいえば、相対比率が決まるだけで、賃金率か価格のひとつの絶対水準を決める必要がありますが、ここでは深入りしません）。

2国2財でなく、2国3財で考えれば、研究すべき領域と状況は明らかなはずですが、

31 **ヴァイナー**（Jacob Viner 1892〜1970年）アメリカの経済学者。

図表6・4　2国3財の世界生産可能集合

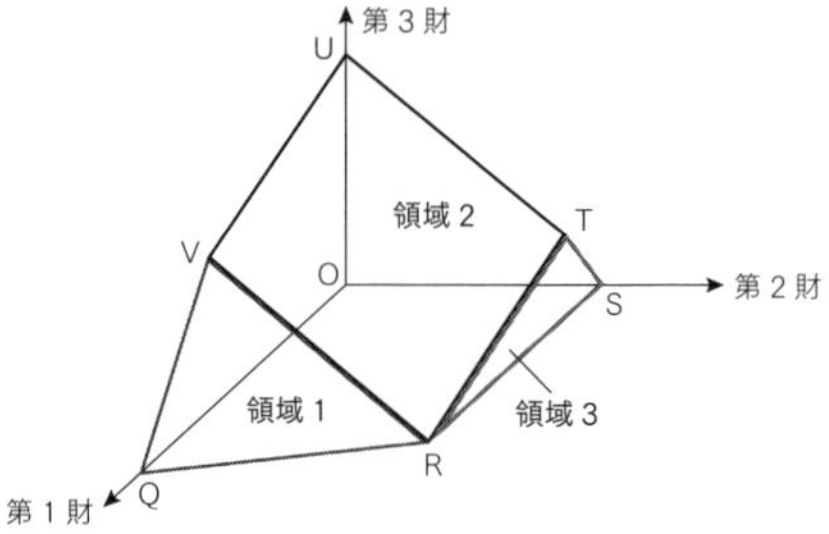

注）単純化のため労働投入経済を図示している。
出所）筆者作成

ミルやその後のマーシャル、エッジワース、1930年代に活躍したJ・ヴァイナー[31]やG・フォン・ハーバラー[32]、B・G・オリーン[33]、R・ハロッド[34]などの経済学者も、この簡単な事実に気づきませんでした（あるいは、気づいても、それが重要な意義をもつとは考えませんでした）。20世紀の前半に、この事実に注目した唯一といってよい貿易理論家はF・D・グレアム[35]でした。グレアムは、共通して生産される財を**連結財**（あるいは共通財）と呼びました。グレアムは、連結財が存在するのが一般的で、ミルやマーシャルが考えたような完全特化の状態は、きわめて特殊な状況だと主張しました。じっさい、財の数が国の数よりも大きいときには、（第2の定義による）完全特化は存在しえません。たとえば、図表6・4の第1象限（正象限）内には完全特化点はありません。グレアムは、名門プリンストン大学の教授だったのですが、生前にも死後もかれの考えは、ながく理解されないままでした。1948年に『国際価値の理論』という主著を出版したのですが、翌年、フットボール観戦中に観客席から誤って転落して死んでしまったという不幸が影響しているのかもしれません。グレアム以外にも、共通に生産される財の重要性に気づいた人はいるにはいたのですが、それが新しい貿易論として展開されることはありませんでした。

新しい国際価値論

わたしが貿易論に興味を持つようになったきっかけはいくつかあります。1970年代には、A・エマニュエルの「不等価《ふとうか》交換論[36]」が注目され、開発経済学の一流派である従属《じゅうぞく》理論[37]の理論的支柱となりました。70年代の前半、わたしはフランスにいて経済学を学びはじめたところでした。エマニュエルは、開発途上国と先進国との不公正な貿易関係を暴こうとかれなりの理論を提起したのですが、等労働交換でないと公正でないという主張は、

32 **フォン・ハーバラー**（Gottfried von Haberler 1900～95年）ウィーン出身の経済学者。

33 **オリーン**（Bertil Gotthard Ohlin 1899～1979年）スウェーデンの経済学者。

34 **ハロッド**（Roy Forbes Harrod 1900～78年）イギリスの経済学者。

35 **グレアム**（Frank Dunstone Graham 1890～1949年）カナダ生まれのアメリカの経済学者。

36 **不等価交換論** 1960年代にフランスの経済学者エマニュエル（Arghiri Emmanuel 1911～2001年）の唱えた理論。エマニュエルは、先進国と途上国との貿易は等価交換というべきものでなく、両者の生産構造のちがいによる不等価交換だと主張。しかし「不等価」という語から、おおくの誤った理解がうまれ、一人歩きした。1970年代の新国際経済秩序（NIEO）の理論的背景となった。

37 **従属理論** 途上国の経済発展の問題を、中心部に従属した経済構造をもつ周辺部の問題と捉え、経済面での独立を目指すべきとする理論。マルクス経済学の影響が強く、ラテンアメリカを中心とする途上国側の経済学者に支持

各国のもっている技術についての重要な見落としがあるように思えました。日本に帰ったあと、京都大学の経済研究所では多国籍企業の研究会に、大阪市立大学では新従属理論の研究会に参加しました。その中で、日本にはエマニュエルがやったような国際価値論という研究分野がすでに生まれていたこと、国際価値論争[38]という長大な論争があったことなどを知りました。国際貿易論に興味をもつと、いわゆるヘクシャー＝オリーンの理論[39]が新古典派の典型だということはすぐに分かりました。国際経済を分析するには、きちんとした価格理論がなければならないはずと当たりを付けつつ、リカード系の貿易論を掘り起こすところから、わたしの勉強は始まりました。

　ところで、20世紀のリカード系貿易理論には１９５０年代のＬ・Ｗ・マッケンジーの諸論文[40]、１９６１年のＲ・ジョーンズの論文[41]などがあったのですが、なぜか１９６１年段階で発展が止まっていました。わたしが目指したのは、マッケンジーやジョーンズのリカード理論を**中間財**のある場合をも視野に入れて拡張することでした（ただし、「中間財」というのは、本源財である資本に対比した新古典派の用語なので、以下では新古典派の説明以外には「**投入財**」という語を使います[42]）。しかし、当初は簡単に思えたこの課題が、想像以上に難問でした。１９８５年に1本の論文を書いたあとまったく進歩がなく、この分野で次にわたしが書いた論文は、大阪市立大学を定年退職する２００７年の3月でした。その間、いろいろ試行錯誤していたのですが、突破口はなかなか見つかりませんでした。しかし、そのあと思いがけない発展がありました。２００７年の論文を手にいろいろな研究会をやり、聴衆の反応や質問から次第に方向がはっきりしてきました。中央大学の定年を迎える直前、その成果を『リカード貿易問題の最終解決』（読書案内①）という本にまとめて世に問いました。そのときは、これがわたしの最後の業績と思ったのですが、伊東光

された。輸入代替工業化（輸入している工業製品を国内で生産することで経済発展を実現しようとする政策）を唱えたが、１９８０年代には東アジアなどの新興工業諸国が従属理論で説明できないほどの急速な経済成長を遂げたため、一時は勢力が衰えた。

38 **国際価値論争**　主として日本で１９５０年代から20年以上続いた論争。マルクスの著作をヒントに国際価値論の構築を目指したが、テクスト解釈に終始した観が強い。数百本の論文が書かれたものの、名和統一《なわとういち》の基軸産業論、木下悦二の国民的生産力論などを除き、現在に残る内容には乏しかった。旧東ドイツなどでも類似の論争があったが、規模も小さく本格的なものではなかった。

39 **ヘクシャー＝オリーンの理論**　スウェーデンの経済学者Ｅ・Ｆ・ヘクシャー（Eli Filip Heckscher １８７９～１９５２年）と前出のオリーン（注33参照）が提起したのち、サミュエルソンがモデル化したので、ヘクシャー＝オリーン＝サミュエルソンの理論とも呼ばれる。頭文字をとってＨＯ理論ないしモデル、あるいはＨＯＳ理論などと略称されることもある。ＨＯ理論は、

晴[43]先生に勧められて国際価値論研究会を組織し、年に4回ほどの研究会を続けるなかで、新しい課題や定式が見えてきました。リカード『原理』２００周年にあたる２０１７年には、研究会の共著として『リカード国際価値論の新構成』（読書案内⑧）という英語の本を出すことができました。その第1章総説をわたしが執筆しています。

先にリカード『原理』２００周年は、「解釈と理論の両面において、大きな転換が確認された年」と書きましたが、理論面での転換は、新しい国際価値論の登場です。『新構成』には間にあわなかったのですが、２０１７年には、「正則《せいそく》な国際価値[44]」を競争的生産技術の集合の（グラフ理論にいう）全域木《ぜんいきぎ》[45]の定めるものとして定義するという、新しい定式を打ち出すこともできました。「全域木」は耳慣れないことばですが、簡単にいえば連結財で結び合わされるネットワークが国と財のすべてをカバーしている状態を意味します。『最終解決』あるいは『新構成』では、それは生産可能集合の極大境界[46]に依存して定義されていました。これでも大進歩なのですが、この定式では完全雇用状態を離れた経済の考察があまりうまくできません。極大境界の各点は、完全雇用状況を表しているからです。しかし、研究の結果、**正則な国際価値を再定義する**ことで、国際価値論を用いて、失業問題を本格的に分析することができるようになりました（読書案内⑨）。このように新しい国際価値論は、現在急速に発展しています。

貿易経済では、頂点は国に関係するものと財に関係するものの2種類に分けられ、頂点を結ぶ辺は、国の頂点と財の頂点を結ぶものに限られます。このようなグラフをとくに2部グラフといいます。**図表6・5**は、2国3財の貿易経済に関わる2部グラフのうち、全域木となるものをぜんぶ列挙したものです。全部で12の全域木が得られます。国際価値の価格ベクトルは世界生産可能集合の極大境界の法線方向を表します。正則な国際価値は同

同じ生産技術の体系をもち、需要構成も同じな2国間の貿易においては、資本・労働・土地などの生産要素の豊富さによって産業の比較優位が決まるというもの。2国2財2生産要素のモデルであるHO理論を、多数国多数財多数要素へと拡張したのがヘクシャー＝オリーン＝ヴァネク理論（HOV理論）である（ヴァネク［Jaroslav Vanek １９３０～２０１７年］はチェコスロヴァキア出身の経済学者）。HO理論

図表6・5　2国3財に対応する全域木

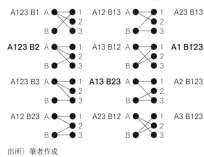

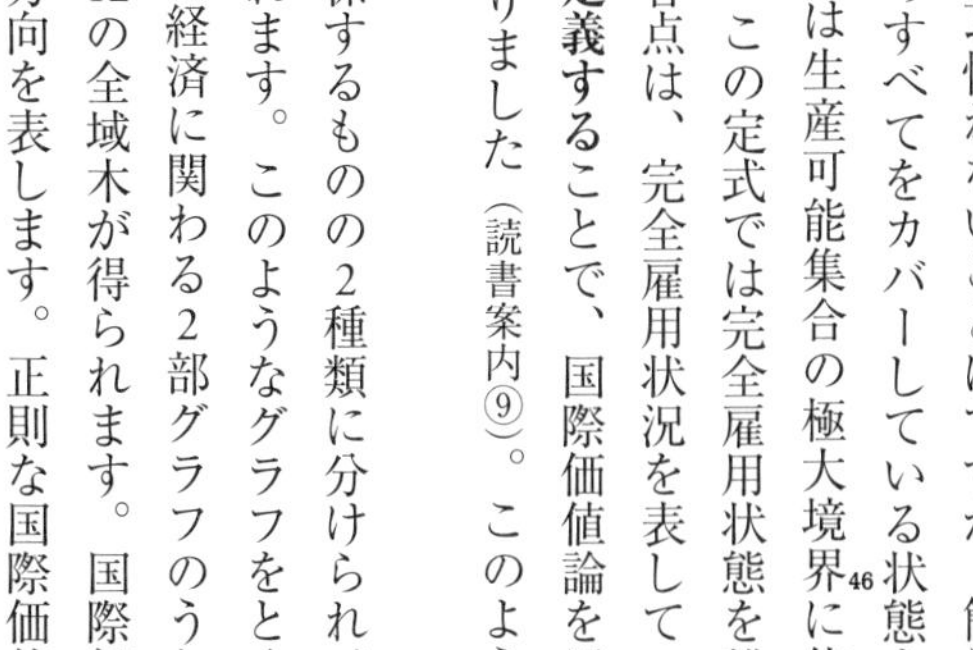

出所）筆者作成

境界を構成する多方面のうち最大次元のもの（3財では2次元）に対応します。図表6・4の3つの領域に対応するのは、A123B2とA13B23とA1B123の3つです。それぞれ領域1、領域2、領域3に対応します。これら3つの領域の内部以外の、たとえば稜《りょう》RTやRVの点に対応する国際価値では、競争的な生産技術の集合は全域木とはなりません。

各生産技術は、国がもつというよりも、ある国のある企業がもつものです。その意味で、新しい国際価値論における貿易の主体[47]は、国ではなく企業となっています。

賃金率と価格

国際価値で決まるのは、財・サービスの価格だけではありません。先に触れた共通財あるいは連結財の議論をたどりなおしてもらえば分かるように、共通財に媒介《ばいかい》されて決まるのは、双方の国の賃金率比[48]です。先の議論では、投入されるのは労働だけと仮定しました。しかし、原材料や部品、機械・設備などが投入されるより現実的な状況では、ひとつの共通財の存在から2国の賃金率比を決めることはできません。先述のグラフ理論（注44参照）という数学の1分野の枠組みを使うと、「競争的な生産技術の集合が全域木になるとき、一般に賃金率と価格の相対比率は一義的に定まる」ことが証明できます。難解な表現を用いましたが、要は、労働投入のみの簡単な場合に成立する定理が、投入財貿易の場合にも、わずかの修正によって成り立つということです。

国際価値と国内価値との違いは、国内価値は賃金率が決まると、財・サービスの価格がただひとつ決まるのに対し、国際価値では、このような体系が複数ありうるということです。この関係を理解するには、生産技術の体系が国際価値に関し「認容《にんよう》である（admissi-

ないしHOV理論では、労働集約的・資本集約的という概念が重視され、途上国は労働集約的産業に特化するのが合理的だといった主張がなされる。しかし本章で紹介する新国際価値論によれば、これらの主張には確率的な意義しかなく、製品の国際競争力を決めるものは、（それらが同質であれば）製品の原価の低さである。

40 McKenzie, L. [1954] "Specialization and Efficiency in World Production," *Review of Economic Studies* 21 (3): 165–180; McKenzie, L. [1956] "Specialization in Production and the Production Possibility Locus," *Review of Economic Studies* 23 (1): 56–64.

41 Jones, R. [1961] "Comparative Advantage and the Theory of Tariffs: A Multi-Country, Multi- Commodity Model," *Review of Economic Studies* 28 (3): 161–175.

42 **中間財と投入財**　生産に投入される財・サービスをまとめて投入財という。原材料やエネルギーから部品まで幅広く存在する（これに対し、すでに製品として完成しており、他の財の生産に投入されることのないものを最終財と呼ぶ）。新古典派系貿易論では、これ

ble)」[49]という性質を考える必要があります。ひとつの認容な全域木にひとつの正則な国際価値が決まるのですが、そのような対《つい》が複数あるのです。しかし、最初からそんな難しいことを理解する必要はありません。

新しい国際価値論では、認容な全域木がひとつ決まると国際価値つまり賃金率と価格とが一義的に決まります。これは多数国多数財で投入財を貿易する場合にも、一般に成立します。その定理の証明はかなり難しいものですが、労働のみが投入される経済あるいは投入財が貿易されない経済では証明は簡単です。**図表6・6**は、その関係を模式的に表したものです。頂点はA国とB国、第1財と第2財、第3財の5つ。これらは、それぞれA国・B国の賃金率と第1財から第3財までの価格を表します。頂点を結ぶ辺が4つあり、それぞれある生産技術に相当します。この図は図表6・5のA13B23という全域木ですが、領域としては図表6・4の領域2に相当します。すでに説明したように、この場合、第3財が連結財となっています。このとき、たとえば財1の価格p_1が与えられると、充実原価＝製品価格という関係（この場合、$W_A a_{11}=p_1$）から、A国の賃金率W_Aが決まります。あとは、辺である生産技術をたどることによって、順次p_3、W_B、p_2が決まります。全域木の定義（注44参照）の性質①からすべての頂点の価格が決まること、性質②からそれらが矛盾なく決まることがわかります。反対に、正則な国際価値がひとつ決まると、認容な全域木が決まります。つまり全域木と正則という性質をもつ連結財のネットワークと正則な賃金率・価格体系とのあいだに1対1の関係があるのです。

国際価値に各国の賃金率が含まれることは、気がつけば当たり前のことですが、従来の貿易論では、この点が曖昧でした。ミルは国際貿易において、交換される商品の交換比率だけに注目しました。その象徴的な捉え方が「交易条件」です。製品の交換比率は

図表6・6　ひとつの全域木はひとつの国際価値（賃金率と製品価格）を決める

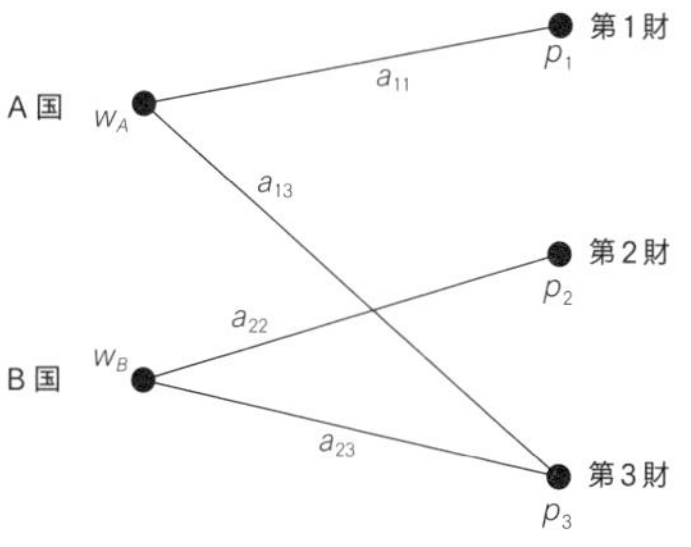

出所）筆者作成

を中間財と呼ぶことが多いが、その背景には労働や土地・資本などの本源財から段階を追って生産が行なわれるという見方がある。しかし、現代の生産とはつねに「商品による商品の生産」として循環的なものであり、古典派価値論ではより普遍的な「投入財」として扱う。

43　伊東光晴　ケインズをベースとした学説史・経済政策の専門家。京都大学名誉教授。近著『アベノミクス批判――四本の矢を折る』（岩波書店、2014年）、『ケインズ』『シュンペーター』『ガルブレイス』（いずれも岩波新書、1962年、93年、2016年）の3部作など著書多数。迫力あふ

問題にしたが、それが各国の賃金率の比率にまで関係することを明確にしませんでした。
しかし、「生産の経済学」あるいは生産費価値説という古典派の視点からいえば、**国際貿易を考察するに当たっていちばん重要な比率は、各国の賃金率**です。新しい国際価値論は、この立場を明確にしています。新古典派の貿易論で、賃金率比が考察されることはあるのですが、その扱いはきわめて疑問のあるものです。HOS理論の有名な定理に「要素価格均等化定理」があります。ある条件は課されるのですが、標準的にはこの定理が成り立つとされています。要素価格とは、生産要素の価格です。労働力は生産要素のひとつですから、賃金率は労働という生産要素の価格です。この定理では、これが両国（あるいは各国）で等しいというのです。これでは先進国と途上国の間の貿易はもとより、現在注目されている中所得国の経済発展問題（たとえば中所得国の罠[50]）を研究・分析することはできません。新しい国際価値論では、各国がもつ（けっきょくは各国内の企業がもつ）生産技術の体系が決まると、各国の賃金率の相対比は基本的には決まってしまいます。このことは、経済政策あるいは開発政策としても、重要な含意《がんい》をもちます。**経済発展の目標のひとつは、その国の1人当たりの所得を高めること**です。勤労者の大部分が労働者だとすれば、それは労働者の実質賃金率を高めることです。そのためには、自国の生産技術の体系の「生産性」を高める必要があるのです。

　生産技術は、企業内の技術知識のみで決まるものではありません。社会の経済基盤も関係します。たとえば、道路や港湾といった社会的経済基盤がきちんと整備されていないと、せっかく安く作った商品に、不当に高い輸送費が積み上がって国際競争力をそがれてしまいます。生産技術の体系が一定だとすると、賃金上昇はコストの上昇要因です。したがって、経営者層はえてして国際通貨で測った賃金率を引き下げるべく、自国の通貨安《つうかやす》（日本

れた講演にも定評がある。

44 **正則な国際価値**　生産可能集合を用いるなら、正則な国際価値の価格ベクトルは、その極大境界上のファセット（側面）の内部領域の法線方向として定義される。図表6・5では、領域1、2、3がファセットに当たる。直観的には分かりにくいが、そのとき対応の賃金率ベクトルが一義に定まり、国際価値が定義される。これが正則な国際価値である。本文中にあるように、これは生産可能集合に依存することなく定義することもできる（注47も参照）。

45 **全域木**　**グラフ理論**とは、電気回路やインターネットなど頂点間の連結状態を研究する数学の1分野。図6・5と6・6はその例。抽象的には頂点の集合Vと頂点と頂点とを結ぶ辺の集合Eとで与えられ、組み合わせ論的な研究の基礎理論のひとつとなっている。全域木は①すべての頂点が間接的に繋《つな》がっている、②閉じた回路をもたない、という2つの特性により定義される。

46 **生産可能集合の極大境界**　多数国多数財の世界経済で生産可能な財の集合は凸多面体となる。その次元は財の数Nに等しいが、その境界はN－1次元

でいえば、円安）を歓迎する傾向がありますが、政策的にはそれは経済発展の目標に矛盾しています。実質賃金を上げつつ、国際競争力を維持して雇用を確保するという難しい政策が必要なのです。そのためには、生産技術の体系を進歩させることが必要です。エマニュエルの不等価交換論に欠けていたのは、この視点でした。

絶対優位と比較優位

リカード系の貿易論で、みなさんがつねに学習するのは、絶対優位と比較優位という2概念です。「貿易で重要なのは比較優位であって絶対優位ではない」。こうなんども教えられたり、読んだりします。しかし、このような常識は、国際価値論からいえば無用のことです。新しい国際価値論は、リカード的な生産技術の体系の上に組み立てられた貿易論ですから、ふつうにいえばリカード系の貿易論なのですが、みなさんがリカード理論として学ぶのは、上で詳しく説明したようにミルの解釈によるものです。それを教科書リカード貿易理論、簡単に教科書理論と呼ぶことにしましょう。

教科書理論は、国の数が2つに限られるとか、中間財の投入がないとか、いろいろ強い条件が付いた上で、「比較優位」という概念を定義しています。しかし、国の数が3以上となるとか、中間財が貿易される場合には、教科書理論はお手上げです。現実の経済は、多数国間でさまざまな投入財が貿易されているのですが、そのような場合には比較優位を定義することもできないということを教科書理論は隠しているのです。2国2財で財の投入もない簡単な場合が分かれば、もっと複雑な場合も分かるだろうというのですが、じつはそれは根拠のない主張にすぎません。これに対し、新しい国際価値論は、多数国多数財で投入財が貿易される場合に適用可能な一般的理論ですが、比較優位概念に基づくもので

のファセット（側面）で覆《おお》われる。境界のうち、それより大きな点のない境界を極大境界という。図表6・4でいえば、領域1、2、3（とそれらに含まれる線分RV、RT…や頂点Q、R、S…など）が極大境界をなす。極大境界のあるファセットの内部では法線方向は一義的に定まっており、法線ベクトルは正ベクトルとなる。

47　**貿易の主体**　貿易論では、後出の新貿易論（注50）が出現するまで、貿易の主体は国であると考えてきた。しかし、リカードは貿易主体として生産者あるいは商人を考えており、現代的に言えば企業が主体と考えていたというのが新解釈のひとつである（読書案内⑦の第6章参照）。さらに新々貿易論（注51）では、企業の異質性を問題にするが、新国際価値論では生産技術の所有主体は企業であり、もともと企業の異質性を前提としている。

48　**賃金率比**　1国の労働力を均質とするとき、1国の賃金率wはひとつに定まるが、異なる国では異なる賃金率が成立する。ただし、賃金率はあるひとつの通貨によって表示するものとする。HOSモデル（注39）や後述の新貿易理論（注50）では、各国の賃金率は標

はありません。ある国の生産が競争的かどうかはすべて賃金率と価格に基づく充実原価（一定率を上乗せした原価＝フルコスト）に基づいています。それが可能であるのは、新しい国際価値論が各国の賃金率を決める理論を持っているからです。

繰り返しますが、物理的な投入係数から比較優位を決めることは理論的に不可能なのです。比較優位という概念が成立しないのですから、絶対優位・比較優位という対概念も無用になります。ただ、絶対優位は、（専門の経済学者の間でも）しばしば誤って、原価の比較だと理解されています。もし絶対優位をこの意味でとるなら、国際価値論は絶対優位を復活させていることになります。しかし、絶対優位を原価の比較というのは、誤った解釈というべきでしょう。**比較優位・絶対優位は、20世紀までの貿易論の初期に使われた一般性のない理論概念**だと覚えてください。

投入財貿易と世界付加価値連鎖

主流の新古典派系貿易論には、教科書リカード理論のほか、ヘクシャー＝オリーンの理論、P・クルーグマンの新貿易論[51]、M・J・メリッツの新々貿易論[52]など、代表的なものが4世代あります。それ以外にもいろいろありますが、ほとんどはこの4つの理論の変種です。これら4世代の理論には、共通した顕著な欠点が2つあります。ひとつは、貿易する国々の賃金率格差を分析する理論となっていないことです。先にみた要素価格均等化定理は、その代表的な存在です。賃金率が均等になると「予想」できても、現実に観察される大きな賃金率格差を分析する理論とはなっていません。もうひとつの欠点は、投入財貿易についてきちんと定式化できていないことです。アロー＝ドブリューの一般均衡理論[53]を用いて、賃金率や価格は決まっていると想定することは可能ですが、一般均衡理論で生産特

準的には同一と考える（要素価格均等化定理）。これに対し、新しい国際価値論では、各国に与えられた技術体系のもとでは、各国間の賃金率は等しいとはいえず、一定の比率を取ると考える。一時期、日本と中国の賃金率比は20倍にも開いたことがある。グローバル・バリュー・チェーン（注5）などを理解するには、賃金率の大きな違いを説明しうる理論でなければならない。

49 **認容な技術集合と国際価値**　生産技術の集合Γと国際価値 **v**=(**w**, **p**) について、それらが認容である（admissible）とは、国際価値 **v** によってΓの任意の生産技術の充実原価（一定率を上乗せした原価、フルコスト）と製品価格とを比較するとき、充実原価がつねに製品価格に等しいかより大きいことをいう。つまり、Γの生産技術は、充実原価＝製品価格となるものを除いて、国際価値 **v** のもとでは採算が取れないことを意味する。正則な国際価値は、等式「充実原価＝製品価格」を満たす生産技術が全域木となる（あるいはある全域木を部分集合とする）、認容な国際価値をいう。

50 **中所得国の罠**　20世紀後半以降、韓国・台湾・香港・シンガポールについ

化などの説明は難しくなるので、けっきょく4世代の貿易論とも、投入財の貿易に関する一般理論にはなりえていません。これに対し、新しい国際価値論は、成立の最初から、投入財が自由に貿易される場合の一般理論であり、各国間の賃金率比を決定する理論を具備《ぐび》しています。4世代の新古典派貿易理論が共通にもつ2つの欠点をもたないこと、これが新理論の圧倒的な強みです。

すでに登場したマッケンジーは、早くも1950年代に、綿花が輸入されなかったらイギリスのランカシャで産業革命が起こることはなかったと指摘して、中間財貿易の重要性を強調しています。そしてそれを含みうる理論を構築することが急務だとしたのですが、主流の経済学はけっきょくそれを実現できませんでした。

グローバル化した世界経済では、投入財貿易の重要性はますます高まっています。すでに世界の貿易額の60％を投入財貿易が占めています。これにともない世界の生産形態まで大きく変化しています。グローバル・バリュー・チェーンとか、グローバル・サプライ・チェーン（世界供給連鎖）が形成されて、いまやひとつの製品が世界のたくさんの国をまたいで生産される時代となっています。このようなネットワークが形成されるひとつの重要な要因が各国間の賃金率格差です。新古典派系の貿易論は、こうした事態に理論として対応できていません。現在のところ、異端派の新しい国際価値論だけが、世界付加価値《グローバル・バリュー・》連鎖《チェーン》の形成を説明し、その発展がもたらす賃金率と価格の変化をも分析することのできる理論となっています。

グローバル・バリュー・チェーンの分析では、商品の総価値よりも、各国のどの段階でどのくらいの付加価値が生じたか（付け加えられたか）が重要です。これは従来の輸出入統計ではつかめないものです。そこで世界貿易機関（ＷＴＯ）[54]や経済協力開発機構

で、タイ・マレーシア・インドネシアなどのＡＳＥＡＮ諸国や中国・インドのように、新興工業国の経済発展が注目されるようになった。それらの中には、順調に1人当たり所得を伸ばしている国もある一方、ラテンアメリカの多くの国々のように、中所得にはたどり着いたものの、その後の経済発展に苦労している国がある。これを「中所得国の罠（middle-income trap）」といい、そこから抜け出すことが近年の大きな課題となっている。

51 **新貿易論**　1970年代末にアメリカの経済学者クルーグマン（Paul Krugman 1953年〜）により唱えられた。収穫逓増《ていぞう》型の同じ生産技術をもつ複数の企業が国際的に競争するとき、差別化された製品が偶然異なる国で生産されるようになり、同一産業内の貿易が生まれると説く。当時これ以外に産業内貿易を説明する理論がなく、新理論として注目された。これにたいし新しい国際価値論では、同一産業内で多数の財が競合的に生産されると考えるので、収穫逓増に基づくことなく、産業内貿易を説明できる。

52 **新々貿易論**　21世紀になってアメリカの経済学者メリッツ（M. J. Melitz

（ＯＥＣＤ）[55]、日本のジェトロ・アジア経済研究所（ＩＤＥ－ＪＥＴＲＯ）などを中心に世界的な付加価値表を作る試みが行なわれています。その作成に重要な役割を果たすのが**国際産業連関表**[56]です。新しい国際価値論は、国際産業連関表の基礎理論としての性格をもち、理想的に細分化された投入係数が需要構成の変化にもかかわらず一定となることを保証しています。こうした意味でも、新しい国際価値論は、グローバル化した経済を分析するための基礎理論となっています。

【読書案内】

①塩沢由典［２０１４］『リカード貿易問題の最終解決』岩波書店
②――――［２０１７］「リカード新解釈と生産・貿易のネットワーク理論」日本国際経済学会第76回大会共通論題セッション報告論文（半分以下の縮約版が「リカード国際価値論の現代的意義と可能性」として２０１８年『国際経済』に掲載された）
③田中鮎夢［２０１５］『新々貿易理論とは何か』ミネルヴァ書房
④田淵太一［２００６］『貿易・貨幣・権力――国際経済学批判』法政大学出版局
⑤ミル、Ｊ・Ｓ［１９５９～63］『経済学原理』５分冊、末永茂喜訳、岩波文庫（原著１８４８年。「貿易および国際価値」は第3篇17・18章）
⑥リカードウ［１９８７］『経済学および課税の原理』上・下、羽鳥卓也・吉沢芳樹訳、岩波文庫（原著初版１８１７年。ほかに『デイヴィド・リカードウ全集』第１巻［堀経夫訳、丸善雄松堂、１９７２］もあり）
⑦Senga, S. et al.（eds.）[2017] *Ricardo and International Trade*, Routledge
⑧Shiozawa, Y. et al.（eds.）[2017] *A New Construction of Ricardian Theory of International Values*, Springer
⑨Shiozawa, Y., and T. Fujimoto [2018] "The Nature of International Competition among Firms," Ch.2 in Fujimoto, T., and F. Ikuine（eds.）*Industrial Competitiveness and Design Evolution*, Springer

１９６８年～）が唱えた主流派の新しい理論。ビッグ・データを用いて、貿易に携わる企業は国内向け生産のみを行なう企業より生産性が高いということを実証したが、それは昔からよく知られていた事実である。データの制約もあり、新々貿易論は基本的に1国開放経済の分析枠組みにとどまり、グローバル化を説明する理論とはなりえていない。

53

アロー＝ドブリューの一般均衡理論　アロー（Kenneth Arrow １９２１～２０１７年アメリカの経済学者）とドブリュー（Gerard Debreu １９２１～２００４年フランスの経済学者）は、１９５４年の論文（"Existence of an Equilibrium for an Competitive Economy," *Econometrica* 23（3）: 265–290）において、生産技術や効用に弱凸性《じゃくとっせい》などを仮定する以外、非常に広い仮定のもとに、一般均衡解の存在を示した。これは「分権的な市場経済が（神の手なしに）なぜ機能しうるか」というアダム・スミス問題に対するほとんど唯一の貢献として高く評価され、現在でも新古典派マクロ経済学の基礎を支えるものと考えられている。

54

世界貿易機関（ＷＴＯ）ジュネーヴ

⑩ Yokokawa, N. et al.（eds.）［2016］*The Rejuvenation of Political Economy*, Routledge

⑥は貿易論の出発点、⑤はその転換点を記したもの。④は異端派の立場からの貿易理論史。①は新しい国際価値論を樹立した本。②は『原理』２００周年特別セッションでの報告論文。⑩の第８章は古典派価値論の復活をコンパクトにまとめています。⑦⑧は２００周年を機に見出された新解釈の集大成。とくに⑦の第６章が総合的なまとめとして有用（新解釈の担い手たちの論文が読めます）。⑧の第1章は、新しい国際価値論の英語で書かれた最初の概観。⑨は、完全雇用点を意味する生産可能集合の極大境界に依存することなく、正則な国際価値が定義できることを示した最初の文献。③は主流派貿易論の最近の展開を解説したもの。とくに第1章は、新々貿易論にいたる主流派＝新古典派系貿易論の現段階での最新動向までを扱っています。主流派と異端派を比較したいひとは⑧と③とを読み比べてみてください。

（塩沢由典）

に本部があり、６００名前後の職員を擁する最大級の国際機関。関税と貿易に関する一般協定（ＧＡＴＴ）の後継機関として１９９８年1月正式に発足した。

55 **経済協力開発機構**（ＯＥＣＤ）経済発展と国際貿易を促進するため１９６１年に発足した先進国の協力機関。本部はパリにある。２０１８年現在、38カ国が加盟している。ＯＥＣＤに加盟することは先進国の仲間入りを意味するとしばしば取りざたされる。

56 **国際産業連関表**　産業連関表（産業部門間の取引額を行列形式で表したもの）の国際版。産業連関表は、ソ連出身の経済学者Ｗ・レオンチェフ（Wassily Leontief １９０５～99年）が1国経済の立体的な分析のために開発したもので、部門間の波及効果などさまざまな相互関係を分析する基礎資料となっている。その国際版は多数の国の多数の産業部門がずらりと並ぶ巨大な表となる。この表からたとえば「日本の化学製品部門と中国のプラスチック・ゴム製品部門の取引額」などが一目でわかる。興味のある人はジェトロ・アジア経済研究所のサイトからダウンロードしてみよう。

第7章

ハーシュマンと不確実性／可能性への視座

ハーシュマンとは何者？

戦間期から第二次世界大戦が終わるまで、6つの国に住み、3つの軍隊に入って戦い、社会主義と反ファシズムに関わる3つの運動に参加するという学者らしからぬ型破りな人生。「最も誇りに思う仕事」として、戦後のマーシャルプラン[1]参画でも、ラテンアメリカ諸国における開発顧問《こもん》の仕事や数多くの著書・論文でもなく、第二次世界大戦中のイタリアにおける命がけの反ファシズム活動、マルセイユでの知識人・芸術家・政治家の亡命支援を真っ先に挙げる。**アルバート・ハーシュマン**（Albert O. Hirschman　1915～2012年）とは、そのような人物です。ユダヤ系知識人としての彼は、経済学だけでなく、政治学・経営学・社会学など多岐《たき》にわたる学問分野で大きな影響を与えてきました。その思想を一言で表すのは難しいのですが、「自由主義」の系譜に位置づけてよいでしょう。

自由主義と言っても、ハーシュマンのそれは、「大きな政府」を批判し、市場《しじょう》メカニズムを過度に賞賛する、反ケインズ的な新自由主義思想（本書序章および第10章参照）とは大きく異なります。ここでの自由主義は「未然《みぜん》＝まだ何も定まっていない」事態を自由ととらえ、それを最高に価値あるもの、目の前の現実を乗り越えようとする人間の「想像力＝創

1　**マーシャルプラン**　第二次大戦からのヨーロッパ諸国の復興を支援するため、アメリカ主導で進められた経済援助計画。提唱した米国務長官ジョージ・マーシャルの名にちなむ。正式名称は欧州復興計画（ＥＲＰ：European Recovery Program）。

造力」の拠《よ》り所《どころ》とみなすような姿勢です。未然であるということの「可能性」に肩入れすることの姿勢をハーシュマン自身は「**ポシビリズム**（possibilism）」と称しました。

主流派＝新古典派経済学者を含《ふく》め専門家は、個人や社会について「これが現実だ」「ほかに手はない」「変えようがない」と断定しがちです。しかしながら、そのような姿勢では、やり方次第で顕在化《けんざいか》しうる社会の現実的可能性を見落とす、あるいはそれを積極的に抑圧《よくあつ》することになりかねません。自由主義者ハーシュマンは、国家の能力を過信する中央集権的な計画経済論を批判しましたが、新自由主義的立場から市場原理や競争メカニズムを絶対視する主流派経済学者に対しても、その拠って立つ理論的前提を疑い、主流派の見る現実とは別の可能性を提示してきたのです。

ポシビリズムの根底には、「完璧には将来を予測できないがゆえに認識・判断を誤る人間」「予想と結果のギャップに戸惑い、失望しつつも、実践を通じて学ぶ人間」という人間観があります。ハーシュマンの想定する人間は、主流派＝新古典派経済学による分析の基礎に据《す》えられてきた**ホモ・エコノミクス**（**経済人**）[2]の対極に位置します。いまだ定まっていない状況に、だからこそ、何らかの意図をもって働きかけます。でも先を完全には見通せず「意図せざる結果」に直面するのが常です。

国家の無謬性《むびゅうせい》、市場の効率性、ホモ・エコノミクスを前提すれば、不確実性など無視して構わないのかもしれません。しかしながらハーシュマンは、そうした前提に立ちません。そして不確実な現実世界における人々の行動と学習の反復、希望と失望の繰り返しこそが社会の豊かさの根源であるととらえ、その具体的理路を示そうとしてきました。

彼は、経済学の世界では**ハーフィンダール＝ハーシュマン指数**[3]の考案者、**不均整《ふきんせい》成長論**（後述）の提唱者として名を残しています。これらはいずれも１９５０年代までの業績です

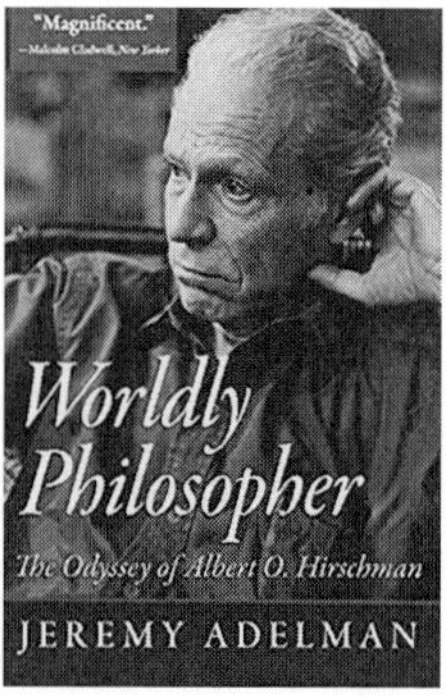

２０１３年に刊行され、高い評価を得たハーシュマンの決定版評伝の表紙。残念ながら邦訳はまだ出ていない（章末「読書案内」の総評参照）

２　ホモ・エコノミクス（homo economicus）新古典派を中心とする主流派経済学が拠って立つ人間像。自己利益を最大化するための合理的判断能力を備え、自らの欲望に関する単一かつ万能の選好順序をあらかじめインプットされており、安定的・半永久的に合理的判断を下せるロボット的・非現実的主体である。１９９８年にノーベル経済学賞を受賞したインド出身の経済学者アマルティア・セン（Amartya Sen １９３３年〜）が「合理的な愚か者」

が、新自由主義に依拠する主流派＝新古典派経済学を批判する理念としてのポシビリズムは、1960年代以降、最晩年に至るまでの著作において、より顕著《けんちょ》に具体化されています。それらは容易に体系化できるものではありませんが、限られた紙幅《しふく》のなか、本章では、ポシビリズムの骨子とその現代的意義を示したいと思います。

ハーシュマンは、国家権力の暴走だけではなく、皆が目先の私的利益しか追求しない（できない）世界を危惧《きぐ》し、国家に包摂《ほうせつ》され尽くさない「人々のまとまり方・つながり方」を模索してきました。新自由主義的グローバル化が過去30年以上にわたり、世界的規模で格差拡大と周期的金融危機をもたらすなか、主流派経済学の教えは、普通の人々にとって酷《こく》なものです。人を個々バラバラな存在にとどめおき、身に起こる事態を**自己責任論**で片づけようとします。それに対しハーシュマンは、主流派の理論的前提を疑い、それでは見えてこない現実に目を向けようとしました。まずはこのあたりの議論から始めましょう。

社会改良と連帯をあきらめさせる主流派の理屈

主流派経済学者は「頑張った人が報《むく》われる社会」を殺し文句に、頑張った人が高い報酬を得て、結果的に格差が発生するのは仕方がない、社会に活力がある証拠だと言い放ちます。いわゆる能力主義、成果主義の考え方です。主流派は、「頑張った」から「高収入を得ている」と言いたいのでしょうが、「頑張った」かどうかについて皆が納得するような客観的基準を作ることは現実的には不可能です。したがって主流派は、「高収入を得ている」から「頑張った」とみなすという、矢印が逆の論理を展開し、格差を容認しているだけなのです。同じ論理が低所得者に適用されると、貧乏は自己責任である、つまり「頑張らなかった」から「貧困・低収入である」となります。現代社会において、能力・成果主

と呼んだものと重なる。

3　**ハーフィンダール＝ハーシュマン指数**　一産業内の市場集中度を測る指数。大企業がどの程度、市場を占有しているかを示す。元々は、ハーシュマンが1国の輸出・輸入に占める各貿易相手国の比率を測定するために考案した。小国の貿易が特定の大国に集中＝依存すると、小国が貿易ルートを変更することは困難になり、大国への政治的従属が高まる。ハーシュマンは「ウィン-ウィン」で語られがちな貿易関係が大国による小国への権力行使の手段に転化する可能性、経済と政治の不可分性を指摘した（読書案内⑭）。

義の言説や自己責任論は、弱者切り捨て、市民分断の論理として機能するのです。

ハーシュマンはこの状況をどうとらえるのでしょうか。

主流派は、経済への介入を嫌うので、格差や貧困が深刻化しても、政府が競争結果の是《ぜ》正《せい》にはなるべく関わるべきではないと考えます。その理由についてハーシュマンは、多くの異端派《いたんは》の人々と同様に、一般的に主流派は「**自己調整的市場**」という観念にとらわれていて、市場が決める価格や賃金を、税制など事後的介入で変更するのは有害と考えるからだと言います。

自己調整的市場とは、価格をシグナルに、市場参加者がそれぞれ勝手に利益最大化を目指すことによって、内部の不均衡《ふきんこう》が自動的に調整され、全体としての利益が最大化される市場という意味です。「見えざる手」の導き、つまり価格メカニズムによって私的利益の追求が公的利益にもつながるので、こうした市場への権力の介入は、不要であるばかりか、害悪とされます。競争の敗者の支援を意図して介入しても、結果がかえって悪くなるのは、ケインズ主義的福祉国家体制や社会主義的政策の結末（財政赤字の肥大化など）を見れば明らかだというわけです。

こうして自己調整的市場は、保守派好みのレトリック、すなわち「逆転テーゼ」に必須の構成要素となります。逆転テーゼとは、社会改良に反対する保守派が使うレトリックとしてハーシュマンが挙げたものの1つで、「改良を目指した変革は、その意図とは逆に、好ましくない破壊的な結果を社会にもたらす」という命題です（読書案内⑩）。

ちなみに、経済学で言う「保守」とは、経済への政府介入を嫌い、競争市場に任せようとする主流派＝新古典派的な立場、「リベラル」とは、税制などを用いて市場取引の結果に介入し、より平等な所得分配を求める立場を指します。19世紀の資本主義がもたらした害悪（貧困、格差の蔓延《まんえん》など）を福祉国家で乗り越え、歴史的「進歩」を果たしたのに、それを批判して市場競争に回帰しようとするため、保守派は「反動」と揶揄《やゆ》されるし、先に言及したように新自由主義（ネオリベラリズム）とも言われるのです。

ハーシュマンは、主流派が唱《とな》える逆転テーゼは「意図せざる結果」という考え方の悪用であるとして批判します。マンデヴィル[4]やスコットランド道徳哲学[5]以来、社会科学の歴史においては「意図せざる結果」が注目されてきました。彼らは、社会の見方に未決定性と不確実性を取り込み、人間行動の生み出す多様で豊かな成果に着目して、自由を擁護《ようご》しようとしたからです。ハーシュマンもこれを受け継ぎ、後述するように、様々な概念、アイデアを提示してきました。

自由主義にはこうした思想系譜があるにもかかわらず、新自由主義者が多用する逆転テーゼでは「意図せざる結果」という考え方が社会改良を否定するイデオロギーとなっています。社会改良を意図した行為が逆効果になることももちろんあるでしょう。ところが新自由主義者は、それが「意図せざる結果」の1つのケースである（意図したとおりの結果になることもあるし、意図していなかった良い結果もある）にもかかわらず、悪い結果、マイナス面のみを強調しがちです。人間社会を特徴づける未決定性、不確実性に注目して自由に目を向けるべきところを、マイナスにしかならないと主張することによって、新自由主義では世界を予測可能なものとする見方、可能性ではなく必然性を前提にした議論になっているというのが、ここでのハーシュマンによる主流派批判の骨子です。

彼は、自己調整的市場を根拠に社会改良をあきらめさせる主流派の論法を批判します。ただし以下で述べるように、市場経済擁護論の系譜を辿《たど》りながら、市場に社会の安定を託そうとした思想の歴史的意義、「実現しなかった意図」を積極的に評価しようとしました。

4　**マンデヴィル**（Bernard de Mandeville 1670〜1733年）オランダに生まれイギリスに帰化した医師・思想家。イギリス社会を風刺《ふうし》した著書『蜂の寓《ぐう》話《わ》』における「私悪すなわち公益」という主張で有名。特権階級の奢侈《しゃし》的消費（私悪）が彼らの「意図」を離れ、社会全体の福祉向上（公益）という「結果」につながるとし、一種の有効需要論、トリクルダウン（富が下層民にも滴《したた》り落ちる）効果を主張した。

5　**スコットランド道徳哲学**　自然法思想の流れをくみ、グラスゴー大学の教授陣を中心に経済学成立の学問的母体のひとつを形成し、封建社会の克服、近代市民社会の成立を促した。フランシス・ハチソン（Francis Hutcheson 1694〜1746年）、デイヴィッド・ヒューム（David Hume 1711〜76年）、アダム・スミス（Adam Smith 1723〜90年）、アダム・ファーガソン（Adam Ferguson 1723〜1816年）らが有名。

「利益」は社会秩序の基盤となりえるか

元来、自己調整的市場という観念には、1つの夢が託《たく》されていました。専制君主などによる気紛《きまぐ》れな権力行使、戦争への動員など、人間の自由に対する侵害が横行するなか、政治権力がなくても成り立つ自生的《じせいてき》秩序として、いわば理想像として、自己調整的市場が生み出されました。戦争のたび国家や民族が旗印になるけれど、もしもその力に一切頼らないメカニズムで人間社会が結ばれるなら、どれだけ素晴らしいか。思想家たちによって、その夢が託されたのです。

意外かもしれませんが、こうした自生的秩序の基盤として思想家たちが期待したのは、立派な道徳などではなく、人間の私的利益追求、金儲《もう》けへの強欲《ごうよく》です。ハーシュマンによれば、戦争、破壊、革命といった「情念」の日常的爆発で荒れた世の中をどのようにコントロールするかが、17・18世紀の社会科学の大きなテーマでした。この時代、宗教や理性に頼った統治があてにならなくなる一方で、利益目的の交易や生産、為替《かわせ》取引などが各地で発展しはじめたことに注目が集まりました。そして、統治のあり方を真剣に模索する人たちの間で、利益追求、金儲けという、より穏やかな情念が、戦争などの破壊的で危険な情念を抑制することが期待されるようになったのです。

金儲けを卑《いや》しい行為とみなす風潮は当時もありました。にもかかわらず、世を安定に導く行動原理として期待されたのは、金儲けという行為は、それに励《はげ》む本人だけでなく他人にも理解可能で予測しやすく、利益を貯め込むこと自体が目的となり、際限がないからです。つまり、利益に備わる可測性と恒常性が人間行動を理解可能なものとし、罪深く欲まみれの人間でも実現可能な社会秩序の現実的基盤が構築されると考えられたのです。

人は何をしでかすか分からないが、金を儲けようとする人間の行動なら誰にでも理解できる。金儲けに励む者同士で、やがて相互の利益という観念も生じるだろう。国内交易の拡大が人々のまとまりを強め、国境をまたぐ貿易が戦争防止に役立つだろう。商業が発展し経済が複雑化すれば、精密時計のような存在となり、利益を生む時計を壊さないためにも気紛れな権力行使が抑制されるだろう。こうして利益に導かれるように、誰も介入しない、誰もが従わざるを得ない自己調整的市場メカニズムが社会を結び、安定化させるだろう――つまり18世紀の市場経済擁護論者（モンテスキュー[6]やジェームズ・ステュアート[7]など）が提唱したのは、商売が穏やかな社会を育《はぐく》み、安定をもたらすという考え方（「**穏和な商業**」**テーゼ**）だったのです。資本主義の拡大・浸透の要因は様々ですが、ハーシュマンはこの時代にこうした思想が形成されたこともその1つと考えています。

しかしその後の歴史が証明しているように、資本主義市場経済は、必ずしも擁護者が意図した結果をもたらしませんでした。戦争はやまず、テロは横行《おうこう》し、相互利益どころか、格差や貧困が蔓延する状況です。モンテスキュー＝ステュアート的な市場経済擁護論に現代の諸問題の解決を完全に委《ゆだ》ねることはできません。「昔の時代に提出された考え方がどのような現実と対抗するものであり、この対決はけっして全面的に満足すべきではなかった点を無視して、同じ意見を持ち出す態度」では事態を見誤る。自己調整的市場を振りかざし経済への介入を嫌う現代の主流派経済学を念頭に、ハーシュマンはこう指摘しました（読書案内⑧）。

新自由主義と権威主義の親和性

歴史性を踏まえずに、自己調整的市場という夢を現代にそのまま当てはめようとすると、

6 **モンテスキュー**（Charles-Louis de Montesquieu　1689〜1755年）　フランスの哲学者、啓蒙《けいもう》思想家。『法の精神』（1748年）における三権分立論で有名。そこでは「利益」による邪悪な「情念」の抑制という議論も展開され、「商業社会と自由」が重要なテーマとなっていた。

7 **ステュアート**（James Steuart　1713〜80年）　主著『経済学原理』（1767年）は「重商主義の最高理論」とも、アダム・スミスに先立つ「経済学の最初の総体系」とも称される。

政治権力に拠らぬ自生的秩序の模索というそもそもの動機が見えなくなるだけではなく、非常に危険な状況を招き寄せる恐れもあります。精密時計のような経済が権力の濫用《らんよう》を抑止するという考え方は、自己調整的市場を信奉する経済学者が時計の動きを妨《さまた》げると解釈すること（たとえば、緊縮財政に抗議する市民運動、労働市場に介入し賃上げを要求する労働組合など）へのすべての抑圧を正当化してしまいます。その結果、大多数の人が公的な活動から排除され、個々人がそれぞれの利益のみを追求する（追求せざるをえない）社会ができあがれば、権力者にとって都合がよいわけですが、それは非常に恐ろしい政治状況だとハーシュマンは指摘しました。この点の確認は非常に重要です。

　自由主義者ハーシュマンは、**全体主義**を拒否します。人々を集団的熱狂に導き、私生活を追い払って公共＝国家一色にしてしまうからです。滅《めっ》私《し》奉公《ほうこう》の全体主義に自由はありません。彼は社会主義青年運動に関わり、イタリアでは共産主義者と連携したものの、その後、ファシズム同様、共産主義を拒絶しました。そして中央集権的計画経済を批判し、代替的発展戦略を構想しました（読書案内⑥）。

　しかしそれにとどまらず、彼は**権威主義**の危険性も指摘し続けました。権威主義とは、支配者が権力を一手に握り、悪いようにはしないからと、人々を公的世界、政治的意思決定から排除して、私生活に押しこめる考え方です。そこでは体制批判は御法度《ごはっと》です。人々をバラバラにし、自分と、あとはせいぜい家族のことしか考えさせません。必ずしも国境に区切られず、国家とは別に存在するはずの人々のつながり、すなわち「社会」を否定するのです（読書案内⑬）。

　ハーシュマンが主流派＝新古典派経済学に批判的なのは、それが原理上、こうした権威主義と親和的《しんわてき》だからです。市場経済への介入を拒絶する主流派は、格差是正や民主化を訴える市民の政治運動の抑圧も正当化しかねません。自己調整的であるはずの市場の動きが大衆の参加する民主主義によって邪魔されてはならない、経済合理性が脅《おびや》かされてはならないと考えるからです。ハーシュマンにとって、市民を徹底的に弾圧する南米の軍事政権が**ミルトン・フリードマン**[8]の提唱する新自由主義政策を展開したのは、けっして偶然ではありませんでした。

ハーシュマンは、国家権力への対抗を意図した市場経済擁護論が市民排除の思想に転換することを危惧《きぐ》していました。全体主義に自由はありません。しかしながら権威主義体制における私生活への封じ込めにも自由はないのです。歴史的に一定の役割を果たしてきたはずの市場擁護論が「私的利益さえ追求していればよい」「公的なことには関わらなくてよい（関わってはならない）」という考えにまで飛躍すれば、権力の行使範囲を拡大し、暴政を許す危険性があるのです。

この点は、インターネットが生活の隅々にまで行き渡った現代社会を見ても明らかでしょう。私生活は確かに便利になったのですが、その反面、1人ひとりの行動履歴や消費パターンなどを含め、膨大《ぼうだい》な個人データが巨大ＩＴ企業によって収集され、知らぬ間に企業の利益追求に使われるようになりました。こうしたビッグデータの独占、不正流用、プロファイリングによる巧《たく》みな操作、フェイクニュースへの誘導などの危険性が懸念《けねん》されています。自己調整的市場で想定される市場参加者とは似ても似つかぬ巨大寡占《かせん》企業が、わずかばかりの便利さを提供した見返りに、マーケティングと称して個人情報を勝手に利用しているのです。

8　フリードマン（Milton Friedman　1912〜2006年）規制のない自由主義経済（新自由主義）を理想とし、ニューディール政策や福祉国家などに代表される市場・経済への国家介入を徹底的に批判したシカゴ学派の総帥《そうすい》。自らの指導のもとシカゴ大学で学んだ者たち（シカゴ・ボーイズ）を南米に送り込んだ。チリでは、世界で初めて選挙によって誕生した社会主義政権をピノチェが軍事クーデターで覆《くつがえ》し、恐怖政治を繰り広げたが、そこではシカゴ・ボーイズが経済運営を担った。本書序章、第10章も参照。ちなみに、イギリスの元首相マーガレット・サッチャーが「社会などというものは存在しない」と言い放ったエピソードは、新自由主義の世界観を如実に示すものとして有名である。

デジタル化と権威主義

そればかりではありません。そもそも軍事由来のインターネットや人工知能をはじめとするデジタル技術は、国家の軍事力だけではなく、一般市民への監視能力を飛躍的に向上させました。これは現在、**デジタル・レーニン主義**として注目されています。

デジタル・レーニン主義とは、ビッグデータとデジタル技術を駆使《くし》して経済の管理と国民の監視を目指す中国・習近平《シージンピン》総書記の政治姿勢を表す言葉です。ドイツのメルカトル財団中国研究所のセバスチャン・ハイルマン所長が命名したとされます。社会主義体制の復活・再生という観点から注目されることが多いのですが、西側先進諸国にも共通する問題であることは言うまでもありません。アメリカ国家安全保障局の内幕《うちまく》を暴いたエドワード・スノーデンの告発からも明らかなように、ジョージ・オーウェルの小説『１９８４年』を彷彿《ほうふつ》させる事態が現実となりつつあり、民主主義の真価が試されているのです。ビッグデータを持つ巨大ＩＴ企業と国家権力が結びつけば、市民の監視は強化・巧妙化され、ハーシュマンが生涯を通じ守ろうとした自由と民主主義はますます危機に陥《おちい》るでしょう。

主流派経済学では、昔ながらの議論に基づき、素朴《そぼく》な「国家チェック論」[9]がいまだに唱えられていますが、あらためて確認すべきは、自己調整的市場の理念、利益追求活動の効能に依拠するだけの論理では、国家と巨大企業が推し進める不自由な監視社会に立ち向かうことはできないということです。巨大寡占企業の存在、大国による市場を通じた権力行使という現実は、モンテスキュー＝ステュアート的な市場経済擁護論の想定を超えています。

ただし、人間行動の「意図せざる結果」を重視するハーシュマンは、本気で意図されながら実現しなかった夢、すなわち利益追求原理に基づく権力の抑制が真剣に期待されてい

9　国家チェック論　金融の自由化・グローバル化を背景として、マネーが国境を自由に越えられるようになった結果、経済合理性を欠くと判断される国家の政策は金融市場がチェックし、正しい政策が行われるようになるとする考え方。主流派はマネーという「可動的な富」が非合理な権力を抑制する効果があると主張する。

たことを忘れてはならないと言います。というのも、真剣に意図されながら実現しなかったことの持つ意味を、意図されたときの時代状況に照らし合わせ評価しないと、変化を導こうとする人間の主体的行動など、すべて空しいものとなるからです。

市場経済擁護論についても同様です。市場を神に祭り上げることはできません。でも市場は人間社会に害悪しかもたらさなかったとして、その擁護論を全否定するのも誤りです。ハーシュマンは、市場経済擁護論のなかに、国家に包摂されつくさない「人々のまとまり方・つながり方」の模索という意図を見いだし、その現代的意義を探ろうとしました。国家権力を抑制するとともに、市場を飼いならしコントロールすることも必要という認識を持っていたのだと思います（後述の「離脱と発言」につながる論点です）。

こうした認識を欠いた市場経済擁護論は、前述の通り、権威主義を支えるイデオロギーと化してしまい、未来の不確実性すら権力者の意図どおりに操作されるべきものになってしまいます。市場の発展を拠り所に、自由を求め「意図せざる結果」に注目していた社会科学が、現在も未来も「必然性の檻《おり》」に入れてしまえば、論理的に導かれるのは、「現実だから仕方がない」とただ受け入れるか、ちょうどその裏返しとして、「すべて否定しなければ何も変わらない」となるか、です。ハーシュマンは、両極端の誘惑を断ち切るため、不確実性の支配する世の中で、不確実であるけれども（あるいは不確実であるからこそ）享受《きょうじゅ》できる、より長期的な利益の所在を示そうとしてきました。こうした姿勢は、彼の名を高めた開発戦略の議論から一貫しています。

不均整成長論の含意

いまや開発経済学[10]の古典となった『経済発展の戦略』（１９５８年）を発表して以来、

10　**開発経済学**　開発（発展）途上国における経済発展に関わる諸問題をその解決に向けて検討・研究する経済学の1分野。１９５０～60年代、植民地支配を脱した新興独立諸国の開発政策の理論的支柱となった。本書第11章も参照。

ハーシュマンが課題としてきたことのひとつに、「前提条件がクリアされなければ、いかなる開発プロジェクトも成功しない」という考え方の克服があります。開発経済学者や国際協力の専門家は往々《おうおう》にして、各分野の柔軟性に欠ける思考方法にとらわれ、発展に向けた人々の真摯《しんし》な取組みを、前提条件が欠けているから不可能だとか非合理的だとか決めつけて、変化の芽を摘《つ》んでしまったり、見落としたりすることがあるからです。

専門家が言う「前提条件」には、あらかじめ存在するものだけでなく、発展プロセスの途上で生み出されるものも多いのではないか。人々を取り巻く条件のうち、何が発展の促進要因で阻害《そがい》要因であるか、何が足りないかなど、発展のプロセスが起動し、あとになって初めて分かる場合もあるのではないか。だとするなら、重要なのは、どのような順番で問題を解決したらよいか（**継起的問題解決**《けいきてき》）の戦略を考えること、さらには「何をしたか、あるいは何をした結果、何がどうなったか」を見きわめることではないか。ハーシュマンはそのように考えました。

つまりハーシュマンは、専門家が差し出す前提条件リストを事前に満たすことよりも、不確実な世界における**実践を通じた学習のプロセス**を重視するのです。今ある資源を所与《しょよ》のものとしたうえで事前に目的と手段を整合させるよりも、次に進むべき方向がより明確に示されやすい投資を連鎖的に引き出すことによって、「現時点では隠された、散在している、もしくはうまく利用されていない資源や能力を発展目的に応じて呼び起こし協力させること」のほうが発展にとって重要だと指摘しました。

たとえば不均整成長論です。これはローゼンシュタイン＝ロダン[11]やヌルクセ[12]が同時多面的投資を主張した**均整成長論**への批判的対案です。国家の能力を過大評価する議論への対案であり、新自由主義を直接の批判対象とはしていませんが、ハーシュマンの初期の研究

11　ローゼンシュタイン＝ロダン（Paul N. Rosenstein-Rodan　１９０２〜85年）設立間もない世界銀行（国際復興開発

における ポシビリズムの具体化として重要な意味を持っています。

ハーシュマンは多面的投資の必要性は認めながら、意思決定能力を含め諸資源が限られる途上国においては政府による各投資の完全なる事前調整は不可能であり、必要とされる多くの投資を、同時にではなく順番に実施すべきとしました。そして、より大きな**連関効果**[13]の見込まれる投資から始めるべきこと、そのためには、確実な内発的圧力としての国内需要を不均整な形で次々に誘発する**輸入代替工業化**[14]、インフラ建設に関しては社会的間接資本不足型発展戦略[15]が有効であると主張しました。ある時期、連関効果の大きな部門に投資が集中したことによって発生する各部門間の不均整、過不足は直ちには問題になりません。むしろ、開発の実践経験が乏しい途上地域では、投資の圧力、波及効果を生み出すとともに、次にどのような投資をすればよいかのシグナルになると考えました。そして、不均整、過不足は、価格メカニズムのみならず政治的発言を通じても調整されると指摘したのです（読書案内⑥）。「発言」に関しては、あとでまた論じることになります。

単線的・均質的時間概念の転換

ポシビリズムの観点から、「前提条件－結果」「手段－目的」という区分を絶対視できない理由について、もう少し付け加えておきましょう。それは今述べたような、満たすべき条件はあとでクリアできる場合があるとか、利用可能な手段があとから生まれることがあるとかという継起、順番だけの問題ではありません。そもそも結果や目的を明確には自覚しない（できない）まま、物事に着手するということが、人間社会においては必ずしも珍しくないということもその理由のひとつです。

国家の能力を過大評価する先ほどの均整成長論にせよ、市場メカニズムを信奉する新自

銀行）でも活躍したポーランド生まれの経済学者。開発経済学のパイオニアの1人とされ、いわゆる「ビッグプッシュ論」を展開した。これは、戦争で疲弊《ひへい》した東欧・南東欧を念頭に、経済発展が成功するには一時期に最低規模以上の投資が必要であり、農村における大量の余剰《よじょう》労働力を活用する大規模投資計画に基づき工業化を実行すべきというものである。1つの企業連合体が行う投資のように、異なった工業間での補完性、「規模の経済」（量産により製品当たりの費用が下がること）の実現をめざすという意味で、ビッグプッシュ論は、同時多面的均整成長論のひとつと考えられる。

12　**ヌルクセ**（Ragnar Nurkse 1907～59年）エストニア生まれの経済学者。国際連盟のエコノミストとして大戦間期の不安定な世界経済を分析、国際資本移動、外国為替、国際通貨の研究で顕著な業績を残した。戦後は後発国の開発問題にも関心を広げ、「貧困の悪循環」を打破するため、均整成長論を展開した。これは、農村の余剰労働力を用いながら資本形成を図り、途上国市場全体を拡大し個々の投資誘因を高めるべく、それぞれの需要を支え合う

由主義にせよ、こうした側面を十分に分析できているとは言えません。というのも、これらは往々にして非常に単純化された人間観、**単線的・均質的時間概念**に支えられたものだからです。

一般に社会科学は、ホモ・エコノミクスに典型的ですが、人間を変わらないものとしてとらえます。そして、未来を現時点で予測できるものとして取り扱おうとします。時間が過去から現在、未来へと同じペースで流れ、その中でホモ・エコノミクスが合理的な判断を下すわけですから、適当な経済モデルに前提条件をインプットすれば将来も的確に予測できるというわけです。

けれども、ハーシュマン的な意味での人間が関わり、実際の社会で流れる時間とは、現状を前提に将来を予測できる均質な時間ではありません。むしろ、流れていくうちに各主体やそれらの関係が変容し、ときに前提自体も変わってしまうような質的変化を伴う時間です。**不可逆的時間**と言ってもいいかもしれません。こうした時間概念の差違については、近年日本で注目された「希望学」[16]でも、重要論点として確認されています。

同じ手順を繰り返すルーティンワークなら、前提条件と結果、手段と目的、さらには費用と便益を事前に見きわめることも比較的容易でしょう。でも先に述べたとおり、途上国における開発を含め、不確実性の避けられない新事業では、そうはいきません。まったくのあてずっぽうは論外としても、変わらない主体を前提し、単線的・均質的時間概念に基づいて決められた工程表など、不確実性の支配する中で潜在的可能性を引き出し、学習効果を高めるという目的には、ほぼ役に立たないのです。

無駄は無駄か?――オルターナティヴとしてのスラック経済観

ような同時多面的投資を行うというものである。ヌルクセも開発経済学のパイオニアの1人に数えられるが、ハーシュマンは、補完的関係にあると考えられる投資を各分野で調整しながら同時に実施できるような国は最初から途上国ではないとして、均整成長論を批判した（読書案内⑥）。

13 連関効果　ある産業が別の産業の動向に与えるプラスの効果。サプライチェーンの特定の産業が川下の産業に供給者として与える影響を「前方連関効果」（例：大量生産で部品・原材料が安くなれば川下は助かる）、川上の産業に需要者として与える影響を「後方連関効果」（例：大量・安定的・長期的に買ってくれれば川上は助かる）という。ハーシュマンは途上国で行われるべき各投資間の補完的関係を同時多面的にではなく、時間の流れで垂直的にとらえ、連関効果の高い投資を推奨《すいしょう》した。より重視したのは、後方連関効果の需要圧力である（読書案内⑥）。

14 輸入代替工業化　それまで輸入していた製品の国産化を目指す工業化政策。すでに一定規模の輸入が行われ、確実な需要が見込まれる製品の輸入代替工業化は、途上地域の未利用資源を掘りそして、不確実性に向き合う場合、何が無駄で、何が有効かの判断もそう簡単にはいきません。たとえば「無駄の効用」という言葉があります。希望をかなえるには、無駄なく計画を立て、目標に向け一直線に進むべきと考えられがちだが、事前に何が無駄で、何がそうでないかを判断するのは難しい。無駄を否定しすぎると、希望との思いがけない出会いもなくなる。効率性の名のもと、必要な無駄まで排除すると、希望は失われてしまう――先に言及した希望学では、「無駄の効用」をこのように解説しています（読書案内⑤）。ポシビリズムにも共通する視点ですが、ハーシュマンは、**緊張経済観**に対して**スラック経済観**を提示し、さらに一般的な形で「無駄」に向き合おうとしました。

緊張経済観とは、競争によって各経済主体が能力の限界までのパフォーマンスを常に強いられているとする見方であり、ここでは無駄は発生しません。競争があれば、合理的・効率的に行動せざるをえないからです。無駄を出せば競争に敗れ、新参者にとって代わられます。競争によって無駄と非効率が排除され、社会全体としてより良い資源配分がもたらされる。非効率によって衰退した経済主体は市場から退場するのが当然だ――これが主流派＝新古典派経済学に典型的に見られる経済観です。

ハーシュマンはこうした見方を批判します。緊張経済観では、経済全体としては余剰を生み出し続けているのに、個別企業は常に余裕なくフル稼働《かどう》を強いられるというパラドクスが生じています。そこで彼は「競争による緊張が無駄を省く」という考え方ではなく、「**社会の余剰**（**slack**）**が無駄を許す**」という経済観を打ち出します。それがスラック経済観です。

スラック経済観とは、人間社会は生存水準を上回る余剰の存在によって特徴づけられていて、それらが一定の衰退を許容するという考え方です。スラックは緩《ゆる》みや無駄を体現し

起こし、企業者の能力を引き出して、経済を深化・拡大させる第一の原動力と期待された（読書案内⑥）。主流派は、狭小な国内市場向け工業化は保護主義的措置（関税・輸入割当・自国製品優遇策など）を伴い非効率であると批判するが、現在の先進国で輸入代替工業化を経験しなかった国はなく、工業製品輸出を伸ばすためのワンステップとして輸入代替の重要性を指摘する議論は根強い。

15　**社会的間接資本不足型発展戦略**　一般には、民間投資拡大の前提条件として道路、港湾、電力、通信網など社会的間接資本（インフラストラクチャー）への投資増大を主張する議論が多い。しかしハーシュマンは、途上地域では本当に必要なインフラの立地・内容・投資量を見きわめるうえでも、社会的間接資本がやや不足気味のほうが効率的であるとした（読書案内⑥）。

16　**希望学**　従来、個人の内面の事柄とされがちだった「希望」の概念を、経済学、社会学、政治学、法学、歴史学、哲学、人類学など様々な分野の研究を結集させつつ、その社会的な意味や条件などを考察する学際的な学問分野。2005年より東京大学社会科学研究

ていて、事前にどれだけ綿密に計画を立てても、社会がどんなにうまく組織化されていても発生するけれど、逆にスラックがあればこそ、衰退からの回復、逆境の克服、さらにはイノヴェーションが可能になると考えます。スラックには余裕という意味もあります。ハーシュマンはこのスラック経済観を用いて、衰退した企業・組織・国家がそのまま退場・破滅するのではなく回復しうること、回復させるべき局面があることに注目したのです。

　不確実な世界で誤りうる人間が関わっている以上、企業・組織・国家に衰退や失敗はつきものである。だからといって、必ずしも破滅に至るわけではないし、破滅させるべきでもない。「とりかえしのつかない」場合もあるが、現実の世界では、スラックのおかげで**「とりかえしのつく」過失**も多い。そこでは、緊張経済を前提した主流派の競争メカニズムとは違った回復のプロセスが機能しているはずだ。ハーシュマンは、このように考え、スラックを単なる無駄とみなさず、それがどのような効果を持ちうるのかを社会科学の研究対象としました。同様の認識は、サイモン[17]、サイアート、マーチ[18]といった組織論、経営学の専門家にもありますが、ハーシュマンは考察対象を企業レベルにとどめず、より一般化しようとしました。

　不確実な世界で潜在的可能性をどう引き出すかという視点から、本章で述べてきた継起的問題解決、学習プロセス、不可逆的時間の議論を踏まえたうえで、緊張経済観とスラック経済観を対比すると、自己の理論体系に合わせ、前提条件と結果の関係を直線的・固定的に捉えようとする主流派経済学こそが、希望を育み、「まだない」ものを生み出すために必要な無駄を方法論的に排除してきたことがわかります。ハーシュマンは、競争によってスラックを除去することの非現実性、経済的・政治的・社会的コストを指摘し、淘汰《とうた》メカニズムではなく、**回復メカニズムとしての競争**に目を向けるべきこと、競争重視の主流

所を拠点に国内での調査などが行われている（読書案内⑤）。

17　サイモン（Herbert Alexander Simon 1916～2001年）アメリカの経済学者。政治学、認知心理学、経営学の分野でも顕著な業績を残した。どれだけ合理性を追求しても、人間は認識能力の限界によって「限定合理性」にしか到達しえないことを前提に、大きな組織の意思決定や行動を分析した。1978年ノーベル経済学賞受賞。学問的影響は、狭義の社会科学にとどまらず、人工知能や言語学、システム科学などにも及ぶ。

18　サイアート（Richard Michael Cyert

派が回復メカニズムとしての競争の有効性を十分には認識できていないことを明らかにしました。

こうした視点で経済と政治の相互作用を描いた『離脱・発言・忠誠』（読書案内⑫）は、１９７０年の出版から半世紀近くを経てなお、社会科学、人文科学の諸分野に影響を与え続けています。以下でその内容を検討していきましょう。

離脱・発言・忠誠

いまや古典としての評価を得ている『離脱・発言・忠誠』ですが、そこでの議論は、ある意味できわめてシンプルです。

企業の商品・サーヴィスや業績、組織のメンバーシップに不満を抱いたとき、消費者やメンバーは２つの方法で「反応」します。ひとつが**離脱**（exit）であり、商品の変更・購入停止、株売却、離職、脱退といった形で現れます。数量的に計測できる場合も多く、経済学が主に注目してきた選択行動です。先に述べた市場の発達は、土地に縛られない「可動的な富」を生み、人々による離脱の機会拡大に大きく寄与《きよ》しました。一方、クレーム、投書、内部告発、訴訟、ストライキ、デモなど、いろいろな手段を用いて不満を具体的に表明するのが**発言**（voice）です。主に政治学が注目してきた選択行動です。

企業経営者、組織の意思決定者は、こうした反応を通して問題の発生を感知し、それに「応答」します。売上、株価、メンバー数、評判などの低下を危惧するリーダーは、改善・回復に向けて対応策をとるでしょう。このような「反応－応答」の反復によって、不満の元となった企業経営・組織運営の問題点は改善され、正常な軌道《きどう》に戻るというわけです（読書案内⑫）。

１９２１～98年）と**マーチ**（James Gardner March　１９２８年～）１９６３年の共著『企業の行動理論』（邦訳：松田武彦・井上恒夫訳、ダイヤモンド社、１９６７年）において、新しい行動科学的分析に基づいて従来の企業理論を批判した。彼らが提示した「組織が有するスラック」の概念はハーシュマンの議論と共通するところがある。またマーチと前出のサイモンが１９５８年に著した『オーガニゼーションズ』（邦訳：第２版、高橋伸夫訳、ダイヤモンド社、２０１４年）は、組織論の古典的名著として今も読み継がれている。

煎《せん》じ詰《つ》めれば、ハーシュマンがこの本で描いたのは、こうしたことにすぎません。しかしシンプルな概念をいろいろ積み重ねていくと、より複雑な状況が浮かび上がります。

まずは先ほど述べた「回復メカニズムとしての競争」について説明しておきましょう。競争が回復機能を果たすには、不満を持つ顧客《こきゃく》・メンバーはためらいなく離脱するほうがよい、つまり離脱が素早く活発であるほどよいと主流派は主張します。しかし、不満を感じた人たちが一挙に離脱してしまえば改善しようがありません。踏みとどまる顧客・メンバーがいてこそ、企業・組織の改善努力が実を結ぶための時間的・経済的余裕が生まれる。スラック経済観に立つハーシュマンはこうして、競争をある程度不活性化する条件があってこそ、回復メカニズムとしての競争が活性化すると主張したのです。通常、競争を通じて効率性が高まるというのは、こういう理路を通じてであり、競争を万能視する主流派は実のところ競争メカニズムの本質を理解しきれていないと考えたのです。

さらにハーシュマンは次のように議論を進めます。不満を抱いた人々は何らかの反応を起こすけれど、その具体的内容や度合いは彼らが商品やサーヴィス、メンバーシップに抱く**忠誠**（loyalty）によって影響されます。忠誠と言うと、何か封建的な響きがありますが、要するに商品やサーヴィスへの愛着とか、企業や組織に対するメンバーの帰属心といったものであり、打算的要素が含まれることもあります。代わりの商品・組織があるからといって、すぐに離脱せず、不確実な改善をあえて期待するかもしれません。忠誠者たちによる離脱の脅《おど》しは、彼らの発言の効果を高めることもあります。そもそも、日用品、こだわりの品、思い入れが深い組織など「何から離脱するのか」によって、人々の思惑《おもわく》・判断は異なります。代わりのきかないものもあります。

そして企業・組織のあり方、市場の構造によっては、離脱、発言が常に利用できるとは限りません。「反応」が感知されるかどうか、改善に向けた「応答」がなされるかどうかも不確実です。競争状態にあり、多くの容易な離脱先が存在すると、（主流派の想定と異なり）かえって企業や組織の怠慢《たいまん》が助長されたり、発言が単なるガス抜きで終わる場合もあります。離脱の可能性が発言の力を増すこともあれば、過剰な（あるいは早期の）離脱によって発言が機能せず、回復するものも回復しないということもあるでしょう。回復メカニズムが働かず、社会全体で格差や不均衡が拡大して、衰退過程にある企業・組織・国家がそのまま滅びるというシナリオももちろん想定できます。このように、シンプルだったはずの景色は徐々に複雑な様相を呈してくるのです。

　ハーシュマンはこうした枠組みを用いて様々な局面を分析しました。心理学との接点を探った研究を含め、応用範囲は広いのですが、ここで注目したいのは、社会のあり方への示唆《しさ》です。20世紀中盤には、のちに現実世界を席巻《せっけん》する新自由主義が経済学の分野で勢力を増し始めました。個人の離脱による効率化を主張し、発言の意義を過小評価する議論が広まったのです。たとえば先に触れた主流派の首魁《しゅかい》フリードマンが**教育ヴァウチャー制度**[19]導入を、チャールズ・チボーが地域選択論において**足による投票**[20]を、さらにはマンサー・オルソンが集合行為の分析で**フリーライダー論**[21]を展開し、存在感を増していきました。そうした状況下、ハーシュマンは、新自由主義が必然的にもたらす格差や差別の構造化に警鐘《けいしょう》を鳴らすとともに、「**完全な離脱は不可能**」な場合があることを明らかにして、「政治学びいきの経済学者」などと揶揄されつつも、発言という選択行動、さらには**民主主義の重要性**を浮き彫りにしようとしたのです。

19　**教育ヴァウチャー制度**　公立学校における教育の質の低下が問題化した１９５０年代のアメリカで、教育分野にも競争原理を導入して改善を図るべきだとしてフリードマンが提唱した私学助成制度。生徒の教育費相当額をヴァウチャー（クーポン）として生徒もしくは保護者に支給し、私立校は彼らから受け取ったヴァウチャー総数に応じた補助金を獲得するという仕組み。フリードマンは、私立校にも生徒数に応じて補助金を出せる仕組みを作って公私の競争条件を整えたうえで、ヴァウチャーをすべての生徒に支給して、公立校の予算も生徒数に応じて決めるべきだと主張した。これによって学校間にヴァウチャー獲得競争が生まれ、教育サーヴィスの質向上が実現できるとした。ハーシュマンは、発言が有効な場面で離脱に偏向する主流派経済学の典型例として批判している（読書案内⑫）。

20　**足による投票**　ある人が望ましい行政サーヴィスを求めて別の町に転居すると、税金は新しい自治体で払うことになる。つまり住民の自由な移動（＝離脱）が自治体の税収を左右する。これは行政サーヴィスを争点に、住民が

アメリカン・ドリームから共同性への道筋

たとえ貧しくとも、自らの才覚と努力で底辺から上層の階級へと這《は》い上がる。個人として下層階級から離脱し、社会的上昇を果たす。こうした成功談は一般に「アメリカン・ドリーム」という言葉で語られ、自由の国アメリカでは誰もがこのチャンスを手にできるとされてきました。今やこれが幻想であることは、中間層が没落した格差大国アメリカ自身が証明しています。

実のところ、個人の社会的上昇移動を成功と結びつける「アメリカン・ドリーム」という観念そのものが、上層階級への離脱の機会さえ保証されていればよいという風潮を生み、その機会が平等ではない状況下でも、格差・差別を正当化する恐れがあります。親の所得や人種・民族・性別などで、教育や就職の機会が平等ではないのに、アメリカン・ドリームが独り歩きすることによって、格差・差別が個人の努力、自己責任の問題にされてしまうのです。

そもそも、アメリカン・ドリームでイメージされるように、差別され抑圧された集団からごく少数が上昇に成功したところで、問題の根本的解決にはつながりません。それどころか、元気で優秀な一部の者に離脱のチャンスが与えられ、既存の社会秩序に取り込まれると、**集団全体の改革圧力（発言）**を生み出す潜在的リーダーシップが失われ、格差・差別は構造化してしまいます。

ハーシュマンは、個人的には上昇移動のチャンスがある社会で、なぜ格差が再生産され固定化するかをこのように論じました。そしてアフリカ系アメリカ人を中心とした**公民権運動**を念頭に、格差・差別の克服には、個々人に上昇移動（＝離脱）の機会を保証するだけでは不十分で、集団的な発言の力が必要であることを主張しました。主流派経済学のよ

「足による投票」を行っているようなものである。アメリカの経済学者・地理学者チャールズ・チボー（Charles Mills Tiebout　１９２４〜68年）は、これが自治体間競争をもたらし、サーヴィスの向上につながるとした。ただし彼の議論には、普通選挙であれば誰にも可能な「手による投票」と違い、「足による投票」は、制限選挙同様、所得によって実行可能性が変わるという認識が欠けている。

21　**フリーライダー論**　「フリーライダー」とは、ただ乗り、つまり対価を支払わずに便益だけを享受する者を指す。「集合行為」を分析したマンサー・オルソン（Mancur Olson, Jr.　１９３２〜98年）の議論（『集合行為論――公共財と集団理論』依田博・森脇俊雄訳、ミネルヴァ書房、１９８３年、原著１９６５年）が有名。ある目的をもって集団活動をするとき、ホモ・エコノミクスを前提した場合、個人は集団活動の成果を対価なしに利用（ただ乗り）しようとするので、他人任せの人が増え、集団目的が達成できなくなるという問題に光をあてた。ハーシュマンは、人々が協調して行動したり、公的目的で集まったりすることがいかに

うに、個々人の利益と離脱の機会だけに注目していては、格差や差別の現実にはアプローチできないし、ましてやその解決など望めないことを、離脱・発言・忠誠のシンプルなモデルで明らかにしたのです。

彼はさらに議論を進め、**公共財**を事例に、どれだけ離脱したくとも、完全には離脱しきれない状況に注目しました。公共財とは、**非排除性**（対価を支払わない人もその便益に与《あずか》ることができる）、**非競合性**（特定の人による財の消費が他の人々によるその財の消費を妨げない）という特性を有し、市場が成立しにくく、公共部門が提供する財のことです。たとえば、空気、国防、消防、警察、公衆衛生、知識、一般道路などが挙げられます。公共財は、その維持に必要なコストを（税金などの形で）払わない人も利用できるため、払っている人が不公平感を抱くことがあり、オルソンが分析したように、「フリーライダー（ただ乗り）問題」が指摘されることが多くなります。

公共財については、上記のように、誰でも消費可能という特性が注目されやすいのですが、別の見方をすれば、それを供給する社会から離れない限り、その消費から誰も逃れられないものでもあります。主流派によれば、自治体や国家の政策・サーヴィスが気に入らないときは離脱（＝足で投票）すればよいのですが、離脱元が提供する公共財の質は、それによってどんどん劣化《れっか》します。「頑張った」から「高収入を得ている」と悦《えつ》に入《い》る勝ち組は、自己責任論を振りかざして負け組を排除し、要塞《ようさい》化した別世界（ゲイティッド・コミュニティとも称される高級住宅街）に離脱できると思うかもしれません。でも、たとえば公教育を考えれば分かるように、長い目で見ると、公共財劣化の影響から誰も免《まぬが》れることはできません。たとえ自分が1％の勝ち組であっても、公教育の衰退によって99％の人々が変化に適応することも変化を担うこともできなければ、持続的経済成長は見込めず、

非合理的かを主流派理論に依拠して説明しているだけだとオルソンの議論を批判したうえで、公的活動の合理性、さらにはそこに内在する独特の脆弱性《ぜいじゃくせい》を指摘した（読書案内⑨）。

社会の安定も望めないからです。

ここで提示された「完全な離脱は不可能」という視点は、自分たちの生きる社会を再発見し、その分断に抗《あらが》い、共同性を構築するために必要不可欠の視点です。排除した99％の影におびえ、けっして出会わないように要塞を守り固めるよりは、格差社会を是正すべく福祉、医療、教育に金を使ったほうが結局は安い。格差社会は金持ちをも蝕《むしば》む。これが社会疫学《えきがく》・公衆衛生学の常識です（読書案内①②）。だとするなら、1％の勝ち組にとっても、けっして完遂《かんすい》されえない私的な離脱を試み続けるより、自己の選択の社会的帰結を長期的視点で考えるほうが得策ではないか。格差や差別の解消に向けて、集団的なものを含め、発言の機能を高めることが合理的なのではないか。こうしてハーシュマンは、具体的不満への個々人の選択・反応という次元から出発し、社会的共同性、公共性へとつながる道筋、「わたし」から「わたしたち」へとつなぐ理路を提示したのです。

市場経済と民主主義——社会の「可能性」拡大のために

本章では、「可能性」に肩入れするハーシュマンの多岐にわたる議論を概観してきました。彼にとって、社会科学が目指すべきは、無理を重ねて正確な予測を試みることではなく、不確実性を前提に、現在社会の有する可能性をとらえること、専門的・日常的言説によって見えなくなっている可能性の領域に光をあてることでした。「不確実性の確実化」を狙《ねら》いすぎる理論は、全体主義、権威主義をはびこらせかねないからです。

批判的視点を持ちながらも市場経済擁護論を辿ったハーシュマンは、その「実現しなかった意図」を、『離脱・発言・忠誠』の議論を通じて彫琢《ちょうたく》し、現代に生かそうとしたように思います。新自由主義思想では忘れ去られていますが、そもそも「穏和な商業」テーゼ

（255ページ）には、契約や信頼で成り立つ商業という日常的コミュニケーションの中で、不満の表明や調整が「発言」によって可能になることも含まれていました。市場経済によって広がる離脱の機会のみならず、発言の機能も期待されていたわけです。

離脱と発言は、状況によって代替的でもあり補完的でもあります。当初想定されたように衰退からの回復効果をもたらすこともあれば、破滅に至る道を用意することもあります。忠誠はそのどちらの局面でも離脱、発言の行方を左右します。ハーシュマンは、離脱と発言の最適な組み合わせがあれば、どんな不満も調整できるとか、試行錯誤を繰り返せば組み合わせの最適解《さいてきかい》に近づけるとか主張したわけではありません。それよりも、市場経済擁護論の意図を受け継ぎ、状況に応じ離脱と発言の効果を見きわめること、そして本章の関心に引き寄せて言えば、民主主義によって国家権力、さらには市場経済をもコントロールする方法を模索していたと考えるべきでしょう。

経済のグローバル化が進んだ現在は、対処すべき問題が複雑化しています。自由化・規制緩和で使い勝手のよい離脱手段を手にした富裕層・大企業は、各国の税制をにらみながらタックスヘイヴン（租税回避地《そぜいかいひち》）で蓄財に励み、ロビー活動という発言手段で政治家に働きかけ、さらにはマスコミ・広告業界を抑え、民主主義を金で買うような所業《しょぎょう》に出ています。その一方、周期的金融危機と格差拡大に見舞われた数多くの人々が世界各地で緊縮財政に喘《あえ》いでいます。簡単な離脱先を見いだせない人々は、グローバル化に反旗を翻《ひるがえ》し始めています。グローバル経済を制御する方法が定まらないなか、先進国においては、ある意味で民主主義における発言の機会が十二分に活用され、反グローバリズムの主張が高まっています。主流派はポピュリズム（大衆迎合《げいごう》主義）と揶揄しますが、エリートの利益追求を暴走させるグローバル市場に民主主義がくさびを打ち込んでいるとも言えます。

問題なのは、反グローバリズムを掲《かか》げる様々なグループがそれぞれのアイデンティティに基づき排外主義に走り、忠誠が対立を深める機能を果たしかねないということです。グローバル化が進んだ現在は、離脱と発言の最適な組み合わせどころか、あらゆるところで組み合わせがきしみ始めています。社会の可能性を引き出すはずの市場経済と民主主義ですが、放っておいてうまく機能するものではないのです。

民主主義が排外主義と結びかねないとき、「わたしたち」をどこまで拡張できるか、国境を越えた民主主義がどこまで実現できるかが問われています。残念ながら、社会科学はいまだに国家を主語として「国益」を、大企業目線で「経済成長」を語るという旧弊《きゅうへい》を脱していないように思われます。国家に包摂されつくさない「人々のまとまり方・つながり方」をどう構想するか。社会の可能性を引き出すシステムとして、これからの市場経済と民主主義をどう考えればよいか。課題は小さくありませんが、経済がグローバル化した今、誰にとっても「完全な離脱は不可能」であるとの認識を共有することがまずは重要になるのではないでしょうか。

【読書案内】

①エスピン＝アンデルセン、イエスタ［２０１１］『平等と効率の福祉革命――新しい女性の役割』大沢真理監訳、岩波書店（原著２００９年）
②カワチ、イチロー［２０１３］『命の格差は止められるか』小学館１０１新書
③齋藤純一・田村哲樹編［２０１２］『アクセスデモクラシー論』日本経済評論社
④佐野誠［２０１２］『99％のための経済学【教養編】――誰もが共生できる社会へ』新評論
⑤東大社研・玄田有史・宇野重規編［２００９］『希望学［１］希望を語る――社会科学の新たな

地平へ』東京大学出版会
⑥ハーシュマン、A［1961］『経済発展の戦略』麻田四郎訳、巌松堂（原著1958年）
⑦―――［1973］『開発計画の診断』麻田四郎ほか訳、巌松堂（原著1967年）
⑧―――［1985］『情念の政治経済学』佐々木毅・旦祐介訳、法政大学出版局（原著1977年）
⑨―――［1988］『失望と参画の現象学――私的利益と公的行為』佐々木毅ほか訳、法政大学出版局（原著1982年）
⑩―――［1997］『反動のレトリック――逆転、無益、危険性』岩崎稔訳、法政大学出版局（原著1991年）
⑪―――［2004］『方法としての自己破壊――〈現実的可能性〉を求めて』田中秀夫訳、法政大学出版局（原著一九九五年）
⑫―――［2005］『離脱・発言・忠誠――企業・組織・国家における衰退への反応』矢野修一訳、ミネルヴァ書房（原著1970年）
⑬―――［2008］『連帯経済の可能性――ラテンアメリカにおける草の根の経験』矢野修一ほか訳、法政大学出版局（原著1984年）
⑭―――［2011］『国力と外国貿易の構造』飯田敬輔訳、勁草書房（原著1945年）
⑮矢野修一［2004］『可能性の政治経済学――ハーシュマン研究序説』法政大学出版局

ハーシュマンの主著の多くは邦訳されています（⑥〜⑭）。⑮は「希望の組織化」という観点から、その全体像を検討し、本章の内容をさらに深く考察したものです。ハーシュマンの最も詳しい評伝はジェレミー・アデルマンがまとめています（Jeremy Adelman, *Worldly Philosopher: The Odyssey of Albert O. Hirschman*, Princeton University Press, 2013）が、かなり大部な本で邦訳もありませんので、激動の人生を辿るには⑫の訳者補説、⑪所収の講演録が簡便です。⑤はハーシュマンの問題意識に通じるものがあり、特に編者の玄田さんと宇野さんおよび広渡清吾さんの論説は読み応えがあります。格差の問題点、制度設計しだいで福祉が効率性とも両立する点に関しては①②を参照してください。④では社会科学の向き合うべき課題が市民目線で分かりやすく語られています。現代民主主義の多角的入門書としては③が読みやすいでしょう。

（矢野修一）

第8章

ネオ・シュンペタリアンとイノベーション

近年、「イノベーション」という言葉に出会うことが珍しくなくなりました。経済関係の新聞や雑誌では、ほぼ毎号と言っていいほどこの言葉を目にします。カタカナ語はとかく新しい概念のように思われがちですが、オーストリア出身の経済学者**ヨーゼフ・シュンペーター**（Joseph Alois Schumpeter 1883〜1950年）が「経済発展過程におけるイノベーションの重要性」を唱えたのは、今からおよそ1世紀も前のことです。

イノベーション（innovation）とは、日本語では「技術革新」という訳語があてられることが多いですが、実際にはもっと広い概念であり、ごくおおざっぱに表すとすれば「新しい発想で新しい価値を創造し、それによって組織や社会に変革をもたらす現象」です。シュンペーターは、イノベーションの本質は**新結合**《しんけつごう》（new combination）、つまり既存《きそん》の知識が新しい形で（**斬新性**《ざんしんせい》）社会に適用されることにあると論じました。この新結合に至る過程において、**企業家**（entrepreneur）はイノベーションを生み出し、それを社会に浸透《しんとう》させる重要な役割を担《にな》います。シュンペーターはさらに、これら企業家が生み出すイノベーションによって従来の経済の仕組みがいったん破壊され、新しく生まれ変わることを**創造的破壊**（creative destruction）と名づけ、市場経済はこの創造的破壊を経て発展すると唱えました。

なぜ1世紀も経た現代日本で、この概念がこれほどもてはやされるのでしょうか。その背景にはおそらく、長期にわたる経済停滞と、それに起因《きいん》する数々の社会問題があります。所得・機会の格差拡大、少子高齢化、原子力発電など既存技術への不信、進まない女性の社会参画、待機児童の増加、子どもの貧困、地方の過疎化《かそか》・空洞化、労働力不足と外国人労働者の参入……日本社会は、これらの構造的な問題が複雑に絡《から》み合い、容易に解決しえない状況に直面しています。そのなかで、小手先《こてさき》の改革ではらちがあかない、大胆な「破壊と再生」こそが必要だという認識が、長い閉塞期《へいそくき》を経てようやく浸透し、突破口への鍵としてイノベーションへの期待が高まっているのかもしれません。

ところで現実の経済を分析するにあたっては、**静態的《せいたいてき》分析**と**動態的《どうたいてき》分析**という、視点の異なる2つの考え方があります。前者は生産・交換・消費などが常に同じ規模で循環するという認識、後者はそれらが常にダイナミックに変化するという認識に立ちます。両者のうち、いずれがイノベーション現象を把握するのに適しているでしょうか。

新古典派経済学（本書序章参照）の成長理論を代表するソロー[1]は、資本（設備・機械等）が蓄積し生産量が増えることで経済が成長する、と考えました。ただし、投資すればするほど、投資による収益は少なくなるため（資本の限界生産性の逓減《ていげん》）、長期的には投資が停滞し、経済成長は持続しなくなるとしました。そこで長期的な経済成長には技術の進歩が必要であるとし、経済の総生産を①資本（投資）、②労働力（人口）、③労働生産性を高める技術（labour enhancing technology）から分析しました。このソロー・モデルは、経済成長における技術の重要性を、他の生産要素を単純化することで明らかにしましたが、技術変化の源泉については説明せず、技術の経済成長への貢献を、資本と労働力の投入による貢献では説明できない部分（残差《ざんさ》）とし、技術を外生的なもの、つまり経済活動の外部

1 ソロー（Robert Merton Solow 1924年〜）アメリカの経済学者。新古典派成長理論の創始者とされる。経済成長における技術進歩の重要性を論じ、アメリカの経済成長について、その大半が技術進歩に起因すると算出した。主著『成長理論』（福岡正夫訳、岩波書店、1971年）など。

から与えられるものと位置づけました。１９８０年代以降になると、新古典派から**内生的《ないせいてき》成長論**（endogenous growth theory）が提示されます。これは技術変化を経済成長のメカニズムの一部（内生的要因）として説明する点で、ソロー・モデルを補完するものでした。内生的成長論の論者の中でも特にローマー[2]は、アイディア、知識なども含め、技術を幅広く捉《とら》え、これらは非競合財《ひきょうごうざい》であり、模倣《もほう》されやすいという外部性があるゆえに、それらの利用が投入に対する産出（限界生産性）に影響を与えるとしました。こうした議論によって経済成長をより説得的に説明することが可能となりました。成長論に内生的要因が取り入れられたことで、知識――科学技術やイノベーション――を取り巻く政策（知的所有権、独占禁止法、教育機関、産学連携など）についての議論が活性化しました。しかしながら、内生的成長論は、知識がイノベーションへと結実し、実際に経済成長に貢献するための動態的過程、特に歴史的な構造的変化に対応しきれてはいません。また、一部のネオ・シュンペタリアンは、内生的成長論が経済分析にあたって、研究開発（Ｒ＆Ｄ）の費用や研究者の数など、測定可能な定量的（＝数値化できる）指標のみを使っているため、イノベーションの実態を理解するには不十分だと指摘しています。

現実社会におけるイノベーションは、長期的・動態的な経済現象として現れます。しかも後述するように、それは市場や経済のみに関わる狭い概念ではなく、諸制度や社会全体の変革と進化を促《うなが》す要因ともなるものです。したがって、静態的分析に拠《よ》って立つ新古典派の理論の枠組みでは、イノベーション現象をうまく取り扱うことは困難なのです。

本章では、シュンペーターやその後継者たる**ネオ・シュンペタリアン学派**の考え方を解説しながら、イノベーションの意義を考えていきます。それを通じて、広い意味での異端《いたん》派《は》経済学に属するシュンペーターとネオ・シュンペタリアンの理論が、現代経済学の諸学

2 ローマー（Paul Michael Romer　１９５５年～）アメリカの経済学者。ニューヨーク大学教授。内生的成長理論を唱え、経済の持続的な成長へと導く要因として知識やアイデアに着目し、それらが規模に対して収穫逓増《ていぞう》の性格をもち、産出量を飛躍的に増大させるとした。

派の中で、イノベーション過程の理解にきわめて大きく貢献していることを示せればと思います。

シュンペーターの経済発展論の特異性

シュンペーター（「シュムペーター」と表記されることもあります）は19世紀末にオーストリアで生まれ、20世紀前半を通じてドイツ、アメリカで活躍した経済学者です。その最大の功績《こうせき》は、経済発展におけるイノベーションの役割を理論的に解明したことにあります。彼の理論は、その当時受け入れられていた経済発展過程の理解と大きく異なるものでした。

シュンペーターの研究で中心的な役割を果たすのが、冒頭で触れた「新結合」の概念です。シュンペーターはその主著『経済発展の理論』（１９１２年）のなかで、非連続的に現れる「新結合」こそがイノベーションの本質だと述べました。そして「新結合」の形態として、以下の５つを挙げています（読書案内④）。

（1）新しい生産物、あるいは新しい品質を有する生産物の創出と実現
（2）新しい生産方法の導入
（3）新しい販路《はんろ》の開拓
（4）原料あるいは半製品の新しい供給源の獲得
（5）新しい組織の実現（トラスト［企業合同］などによる独占の打破を含む）

こうした「新結合」を遂行《すいこう》する担い手が企業家です。企業家は「創意《そうい》」、「権威」、「先見性」を持ち、能動的に「新結合」を遂行する役割を担います。つまり、企業家の行動起点は、新古典派の言う経済的合理性ではなく、**個人の意思という非合理的な衝動**です。シュ

ンペーターは企業家の役割を他と区別して、①すでに創造された企業の経営管理者は企業家ではないこと、②「新結合」を遂行する際のリスクを引き受けるのは企業家ではなく資本家の役割であること、という2点を挙げ、企業家の役割がイノベーションそのものであることを強調しています。

シュンペーターは企業家が経済発展過程に大きな役割を果たすと考えました。企業家が「新結合」を遂行することによって、経済とその構造が質的に変容し、動態的に発展するからです。こうした議論は、経済発展に関する従来の理解を大きく覆《くつがえ》すものでした。なぜなら、それまで支配的だった静態的分析では、投入される生産要素の量が一定とされており、経済発展は外的要因によって生産要素（例えば人口や貯蓄など）が増加することで達成されると考えられていたからです。シュンペーターはこの静態的分析で所与《しょよ》とされていた「技術」や「組織」に注目し、企業家の活動によってこれらが変容することで、**内発的かつ質的な変化**がおこり、経済成長に貢献するという**動態的な経済発展論**を唱えたのです。

今日の事例でいえば、例えば携帯電話やスマートフォンというイノベーションが、ソフトウェアなどの関連製品、ソーシャル・ネットワーキング・サービス（SNS）や電子決済などの各種サービスの発達を生み、生産性や消費者の利便性の向上を実現しました。いまやSNSで話題の製品が欲しければ、深夜早朝でもネットショッピングで購入することができますし（消費行動の変化）、銀行口座を持たない人でも携帯があれば金融サービスを利用できるようになりました。その経済効果は著《いちじる》しく、それまでとは異なる経済発展の経路が開拓されたといえます。

またシュンペーターは、動態的経済発展の過程を、技術の緩《ゆる》やかな改良ではなく、非連続的な「新結合」によるものとみなしました。この点は、新古典派経済学の考え方と異なっていただけでなく、新古典派を批判したケインズ経済学の考え方とも異なるものでした。例えば、ケインズ経済学では短期的・静態的視点を取り、経済が不完全雇用を抱えたまま均衡する状況を理論的に説明します。ケインズはそこから、消費と投資で構成される有効需要（後述）を操作することによって雇用を創出し、景気を押し上げ、経済発展を促すべしという政策提言を行いました（詳しくは序章、第3章参照）。シュンペーターは逆に、長期的で動態的な視点に立ち、供給サイドである企業の技術や組織などのイノベーションに注目して経済発展を論じました。彼の理論では、不景気とは質的変化に伴《ともな》う景気循環の必然的な現象と位置づけられます。

同時期に活躍した新古典派経済学のマーシャル[3]は、ダーウィンの生物進化論の影響もあってシュンペーターの論じる動態的アプローチを支持しましたが、経済は外的要因にさらされながらも漸進的《ぜんしんてき》に発展すると主張した点ではシュンペーターとは異なっています。さらにマーシャルは、企業家の経済発展における役割は認識しつつも、経営管理者や資本家と明確に区別されるその役割の特異性には言及しませんでした。

このようにシュンペーターは初期の著作『経済発展の理論』で、企業家がイノベーションの担い手となり、非連続的な「新結合」によって経済が動態的に発展していくという考え方を提示しました。しかしながら、この考え方は後期の研究においては徐々《じょじょ》に変化してゆき、１９４２年に出版された『資本主義、社会主義、民主主義』においては、イノベーションの中心的な担い手を大企業とみなすにいたります。イノベーションを生み出すには、大規模な研究開発機構とそれを可能にする市場支配力・資金力が必要となるからです。これはのちに「シュンペーター仮説」と呼ばれ、現在もその実証性をめぐって研究が続けられています。

3 マーシャル（Alfred Marshall　１８４２～１９２４年）新古典派経済学を創始したイギリスの経済学者。主著『経済学原理』（１８９０年）は英語圏において教科書として最もよく使われた。

ネオ・シュンペタリアンの主張

シュンペーターがハーバード大学に教授として着任した1932年、アメリカ経済はその数年前に発生した世界恐慌（29年10月ウォール街の株価暴落に始まる）以来の混乱と低迷の渦中《かちゅう》にあり、大統領選に出馬したF・ルーズヴェルト[4]がその克服をかかげて「ニューディール（新規まきなおし）」というスローガンを発表します。そして翌年大統領に就任すると、大規模な公共投資を中心とする景気回復・雇用拡大・経済再建策（ニューディール政策）を次々に打ち出していきます。これらは政府が市場に積極的に介入するものであり、政府介入は最低限に抑えるべきと説くそれまでの古典的自由主義経済政策からの一大転換でした（ただ実際には、政策効果を見極める間もなく第二次大戦が始まってしまい、戦時経済による景気回復が実現したため、その成否《せいひ》についてはいまだ議論が続いています）。ニューディール政策の考え方は、ケインズが提唱した有効需要の原理[5]に極めて近いものでした。一方、シュンペーターの経済理論は、一部の研究者からは注目されていたものの、まだ政策に影響を及ぼすほどではありませんでした。技術革新やイノベーションの概念がようやく一般にも広く普及しだすのは、戦後復興期の1950年代から70年代初めにかけての高度成長期のことです。

1970年代後半になると、シュンペーターの理論は積極的に再評価され始め、進化経済学（本書第5章参照）、制度派経済学（同第2章参照）などの流れを汲《く》む人々によって再構築されていきます。そして80年代ごろ、**ネオ・シュンペタリアン**という新たな学派が誕生します。

ネオ・シュンペタリアンは、「イノベーションが経済を質的に変容させ、発展に導く」

4 ルーズヴェルト（Franklin Delano Roosevelt 1882〜1945年）アメリカの政治家、第32代大統領（任期1933〜45年）。ローズヴェルトと表記されることもある。

5 有効需要の原理 有効需要（貨幣支出を伴う需要）の大きさが、社会全体の産出高、国民所得、雇用量を決定するという考え方。ケインズが『雇用・利子および貨幣の一般理論』（1936年）で提示した。

というシュンペーターの主張を大筋で受け継ぎつつも、進化経済学や制度派経済学の影響を受けながら独自の展開をしました。そこで以下では、ネオ・シュンペタリアンとシュンペーターの理論との重要な相違点を整理します。

第1に、ネオ・シュンペタリアンは、経済の質的変容における「知識」や「学び」を重視します。シュンペーターは「新結合」を重視し、それが既存の知識を組み合わせることだとは述べましたが、それらが具体的にどのような知識で、そこからどのような学びが得られるかについては言及しませんでした。この論点については、例えばデンマークのオールボー大学名誉教授ベントーケ・ルンドバル（Bengt-Åke Lundvall　１９４１年〜）が、利用者（ユーザー）と生産者との交流を通じて生産方法や製品が改良されるプロセスを分析することで明らかにしています。[6]

第2に、イノベーションを遂行する上でのシステムの重要性の指摘です。シュンペーターもその重要性は認識していましたが、イノベーションを推進する組織として具体的に挙げたのは企業家と金融機関だけでした。しかしながら、新しいものがうまく世に受け入れられるには、企業家や金融機関だけでなく、多くの関連組織やその構成員が交流し、互いの役割を調整しあう必要があります。ネオ・シュンペタリアンはその全体を**イノベーション・システム**と呼んで、とりわけ重視しています（これについてはあとで詳しく説明します）。国レベルのイノベーション・システムについては、イギリスのサセックス大学科学研究ユニット（ＳＰＲＵ）名誉教授クリス・フリーマン（Chris Freeman　１９２１〜２０１０年）、アメリカ・コロンビア大学名誉教授リチャード・ネルソン（Richard R. Nelson　１９３０年〜）、および前述のルンドバルが、それぞれ異なる視点からほぼ同時期に研究を発表しています。[7] また部門（セクター）レベルでのイノベーション・システムにつ

6 Lundvall, B-Å. (ed.) [1992] *National Systems of Innovation: Towards a Theory of Innovation and Interactive Learning*, Pinter Publishers. (revised in 2010 by Anthem Press)

7 Freeman, C. [1987] *Technology and*

いては、イタリア・ボッコーニ大学教授フランコ・マレルバ（Franco Malerba　1950年〜）がモデルを提示しました。[8]

第3に、新たな視点の提供です。ネオ・シュンペタリアンは、ミクロ経済（家計・企業活動・市場）とマクロ経済（1国経済）の中間に、両者を橋渡しするメゾ経済（Mesoeconomics, 接頭辞《せっとうじ》meso- は「中間」の意）の領域（産業・部門）があることを提示し、それによって経済の質的変容のプロセスを解明しようとしてきました。シュンペーターは企業のイノベーション（ミクロ）と国家経済の発展（マクロ）の関連については述べましたが、経済の質的変容をもたらすメカニズムを明らかにするには、両者の間をつなぐ産業や部門（メゾ）の形成についての理解が重要となります。シュンペーター自身、このメゾ領域の存在は認知しており、「新しい参入者の集積（aggregation of new entrants）」とみなしてはいるのですが、深く掘り下げるにはいたりませんでした。

第4にネオ・シュンペタリアンは、漸進的（incremental）なイノベーションも、非連続的で根本的（radical）なイノベーションと同様、経済の質的変容をもたらしうることを、実証的研究によって解明しました。根本的なイノベーションを行うには、技術への投資が必要となってきます。しかしながら、デンマークやアイルランドなどの小国やアフリカなどの発展途上国では、根本的なイノベーションを可能とする諸条件（技術への大規模な投資や研究開発を担う人材）が十分に備わっていない場合があります。そのような国・地域においても、利用者－生産者間で行われる作業の改善・改良、模倣《もほう》から始まる技術の習得などによる漸進的なイノベーションは可能です。ネオ・シュンペタリアンはそこから経済発展へとつながる可能性を示し、のちの途上国のキャッチアップ（先進国・中進国の経済レベルに追いつくこと）に関する研究への先鞭《せんべん》をつけました。[9]

Economic Performance: Lessons from Japan, Pinter Publishers; Nelson, R. R. [1982] *An Evolutionary Theory of Economic Change*, Harvard University Press; Nelson (ed.) [1993] *National Innovation systems: A comparative Analysis*, Oxford University Press. なお、ネルソンについては文献案内⑦も参照。

8　Malerba, F. (ed) [2004] *Sectoral systems of innovation: Concepts, Issues and analyses of Six Major sectors in Europe*, Cambridge University Press.

9　例えばアブラモヴィッツは、技術の導入だけではなく、技術を学びとるための社会的能力（social capability）の重要性を論じている（Abramovitz, M. [1986] "Catching Up, Forging Ahead and Falling Behind," *Journal of Economic History* 46: 385–406）。またコーエンとレビンサールは技術の吸収能力（absorptive capacity）、ベルとパビットは技術能力（technological capability）の構築が、途上国と先進国の差異を軽減するのに必要であることを論じている（Cohen, W. M., Levinthal, D. A. [1990] "Absorptive Capacity: A new perspective on Learning and Innovation," *Administrative Science Quarterly* 35（1）: 128–152; Bell,

イノベーションの定義と将来的な展望

先に触れたように、シュンペーターはイノベーションの本質として「新結合」と「斬新性」を強調しました。それでは、ネオ・シュンペタリアンの議論では、イノベーションはどのように定義されているのでしょうか。

今日一般的に使われているイノベーションの定義は、経済協力開発機構（ＯＥＣＤ）が中心となって作成した『**オスロ・マニュアル**』（イノベーションに関するデータ収集と解釈のためのガイドライン）に準拠《じゅんきょ》しています。ＯＥＣＤがこのマニュアルを作った背景には、イノベーションが人々の生活の質の向上に資するという理解のもと、政策への反映を含めたその効果的な活用方法を模索する上で、統計などを用いたプロセスの指標化が求められていた事情があります。

２０１８年10月、『オスロ・マニュアル』は13年ぶりに改訂されました（読書案内⑬）。この最新第4版では、イノベーションは「新規の、または改良された製品ないし工程（もしくはそれらのコンビネーション）であり、既存の製品もしくは工程と著しく異なっており、潜在的な利用者（製品の場合）もしくは生産単位［＝企業や事業体］（工程の場合）によって導入されたもの」と定義されています。旧版（２００５年改訂の第3版）では、「新規の、または大幅に改善された製品（モノやサービス）ないし生産プロセス、新しいマーケティング方法やビジネス手法、職場組織または外部との関係における新しい組織のつくり方」と定義され、「すでに実施されている、すなわち市場に導入されていること」がその条件とされていました。この旧版までの定義は、シュンペーターの議論を多くの面で踏襲《とうしゅう》したものでした。それが最新版では、シュンペーターの基本的な考え方に沿いつつも、第

Martin, Pavitt, Keith［1993］"Technological Accumulation and Industrial Growth: Contrasts Between Developed and Developing Countries," *Industrial and Corporate Change*, Vol. 2, Issue 2: 157–210［https://doi.org/10.1093/icc/2.2.157］）。これらの概念はいずれも、イノベーションと経済成長には技術の習得や学びが重要なことを指摘したものである。

4次産業革命[10]に伴う技術の変化に対応するかたちで改訂が行われたのです（改訂点の詳細は後述します）。

このように、『オスロ・マニュアル』は1992年の初版以来、ほぼ10年ごとに改訂されています。経済や社会の変容に伴い、イノベーションの実態も変化・深化し、経済・社会におけるその役割も変わっていくからです。イノベーションの本質を表す概念の定義も固定的なものではなく、つねに再考されていきます。例えば「斬新性」は、1997年の第2版で企業・市場・世界という3つのレベルに分けられました。そして企業のレベルでは、ある企業にとってその知識・技術・方法が斬新であれば、それはイノベーションであると定義しています。つまり、他社ですでに導入されている知識・技術・方法であっても、当該企業において初めて導入されたのであればそれはイノベーションなのです。

またイノベーションは、つねに特許の対象となるような画期的な最新技術満載の製品・サービスとはかぎりません。簡単に持ち運べるように改善した製品（例：携行性をアップさせたノートパソコンやタブレット）、コストパフォーマンスや生産性を向上させた製造工程（例：トヨタのカンバン方式）、より消費者のニーズに合うサービスの提供方法（例：コンビニエンスストアでの宅配便受取）など、既存の知識や方法を新たな発想で組み合わせた製品やサービス、あるいは既存の製品やサービスに改良を加えたものも含まれます。

最新の『オスロ・マニュアル』第4版における最も重要と考えられる改訂点の1つが、前述したイノベーションの定義です。第3版ではイノベーションの主体が「企業」とされていたのを、より広義の「生産単位」に変更。そしてイノベーションの条件を、「市場への導入」から「潜在的な利用者もしくは生産単位による導入」へと修正しました（図表

10 **第4次産業革命**　水力・蒸気機関の導入を契機とする第1次産業革命、電気・大量生産・分業の導入による第2次産業革命（代表例はフォードシステム）、そしてコンピュータの導入による自動化と効率化（コンピュータ統合生産：CIM）が図られた第3次産業革命に次ぐものとして、2016年世界経済フォーラムで初めて提示された概念。ロボット工学、人工知能（AI）、ナノテクノロジー、モノのインターネット（IoT：注15参照）など、情報通信技術（ICT）の発達を基盤に多様な分野で進展するごく新しい技術革新と、それによる経済・社会の質的変容を指す。とりわけインターネットの飛躍的な普及は、個人・組織の活動の質を大きく変容させ、コミュニケーションや自然環境の改善にも資する可能性があり、その点で過去の産業革命とは異なると指摘されている。

8・1）。「潜在的な」という語が入ったのは、現時点ではその技術や方法を利用していないが、将来利用する可能性のある人々や企業・事業体をも導入の主体とみなすことを意味します。そこには例えば、低所得・貧困層、様々なマイノリティ（社会的少数派）や障害をもつ人々、女性や高齢者や子ども、イノベーションの条件にアクセスしづらい中小・零細の企業や事業体なども含まれます。また「市場への」という言葉が消えたのは、後述するような、**社会的課題への対応をめざして市場を介さずに行われる新しいイノベーションが**、すでに各所で現実化しているからです。

　そもそも近年はデジタルエコノミー[11]の進展に伴い、市場を介さなくてもユーザー同士で成り立つ取引（商用・非商用を問わず）が拡大しています。そしてそれらの中から、**共有経済**（sharing economy）[12]と呼べる現象が出現してもいます。ネット上のオープンソースソフトウェアのように、あるユーザーがソフトに改良を加えることで全ユーザーが便益を得るケース、クラウドファンディングのように事業計画に共感した人々が共同で出資し、事業成立の暁《あかつき》には便益をわかちあうケース、あるいは役所・学校・病院などの公的機関が、自治体の財政削減への対応として、効率性やサービスの質向上に向けて協働するケース（後述するように「公共セクターのイノベーション」と呼ばれます）などが好例です。また、宿泊仲介サイト「Ａｉｒｂｎｂ（エアビーアンドビー）」のように、空いている部屋や家屋を宿泊施設として提供できる人と、それを借りたい人（多くは旅行者や短期滞在者）との取引をネット上でとりもつ事業もあります。このように、今まで経済価値のなかったもの（例えば時間単位の空きスペース、利用していなかった中古品）に市場価値を見出し、デジタル・ネットワーク上で不特定多数の人に提供するというビジネスモデルは便益（正《せい》の外部性）を生み出しています。

図表8・1　『オスロ・マニュアル』におけるイノベーションの定義：重要な変更点

	第3版（2005年）	最新第4版（2018年）
イノベーションの主体	企業	生産単位
イノベーションの条件	市場への導入	潜在的な利用者もしくは生産単位による導入

出所）読書案内⑬をもとに作成

もっと一般的・伝統的な例としては、途上国の経済や雇用創出に大きな役割を果たしているインフォーマルセクター（政府の規制・監督の埒外《らちがい》にある雑業《ざつぎょう》部門）や、町・村・集落・家庭・企業・部署など小さなコミュニティの内部で日々生み出されるイノベーションは、フォーマルな市場で取引されることはありませんが、長い目でみれば生活の質の向上や経済活動に大きく貢献する場合がありえます。

『オスロ・マニュアル』はこうした現実・現状をふまえ、イノベーションという言葉の定義を時代に即《そく》して刷新《さつしん》しているわけです。そしてその際、前項でみたような、ネオ・シュンペタリアンが提示した視座が大きく影響しているのです。

イノベーション・システム：イノベーションを生み出す仕組み

先に述べたように、ネオ・シュンペタリアンはシュンペーターとは異なり、イノベーションの主体を企業家と資本家のみに限定しませんでした。

ネオ・シュンペタリアンも、企業家がイノベーションの重要な担い手であることは認めます。しかし、企業家だけでイノベーションを遂行することはできないと指摘します。企業がイノベーションを生み出すためには、様々な要素が必要になるからです。例えば、まず労働市場、消費者とその購買行動がなければ、そもそも企業活動は成立しません。そして各種の法律や安定した経済など、企業をとりまく諸制度と環境も重要です。その上で、大学をはじめ研究開発（R＆D）とそれを担う人材の育成を行う研究教育機関、資金調達を手伝う金融機関などが企業のイノベーションを支えます。ネオ・シュンペタリアンは、それら諸要素を含む総体を**イノベーション・システム**[13]として重視します（**図表8・2**）。

また、シュンペーターは企業家と並んで資本家（投資家や金融機関）に重要な役割を与え

11　デジタルエコノミー　電子決済やオンライントレードなどの電子商取引からIT企業の経済活動まで、コンピュータによる情報処理技術がもたらす経済現象を幅広く指す。アメリカ商務省による１９９８年のレポート *Emerging Digital Economy* が用語の起源とされる。

12　共有経済　モノやサービスなど資源の共有にもとづいて展開する経済。資源の共同所有・利用を介して新たな人間関係や共同体が構築される場合がある。贈与や相互扶助の性質を帯びることもある一方で、営利活動とも親和性がある。２０１６年の「ＩｏＴ元年」以降、新たな拡大基調にあるといわれる。例：ＦＬＯＳＳ（Free/Libre and Open Source Software：フリーソフトウェア［商用・非商用を問わず利用・修正・頒布が許可される形態］と、そこから社会変革の思想を除去したオープンソースソフトウェアという2つの概念を一括して表す語。２９５ページ参照）やウィキペディアのようなネット上の事例、自動車を共同使用するカーシェアリング、共住すなわちシェアハウス、事務所などのスペースをシェアするコワーキング、不特定多数がネット経由で個人や組織に事業の財源を提

ましたが、現代では前項でみたクラウドファンディングをはじめ、資金調達の方途は多様化しています。

イノベーション・システムは、それを構成する諸主体が相互依存関係にあり、互いに作用を及ぼし合い、それぞれが創出した、もしくは協力して生み出した知識や方法をシステム内で伝播《でんぱ》させ、R&Dや製品化のための環境を共同で整えることで機能します。システムが機能すれば、新たな価値や革新・変革が達成し、構成主体はともにその果実を享受《きょうじゅ》します。うまく機能しない場合は、行政が法制度や政策によって介入し調整する必要があります。ネオ・シュンペタリアンはこうしたシステム内の相互依存関係と**共進化**《きょうしんか》（co-evolve）を非常に重んじます。

図表8・2にあるように、イノベーション・システムの基本的な構成要素は、その性質によってアクター（企業、研究教育機関、政府、金融機関など）、制度（法律や政策、歴史・地理・政治・文化・慣習など人間の行動を形成する幅広い要素）、そしてそれらの相互作用（図の矢印の部分）に分類されます。いうまでもなく、アクターの中で中心的な役割を果たすのが企業です。企業は科学技術などの知識を生み出す研究教育機関（大学や各種研究所など）との相互作用を通じて、新たな知識や方法を創出し、それを製品やサービスとして具体化し、市場に導入することでイノベーションを実現します。その際、制度との相互作用によって、イノベーションの過程・方向性・スピードが変化します。ここでの制度は法律や政策のみならず、当該企業が立地する地域の歴史や文化、政治的状況などをも含む広い概念ですから、必然的にシステムは複雑化しますが、そのことがイノベーションに多様性と深まりを与えもし、経済発展の質にも影響します。

イノベーション・システムのコンセプト確立に深く関わった前出のルンドバルは、シス

供するクラウドファンディング（またはソーシャルファンディング）、Ｕｂｅｒに代表されるモビリティサービスや、メルカリに代表される消費者と提供者を結ぶサービスなど。

13 近年の経営学では、国やセクターの境界を越えてつながる生態系（エコロジー ecology）のようになることを示す意味合いで「イノベーション・エコシステム」と呼ぶことが一般的になりつつある。

テムの性質を以下のように概念化しています。

（1）産業の構造変化と各関係要素の学びを伴うため、変化は緩やかである。

（2）新古典派は知識も情報も同じように伝播することを前提とするが、イノベーションに必要な知識は地域に深く根ざした（＝粘着性《ねんちゃくせい》の強い）ものなので、簡単に移転することができない。

（3）地域に根ざす知識は、イノベーションに関わる人々や企業の慣習や意識、関係者相互の交流に帰属する。

（4）構成要素間の相互依存関係（フォーマル、インフォーマルを問わず）がイノベーションに大きく貢献する。また情報の非対称性［市場においてそれぞれの取引主体がもつ情報に差がある状態］が存在するため、新古典派のいう「合理的な行動」は必ずしも実現しない。

（5）知識と構成諸要素の相互依存関係は土地に根ざすので、国、部門、地域によって異なるイノベーション・システムが形成される。

このように、イノベーション・システムが企業、政府、金融機関、大学などの諸アクターのみならず、それらの相互依存関係全体を包含《ほうがん》する一種の生態系として描かれたことで、イノベーション研究は経済学や経営学のみならず、公共政策論など複数の分野にまたがって展開されることになりました。

イノベーション・システムの政策への適用とその課題

このイノベーション・システムという枠組みが、1990年代ごろからOECD諸国の政策立案の場で活用されるようになります。はじめは国家レベル

図表8・2　イノベーション・システムの概念図

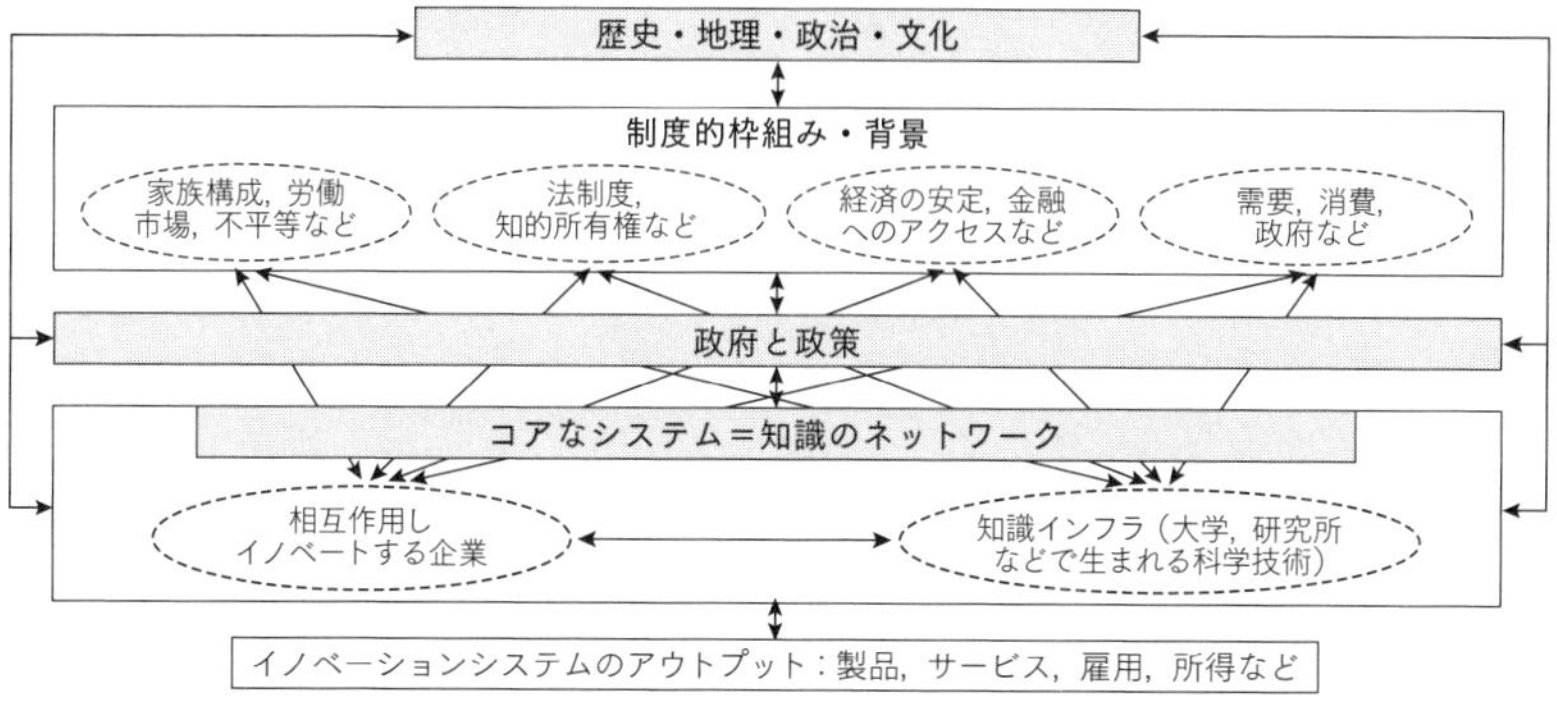

出所）Farley, S., M. Iizuka and E. Kok（UNIDO）［2008］“Innovation systems in practice: Charting a new path for UNIDO,” a position paper, Vienna Austria, UNIDO をもとに作成

のイノベーション政策を検討するための枠組みとして活用されましたが、徐々に部門レベル、地方レベル、また特定の技術レベルでも使われるようになっていきます。現在ではOECD諸国のみならず新興諸国においても、政策の分析・立案・評価に用いられています。

しかし、ルンドバルらがこの枠組みを提唱した1980年代中盤当時には存在しなかった新たな技術や社会的課題の出現により、枠組みそのものが変更を迫られるようにもなります。なかでも特筆すべきは、既存の枠組みが国・部門・技術の各領域において「知識の効率的な商品化」のプロセスを重視するあまり、その背景に横たわるより抜本的な変革やニーズへの対応性を欠いているのではないか、という批判です。

例えば2015年、気候変動抑制に関するパリ協定が採択されて以来、国際的なエネルギーシステムの転換が急務とされています。地球温暖化をもたらす温室効果ガスを削減するため、多くの国々が化石燃料（石炭、石油、天然ガス）から再生可能エネルギー（太陽光、風力、地熱、バイオマスなど）への転換に向けて政策的な努力を続けています（残念ながらアメリカは17年に離脱の意思を表明、日本は原子力発電の問題にも直面しており、一筋縄《ひとすじなわ》ではいきませんが）。このエネルギーシステムをめぐる問題に、既存のイノベーション・システムの枠組みはほとんど無力に等しいといえます。現状をある意味で破壊し、別のシステムを構築するためのメカニズムが、システム自体に組み込まれていないからです。既存のシステムは、イノベーションの推進のために構成要素間での知識や情報の流れを活性化することを主目的としており、そこにシステム自体をいったん破壊してつくりかえるという発想はありません。そもそもシステムの構成要素は、状況に応じてそれぞれ別個の政治的・社会的勢力となりうるものであり、基本的には変化を嫌い、抵抗を試みます。

これは**経路依存性**《けいろいぞんせい》（path dependency）[14]の概念によって説明が可能です。合理的に考えればより良い選択肢があるにもかかわらず、元の仕組みや方法に固執《こしつ》してしまう現象です。政財界や官僚制にみられる既得権益《きとくけんえき》の保全はもとより、身近な例ではレジ袋の利用がなかなか抑制・削減されない、再生エネルギーへの代替がなかなか進まないなど、広く社会のためになる・環境に良い・公益性があることが理屈ではわかっていても、スムーズにことが進まない現象がこの概念で説明できます。変革が必要とされる理由への理解が欠如しているわけではなく、構成員としての人間およびその集団（企業などの諸組織）が従来通りのやり方を志向する結果、システム総体もその志向に沿って機能してしまうのです。

　気候変動やエネルギーシステムのみならず、地球規模および地域内での格差や再分配の問題など、構造的で複雑な課題が山積している現代においては、ときにシステムそのものの抜本的な転換や再構築が求められます。従来のイノベーション・システムの枠組みでは、動態的なイノベーションは想定されているものの、システム自体の転換の仕方やプロセスは明確に示されていませんでした。ここを変えようとする動きが、いままさに生じています。

技術の転換がシステムの再構築を促す

　近年、人工知能（ＡＩ）やモノのインターネット（ＩｏＴ）[15]などを中心とする第4次産業革命によって、様々な分野で人々の多様なニーズに応える新たな生産システムへの移行が起きると期待されています。画期的な新技術が導入されるたびに生産工程が組み替えられることで、既存のイノベーション・システムにも変革がもたらされる可能性があります。以下では、ネオ・シュンペタリアンの理論にもとづいて提唱された、技術の選択次第でシ

14　**経路依存性**　経済の仕組みや制度が、政策の選択を含め歴史的偶然や過去の経緯によって決まっており、より良い選択肢が存在しても、変えることによって生じるコストが高いため、既存のやり方が継続されることをいう。ＱＷＥＲＴＹ配列（タイプライターやパソコンのキーボードの文字配列）が代表例。

15　**モノのインターネット**（Internet of things：ＩｏＴ）　センサーと通信機能を内蔵する複数のモノ（デバイス）がインターネット経由で接続し、人の手を介さず相互に情報をやりとりすることで制御しあう仕組み。無線ＬＡＮやスマートフォン、クラウドコンピューティング等の普及により近年一挙に進展しつつある。ドアや窓の自動施錠・解錠、帰宅時・外出時に自動点灯・消灯する照明、家中の電気機器のオン・オフを統御できるプラグ、レシピや買うべき品物をスマホに知らせてくれる冷蔵庫、それらスマート家電をフル装備したスマートハウスないしスマートホームが代表例。

ステムの再構築が漸進的に実現しうるというコンセプトをご紹介します。

「持続可能な社会をめざすべき」という方向性については、おそらく異論はほとんど出ないはずです。ところが、現代社会は多数の人々・集団とその利害関係、幾多の要素が複雑に絡み合って構成されていますから、前項で触れた経路依存性に起因する齟齬《そご》が生じます。多くの人が頭では合理的な選択肢がどれであるかわかっていても、合意形成は容易ではない。かといって、トップダウンで強制的にシステムを変えるのは民主的ではない。そこで、満場一致《まんじょういっち》の合意を形成するのは無理として、だれもが討議に参加しつつ、持続可能な社会に向けて少しずつ前進することはできないか――こうした問題意識にもとづき、マンチェスター大学教授フランク・ヒールズ（Frank Geels　1971年～）をはじめとするオランダの研究者たちが提唱したのが、**トランジション・マネジメント**（transition management）というコンセプトです。これは「政策介入によって、新たな技術やシステムへの移行・転換を俯瞰的《ふかんてき》に管理する」という方法です。具体的には、まず持続可能な社会の実現に貢献する可能性のある新たな隙間《ニッチ》技術を見きわめ、その利用を実験的に少しずつ広げることで、社会におけるその存在意義を高めます。そしてユーザー・企業・制度などシステムの構成要素間の相互作用を俯瞰しつつ、新技術へのスムーズな移行を促します。やがて新技術とシステムの構造がなじみ、持続可能な社会へと一歩近づく、という考え方です。技術に関する一種のソフトランディング策といえます。

ヒールズは、新たな隙間技術が最終的に社会に採用され、支配的な技術となるまでのプロセスを分析するために、**マルチ＝レベル＝パースペクティブ**（Multi-Level-Perspective：ＭＬＰ）という枠組みも提起しています（**図表８・３**）。図の上段がマクロ、中断がメゾ、下段がミクロの各領域を表し、これら3領域の動態的な相互作用に注目するも

図表８・３　マルチ＝レベル＝パースペクティブの概念図

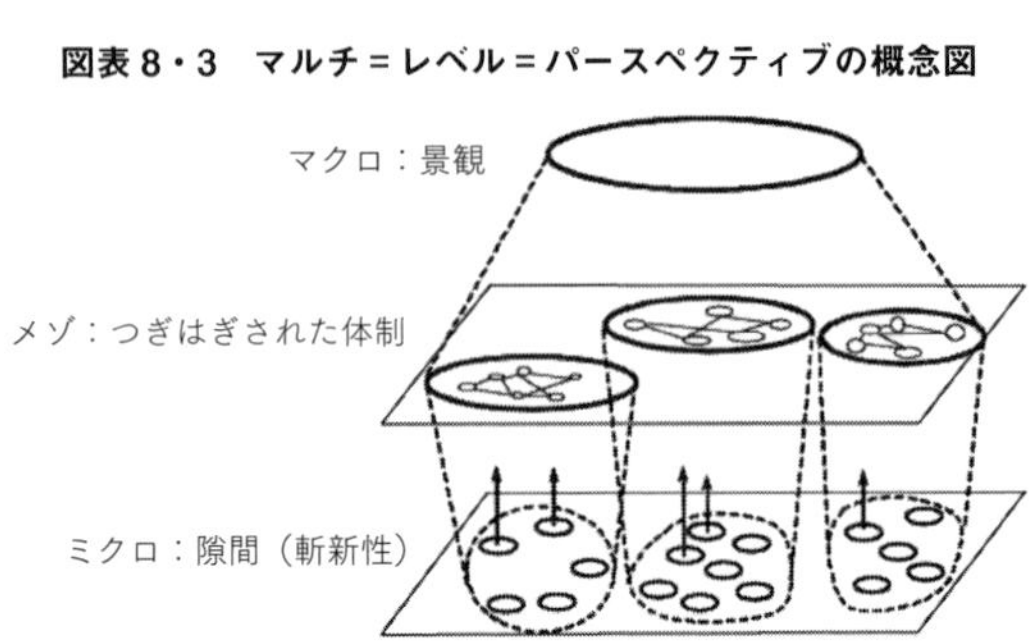

出所）Geels, F. W.［2002］“Technological Transitions as Evolutionary Reconfiguration Processes: A Multi-Level Perspective and a Case Study,” *Research Policy*, 31: 1257–1274

のです。ミクロの「隙間（斬新性）」は、市場で支配的シェアを示す優位技術のロックイン[16]を解除するような革新的技術を育む場となります。メゾの「つぎはぎされた体制」は、既存の技術とそれをとりまく現行のイノベーション・システムをさします。マクロの「景観」は、グローバリゼーション、マクロ経済、国際政治の状況（例：パリ協定）、社会的・文化的に支配的なモデル（例：大量生産・大量消費・大量廃棄社会）など大局的な背景を含め、「隙間」や「つぎはぎされた体制」に直接間接の影響を及ぼす外生環境の総体を意味します。

この枠組みを用いて、「隙間」における新技術の創出と発見、「景観」の変容に伴う「体制」の不安定化、そして新技術が従前の優位技術や技術規格に緩やかにとってかわる動態的なプロセスを明確にすることができます。ヒールズがこの枠組みを提唱した当初は、3次にわたる産業革命（注10参照）など歴史的な技術革新の説明に使われていましたが、現在ではイノベーション・システムの転換を促進するための政策検討の有効な分析ツールとして非常に大きな影響力を持ちつつあります。

すでにおわかりかと思いますが、ヒールズが提示したこの2つの枠組みは、メゾ経済および技術の動態的変化に着目する点において、ネオ・シュンペタリアンの考え方を継承しています。

研究動向にみるイノベーションの新たな方向性

21世紀に入ると、イノベーション研究の領域に新たな視点が登場します。それらの研究に共通する特徴は以下の通りです。

第1に、ネオ・シュンペタリアンが提起したように、イノベーションの遂行主体が必ず

16 ロックイン ある特定の技術規格に固定されてしまった状態。現行のキーボードのQWERTY配列がその好例。必ずしも最適とはいえないにもかかわらず、すでに汎用性《はんようせい》が高まってしまったため、より効率的なものに変えることが難しくなっている状況をさす。

しも企業ではなくなった状況をふまえている点です。すでに述べた通り、現代では企業に加えて、公的機関、金融機関、研究教育機関、ユーザー同士のコニュニティやネットワーク、様々な市民社会組織など、多様なアクターがイノベーションを牽引《けんいん》しています。

第2に、イノベーションの目的が多様化していることです。狭義の「生産性の向上」ではなく、「社会福祉の向上」や「社会的課題の解決」をも含む幅広いものとして捉えたり、今までのように高性能・多機能かつ高価な製品やサービスの創出だけではなく、より手頃な値段と必要な機能に特化した多くの人々に入手しやすいサービスや製品もイノベーションの新たな対象となりつつあります（後述の「倹約的イノベーション」［注18参照］がその一例です）。

第3に、地域に根ざす人材や知識がイノベーションには不可欠であることが深く認識されはじめたことです。これは特に、地域の特性を反映し多様化するニーズへの対応策を模索する上で重要な視点となります。

第4に、情報通信技術（ＩＣＴ）やＩｏＴの普及とグローバル化が、イノベーションの過程と方向性に非常に大きな影響を及ぼすという認識に立っている点です。

これらはイノベーションを長期にわたり観察してきた研究者ならではの分析であり、いずれも新時代のイノベーションの特徴を反映しているといえます。次項以下では、こうした新たなイノベーションの具体例を紹介します。

利用者によるイノベーション

従来は生産者・供給側がイノベーションの原動力とされてきましたが、いまでは製品やサービスの利用者（ユーザー）もまた、イノベーションの重要な源泉として注目されつつあります（ユーザーによるイノベーション user led innovation）。先にみたオープンソースソフトウェアの例のように、ユーザー（個人またはネットワーク）が製品やサービスに改良を加え、それらが様々な経路（ネットや口コミ等）で伝播すれば、さきほど述べたトランジション・マネジメントの一端ともなります。

ユーザーによるイノベーションはまた、それ自体がビジネスの可能性を有しています。例えばあるソフトを改良したユーザーが、改良の過程でヒントを得て自らＩＴ関連の起業をすることもありえます。あるいは逆に、ビジネスとしてではなく、ユーザー同士のコミュニティ内で無償でシェア（共有）することも可能です。コンピュータの無償ＯＳ、Ｌｉｎｕｘ（リナックス）がその好例です。誰でも無償でソースコードを入手でき、自由に使用・修正・頒布《はんぷ》されるなかで、ユーザーたちが改良（イノベーション）とその成果を共有しあっています。市場ではＷｉｎｄｏｗｓやＭａｃにかなわないにせよ、世界中のユーザー＝開発者の知恵が結集してできたＯＳとして高い信頼度を得ており、ＦＬＯＳＳ（注12参照）の顕著な成功例かつ代名詞的な存在といえます。

Ｌｉｎｕｘのような例は市場を介さないため、現在のイノベーションの定義では見逃されてしまいがちです。しかしながら、先に触れた共有経済の格好のモデルであり、社会性の高いイノベーションといえます。さらに興味深いのは、この場合イノベーションの原動力が国境を越えたユーザーのネットワークである点です。現状のイノベーション研究では、イノベーションのプロセスにおいてユーザーが重要な役割を果たすという認識はあるものの、こうした事例を扱うための明確な基準や定義が確立されておらず、実証的な研究はまだまだこれからです。けれども、地球規模の課題や第４次産業革命をふまえてイノベーションを考える上で、こうした共有経済的な事例の観察・記録・研究は欠かせないものとなるでしょう。

ソーシャル・イノベーション

先ほどご説明したように、近年の研究ではイノベーションの主体が企業や企業家・資本家に限らないこと、そしてその目的も社会的課題の解決を含む幅広いものであることが認識されるようになってきています。従来のイノベーション概念では、その主たる目的が技術やシステムの革新による企業・産業の生産性向上にあり、人間の幸福の追求や社会福祉の向上は二次的な課題とされてきました。しかし、何度か触れたように、地球規模・地域規模の社会的課題が山積みになっている現代において、企業・産業だけが変革をなしとげ、その成果を受けとっていていいわけはありません。企業・産業もまた社会の構成要素であるかぎり、社会全体を変革の対象とみなし、社会の抱える課題をともに解決していかなくてはなりません。このようなイノベーションを**ソーシャル・イノベーション**（social innovation）と呼びます。ごく新しいコンセプトであり、定義が乱立した状態ですが、核心は「社会的課題に取り組む革新的かつ持続的な方法・システムの創出」、あるいは「社会そのものの問題対応能力（レジリエンス）を強化する革新的な取り組み」という点にあります。このソーシャル・イノベーションを実施するうえで、地域住民による参加が非常に重要になります。

具体的な事例としては、バングラデシュのグラミン銀行を好例とするマイクロクレジット（貧困層向け少額融資）、フェアトレード（本書第12章参照）、行き先を同じくするドライバーとユーザーをデジタルプラットフォームで結びつける相乗りシステム BlaBlaCar、そして前項でみたＦＬＯＳＳなどが挙げられます。つまりソーシャル・イノベーションは、

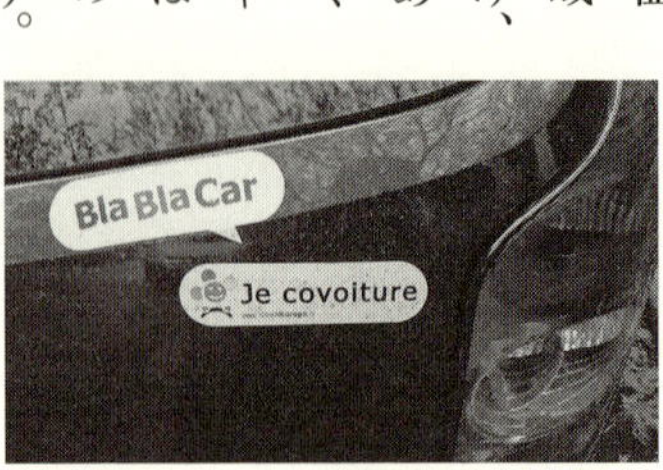

BlaBlaCar のステッカー（撮影：Michal Beim）

共有経済の性質を多分に含む取り組みということになります。

公共セクターのイノベーション

公共セクターのイノベーション（public sector innovation）は、政策の立案・実施・評価の方法やシステムを変革することで、財政や効率性にも配慮しつつ、教育や保健医療などの公共サービスの質を向上させ、住民のニーズに応えようとする取り組みです。人口減少・少子高齢化・環境や資源の持続性などの課題をもふまえる必要があるため、どの国や地域でも一朝一夕《いっちょういっせき》には遂行しえませんが、その重要度は指摘するまでもないでしょう。とりわけ近年、財政危機に直面した先進諸国でも公共支出が大幅に削減される傾向が高まり、公共セクターのイノベーションは世界的な課題となっています。ただし、研究の領域では、国・地域による差異が激しいこともあって分析が容易ではなく、従来の枠組みを適用することが極めて困難な分野です。今後は研究者同士が国や地域を越えて協働し、事例を積み上げ、汎用的な理論を構築していかなければなりません。

インクルーシブ（包摂的）・イノベーション

インクルーシブ（包摂的《ほうせつてき》）・イノベーション（inclusive innovation）とは、社会的に排除されている人々（貧困層、障害を持つ人々、失業者、女性、高齢者、子ども、難民、人種・民族的マイノリティなど）を経済活動に参加できるようにするためのイノベーションを指します。意味が一部重なる概念として、地域住民・コミュニティ主体の草の根イノベーション（grassroots innovation）、ピラミッドの底辺つまり貧困層におけるイノベーション（innovation at the Base/Bottom of the Pyramid）[17]、倹約的イノベーション（frugal innovation）[18]などがあります。実施の場、ビジネスの度合い、排除されている層をイノベーションの主体とするのか裨益者《ひえきしゃ》とするのかなどの点で差異はありますが、いずれも社会的包摂をめざす点では共通しています。また実施の際、地元住民のニーズや地域が直面している課題を深く理解する必要性も広く認識されています。

これは２０１５年、「誰も置き去りにしない（leave no one behind）」をスローガンに国連で採択された「持続可能な開発目標（Sustainable Development Goals：ＳＤＧｓ）」の視点を共有するものです。また、これまでユーザーになりえなかった人々、つまり「潜在的な利用者」をも包摂しようとする点で、『オスロ・マニュアル』最新版の定義を具体化するものであり、さらには経営学における「破壊的イノベーション（disruptive innovation）」の概念とも通じています。

そして、第4次産業革命のような大きな技術的転換期には、変革による便益を十分享受できる人とできない人の差が開くことが予想されます。この格差を是正《ぜせい》するには、ユーザーの側がイノベーションの成果を使いこなす能力を向上させるための仕組みをつくる必要があります。いくら技術が進歩しても、一部の人しか使いこなせないようなら、イノベーションを契機とした経済や社会の発展は望めないからです。

インクルーシブ・イノベーションの具体例としては、ケニア資本の通信企業サファリコムが英国企業ボーダフォンと提携して開発したＭペサ（エムペサ：Ｍ－Ｐｅｓａ）が挙げられます。これは携帯電話を使った決済・送金・マイクロファイナンス（少額融資・保険）のサービスで、それまで銀行口座を持たなかった低所得・貧困層が金融サービスにアクセスできるようになりました。このサービスを使うことで、出稼《でかせ》ぎ労働者は手軽に家族に送金することができ、その記録が蓄積されることで信用履歴が作成され、金融機関から

17 貧困層の潜在的需要に着目し、それを新たな市場ないしビジネスチャンスとみなす視点もあるが（C. K. Prahalad [2005] *Fortune at the Bottom of the Pyramid: Eradicating Poverty through Profits*, Wharton School Publishing; Prahalad and S. L. Hart [2002] "The Fortune at the Bottom of the Pyramid," *strategy + business*, issue 26)、ここでは社会的課題としての貧困の削減・撲滅をめざすイノベーションという側面を重視する。

18 **倹約的イノベーション** 生産工程や機能・性能の簡略化によってコストを下げ、手頃な価格で売る方法およびそのための研究開発をさす。主に途上国向け製品、特に自動車や携帯電話などの耐久財を生産する際、品質は保ちつつ必要最低限の機能で生産する事例が挙げられる。インドのタタ・モーターズの小型乗用車ナノが好例。

融資を受けることもできるようになるなどの成果も出ています。また、世界中に拡大している体験型共同作業所「ファブラボ（fab lab）」も、社会的包摂をめざす取り組みといえます。「ほぼ何でも自分で作れる」をモットーに、3Dプリンタやレーザーカッターなど最新デジタル工作機械を完備し、だれでも自由に利用できるのが特徴です。もともとマサチューセッツ工科大学メディアラボで行われていた研究の地域還元事業として始められたもので、ボストンの貧困地区およびインドの集落で開設したところ大勢の住民が集まり、一気に世界中にそのネットワークが広がりました。ファブラボは「規模の経済」が機能しないため製品化が難しい（つまり生産コストを下げることが難しい）製品を必要とする消費者にモノを提供する、市場原理の制約を受けない生産方法として注目されています。いまでは世界各地に1200もの拠点があります。

こうした包摂的な新しいタイプのイノベーションを概観《がいかん》すると、イノベーションの目的が生産性向上から社会的課題の解決へと転換しつつあることが如実《にょじつ》にみてとれます。そして、いずれも第4次産業革命の流れを汲んでいる、市場原理の制約を（部分的にせよ）免《まぬが》れている、地域性と人の繋《つな》がりに根ざしている、共有経済の性質を有しているといった点で共通しています。これらの新しいタイプのイノベーションは、個々の取り組みに目をやればそれぞれは小さな試みかもしれません。しかし、それらが寄り集まって将来的に大きなうねりとなり、既存の社会経済システムを変革する原動力となっていく可能性は十分にあります。その際、前述のトランジション・マネジメントの観点に立ち、持続可能性に向けてシステムの変容過程をつねに俯瞰的に把握し、システムの構成要素（諸アクター）の能力向上を促していく必要があるでしょう。

イノベーションは社会的課題を解決できるのか

本章の冒頭でお話ししたように、イノベーション概念の生みの親・シュンペーターは「新結合」と「斬新性」に着目しました。ネオ・シュンペタリアンもその骨子《こつし》は受け継ぎましたが、イノベーションがあるときは根本的な、あるときは漸進的な創造的破壊によって経済の質に変容をもたらし、発展へと導いてゆくという視点を提供しました。そこから、いま興隆しつつある**社会的課題解決型イノベーションの潮流**が生み出されていきました。技術もイノベーションも、人間や社会にとってつねに幸福や豊かさを生み出すものになるとは限りません。時間の経過や使われる頻度《ひんど》・規模によって、負《ふ》の効果が出てしまうこともあります（例えば自動車などがもたらす大気汚染、化石燃料で排出される温室効果ガス、ＩＣＴやＩｏＴが奪う思考能力やゆとり、原子力発電が環境や健康に与える影響など）。しかし、かりに負の効果が出たとしても、経済や社会の質的変化をもたらしたイノベーションの過程を元に戻すことはできません。システムをつねに見直しつつ、生じてしまった負の影響をも含めて、社会的課題を解決しながら前に進むしかないのです。その際、トランジション・マネジメントのような枠組みを介した政策介入や、前項でご紹介した新しいタイプのイノベーションに期待される役割は多大です。

ここまでみてきた通り、イノベーションとは、単に技術中心主義的な解決策ではありません。例えば人々の健康を維持・増進するためには、富裕層しか享受できない先端医療技術の進歩のみをめざしても意味がありません。社会保障制度の整備を含め、誰もが必要なときに医療サービスをできるだけ安価に受けることができるようにする、食事や運動に関する健康指導の窓口を広げる、スポーツ施設の建設・整備を支援する等々、社会全体でシステムを整えなければ健康は維持されないし、長期的にみて経済・社会の発展も望めないのです。こうした点をふまえ、イノベーション研究の領域では、今後は共有経済やそれを軸とする分配の公正性・平等性の問題（つまりイノベーションは格差是正に役立ちうるか）、およびそうした変革に貢献しうるイノベーション・（エコ）システムの構築などが、重要なテーマとなっていくものと思われます。

【読書案内】

①伊東光晴・根井雅弘［２００３］『シュンペーター——孤高の経済学者』岩波新書

②後藤晃［２０００］『イノベーションと日本経済』岩波新書

③——［２０１６］『イノベーション活性化のための方策』東洋経済新報社

④シュムペーター［１９７７］『経済発展の理論』上・下、塩野谷祐一・中山伊知郎・東畑精一訳、岩波文庫（原著１９１２年）

⑤——［１９９５］『資本主義・社会主義・民主主義』中山伊知郎・東畑精一訳、東洋経済新報社（大野一による新訳版が日経ＢＰクラシックスより２０１６年に刊行）（原著１９４２年）

⑥根井雅弘［２００１］『シュンペーター——企業家精神・新結合・創造的破壊とは何か』講談社

⑦ネルソン、リチャード・Ｒ［２０１２］『月とゲットー——科学技術と公共政策』後藤晃訳、慶應義塾大学出版会（原著１９７７年）

⑧野中郁次郎・広瀬文乃・平田透［２０１４］『実践ソーシャル・イノベーション——知を価値に変えたコミュニティ・企業・ＮＰＯ』千倉書房

⑨Barletta, F., Robert, V., Yoguel, G. [2014] “De Schumpeter a los Post-schumpetarianos: las viejas y nuevas dimensiones analíticas,” in Barletta, F., Robert, V., Yoguel, G.（eds.）, *Tópicos de la teoría evolucionista neoschumpeteriana de la innovación y el cambio tecnológico*, Universidad Nacional de General Sarmiento y Minos y Davila, 33–66.

⑩Gault, F. [2013] “Oslo Manual,” in Gault, F.（ed.）, *Handbook of Innovation Indicators and Measurement,*

Chaltenham: Edward Elgar, 41–59.

⑪ Hanusch, H. and Pyka, A（eds.）［2007］*Elgar companion to Neo-Schumpeterian Economics*, Edward Elgar Publishing

⑫ Iizuka, Michiko［2014］“Innovation systems framework: still useful in the new global context?,” *The Ritsumeikan Economic Reivew*, Vol. 62, No. 5&6, 83–98.

⑬ OECD/EUROSTAT［2018］*Oslo Manual 2018: Guidelines for Collecting, Reporting and Using Data on Innovation*, 4th Edition, OECD.

残念ながらネオ・シュンペタリアンに関しては、まだ日本語で読めるまとまった概説書が出ていませんので、欧文の文献がかなり混じることをご容赦《ようしゃ》ください。①はシュンペーターの理論を、同時代人であるケインズやマーシャルのそれと比較しながら解説したもの。シュンペーターの主張の大枠をつかむのに役立ちます。⑥ではシュンペーターの人物像や理論の背後にある時代的背景がよくわかります。②は日本経済をイノベーションの観点から解説したもの、③は現代的課題をふまえた日本におけるイノベーションへの提言。④⑤はシュンペーターの代表作で、④では企業家の役割の重要性を提唱、⑤では創造的破壊の概念や資本主義をはじめとする経済システムをイノベーションの観点から洞察。⑦は進化経済学の立場から知識・技術と社会的課題との関わりを探求したもの。⑧はソーシャル・イノベーションの概説書。⑨はラテンアメリカの進化経済学者が、シュンペーターからネオ・シュンペタリアンに至る理論的変遷をたどったもの。⑪はネオ・シュンペタリアンとして第一線で活躍する研究者の論文集。ネオ・シュンペタリアンについてはフリーマン、ハヌチ(H. Hanusch)、パイカ（A. Pyka）が、イノベーション・システムについてはルンドバルが、政策との関連性についてはメトカーフ（J. S. Metcalfe）がそれぞれ章を執筆しています。⑩は長年『オスロ・マニュアル』の編集に携わってきたイノベーション研究者によるマニュアル改訂史。⑫は新しいタイプのイノベーションの現状と課題に関する概説。⑬は『オスロ・マニュアル』の最新版で、新しいイノベーションの考え方を提示しています。

（飯塚倫子）

第9章

ポランニーから共生経済へ

市場経済は勝利したのか

われわれは**市場経済**《しじょうけいざい》のなかで生活しています。このことを疑う人はいないでしょう。市場経済とは、市場を通じて財・サービスの取引が行われる経済のことです。市場での取引は需要と供給によって決まる価格をシグナルにして行われています。市場経済はしばしば資本主義と同一視《どういつし》されますが、資本主義は単に市場経済を意味するものではありません。資本主義は、人間の経済生活に必要な財・サービスの大部分が商品として取引されるだけでなく、賃金労働者を使用する営利企業によって財・サービスが供給される経済体制を意味します。

この市場経済の対極《たいきょく》にあるのが、かつて社会主義国家で実施された**計画経済**です。そこでは社会が必要とする財・サービスを国家が予測し、その生産と供給を計画的に行います。第二次大戦後の世界では、「市場を基本原理とする資本主義経済」と「国家による計画を基本原理とする社会主義経済」という2つのタイプの経済が競っていましたが、１９９０年代になると後者の代表格であったソ連と中国が市場経済に移行し、計画経済は実質的に退場しました。その後はこれをばねに資本主義が世界を覆《おお》い、経済のグローバル化が進みました。

こうして市場経済と資本主義は勝利したようにみえますが、現実には世界は金融危機、貧困や飢餓《きが》の存続、格差の拡がり、環境破壊、紛争や難民など多くの深刻な問題に直面しています。21世紀になると、これらの問題の淵源《えんげん》が市場経済あるいは資本主義にあると考える人々が増え、政府機能の縮小（「小さな政府」）、自己責任論などを主張する**市場原理主義**やグローバル資本主義への抵抗運動が各地で展開されるようになります。市場経済でも計画経済でもない新しい経済社会システムを模索《もさく》する運動も盛んになりつつあります。

こうした動きが生じる半世紀以上前に、市場経済と資本主義が本来的にもつ欠陥を見抜き、それを乗り越える方途《ほうと》を示したのが、経済史家であり経済人類学[1]の祖《そ》とも呼ばれる**カール・ポランニー**（Karl Polanyi 1886〜1964年）です。ポランニーはユダヤ系ハンガリー人で、19世紀末から20世紀半ばにいたる政治経済の激動期を生きました。この間には2度にわたる世界大戦があり、ロシアでは社会主義革命が起こりました。経済面では1929年に世界大恐慌が発生し、これを契機にファシズムが大陸ヨーロッパを覆い、米国ではニューディール政策[2]によって経済危機の回避が図《はか》られました。経済学の分野では、大衆の窮乏《きゅうぼう》と繰り返される恐慌のなかでマルクス経済学が影響力を増し、他方で新古典派経済学のなかからは、不況や失業の原因を有効需要（貨幣支出を伴《ともな》う需要）の不足に求めるケインズ経済学が現れました（序章参照）。

こうした時代のなかでポランニーは、資本主義経済が直面する危機の根源的理由を、労働や自然を含めあらゆるものを市場での取引の対象とする**市場社会**（ポランニーは市場経済をこう呼びます）に求めました。そして、資本主義を超える未来社会のモデルを**機能的社会主義**（functional socialism）に見出しました。あとで詳しく述べますが、機能的社会主義とはおおまかに言えば、人々が自主的につくるさまざまな**アソシエーション**（機能集

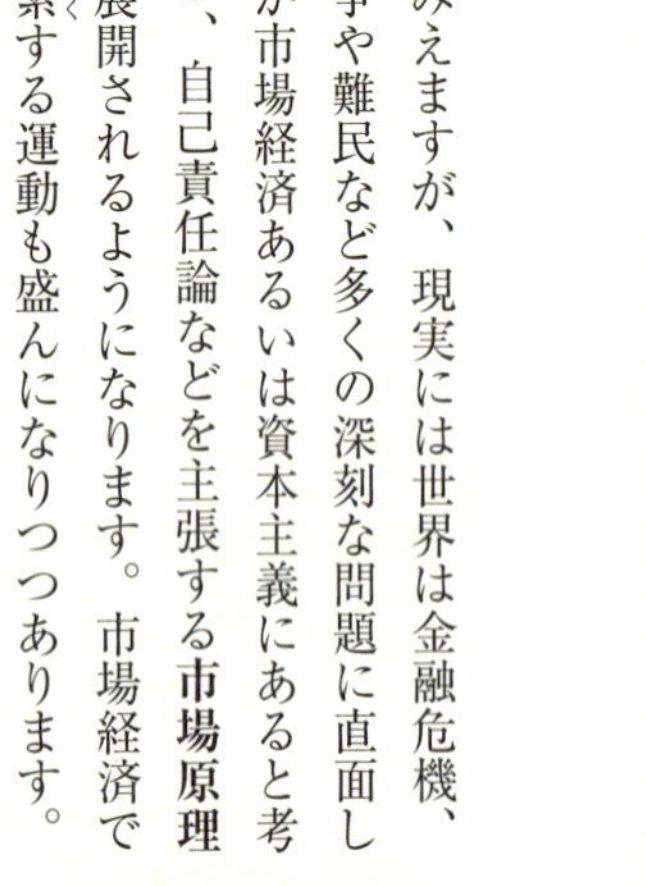

『大転換』から20年後、1964年のポランニー（©Kari Polanyi Levitt カナダ・コンコルディア大学内カール・ポランニー政治経済学研究所 Karl Polanyi Institute of Political Economy 提供）

1 **経済人類学** 経済学に、未開社会に代表される「市場化されていない社会」における人間の行動を分析した人類学の考え方をとりいれた学問分野。

2 **ニューディール政策** 大恐慌後の不況のなか、1932年以降F・ルーズベルト政権下で実施された一連の経済再建策。直面する不況や失業に対応する政策で、根拠となる理論があったわけではない。第1期は全国産業振興法（NIRA）、農業調整法（AAA）などによって生産と雇用の回復を、第2期はTVA（テネシー川開発公社）法に代表される大規模な公共投資、労働法整備、多額の赤字国債発行などによって不況の克服を図った。十分な成果

団[3]）を基盤に社会を構築していこうとするものです。このような考え方は、生産者協同組合に代表されるアソシエーションに社会主義の本義をみていたマルクスにも通じるものです（第1章参照）。

本章の目的は、ポランニーの議論を手掛かりに、新古典派経済学が絶対視する市場経済が一種の幻想に過ぎないこと、また歯止めのない市場社会化が多くの災禍《さいか》をもたらすことを論じ、市場経済に代わる新たな経済モデルを探ることにあります。そのさい、日本でも近年注目を集めている**共生経済**についても紹介します。

市場経済と資本主義の相対化

ポランニーは、市場経済が歴史上のある時点で生まれた特殊な経済であり、経済システムとして永遠に続くこともまたないと考えました。ポランニーはその主著『大転換 *The Great Transformation*』（１９４４年）の冒頭で次のように述べています。市場社会は18世紀イギリスに生まれ、19世紀前半にその骨格が定まった。19世紀西欧文明は、戦争を回避するための各国間の力の均衡《きんこう》、国際金本《きんほん》位《い》制《せい》、自己調整的市場、自由主義的国家という４つから構成されており、その中心かつ母体は**自己調整的市場**でした。自己調整的市場については後でくわしく述べますが、外部からの何らの支援や規制を受けずに、市場が効率的に機能し、それによって高い経済成果が得られるという意味です。

ポランニーは続けて言います、「自己調整的市場という考えは全くのユートピアである」と。それは人間を労働力・消費者としか見ないことで人間から人間らしさを奪い、自然を資源として使い尽くして荒野に変えてしまう。つまり自己調整的市場は、人間と自然を破壊することなしには一瞬も存在しえないと言うのです。そこで社会は自らを保護するため

が出ないまま36年には第二次大戦が勃《ぼっ》発《ぱつ》し、米国は戦時経済のもとで恐慌からの景気回復を実現した。

3　**アソシエーション**　自由な個々人が、共通の利害や関心、目的に基づいて自主的に形成する社会組織。自然な結合による家族や村落、民族などの基礎集団とは異なり、特定の機能を果たすために結成されることから、機能集団の一種と位置づけられる。日本語では結社とも呼ばれる。学校、教会、組合、企業、サークルなどがその例である。やや重なる概念としてコミュニティ（共同体）があるが、コミュニティが一定の地域内で血縁・地縁関係を基盤に営まれる集団であるのに対し、アソシエーションはそうした地域的制約なしに、利害関心や目的に沿って組織される。コミュニティとの対比でアソシエーションを初めて明確に定義したのが、ポランニーの同時代人、米国の社会学者マッキーヴァー（R. M. MacIver　１８８２〜１９７０年）である（マッキーヴァー『コミュニティ——社会学的研究：社会生活の性質と基本法則に関する一試論』中久郎・松本通晴監訳、ミネルヴァ書房、１９７７年）。

の手段をとりましたが、それは市場の自己調整を損ない、社会に新たな困難をもたらしました。こうした市場の自己調整と社会の防衛の間の抗争は19世紀以降繰り返され、ついには市場社会を崩壊へと導きます。ポランニーは、世界大恐慌（１９２９年）とそれを契機とするファシズムの登場やニューディール政策の開始は、自己調整的市場の崩壊を象徴する出来事であると述べています。

ポランニーは市場経済の成立と崩壊の過程を明らかにするにあたり、文化人類学の研究を参考に、市場経済が誕生した西欧文明社会を相対化するものとして、原始・古代社会にも関心を寄せ着目しました。言うまでもなく、原始・古代社会の経済は、物々交換《ぶつぶつこうかん》や贈り物のやりとりなど、「貨幣を媒介《ばいかい》とした市場での取引」とは別の原理で動き、社会は一定の安定を得ていました。それを踏まえて、経済過程に秩序を与え、社会を統合するパターンとして**互酬**《ごしゅう》（reciprocity）、**再分配**《さいぶんぱい》（redistribution）、**交換**（exchange）の３つがあり、現実の経済をそれらの統合ないし組み合わせとして捉《とら》える見方を提示しました。[4] ３つのパターンを簡単に説明すると、まず「互酬」は義務としての財やサービスの贈与や相互扶助《ふじょ》行為、「再分配」は権力がいったん集めた財やサービスを社会を構成する人々に払い戻す行為、「交換」は市場における財やサービスの売買です。ポランニーは、この３つを「行為の方向」で表しています。すなわち互酬は対称的な2点における財やサービスの移動を、再分配は財やサービスが中心へ向けて移動したあと次には反対に中心から外に向かって移動することを、交換は社会における分散した任意の2点間の移動を意味します（読書案内⑨）。

ポランニーの経済学への貢献《こうけん》は以下の3点に求められます。第1は、自由主義的な市場経済あるいは資本主義の歴史性、すなわちそれが18世紀半ばから19世紀半ばに西欧で生まれ、１９３０～40年代に終焉《しゅうえん》した一時的なものとみなし、その普遍性《ふへんせい》を否定したことです。

4　ポランニーは『大転換』では、非市場社会の統合の原理あるいは形態として互酬、再分配、家政（個人や家族・親族などの集団が自ら消費するための財を生産・管理すること、つまり最も古い経済行為）の３つがあるとしたが、その後に著した『人間の経済』（１９７７年）で家政を再分配に含め、新たに「交換」を加えた。

第2は、文化人類学の成果を踏まえて、市場化に先立つ原始社会においては市場とは異なる原理が経済を動かしていたとし、そのことによって**資本主義経済を相対化した**ことです。すなわち、経済を支配する原理には、先に述べた互酬、再分配、交換の3つがあり、現実の経済をそれらの原理とそれが体現する**制度の統合（組み合わせ）**として捉えています。こうした考えからすれば、資本主義経済は統合の1つの型に過ぎません。言うまでもなく資本主義は市場が優位な社会ですが、市場の大きさや統合のありかたによって同じ**資本主義経済でも多様な型がありえます**（本書第4章参照）。そして第3は、市場経済あるいは資本主義経済を一時的で相対的なものとして捉えることで、市場経済あるいは資本主義経済を乗り越える可能性を示したということです。

自己調整的市場はフィクションに基づいている

ところで、自己調整的市場とは何でしょうか。『大転換』の第1部はこの自己調整的市場の意味とその誕生を論じています（第7章も参照）。それによれば、自己調整とはすべての財の生産が市場での販売のために行われ、すべての所得はそのような販売から生まれることを意味します。そして市場経済とは、市場価格によって統制・調整される経済システムであり、そこでは財の生産と分配は自己調整のメカニズムに委《ゆだ》ねられています。もう少し専門的な言葉で表現すれば、「自己調整的市場を基盤とする経済」とは、市場価格によって、より明確に言えば**市場価格のみによって統制される経済**のことです。そこでは市場の形成を妨《さまた》げる一切《いっさい》の介入は許されないし、市場での価格調整を歪《ゆが》める一切の干渉は許されません。自己調整的と言われる所以《ゆえん》は、外部からの助力や干渉なしに経済が組織され機能することにあります。

現代では「市場はあらゆる社会に存在し、経済の普遍原理である」とする新古典派経済学が優勢ですが、経済全体が市場に支配されたことは、ポランニーによれば、人類史上一度としてありませんでした。市場という制度は原始社会においても見られ、経済活動の広がりとともに世界各地に波及していきましたが、それでもそれは経済にとっては付随的《ふずいてき》な要素でした。西欧では15世紀末頃の封建制の終焉まで、経済のシステムは先に触れた互酬、再分配、交換の3つの原理の組み合わせによって組織されていました。そしてこれらの原理に統制された多種多様な個人の動機に基づいて財の生産と分配が行われましたが、そこでは人々は利得＝儲《もう》けよりも慣習や法、呪術や宗教にしたがって経済生活を営んでいました。ポランニーはこのように経済が社会にとって付随的な存在である状態を「埋《う》め込み」(embedded) と表現しています。市場社会以前にあっては、**経済は社会のなかに埋め込まれ**、慣習や法など社会のルールによって規制されていたのです。

ところが、市場社会になると、経済と社会の関係は逆転します。**経済が社会から離床《りしょう》し**(dis-embedded)、さらに社会を自らのなかに埋め込むようになります。あらゆるものが社会の規制＝束縛から解放され、**社会は市場の従属物**になります。どういうことか順に追ってみてみましょう。

すでに述べたように、市場経済とは、すべての生産が市場における販売のために行われ、それによって所得が生まれるシステムです。このとき、市場で販売されるのは食品や衣料品、加工品などのモノだけではありません。**労働**、**土地**、**貨幣**もまた売買の対象であり、その価格は賃金、地代《ちだい》、金利として表されます。「そんなのあたりまえじゃないか」と思われるかもしれませんが、これらはもともとは市場での販売のために生産されたものではありません。労働力は資本主義のもとで賃労働が開始されて初めて売買の対象となったものです。土地は、経済活動だけでなく、自然の一部であり、生命活動や社会生活の場でした。貨幣は交換のツールとして考案されたものです。本来は「商品」でなかったこれらのものが、商品であるかのようにみなされ、市場で取引されるようになったのです。つまり**擬制**《ぎせい》（フィクション）によって市場で取引されるのです。こうした擬制が行われるのは、機械を使用した大規模な生産のために、大量の労働者、原材料、資金が必要になり、それらを商品として動員する必要があったからです。

悪魔のひき臼

「擬制商品」のなかでも重要なのが、労働力の商品化です。ポランニーは労働力の商品化と労働市場の成立過程を、スピーナムランド法の廃止を例に議論しています。スピーナムランド法は18世紀末から19世紀にかけて、イギリス・バークシャー州の同名の教区で実施され、各地に広まった貧困対策で、困窮《こんきゅう》した人々にパンの価格と世帯人数に応じた給付金を出すというものでした。しかし、失業者だけでなく低賃金者にも給付金を与えたことで、就業意欲の喪失や財政負担増などをもたらすとの批判を浴び、１８３４年に廃止されてしまいました（ただし、この法律が失策だったかどうかについては、いまだ論争が続いています）。

イギリスでは16世紀以降、毛織物工業や農業の拡大を目的とする土地の囲い込みなどもあって貧困層が増加し、社会不安が増していきました。この問題は18世紀半ば以降の産業革命によっても解決はせず、生産力が飛躍的に拡大する一方で、多数の労働者が貧困にあえいでいました。マルサス[5]やリカード[6]といった当時の古典派経済学者は、貧困に対しては給付金などによる救貧《きゅうひん》政策ではなく、自由な労働市場こそ有効だと主張しました。そして

5　マルサス（Thomas Robert Malthus １７６６～１８３４年）イギリスの経済学者。『人口論』（１７９８年）で、何らかの制限なしには人口増加率が食糧の増加率を上回り、飢餓や貧困が生じるとし、禁欲などの道徳的抑制の必要性を説いた。

6　リカード（David Ricardo １７７２～１８２３年）「近代経済学の祖」と言われるイギリスの経済学者。自由貿易を擁護《ようご》した。リカードは、小麦などの穀物の輸入を規制する穀物法をめぐって、それを支持するマルサスと激しく対立したが、人口抑制については同意した。リカードについては本書第６章も参照。

自由な労働市場が有効に機能するには、安価な労働力が継続的に調達される必要があり、そのためには労働者が血縁や地縁などの社会関係から切り離され、飢餓の恐怖から就労せざるをえない状態を維持すべきだと唱えたのです。ポランニーは、こうした主張が当時大きな影響力を持っていたタウンゼント[7]の『救貧法論』（1786年）の議論と同じく、人間を動物同然とみなすものだとして批判しています。

すでに述べたように市場が自己調整的になるということは、市場が政治や社会の規制を一切受けないことであり、それは人間にも社会にも破滅的影響を与えずにはいません。労働は人間の生活の一部に過ぎません。にもかかわらず、人間が市場で労働力として取引されるようになると、その人の生命・生存活動、社会的・文化的活動など生活の他の側面がないがしろにされてしまいます。土地も同じです。土地は本来自然そのものですが、それが市場で取引されることになれば、自然が徹底的に収奪《しゅうだつ》され破壊されてしまう恐れが出てきます。つまり自己調整的市場にすべてを委ねれば、社会は疲弊《ひへい》していくのです。ポランニーは、このように市場の支配が社会を押しつぶすさまを、イギリスの詩人ウィリアム・ブレイク[8]の言葉を借りて「悪魔のひき臼《うす》」と呼びました。

二重運動としての歴史

『大転換』では、自己調整的市場がもつ危険を指摘した後で、市場の影響から社会を防衛する運動が紹介されます。ポランニーは19世紀以降の歴史を、市場の拡大とそれに対抗する社会の防衛という「**二重運動の歴史**」として描いています。そこでは市場を社会の隅々まで広げていこうとする勢力と、市場から社会を防衛しようとする勢力の攻防《こうぼう》が見られるとしました。19世紀には、前世紀のアダム・スミス[9]の議論を踏まえて自由放任主義《レッセフェール》の

7 タウンゼント（Joseph Townsend 1739〜1816年）イギリスの地理学者・牧師。『救貧法論』で、唯一飢餓のみが人を労働へと駆り立て貧者を救いうると主張し、救貧法を批判した。

8 ブレイク（William Blake 1757〜1827年）イギリス初期ロマン派の詩人、画家、銅板画家。産業革命と啓蒙《けいもう》思想の時代にあって、それらの根底にある科学万能主義や合理主義を批判し、神話やキリスト教を題材に、詩や絵画を通じて人間の魂や精神世界を描いた。神秘的・幻想的なその作風は、人間の本質を表現しようとした帰結である。「悪魔のひき臼 dark Satanic

思想が定着しましたが、これに対する社会の側からの防衛運動の結果、数々の社会政策が実施されていったのです。

ここで興味深いのは、自己調整的市場はその支持勢力によって人為的《じんいてき》に拡大されてきたのに対して、それに対する社会の防衛運動は自然発生的なものであったという点です。例えばイギリスの綿工業は、保護関税や輸出補助金など国家の支援によって創出され、自立するとやはり国家が自由貿易政策を打ち出し、世界市場を席巻《せっけん》する産業へと成長していきました。さらに労働力の商品化と労働市場の確立のため、すでに述べたように救貧法が廃止され、そして人々の移動の自由を制限する定住法が廃止されました。土地もまた、私有化と私的利用に関する規制が撤廃され、商品化されていきました。イギリスではこれらの自由化を推進するための官僚機構が整備されました。要するに、自由主義への道は中央によって組織され統制された絶えざる干渉行動によって切り開かれたのです。自由市場の導入は、国家の統制や規制によって保証され、確固たるものになっていったわけです。

他方、そうした急激な市場化から社会を防衛しようとする対抗運動は反対に、いわば「下から」自然発生的な形で起こりました。そしてこの運動は、自由化・市場化によって災禍を被《こうむ》った特定の階級（労働者や貧農）の利害によるものではなく、階級を超えた社会的利益を回復するための運動であったことが大きな特徴です。例えば産業革命以降、工場労働者は過酷な環境に置かれていましたが、これに対して当の労働者だけでなく地主や工場主など幅広い階級の人々が声を上げ、工場法[10]が制定されるに至りました。土地の囲い込みと私有化、増加する食料需要は土地の商品化を促《うなが》しましたが、こうしたなかで土地を追われた農民の居住と職を保護したのは貴族・地主階級でした。大陸ヨーロッパでは、ブルジョワジーとの連携によって労働者階級が政治的、経済的な影響力を強め、そのもとで工

Mills」という詩句は、1804〜10年に創作された叙事詩『ミルトン』（自ら作画・印刷した100点の彩色版画が添えられている）の序詩に登場する。またこの序詩にヒューバート・パリーが曲をつけた合唱曲『エルサレム』（1916年）は、イングランドの国民的愛唱歌である。

9　スミス（Adam Smith 1723〜90年）「経済学の創設者」と呼ばれるスコットランド出身のイギリスの経済学者・哲学者。重商主義を批判し自由主義を唱えた。主著『国富論』（1776年）で、最適な資源配分を実現する自由な市場の機能（＝「見えざる手」）などについて論じた。

10　工場法　産業革命期の長時間・過酷労働から労働者を保護するための法。1802年イギリスを皮切りに大陸欧州諸国で制定されたが、初期の保護規定は不十分で、数次の改定を経て徐々に整備されていった。

場法などの社会立法が実現したのです。

ポランニーはこうして、資本主義の歴史を市場と社会の対立として描いていますが、ここで重要なのは、**社会の抵抗とその帰結である社会制度や政策が、市場社会の存続にとっても不可欠であった**ことです。というのは、市場化が度を超せば、市場社会は内側から破壊されるからです。労働時間が延長され休息が失われ、賃金が生存以下に切り下げられれば、労働力の再生産はできず、資本家や工場主は働き手を失います。土地が収奪的に利用されれば食糧生産や農産物を原材料とする工業生産ができなくなります。中央銀行によって通貨が円滑に供給されなければ生産は維持できません。つまり、市場社会においても市場は社会から完全に離床したわけではなく、社会の支えがなければ成り立ちえないのです。そう考えると、やはりポランニーが言うように、自己調整的市場とは幻想に過ぎないことがわかります。

市場と社会はこのように、ときには対抗関係、ときには補完関係にあります。市場化を推進する勢力と社会を防衛しようとする勢力の間で調整が失敗すると、政治に劇的な変化が生じます。大陸ヨーロッパでみられたファシズムの台頭《たいとう》、１９１７年のロシア革命と社会主義計画経済への移行、米国におけるニューディール政策などがそうです。これらは自己調整的市場の破綻《はたん》の帰結であり、かつその破綻を克服しようとする試みでもありました。

第二次世界大戦後にも、市場と社会の対抗あるいは補完の関係はみられます。大戦終結とともに設立された国際連合の主導で人権や社会権の保障が進み、社会の側に新たな防衛手段が備わりました。経済学の分野では、市場の自己調整機能を否定し政府の市場介入（マクロ経済政策による有効需要の創出）を是《ぜ》とするケインズ主義が広く支持され、多くの先進資本主義国で積極財政と公共投資の拡大が図られました。これらの事情があいまって、ケインズ主義に基づく完全雇用政策と福祉国家体制（「大きな政府」）が整備されてゆきます。いわば大戦後の冷戦の枠組みのなかで、市場・国家・社会の補完関係が強化され、同時に労働組合活動に代表される社会防衛の運動もまた活発化し、労使協調のもとで雇用の安定と所得の上昇が経済成長を牽引《けんいん》するという「資本主義の黄金時代」（大量生産・大量消費による高度成長期）が到来し、１９７０年代初めまで続くことになります。

経済グローバル化と社会の防衛運動

ところが１９７０年代になると、イギリスや米国でスタグフレーション（不況下での物価上昇）が進行し、市場と社会は対抗関係を強めます。このとき市場の自己調整機能を絶対視する新自由主義が登場します。その原点となったイギリスのサッチャー政権、それに続く米国のレーガン政権、日本の中曽根政権などがとった経済自由化政策は、貿易や資本の自由化、公益事業の民営化、社会保障削減、規制緩和《かんわ》、雇用の柔軟化[11]などを柱とします。「小さな政府」の到来です。自由化政策は、企業に剝《む》き出しの競争を強い、コスト削減のため賃金が引き下げられました。労働市場では、かつてポランニーが警告したように、「餓死という刑罰」によって失業か低賃金かを迫る動きが広がっていきました。

そして、国家は「自由」とは反対に、労働組合や年金受給者などの抵抗運動を強権によって抑圧しました。国家は新自由主義のもとで市場の擁護者、推進者の役割を担ったのですが、皮肉なことにその結果、「小さな政府」とは反対に国家機構が肥大《ひだい》したのです。

新自由主義は、国際通貨基金（ＩＭＦ）と世界銀行（World Bank）などの国際金融機関をつうじて、１９８０年代以降開発途上国にも普及《ふきゅう》しました。ＩＭＦは、対外債務が累積《るいせき》し金融的に行き詰まった国々に対し、融資の見返りに経済自由化政策を要求しました。世

11　**雇用の柔軟化**　第二次大戦後に強まった労働者保護の機運により、労働の内容、賃金、雇用期間などについては規制が多かったが、これを改め、職務の変更・拡大、能力・成果給、短期雇用などの導入を容易にする一連の法改正や政策を指す。基本的には労働条件の引き下げを目的とし、企業側に有利な方向に労使関係を変更するものである。

界銀行は、かつては経済開発における国家の役割を認め、国家主導の工業化政策を支持していたのですが、新古典派のエコノミストが実権を握るようになり、債務国に新自由主義改革を要求したのです。そうした改革を進めたのは、多くの場合、強権的な国家でした。新自由主義の先駆《せんく》となり、そのモデルとされたチリのピノチェ政権[12]の経済自由化は、政治的抑圧を背景に実行されました。ポランニーが言ったように、経済の市場化・自由化を進めるには、国家による強制が必要だということです。

　１９９０年代になると新自由主義は世界を席巻し、あらゆるものが地球規模で売買の対象となる経済グローバル化の時代が到来します。しかし、そのなかにあっても、市場は社会全体を覆うには至っていません。多くの先進諸国で国家は医療・福祉・教育の領域で（程度の差こそあれ）その役割を維持していますし、北欧ではいまだに手厚い福祉国家が優勢です。南欧諸国では協同組合などの社会的経済と呼ばれるセクターが経済の重要な担い手となっています。新自由主義の発信源である米国も例外ではありません。市場化が引き起こした不動産バブルとその帰結であるリーマン・ショック[13]による影響や、それ以前から「小さな政府」によって医療を受けられない層が拡大していた状況に対して、金融機関の救済やオバマケア[14]によって市場経済を支えたのは国家でした。つまり**市場は国家の支援によって維持されている**のであり、決して自己調整的ではないのです。

　他方で、経済グローバル化に対する社会の側からの対抗運動も活発化していきました。経済グローバル化全体を批判する反グローバリゼーション運動のほか、反スウェットショップ運動（開発途上国で劣悪な条件のスウェットショップ＝搾取《さくしゅ》工場を展開する大手衣料メーカーへの抗議・不買運動など）といった消費者運動、産消《さんしょう》提携[15]、フェアトレード（公正貿易）（第12章参照）、後述する連帯経済や共生経済、先住民や女性などマイノリティ

12　ピノチェ政権　チリの軍人アウグスト・ピノチェ（１９１５〜２００６年）が、１９７３年に米国政府の支援を得て軍事クーデタによって樹立した政権。世界で初めて自由選挙によって合法的に選出されたアジェンデ社会主義政権を打倒し、１９９０年の民政移管まで軍事独裁政治をしいた。経済政策を「シカゴ・ボーイズ」と呼ばれるシカゴ大学出身の新自由主義エコノミストに委ね、徹底した経済自由化を断行するとともに、反対勢力を抑えるため人権抑圧、言論弾圧などを行った。序章49ページも参照。

13　リーマン・ショック　米国のジョージ・W・ブッシュ政権（２００１〜09年）のもとで積極的に販売されたサブプライム（優良層［プライム］の下の低所得層［サブプライム］向け）住宅ローンが、２００７年夏ごろに不良債権化し、その影響で同年秋に発生した金融危機。同ローンを大量に売っていた米国の投資銀行リーマン・ブラザーズが経営破綻したことに端を発し、世

の権利を保護する運動、環境保護運動など、１９９０年代以降現在に至るまで、非常に多彩な運動が世界各地にみられます（第13章参照）。そしてこうした対抗運動もやはり、市場化が国家の強権という人為を伴ったのに対して、自然発生的なものでした。ポランニーが描いた「二重運動の歴史」という視点は、グローバル化した現代世界においても有効なのです。

しかしながら、現在も展開中の市場への対抗運動の一部が、力を合わせて資本に対抗し市場経済を乗り越えることよりも、自らの雇用や生活を脅かすもの（外国製品や移民）の排斥《はいせき》に向かっていることにも注目する必要があります。それらの勢力は自らの暮らしを守るために、結果的に排外主義やナショナリズムに走ってしまっています。これらの政治運動は、問題の本質、すなわち失業や貧困の要因が市場経済そのものにあることを見失わせ、社会を誤った方向に導く危険をはらみます。

ポランニーは『大転換』で、西欧諸国が19世紀末から20世紀初めにかけて、自己調整的市場がもたらす失業や階級対立といった国内の重圧や混乱を、外部への帝国主義的拡張によって緩和しようとしたことを描いています。いま我々が目にしている排外主義と対外拡張主義もそれと同根《どうこん》であり、それを推し進めても何の解決にもならないどころか、かえって問題を深刻化させることになるのは、歴史をみれば明らかです。

複合社会

自己調整的市場が幻想に過ぎず、「悪魔のひき臼」によって社会が市場に押しつぶされているのだとすれば、市場経済に次ぐシステムをどのように構想し創造しうるのでしょうか。ポランニーはこれについて、『大転換』の最終章で**複合社会**（complex society）という

界規模の金融危機に発展した。

14 **オバマケア**　米国のバラク・オバマ政権（２００９〜17年）が推進した医療保険制度改革。自由診療が基本の米国では、民間の健康保険に加入できない低所得層が、病状が悪化するまで医療機関を利用せず、その結果かえって医療費がかさんでいた。そこで、最低限必要な民間医療保険の加入を原則として義務化し、未加入者には罰則を課す一方で、低所得層の加入を可能とするため、政府が補助金を支給した。この制度には保険会社の収支悪化、中間層の保険料の上昇、財政負担の増加などの問題があり、続く現トランプ政権はそれらを根拠に制度を攻撃し、見直しをはかっている。

15 **産消提携**　生鮮食料品の流通を、仲介市場に委ねず、生産者や生産者組合あるいは産地と、消費者あるいは消費者組合との直接的な結びつきによって行い、適正な価格、安全性の確保などをめざす運動。

概念で論じています。ポランニーは、未来の社会を市場とは異なる基礎のうえに構築する必要があるとしました。そこでは労働、土地、貨幣は商品であることから解放され、賃金などの労働条件、土地取引、主要な食料品の生産・分配は市場の外部で、つまり人間性や社会性をもとに決定されます。賃金格差は残りますが、人々は金銭的な動機だけで労働することはなくなります。他方で、労働・土地・貨幣以外の多様な生産物については、競争的な市場によって価格が決定されます。この複合社会については、ポランニーがこれ以上には明確に定義し説明していないため、多様な理解がなされていますが、要は非市場経済が重要な構成要素となる社会ということになるでしょう。

『大転換』の最終章でポランニーは複合社会における自由についても論じています。すなわち19世紀文明・市場経済が生み出した市民的自由を評価したうえで、それが富裕層など一部の人々にとっての自由に過ぎないとし、あらゆる人々に自由を保障するには、規制や管理が必要になるとしています。ポランニーは、こう主張することにより、人々の自由を過度に制限する中央集権的な社会主義とともに、一部の人々だけが無制限な自由を享受《きょうじゅ》するような経済自由主義を批判しているのです。

ポランニーのこうした市場社会批判や複合社会論は、ロバート・オウエン[16]から強い影響を受けています。『大転換』にはしばしばオウエンが登場します。ポランニーは、「飢餓による統治」を主張する経済自由主義が19世紀ヨーロッパを支配するなかで、オウエンだけが市場社会の負の影響という「人類に与えられた試練《しれん》」の意味に気がついていたとします。オウエンは、経済市場化が引き起こす貧困や飢餓などの災禍を、市場原理によって解決しようとしたマルサスら古典派経済学者とは対照的に、**協同の思想と適切な社会立法**によってそれらの災いを克服すべきとし、協同組合の設立や工場法の成立に力を注《そそ》ぎました。

16 オウエン（Robert Owen 1771～1858年）イギリスの空想社会主義者、実業家。協同組合や労働組合運動の祖とされる。

オウエンは産業革命の負の影響（劣悪な労働・生活環境）を憂《うれ》う一方で、実業家としての経験をつうじて、労働者の多くが怠惰《たいだ》で不道徳だと感じていました。そしてその原因は労働者個人の資質に帰せられるものではなく、教育を受けられないための無知とあまりにも劣悪な労働環境、それを許容している社会にこそあると考えたのです。これが彼を「人間の性格や行動が環境で決まる」という環境決定論へと導きます。彼は自らが経営するニュー・ラナークの紡績工場内に学校や幼稚園を設立して、労働者の子供たちに教育の機会を与え、賃金の適正化、労働時間の短縮、労働者の衣食住の改善に努め、それによって労働意欲と生産性の向上を目指しました。さらに労働者自身が生産から消費までを自律的に行うコミュニティ「協同村《きょうどうむら》」の創設を提案し、実際２度にわたりその建設にも着手しました（残念ながらいずれも失敗に終わりましたが）。

ポランニーはオウエンについて、その労働者救済策の着想がすぐれて現実的で、人間の全人格的な理解に基づいていることを高く評価しています。とりわけ協同に基礎をおくコミュニティの創設は、ポランニーが主張した、労働の市場化によって分断された人間の全体性を回復するものであり、新社会（New Society）の創出につながる試みであると考えたのです。オウエンと彼の思想を引き継いだオウエン主義運動が、本質的に資本主義の超克《ちょうこく》を目指していたとも言っています。しかしその一方で、オウエンが社会と市場には本質的に相いれない部分があることを洞察《どうさつ》できなかった、とも述べています。ポランニーにとって来たるべき社会とは、市場社会を否定した先にこそ出現するものだったのです。

機能的社会主義

ポランニーは、『大転換』に先立つ１９２４年の論文「機能的社会理論と社会主義の計算問題」（読書案内⑩所収）のなかで、市場社会に代わる社会のモデルを、**機能的社会主義**の視点から語っています。ポランニーは、政治権力の集権化を伴う計画経済を批判する一方で、労働者、消費者、市民としての諸個人が民主的な交渉をつうじて利害を調整する社会主義経済の可能性を信じ、支持しました。機能的社会主義こそがポランニーにとっての社会主義でした。

機能的社会主義という主張はもともと、複雑な社会経済のもとでは市場経済が唯一可能な経済システムだとするミーゼス[17]の議論に反論するためのものでした。ミーゼスは「社会主義的共同体における経済計算」（１９２０年）のなかで、封建制のような単純な経済と異なり、分業が高度化した20世紀の経済では、市場や交換価値（ある商品と他の商品の交換比率）がなければ経済計算ができず、社会主義経済は成り立たないとしました。これに対してポランニーは、何らかの目的をもって自主的に組織されたアソシエーション（機能集団）による交渉と調整をつうじて需要と供給の均衡が達成しうるとしました。

ポランニー研究者の若森みどりさんは、ポランニーの機能的社会主義の仕組みを具体的に説明しています（読書案内⑭）。機能的社会主義を構成する機能集団にはコミューン[18]、生産者アソシエーション、消費者アソシエーションの３つがあります。コミューンは市民の利害を代表する政治的機関（市民代表会議）であり、社会的公正といった共同体の目標を追求する組織です。生産者アソシエーションは工場などで働く労働者を代表して産業部門を管理し、最大の生産性を追求する組織。消費者アソシエーションは消費者協同組合の形態をとり、消費者を代表し質の高い財やサービスを追求する組織です。若森さんによればポランニーは、政治、生産、消費という３つの機能をもったアソシエーションが、それぞれの立場から利害を主張し対決と交渉を行えば、社会的合意が形成され経済全体で均衡が

17　ミーゼス（Ludwig Heinrich Edler von Mises　１８８１〜１９７３年）ハンガリー出身の経済学者。オーストリア学派（祖メンガーの主張から限界効用学派とも呼ばれる。序章参照）の流れを汲む。貨幣論や景気論で業績を残したが、とりわけ有名なのは計画経済批判である。自由主義と市場経済を擁護する立場から、計画経済の基礎となる社会主義経済計算（国家が需要と供給を予測し生産を管理する）が、計画に必要な情報量と計算能力があまりに大きく、不可能だと主張した。

18　コミューン（仏語 commune）英語の community、日本語の共同体に対応するが、community や共同体が一定の地域に居住し共属感情を持つ人々の集団とされるのに対して、コミューンは概念として使用されてきた背景から、自治的な共同社会や共通の意思をもっ

達成しうると考えたのです。

こうしたポランニーの社会主義論は、20世紀初めにイギリスに現れたギルド社会主義の思想からヒントを得ています。ギルド社会主義とは、西欧中世のギルド（職業組合）にならい、地域単位で産業別ギルドを結成し、全国ギルドが生産調整と販売を行い、全国産業ギルド会議を設けてギルド間の紛争を調停することで、労働者階級による産業自治を目指すものでした。代表的な論者にS・G・ホブソン[19]、G・D・H・コール[20]などがいます。

マルクスのアソシエーション論

資本主義に続く未来社会をアソシエーションに基づく社会主義としたポランニーの議論は、マルクスの**アソシエーション社会主義論**と通じるものがあります（マルクスについて詳しくは第1章を参照）。マルクスの社会主義をアソシエーション＝協同組合概念によって読み替える作業は、日本では哲学者の田畑稔さんなどによってなされてきました[21]。それは、ポランニーと同様に、中央集権的な国家社会主義への批判に基づくものでした。

マルクスは、フランスで1871年に実現したパリ・コミューン[22]の観察をつうじて、**協同組合が経済と社会の基盤たるべき**と考え、次のように論じています。「協同組合の連合体が、共通の計画に基づいて全国の生産を調整し、自らの統制のもとにおき、資本主義的生産の宿命である不断の無政府状態と周期的痙攣《けいれん》（恐慌）とを終らせることになれば、それは共産主義以外の何ものであろうか」（『フランスの内乱』1871年）。マルクスは生産協同組合が、労働者が未来社会の主人公として生産を管理・運営するための組織形態であると考えたのです。

マルクスは、協同組合が資本主義企業に対抗するには、国家の支援が必要であり、その

た社会運動組織などをも意味する。フランスの地方自治体の最小単位である基礎自治体も commune である。

19 **ホブソン**（Samuel George Hobson 1870〜1940年）イギリスの社会主義理論家、活動家。

20 **コール**（George Douglas Howard Cole 1889〜1959年）イギリスの政治理論家、経済学者、歴史学者、作家。イギリスの労働党と社会主義運動の指導者でもあった。中央集権的な社会主義を批判し、協同組合を支持した。注19のホブソンとコールはいずれも、議会制民主主義によって漸進的《ざんしんてき》に資本主義の欠陥を克服すべきと主張するイギリスの社会主義知識人による運動「フェビアン協会」に参加していた。

21 アソシエーション概念からマルクスの社会主義をとらえる主要な研究は以下のとおり。田畑稔『増補新版 マルクスとアソシエーション』（読書案内⑤）。大谷禎之介『マルクスのアソシエーション論——未来社会は資本主義のなかに見えている』桜井書店、

ためにはプロレタリアート（労働者階級・無産階級）が国家権力を握らねばならないとしましたが、ここでは少し注意が必要です。マルクスは、一時期連携関係にあったラサール[23]の主張、すなわち国家が協同組合的な組織を育成すべきだという考え方が、中央集権的な国家社会主義への道を開くとして、強く反対しました。「現在ある協同組合が価値を有するのは、それが政府からもブルジョワジーからも保護されずに、労働者によって自主的に創設されたものである限りでのことである」としたのです（『ゴータ綱領批判』１８７５年）。

これらに先立ってマルクスは、エンゲルスとの共著『共産主義者宣言』（１８４８年）のなかで、協同組合＝アソシエーションを基礎とする社会主義、そこでの協同組合＝アソシエーションのあるべき姿について語っています。プロレタリアートが革命をつうじて支配階級になり、資本主義的生産関係[24]が廃止されれば、それは階級対立と階級一般を廃止し、労働者自身による階級的な支配をも廃止します。代わってアソシエーションという新しい社会関係が生まれます。そこでは各人の自由な発展がすべての人々の自由な発展の条件になります。獲得した自由が他の人々の自由を阻害したり促さないならば、それは真正の自由ではありません。相互に自由を保証するアソシエーションの連合、すなわち「アソシエーションのアソシエーション」こそがマルクスの社会主義なのです[25]。すでにおわかりのように、これはポランニーの機能的社会主義と多分に重なるものです。

ところで、協同組合と労働組合には、労働者を資本の支配から解放する手段としてみた場合、どのような違いがあるのでしょうか。哲学者の柄谷行人《からたにこうじん》さんは『世界史の構造』（岩波書店、２０１０年）で、両者はともに資本に対抗する運動であるが、質において異なるとしています。すなわち労働組合は資本制内部での資本との闘争であり、協同組合は資本

２０１１年。柄谷行人『世界史の構造』岩波書店、２０１０年。小松善雄「マルクスの協同社会主義像――二一世紀における社会主義の復権と新生によせて」、『季刊経済理論』第49巻第3号、２０１２年12月、14～26ページ。

22 **パリ・コミューン** １８７０年7月に始まった普仏戦争の講和に反対し、１８７１年1月にパリ市民や労働者が蜂起し、同年3月に樹立した自治政府。この世界最初の社会主義の試みはプロイセンの支援を受けた政府軍の攻撃により72日間で壊滅《かいめつ》した。

23 **ラサール**（Ferdinand Johann Gottlieb Lassalle １８２５～64年）ドイツ社会民主党（ＳＰＤ）の母体となる、ドイツ最初の労働者政党である全ドイツ労働者協会の創設者。ヘーゲルの影響を強く受け、社会主義建設において国家の役割を重視した。すなわち、国家の支援による生産協同組合を提唱し、社会政策実施においては強硬保守派のビスマルクに接近した。

24 **生産関係** 生産にあたって人間が結ぶ社会的関係。資本主義社会での生産関係は、生産手段を所有する階級（資本家や土地所有者）が生産手段をもたないプロレタリアート（労働者、

制の外に超出《ちょうしゅつ》する運動だと言うのです。もう少し詳しく言えば、労働組合は資本主義のもとで資本と闘う労働者の組織であり運動ですが、現実には賃金など労働条件を改善するための運動にとどまってしまいがちです。これに対して協同組合は、労働者が社会の主人公として生産を管理・運営するための組織であり運動であり、柄谷さんは未来の社会を築くうえでそこに大きな可能性を見出しています。

市場と経済を社会に埋め戻す

ここまでみたように、ポランニーの主要な関心は、市場経済を超えた社会をどのように創造するかにありました。市場経済の破綻の基本的な要因が、市場が社会から離床し、社会を自らのなかに埋め込んだことにあるとすれば、**市場、ひいては経済をもう一度社会に埋め戻す**（re-embed）ことが必要になります。それはどうすれば可能なのでしょうか。また、市場ないし経済を埋め戻した社会とはどのようなものでしょうか。

経済学者の玉野井芳郎《たまのいよしろう》さん[26]は、ポランニーの論文を集成した『経済の文明史』という本（読書案内⑩）の解題で、ポランニーの次の言葉を紹介しています。「私が願うのは生産者としての毎日の活動において人間を導くべき、あの動機の統一性を回復することであり、経済システムをふたたび社会のなかに吸収することである」（68ページ）。玉野井さんは、埋め戻しを社会的挑戦として高く評価しつつ、ポランニーの著述からは「経済を埋め戻された社会」のイメージが必ずしも明確にみえてこないとしています。ポランニーはそれが「共同体への回帰」だと述べているのですが、であれば、その内容を理論的に明らかにする必要があると言うのです[27]。

これについての玉野井さん自身の回答は、**地域主義による共同体再生**です。地域主義と

貧農などの無産階級）を支配し、前者が後者に剰余価値を生産させるものである。

25 小松善雄、前掲論文（注21）、23ページ。

26 **玉野井芳郎**（１９１８～85年）経済理論、経済学史を専門としたが、後に反近代主義の立場から環境や地域経済に関心を寄せた。ポランニーやオーストリア出身の哲学者・文明批評家イヴァン・イリイチ（Ivan Illich １９２６～２００２年）を日本に紹介したことでも知られる。

27 玉野井芳郎『エコノミーとエコロジー——広義の経済学への道』みすず書房、１９７８年、21ページ。

は、中央集権システムのもとで進められた日本の近代化や産業化によって深刻な地域格差や公害が引き起こされたことへの反省に立って、それぞれの地元＝地域の経済社会に根ざして困難を乗り越えていこうという考え方です。玉野井さんは、『地域主義の思想』（読書案内⑥）のなかで、地域主義を「地域に生きる生活者たちがその自然・歴史・風土《ふうど》を背景に、その地域社会または地域の共同体に対して一体感をもち、経済的自立をふまえて、みずからの政治的・行政的自律性と文化的独自性を追求すること」と定義しています（19ページ）。この場合の経済的自立は、1つの地域内で閉鎖的な自給自足経済を指すものではありません。生存と生活にとって重要な土地と水と労働（これらはポランニーが、市場社会に次ぐ複合社会では商品擬制から解放すべきとしたものです）の調達や利用について、地域単位での共同性や自立性を確保することです。政治的・行政的自律性とは、主権者である地域住民の自治に基づく政治や行政を意味します。

　哲学者の根井《ねい》康之さんも、ポランニーの「市場と経済が埋め戻された社会」像の不明瞭さを指摘しています。根井さんは、ポランニーの思想の斬新《ざんしん》さが、資本主義の矛盾を、資本主義的市場経済システム内部における資本と賃労働の対立や、生産力と生産関係の矛盾に求めるのではなく、**市場とその外部（＝社会）との対立**に求めたことであるとします。したがって、市場を社会に埋め戻すとは、市場経済システムを、経済学によってこれまで外部的なものとみなされてきた自然・社会・文化を根源的に統一することだとしています。他方で根井さんは、市場システムに包摂《ほうせつ》しつくされない外部＝社会とは何か、それはどのような構造をもった存在なのかを、ポランニーが明らかにしていないと述べています。さらにポランニーが、市場への社会の対抗運動として社会立法や管理通貨制度などを挙げるにとどまり、それらの法や制度が、市場原理と生活原理（言い換えれば社会の原理）との根源的な対立を、資本主義の枠内で、国家の政策的補完によって緩和あるいは解決する手段であることを見過ごしていると批判しています。[28]

そのうえで根井さんは、資本主義によって引き起こされた地域社会と自然の破壊に対抗して、生活者自身が、生産と消費の場である日常的な生活世界を、関連する地域の自然・社会に関する情報を獲得することで、共同的に形成・管理することを提案しています（読書案内⑦）。

人間の生命・生存活動や生活とその条件を、市場に委ねるのでなく、社会の共同管理のもとに置くべきだとする議論は、経済学者・宇沢弘文《うざわひろふみ》さん[29]によってもなされています。すなわち宇沢さんは、**社会的共通資本**という概念を提唱し、社会によるその管理を主張しました。社会的共通資本は「1つの国ないし特定の地域に住むすべての人々が、豊かな経済生活を営み、すぐれた文化を展開し、人間性に基づく社会を持続的かつ安定的に維持することを可能にするような社会的装置」を総合的に指し示す概念で、大きく自然環境、社会的インフラストラクチャー（住宅、道路、上下水道、電気・ガス、交通、情報通信など）、制度資本（教育、医療、金融、司法、文化）の3つに分けられます。宇沢さんは、これらの社会的共通資本は決して国家や市場に委ねられてはならず、社会が管理すべきだとしたのです（読書案内①）。

共生経済社会の創造に向けて

このようにポランニーの社会像をめぐっては、市場経済や資本主義に代わる社会をどのように創造するかという観点から、活発な議論がなされていますが、ここで視点を変えて、ポランニーが重視したアソシエーションの具体的な姿を現代の文脈《ぶんみゃく》で考えてみましょう。

28 根井康之『市場原理と生活原理——マルクス・ケインズ・ポラニーを超えて』農山漁村文化協会、1989年。

29 **宇沢弘文**（1928〜2014年）専門は数理経済学。スタンフォード大学准教授、シカゴ大学教授、東京大学教授などを歴任。新古典派の成長理論を数学的に定式化することに貢献したが、のちにその成長経路が新古典派の主張に反して不安定であり、ケインズ的な失業が伴うとした。後年は環境問題に関心をよせ、成長優先の経済政策を批判した。

ポランニーやマルクスは協同組合をアソシエーションの基本形態としましたが、アソシエーションを自由な個人が共通の関心や目的のもとに組織する団体と考えた場合、現代においては協同組合に限らず多様な形態がありえます。市場経済や資本主義のオルタナティブとしてのアソシエーションについては、フランス、スペイン、イタリアなどの南欧やラテンアメリカでは**連帯経済**（solidarity economy）[30]が、そして日本では連帯経済のほか**共生経済**という概念で議論されています。そこから、市場経済や資本主義のオルタナティブを担うアソシエーションの具体的なかたちがみえてくるのではと思います。

ラテンアメリカの開発を専門とする経済学者の佐野誠さんは、新自由主義サイクルという概念で、世界各国でみられる景気変動とそれが引き起こす貧困や格差を考察しました（読書案内②）。そしてそれらを克服する手段として「共生経済社会」の創造を提案しています。その発想の原点は、かつて欧米と並ぶ高所得国であったアルゼンチンの凋落《ちょうらく》の原因を探ることにありました。他のラテンアメリカ諸国同様に、１９８０年代初めの対外債務累積を契機に、アルゼンチンはＩＭＦや世界銀行から救済融資の条件として、新自由主義的構造改革（自由化・規制緩和・「小さな政府」）を義務づけられましたが、その帰結は悲惨なものでした。財政赤字やインフレなどのマクロ経済不均衡に対処するため構造改革が実行されると、不均衡が解決されるよりも先に景気後退、失業・貧困・格差拡大が起こり、同国の政治と経済は重大な危機に直面しました。これに対応するため政府支出の拡大や金融緩和政策が行われますが、それが再びマクロ経済の不均衡を引き起こしました。佐野さんは、こうした自由化・規制緩和・「小さな政府」など市場競争を促す構造改革と、それに伴う実物経済と金融の不安定化、そしてこれらを補整するだけに終わる景気対策という悪循環が、ラテンアメリカだけでなく世界各国に見られるとし、それを新自由主義サイク

30　連帯経済　主に南欧やラテンアメリカで、市場や国家と並ぶ制度として、あるいはそれらに代わる制度として提案されている、自主・自治、民主、平等などを原理とする経済あるいはそれを目指す運動。具体的には、連帯の原理に基づく協同組合、労働者協同組合（ワーカーズコレクティブ）、フェアトレード、コミュニティバンク、地域通貨などがある。この概念が提案された背景には、従来の協同組合や共済組合に代表される社会経済と呼ばれる制度が営利追求型へと変質したことがある。またフィランソロピー（民間企業などによる慈善活動）や近年隆盛をみせるソーシャルビジネスなどは、そもそも営利を優先する傾向が否めない。これに対して、互酬を原理とし、コミュニティへの貢献を重視するという原点を再確認する意味で、連帯経済の概念が打ち出されたのである。

ルと呼んだのです。

次いで佐野さんは、新自由主義サイクルの罠《わな》から脱出し、すべての人々が安心して暮らすための新しいシステムとして、共生経済社会を提案します。その根幹として、まず**内需《ないじゅ》主導型の経済構造**への転換を提唱します（内需とは国内需要のことです）。そしてそのための政策として、最低賃金の引き上げ、生活保障賃金の制定、労働者自身の意志に反する非正規雇用の禁止、ワークシェアリング、富裕層や大企業への増税、間接税の見直し（消費税を生活必需品には低く、贅沢品には高く設定するなど）、資産課税の強化、投機的な資本移動や金融取引への増税などを挙げています。

佐野さんはまた、こうしたマクロ経済政策の一方で、ミクロのレベルで「共生経済圏」を創造することの重要性を指摘しています。「共生経済」とは、経済評論家の内橋克人《うちはしかつと》さんが、１９９０年代から一貫して主張してきた概念です。内橋さんはこれを提唱するにあたって、協同の思想を初めて実践に移したロッチデール公正開拓者協同組合[31]の綱領《こうりょう》を紹介しています。そこでは協同組合の目的が、「自主的・自立的・自律的な生産・流通、教育活動の促進、共同の利益のための国内植民地（経済圏）の建設および他の組合による植民地建設の支援」にあるとされています。内橋さんは、そのような経済圏の建設のためには、国家でも企業でもない、新しい経済の仕組み、つまり共生経済が必要だとしました（読書案内②）。内橋さんは、すでにあるその具体的な例として、資本・経営・労働が一体化した労働者協同組合、国際的なフェアトレードなどを挙げていますが、佐野さんはとりわけ内橋さんのＦＥＣ自給圏をという概念が、共生経済の鍵となるものだとして注目しています。ＦＥＣ自給圏とは、食料（Food）、エネルギー（Energy）、医療・介護・福祉（Care）という人間の生存・生活に欠かせない領域を、可能な限り地域で調達する取り組みを指します。

31　**ロッチデール公正開拓者協同組合**　１８４４年にイギリスはランカシャーのロッチデールで組織された生活協同組合であり、協同組合運動の先駆の一つになった。

そこで取引されるモノやサービスは、当面は市場で売られているものと比べて高価かもしれませんが、長い目でみれば地域社会における健全な再生産を保障します。この経済圏を担うのは協同と自給圏の意義を理解し行動する**自覚的（conscious）な生産者であり消費者**です。

佐野さんがとくに重視したのが、こうした自覚的な消費者による消費行動の変革です。そして、自覚的な消費者の存在が共生経済やＦＥＣ自給圏の存続にとって不可欠である理由を説明するために、ポスト・ケインジアン（第３章参照）の消費者選択理論を紹介しています。これは一定の所得をもつ消費者が、与えられた価格のもとでどのような選択＝意思決定をするかを分析するための理論です。ポスト・ケインジアンは、人々の消費は所得水準によって異なる（消費には階層性がある）と考えます。低所得層は衣食住などの基本的な欲求を重視し、それを満たす下級財[32]だけを選択し、所得が増えると生存には関係ない上級財も選択するようになり、さらに所得が増えると社会的・文化的・精神的な欲求を満たす上級財だけを選択するようになります。ならば中間層の所得を増やし、低所得層の所得を中間層の水準まで引き上げれば、上級財の購入が増えると予測されます。そうすると上級財の生産で規模の経済[33]が実現し、その価格が下がり、それが消費拡大を促すなど好循環《こうじゅんかん》が生まれ、内需主導型成長と共生経済やＦＥＣ自給圏を並行して持続可能なものにすることができます。

佐野さんはこうした考察をつうじて、すでに日本全国で行われている共生経済の試みを探し、それらをネットワーク化することによって、市場経済への対抗運動とすることに期待を寄せていました。共生経済が点から面へと広がっていけば、日本社会が新自由主義サイクルの罠から脱出できると考えたのです（巻末の「特別収録」も参照）。

32　下級財　所得が増加すると需要が減る財。例えば、所得上昇によってマーガリンをやめ、バターを食べるようになったとすれば、マーガリンは下級財、バターは上級財になる。所得上昇に伴い、安全性や環境に配慮した食料や衣料を消費するようになった場合、それは需要が下級財から上級財に移動したことを意味する。

33　規模の経済　生産量を拡大することで、原材料費や賃金などの平均コストが下がり、その結果収益率が向上、財の価格を下げてさらに拡販できるなどの効果が生まれること。

以上に紹介した玉野井さんの地域主義、根井さんの生活＝社会原理、宇沢さんの社会的共通資本論、内橋さんと佐野さんの共生経済社会論は、ポランニーが必ずしも明瞭に示さなかった「経済を社会に埋め戻す」方法と、その結果としての未来社会像を、より具体的に示そうとしたものと言えます。

すでに新自由主義政策の失敗と新古典派の誤謬《ごびゅう》は誰の目にも明らかなのですが、それでもいまなお、さまざまな批判や抵抗を無視し、日本を含め世界各国で経済自由化が維持され、強化されています。経済活動を促すためとして、あらゆる領域で規制が撤廃・緩和されました。労働者を保護する法制は大幅に緩和され、雇用のさらなる柔軟化・流動化が推し進められています。私たちの生命と生存を支える自然環境についても、水、農地、森、海などの資源を市場で自由に売買できるよう、各種の規制が撤廃されつつあります。他方で、「富者がさらに富を増すことで貧者にも自然と富がしたたり落ちる」という均霑効《トリクルダウン》果の幻想が振りまかれ、企業や富裕層への課税が軽減されてきました。こうした経済自由化政策は、新古典派経済学と新自由主義イデオロギーによって、資源（労働力、自然、資金）を効率的に利用し、グローバル化をつうじて産業と企業の競争力を高め、経済成長と雇用拡大を実現するものとして正当化されています。しかしわれわれが眼前にしている風景は、どうみてもそれとは異なっています。繰り返される金融危機、失業、劣悪な労働環境、貧困や格差の蔓延、環境破壊など、その証左《しょうさ》は枚挙《まいきょ》にいとまがありません。まさにポランニーが「悪魔のひき臼」と警告した事態が展開しているのです。

いまこそポランニーの議論に学び、経済を社会のなかに埋め戻し、人間の全体性を回復するとともに、人と人との間で、また人と自然との間で調和を取り戻さなければなりません。そのためには、あらゆる地域や領域で多様なアソシエーションや共生経済を創造する必要があります。経済グローバル化の現代においては、国際的資本（多国籍企業）に対抗するため、国境を越えたアソシエーションの連携も不可欠です。

多様なアソシエーションが担い手となったとき、経済はより多元的なものとなるでしょうが、ではそのような多元的経済のもとで、市場や国家は消滅するのでしょうか。おそらくそれはありえないでしょう。ならばそのとき、市場や国家はそれぞれどのような役割を担うべきでしょうか。

市場は、価格メカニズムによってモノやサービス、資源を効率的に配分する制度としては有効です。ただし、ポランニーが指摘したように、労働、土地あるいは自然、貨幣に関しては別のルール――労働は人間の全体性を実現するように、自然は社会的な基準に従って管理・利用されるように、貨幣は蓄財や投機の手段であることをやめるように規制する――を必要とします。それ以外の商品やサービスの取引については市場が重要になりますが、そこでは取引に関わる情報の透明化、生産者や消費者の権利の保護が必要となります。国民国家が残存する限り、外交などの機能は残りますし、徴税や社会保障をつうじた国家の再分配機能は存続するでしょう。しかし、社会と経済がアソシエーションを基盤とするものになったとき、政治的意思決定において大きな役割を担うのは、中央集権的国家ではなく、自治や協同を原理としたコミューンとなるでしょう。そこでは「悪魔のひき臼」が稼働《かどう》する余地はなくなります。これこそ、ポランニーが探求した未来の社会の原理ではないでしょうか。

【読書案内】

①宇沢弘文［２０００］『社会的共通資本』岩波新書
②内橋克人［１９９５］『共生の大地』岩波新書
③佐野誠［２０１３］『99%のための経済学【理論編】』新評論
④杉浦克己・柴田徳太郎・丸山真人編［２００１］『多元的経済社会の構想』日本評論社
⑤田畑稔［２０１５］『増補新版 マルクスとアソシエーション――マルクス再読の試み』新泉社
⑥玉野井芳郎［１９７９］『地域主義の思想』農山漁村文化協会
⑦根井康之［１９９０］『生活世界からの社会形成』農山漁村文化協会
⑧野口健彦［２０１１］『K・ポラニー――市場自由主義の根源的批判者』文眞堂
⑨ポランニー、カール［１９９８］『人間の経済Ⅰ 市場社会の虚構性』玉野井芳郎・栗本慎一郎訳、岩波書店（原著１９７７年）
⑩――［２００３］『経済の文明史』玉野井芳郎・平野健一郎編訳、石井溥・木畑洋一・長尾史郎・吉沢英成訳、筑摩書房
⑪――［２００９］『新訳 大転換――市場社会の形成と崩壊』野口建彦・栖原学訳、東洋経済新報社（原著１９４４年）
⑫――［２０１２］『市場社会と人間の自由――社会哲学論選』若森みどり・植村邦彦・若森章孝訳、大月書店（原著２０１０年）
⑬ラヴィル、ジャン＝ルイ編［２０１２］『連帯経済――その国際的射程』北島健一・鈴木岳・中野佳裕訳、生活書院（原著２００７年）
⑭若森みどり［２０１１］『カール・ポランニー――市場社会・民主主義・人間の自由』ＮＴＴ出版

⑨～⑫はポランニーの主要な著作です。⑧はポランニーの人物像と『大転換』を簡潔に紹介し、その意義と課題を示した書です。⑭はポランニーの著作と関連する研究を幅広く渉猟《しょうりょう》し、ポランニーの全体像を描く研究書です。④はポランニーなどの議論を踏まえて、多元的社会の可能性と課題を論じた共同研究書です。⑤はマルクスの社会主義をアソシエーションによって読み替える代表的な研究です。①は社会的共通資本の市場化を批判し、その社会による管理を主張しています。②と③

は、新自由主義を批判するとともに、市場経済を乗り越える方途として共生経済を提案しています。⑥は、経済を社会や自然を含めて捉え、地域主義に基づき経済を再構築する必要性を説いた書です。⑦は生産と消費の場である日常的な生活世界を、生活者が共同的に形成・管理することを提案しています。⑬はポランニーに基づきつつ連帯経済を論じた基礎的な文献です。

（小池洋一）

第10章

経済学方法論と新自由主義

方法論とは何か

本章では経済学方法論という観点から、**新自由主義**をめぐる問題を掘り下げてみたいと思います。まず、方法論とは何か、ということから考えましょう。

方法論と方法は違います。どのような学問にも、研究を進めるための手続きがありますが、そのような研究手続きが方法です。例えば、何らかの仮説を立て、そこからテスト可能な結論を演繹《えんえき》し、その結論をデータと照らし合わせてテストするという手続き、いわゆる仮説演繹法を研究の方法として採用することがあります。このような、研究を行う上での手続きが**方法**です。それに対して、方法についての哲学的反省を**方法論**と呼びます。例えば、自然科学と社会科学の方法は同じなのか違うのか、真理についての考え方にはどのようなものがあるのか、こういった問題を研究するのが方法論です。ある方法に従って研究を進めることと、その方法自体について考えることとは違うので、このように区別します。しかし、この2つには重なる部分もあり、厳密に区別することができない場合もあります。そのような場合には、研究の手続きとその哲学的反省の両方を方法論と呼ぶこともあります。

方法論について、もう1つ注意を促《うなが》しておきたいのは、**記述的方法論**と**規範的方法論**の区別です。記述的方法論というのは、現に行われている研究についての方法論的考察です。経済学方法論の場合には、現に行われている経済学を対象として、その課題や領域、暗黙《あんもく》の前提、正当化の根拠などを考察します。これに対して規範的方法論とは、経済学のあるべき方法はどのようなものか、ということを考察します。そして、あるべき姿を基準として、現に行われている経済学を評価することになります。例えば、予測ができるかどうかを科学の基準とみなし、これに照らして経済学を科学であるかどうか評価するといったアプローチです。

本章では、現に存在している新自由主義の思想や政策の背後にある考え方を、記述的方法論の観点から考察します。とくに、新自由主義においては何が価値あるものと考えられているのか、それを実現するための政策手段についての信念はどのようなものか、それはどのような社会層に支持されたのか、といった問題を考察します。このアプローチを採用することによって、新自由主義を構成する諸要素を解明することを目指します。

新自由主義の捉え方

新自由主義とは何か、そもそもこの問いに答えるために、方法論が必要になります。新自由主義の特徴は、必ずしもはっきりしたものではありません。新自由主義の代表的な思想家とされるのは、ハイエク[1]とフリードマン[2]ですが、この2人の思想には共通するところと相違するところがあります。例えば、フリードマンは、一定の率で通貨量を増加させる政策を主張しますが、ハイエクはそれに反対します。また、新自由主義の思想家と呼ばれるのは、この2人だけではありません。それらの人々の間にも、当然のことながら、共通点と相違点の両方があります。さらに、新自由主義の経済政策を実行した代表的な政権は、

1　**ハイエク**（Friedrich August von Hayek 1899～1992年）オーストリア学派（1870年代以降、ウィーン大学のカール・メンガーを創始者として形成された学派）の経済学者。1974年、ノーベル経済学賞受賞。

イギリスのサッチャー政権（１９７９～90年）とアメリカのレーガン政権（１９８１～89年）ですが、日本の中曽根政権（１９８２～87年）・小泉政権（２００１～06年）も、そのように呼ばれます。そして南米のチリとアルゼンチンでは、世界に先駆《さきが》けて、１９７０年代に新自由主義改革が行われました。これらの政府が実施した政策にも、共通のものもあれば相違しているものもあります。例えば、サッチャー政権では国有企業の民営化が重要な政策でしたが、レーガン政権ではそうではありませんでした。これら多数の思想家や政権を考慮に入れるならば、「新自由主義とは何か」という問いに答えることは、けっして簡単ではないことが分かります。

では、複雑な社会現象を「新自由主義」という言葉で捉《とら》えることは、どのようにして可能なのでしょうか。いくつかの方法が考えられます。第１に、新自由主義を、内包《ないほう》と外延《がいえん》をもつ普通の**概念**として捉える方法があります。例えば、「家屋」という概念の場合、その内包は「人間が居住する建物」という特徴であり、外延はそのような特徴をもつ建物すべてです。新自由主義と呼ばれる思想家や政権についても、それらに共通する考え方の特徴を内包とし、その特徴をもつ思想家や政権を外延と考えるのです。このとき、対象となる思想家や政権すべてに共通する特徴を内包と考えると、ごく少数の特徴しか残りません。反対に、新自由主義の内包を詳細に規定しようとすると、通常は新自由主義と呼ばれる思想家や政権であっても、その詳細な特徴を必ずしもすべて備えているわけではないので、新自由主義の陣営から除外されてしまうということが起こります。

第２の方法は、何かを新自由主義の**代表**とみなし、その他のものは代表の特徴を不完全に備えているとするものです。例えば、「ハイエクの思想こそが新自由主義である」と規定し、フリードマンやサッチャー・レーガン政権などの考え方がそれと異なる場合には、

2 フリードマン（Milton Friedman １９１２～２００６年）シカゴ学派（20世紀前半以降、シカゴ大学を中心に発展した学派。とくに自由市場重視の経済思想を特徴とする）の経済学者。１９７６年、ノーベル経済学賞受賞。

彼らは新自由主義から部分的に逸脱《いつだつ》していると考えるのです。しかし、歴史の大きな動きを1人の思想家の考え方で表そうとすることには無理があります。多くの人々が新自由主義運動に参加したということは、個人を超える歴史的な流れがあったと考えなければなりません。1人の人間の能力の限界を指摘していたのは、ほかならぬハイエク自身でした。新自由主義は、1人の思想家、1つの政権で代表させるには、あまりにも多発的で超個人的な運動であったと言うべきでしょう。

新自由主義を捉える方法として考えられる第3の候補は、**モデル**を創《つく》ることです。ここでモデルとは、思考によって構成された1つの像であり、現実を分析するために考案されるものです。新自由主義のモデルは、新自由主義と呼ばれる思想家や政権に共通の特徴を集めたものではなく、また、その中の誰かを代表とするものでもありません。新自由主義のモデルは、現実のいずれかの思想家や政権とぴったり合致するものではなく、現実を分析するための道具として創り出されるものです。新自由主義について語る論者たちは、実際には、このようなモデルを創っているのです。それぞれの論者が創る新自由主義のモデルは、必ずしも同じではありません。同じく新自由主義について語りながら、何をその特徴とみなすのかという点で、多かれ少なかれ異なっているのです。それらは、われわれが世界の動きのある一面を理解するために創り出したモデルです。現実は1つのモデルによって捉えられるほど単純ではありませんので、複数のモデルが提案されてよいのです。それを評価する基準は、世界の動きのある側面を理解するのに有効であるかどうか、ということです。本章では、この第3の方法を採用します。

ではモデルとしての新自由主義は、具体的にどのようなものと考えたらよいでしょうか。ここで提示するのは、多くの可能なもののなかの1つにすぎません。その中の最良のものであると主張するつもりもありません。方法論的な観点から新自由主義を考察するための素材として、暫定的《ざんていてき》に提示するものと考えてください。ここに言う新自由主義は、経済的自由主義の一形態であり、その意味では18～19世紀の古典的自由主義と共通する特徴をもっています。すなわち、経済的自由主義の考え方によれば、国家は私的所有権を保護し、市場《しじょう》がうまく作動するようにルールを定め、国内の治安維持と対外的な防衛をにない、市場への介入は最低限に抑制されなければならない、とされます。これらは、古典的自由主義にも通じる特徴ということができます。しかし現代の新自由主義は、20世紀の修正資本主義[3]・福祉国家[4]を批判して登場してきたという歴史的経緯があるため、それらを否定する政策を主張するという点に独自の特徴があります。つまり、自由市場の強化（規制緩和《きせいかんわ》、民営化）、自由市場に適した社会政策（労働組合の弱体化、労働の規制緩和、社会保障の縮小）、「小さな政府」の財政政策（国防以外の政府支出の削減、富裕層減税）、ルールに基づく金融政策（貨幣供給量の抑制《よくせい》、金融の規制緩和）、グローバルな経済活動の自由（自由貿易、資本移動の自由化）、こういった特徴です。これらの経済政策と、それを背後で支える政策目的および経済理論の全体が、本章で言う「新自由主義のモデル」です。

経済政策の論理

新自由主義の経済政策は、何を目的とし、どのような理論に基づいて提唱されたのでしょうか。政策を提唱するさいのロジックについて考えてみましょう。

個人の行為であれ、政府の行為であれ、何かをするということは、次のような**実践の論理**によって表すことができます。これは、ミル[5]が『論理学体系』のなかで述べていることをもとに、定式化したものです。

3 **修正資本主義** 資本主義が生み出す失業や不況などの弊害《へいがい》を国家介入によって是正《ぜせい》しようとする経済体制。

4 **福祉国家** 完全雇用・社会保障政策などによって国民の福祉増進を目指す国家。

5 **ミル**（John Stuart Mill 1806～73年）イギリスの古典派経済学者。科学方法論・論理学・政治学などの業績もある。

○○を目指すべきである。
□□は○○を達成するための手段である。
ゆえに、□□を実行するべきである。

例えば、個人の行為について、われわれは次のような推論を行います。

健康を維持するべきである。
禁煙は健康を維持するための手段である。
ゆえに、禁煙を実行するべきである。

「健康を維持する」ことは多くの人にとって望ましい価値であるかもしれませんが、すべての人がそれを生活上の目標に掲《かか》げるわけではありません。不健康な生活を選ぶということは、多くの人にとっては愚かなことかもしれませんが、個人には愚かなことをする自由がある、というのも自由主義の一面です。「健康を維持する」という価値は、必ずしもすべての人に当てはまる価値ではないのです。したがって、各個人がそれぞれ自分の目的を選択する自由を有するのであれば、その選択は必ずしも1つには決まりません。「あるべきもの」は各人が選び取らなければならないのです。

これに対して、目的を達成するための手段については、正しい答えが決定できると考えられています。「健康を維持する」という目的が与えられるとき、その目的を実現するための手段を教えるのは科学の役割です。科学は**価値判断**には関与せず、**事実判断**にのみ関わります。すなわち、健康を維持するかどうかという目的の設定自体には科学は関与しませんが、もし健康を維持するという目的が設定されたならば、その手段の検討、すなわち喫煙が健康を害するかどうかなどは、科学的に白黒をつけることができるとされるのです。目的の設定は一致しないかもしれませんが、手段の適否《てきひ》については正しい答えを科学的に決定し得る。これが、目的と手段の関係に関する通説であるといってよいでしょう。

経済政策を立案する場合にも、同じような推論が行われます。つまり、目的の設定、手段の提示、それらに基づく政策の提案、という具合に推論が行われます。これらの総体が経済思想にほかなりません。では、新自由主義政策の場合、目的の設定や手段の提示は、具体的にどのようになっていたのでしょうか。

新自由主義政策の目的

資源の効率的配分

実は、新自由主義政策の目的は1つではありません。さまざまな勢力がそれぞれの思惑《おもわく》をもって、新自由主義政策を支持したと言うべきです。経済思想の観点から言うと、第1に、自由市場が**資源の効率的配分**を実現すると考える**新古典派**[6]の経済学者たちが支持勢力となりました。ここで「効率」というのは、いわゆる**パレート効率性**[7]のことです。例えば、もし他の財の生産を減らすことなしに、ある財をより多く生産することができるのであれば、生産の効率性という点で改善の余地があります。そのような改善を行うためには、生産資源の移動が柔軟に行われなければなりません。労働もそのような資源の1つですから、生産を効率的に編成するためには、労働移動が妨《さまた》げられてはなりません。新古典派経済学の観点から雇用の流動化を求める政策論は、次のような推論に基づいています。

6　**新古典派経済学**　1870年代からの限界革命（ジェヴォンズ、メンガー、ワルラスという3名の経済学者が限界効用理論を唱えたことに始まる。詳細は序章32ページ以下参照）によって形成され、その後の主流派になった経済学の総称。個人の合理的行動を前提として、効率的な資源配分のための条件を研究する。

7　**パレート効率性**　他のだれかの状態を悪化させることなしには、どの1人の状態をも改善することができない状態という意味の効率性。パレート最適とも言う。イタリアの経済学者ヴィルフレード・パレート（1848〜1923年）に由来する。

資源を効率的に配分するべきである。
雇用の流動化は資源を効率的に配分するための手段である。
ゆえに、雇用の流動化を促進するべきである。

ここで注意しなければならないのは、上記の実践的推論の2つの前提の性格です。1行目の「資源を効率的に配分するべきである」という判断は価値判断です。これに対して、2行目の「雇用の流動化は資源を効率的に配分するための手段である」は事実判断であり、「資源の効率的配分は、これこれの条件の下で実現される」という目的実現のための手段を示しています。

「経済学は科学である」というのが、大方《おおかた》の経済学者の主張です。資源の効率的配分の条件を研究している経済学者は、その限りでは事実判断にのみ関わり、価値判断には関わりません。しかし、経済学者が「資源を効率的に配分するために、これこれの政策を実行するべきである」と主張することは珍しいことではありません。暗黙のうちに、事実判断を任務とする科学の立場を超えて、価値判断の領域に踏み込んでしまうのです。もちろん、ある人物が、経済学者としては「資源の効率的配分のための条件」を研究することに専念しながら、同時に政治家あるいは市民として「資源を効率的に配分するべきである、そのためにこれこれの政策を実行するべきである」と主張することに問題はありません。同じ人物が2つの立場の違いを自覚しながら行動するのであれば、科学者としての立場を損《そこ》なうことにはなりません。これが、科学と価値判断の関係についての通説的理解です。

新古典派の経済学者が政治家あるいは市民として政策を語るとき、基本的には自由市場が資源を効率的に配分する仕組みだと考えるので、自由市場の支持者となることが多いのは確かです。しかし、資源の効率的配分の条件を研究することが経済学の課題だとする立場は、自由市場の限界の主張とも結びつきます。公共財[8]は自由市場では十分に供給されない、外部性[9]や情報の非対称性[10]があると市場は資源を効率的に配分できない、等々の分析が行われているからです。そうした場合には、政府が市場に介入することが資源の効率的配分に寄与《きよ》することになるので、新古典派の経済学者が市場の限界と政府介入の有効性を主張することも珍しいことではありません。資源配分の効率性を経済政策の究極の目的とする立場からすると、基本的には自由市場支持ですが、必要に応じて政府介入を認める、ということになります。新古典派というのは、第1に、資源配分の効率性の条件を研究する経済学であり、その限りでは実践的な主張を行うものではなく、また第2に、事実判断から価値判断に横滑《よこすべ》りして実践的な主張を行う者も、資源配分の効率性に寄与するところでは、政府介入を容認するのです。つまり、新自由主義の思想は、新古典派経済学と重なる部分もあるが、重ならない部分もあるというべきでしょう。

自由の尊重　新自由主義を支えた経済思想は、新古典派の政策論だけではありません。資源を効率的に配分するための手段として市場の自由化を支持するのではなく、自由そのものに価値を認める立場から、自由市場を擁護《ようご》した経済思想家もいました。その代表がハイエクです。ハイエクは、資源配分の効率性よりも人間の自由のほうが、より上位に位置する価値であると考えています。したがって、政府の介入によって資源配分の効率性の度合いが高められる場合でも、それが個人的自由を損なうときには政府介入に反対します。ハイエクによれば、自由とは、社会において、一部の人が他の一部の人によって強制され

8　**公共財**　灯台、堤防、国防など、民間では供給されにくいため、政府によって供給される財。誰かが消費しても他の人の消費を減らさないなどの特徴がある。

9　**外部性**　ある経済活動が取引相手ではない他の人や集団や環境に影響を及ぼすこと。

10　**情報の非対称性**　ある経済主体がもつ情報を他の経済主体がもっていないこと。

ることが、できる限り少ない人間の状態のことです。ハイエクにとって、自由はそれ自体として価値のあるものですが、自由がもたらすものの価値を否定するわけではありません。それは、文明の進歩だと言います。ここで文明の進歩とは、自分が知っているよりも多くの知識から個人が利益を受けている状態のことです。個人のもつ知識はきわめて乏しいので、他人のもつ知識を利用することができるならば、われわれは自分自身がもつ知識よりもはるかに大きな知識を利用することができます。自由とは、個人の努力に対する統制がないことを意味しますから、多数の個人の独立した競争的な努力を認める自由社会は、最も賢明な支配者がもつ知識よりも、はるかに多くの知識を利用することを可能にします。その意味で自由は、文明の基礎としての価値をもつのです。

価値に対する批判と反批判　追求するべき価値という点で新自由主義を批判しようとするならば、より優先すべき価値を対置する必要があります。資源配分の効率性や個人の自由だけが追求するべき価値ではない、と主張しなければなりません。これは新自由主義批判の定石《じょうせき》の1つです。例えば、「経済的不平等の是正《ぜせい》」という価値を「個人の自由」に対置する場合を考えてみましょう。経済的格差の拡大が指摘されているなかで、このような不平等は是正されるべきだ、と考える人は少なくないでしょう。問題は、自由が損なわれても、平等を追求するべきだと考えるかどうかです。自由主義者であるハイエク自身も、不平等の是正そのものには反対しません。しかし、不平等を是正するために国家介入が行われ、それが自由を損なうときには、不平等是正政策に反対します。「自由」は「平等」よりも上位に位置する価値だと考えているからです。

「**機会の平等**」と「自由」の関係を考えてみましょう。「機会の平等」には2つの種類があります。第1は、形式的な機会の平等です。道路の比喩《ひゆ》を用いるならば、政府の責務は、特権をもつ者だけに道路の通行を認めるのではなく、すべての人に道路を開放することです。各個人が道路を通ることを妨げない、というのが形式的な機会の平等です。第2は、政府介入による実質的な機会の平等です。道路がすべての人に開放されたとしても、その道を歩きとおすことができるかどうかは、各人の能力に依存します。各人の能力は、遺伝的・環境的要因によってさまざまであり、道路を歩きとおすのにかかる時間も人によって違うでしょう。その意味では、各個人が何かをすることができる機会は、形式的には平等であったとしても、実質的には不平等です。このような能力の差を政府の責任において埋《う》めようとすると、つまり実質的な機会の平等を実現しようとすると、各人の能力の差異に応じて、政府が補償手段を講じなければなりません。この意味は、政府がある特定の個人の見通しに関連をもつあらゆる条件を管理すべきであるということです。これは、個人の能力の利用の仕方を政府が決めることにほかならない、とハイエクは主張するのです。そこでハイエクは、形式的な機会の平等はよいが、実質的な機会の平等は自由を侵害するとして、これに反対するのです。自由と平等のどちらを選択するのか、あるいは、どのように両者の折り合いをつけるのか、この問題に解答するのは容易ではありません。いずれにせよ、追求するべき価値という点で新自由主義を批判するときには、われわれは**価値の相《そう》剋《こく》**というやっかいな問題に直面することになります。

新自由主義の目的の多様性　新自由主義の目的は、上で述べたことだけではありません。一般の公衆と政治家が新自由主義政策に託《たく》したのは、なによりもまず経済成長であったように思われます。しかも、その経済成長は一部の者だけを豊かにするのではなく、成長の成果が広く社会の各階層に及ぶような富の増加です。さらに、国際政治を意識する者にとっては、経済成長によって強い国家を作ることが政策目的でした。経済力は軍事力の基礎であり、国際的な政治力の裏付けとなるものです。このように、ナショナリズムが背景にあって、国力増強のための手段として経済成長を求め、そのために新自由主義政策を支持する、という人々がいたことも否定できません。また、インフレーションや大幅な景気後退を伴《ともな》うことのない、安定した成長が実現できるのであれば、いっそう歓迎すべきことだと考えられていました。

資源の効率的な配分、権力からの自由、文明の進歩、経済成長、経済的安定のほかに、新自由主義の目的のなかには、公然とは語られないものがあります。私的利益の追求のために新自由主義政策が支持されたということです。資本移動の自由化によって利得《りとく》の機会を得る者、減税によって可処分《かしょぶん》所得が増加する者、こうした人々にとっては、思想や理念ではなく、経済全体の成長でもなく、自分たちの私的な利益の観点から、新自由主義政策は望ましいのです。これらの人々は、私的な利益に適《かな》う限りで新自由主義政策を支持するのであって、政府の介入それ自体に反対するわけではありません。したがって、何らかの思想に基づいて政府介入を忌避《きひ》するわけではないので、経営破綻《はたん》の危機に際して政府が救済してくれるのであれば、それは喜ぶべきことなのです。

以上述べてきたのは、新自由主義の目的は1つではなく、いくつかの目的が混在していたということです。そして、これらの目的を批判するときには、別の価値を対置することになりますから、価値の衝突が起こります。新自由主義を批判するとき、自分はどの価値を選択しているのかということに無自覚であってはなりません。

新自由主義の理論

前項では、経済思想を構成する実践の論理の第1の前提「○○を目指すべきである」について検討しました。これから考察するのは、第2の前提です。第2の前提となる「□□は○○を達成するための手段である」という判断は事実判断です。価値判断における対立は決着のつかない対立であり、各人が選び取るしかないとされるのに対して、事実判断が正しいか誤っているかは科学的に決定されます。少なくとも、そのように考えるのが通説です。

しかし実際には、ある目的を達成するための複数の手段が提案され、その対立に決着がつかないことは珍しいことではありません。対立に決着をつけるような合意された基準を確立し、その基準に照らしてテストするのは、簡単ではありません。ある目的を達成するためにはこれこれの手段が適切であるという主張は、それぞれの論者の信念に支えられており、その信念は容易には変わらないからです。

手段の提案の背後には、理論・歴史・統計などの**経済分析**があります。そのなかで、政策手段の選択に信念が影響を及ぼすという点で、とくに問題となるのは**経済理論**です。経済学の理論の性格が、この問題と深く関係しているのです。本項では、この問題を考えるために、経済理論が仮定に基づくものであることを確認し、それと関連する新自由主義の理論の問題点を考察します。すなわち、第1に、理論と現実が混同されること、第2に、理論の選択が偏《かたよ》ること、この2点について考えます。

理論と現実の混同　経済理論は現実の経済をそのまま写し取るものではなく、現実の一面を切り取って大胆に加工するものです。これは、経済学方法論の草創期（19世紀前半）

から論じられていたことです。例えばミルは、経済学で仮定する人間を「もっぱら富を獲得し消費することに専念している存在」と規定しながら、同時に「もちろん、どんな経済学者も人間が実際にこういったものだと想定するほど愚かではなかった。ただこれが、科学の必然的に採用しなければならない方法なのである」(「経済学の定義と方法」1836年)と述べていました。ミルによれば、経済理論とは仮説的・抽象的なものであり、考察する問題と関係のある要因のみを取り上げるものです。その意味で、理論と現実との間には乖離《かいり》が存在します。しかし、理論で取り上げている要因が現実の核心を捉えているならば、その理論は現実の分析に役立つと言えます。したがって、考察する対象が変われば、その核心となる要因も変化しますから、それに応じて理論を修正する必要が生じます。いつでも同じ理論を使おうとすると、乖離はますます大きくなってしまうのです。

新自由主義の経済理論には、いま指摘したことと関連する2つの問題がありました。第1に、理論と現実との間に乖離があるにもかかわらず、両者を混同してしまうこと、第2に、考察する問題に応じて理論を変えなければならないにもかかわらず、いつも同じ理論を使ってしまうこと、こういう問題です。

第1の問題から考えましょう。新自由主義の経済理論では、多くの場合、経済行動の合理性が強調されました。ここで合理性というのは、目的を達成するための最適な手段を選択するという客観的な目的合理性のことです。最適な手段を選択するためには、必要な情報をすべて知っていて、さらに最適な結果を推論する能力をもっていなければなりません。もちろん生身《なまみ》の人間は、すべてを知っているわけではないし、推論の能力にも限界があります。その意味で、客観的な目的合理性の仮定は、現実と乖離しています。しかし、それにもかかわらず、理論と現実とを混同してしまうことがあるのです。つまり、理論的世界の市場がうまく機能するということから、現実の市場もうまく機能すると考えてしまうのです。自由市場がうまく機能するというのは、そのように理論を作っているのですから、いわば当然のことです。

　理論的世界で成り立つことは現実世界においても成り立つ、と考えてしまう人々がいることを指摘したのは、主として**歴史学派**[11]の経済学者たちでした。例えば、イギリス歴史学派のトインビー[12]がそうです。トインビーによれば、方法論的自覚のない経済学者や政治家・ジャーナリストたちは、仮定に基づく理論的世界を、あたかも現実の世界であるかのように考えてしまう、というのです。

　新自由主義の経済理論について言うと、例えば金融市場に関する理論で、そのような混同がありました。すなわち、「規制緩和を支持した理論は、洗練された市場参加者は合理的であり、合理的な期待をする、という仮定に基づいている。［…］これらの仮定の下では、自主規制のみが適切なものとなる」（スティグリッツ[13]）のです。しかし、合理的な経済主体というのは理論的な仮定であって、現実の経済主体や政府の姿と混同してはならないのです。もっとも、トインビーも指摘するように、こうした混同をするのは方法論的自覚のない経済学者や政治家・ジャーナリストですが、現実政治においては、その影響は大きいのです。

理論選択の偏り　新自由主義の経済理論の第2の問題は、ただ1つの理論がいつでもどこでも当てはまると考えたことでした。理論を現実に適用するさいには、その現実に適した理論を選ばなければなりません。このような考え方は**経済学説の相対性**と呼ばれ、やはり歴史学派が強調したものでした。例えばイギリス歴史学派のカニンガム[14]は、歴史学派に

11　**歴史学派**　抽象的な理論よりも具体的な歴史的事実の研究を重視した経済学の学派。19世紀後半から20世紀初めにかけて、ドイツやイギリスで活躍した。イギリス歴史学派の創始者はレズリー（Thomas Edward Cliffe Leslie　1827〜82年）。ドイツ歴史学派については第2章の注7を参照。

12　**トインビー**（Arnold Toynbee　1852〜83年）イギリス歴史学派の経済学者。「産業革命」という言葉を広めたことで知られる。

13　**スティグリッツ**（Joseph Eugene Stiglitz　1943年〜）アメリカの経済学者。2001年、ノーベル経済学賞受賞。情報の経済学などの理論的分析に基づき、現代のさまざまな経済問題に対して積極的に発言している。引用は読書案内⑧79ページより。

14　**カニンガム**（William Cunningham　1849〜1919年）イギリス歴史学派の経済学者。経済史という研究分野の確立に貢献《こうけん》した。また、自由貿易を批判したことで知られる。

もかかわらず、完全な自由競争を仮定する理論を否定しませんでした。彼によれば、自由競争の仮説や、そのような事情の下で起こる傾向のあることを明確にすることは、それが適用できるところでは、研究の道具として大きな意義をもちます。重要な点は、完全な自由競争の理論を、適用できるところで使うということです。それが適用できないところでは、別の理論を使わなければなりません。さまざまな道具を用意しておいて、状況に合わせて使える道具を使う、ということです。ただ1つの理論がいつでもどこでも当てはまるわけではないのです。

新自由主義の経済理論にも、この問題がありました。問題というのは、1970年代から21世紀初頭にかけての時期に、現実の経済を分析し、政策的処方箋《しょほうせん》を考案するうえで、新自由主義の理論が適切であったのかどうか、ということです。

新自由主義に対する批判の1つに、新自由主義政策は、自らが掲げる目的の達成に失敗した、というものがあります。つまり、新自由主義の目的が経済成長であるならば、アメリカ、イギリス、チリなど、新自由主義政策を実施した国々の経済成長率を調べて、その他の国に比べて実際には成長率が低かったということをもって、新自由主義の失敗の証拠だとする批判です。また、政策目的が経済の安定であるならば、新自由主義政策が世界金融危機・経済危機を防止できなかったことをもって、新自由主義の破産であると批判するのです。とくに後者は顕著《けんちょ》な出来事でしたから、新自由主義政策の失敗を強く印象づけるものでした。2008年のリーマン・ショック[15]に至るまで、新自由主義者はそのような危機は起こらないと主張していました。合理的な経済主体は将来を予想できるのだから、金融危機が生じることはないというわけです。危機は起こらないという結論を導くような仮定に依拠《いきょ》していたのですから、そのように考えるのも当然でした。

15 リーマン・ショック　2008年9月、アメリカの大手投資銀行リーマン・ブラザーズ・ホールディングスが経営破綻したことで連鎖的に発生した世界的金融危機。日本経済にも大きなしかし、リーマン・ショックに至る状況を分析するのに適した理論は、経済学の道具箱の中にすでに存在していたのです。例えば、「エージェンシー」問題[16]は、金融機関の経営者が危険を冒《おか》して短期の利益を追求しようとすることを分析するのに適していました。また、ケインズやポスト・ケインズ派[17]の理論は、バブルの発生と破裂の仕組みを解明するのに有効でした。大事なことは、そのときの状況に合わせて、経済理論を使い分けることなのです。それにもかかわらず、多くの経済学者が、拘束《こうそく》されない自由市場の理論を、普遍的に適用できる唯一の理論であるかのように考える罠《わな》に陥《おちい》っていました。「多様性の中の画一性」というパラドクスです（ロドリック[18]）。多くの経済学者が、合理性を経済的行為の特徴と考え、自由市場の働きについて語ることが経済学者の使命だと考えてきました。そのために、現実に適用する理論を選ぶさいに、偏りが生じているのです。

16　「エージェンシー」問題　ある仕事を代理人（エージェンシー）に依頼するとき、依頼人と代理人の間で利害が対立する場合があること。

17　ポスト・ケインズ派　ケインズ経済学を継承・発展させようとする経済学者たち。なかでも、新古典派に批判的な経済学者を指すことが多い。本書第3章参照。

18　ロドリック（Dani Rodrik　１９５７年〜）トルコ出身、アメリカ在住の経済学者。専門は国際経済学。引用は読書案内⑦１３６ページより。

新自由主義の社会的機能

新自由主義政策の背後には、それを支える思想や理論がありましたが、それだけが推進力だったわけではありません。そこには、社会の各階層の利害も関係していました。はたして新自由主義は、そうした利害とどのように関係していて、どのような社会的機能を果たしたのでしょうか。

すでに述べたように、新自由主義政策の目的のなかには、公然とは語られないものがあります。それは、私的利益の追求ということです。新自由主義政策を支持した多国籍企業、金融機関、投資家などにとって、何よりも重要であったのは、思想や理念ではなく、自分たちの私的な利益でした。そうした実業家たちは、新自由主義政策が私的な利益に適う限りでそれを支持したのであって、思想的な立場から政府介入を忌避したわけではないのです。しかし、私的な利益の追求が目的だということが、公然と語られることはありません。公共政策として行われる限り、その政策は特殊利益のためではなく、一般利益のために行われるという形をとらなければならないからです。特殊利益に奉仕《ほうし》する政策であるけれども、あたかも全体の利益になるかのように受け取られる政策は、特殊利益の関係者にとって都合の良いものであることは、言うまでもありません。

これは、新自由主義が**イデオロギー**として機能したということです。イデオロギーという言葉は多様な意味をもっていますが、ここでは、特定の社会集団の利益になるにもかかわらず、全体の利益になるかのように考えられ正当化される思考、という意味で使っています。イデオロギーの特徴は、その政策から利益を得る社会集団にとどまらない支持の広がりをもち、その政策体系を正当化する社会的機能をもつということです。新自由主義もまさにそうでした。

新自由主義が台頭した１９７０年代は、不況とインフレーションが同時に進行するスタグフレーションの時代でした。とくに、英米両国はスタグフレーションに苦しみました。経済的苦境の時代には、それまでの政策が間違っていたのだという声が高まり、その苦境を脱するには従来の政策体系を転換させる必要があるという主張が、政治的な説得力をもちます。それまで行われていた政策体系、すなわち、政府が財政政策や金融政策によって総需要を管理すること、完全雇用と社会保障を柱とする福祉国家路線を推進すること、これらの政策体系が非難の対象となりました。また、冷戦やさまざまな国際紛争のなかにあって、強い国家の基盤として経済成長を求めるナショナリズムも、この動きを後押ししました。経済成長のためには新自由主義の経済政策を採用する以外にないという言説《げんせつ》が説得力をもつようになったのです。しかも、経済的自由は、究極的にはすべての人々に利益をもたらすと主張されました。新自由主義政策から利益を得るのは、短期的には一部の者に留まるかもしれないが、いずれはその恩恵が広く行き渡るというトリクルダウン（均霑《きんてん》効果）の主張です。これによって、多くの者が利益を得るという幻想が広がり、人々が新自由主義に期待することになったのです。

「新自由主義とは経済エリートの権力を回復するための政治的プロジェクトであった」と解釈するのはハーヴェイ[19]です。ここで経済エリートとは、大きな資産をもつ富裕層、金融業者、大企業の経営者などですが、ハーヴェイによれば、新自由主義化は上層階級の再編成を伴いました。アメリカでは、ＩＴ産業などの新興部門が爆発的な活況を呈《てい》するとともに、金融業者や大企業の経営者の権力と重要性が増したことで、上層階級の経済権力の中心部に大きな変化が起こりました。資本主義企業において従来は分離されていた所有と経営が、経営者への支払いに自社株購入権が当てられたことで融合し、その結果、生産高よりも短期的な株価が経済活動の指標になりました。国内外の自由化政策によって、これらの経済エリートが利得を得たのです。

もちろん、新自由主義の全盛期にも、経済的格差の拡大に警鐘を鳴らす人々は存在しました。ピケティ[20]が指摘するように、「１９７０年から富裕国の国民所得のうち利潤や資本に向かうシェアが大幅に増加して、賃金および労働のシェアが減少したことを述べる研究が、１９９０年代以降にたくさん登場した」のです。ピケティによれば、２０１０年代の世界的な富の格差は、トップ1パーセントが世界の富の約50パーセントを所有するほどの規模に達しています。これらの推計は、富裕層の資産隠しなどもあって厳密なものではありませんが、政治的には重要です。豊かさがすべての階層に及ぶという新自由主義の約束が幻想であったことを示しているからです。

19 **ハーヴェイ**（David Harvey １９３５年〜）イギリス出身、イギリス・アメリカで活躍する経済地理学者。引用は読書案内①32ページより。

20 **ピケティ**（Thomas Piketty １９７１年〜）フランスの経済学者。『21世紀の資本』（仏語版２０１３年、英語版・日本語版２０１４年）が大きな注目を集めた。

ハーヴェイが指摘するように、問題の核心は、新自由主義が掲げる公《おおやけ》の政策目標——万人の福利——とその実際の結果——経済エリートの権力の回復——との間の深《しん》淵《えん》が急速に広がっていることです。その結果、エリートが推進した自由化やグローバル化に対する反動が生じています。現在は、新自由主義の勢いが衰《おとろ》えてきて、それに対する抵抗運動が強くなる局面を迎えているように思われます。新自由主義は現在の世界に何をもたらしたのでしょうか。本章の最後に、この問題を考えることにしましょう。

新自由主義の負の遺産

経済のグローバル化は、ヒト、モノ、カネの自由な移動をよしとする新自由主義の国際展開として推進されたものでした。それは、すべての人に恩恵をもたらすはずでしたが、その恩恵から取り残される人々がいることが明らかになりました。それと関連して最近注目を集めているのが、**エレファントカーブ**です（**図表１０・１**）。これは、１９８８年から２００８年までの所得階層別の実質所得の伸び率を示したグラフです。横軸に世界の貧困層から富裕層へと所得階層を並べ、縦軸には実質所得の伸び率を測ります。そうすると、高いところから下がって、また上がる曲線となり、象が鼻を上に向けているように見えるところから、エレファントカーブと呼ばれます。つまり、新興経済の中間層（図中のＡ）と世界の上位１パーセント層（図中のＣ）の所得の伸び率が最も大きく、先進国の下位中間層（図中のＢ）の所得の伸び率が最も小さかったことが分かります。

時あたかも、先進国の下位中間層の動向が政治的な焦点となっています。２０１６

図表10・1　エレファントカーブ（グローバルな所得水準で見た１人当たり実質所得の相対的な伸び 1988–2008 年）

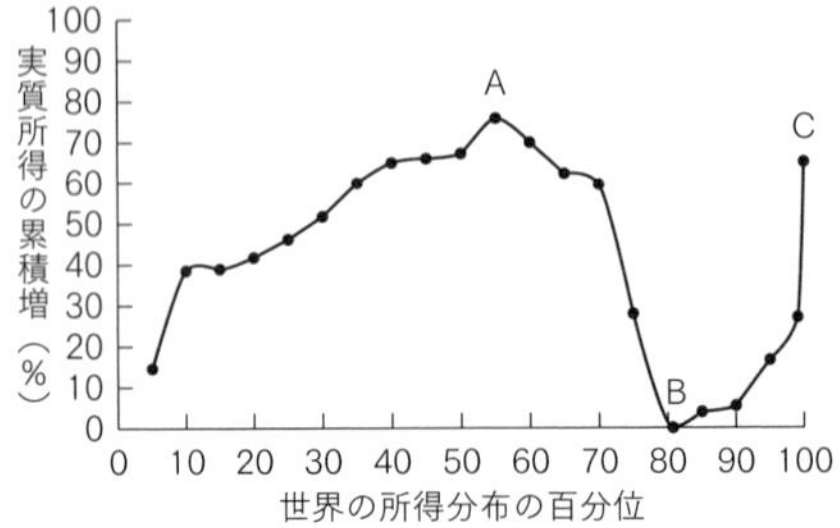

出所）読書案内③ 13 ページ

年に、イギリスでは国民投票でEU（ヨーロッパ連合）離脱派の勝利に貢献し、アメリカでは大統領選挙でドナルド・トランプを勝利に導いたのが、これら下位中間層だと言われています。「忘れられた人々の反乱」と呼ばれる政治現象です。こうした動きは、自由市場の拡大に対する抵抗運動と解釈することができます。つまり、新自由主義政策によって、ヒト、モノ、カネの移動がグローバルに拡大し、先進国の労働者は新興国の低賃金労働者や移民との競争に曝《さら》されることになり、その生活を脅《おびや》かされ、自由市場の拡大に抵抗するようになったのです。

したがって、新自由主義の社会的機能は、一部の者が利益を得るにもかかわらず、いずれはその恩恵が広く行き渡るという幻想を広めたが、その幻想が破られるとともに、新自由主義に対する抵抗運動を引き起こした、ということでした。注意しなければならないのは、抵抗運動が政治を武器として行われ、それによって自由市場が機能不全に陥る可能性があるということです。「大衆政治は、経済システムにとって危険を伴うであろう」（ポラニー）[21]という予言は、自由市場と政治の間の緊張関係を示唆《しさ》しています。欧米におけるポピュリズムの台頭《たいとう》は、グローバル市場経済の恩恵に与《あずか》れなかった大衆の不満を背景にしていると言われます。ポピュリズムの特徴は、反エリートで、大衆に直接訴えることであり、それ自体は民主主義の手法の1つです。ただし、ポピュリズムの政治家は大衆に訴えるために問題を単純化し、敵を設定することがあります。敵は国内の政治・経済エリートのこともあれば、外国や移民のこともあります。排外主義の危険性は、歴史が教えるところです。ある特定の水準の文明および安楽を享受《きょうじゅ》できる集団に生まれたことが、その便益《べんえき》の分け前に与る根拠になる、と主張するならば、「国民的集団は、ますます排他的になる」（ハイエク）でしょう。抵抗運動は、過度に排外的になることで、新自由主義以上に悲惨な結

21 ポラニー（Karl Polanyi 1886〜1964年）ポランニーとも。オーストリア＝ハンガリー帝国出身、イギリス・アメリカで活躍した経済史家。本書第9章参照。引用は読書案内⑤315ページより。

果をもたらす可能性があるのです。

本章では新自由主義を構成する諸要素を分析しましたが、このような分析は、新自由主義を理解することに寄与するとともに、これを批判するさいの視角を明確にするのに役立ちます。新自由主義を批判する場合、第1に、それが奉《ほう》ずる価値を批判することがあります。資源の効率的配分、権力からの自由、文明の進歩、経済成長、経済的安定などのうち、何を批判しようとするのか。より重要な価値として何を対置するのか。これらは、つねに明らかだというわけではないのです。第2に、新自由主義政策はそれが掲げる目的を達成することに失敗した、と批判することがあります。例えば、世界金融危機・経済危機によって、経済成長や経済的安定を実現することに失敗した、という批判がそれです。これは、新自由主義の経済分析に対する批判です。第3に、新自由主義の社会的機能を批判する場合があります。新自由主義は、経済的エリートの私的利益を増幅しながら、損害を受ける社会層を放置し、経済的格差を拡大しているという批判です。新自由主義そのものは一時の勢いを失ったかもしれませんが、それが残した問題はなお深刻なものがあります。格差問題は、その中の最大のものの1つであると思われます。

世界はいま、新自由主義の負の遺産と向き合う局面にあります。そのような状況を分析するさいにも、経済学方法論は不可欠です。新自由主義に続く時代のモデルはどのようなものなのか、価値の衝突はどうなっているのか、イデオロギーとして機能しているものは何なのか、こういった問題を深く考えるためには、方法論的な考察が必要なのです。

【読書案内】

①クイギン、Ｊ［２０１２］『ゾンビ経済学——死に損ないの5つの経済思想』山形浩生訳、筑摩書房（原著２０１２年）

②佐々木憲介［２００１］『経済学方法論の形成——理論と現実との相剋　１７７６－１８７５』北海道大学図書刊行会

③———［２０１３］『イギリス歴史学派と経済学方法論争』北海道大学出版会

④スティグリッツ、Ｊ・Ｅ［２００９］『スティグリッツ国連報告——国連総会議長諮問に対する国際通貨金融システム改革についての専門家委員会報告』森史朗訳、水山産業株式会社出版部（原著２００９年）

⑤ハイエク、Ｆ・Ａ［２００７］『自由の条件』全3冊、『［新版］ハイエク全集』第5～7巻、気賀健三・古賀勝次郎訳、春秋社（原著２００６年）

⑥ハーヴェイ、Ｄ［２００７］『ネオリベラリズムとは何か』本橋哲也訳、青土社（原著２００５年）

⑦服部茂幸［２０１３］『新自由主義の帰結——なぜ世界経済は停滞するのか』岩波書店

⑧ピケティ、Ｔ［２０１４］『21世紀の資本』山形浩生・森岡桜・森本正史訳、みすず書房（原著２０１３年）

⑨廣瀬弘毅［２０１８］「現代経済学における方法論的対立——マクロ経済学を中心に」、只腰親和・佐々木憲介編著『経済学方法論の多元性——歴史的視点から』蒼天社出版、第8章

⑩ポラニー、Ｋ［２００９］『［新訳］大転換——市場社会の形成と崩壊』野口建彦・栖原学訳、東洋経済新報社（原著１９５７年）

⑪ミラノヴィッチ、Ｂ［２０１７］『大不平等——エレファントカーブが予測する未来』立木勝訳、みすず書房（原著２０１６年）

⑫ロドリック、Ｄ［２０１８］『エコノミクス・ルール——憂鬱な科学の功罪』柴山桂太・大川良文訳、白水社（原著２０１６年）

①④⑥⑦は新自由主義批判の文献。①は市場原理主義の理論と政策を分析するもの、④は新自由主義を支える理論、政策、経済の仕組みの認識を考察するもの、⑥は階級権力の回復という観点から

解釈するもの、⑦はケインズ派の立場からの批判です。⑧は資本と労働の間の長期的な分配の変化を研究したもの。⑩は市場社会の拡大とそれに対する抵抗運動のせめぎ合いの歴史を描いた著作。⑤は自由主義思想の基本文献。⑪はグローバル化がもたらした不平等を研究するもの。⑫は国際経済学者による方法論の著作であり、グローバリゼーションを分析する経済モデルについての興味深い議論を含みます。②はミルなどの古典派経済学者の方法論を考察、③はトインビーやカニンガムなどイギリス歴史学派の方法論を検討しています。⑨はケインジアン、マネタリスト、新しい古典派経済学を比較検討しています。

（佐々木憲介）

第11章

開発のマクロ経済学としての新開発主義◆1

開発主義［developmentalism］という語には少なくとも3つの意味があります。1つは、経済自由主義とは異なるやり方で資本主義を経済的・政治的にコーディネートする形式《フォーム》［=形態］という意味、2つ目は経済への穏やかな国家介入を擁護《ようご》するイデオロギーという意味、3つ目は安定した経済成長を［どう実現すればいいのか、その方法を］解明しようという理論的な努力のことです。

［第1に］資本主義の形式は現代経済システムをコーディネートする2つの制度、すなわち国家《ステイト》と市場《しじょう》という2つの制度をどのように利用するかによって、開発主義的［developmental］であったり自由主義的《リベラル》であったりします。もしそれが、国家《ステイト》と市場とを「同等」に結合させるならば、それは開発主義的であり、市場に100%の優先度を与えるならば、それは自由主義的だということになります。

［第2に］経済ナショナリズムと結びついたイデオロギーとして見た場合、開発主義は、国家《ステイト》による穏やかな介入と国益を擁護します。

［第3に］理論的な枠組みとしては、2つの開発主義が存在します。1つは古典的な開発主義［classical developmentalism］、もう1つは新開発主義［New-developmentalism］です。後者は、21世紀初頭以後に構築されつつあるもので、その起源は開発経済学すなわち古典

◆1　本章はブラジルの著名な経済学者であり、財務大臣など政府の要職を歴任したL・C・ブレッセル＝ペレイラ氏が本書のために提供してくれた英語論文 "New-developmentalism, a development macroeconomics," São Paulo, EESP/FGV, April 2018, to be translated and published in Japanese の翻訳である。原文でダブル・クォーテーション・マークの部分は「　」で、イタリックによる強調部分は太字に傍点で、訳者による補足は［　］で表した。◆は訳注を示す。原文に見られた明らかな誤記等は修正し、一段落が長い場合には、適宜段落を分けた。また、内容の理解に資するよう、訳者が加えた小見出しには＊を付した。なお、海外からの寄稿という性質上、読書案内は付いていない。

的な開発主義とケインズ的なマクロ経済学にあり、理論的には政治経済学と経済学とを包《ほう》含《がん》しています。

［新開発主義の］政治経済学には1国的な次元と国際的次元とがあり、それは一方で個人の利益と社会階級の利益、開発主義的な階級連合の形成、（開発主義的であれ自由主義的であれ）資本主義が取り得るオルタナティブな形態について議論し、他方で、グローバリゼーションにおいて競合している国民国家《ネイションステイト》の対立する利害や、中心国《カントリー》［＝先進国］が周辺国［＝発展途上国］に行使するソフトパワーやイデオロギー的な覇権《はけん》について論じます。

［他方、新開発主義の］経済学は、為替《かわせ》レートとそれに対応する経常収支赤字または黒字に焦点を当てますが、新開発主義は歴史的演繹《えんえき》法◆2に基づく理論なので、新古典派経済学◆3や新制度学派◆4のアプローチに対しては批判的です。［より具体的に言うと］資本主義の歴史的な形態ではなく抽象的な市場経済を［モデルの］目的としている［新古典派］理論に対してや、制度を外生的なものとして捉《とら》え、相互依存的かつ弁証法的に変化する経済的・制度的・文化的な側面を無視する新制度学派に対して、新開発主義は批判的なのです。

経済発展が意味するのは、人々の賃金や生活水準の持続的な向上であり、別の観点からは、労働生産性と1人あたり所得の上昇です。［経済発展が目標とする］進歩あるいは人間開発というのは、経済成長よりも広範囲な歴史的過程です。これは、漸進的《ぜんしんてき》かつ矛盾《むじゅん》に満ちた歴史的過程であり、近代社会はこの過程のなかで、その社会が定義する主要な政治目的を達成します。すなわち、安全《セキュリティ》の確保や個人の自由、経済ナショナリズムや開発主義に結びついている経済発展、社会正義、環境保護といったものです。これらの政治目的を達成するために、資本主義社会は自らを国民国家《ネイションズ》として組織し、［統治機構としての］

◆2 **歴史的演繹法**（historical-deductive） 歴史的な経験から何らかの一般法則を見いだすような社会科学の方法論のこと。経済学の方法論については、本書第10章を参照。

◆3 **新古典派経済学** 本書序章を参照。

◆4 **新制度学派** 制度を分析する経済学の一流派のこと。制度分析を行った著名な経済学者に歴史的な記述を重視したヴェブレン（本書第2章を参照）などがいるが、これは旧制度学派と呼ばれる。新制度学派は、旧制度学派とは異なり、ミクロ経済学やゲーム理論などの数理的な手法を用いて、方法論的な個人主義という視点から制度の創発や企業組織の存立意味などを探求す近代国家《モダンステイト》と市場という2つの主要な制度を利用するのです。

新開発主義が研究対象としているのは［先進国ではなく］グローバリゼーションの枠組みの中で豊かな中心諸国と競合している［ブラジルのような］中所得国《ミドルインカム・ネイションステイト》の経済発展です。本章はその新開発主義を概説したものであり、現在構想中の筆者の論文に含まれる主要なアイデアを要約してみたものです。[1]

古典的な開発主義の誕生*

新開発主義は、1970年代後半からの開発経済学の危機への1つの対応として、また、その当時支配的になった新古典派経済学とその自由主義的正統派《リベラル・オーソドクシー》［イデオロギー］への反《はん》駁《ばく》として出現しました。他方、［新開発主義よりも先に存在した］古典的な開発主義は、ケインズ派マクロ経済学を補完する理論として誕生しています。古典的な開発主義は、国際連盟から国際連合へと移行する1940年代のイギリスでは「開発経済学 development economics」という名称で、1940年代後半のラテンアメリカでは、「ラテンアメリカ構造学派 Latin American structuralism」という名称で呼ばれました。

［しかし］わたしは、今日、それを古典的な開発主義と呼ぶようにしています。なぜならば、開発経済学という名称では、新古典派と新制度学派を含むような過度に広すぎる表現になってしまうからです。1940～80年の間、古典的な開発主義は、世界銀行[5]に採用された、経済発展に関する主流的理論でした。古典的な開発主義に属する経済学者には、ローゼンシュタイン＝ロダン[6]や、R・ヌルクセ[7]、R・プレビッシュ[8]、A・ハーシュマン[9]、C・フルタード[10]［など］がおり、この理論の目標は、産業革命も資本主義的革命も実現できなかった低開発国ないしは周辺諸国の経済発展を促進することでした。

る点にその特色がある。この学派に属する有名な経済学者には、コース（Ronald H. Coase 1910～2013年）とウィリアムソン（Oliver Eaton Williamson 1932年～）がおり、両名ともノーベル経済学賞を受賞している。

1　新開発主義については、すでに多くの文献が存在しており、筆者のウェブサイト（www.bresserpereira.org.br.）で読むことができる。書籍化されたものとしてはBresser-Pereira [2010]、Bresser-Pereira, Marconi and Oreiro [2014] がある。新開発主義は現在も鋭意発展中の研究であるため、為替レートの決定理論に関しては、ポルトガル版のBresser-Pereira, Marconi and Oreiro [2016] がより一層詳しい。

◆5　**世界銀行**　正式名称を国際復興開発銀行（IBRD）という（「世界銀行 World Bank」は通称）。アメリカのワシントンDCに本部があり、1946年から業務を開始した国連の専門機関。先進国の戦災復興を目的に設立されたものだが、現在では発展途上国向けの開発援助を主要任務とする。

◆6　**ローゼンシュタイン＝ロダン**　(Paul Narcyz Rosenstein-Rodan 1902

古典的な開発主義の大きな貢献は、経済発展を「構造変化」あるいは工業化と定義したことです。工業化は当初、輸入代替的[11]であると考えられ、アレクサンダー・ハミルトンやフリードリヒ・リストの幼稚産業論[12]がそれを正当化していました。［しかし］R・プレビッシュは1949年の論文で、このような議論に交易条件[13]の悪化傾向と国際収支の制約モデルを付け加えます。それによれば、周辺国における工業製品輸入への所得弾力性[14]は大きく、富裕な国々の一次産品《プライマリーグッズ》輸入への所得弾力性は小さい［ため、途上国が一次産品輸出に特化し、先進国が工業製品輸出に特化するような貿易では途上国の交易条件が不利になりやすい、それゆえ、途上国は工業化による輸入代替を進めることでこの不利化を中和すべき、とされたのでした］。

［他方］古典的な開発主義の政治経済学は、資本主義の周辺部における経済発展は開発主義的、民族主義的な階級連合の結果であると考えました。民族ブルジョワジーだけでなく、官僚や都市労働者をも包摂《ほうせつ》したこの階級連合が、現地のオリガーキー[15]や先進国を敵と位置づけながら、［周辺］国《カントリー》に民族主義的かつ資本主義的な革命を遂行《すいこう》させたのです。この基本的なアイデアに従って、セルソ・フルタードは次のような理論を提示します（Furtado［1961］）。すなわち、低開発《アンダーデイベロップメント》［という概念ないし状態］は、中心国がかつて直面していた［ドイツなどの］「後発」先進国の状態を描写したものではなく、中心諸国とともに存在し、かつそれに相対的に従属している**低開発**諸国を描写したものであるという理論です。

［要するに］古典的な開発主義は、経済成長を工業化または構造変化と定義することで、開発主義に反対する中心国およびその国々の自由主義的な経済学者に対して異を唱え、国内製造業への強い保護と輸入代替的な成長モデルを推奨・擁護したのです。

〜85年）ポーランドで生まれ、イギリスとアメリカで活躍した開発経済学者。マサチューセッツ工科大学教授などを歴任。

◆7 **ヌルクセ**（Ragnar Nurksee 1907〜59年）エストニア生まれの経済学者。イギリスとオーストリアで学んだ後、アメリカのコロンビア大学等で教鞭を執った。

◆8 **プレビッシュ**（Raúl Prebisch 1901〜86年）アルゼンチンの経済学者。国連ラテンアメリカ経済委員会（CEPAL）の事務局長を長く務め、「一次産品交易条件の長期悪化傾向説」を唱えたことで有名。

◆9 **ハーシュマン**（Albert Hirschman 1915〜2012年）ドイツ出身の経済学者。詳しくは本書第7章を参照。

◆10 **フルタード**（Celso Furtado 1920〜2004年）ブラジルの著名な経済学者で、ゴラール政権（1962〜64年）とサルネイ政権（1985〜90年）下で計画相、文化相として入閣した経歴を持つ。

◆11 **輸入代替《だいたい》**（import substitution）高関税などで自国市場を保護して自国の工業部門を育成し、それまで先進国から輸入していた工業製品を国産品に代

［さらにまた］古典的な開発主義に属する経済学者は、長期において1国の為替レートを割高化するオランダ病◆16の存在を［直観的に］感じ取っていました。［しかし］彼ら［彼女ら］は［オランダ病を意識して］この競争上の不利を直接的に中立化するのではなく、プラグマティックな方法でこの問題に対処する道を選びます（当時の経済学はこの問題を認識していなかったのです）。すなわち、高関税と複数為替相場制度◆17です。高関税は国内市場においてオランダ病を相殺《そうさい》し、複数為替相場制度は工業品輸出に有利なレートを設定することで、世界市場においてオランダ病を中立化することができたのです。[2]

古典的な開発主義の危機*

［しかし］1960年代後半になると、古典的な開発主義の危機が始まります。古典的な開発主義に対するマルクス派からの批判としての従属理論が現れ、その知的優位が20年ほど続いた［からです］。

従属理論は1964年の軍事クーデター直後のブラジルで生まれますが、[3] この理論は欧米の帝国主義や「中心・周辺関係」の批判に焦点を当てるのではなく、次のように主張しました。ラテンアメリカの工業ブルジョワジーは「民族主義」的**でなく、そうあることもできなかった**、彼ら［彼女ら］は基本的に従属的であり、開発主義的な階級連合のリーダーシップを握ることができないだろう、と。この新しい考え方《クレド》によれば、1960年代のラテンアメリカで生じた軍事クーデターは、工業ブルジョワジーによって支持されたのですから、その意味において、［工業ブルジョワジーがリーダシップを取れないという］この見解［の正しさ］を確証したことになります。

［その後］従属論からは2つの潮流が展開していきました。1つは急進的なもので、社

替していくプロセスのこと。主に20世紀のラテンアメリカでこのような政策が盛んに採られ、ある程度の工業化が実現した。このような政策を輸入代替工業化政策（import-substituting industrialization policy）と呼ぶ。

◆12 **幼稚産業［保護］論**　いまは先進国に対して競争力を持たないが、ある程度の保護を与えれば将来有望な産業へと成長しうるような発展途上国の産業に対して、一定期間、高関税で競争から隔離し保護育成していくことを許容するような貿易理論を指す。最も初期の論者にリスト（Friedrich List 1789～1846年 ドイツの経済学者。その業績はドイツ歴史学派の出発点として高く評価されている）、ハミルトン（Alexander Hamilton 1755～1804年 アメリカの政治家、建国の父の1人。初代財務長官）がいる。

◆13 **交易条件**　輸出品価格（P）と輸入品価格（P_*）との相対価格（P／P_*）のこと。この値が小さくなればなるほど、輸入品の価格が輸出品に比べて高騰していることを意味し、同じ量の輸出と引き替えに輸入できる財の量が減少することになる。つまり、貿易

会主義革命を提唱する［過激な］理論であり、もう1つは「連携従属理論 associated dependency」[◆18]［という穏健な理論］です。後者の理論が主張したのは、発展途上国にとってのオルタナティブは、中心諸国との連携にあるという結論でした。[4]

1970年代から80年代にかけて古典的な開発主義の危機はさらに深まりました。この頃になると、新古典派経済学が大学で支配的な経済学になる一方、政治の次元では、ロナルド・レーガンの[◆19]［アメリカ大統領への］当選を契機にケインズ派マクロ経済学が捨て去られ、世界銀行においても、開発主義が葬られるようになったのです。[5] A・ハーシュマンは、古典的な開発主義の一種の「墓碑銘《ぼひめい》」となった「開発経済学の興隆と衰退」という論文を1981年に書いています（Hirschman［1981］）。

ラテンアメリカで古典的な開発主義の危機が決定的になったのは、1980年代後半から90年代前半にかけてです。先進国は、80年代［前半］の対外債務危機で弱り切っていた途上国から［すでに］かなりの利益を得ていたのですが、この時期になると、［その上さらに］途上国に圧力をかけて工業化戦略を放棄《ほうき》させ、外圧による制度改革を進めるよう迫ったのです。その際唱えられた仮説は、市場が「自由」になることで初めて成長は達成されるというものでしたが、そのようなことは、同じ成長段階にあった中心諸国の歴史的な経験にはありませんでしたし、さらに1980年代以降の先進国の経験とも異なっていました。

1980年代には、対外債務危機とインフレの高騰《こうとう》という枠組みの中で、重債務国《じゅうさいむこく》の経済は停滞してしまいます。アルゼンチンやブラジルのような国々では、80年代に民主化への移行を遂げ、古典的な開発主義やケインズ派マクロ経済学にインスパイアされた新政権は、その学説に従って成長過程を再開させようと努めました。しかし、財政面や為替レー

においてその国は貿易面での条件が不利化（＝悪化）しているのである。逆は逆である。

◆**14 輸入への所得弾力性**　その国の所得が1％増加したときに、輸入が何％増加するかを見た比率。この比率が高ければ高いほど、輸入品に対する需要が、所得に対して敏感に反応していることを意味する。逆は逆である。

◆**15 オリガーキー**（英語 oligarchy、西語 oligarquia［オリガルキア］）少数の特権的な一族が、政治や経済を牛耳っているような状態、またはそのような特権的な支配者を指す。ラテンアメリカ社会を長く特徴づけた要素。「寡頭《かとう》支配体制」などと訳されることもある。

◆**16 オランダ病**（Durch disease）資源豊富国が一次産品を輸出することでその国の為替レートが割高化し、一次産品以外の産業部門の競争力が損なわれていく現象。オランダで1950年代末に油田が発見された後、国内の製造業が衰退し、これが「オランダの病気」として経済雑誌に取り上げられ話題になったことに由来する。

◆**17 複数為替相場制度**　今日のように単一為替の自由変動相場制ではなく、貿易品目ごとに異なる固定レートを設

トの側面でポピュリズム[20]に陥《おちい》ったため、その政策は失敗します。[6] 80年代後半になると、すでに新自由主義改革がメキシコで採用され始めますが、続く90年代にはラテンアメリカ全域と、その他の数多くの開発途上国で自由主義的な改革が実施されるようになっていきます。

［この過程で］財政面での調整政策［=緊縮政策］が必要とされ、いくつかの国において猛烈に昂進《こうしん》した高率インフレの抑制に［自由主義的改革が］成功を収めた［のは事実です］。しかし、すぐに明らかになったのは、自由主義的な正統派[21]は、どの国でも決して実現したことのない理想的な市場による経済コーディネーションを重視していただけでなく、本能的に「為替レートポピュリズム」の傾向を有していた点です［この点は後に詳述します］。

つまり、［自由主義的な正統派は、］貯蓄と投資を増やすのではなく、対外債務（=「貯蓄」）を利用した成長政策を目指し、このことが、為替相場の過大評価や、実質賃金の下落、不労所得的な収益（利子、配当、不動産収益）と消費の増加、製造業における競争力の喪失と投資の減少、対外債務の増加へとつながり、最終的には国際収支危機をもたらしたのです。

新開発主義の誕生*

これは開発主義の失敗であり、途上国の国内エリートが［先進国へ］屈服した、実に悲しい光景《サッド・ピクチャー》でした。このことはまた、1950~80年代のラテンアメリカが［先進国への］キャッチアップのために実現した［高い］成長率の再現に、自由主義的な正統派［経済学］が失敗したことをも意味していました。このことを契機として、わたし、ブレッセ

定して自国産業を保護するような為替制度。保護育成したい製品には輸出が有利になるような割安なレートを設定する一方で、自国産業にとって必要不可欠な資本設備、原材料の輸入には割高なレートを設定するのが一般的である。

2　Bresser-Pereira and Rugitsky [2017] を参照。この論文の著者たちによれば、プレビッシュは為替レート［政策］には懐疑的で、関税［政策］の方、つまり輸入代替モデルの方を好んだという。

3　［左派］従属論の嚆矢《こうし》となった論文は、「低開発の開発」という概念を提唱したFrank [1966] である。

♦18　**連携従属理論**　カルドーゾ（Fernando Henrique Cardoso　1931年～）などによって展開された改良主義的な従属理論のこと。多国籍企業を敵視したフルタードなどの従属理論と異なり、多国籍企業とうまく連携すれば発展途上国はその力を借りて発展する可能性もあると主張した。カルドーゾはサンパウロ大学教授などを歴任したブラジルの高名な経済学者で、後に大統領選に出馬し当選、1995~2003年まで大統領職を務めた。

4　急進的な従属論の代表的な論者は

ル＝ペレイラと、［わたしと考えをともにする］ブラジルとアルゼンチンにおいて数を増やしつつある経済学者グループは、新しい開発主義の再構想へと駆り立てられたのです。２０００年代初めにおける、自由主義と開発主義《ディベロップメンタル》双方の失敗が意味したのは、古典的な開発主義も自由主義的な正統派［経済学］も、ラテンアメリカ経済の半停滞状況を理解するための理論的道具を提供できていないということです。経済発展に新しい理論アプローチを導入すべき時が来たのです。

新開発主義という名称は、１９９０年代の新自由主義改革の終焉《しゅうえん》後に、ラテンアメリカのいくつかの国々が開発主義的な政策を再び採用したことに由来しているわけではありません。そうではなく、中所得国の状況に見られる変化と、グローバル化に結びついた新たな挑戦が、新しい開発経済学を必要としていることに着目して付けられた名称です。［新開発主義の］新しい思想は２０１０年に打ち出され、新開発主義の10のテーゼに関する討論とその承認を通じて具体化されました。[7] 新開発主義の理論的な彫琢《ちょうたく》は、徐々に、古典的な開発主義の批判であると同時にその補完ともなっていきます。新開発主義が古典的な開発主義を**補完する**というのは、以下の理由からです。

（１）古典的な開発主義は、工業化以前の国々を主要なターゲットにしているのに対して、新開発主義は、すでに産業革命、資本主義革命を実現し終えた中所得国を主要ターゲットにしていること。

（２）古典的な開発主義は、マクロ経済学に頼らず、ポスト・ケインジアン的なマクロ経済学を祖述《そじゅつ》した［だけだ］が、[8] 新開発主義は［独自の］マクロ経済学を有していること。

（３）古典的な開発主義は幼稚産業論に基づき、輸入代替戦略を擁護したのに対して、新開発主義は、中所得国が工業製品を輸出できること、そしてそうすべきだと考えている

A・G・フランク［Andre Gunder Frank １９２９〜２００５年］であり、彼は生涯、マルクス主義者のままであった。連携従属理論の論者の1人F・H・カルドーゾ［訳注18参照］は、徐々にマルクス主義から距離を取り、自由主義的な政治家へ変貌していった。

Bresser-Pereira［2011］を参照。

◆19 ロナルド・レーガン（Ronald Wilson Reagan １９１１〜２００４年）アメリカの第40代大統領（在位１９８１〜89年）。同時代のイギリスのマーガレット・サッチャー首相（Margaret Hilda Thatcher １９２５〜２０１３年、在位１９７９〜90年）と並び、新自由主義的経済政策を率先して採用したことで有名である。

5 ［１９２９年に始まる］世界大恐慌以後、先進国では第2の開発主義（第1の開発主義は産業革命の時代に経験している）すなわち、資本主義の黄金時代ないしはフォーディズム［＝労資の妥協の下で生まれた大量生産・大量消費の好循環］が出現する。［これと歩調を合わせ］世界銀行は、発展途上国への資金援助に際して開発主義的なアプローチを採用したが、１９８０年になると変節し、発展途上国に市場志

こと[9]［、以上、3つの理由です］。

［他方、］新開発主義が古典的な開発主義と**異なる**のは次の理由からです。

（a）古典的な開発主義は保護を擁護するのに対し、新開発主義は、基本的に製造業の競争条件を［先進諸国と］対等にすることを求めていること。［このような競争条件の対等化は］周期的、慢性的な為替相場の過大評価傾向のために、市場によっては実現されません。市場は長期にわたって為替レートを割高化する［と新開発主義は考えるのです］。

（b）古典的な開発主義は対外債務を利用した成長［戦略］を擁護したが、新開発主義はこれを拒絶し、経常収支の均衡もしくは黒字化を推奨《すいしょう》すること[10]。

（c）古典的な開発主義は輸入代替モデルを擁護したが、新開発主義は、工業製品輸出に基づく成長、それゆえ、世界市場への競争力のある形での統合を提唱すること。

（d）古典的な開発主義は為替レート政策には懐疑的で高関税政策の方を好んだが[11]、新開発主義は、為替相場の決定理論を有し、国内企業の競争上のハンディをなくすためには、為替レートに関する政策が重要だと考えること［、以上、4つの理由です］。

以下の節では、［新開発主義とこれまでの開発主義との］違いについて詳述しましょう。

新開発主義の政治経済学*

わたしたちは、新開発主義において、次の3つの領域を区別することができます。すなわち、①政治経済学、②ミクロ経済学（この分野の研究は依然としてあまり進んでいません）、③マクロ経済学（かなり精緻《せいち》なレベルにまで発展しています）の3つです。

新開発主義の政治経済学が研究するのは、国民《ネイション》やナショナリズムの概念、国民国家《ネイションステイト》と工業化の形成、開発主義的階級連合の性格、資本主義の経済的・政治的組織が帯びる開発主

向型の改革を促すような、［政策理念的に］チグハグした国際機関となっていく。

◆20 ポピュリズム（populism）大衆迎合主義とか人気取り政策などと訳される。具体的には、政治家が理性的な判断からではなく、選挙での集票を目的に国民の支持を得られやすい痛みの少ない政策だけを実施するような政治的態度を指す。財政と為替に関するポピュリズムについては、371ページ以下で詳しく述べられる。

6 歳入以上のものを政府［state］が無責任に支出してしまうと財政ポピュリズムになり、［国内で］生産した以上のものを1国［nation-state］が無責任に使い果たし［経常収支赤字を引き起こし］てしまえば、為替レートポピュリズムとなる。

◆21 本章で著者が「自由主義的な正統派 the liberal orthodoxy」と表現しているものは、本書でいうところの「新古典派経済学」とほぼ同義である。

7 新開発主義の10のテーゼは経済学者と政治学者のグループによって議論され署名された。詳しくは http://www.tenthesesonnewdevelopmentalism.org/ を参照。

義・自由主義の2形態、経済自由主義・自由主義的正統派や現代帝国主義への批判、というテーマです。

新開発主義の政治経済学は、革新的経営者［business entrepreneurs］と不労所得的資本家［rentier capitalists］との区別から議論を始めます。前者は投資や技術革新を行いますが、後者は利子や不動産収入、短期配当を資本から受け取る［だけです］。このことが、不労所得階級《ロンティエーズ》［rentiers］の利害を金融業者《フィナンシアーズ》［financiers］や大企業の重役、外資の利害と結びつけます。新開発主義は、これら不労所得的・金融的な短期収益を、革新的経営者の利潤や技術革新と対置し、経済自由主義と自由主義的正統派を、開発主義に対置するのです。

1980年代以降、開発主義的な階級連合はますますその形成が困難になってきました。その理由の1つは、経済自由主義の新たなイデオロギー的覇権《ヘゲモニー》のためですが、他方では、産業エリートの曖昧《あいまい》で矛盾に満ちた性格のせいでもあります。産業エリートは、開発主義的な時もあれば、かなり従属的なときもあるのです。彼ら［彼女らの地位］が下層階級によって脅かされていると感じている時は特にそうです。そしてまた、彼ら［彼女ら］の多くが現実の革新的経営者であることをやめ、生存戦略として、不労所得階級へと変貌したこともその原因の1つです。

［既述のように］資本主義には2つの経済的・政治的組織［＝市場と国家］があり、［統治機構としての］国家《ステイト》には2つの基本的な形態があります。1つは開発主義的《ディベロップメンタル》形態、もう1つは自由主義的形態です。資本主義は、国家《ステイト》がコーディネーターとしてどのように振舞うかで、2つの形態のいずれかを取ります。

［もし］経済の領域において、財産［権］と契約を保障し適切に財政を管理することに国家《ステイト》が自らの役割を限定する場合、資本主義と国家は自由主義的です。また、国家がもし、

8 ただし、「インフレの構造学派的理論」だけは古典的な開発主義のオリジナルな貢献である。とはいえ、最終的にはその議論にも視野の限界があったことが判明した。

9 工業製品輸出に関して古典的な開発主義が悲観的な見通しを抱いていたことは、ラテンアメリカの開発主義的経済学者が犯した大きな誤りであった。［その証拠に］ブラジルが1967年にそのような悲観論を捨て去り、オランダ病を中立化するような輸出補助金を輸出部面に創設すると（高関税はすでに国内市場の部面でオランダ病の中立化を実現していた）、ブラジルの工業製品輸出は劇的に増加したのである。輸出の比率は1965年の6％から、1990年には62％にまで達した。

10 古典的な開発主義が基礎づけたRosenstein-Rodan［1943］のビッグプッシュモデルでは、巨大で同時並行的な投資は外国通貨によって賄《まかな》われるものと想定されていた。このような投資は、国境を越えた外部性［crossed externalities］から便益を享受し、また国際競争力を増し経済成長の引き金となる［と考えられていた］。何人かの開発主義的な経済学者は、対外投資の許可に

積極的なマクロ経済政策や戦略的な産業政策を通じて市場へ適度な介入を行い、他国との競争において合理的な経済ナショナリズムを採用するならば、資本主義と国家は開発主義的である［と考えられます］。

国民国家《ネイションステイト》、より具体的に言うと、［1］国民《ネイション》と、［2］［統治機構としての］国家《ステイト》と、［3］領土、によって形成され政治的・空間的［に他地域から隔離された］資本主義社会は、本能的に経済発展へと邁進《まいしん》するものです。工業化に成功したそれぞれの国民国家《ネイションステイト》において、国民《ネイション》は自由主義的な階級連合に抗して、開発主義的な階級連合を組織します。

開発主義的、自由主義的な階級連合の参加者は、時代によって異なります。今日、中所得国においては、工業ブルジョワジー、都市工業労働者、サラリーマン的な中間階級の一部、そして官僚が、典型的な開発主義的階級連合を形成しています。他方、不労所得的な資本家、金融業者《フィナンシアーズ》、民間の大企業の重役たちは、自由主義的な階級連合を形成しています。後者の連合は、1980年代以後の先進国で支配的となった［階級］連合です。そのため、現在の資本主義は、不労所得的・金融的資本主義［rentier-financier capitalism］と呼ぶことができます。

資本主義の原型と開発主義の諸類型＊

［ところで］資本主義の本来の姿《デフォルト・フォーム》は開発主義であり、経済自由主義ではありません。［なぜならまず第1に］歴史的にみて重商主義時代の資本主義は開発主義的なものとして誕生した［からです］。イギリス、フランス、ベルギーにおける最初の産業革命、資本主義革命が生じたのも、その時代です。アダム・スミス以来の自由主義的な経済学者は、経済理論の観点から重商主義の批判に努めてきましたが、実際のところ、資本主義の歴史的

条件を付すことを提唱したものの、誰1人として対外借り入れを拒否せず、1970年までに、彼ら［彼女ら］は外国資本の不足が成長の大きな障害であると考えるようになった。［それゆえ］1973年の第1次オイルショック以後、国際的な大手民間銀行が、1929年の大恐慌以後ストップしていたラテンアメリカ諸国への融資を再開したとき、ブラジルにおける開発主義的経済学者たちは、これを「グッドニュース」として歓迎したものである。

11　原注2を参照せよ。

組織形態としての重商主義は、うまく機能していました。

第2に、開発主義は、途上国でも先進国でも、あらゆる産業革命において、資本主義をコーディネートする形態だ［ったからです］。先に挙げた3か国における産業革命以後、経済自由主義が1830〜1929年の1世紀にわたり支配的になりましたが、それは到底、**レッセフェール**［＝自由放任主義］といえる代物ではありませんでした。この時代は低成長と経済恐慌の時代であり、この間にドイツやアメリカのような後発型の中心国は、自由主義的な形態ではなく、開発主義的な［資本主義の］形態を採用し、産業革命を経験するようになった［からです］。［しかも］この自由主義の時代は、1929年の［ニューヨーク］株式市場の崩壊と世界大恐慌によって終焉を迎えます。その後に続いたのは、第2の開発主義の時代であり、［これ以後、経済自由主義とは言えない］ニューディール政策◆22、ブレトン・ウッズ協定◆23、資本主義の黄金時代◆24、社会国家［≒福祉国家］の形成［などの事象］が生じるのです。

中心国以外では[12]、日本や東アジア諸国、インド、ロシア、ラテンアメリカ主要国、南アフリカ、トルコのような国々が、どれもみな開発主義的な戦略を採用して、産業革命、資本主義を遂行しました。ほとんどの東アジア諸国は裕福になり、中国のようなケースでは、上記の他の国々が1980年以後低成長になったり、中所得国にとどまったのに対し、富裕化への道を突き進みました。

伝統的な経済学は、［成長の鈍化《どんか》したラテンアメリカなどの］国々が「中所得国の罠◆25」に陥っていると考えますが、新開発主義は、中所得国によるキャッチアップの新たな困難を歴史的な新事態、すなわち中心国が1980年代から採用し、周辺国に押しつけようとしている急進的な経済自由主義に結びつけて論じます。この帝国主義的な政策は、［ヨー

◆**22　ニューディール政策**　第9章注2参照。

◆**23　ブレトン・ウッズ協定**　1944年、アメリカのニューハンプシャー州ブレトン・ウッズの国際会議で締結された協定のこと。この協定により、ドルを基軸通貨とする固定相場制が戦後の国際通貨体制の基本枠組みとなった。

◆**24　資本主義の黄金時代**　戦後期、特に1950〜60年代に欧米先進国で生じた高度成長時代を指す。

12　「中心国」という言葉でわたしが意味しているのは、西ヨーロッパ諸国とアメリカとかつてのイギリス植民地の

ロッパの」植民地権力が新大陸の支配を正当化するために用いた［16世紀のラテンアメリカ原住民に対する］キリスト教への改宗計画を思い起こさせます。その当時、そのような転換は強制力《フォース》の直接的な行使と結びついていましたが、今日、強制力は背後に隠れています。［しかし］欧米諸国のイデオロギー的、文化的ヘゲモニーが、WTO◆26や世界銀行などの国際機関と結びつくことで、経済自由主義を途上国に採用させようとしているのです。東アジア諸国とベトナム、インドはその例外です。なぜならば、これらの国々はより自立的であり、新自由主義に抵抗することができたからです。

［要するに］資本主義は、いたるところで、開発主義的《ディベロップメンタル》なものとして出現した［と見ることが可能です］。［ただし、そのすべてが同じ姿をした開発主義ではありません。］わたしたちは、開発主義に関して5つの形態を識別することができます。そのうちの4形態は、工業化が歴史的にいつ生じたのか、「中心国」か「周辺国」か、産業革命を実現する際［剝き出しの強制力を用いないマイルドな形の］現代的な帝国主義に直面したかどうか、に着目して分類されるものです。また最後の5つ目は、中心国における第2の開発主義である社会開発主義の形態です。

開発主義的資本主義［developmental capitalism］と開発主義国家［developmental state］の5形態とは以下のようなものです。

（1）**重商主義的（あるいは第1の）開発主義**。これは最初の開発主義であり、産業革命、資本主義革命を独自に成し遂げた中心諸国に特徴的なものです。この形態では開発主義的な階級連合が随伴《ずいはん》しました。イギリスとフランスがその最良の事例です。

（2）**ビスマルク的またはハミルトン的な開発主義**。これはドイツやアメリカ、オーストラリアなどの後発先進国［central latecomer］における産業革命を特徴づけるもので

ことであり、その住民が基本的にヨーロッパ人であるような場所のことである。

◆**25 中所得国の罠**　途上国が経済発展によって中所得国へ移行すると、それ以後は人口増加の鈍化などさまざまな原因によって成長率が鈍化し、なかなか先進国へと移行できない現象を指す。

◆**26 WTO**（World Trade Organization 世界貿易機関）多角的な自由貿易促進のために1995年に設けられた国際機関。本部はスイスのジュネーブ。

す。これらの国々も富裕化しました。
（3）**東アジアの自立的開発主義**。これは1868年［の明治維新とともに］に始まった日本における周辺的工業化［に代表される］形態です。この開発主義形態においては、前述の2形態同様、経済的・政治的エリートが強い国家理念を共有し、強固な開発主義的階級連合を形成しました。この開発形態を採用した国々のなかには、中国のようにキャッチアップを終えつつある国や、韓国のようにすでに富裕化した国があります。
（4）**民族主義的・従属的開発主義**。これは政治経済エリートが矛盾的［な存在］であることが判明した周辺諸国での開発主義の形態です。矛盾的であるとは、彼ら［彼女ら］が時には民族主義的に、時には従属的に振る舞ったことを意味しています。これは、資本主義革命を完遂したものの、成長が緩《ゆる》やかで中所得国にとどまったままのブラジルやメキシコ等、ラテンアメリカ諸国に典型的な開発主義です。
（5）**社会的な（第2の）開発主義**。これは［先進国における］第2の開発主義であり、ある期間自由主義的であったものの、再び開発主義へ戻った国々、ただし、今度は民主的で社会的な開発主義へと回帰した国々に当てはまるものです。この形態はアメリカのニューディール期に始まり、資本主義の黄金時代にはっきりとその形が定まりました。この時代には、第二次大戦後の楽観的な雰囲気が、政治的な重心を左派に傾け、保守的な国々でも社会民主的な国々でも（アメリカというよりもヨーロッパを中心にですが）、福祉国家または社会国家が多く建設されました。

右のうち最初の4つは、程度の差はあれ、権威主義的な支配を経験しています。そのどれもが、人々に市民的権利も普通選挙権も保証してこなかった［からです］。［資本主義の］黄金時代においてのみ、開発主義、つまり中心諸国にとっての第2の開発主義は、民主主義と両立することが証明されました。自由主義の誕生も［当初は］民主主義の考えとは対立していましたが、民衆の圧力が民主主義を求めた19世紀から20世紀の転換期に、自由主義も民主主義を受け入れるようになり、［支配層の心の内にあった］「多数者の独裁」という自由主義への恐怖も沈静化したのです。

第2の開発主義の危機＊

［しかし］１９７０年代になると、第２の開発主義の危機が、利潤率の低下とスタグフレーション[27]という形で現れました。［さらに］１９８０年代に入ると、不労所得的・金融的資本主義、すなわち急進的な経済自由主義たる「新自由主義」が、市場をより自由に機能させるための制度「改革」に着手し、直接・間接に賃金を切り下げ、かつて存在しなかったような「純粋」自由主義の再建が目指されるようになります[28]。

同じ頃、資本主義は、グローバリゼーションという大きな変容を経験しました。それはしばしば市場開放として定義されますが、その新しい特殊な性格は、戦後期の多国籍企業の出現と、グローバルな生産システムの形成にあります。今日、多国籍企業はすべての国の国内市場で大きなウェイトを占めています。他方で、中心国の支配的な階級連合から革新的経営者が姿を消し、弁証法的に開発主義と経済自由主義とが結びつきながら、［階級連合は］ほぼ1つの支配階級、すなわち、不労所得的資本家、金融業者《フィナンシアーズ》、大手民間企業の重役たちからなる支配階級へと変化したのです。

こうして、資本主義は、民族資本主義であることをやめました。というのは、利潤が各国の国内市場から生じることが終わり、世界中で発生する配当や利子や不動産収益という形態を取るようになったためです[13]。他方、１９７０年以降、中心国の資本主義は、製造業

◆27 **スタグフレーション**（stagflation）低成長（stagnation）とインフレ（inflation）を合わせた造語で、この両者が共存するような最悪な経済状況を意味する。

◆28 １９９０年代以降の金融主導型資本主義については第４章１８０ページ以下を参照。

13 このことが先進国における保守的なナショナリズムの出現や、２０１６年のブレグジット［Brexit イギリスのEU離脱］とドナルド・トランプのアメリカ大統領就任という形で具現化したグローバリゼーションの政治的危機の背景である。

品を輸出する低賃金途上国との競争に直面するようになるのです。

資本主義の黄金時代と比較すると、この急進的かつ反動的な経済自由主義——すなわち、新自由主義ないしは不労所得的・金融的資本主義——は、成長率の鈍化と、金融的不安定性のさらなる増加、急激な不平等の拡大を示すようになりました。これが頂点に達したのが２００８年の世界的な金融危機であり、２０１０年のユーロ危機です。２０１６年には、大きな政治的危機が、イギリスのＥＵからの離脱問題（「ブレグジット」）とアメリカにおける右派・自国第一主義［nationalist］の政治家ドナルド・トランプの大統領当選という形で現れました。

今日、資本主義は、金融の不安定性、低成長率、不平等の拡大に特徴づけられる長期の大きな経済的政治的危機に直面しており、このことは、先進国をして第3の開発主義へと向かわせるでしょうし、もうすでに向かわせつつあるのかもしれません。第3の開発主義の輪郭《りんかく》はまだはっきりとしていませんが、それはおそらく保守的な性格を持つのではないでしょうか。というのは、ロボットに代表される労働節約型の技術進歩の新しい波によって雇用が削減されることに加え、途上国の競争が、富裕国における賃金に下方圧力をかけ続けるからです。

［他方］途上国の世界では、経済成長は東アジア、ベトナム、インドにおいてのみ満足の行く水準にとどまっています。これらの国々ではオランダ病がなく、しかも経済的・政治的エリートが欧米から自立しているため、成長と［先進国への］キャッチアップが依然として継続中です。

［しかし］１９９０年頃に経済自由主義（ワシントン・コンセンサス）[29] に屈服したラテンアメリカ諸国では、オランダ病を中立化する貿易メカニズムを壊したため、病の克服を

[29] ワシントン・コンセンサス
１９８０年代に生じたラテンアメリカ

放棄してしまいます。［この地域では］ワシントン・コンセンサスの下で、経済成長は鈍化し、不平等が拡大しました。２０００年代になると、中国の需要の高まりによって引き起こされた一次産品《コモディティ》ブームのおかげで、［ラテンアメリカなどの］途上国はある程度の成長を達成するのですが、それもすぐに終わり、成長率は元の水準に低下し、産業化以前の国々は依然として工業化をなしえないままとなり、ブラジルのような中所得国では工業解体が続くのです。

新開発主義の基本的な考え方*

［ところで］新開発主義は、経済ポピュリズムには批判的です。［しかし］よく知られている財政ポピュリズム、つまり、歳入以上の支出を無責任に行う政府《ステイト》の形態に対してだけ批判的なのではありません。［新開発主義は］為替レートポピュリズム［exchange rate populism］に対しても批判的なのです。為替レートポピュリズムとは、［国内で］生み出したもの以上を無責任に使い果たして［経常収支赤字を引き起こし、それを外貨借入で補塡《ほてん》することで為替レートの割高化をもたらして］しまうような国民国家《ネイションステイト》［のあり方］のことです。為替レートポピュリズムというのは、新しい開発主義的《ディベロップメンタル》な概念です。

　自由主義的正統派［経済学］は、為替レートに関しては、常にポピュリズム的です。なぜなら、この派は経常収支赤字を外国の貯蓄で賄《まかな》えるものと考え、問題視しないからです。他方で、開発主義的なポピュリズムは、［財政ポピュリズムと為替レートポピュリズムの双方を是認《ぜにん》するという意味で］２つの誤りに陥っています。財政と為替レートのポピュリズムは実質収入と消費の増加を意味しますが、それと同時に、為替レートポピュリズムが投資の減退につながる［ことを開発主義的なポピュリズムは認識できていないのです］。

の累積債務危機の際、ワシントンに本部を置く２つの国際機関、国際通貨基金（ＩＭＦ）と世界銀行（ＩＢＲＤ）が、救済融資提供の見返りに課した厳しい借り入れ条件を指す。その条件には緊縮財政や規制緩和、国営企業の解体、金利の自由化などが含まれ、これが長らくラテンアメリカ諸国を苦しめた。転じて、途上国に新自由主義的経済政策を強いる先進国側の高圧的な姿勢や態度を意味することもある。

新開発主義は、民主主義や安全の確保《セキュリティ》や個人の自由、不平等の削減、環境などのいくつかの基本的な非経済的価値［観］と制度を他の思想潮流と共有しており、特に、経済発展、完全雇用、賃上げ、生活水準の改善を重要な目標としています。［また］資本蓄積の一般的条件を保証することが国家の経済的役割であると考えるならば、［以下に述べる6番目の項目に］新開発主義の斬新《ノベルティ》さを感じ取ることができるのではないでしょうか。

経済学は、［資本蓄積のために国家が果たすべき］4つの一般的な条件にはある程度同意しています。その条件とは、①教育と医療関連サービス［の整備］、②市場の良好な働きを保証する諸制度［の構築］、③インフラへの［公的］投資、④［民間］投資資金への［公的］融資、です。

ケインズは、［これに加え］⑤需要の存在、という5つ目の項目を追加しましたが、新開発主義は［さらに］、⑥競争的な為替レートのみが保証する需要へのアクセス、という6つ目の項目を追加するのです。

ケインズ派の条件は、需要が不十分であった［世界大恐慌時の］歴史傾向から付け加えられたものですが、新開発主義の条件は、これとは別の歴史傾向［の観察］から生まれたものです。途上国の為替レートは激しく変動《ボラタイル》するだけでなく、金融危機と金融危機の間中、長期的に過大評価されたままであるという歴史傾向がそれです。このアイデアについては、後段でもっと詳しく論じましょう。

開発主義国家とは何か*

［さて］開発主義の最初の擁護者は17世紀ベネチアのアントニオ・セラ[30]であり、その次に現れたのは18世紀末のアレクサンダー・ハミルトン[31]でした。彼らは経済成長とは工業化

◆30 **アントニオ・セラ**（Antonio Serra）17世紀に活躍したイタリアの哲学者、

のことだと理解し、開発的な政策レジームを擁護しました。この政策体系は、輸入品に高率の関税を課すことに加え、より洗練された財の輸出促進に必要な投入財［＝原材料など］を［国内で不足させないように］輸出禁止とすることからなっていました。

国家《ステイト》と市場とは、国民国家《ネイションステイト》、より正確に言うと、国民的諸経済《ナショナル・エコノミーズ》をコーディネートする2つの主要な制度であり、このコーディネーションは、効率的であることが求められます。ミクロ経済の次元でいうと、それ自身が十分に競争的な市場の一構成部分である企業［組織］をコーディネートすることにおいて、市場は［国家］より効率的です。他方、国家《ステイト》は、インフラ企業や基礎的投入財企業や大銀行など、「大きすぎて潰《つぶ》せない」ような非競争型産業のコーディネートにおいて［市場］より効率的です。これらの産業は、計画化と企業の規制を必要としている［からです］。［しかし］ミクロ経済の次元で、市場は完全雇用と成長を保証するような正しいミクロ経済的価格を保証することができません。ミクロ経済の次元において、市場は非効率でもあり、それゆえに、積極的なマクロ経済政策が必要とされるのです。

新しい開発主義は、明らかに非効率な国家主義《ステイティズム》を否定するだけでなく、経済自由主義をも否定します。経済自由主義は、国家主義よりは非効率の度合いは低いのですが、成長を達成することにおいて、開発主義ほどに効率的ではありません。［他方］ソビエト連邦がその代表例である国家主義は、工業化の初期にはうまく機能しましたが、いったん経済システムが複雑になり技術革新に依存するようになると、経済システムをコーディネートできなくなることが証明されました。

ミクロ経済の次元において、経済自由主義は、競争的な経済主体をコーディネートすることにおいては最善の道です。しかし、この領域においてすら、選択的ないしは戦略的産

経済学者。生没年は不詳。重商主義を唱えたことで知られる。

◆31　訳注12参照。

業政策の余地は存在しています。さらに、市場は非競争的な部門、特に政府によるプランニングが要請されるインフラや基礎的投入財産業に関しては、決定的に非効率なのです。マクロ経済の次元でいうと、市場はマクロ経済的均衡を保証すること、すなわち、利潤率、金利、為替レート、賃金、インフレ率という5つのマクロ経済的価格を常に「適正」に維持できるわけではありません。それゆえ、積極的なマクロ経済政策、すなわち、財政政策と金融政策だけでなく、為替レート政策もまた必要とされるのです。開発主義国家《ディベロップメンタル・ステイト》というのは、資本主義をコーディネートする形態のことであり、自らに課せられている現実の制約を認識している国家のことです。

［それゆえ］わたしたちは、次のような国家のことを開発主義国家と定義できます。すなわち、国益《ナショナル・インタレスト》と経済発展とにコミットする国家、経済の非競争的分野をコーディネートする国家、戦略的な産業政策を実践し、積極的なマクロ経済政策を実施することで、5つのマクロ経済的価格の適正化をめざすような国家、他方で、競争的産業のコーディネーションは市場に任すような国家、これです。

資本主義システムは、企業間の競争システムであるだけでなく、国民国家《ネイションステイト》間の競争でもあります。企業は競争がうまくいくように経営戦略を必要とするのですから、国民国家もまた国家プロジェクトと開発戦略を策定しなければなりません。競争において、利潤と拡張は、企業にとっての目標であり、シュンペーター[32]的技術革新と結びついた戦略的プランニングが、その達成手段です。［企業と同様に］個々の国《カントリー》にとって、主要な目的は成長であり、それを達成するための手段は、上述した投資に関するつ6つの一般条件を達成することなのです。

[32] シュンペーター　本書第8章参照。

新開発主義のミクロ経済学とマクロ経済学*

新開発主義のミクロ経済学は、労働価値論と利潤率の均等化傾向をベースにした古典派経済学の流れに属する理論であると同時に、成長を工業化あるいは生産の高度化であると定義する古典的な開発主義の流れをも汲《く》むものです。この理論によれば、労働生産性の上昇とは同じ財・サービスの生産において生産性が上昇した結果というよりも、むしろ、生産性の低い産業から、より洗練されたより生産性の高い産業へと労働が移動した結果であり、より高い1人あたり付加価値と、より高い賃金支払いを意味しています。

新開発主義は、産業政策というものを、成長を達成するための主要政策としては見ていません。そうではなく、積極的マクロ経済政策を達成するための戦略的な補完物として見ているのです。積極的なマクロ経済政策とは、「適正」なマクロ経済的価格（利潤率、金利、為替レート、賃金、インフレ率）を実現できるような政策のことです。

それぞれ、日本、韓国、台湾を分析した名著であるChalmers Johnson［1982］、Alice Amsden［1989］、Robert Wade［1990］で示されているように、東アジアの国々にとって産業政策は疑うべくもなく重要なものでした。しかし、これら文献の著者は、次の事実に適切な注意を払っていません。すなわち、東アジア諸国では、積極的なマクロ経済政策、特に為替政策が、5つのマクロ経済的価格を適正水準、もしくはそれに近い水準に維持していたという事実です。これがゆえに、東アジア諸国は新開発主義の理論枠組みが推奨するものを実現することができたのです。

産業政策、そしてその中でも技術進歩を支援する政策は、高度に複雑な財の生産を競争的にするためには、非常に重要な政策です。[14] しかし、新開発主義によって提案される最も中心的な政策は、「産業政策の採用ではなく」マクロ経済的価格を適正に維持し、周期的、

14 Nassif, Bresser-Pereira and Feijó［2017］が指摘するように、「もしマクロ経済的価格が正しい水準にないとすれば、いかなる産業政策も、構造変化の促進や［先進国への］キャッチアップに成功しないであろう」。

慢性的な為替レートの過大評価傾向によって代表される競争上の不利を中立化することなのです。

新開発主義的なマクロ経済学は、新開発主義が最も練り上げている分野です。この理論は、為替レート、経常収支、期待利潤率に焦点を当てています。［とはいえ］他のマクロ経済的価格との関係において、あるいは財政金融政策との関連において、新開発主義が特に何か新しいものを、ポスト・ケインズ派◆33のマクロ経済学に加えるというわけではありません。［しかし］途上国向けに練り上げられた新開発主義的マクロ経済学のコアとなるアイデア、すなわち、為替レートは財・サービス同様に価値と価格を持つというアイデアは、すべての国に当てはまる考え方です。

新開発主義的マクロ経済学は、5つのマクロ経済的価格に関心を持ちますが、5つのうちの2つは、たいていの場合、補助的であり、2つは結果であり、1つはその両方です。［つまり］金利と為替レートは、補助的な価格であり、財政政策と金融政策と為替政策を必要としているのです。［他方］利潤率とインフレ率は、そのような政策の結果ですし、賃金率はその両方ということです。

この5つの価格は［次のような意味で］適正でなければなりません。

（a）中央銀行が通貨政策によって目指す金利は低くあるべきです。中立的ないし自然的水準、すなわち、国際的な基準金利プラス2%を上回らない程度の金利であるべきです。

（b）為替レートは、世界最先端のテクノロジーを使用する企業を競争的にする［だけの割安なレートでなければなりません］。

（c）賃金は満足のいく利潤率と両立可能であって、生産性の上昇とともに増大しなけ

◆33　ポスト・ケインズ派　本書第3章参照。

ればなりません。

（d）利潤率は投資する企業を満足させるほどの水準でなければならず、

（e）インフレ率は低くなければなりません。

新開発主義の為替レート理論*

新開発主義が新しい説明を提示するのは、為替レートに関してです。一方において、新開発主義は、経常収支と為替レートとの間に密接な**対応関係**があることに注目しています。経常収支赤字に対応した為替レートは、経常収支を均衡させるレートよりも過大評価されており、経常黒字をもたらすレートに比べれば、さらに過大評価されている［と考える］のです。他の変数が一定だとすれば、経常収支赤字が大きければ大きいほど、為替レートは過大評価されており、逆は逆です。他の変数の変化、特に金利の変化は、曲線のシフトを引き起こすでしょう。通常は、為替レートの変化が経常収支の変化を生み出すと仮定されますが、［因果関係は］その逆でもありうるのです。

もしある国が、外国の貯蓄すなわち対外債務を利用して成長しようと**決意する**ならば、その国は為替レートを過大評価しようと決意をしているの［と同じ］です（途上国はたいてい、このような決定を行います）。外国の貯蓄によって成長するとは、直接投資または対外借り入れによって経常収支赤字を賄うという意味です。[15]

図表11・1に示されているように、経常収支のそれぞれの値には、それに対応する為替レートの水準があります。図の真ん中の垂直線は経常収支が均衡する、つまりゼロとなるポイントを示しています。右上がりの直線が意味しているのは、為替レートが減価すればするほど、経常収支黒字が増え、逆は逆、ということです。

図表11・1　経常収支と為替レート

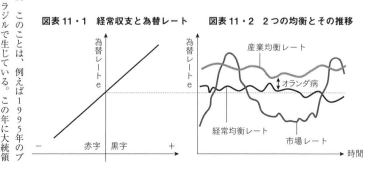

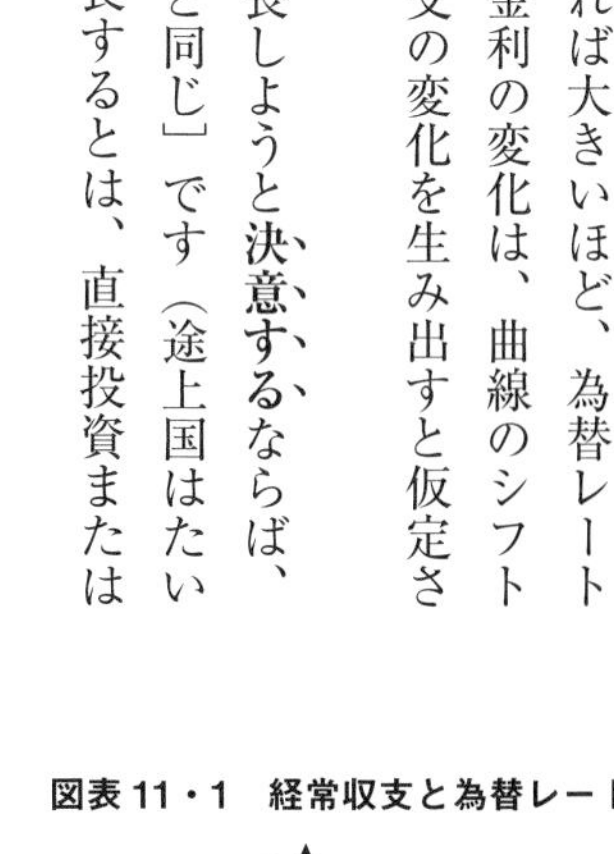

図表11・2　2つの均衡とその推移

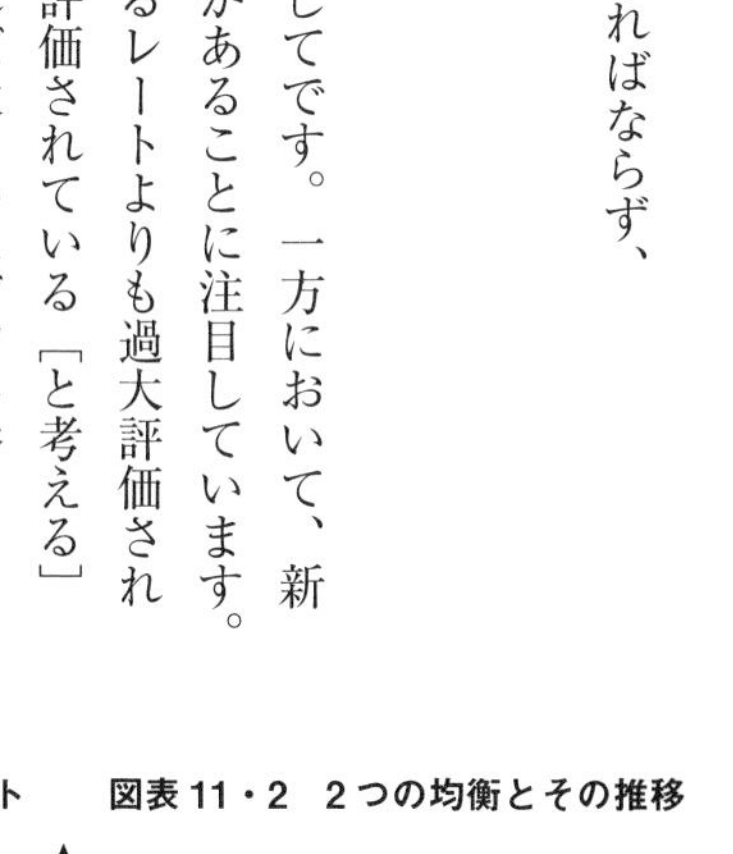

15　このことは、例えば1995年のブラジルで生じている。この年に大統領に就任した［従属論者の］F・H・カルドーゾは、自分の最も根本的な成長政策は、「対外貯蓄を利用して成長す

他方、新開発主義は、外貨の需給のみならず、その**価値**が為替レートを決定するという考えを提唱しています。すべての財・サービス同様、外貨には価値と価格が存在しているのです。外貨の価値とは簡単に言うと、対外貿易に参加している企業に、**コスト・プラス・適切な利潤**を回収させるような価値のことです。◆34

その価値は、別角度から言うと1国の相対的な単位労働コストの変化に依存しています。それは、**経常均衡**レート［*current equilibrium*］、つまり、一時的に経常収支を均衡させるような為替レートと同じではありません。なぜなら、［経常均衡レートは］外貨の価値に依存するだけでなく、1国の交易条件の変化にも依存し、交易条件の方は価値ではなく、外貨の需給に影響を与えるからです。

ある国がオランダ病に直面するとき、経常均衡レート以外にも、第2の均衡が存在します。すなわち、**産業均衡**レート［*industrial equilibrium*］です。これは、世界最先端の技術を用いる企業を競争的にする為替レートのことです。これも外貨の価値に依存しますが、それは工業製品すなわち非一次産品《ノンコモディティ》型貿易財との関係においてのみ言えることです。産業均衡レートは、交易条件の変化よりも、その価値の変化に依存します。なぜなら、非一次産品の価格はその価値に近づく傾向を持つからです。

他方、経常均衡レートに関してはその逆のことが言えます。なぜなら、その価値は当該国が輸出する一次産品《コモディティ》に依存しており、一次産品価格は、その価値の周りを行儀良く変動するのではなく、山と谷という経路を取ってワイルドに変動するからです。これら2つの均衡は、もともと、わたしが2008年に書いたオランダ病モデルの中で定式化したものです。[16] 最初のモデル（Corden and Neary［1981, 1984］）はオランダ病と関連した3つの［産業］部門に焦点を当てていましたが、新開発主義のモデルは、為替レートと経常収支に焦点を

ること」だと述べている。

◆34　これは、労働価値論を国際貿易の部面に拡張した国際価値論の考え方である。これについては本書第6章を参照。

16　もう少し正確に言うと、経常収支均衡レートと産業均衡レートという概念

当てています。新開発主義が主張するところによれば、［オランダ］病とは競争上の不利益［competitive disadvantage］のことであり、その不利益は、リカード的レント[◆35]や一次産品の［輸出］ブームによって、かなり割高な為替レート（これが経常均衡レートです）が生まれ、その割高な為替レートの下で一次産品の競争力が生じていることによるものです。その為替レートは、非一次産品貿易財企業（基本的には製造業）が利潤を生み出せる為替レートの水準よりも、かなり割高なのです。オランダ病の深刻さは、［この］２つの均衡価値の乖離《かいり》幅によって決まり、［このオランダ病こそが］為替レートを長期にわたって過大評価させる構造的原因でもあるのです。

３つの「お決まりの政策」*

［ところで］外貨の需給は、交易条件だけでなく［国境を越えた］資本移動によっても変化します。また、資本移動の方は、競合国の金利と比較されるその国の金利に依存し、金融的投機、特にキャリートレード[◆36]のような活動に依存します。わたしたちは［この時、外貨の］需要と供給とが金利に依存しているとは言わず、歴史的アプローチを採用して、需給は途上国が通常採用する３つの「お決まりの政策《ユージュアルポリシーズ》」に依存しているのだと表現します。すなわち、［１］中央銀行による高利子政策の慣行と、２つの関連する政策、すなわち［２］対外債務を利用した成長［政策］と、［３］為替レートをインフレ抑制の通貨アンカーとして用いる政策［の２つ、合計３つの政策］から影響を受けると表現するのです。[17]

新開発主義は、高い基準金利を擁護する新古典派の「資本深化[◆37]」モデルには批判的です。新開発主義はまた、経常収支赤字（［対外貯蓄］）を引き起こした後、赤字を対外借り入れか直接投資によって賄うような、対外債務を通じた成長政策にも批判的です。[18] 第１の［資

を初めて打ち出したのは、Bresser-Pereira［2008］がオランダ病について論じたときである。外貨の「価値」という概念は、元々はBresser-Pereira［2013］で提起されたものであるが、Bresser-Pereira, Marconi e Oreiro［2016］でより広く発展していった。しかし、この本にはいくつかの不正確な点があり、本章の記述はその点を乗り越えようと模索している。

◆35　**リカード的レント**　土地や石油埋蔵資源などの所有者にもたらされる地代収入のこと。その原資は平均的な利潤を超えた超過利潤部分から生じる。

◆36　**キャリートレード**（carry trade）　金利の低い国の通貨で借り入れを行い、その資金を金利の高い国の債券などの購入に充てて運用する投資テクニック。日本を例に挙げると、外国の投資ファンドや機関投資家は、金利の低い日本円で借り入れを行い、それを元手にして金利の高いアメリカの債券などを購入することで（為替差損さえ生じなければ）利益を出せる。これがいわゆる円キャリー・トレードと言われる投資手法である。

17　経済モデルは通常、消費者や生産者の行動を予測するという点に留意して

本深化モデルへの］批判は直観的なものですが、第2のそれはそうではありません。それゆえ、この批判を、新開発主義の真の貢献にしようと［わたしたちは］考えています。［例えば］資本豊富国が資本欠乏国へ資本を移転するのは論理的に正しい命題と思われますが、この命題は一般的には誤りです。わたしたちが［途上国で］目撃したのは、静学的には、経常収支赤字が過大評価された為替レートをもたらすこと、しかしそれだけでなく、動学的に見ると、経常収支赤字を補塡するために必要とされる資本移動もまた自国通貨を過大評価する、という事実です。対外貯蓄を利用した成長政策の擁護者が言うこととは逆に、その［成長政策の］結果としてもたらされる割高な為替レートは、高い限界消費性向を伴って、投資よりも消費を刺激するのです。

このようなことが起きないのは、ごく特殊な時期に限られます。つまり、経済がすでに高成長を続け、高い期待利潤率が限界消費性向の低下をもたらし、それに伴い限界投資性向が増加するような時だけです。新開発主義はまた、インフレ抑制の名目アンカーとして為替レートを用いるお決まりの政策についても批判的です。

為替レートの割高化傾向*

為替レート［の水準］を決定し、それが均衡値の周りをどのように変動するかを説明するのは、これら3つの要因（外貨の価値、オランダ病、3つのお決まりの政策《ユージュアルポリシーズ》）と、投機的な資本移動です。しかし、この枠組みにおいて、為替レートは単に「激しく変動するvolatile」というのではなく、その変動には変化の方向［sense］があります。為替レートは、オランダ病と3つのお決まりの政策から生まれる周期的、慢性的な為替レートの割高化傾向を持つのです。

欲しい。新開発主義が論じるこの3つのお決まりの政策に関して言えば、そのような予測ではなく、政策立案者の行動を考慮に入れているのである。

◆37 **資本深化**（capital deepening）労働者1人あたりの資本の量が増加すること、すなわち、資本集約度の上昇のこと。ここで「高い基準金利を擁護する新古典派の『資本深化』モデル」と述べられているのは、スタンフォード大学（当時）のマッキンノン（Ronald Ian McKinnon １９３５〜２０１４年）らが唱えた開発理論を指している。マッキンノンらは１９７３年の論文のなかで、金融の自由化によって高金利を銀行に保証してやれば、途上国の経済成長は刺激されインフレも収束すると論じ話題となった。彼らは、政府による低金利政策を金融抑圧（financial repression）として批判したことでも知られているが、政治経済学的に言えば、この議論はアメリカのウォール街の利害を代弁していたと言える。

18 Bresser-Pereira and Nakano［2002］とBresser-Pereira and Gala［2009］を参照のこと。

このことが意味するのは、金融危機と金融危機の間に、長期にわたって自国通貨が過大評価されるような周期的パターンを、途上国が辿《たど》るという事実です。

図表11・2［377ページ］には3つの曲線が書き込まれています。［2つは］価値タームで定義された経常均衡レートと産業均衡レートであり、［もう1つは］周期的な傾向を有する外貨の市場価格です。［図から読み取れるように］金融危機の際、［発展途上国の］自国通貨［の市場価格］は激しく減価しますが、その後、過大評価がなされるようになり、産業均衡レートのラインを超えて、経常均衡レートのラインに達するようになります。このような押し下げ[38]はオランダ病によるものです。その後、それは経常収支赤字の領域で大幅に増価しますが、それは、もはや一次産品によって増価するのではなく、途上国が採用する、互いに関連した3つの「お決まりの政策」によって割高化されるのです。

別の言葉で言えば、為替レートを過大評価する2つの「芋《いも》づる式の systemic」原因があるということです。1つはオランダ病であり、これは為替レートを経常均衡レートまで増価させます。もう1つは3つのお決まりの政策であり、これが経常収支赤字の領域において、為替レートを経常均衡レートより割高の、非常に効率的な一次産品生産者しか競争的でありえないような過大評価の「最低点」にまで押し下げるのです。その間為替レートは、金融投機をしている人の利益を、「キャリートレード」を通じて2度増やします。1度目は為替レートの増価で、2度目は金利の高騰によってです。

こうして、金融危機と金融危機との間の数年、為替レートはオランダ病と3つのお決まりの政策によって過大評価を続け、製造業は置いてけぼりの上、投資と貯蓄は抑制され、成長率は低いままという状態が続くのです。

このプロセスは、最終的に、外国の債権者が［途上国への］信用を喪失し、債務の借り

◆38 図表11・1も図表11・2も、縦軸は為替レートeを表しているが、eは邦貨建《ほうかだ》ての数字である。邦貨建てとは、1ドル＝eレアルという形で、ドルの価値を自国通貨で表現する形式のことであり、eの値の増大が自国為替レートの減価であり、eの値の低下が自国通貨の増価ということになる。それゆえ、**これらの図表においてグラフが下方に押し下げられている局面は自国通貨が割高化（＝ドルが減価）していることを意味する。**もちろん、逆は逆である。

換えを拒み、持続的な通貨危機が勃発《ぼっぱつ》することで終わりを迎えます。あるいは、途上国ではそれほど頻繁《ひんぱん》には起きませんが、国内銀行が革新的経営者の債務の借り換えを停止して投資がストップするという形で終焉することもあります。また、前の事例とも関連しますが、［国内で］銀行危機が勃発することでも終わります。

為替レートの周期的、慢性的な（長期の）過大評価傾向は、開発主義的《ディベロップメンタル》なマクロ経済学のコアをなすものです。その投資関数、そしてそれゆえ、為替レートがキー変数となっている成長理論は、途上国の為替レートが長期にわたって確かに割高化する傾向がある場合に、［分析上の］効果を発揮するのです。

しかし、［為替レートの過大評価は］基本的に、為替レートを自由な状態で放置することを推奨する自由主義的正統派［経済学］の政策勧告に従った国々に生じることです。こういった国々は金融危機を繰り返す一方、非一次産品型貿易財《トレイダブル・ノンコモディティ》の産業は競争上の不利に直面するため、工業化が実現しません。あるいは、すでに工業化を終えたものの、自由貿易に屈し、［為替レートの過大評価］傾向を中和するメカニズムを壊してしまったような国の場合には、１９９０年以後のブラジルと同様、工業解体に直面することとなるのです。

成長と投資関数

新開発主義は、シンプルな成長モデルを採用します。そのモデルによれば、成長は投資と技術進歩に依存し、技術進歩は物的、人的資本の中に体化《たいか》されています。［新開発主義のマクロ経済学は］ハロッド＝ドーマーモデル[39]ではなく、シンプルな会計学的恒等式から得られる次の式を用います。

◆39　**ハロッド＝ドーマーモデル**　イギリスの経済学者ハロッド（Roy Forbes Harrod　１９００〜78年）とアメリカ

$$g = \alpha \times \frac{I}{Y} - n$$

gは1人あたり成長率、αは産出／資本比率もしくは資本の生産性、I／Yは投資率、nは人口成長率です。nを定数と考えるならば、投資率［I／Y］が高ければ高いほど、また資本の生産性［α］が高ければ高いほど、成長率［g］は高くなります。[19]

他方、投資は期待利潤率から金利を差し引いたもの、すなわち資本コストに依存します。ケインズはこの仮定から出発しましたが、期待利潤率は有効需要に依存し、セイ法則[◆40]の不成立と需要不足傾向を前提するならば、有効需要が自動的に［供給量と同じだけの水準になるとは］保証されない、と論じることで、投資関数と成長理論を一新したのでした。新開発主義はケインズ［のこの考え方］に同意します。

しかし、［新開発主義のマクロモデルでは］需要が投資と成長を保証するほど十分なものでなくなるのは1つのシンプルな理由によるものだと考えます。それは、為替レートが、国内外の市場において能力ある企業を有利にしたり不利にしたりする電気スイッチのようなものだからです。もし、為替レートが単に激しく変動するというのではなく、長期にわたり割高に評価されるならば、為替レートは既存《きそん》の需要への**アクセス**を与えたり拒絶したりするのです。

為替レートが単に変動的なだけならば、他の諸理論が想定するように、変動が事業者にとって不確実性の追加的要因であるという意味で、為替レートは投資にわずかな影響しか与えないことになります。［しかし］新開発主義は、そうは考えません。為替レートの過大評価への傾向とその諸原因があると想定すれば、為替レートは金融危機から金融危機に至る数年間は過大評価されたままだ［と考えるのです］。［そうなると、］革新的経営者は

の経済学者ドーマー（Evsey David Domar　1914～97年）が開発した初期の成長モデル。価格が動かないという前提のもとで、投資が行われるとき、どのような成長経路が安定的かを分析したものである。このモデルの結論は「ナイフエッジ定理」とか「不安定性原理」として知られており、現実の経済成長率が資本の完全利用を保証するような成長率から外れると、その乖離が時間とともに広がっていくことを示している。

19　わたしはここで資本の生産性について述べているが、より詳細な記述はBresser-Pereira［1986, 2014］で行っている。

◆40　セイ法則　本書序章30ページ参照。

［損益］計算を行い、生産が競争的ではなくなったと理解すれば投資を止めるでしょうし、［投資するにしても］工場を拡張するのではなく、プラントの近代化にのみ［わずかに］投資するような行動を取るでしょう。

需要は投資を刺激するのには不十分であるとか、長期的な割高為替レートのためにアクセスできない需要［へのトライ］を革新的経営者は諦めるべきではない、と主張するとき、わたしは、ケインズを批判しているわけではありません。ケインズは為替レートがいかに戦略的［に重要］であるかを熟知していましたが、彼の関心は先進国にあり、途上国にはなかった［だけな］のです。

［他方］ポスト・ケインズ派の経済学［のモデル］では、他のすべての経済理論同様に、投資と成長は為替レートからは影響を受けない［作りになっています］。その理由は、為替レートは単に変動するものだという仮定を採用しているからです。［しかし］新開発主義においては、投資と成長は為替レートに依存します。なぜなら、為替レートには周期的、慢性的な過大評価の傾向が存在するからです。

危機と適応

通貨危機や国際収支危機は、経済発展を阻害《そがい》する上で大きな役割を演じます。新開発主義はこのような認識に立っていますが、旧来の経済学において支配的であった通貨危機モデル、すなわち、国際収支危機を過剰な財政支出の関数と捉《とら》え、財政支出が輸入増加、経常収支赤字、対外債務の借り換え停止の原因だと考えるようなモデルには批判的です（Krugman［1979, 1999］）。

財政ポピュリズムは［ラテンアメリカで］繰り返される問題であるため、通貨危機にそのような［財政的な］原因のあることを、新開発主義も可能性としては否定しません。しかし、通貨危機には、多くの場合、財政赤字とは独立した、より直接的な原因がある［と新開発主義は考えます］。［それは］対外債務を利用した成長政策です。多くの場合、財政資金勘定《かんじょう》はきちんと［公的に］管理されていますが、企業や家計の場合、民間会計ですので、そのような管理はありません。それゆえ1国の経常収支は、巨額の赤字を引き起こすのです。［この時］自由主義的であろうと開発主義的であろうと、従来型の政策立案者にとって、この赤字は心配事ではないのです。というのは、追加的な外国貯蓄［の借り入れ］が、追加的な総貯蓄、総投資を意味すると、彼ら［彼女ら］が誤って理解しているからです。

しかし、すでに見たように、ほとんどの場合、この考えは間違いです。確実に言えることは、慢性的な経常収支赤字は絶えず自国通貨を増価させ、経常収支赤字の積み重ねは、程度の差はあれ、必然的に企業や家計や国家の過剰債務へとつながっていくのです。この過剰債務は、マクロ経済的な不適応を現しており、遅かれ早かれ、金融危機をもたらします。

経常収支赤字のためにマクロ経済的な調整が欠如する問題に対して市場がどう対応するかと言えば、それは、為替レートの減価です。1つのオルタナティブは、ユーロ危機（２０１０～16年）の際に、［ユーロ圏の］「南」の国々が必要とした「内的減価 internal devaluation」です。これらの国々は［共通通貨ユーロを使用していたため］切り下げるべき自国通貨を持ちませんでした。それゆえ、景気後退や失業や賃金の下落をもたらす厳格な緊縮財政プログラムを採用し、こうすることで単位労働コストの比較指数や自国企業の競争力を再度有利化するように働きかけたのです。しかし、わたしたちが実施できるものは、通貨を切り下げることが可能な国々における内的な調整もしくは緊縮計画ということになります。

財政赤字や経常収支赤字という形で現れるマクロ経済的調節の失敗に直面する国は、たいてい［緊縮型の］財政調整に手を出すのですが、為替レートの方は、不安定でもほとんど手つかずのままとなり、［緊縮的な］財政調節と並行して金利を下げなくとも［高金利のままで］大丈夫と判断します。このケースの場合、調整コストは労働者にだけ降りかかり、労働者は職を失うか実質タームで賃金が下がってしまいますが、他方で不労所得階級《ロンティエーズ》の収入は無傷のままです。というのは、（不労所得階級の収入の中心たる）金利は高いままであるし、為替レートが割高なままなので、彼ら［彼女ら］の実質的な収入が減少しないからです。

経済政策

わたしたちは、いま［ようやく、新開発主義的な］理論枠組みから、マクロ経済政策を論じる用意ができました。安定と成長とを達成するために、政府は一方で、2つの主要な会計、すなわち財政勘定と対外勘定をコントロールしなければなりませんが、他方で、5つのマクロ経済的な価格を適正なものに維持しなければなりません。これらの会計と［マクロ経済的］価格とは相互に関係していますが、最初に財政勘定と対外勘定について述べましょう。

まず第1に、自由主義的な正統派［経済学］と違い、新開発主義は政府というものが財政勘定をコントロールし続けるだけの存在で、それ以外のことは市場がケアするというふうには考えません。また、需要が永遠に不足していると考えるような粗野《そや》なケインズ主義あるいはポピュリズム的な開発主義に対しても批判的です。

新開発主義は責任ある財政政策、具体的に言うと、総投資の20％程度に相当する公的投資をファイナンスするだけの公的貯蓄の達成を推奨します（財政赤字もそのようなファイナンスを補完するかもしれませんが）。［しかし］公的債務を良好なレベルに維持する基礎的財政収支の黒字は必要ですが、それは公共投資の削減によって達成されるべきではありません。［必要なのは］景気後退期には拡大的で、景気加熱期には緊縮的であるような［バランスの取れた］財政政策です。

新開発主義は、経済システムを市場補完的な形でコーディネートする重要な役割を国家《ステイト》に割り当てます。［それゆえ］新開発主義は、有能な国家、すなわちその主要な経済的役割を実行しうるような開発主義国家《ディベロップメンタル・ステイト》［の必要性］を強く訴えます。有能な国家ならば、破産国家《ブロークン・ステイト》となることはありえない［からです］。

第2に、経常収支と為替レートとの対応関係があらかじめ決まっているとすれば［経済政策の］目標は経常収支の均衡でなければなりません。［しかし］オランダ病の存在を考慮するならば、［政策］目標は経常収支の黒字でなければならないのです。なぜならば、その黒字のみが自国通貨を競争的にしうるからです。

経常収支黒字のＧＤＰに対する大きさは、オランダ病の深刻度、つまり、経常均衡レートと産業均衡レートがどの程度離れているかによります。注意が必要なのは、新開発主義が経常収支赤字を拒否するからといって、多国籍企業を排除するというわけではないことです。新開発主義が多国籍企業を歓迎するのは、その資本にだけ関心があるからでも、それが経常収支赤字をファイナンスするからでもなく、新たな市場を開拓してくれるからです。

オランダ病を免《まぬが》れている中国は、貿易を自由化し驚異的なスピードで成長を始めてからは経常収支の赤字を経験していません。このことが中国について当てはまるのならば、一次産品《コモディティ》を輸出している他の途上国には、より一層当てはまるでしょう。

マクロ経済的価格の適正化*

次にマクロ経済的な価格［の話］に移りましょう。重要な［政策］目標は、製造企業、もっと広く言えば、経営管理面と技術面で優秀な非一次産品《ノンコモディティ》型の貿易財企業に、投資を刺激するような満足のいく期待利潤率を獲得できるようにしてやることです。

［まず第1に］高い利潤率を用いることなくこの目標を達成するためには、金利、より正確には中央銀行がその通貨政策の目標とする利子率は、できるだけ低くあるべきです。金利は、主要［国の］中央銀行の国際的な基準金利に少々のスプレッド［＝上乗せ金利］を加えた水準にするべきです。決定的に重要なのは、「外国資本を引きつける」ような水準に［金利を］設定することであり、不労所得階級《ロンティエーズ》や金融業者《フィナンシアーズ》を［高金利で］満足させることではありません。高金利は、1国の投資や成長率に悪影響を及ぼします。高金利は不労所得階級に好都合ですが、革新的経営者と労働者には有害です。資本深化には利点があるという議論や、インフレを抑制し資本を引き寄せるためには高い金利が必要だという議論は、基本的には、1国の利益ではなく、金融業・不労所得階級の利益を反映したものです。

第2に、政府は、期待利潤率を満足いくレベルにするために、責任ある為替レート政策を実行しなければなりません。責任ある為替レート政策とは、その国の通貨［の下で自国企業］の競争力が維持されるような政策のことです。[20] そのためには、（1）オランダ病を

20 このトピックスについては、Kregel

中立化し、（2）3つのお決まりの政策を放棄し、為替レートの周期的慢性的な過大評価傾向を中立化する必要があります。

［既述のように］オランダ病は、産業均衡レートと経常均衡レートとの差であり、これらの均衡レートは、価格タームではなく、生産の価値またはコストによって表現されています。それゆえ、オランダ病を生み出している一次産品に対し、2つの均衡レートの差に等しいだけの可変的な輸出税を賦課《ふか》すれば、生産コストをわずかに上昇させることで、オランダ病を中立化させることができるでしょう。［輸出］税は可変的なものがよいと［わたしたちは］考えていますが、その理由は、オランダ病の深刻さが、主に一次産品の国際価格の変化に応じて変化しているからです。

［ところで］誰がこの輸出税という賦課分を負担するのでしょうか？　それは一次産品生産者ではありません。なぜなら、彼ら［彼女ら］は、税として支払った部分を、［割安誘導された］為替レート［による外貨収入の邦貨建て価値の増加］という形で取り戻すからです。［それゆえ］支払いを負担するのは国民一般ですが、［割安な為替］政策によって競争力が向上し、期待利潤率も上がると想定されている貿易可能な非一次産品型の財・サービスの生産者も、この負担を免れます。［この結果、輸出］税は、［残された他の人々すなわち］労働者や中間的な給与生活者階級や不労所得階級が負担することになるのです。

［それゆえ］非常に多くの国々が、オランダ病――もっと広い言い方をすれば、為替レートの周期的、慢性的な過大評価傾向――の中立化に失敗する原因は、単に、それらの国々がオランダ病を説明する理論を知らず、その理論からオランダ病中立化の方策に辿り着かないという点にあるのではなく、為替の切り下げが短期的には労働者にとっても不労所得階級にとっても、その利益にプラスにならないという事実にあるのです。

［1985］を参照せよ。

オランダ病の克服

オランダ病は、資本主義や国際貿易や為替レートの歴史と同じくらい古い問題です。しかし、それがモデル化されたのはようやく１９８０年代のことであって、輸出税を通じた［オランダ病の］中立化［が必要だと理解されるようになったの］はわずか10年ほど前のことです。

［それゆえラテンアメリカなど発展途上国の］政策立案者は、［長い間］競争劣位《れつい》の原因であるオランダ病のことを知りませんでした。とはいえ、途上国が発展するためには、工業化が必要であることは認知しており、オランダ病を中立化するプラグマティックな政策、すなわち、製造業品に対する高関税や複数為替相場制を本能的に採用してきたのでした。絶え間なく［経済］自由主義からの批判があったものの、彼ら［彼女ら］は、幼稚産業［保護］論が許容するよりも長期の間、高関税を採用しました。経済学者はこれらの政策を「保護主義的」と特徴づけましたが、それは単に、競争上のハンディを無くし、オランダ病による競争上の不利を中立化していただけだったとすれば、保護主義という批判は当たりません。

［実際］高い輸入関税は、途上国だけが採用したわけではないのです。例えば、１８５９年に油田《ゆでん》が発見され、その後石油業が主要産業となったアメリカの事例を挙げてみましょう。オランダ病はその時から現れ、アメリカの工業化を阻害したと考えられますが（ここでは、アメリカ南部において、初期のオランダ病の源泉であった棉花輸出のことは無視します）、アメリカの政策立案者は、製造業が「幼稚産業」と見なされる時期をとっくに過ぎた１９３９年まで高関税を維持し、こうすることで、国内市場に及ぼすオラン

ダ病［の影響］をプラグマティックに中立化していたのです。

もう1つ、ブラジルの事例を見てみましょう。ブラジルは1930〜60年の間、複数為替相場制や高い輸入関税を用いて、オランダ病を中立化し、工業化に成功した国［の1つ］です。しかし、この戦略は、国内市場に及ぼすオランダ病を中立化しただけで、1960年代には、政策効果が枯渇《こかつ》するはっきりとした兆候《ちょうこう》が現れました。その後、1967〜90年になると、政府は製造業輸出に補助金を与えることでオランダ病の中立化を推し進め、［その結果、総輸出に占める］工業製品の比率は、1965年の6％から90年の62％にまで跳《は》ね上がりました。政策立案者たちは、またしても本能的にそれを行ったのです。

［しかし］1990年になると、自由主義的正統派［経済学］の全盛時代となり、［新自由主義者による］貿易の自由化がこのプラグマティックなメカニズムを破壊します。彼ら［彼女ら］は貿易自由化が何を結果するかについて、何も知らなかったのです。それ以来、ブラジルは、必然的に高い金融不安定性と工業解体と低成長に直面するようになります。

慣習的に採用されるあの3政策に関して言えば、もし政府が一次産品《コモディティ》への輸出税の賦課によってオランダ病を中立化するにしても、3つのお決まりの政策《ユージュアルポリシーズ》（金利を高いままに放置すること、経常収支赤字を国内貯蓄に加わる対外貯蓄［の流入］と考えること、インフレ抑制のために為替レートを割高化すること）を改めないならば、輸出税によって引き起こされる為替の減価は、これらの3政策によって相殺されて中途半端なものになり、払われた［輸出］税を補償しはしないでしょう。

為替レートとインフレ抑制*

　わたしはすでに、高金利や対外債務を利用した成長政策をなぜ拒絶すべきかについて述べました。残された1つは、インフレ抑制のアンカーとしての為替レートを用いる政策についてです。

　ポピュリスト政府が、インフレ抑制の目的で、国有企業や公共サービスを提供する民間の独占企業の価格を固定すると、［新自由主義的］経済学者はやれやれといった風情《ダリー・インディグ》で憤り《ナント》ます。［それゆえ］政府が**その国の価格**すなわち為替レートを、同様の目的で固定するならば、［新自由主義者は］その政府をさらに一層激しく攻撃してしかるべきだ［と思われますが、なぜかそうはなりませんでした］。

　資源豊富国において決定的な役割を果たす一次産品輸出者は、為替レートの下落によって負担分が補償されるならば、最終的には輸出税を受け入れるでしょう。この補償は、市場から生まれるものです。しかし、もし3つのお決まりの政策をいつまでたってもやめないのであれば、輸出者は損失を被《こうむ》り、彼ら［彼女ら］は騙《だま》されたと感じるでしょう。

　このようなことが起きたのが、2001年に大規模な金融危機に見舞われたアルゼンチンです。［当初］政府は輸出税を創設しました。［しかし］その税の負担は、ペソの減価によって完全には補償されないうちに、2007年になると、アルゼンチン政府はインフレの高騰を考慮して、インフレ抑制のアンカーとして為替レートを用いるようになったのです。その結果、通貨の過大評価が生じ、［外貨収入の国内価値が減少した］一次産品輸出者は激怒しました。他方で、製造業は競争力を失い、高成長は終わりを告げたのです。

　［さらにいえば］これら3つのお決まりの政策を拒絶するのに加え、政府は、必要とあらばいつでも資本［移動］を規制する方策を採用する必要があります。原理的に言うと、

その国の経常収支が均衡ないしは黒字である場合には、そのような政策は不要ですが、金融市場が過度に不安定で投機的な場合には、資本の流出入をコントロールする可能性をつねに開いておく必要があります。２０１６年の中国のように、豊富な外貨準備と持続的な経常収支黒字を有していたのに、巨額の資本流出に直面したため、資本規制を発動することとなったような事例が存在するのです。

分配

１９５０年代に、わたしたち［世代の経済学者］は、クズネッツ［の逆U字］カーブ◆41やルイスの労働の無制限供給モデル◆42によって、資本主義的発展は不平等を生み出す傾向があることを学習しました。工業化を遂げ、民主的になった政府は、この問題をうまく処理せねばなりません。民主的な社会においては、資本主義は開発主義的《ディベロップメンタル》であるだけではダメで、社会的であることも求められるのです。

しかし、財政面でも為替レートの面でも、ポピュリスト的であるべきではありません。新開発主義が提唱するような決定的な［為替レートの］減価が生じると、ある程度実質賃金は低下するでしょうし、不労所得階級《ロンティエーズ》の実質利子や配当、不動産収益もまた低下するでしょう。こうして、必要とされる調整［の負担］が［さまざまな階層に］シェアされるのです。

受け入れられないことは、通貨の減価政策を放棄して財政面の調整だけを実施する自由主義的正統派［経済学］の緊縮プログラムです。これだと、調整の負担は労働者にだけ押しつけられてしまいます。

新開発主義の分配政策は次のａからｅに基づいています。

◆41　**クズネッツの逆U字カーブ**　資本主義の不平等度（縦軸）と経済発展の水準（＝１人あたり所得、横軸）との関連を示した曲線のこと。経済発展が始まる初期の頃には不平等度（縦軸）が上昇するが、１人あたり所得がある臨界点を超えて先進国化すると、不平等度は下がり平等な社会へ移行していくという、資本主義の未来に対する超楽観的な仮説である。そのカーブがUの字を逆にしたような形になっているためこのような名称が付けられた。提唱者のクズネッツ（Simon Smith Kuznets　１９０１～85年）は１９７１年にノーベル経済学賞を受賞している。

◆42　**ルイスの労働の無制限供給モデル**　イギリスの経済学者ルイス（Sir William Arthur Lewis　１９１５～91年）が提唱した経済発展モデルで、農村部の過剰人口が都市に移住すると、都市における労働供給は事実上無制限となり、企業の側はいくらでも低賃金で労働力を調達できるため、発展途上国の１人あたり所得は増えず、なかなか先進国化ができないとする。ルイスは１９７９年にノーベル経済学賞を受賞している。

（a）人並みの暮らしができる最低賃金を保証すること、

（b）税負担を増やし累進性《るいしんせい》を高めること、

（c）［稼得《かとく》した経済］資源を、公教育と公的な国民皆《かい》健康保険制度に基づく大きな社会国家ないしは福祉国家の建設に用いること、

（d）労働契約の保護制度を創設または維持すること、

（e）金利をできるだけ低く維持すること［、以上の5つです］。

最も平等な北欧諸国と、先進国のなかで最も不平等なアメリカとの分配の差は、税引き前ではなく、税引き後に生じています。アメリカでは、フランクリン・ルーズベルト大統領◆43によって創設された累進税制度が１９８０年代以降に解体され、［それ以後］アメリカを深刻な不平等国、分断された社会へと作りかえてしまいました。

１９４０年代から60年代の輸出政策に関して言えば、古典的な開発主義は、国内市場志向モデルであり、ラテンアメリカでは「内向き hacia adentro」モデルと呼称される輸入代替工業化モデルを支持しました。成長過程の最初に、［ラテンアメリカは］工業製品を優位に輸出することが不可能だったため、古典的開発主義者たちは輸出主導型の［成長］戦略に反対したのです。しかし、ブラジルやメキシコのように国内市場の大きな国々においてさえ、この［輸入代替］戦略はすぐに限界に突き当たり、成功した国々は工業品を輸出した［途上］国だけでした。

それにもかかわらず、ラテンアメリカにおける多くの開発主義《ディベロップメンタル》的な経済学者は、依然として古典的開発主義のタームで物事を考えており、「それが不平等の増加をもたらす」として輸出主導型［開発］戦略には否定的です。［確かに］為替レートが競争的な国が輸入代替モデルをやめて製造業品の輸出を始めれば、短期的な不平等の増加は生じるかもしれ

◆43　フランクリン・ルーズベルト（Franklin Delano Roosevelt　１８８２〜１９４５年）アメリカ第32代大統領（在位１９３３〜45年）。大恐慌から立ち直るために、ニューディール政策と呼ばれる一連の大規模な需要刺激策をとったことで知られる。

ません。しかし、しばらくすれば、その逆のことが生じるでしょう。というのは、製造業は、一次産業よりは高い賃金・給与を支払うことができるからです。

　古典的な開発主義は保護政策を擁護しますが、新開発主義は、［保護ではなく］**競争条件のハンディをなくすこと**を推奨します。グローバル化した経済で成長するということは、途上国にとっては先進国と競争するか、［競争に敗北して］従属するかの2つに1つです。この競争において、［途上国には］1つだけ有利な点があります。それは労働コストです。途上国はその利点から利益を得るべきです。［しかし］他方で為替レートの過大評価傾向を中立化するだけでなく、教育や諸制度の改善とインフラ投資によっても、自国の競争能力を改善しなければなりません。目標とすべきは賃金の引き上げですが、この引き上げを、不平等の削減によってではなく、成長によって達成すること［が重要なの］です。

　20世紀に［経済］発展を遂げ、［先進国への］キャッチアップをなしえたのは、輸出主導型［開発］戦略を採用した東アジア諸国です。新開発主義は、途上国が世界システムへと統合されるのを支持しますが、それは競争を通じての統合であり、一次産品《コモディティ》だけでなく製造業品の輸出を通じた統合です。

　換言すれば、新開発主義は、［世界システムへの］従属的な統合ではなく、競争的な統合を提唱しているのです。もしある国が経常収支赤字を受け入れ、それに対応した為替レートの過大評価と、その結果として生じる、多国籍企業による国内市場の一方的支配と、それによる経常収支赤字のファイナンスを受け入れるならば、その国は、［世界システムに］従属的な形で統合されていることになります。[21]［逆に］競争的為替レートが競争条件の均等化を保証するならば、その国は［世界システムに］競争的な形で統合されているということになるのです。

21　［多国籍企業による発展途上国の］国内市場の占有は一方的なものである。なぜなら、［多くの］発展途上国は、先進国とも中国のような発展途上国とも異なり、投資元の国内市場を占有することができないからである。中国の場合、受け入れた直接投資は、中国自身が行う直接投資で相殺している。

結論

新開発主義は、新しい理論的フレームワークであり、その政治経済学は、革新的経営者と労働者と官僚とを結びつける開発主義的《ディベロップメンタル》な階級連合を推奨し、その経済学は5つのマクロ経済的価格のバランスに焦点を当てます。成長、金融の安定性、不平等の削減および環境保護を達成するために、新開発主義が提唱する主要政策は以下の通りです。

［1つ目は］責任ある財政政策です。政策は反景気循環的《カウンター・シクリカル》であることが必要ですが、他方で、長期的には公的投資（これは総投資の20％ほどの水準であるべきです）を賄うに十分な公的貯蓄［＝財政黒字］を生み出さなければなりません。

［2つ目は］中央銀行がそれを参考に政策を実行する基準金利の水準を、国際金利を最大2％しか超過しない範囲にとどめる金融政策です。

［3つ目は］積極的な為替政策です。この政策は金利のレベルを低く維持し、対外債務による成長政策とインフレ抑制のアンカーとして為替レートを用いる政策を拒絶することで、為替レートの周期的な割高化傾向を中立化します。

［4つ目は］大きな社会国家を賄う累進的な租税制度です。このような税制度は、民間消費よりも効率的で公正な形態の消費、すなわち集合的消費［collective consumption］を［社会に］提供します。

［5つ目は］賃金・給与の不平等を削減する目的を持った最低賃金政策です。

［6つ目は］労働契約の合理的な保護と環境保護です。環境保護の方法は、環境を壊す主体に課税したり、地球温暖化を抑制するために必要とされる大規模な投資をファイナンスするために必要な1国ないしはグローバルな投資ファンドを創設することです。地球温

暖化は、人類が共同で対峙《たいじ》している、ないしは対峙しなければならない主要で集合的な脅威《きょうい》なのです。

【参考文献】

Amsden, Alice H. [1989] *Asia's Next Giant*, New York: Oxford University Press. DOI 10.1093/0195076036.001.0001.

Bresser-Pereira, Luiz Carlos [1986] *Lucro, Acumulação e Crise* [Profit, Accumulation and Crisis], São Paulo: Editora Brasiliense.

——— [1995] "Development economics and World Bank's identity crisis," *Review of International Political Economy* 2 (2) Spring: 211–247. (http://dx.doi.org/10.1080/09692299508434318)

——— [2008] "The Dutch disease and its neutralization: a Ricardian approach," *Brazilian Journal of Political Economy* 28 (1): 47–71. (http://dx.doi.org/10.1590/S0101-31572008000100003)

——— [2010] *Globalization and Competition*, New York: Cambridge University Press.

——— [2011] "From the national-bourgeoisie to the dependency interpretation of Latin America," *Latin American Perspectives* 178, 38 (3), May: 40–58. eISSN: 1552678X | ISSN: 0094582X. DOI: /10.1177/0094582x10391064.

——— [2012] "Democracy and capitalist revolution," *Économie Appliquée* 65 (4): 111–139.

——— [2013] "The *value* of the exchange rate and the Dutch disease," *Brazilian Journal of Political Economy* 33 (3) July: 371–387. (http://dx.doi.org/10.1590/S0101-31572013000300001)

——— [2014] "Inequality and the phases of capitalism," Forum for Social Economics 43 (3) September: 199–222. (http://dx.doi.org/10.1080/07360932.2014.887589)

——— [2016] "Reflecting on new developmentalism and classical developmentalism," *Review of Keynesian Economics*, 4 (3): 331–352. (http://dx.doi.org/10.4337/roke.2016.03.07)

——— [2017] "Democracy and growth in pre-industrial countries," *Brazilian Journal of*

Political Economy 37 (1) March: 88–107. (http://dx.doi.org/10.1590/0101-31572016v37n01a05)

Bresser-Pereira, Luiz Carlos and Yoshiaki Nakano [2003] "Economic growth with foreign savings?," *Brazilian Journal of Political Economy* 23 (2) April: 3–27 (http://www.rep.org.br/PDF/90-1en.pdf; in Portuguese, http://www.rep.org.br/PDF/90-1.PDF)

Bresser-Pereira, Luiz Carlos and Fernando Rugitsky [2017] "Industrial policy and exchange rate scepticism?," *Cambridge Journal of Economics*: 1–16. (https://doi.org/10.1093/cje/bex004)

Bresser-Pereira, Luiz Carlos; José Luis Oreiro; Nelson Marconi [2014] *Developmental Macroeconomics*, London: Routledge.

Bresser-Pereira, Luiz Carlos; José Luis Oreiro; Nelson Marconi [2016] *Macroeconomia Desenvolvimentista*, Rio de Janeiro: Campus/Elsevier.

Bresser-Pereira, Luiz Carlos; Paulo Gala [2007/2009] "Why foreign savings fail to cause growth," *Brazilian Journal of Political Economy* 27 (1): 3–19. Original publication in Portuguese, 2007. (http://www.rep.org.br/PDF/105-1en.pdf)

Corden, W. M.; J. P. Neary [1982] "Booming sector and de-industrialization in a small open economy," *Economic Journal* 92 (368): 825–848. DOI: 10.2307/2232670

Corden, W. M. [1984] "Booming sector and Dutch disease economics: survey and consolidation," *Oxford Economic Papers* 36 (3): 359–380. (http://www.jstor.org/stable/2662669)

Frank, Andre Gunder [1966] "The development of underdevelopment," *Monthly Review* 18 (4): 17–31. (http://dx.doi.org/10.14452/MR-018-04-1966-08_3)

Furtado, Celso [1961/1967] *Development and Underdevelopment*, Berkeley: University of California Press. Original publication in Portuguese, 1961.

Hamilton, Alexander [1791/2001] *Report on Manufactures*, report to the U.S. Congress while the author was Secretary of the Treasure. Scanned in January 2001 from primary sources. (http://bit.ly/1FaVTTg)

Hirschman, Albert O. [1981] "The rise and decline of development economics," in *Essays in Trespassing*, Nova York: Cambridge University Press: 1–24.

Johnson, Chalmers [1982] *MITI and the Japanese Miracle*, Stanford: Stanford University Press. (https://doi.org/10.1017/S0041977X00022710)

Kohlscheen, Emanuel［2014］“Long-Run Determinants of the Brazilian Real: a Closer Look at Commodities,” *International Journal of Finance & Economics* 9（4）outubro: 239–250.（https://doi.org/10.1002/ijfe.1493）

Kregel, J. A.［1985］“Budget deficits, stabilization policy and liquidity preference: Keynes's Post-war Policy Proposals,” in F. Vicarelli, ed. *Keynes' Relevance Today*, Berlin: Springer: 28–50.（https://doi.org/10.1007/978-1-349-17834-6_3）

Krugman, Paul［1979］“A Model of Balance of Payments Crises,” *Journal of Money Credit and Banking*, 11（3）: 311–325.（https://doi.org/10.2307/1991793）

———［1999］, “What happened to Asia?,” in Ryuzo Sato, Rama V. Ramachandran, Kazuo Mino, *Global Competition and Integration*, Norwell, MA: Kluwer Academic Press: 315–327.（https://doi.org/10.1007/978-1-4615-5109-6_14）

Lazonick, William and Mary O'Sullivan［2000］“Maximizing shareholder value: a new ideology for corporate governance,” *Economy and Society* 29（1）: 13–35.（http://dx.doi.org/10.1080/030851400360541）

List, Friedrich［1846/1999］*National System of Political Economy*, Roseville, CA: Dry Bones Press, 1999. Original publication in German, 1846.

Nassif, André; Luiz Carlos Bresser-Pereira; Carmem Feijó［2017］“The case for reindustrialization in developing countries: towards the connection between the macroeconomic regime and the industrial policy in Brazil,” *Cambridge Journal of Economics* May.（https://doi.org/10.1093/cje/bex028）To be published in the printed edition.

Oreiro, José Luis［2016］*Macroeconomia do Desenvolvimento: Uma Perspectiva Keynesiana*, Rio de Janeiro: LTC.

Prebisch, Raúl［1949/1950］*The Economic Development of Latin America and its Principal Problems*, New York: United Nations, Dept. of Economic Affairs. Original Spanish publication, 1949.（http://repositorio.cepal.org/bitstream/handle/11362/29973/002_en.pdf?sequence=1&isAllowed=y）

Rosenstein-Rodan, Paul［1943］“Problems of industrialization in Eastern Europe and South-Eastern Europe,” *Economic Journal* 53, June: 202–211. DOI: 10.2307/2226317.（http://www.jstor.org/stable/2226317）

Wade, Robert［1990］*Governing the Market*, Princeton: Princeton University Press.

（L・C・ブレッセル＝ペレイラ／岡本哲史訳）

第12章

フェアトレードと市場の「正義」

経済の仕組みは公正か？

読者のみなさんは、経済活動のルールや、経済活動によって生み出される富の分配が、過去から現在に至るまで公正（fair）だと思いますか。

資本主義の歴史は、それを否定しているように思います。最近の事例では、国際調査報道ジャーナリスト連合（ＩＣＩＪ）がスクープした「パナマ文書」と「パラダイス文書」によって、英国のエリザベス女王といった富裕層やＧＡＦＡ《ガーファ》（Google, Amazon, Facebook, Apple）と総称されるグローバルＩＴ企業が、タックスヘイブン（租税回避地《そぜいかいひち》）を利用して、合法的だが不正と考えられる節税＝逃税を行っていることが明らかになりました。

貿易についても、構造的な不公正やルールの歪《ゆが》みが指摘されています。貧困削減に取り組む国際的ＮＧＯオックスファムは、先進国が補助金によって自国の農産品を保護しその輸出を促進する一方で、途上国に対しては自由貿易を迫る（先進国からの輸出品に関税をかけさせない）ことを、ご都合主義的な二重基準《ダブルスタンダード》だとして告発しています。

またフランスの反・新古典派経済学者ピケティは、世界的ベストセラーとなった『21世紀の資本』で、欧米や日本など20か国以上の過去２００年にも及ぶ膨大《ほうだい》な統計資料に基づき、世界的な傾向として「資本収益率が経済成長率を上回る」こと、つまり単純化して言えば、経済格差は所得格差ではなく資産格差に主因があると実証しています。資産とは、おおまかに言えば、土地や建物などの不動産、多額の預貯金や証券など、生活に必要な以上の豊かな財のことです。ピケティの指摘は別言すると、資産を持たない労働者は、いくら能力があり一生懸命働いたとしても、不動産収入や金融取引などの「不労所得《ふろうしょとく》」で暮らす富裕層の経済力に追いつき、追い越すことはできないということです。

　このように、現状の税制・法律、貿易の仕組み、富の分配は、総じて少数の持てる者（経済力の豊かな層）に有利に、大多数の持たざる者（貧しい層）に不利に働いているように見えます。現在のこの状況が生じた要因は複雑ですが、社会的蓄積構造理論（ＳＳＡ）[1]によれば、その主因は１９８０年代以降に世界中を席巻《せっけん》した**新自由主義**[2]経済政策とそれに伴《ともな》う制度「改革」にあるということです。

　第二次大戦後、１９２９年の大恐慌以来の経済危機を克服するために各国で福祉国家政策（社会福祉向上と雇用創出）がとられ、一時的に富のより公平な分配が実現します。しかし、１９７０年代前後に不況とインフレが同時進行するスタグフレーションが起き、80年代以降、多くの国が過大な財政負担に耐えきれず、福祉国家体制を後退させます。同時に「努力した人が報《むく》われる」という成果主義を盾《たて》に、それまで高かった累進税《るいしんぜい》（所得水準に応じて税率が高くなる仕組みの税）の率を引き下げるなど、富裕層に有利な政策が展開していきます。さらには資本主義を再活性化するため、市場の効率性を重視し、民営化・規制緩和《きせいかんわ》・貿易や金融の自由化を柱とする新自由主義経済政策が多くの国でとられるようになりました。その結果、経済格差が拡大し、一握りの富者がますます世界の富のより多くの部分を占めるようになっています。一方、このような二極化は階層間の分断を生み、社会そのものを崩壊させつつあります。日本でも、受験戦争、就職活動、会社・官公庁で

1　**社会的蓄積構造理論**（Social Structure of Accumulation Theory）ゴードン（David M. Gordon　１９４４～96年）を中心とするアメリカのラディカル派経済学者（不平等や失業、恐慌などの現実的な経済社会問題に対し、マルクス経済学や制度学派の方法を用いて、市場や社会における権力関係・諸制度を重視した分析を行う）が主張する、資本主義経済の長期的歴史的動態を分析するための理論。資本主義の長期的な成長と危機の交替を、社会的蓄積構造（企業家の期待に応え、順調な利潤＝資本の蓄積を可能にする社会諸制度の集合体）の変化によって説明する。資本主義経済は、新しい段階を画する制度的構造の確立（例えば第二次大戦後

の過酷な労働や競争に疲れた人びとの多くが、強者にへつらったり嫉妬《しっと》することはあっても抗《あらが》おうとはせず、その鬱屈《うっくつ》した怒りは自分よりも弱い者へと向かいがちで、こうした風潮が社会的連帯を阻《はば》んでいます。生活保護世帯に対するバッシングがその端的《たんてき》な現れです。

この状況に対して、裕福でない大多数の人びとは抵抗するどころか、かえって公平感が増したと感じ、そうした政策を支持してしまっているように見えます。というのも、新自由主義経済政策の下で経済格差が生まれるのは、「公正な競争」の結果なので当然だという認識が流布するからです。そして、貧しいのは当人の能力や努力が足りないからだといったいわゆる自己責任の言説や、問題は税金泥棒の公務員や社会福祉をあてにする怠け者、既得権益にしがみつく労働組合員や正社員であるといった言説がはびこります。しかし、格差を正当化する前に、そもそもそうした税制や社会政策の基盤となる「公平」「公正」の概念が、徹底した議論をへて社会的合意を得ているかどうか、問うてみる必要があります。

「公正」と「正義」

ここまで「公正」「公平」といった言葉を定義なしに使ってきましたが、このあたりでその意味について少し詳しく掘り下げてみましょう。

『オックスフォード英英辞典』によれば、公正（fairness）とは、英語ではその原義「釣り合っていること」から転じ、現在では一般的に「すべての人を等しく扱うこと」を意味します。また、『広辞苑』では①公平で邪曲《じゃきょく》（よこしまさ、不正、非道）のないこと、②明白で正しいこと、と定義されています。このようにみると、「公平（impartiality）」の概念は「公正」の中に含まれることになります。この**公正の概念を、現実の社会で行われる**

のケインズ主義福祉国家体制）とともに長期の拡張局面を迎えるが、その制度的構造が機能不全に陥ると長期の不況が始まり、その後、新たな制度的構造（例えば新自由主義体制）の確立によって復活すると考える。このように資本主義の自己回復力を認める点で、伝統的マルクス主義の資本主義崩壊論とは異なる。詳しくは鍋島直樹［２０１４］「資本主義――なぜ安定と危機の交替を繰り返すのか」（橋本努編『現在の経済思想』勁草書房、所収）年を参照。

2　新自由主義（ネオリベラリズム）　１９７０年代前後から米国を中心に広がったイデオロギー。経済の効率性を高め、成長を実現するメカニズムとして市場原理を何よりも重視し（この点で「市場原理主義」とも言われる）、あらゆる領域を市場化すべきであって、経済への政府介入は一部の金融政策を除いて極力避けるべきと説く。したがってケインズ的諸政策（福祉国家政策や裁量的財政政策）には否定的で、市場メカニズムが働けば雇用や分配もおのずと改善すると主張する。なお、経済学と新自由主義の関わりについて詳しくは本書序章や第10章を参照。

べき「正義」の核心に据《す》えようと説いた人がいます。米国の政治哲学者**ジョン・ロールズ**[3]です。

先ほど指摘したように、１９７０年代から80年代にかけて世界各国で経済政策や税制の転換が起きたのですが、ちょうど同じころ、政治学の分野で「正義」の概念をめぐる大きな動きが生じます。その中心にいたのがこのロールズです。彼とその主張についてお話しする前に、まず「正義」の概念の歴史をごくおおざっぱにおさらいしておきます。[4]

「正義（justice）」とは、人間の行為や判断、社会の仕組みや制度の正しさ・まともさを表す言葉です。「善（good, virtue）」とほぼ同じ意味で使われることもありますが、「善」は主に個人の態度にかかわる道徳的な価値を、「正義」は他人や社会との関係を規定する法的な価値を指します。

現代では「正義」と聞くと、具体的には司法における正義（法にもとる行いを正す）とか、差別や搾取《さくしゅ》、人権侵害などを告発し正すという意味での「社会正義」を思い浮かべる人が多いかもしれません。しかし、古代ギリシア・ローマに遡《さかのぼ》ると、正義とは「各人にその正当な分け前を与えること」でした。この概念化に特に大きな影響を与えたのがアリストテレスです。彼は道徳（普遍的正義）とは別のところで成立する「特殊的正義」について、その内実を次のように分類して詳しく示しました（『ニコマコス倫理学』）。

広義の正義……法に適《かな》っていること。

狭義の正義……平等ないし均等を軸とした、次の３種の正義。①地位や財産を各人の価値（後述するミルの解釈では才能や能力、熟練、共同体への貢献度など）に応じて分配する**分配的正義**（配分的正義）、②当事者間で生じる損害を補塡《ほてん》し、犯罪や違法行為を罰し、関係性を正す**匡正《きょうせい》的正義**、③市場《しじょう》における取引や交渉の公正性を確保する**交換的正義**。

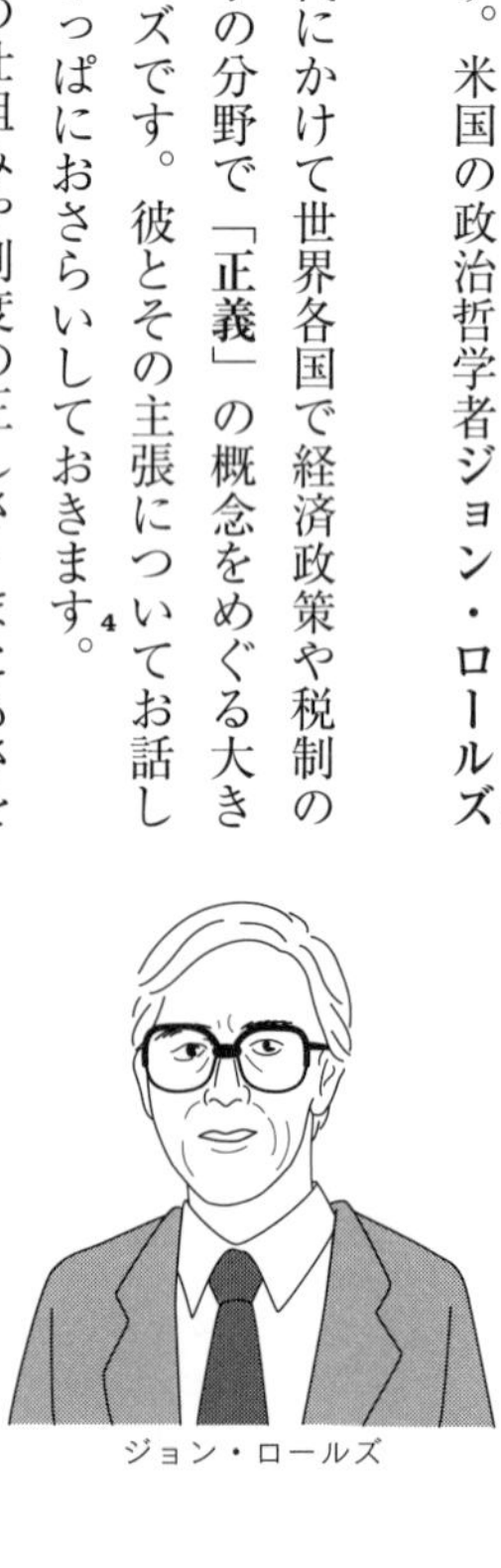
ジョン・ロールズ

3 ロールズ（John Rawls １９２１〜２００２年）第二次大戦で兵役に就くも、軍隊に嫌気がさして除隊し政治哲学の道に進み、プリンストン大学、ハーバード大学などで教壇に立つ。１９７１年に発表した大著『正義論』（邦訳：改訂版、川本隆史他訳、紀伊國屋書店、２０１０年）は、社会正義をめぐる活発な論争を喚起した。

4 以下の解説は主に猪口孝他編『政治学事典』（弘文堂、２００４年）、伊東光晴編『現代経済学事典』（岩波書店、２００４年）などに拠《よ》る。

「広義の正義」はさほど込み入った話ではなく、異論の余地は少ないでしょう。問題は「狭義の正義」のほうです。これを保持するには、互いに利益が反する可能性のある者（ないし勢力）の間でいかにバランスを保つか、無根拠な差別（「価値の差」以外の理由による差異化）をいかに排除するかが重要となってきます。しかし、バランスといってもどこにその重心を置くのか、差別の根拠の有無をどうやって判断するのか、現実にはかなり難しい問題です。だから「狭義の正義」は、その後もずっと論争の種でありつづけました。19世紀になって、この問いを一刀両断に解決したかに見えたのが、「狭義の正義」の基準を「効用＝人間の幸福・快楽への効果」に置く功利主義《こうりしゅぎ》（公益主義とも呼ばれます）の思想、とりわけベンサム[5]やJ・S・ミル[6]の説いた「**最大多数の最大幸福**」の原理です。これは統治者が一部の特権階級の利益ではなく、国民全体の利益を優先すべきとする考え方で、「**正義とは公益の保護・維持にある**」という着地点がひとまず見出されたわけです。

　功利主義は実証主義[7]とともに、西洋近代文明を主導する思想として君臨しました。けれども19世紀末になると、経済や社会の複雑化もあいまって、功利主義は批判にさらされます。そもそも幸福や快楽を測定・計算しうるのかという根本的な疑問から、「最大多数の最大幸福」というモットーへの疑義まで、批判は多様です。例えば現代でも、戦争や思想統制、そして「身近な例」では沖縄の基地問題のように、多数の利益のために少数を犠牲にする行為が、「最大多数の最大幸福」を根拠に正当化されることがしばしば見受けられます。あるいは特権階級が勝手に「効用」を確定し、住民不在の統治を敷《し》くこともあるでしょう。そのような事例を念頭に、功利主義には公正さの視点が欠けていると批判されるようになったのです。一方で20世紀中盤には、功利主義陣営も批判を受けとめつつ概念の刷新《さっしん》と洗練化に努め、議論が活発化していきます。

5　**ベンサム**（Jeremy Bentham　１７４８〜１８３２年）英国の哲学者・経済学者・法学者。ヒューム（David Hume　１７１１〜76年）とプリーストリー（Joseph Priestley　１７３３〜１８０４年）の影響のもと、「効用（utility）」の概念と「最大多数の最大幸福」を結びつけて功利主義の基礎をつくり、効用の総和を最大とするための「快楽計算」を提唱。『統治論断片』（１７７６年）、『道徳および立法の原理序説』（１７８９年）など。

6　**ミル**（John Stuart Mill　１８０６〜73年）英国の哲学者・政治経済学者。効用の量のみに着目するベンサムの「快楽計算」を批判し、効用の質を考慮すべきと説いた。『自由論』（１８５９年）、『功利主義論』（１８６３年）など。

7　**実証主義**　自然科学の方法にならい、経験的事実を観察・記述・分析・説明・予測することを学問的真理とし、経験や感覚を超えた超越的なもの、形而上《けいじじょう》のものの存在を否定する考え方。フランスの哲学者コント（Auguste Comte　１７９８〜１８５７年）を祖《そ》とする。

「公正としての正義」

こうした状況のもと、１９７０年代になって、反功利主義の立場から正義の概念に新たな光を当てたのがロールズです。この時代の米国社会は、人種差別やベトナム戦争（１９５５～75年）で分断の危機に直面していました。出自《しゅつじ》や階層、所得・資産、背景とする文化や考え方の異なる個人が寄り集まった社会は、どうすれば分断を避けられるのか。個人の自由・尊厳・権利と民主主義を保持しつつ、格差を減らすにはどうしたらいいのか。こうした問いに対して、個人の自由という視点を欠き、「幸福をどう分かち合うか」を示さない功利主義は無力である——ロールズはこのように考え、現代の状況に即《そく》しつつ、**個の尊重と分かち合いをともに実現しうる「公正としての正義」の概念**を打ち立てようとしたのです。

ロールズは、社会を自由で自律的な人びとの協働事業（cooperative venture）として考えます。人びとが協働事業としての社会を構成するのは、それがお互いにとって利益になるからです。そこからすべての人は、多かれ少なかれ、社会の協働事業から利益を受けるべきであるとします。公正な協働事業ならば当然それが要請されるはずだからです。そして、1つの社会を構成するという契約に同意した人びとが、自分自身の社会的立場（出自、財産、人種、ジェンダー［社会的文化的性差］など）や能力（知能、肉体的能力など）、価値観（信ずる宗教や政治的理念）などに関して一切の情報を遮断《しゃだん》された状態（彼自身の言葉では「無知のヴェールをかけられた状態」）という仮想の初期状態を設定します。さらにその中で、人びとが自らの生活条件の改善のみを冷静かつ合理的に追求すると仮定します（「無知のヴェール」を仮構するのは、合理的な選択をするさいの「偏向」を取り除き、公平性を担保するためです）。そしてこのとき、人びとは社会の原理として何を選択するだろうかと問うのです。ロールズによれば、次の2つの原理が選ばれるはずだといいます（元の表現は難解なので、わかりやすく簡略化してあります）。

第1原理　選挙権・被選挙権などの政治的自由、言論や集会の自由、思想と良心の自由といった基本的諸自由については、全員が平等に享受《きょうじゅ》すべきである（自由の優先）。

第2原理　社会的・経済的不平等は、次の2つの条件を充《み》たすように是正《ぜせい》されなければならない。①機会を公正に分け与えること（公正な機会の平等）、②最も恵まれない人びとの利益が最大化されること（**格差原理**）。

この2つの原理が「公正としての正義」の実質的な中身です。先ほど、アリストテレスの「狭義の正義」において、利害をともにしない個人や勢力の間をどう調停するか、「価値の差」以外の理由による差別をどう排除するかが課題であったと述べました。ロールズはこれを、まず個人の自由が確保され、次いで「公正な機会の平等」を保証したうえで、「最も恵まれない人びとの利益の最大化」という目的に基づいて分配の公正性を維持する、という形で解決しようとしたと言えます。つまり、ロールズの格差原理は、分配の公正性に関する分配的正義の一種ですが、アリストテレスの原義よりも射程が広いのです。

この時期、道徳や価値観は人の数だけあるとする相対主義《そうたいしゅぎ》や、超越的な規範を否定する実証主義が勢いを増し、しかも東西冷戦下のイデオロギー抗争（自由主義・資本主義 vs. 社会主義・共産主義）が熾烈化《しれつか》する中で、「正義とは何か」をつきつめて考えてもあまり意味はないとする風潮が広がっていました。ロールズはそうした状況を打破して、**正義の具体的な内実**を理論的に示そうとしたのです。

ロールズの正義の2原理は、フランス革命の理念である「自由・平等・友愛」と符合《ふごう》しています。また各人の自由を保証する第1原理が優先されている点で、生産手段の共有と計画的生産を通じた平等な分配（つまりむしろ第2原理のほう）を第一義とする社会主義・共産主義とは対立します。一方で、格差原理を掲げている点で、分配に配慮しない新古典派経済学や新自由主義とも明らかに一線を画します。

しかし、ロールズの主張には批判も多く寄せられました。例えば、「無知のヴェール」という設定があまりに恣意的《しいてき》だとか、アイデンティティや価値観・世界観を剝奪《はくだつ》された「のっぺらぼう」のような人間像が想定されているが、そんな人間がどうやったら的確に原理を選択できるのかとか、利己的な人間はこの2原理に同意しないのではないか――特に、格差原理は最も恵まれない集団以外の利益を無視してしまうので、これに同意できない人びとは大勢いる――、といった批判です。また、格差原理の背景には、ある人の才能や能力もまた、その人が生きる社会という基盤があってこそ成立するのだから、その意味では社会の共有財産であり、その成果を分かち合うことにみなが合意するはずだ、という考え方があります。これに対し、「多くの人は自らの才能や能力によって得た成果は自分のものであり、その処分の決定権も自分にあると考えるはずだ」という反論がなされました。

ロールズはこれらの批判を受けて、「公正としての正義」を時代や地域を超えた普遍的《ふへんてき》な概念として主張することを断念します。そしてこの2原理は、「公共精神溢《あふ》れる市民が開かれた討議を行う民主的社会において選択されるものである」というように、理論的な後退を余儀なくされました。

しかし、名ばかりの自由貿易に見られるように、正義にもとる経済格差が拡大し、弱小国が大国の意思に逆らうことが困難なグローバル化の時代にあって、ロールズ正義論の精神を受け継ぐ者は、この後退に甘んじることはできません。だからこそ、ロールズの弟子であるポッゲ[8]は２００８年に『なぜ遠くの貧しい人への義務があるのか』を著《あらわ》し、民主的社会とはいえない途上国の貧しい人びとにも生存権や社会権など普遍的な人権がある、つまり国境を越えて個人を道徳的単位とする考え（コスモポリタニズム）に基づき、途上国から富を収奪《しゅうだつ》してきた先進国（の人間）には加害責任があり、世界の貧困を削減する義務があると論じたのです。

このように、「公正としての正義」には、冒頭で述べたような経済の仕組みの不公正さをどう是正するかに関して、まだまだ汲むべきエッセンスがたくさんあると私は考えています。そのことを述べる前に、もう1つ、「市場」という概念について考えてみましょう。

市場は「自由」なだけで十分なのか

いま世界中のほとんどの国では、市場経済が採用されています。市場経済とは、**自由市場**すなわち「政府や権力による強制ではなく、人びとの自由意志に基づく自発的な交換（売買）を可能にするメカニズム」に基づく経済です。その対極が、国家が経済を管理統制する計画経済です。20世紀にソ連をはじめ社会主義政権が誕生し、計画経済を実施しだすと、それと対抗する意味で「市場経済と民主主義政府からなる制度」を自由主義体制と呼んだりもするようになります。[9]

こうした自由主義的市場経済のもとでは、需要と供給が自然に調整され、交換される財やサービスの価格が適切に決まると想定されています。その具体例としては、よく株式市場や卸売《おろしうり》市場が引き合いに出されます。主流派＝新古典派経済学は、このような市場原理が十全に機能すれば、公正はおのずと達成されると主張します。あるいは、経済学が問

8 **ポッゲ**（Thomas W.M. Pogge １９５３年〜）アメリカの政治哲学者、イェール大学教授。大学院時代ハーバードでロールズに師事、彼の正義論を地球規模で発展させた思索を続ける。本文で挙げた著作の邦訳は立岩真也訳、生活書院、２０１０年。

9 もちろん自由主義（リベラリズム）自体はより古く、17〜18世紀ヨーロッパを源流とする、人間の自由（liberty, freedom）に最大の価値を置く考え方だが、政治・経済・社会のいずれにおける自由を強調するか、個人と国家の関係をどう捉えるかなどをめぐって多様な派生的主張が生み出されてきた。米国では大きく分けて、経済的自由（私的所有権）の拡大と国家介入（社会保障など）の最小化を主張する自由至上主義（リバタリアニズム）と、福祉国家を擁護する平等主義的自由主義（いわゆる「リベラル」）の2つが、20世紀以降の自由主義の主要な陣営である。うち前者は主張の内容から明らかなように、新自由主義との親和性がきわめて高い。

題とすべきはパレート最適[10]のような資源配分の効率性だけであって、所得分配の公正性という問題を解くにはなんらかの価値判断（道徳や倫理学・哲学）を必要とするから経済学の対象にならないし、そうすべきではないと主張します。もっとも、効率性のみを基準として資源配分を考えること自体、1つの価値判断に基づいています（これについては本書序章も参照して下さい）。また、分配の問題（分配的正義）自体、哲学や政治理論とならんで、経済学の領域の問題なのです。こうした経済観の根本には、「自己利益を最大化するために常に合理的な判断・行動をする経済人《ホモ・エコノミクス》による、自由かつ自発的な経済活動が、社会全体としての福利も最大化する」という考え方があり、その源流の1つが、先に触れた功利主義の思想です。

新古典派はまた、「自由な競争」という一般概念を「完全競争」として理論的に定式化しています。完全競争とは、「ある財（モノやサービス）をめぐって無数の供給者と需要者がいて、その誰もが市場に自由に参入でき、その誰も現時点の価格を左右する影響力をもたず、しかも各人が財や取引の条件について完全な知識を有し、自由に競争が行われる状態」という、一種の仮構です。そして完全競争の結果、「ある時点で1つの財の価格は唯一に決まる」という一物一価《いちぶついっか》の法則が成立し、値下げ競争のような事態は起きないからつくった財はすべて売れるし（セイの法則[11]）、失業も生じず、経済はよい方向へ向かうとされます。

でも、株式市場のような比較的「自由」な市場は例外的な存在で、現実の多くの市場がこのような机上《きじょう》の空論から著《いちじる》しくかけはなれていることは、誰の目にも明らかです。コーヒー生豆《なままめ》の取引交渉の現場に多く立ち会ってきた私の経験からしても、完全競争などというのはファンタジーとしか思えません。現実のコーヒー市場では、後述するようにそもそ

10　パレート最適　イタリアの経済学者パレート（Vilfredo Frederico Damaso Pareto 1848〜1923年）が提唱した資源配分に関する新古典派経済学の概念。ある社会が、社会内の誰かの効用（満足度）を犠牲にしなければ他の誰かの効用を高めることができない状態にあるとき、その社会の経済的厚生が最大になった状態を指す。ということは、富者の所得の一部を政府が徴収し、それを貧者に分配することはパレート最適ではなく、分配の公平性・公正性に関する基準が無いと批判される。

11　セイの法則　フランスの経済学者ジャン＝バティスト・セイ（Jean-Baptiste Say 1767〜1832年）によって発見された「非貨幣市場の総供給と総需要は常に一致する」という原則。「供給は（市場での価格調整を通じて）常に（その供給に見合った）需要を生み出す」と表現されることもある。本

も「誰もが市場に自由に参入できる」状態にはありません。そして取引においては強者である大手バイヤーの力が弱小生産者の政治力・交渉力をはるかに上回り、前者にとって有利な（＝安い）価格で取引され、弱い立場の生産者は困窮《こんきゅう》を強いられています。財や取引の条件に関する情報も、前者が一方的に握っているケースがほとんどです。つまりそこでは、完全競争の理想はまったく実現していないのです。

　ここでみなさんは、そのように非現実的な新古典派理論が、なぜ大きな影響力を持ち、主流派と呼ばれるようになったのか不思議に思われることでしょう。これについて、日本が生んだ世界的な経済学者・故宇沢弘文《うざわひろふみ》[12]さんはこう述べています。新古典派の理論が、個々の経済主体（合理的経済人や利潤極大化をめざす企業）の合理的行動に関する公準《こうじゅん》から出発して、市場均衡《きんこう》のプロセスを定式化した、唯一《ゆいいつ》の「形式論理的に整合的な理論体系」であることが、その主な理由だというのです[13]。形式論理とは、内容にかかわらず、もっぱら形式面から推論や命題の真偽《しんぎ》を問う論理のことです。したがって宇沢さんは当然ながら、形式論理的な整合性は必ずしも現実的妥当性を意味しない、と付言することを忘れません。そして、市場は私的な資源ではなく、社会的な制度であることを強調しています。

　歴史的に見ると、近代的な市場ができる前には主に共同体の境界に市《いち》が立ち、はじめは物々交換、のちには貨幣を介した取引が行われていました。こうした近代以前の市ないし市場《いちば》では、売り手（生産者）と買い手（消費者）が相対する「顔の見える関係」が基本です。このような信頼関係に基づく直接的な商取引は、現在でも露店や産直、産消提携[14]、ファーマーズマーケットといった形で、途上国・先進国を問わず根強く残っています。そこでは自己利益だけでなく、互いの利益に配慮しつつ「お返し」をしあう互酬《ごしゅう》が基本的な理念です。モノやサービスの価格は必ずしも需給のみではなく、売り手・買い手双方の懐《ふところ》

書序章30ページ以下も参照。

12　**宇沢弘文**（１９２８〜２０１４年）　スタンフォード大学でケネス・アロー（注40参照）に新古典派数理経済学の教えを受けた後、シカゴ大学で教鞭をとる。同僚の1人に、のちに新自由主義の筆頭として論敵同士となるフリードマン（Milton Friedman　１９１２〜２００６年、当時はケインズ派）がいた。シカゴ大ではやがてノーベル経済学賞を受賞するスティグリッツ（Joseph Eugene Stiglitz　１９４３年〜）やアカロフ（George Arthur Akerlof　１９４０年〜）の指導にもあたった。日本に戻ってからは東京大学教授として多くの経済学者を育てるとともに、社会活動にも参加し、社会的共通資本（人びとが豊かな経済生活を営み、優れた文化を展開し、人間的に魅力ある社会を持続的・安定的に維持することを可能にするような自然環境と社会装置の総体を指す。市場制度もその１つ）を提唱した。

13　宇沢弘文［２０１５］『宇沢弘文の経済学　社会的共通資本の論理』日本経済新聞出版社より。

14　**産消提携**　生鮮食品の安全性確保や適正な価格設定を目的に、その流通を

市場に委ねず、生産者と消費者が連携して担う運動。

具合や事情に応じて柔軟に変わるでしょう。さらにそこから、近江《おうみ》商人の「三方《さんぽう》（売り手・買い手・世間）よし」のように、売り手と買い手の満足だけでなく、地域の発展、環境の持続性や食の安全など社会的な利益までをも考慮した、社会的・互酬的市場観が養われる可能性もあります。

そもそも、**市場とは元来排他的《はいたてき》なものだ**という見方さえあります。倫理学者の大庭健《おおばたけし》さんは、市場は本来的に人間を富者と貧者に選別する装置であるとして、次のように述べています。「自由市場の擁護論にあっては、市場とはすべての人に開かれつづけているかのように描かれ、まさにそう描かれることによって、参加資格を喪失して外部にたたずむひとびとの存在が消去される」[15]。つまり、市場にはもともと公正の視点などないとも言えるわけで、だからこそ不断の制御・規制を必要とするのだ、という考え方もできるのです。

ここで再びコーヒーを例にとると、大庭さんの指摘は私に、２０００年代初めに起きた「コーヒー危機」をただちに想起させます。このときは市場価格が生産コストを大幅に割るほど暴落したことによって、大勢の小規模生産者が市場からの退場を余儀《よぎ》なくされました。メキシコ南部の場合、多くの男性生産者が大都市や米国へ出稼《でかせ》ぎに行かざるをえなくなり、家族は分裂し、共同体が破壊される悲劇も生まれました。主流派経済学ではこれらの問題を、価格調整（需給の不一致を市場の「自動的」な価格変動で調整する仕組み）とか、プッシュ要因による労働力移動（経済発展の遅れた国・地域から余分な労働力が押し出されて外部へ向かう現象）といった説明で片づけがちのように見えます。大手企業数社が生豆市場を支配する寡占《かせん》状態をもって、「それが自由市場であり、完全競争だ」と居直るとすれば、「経世済民《けいせいさいみん》」、つまり「世を治め、民を救う」という経済の本義が忘れられていると言わざるをえません。

15 大庭健［２００４］『所有という神話』岩波書店より。

市場とは本来、人間の幸福の追求や必要《ニーズ》の充足を中心的な目的とし、戦争を含むあらゆる暴力や強制力を介さず、どの地域や国にも適用でき、誰もが平和裡《へいわり》に取引を行うことのできる普遍的なシステムであるべきはずです（この点については本書第7章もご参照下さい）。けれども大庭さんが指摘するように、おそらく市場とはほとんど持病のように排他性を帯びがちなものなのかもしれません。少なくとも、新古典派が考えるように「自由な競争がおのずと公正をもたらす」とは言えないことはたしかです。しかしだからこそ、市場の概念にロールズの格差原理を適用し、取引の公正さを追求すべきだと私は考えます。

フェアトレードという試み

このとき、万能薬《ばんのうやく》ではないにせよ、市場と取引に公正の概念を導入し、**社会が市場経済を制御する**1つの試み（運動・制度）として私が期待しているのが、**フェアトレード（公正な取引／貿易）**です。具体的には、開発途上国の一次産品（その中心はコーヒー生豆、紅茶、カカオ、バナナなど、多国籍大企業が市場を寡占的に支配し、小規模生産者が価格交渉力をもてない農産品です）や製品を適正な価格で継続的に取引することによって、立場の弱い途上国の生産者・労働者の生活改善を支援し、買い手も自らの生活や消費を見つめ直す運動です。ここでの「適正な価格」は、生産者に非人間的な生活を強いない価格という意味です（詳しくは後述します）。そして、ややおおげさに聞こえるかもしれませんが、こうした活動を通じて、**公正に基づく経済の新たな仕組み**を創出し、**生産者・消費者を問わずすべての人が共生できる世界**を築くことが、フェアトレードの最終的な目標です。したがって多くの団体が、運動の理念的基盤として、社会的公正を支える諸価値（人間の尊厳と人権の擁護、人種・民族・性別・身分等による差別の撤廃《てっぱい》、強制労働・児童労働の廃止、誰も置き去りにしない経済発展、働きがいのある人間らしい仕事等）を重視しています。さらに、私はフェアトレードの理念や概念を、国際的な取引＝貿易だけでなく国内の取引や労働市場にも広げ、それによって貧困や格差の緩和、自由で公正な民主的社会の構築を目指すべきだと考えています。

でも、自責の念を込めて正直に言えば、これまでフェアトレード推進派は、外部からの批判に対して応答する努力を欠いていたように思います。理由は後述しますが、フェアトレード産品は一般の商品と比べて割高なので、「高すぎて手が出ない」「余裕のある層の自己満足にすぎない」「意識の高さを自慢するリベラル派の偽善《ぎぜん》だ」などと言われることがしばしばあります。新自由主義陣営からは、「人為的な高価格は供給過剰とそれによる産品の価格下落を招き、かえって生産者の首を絞《し》める」とか、「データ的には貧困削減にほとんど寄与していない（つまり分配の不平等是正に役立っていない）」といった批判が出されています[16]。こうした批判に正面から応《こた》えずに、「抑圧された貧しい人びとに手をさしのべよう」というように情や感性（パトス）に訴えるだけでは、運動の輪は一定以上には広がりません。自分たちの理念や信念を論理（ロゴス）によって理論化し、その必要性（ニーズ）を広く訴えていく必要があるはずです。

すでにおわかりかと思いますが、私はこの理論化にあたって、先にご紹介したロールズの「公正としての正義」の概念が非常に有効なのではないかと考えています。第1に個人の自由を、第2に機会の平等と格差の是正を掲げ、しかもそのすべてを満たすことが社会正義だとしたロールズの理念は、まさしくフェアトレードの理論的支柱とも言えるものだからです。詳しくはおいおい述べますが、具体的に次のような対応関係を見出すことができます。基本的諸自由を万人に認める第1原理は、近年のフェアトレードの消費者重視の

16 ロンドンの保守系シンクタンク「アダム・スミス研究所」による批判。詳しくは読書案内⑨の226ページ以下を参照。

姿勢と市場志向化を説明します。また「機会均等および最も恵まれない人びとの利益の最大化」を謳《うた》う第2原理は、フェアトレードにおける公正で対等な競争のための制度整備（市場へのアクセス保証や最低買い入れ価格、生産者の自立を支える各種サポートなど）を導き出します。

以下では、フェアトレードが誕生した時代背景とその後の変容、「市場」や「取引」に関する基本的な考え方などを概観しながら、それが市場の「正義」（ロールズの言う意味での）にいかに貢献しうるかを考えてみましょう（フェアトレードの歴史について詳しく知りたい方は、読書案内⑥⑦をご一読下さい）。

フェアトレード誕生前夜――「自由かつ公正な貿易」

運動としてのフェアトレードが誕生したのは第二次大戦直後ですが、fair tradeという用語自体は1880年代の英国に遡ります。当時「世界の工場」と呼ばれていた英国が、国益拡大のため自由貿易を主張したのに対し、遅れて工業化したドイツや米国などが保護主義をとり対立した結果、英国が「自由かつ公正な貿易（free and fair trade）」を訴えたのです。歴史の皮肉と言うべきか、この最初の国益重視のフェアトレードの動きが、19世紀末から20世紀初めにかけて現在のフェアトレードの原型をつくりました。大英帝国の植民地の産品を英国に輸入することで、貧しい生産者を支援する活動が始まったのです。ただし、これはあくまでも大英帝国の繁栄を第1目的とする国家主義的な運動でした。

「自由かつ公正な貿易」という主張は、現代にも引き継がれています。そのおおもとは新古典派経済学の自由貿易論にあり、その理論的基盤は「近代経済学の父」と評される英国の経済学者リカードの比較生産費説です。これは簡単に言えば、各国が自国内の産業のうち、比較優位をもつ（＝生産費の安い＝生産性の高い）産業に特化して生産し（国際分業）、自由貿易に徹《てっ》すれば、どの国も経済が発展するという理論です。ところが最近、この理論の一般的な解釈が誤っていたことが指摘されました（リカードと彼の理論解釈の誤りについては、本書第6章をお読み下さい）。事実、歴史的に見ても比較生産費説（の誤った解釈）は妥当《だとう》せず、最貧国は貧しいままです。にもかかわらず、新自由主義陣営ではあいかわらず「関税や輸入割当《わりあて》などの貿易障壁なしに行われる自由な取引」をフェアトレードと呼び、推奨しています。もちろん、冒頭で触れたように、自国の産業を守り他国の市場を利用するために「自由」と「公正」を都合よく使い分ける二枚舌《にまいじた》がその実態であり、そこに「万人にとって公正な取引」という視点はありません。

ともかくこうして19世紀末以降、英国や米国のような経済大国にばかり有利な貿易体制が続きました。それが大国＝帝国同士の覇権《はけん》争いにつながり、2度の世界大戦という悲劇を生む要因にもなったのです。第二次大戦後は、多くの国が経済を建て直す必要に迫られたことから、「管理された自由貿易体制」、つまりカッコ付きの自由貿易システムが敷かれることになりました。ＩＭＦ－ＧＡＴＴ体制[17]です。

しかし、19世紀以来の国家間格差は、戦後縮まるどころかさらに深まります。「管理された自由貿易体制」もまた、結局は旧来の枠組みを残存させていたので、「北」の国々つまり先進国・大国ばかりが戦後の高成長を享受することになったのです。いわゆる**南北問題**の顕在化《けんざいか》です。「南」すなわち途上国の貧困は、「北」の責任であるとの主張もなされました。当初、この主張を理論的に支えたのは、プレビッシュ[18]とシンガー[19]が唱えた「一次産品交易条件の長期悪化傾向」という学説、別名「輸出ペシミズム論」です。これはつまり、「南」が生産・輸出する農産品など一次産品の価格が、「北」が生産・輸出する工業製品に

17 ＩＭＦ－ＧＡＴＴ体制 第二次大戦後、米国主導で創設された国際的自由貿易の枠組み。国際通貨基金（ＩＭＦ）が各国間の為替レートを安定的に統制し、関税および貿易に関する一般協定（ＧＡＴＴ）によって各国の貿易障害を取り払うことで自由貿易を促進する仕組み。ＧＡＴＴは戦後の暫定的《ざんていてき》な枠組みであったため、やがて自由貿易をさらに推進するにはこれに代わる

比べて安く、しかもその交易条件が長期的に悪化する傾向があるため、途上国は輸出によって経済発展を遂《と》げることは難しい、むしろなすべきは国内工業の保護とそれを支える貿易体制であるという主張です。これに対しては反論もなされましたが、一方で支持も根強く、やがて**従属論**[20]の「中心－周辺（周縁）」概念と不等価交換論[21]、そして「中心－半周辺－周辺」を軸とする近代世界システム論[22]へと受け継がれます。

近年では米国の政治哲学者ヤング[23]が、ロールズなどにも依拠《いきょ》しながら、南北格差やスウエットショップ（搾取工場）といった問題を「**構造的不正義**」と呼んでいます（読書案内⑧）。それらが特定の国や企業の責任に帰せるような単純な因果関係によるものではなく、末端の消費者も含めた不特定多数のアクターが関わり、貿易の仕組みそのものに深く埋め込まれた歴史的・社会的構造を要因としているからです。したがってヤングによれば、構造的不正義に関しては、国際機関や先進国・大国の政府、多国籍企業だけでなく、社会を構成する私たちもその変革に向けて努力すべき政治的・道義的責任を負っていることになります。これもロールズの2原理と並んで、フェアトレードの理論的基礎としたい考え方です。

フェアトレードの基本原則――慈善から開発貿易・連帯貿易へ

少し話を戻しますと、第二次大戦直後、戦争難民や途上国の貧しい生産者がつくった手工芸品などを預かって売るという形で、欧米を中心に慈善色の強いフェアトレードが始まります。この時期はキリスト教団体が主な担い手でした。それが１９６０年代になると、前述した南北問題および50年代中盤から高揚した旧植民地の独立運動を背景に新たな動向が生じます。上述のプレビッシュが主導した国連貿易開発会議（ＵＮＣＴＡＤ）の「援助

国際機関を設立すべきとの機運が高まり、１９９５年、国際貿易機関（ＷＴＯ）に発展的に改組された。

18 **プレビッシュ**（Raúl Prebisch １９０１～86年）アルゼンチンの開発経済学者。１９６３～69年、国連貿易開発会議（ＵＮＣＴＡＤ）初代事務局長を務めた。64年、第1回ＵＮＣＴＡＤ会議で「プレビッシュ報告」を発表、「一次産品交易条件の長期悪化傾向」の分析で大きな反響を呼ぶ。

19 **シンガー**（H.W. Singer １９１０～２００６年）ドイツ出身の開発経済学者。ナチスを避けて英国に亡命、ケインズ門下生となり、国連の経済部門にも深く関わる。同時期に注18のプレビッシュと同じ説を発表していたことから、「一次産品交易条件の長期悪化傾向」は「プレビッシュ＝シンガー命題」とも呼ばれる。

20 **従属論** 先進国（中心）の発展は、途上国（周辺）を政治的経済的に支配してきた＝従属させてきたことで達成されたという理論。すなわち、「中心」は「周辺」から原料などの一次産品を安価で輸入し、付加価値の高い工業製品にしてこれを「周辺」に輸出することで成長する一方で、「周辺」が工業

ではなく貿易を」というスローガンにも後押しされ、一方的な慈善や援助ではなく、**南北問題解決のための経済開発としての公正貿易**（**開発貿易**）や、**南の人びととの連帯に基づく公正貿易**（**連帯貿易**）が目指されるようになったのです。60年代末から80年代にかけて推進団体が次々と設立され、フェアトレードを通じて、南北格差を生む現行の市場経済とは異なる別の（オルタナティブな）経済の仕組みをつくろうという考え方も、この時期に提示されていきます。

　これ以降、フェアトレードでは生産者の位置づけが明確になっていきます。フェアトレードにおいて、生産者とは「手をさしのべるべき気の毒な貧者」でも、単なる取引相手でもなく、ともに発展を目指す対等なパートナーです。現時点で生産者にその力が欠けているなら、自ら力を得られるよう支えるのもフェアトレードの使命です（これを**エンパワーメント**と言います）。世界中の団体が活動の規範としてきた「フェアトレードの原則に関する憲章[24]」（以下「憲章」）では、「周辺化された生産者に対する市場アクセスの提供」が「核心となる原則」の筆頭に掲げられています。「周辺化された（marginalised）」という言葉に、先に見た従属論の「中心－周辺」の概念が現れているのがわかります。

　再びコーヒーを例にとれば、コーヒーは17世紀以来「儲《もう》かる」交易品として重用《ちょうよう》されてきたわけですが、「北＝中心」の国々では寒すぎて栽培できないため、「南＝周辺」の植民地にプランテーションをつくり、現地の人びとを低賃金で酷使して生産させてきました[25]。この構造は、装いを変えていまも続いていると言えます。「南」つまり途上国の生産者は市場での交渉力が弱く、安く買いたたかれても売らざるをえず、「中心」に従属せざるをえないからです。そのうえ「一次産品交易条件の悪化傾向」があるため、「今日は買いたたかれたけれど明日には、あるいは半年後にはもっと高い値で買ってもらえる」などとい

化によって発展する機会を奪ってきたという主張。これに対しては、例えばアジアなどの新興工業国のように、低開発から脱し工業国へと成長した多くの事例を説明できないといった批判もある。

21　**不等価交換論**　従属論の基底にある考え方。「一次産品交易条件の長期悪化傾向」に基づき、「中心」と「周辺」の貿易（商品交換）は等価交換ではなく、不等価交換だとする主張。これについては、価値と価格を単純に等値とみなすことはできないなどの批判が寄せられている。

22　**近代世界システム論**　米国の社会学者・歴史学者ウォーラーステイン（Immanuel Wallerstein　１９３０年〜）が提唱した巨視的歴史的国際分業論。複数の国や地域を含む広大な領域に展開する分業体制の中で、「中心」が「周辺」の経済的余剰を吸収する体系を指す。ウォーラーステインはこれを16世紀以降の資本主義の発展に伴い形成されたものと見る。またシステム全体のヘゲモニー（覇権）を握る国家＝「中心」と、その外縁に留まり続ける「周辺」との間に、「中心に近づきうる半周辺」という中間概念を設けることによって、

う見通しは立ちえません。さらに、市場の動向次第でコーヒー生豆の価格が暴落すればどうなるでしょうか。生産コストは変わらないのに売値が下がれば、生産者は身動きがとれなくなってしまいます。この「構造的不正義」を是正し、生産にかかった費用と払った努力（労働）にふさわしい報酬を渡そうというのが、フェアトレードの大原則なのです。この原則にはまた、既存《きそん》の市場を無批判には受け容れないという態度表明も含まれています。

次に、「市場アクセスの提供」とはどういうことかというと、道路や通信設備といった社会的インフラが整備されていない途上国の農村では、そもそも市場に行く・通うこと自体が困難なので、それをサポートしようということです。フェアトレードでは試行錯誤の末に、既存の市場を介さず、生産者・生産地と消費者・消費地を直接的につなぐ「顔の見える貿易」を目指す潮流が生まれました。具体的には産消提携（注14参照）や国際産直といったやり方です。こうした取り組みを通じて、従来の従属的な取引を変革し、生産者との対等なパートナーシップを結ぶことが、フェアトレードの最も重要な目標とされました。

ところが、こうした連帯貿易の試みは、志は高いにもかかわらず大きなうねりを生み出すにはいたりませんでした。取引される産品の品質が総じて低く、消費者のニーズに対応する姿勢を欠いていたため、一部の支持者を除いて認知も消費も拡大しなかったからです。これに危機感を抱いた人びとによって、１９８０年代後半以降、品質本位とそれによる普及度向上を旨《むね》とする新たな潮流が生み出されます。具体的には、フェアトレードの認証ラベル運動を中心とする**市場志向化**（メインストリーム化とも呼ばれます）です。さまざまな産品を「フェアトレード産品」として認証し、その印としてラベルを貼りつけることで、大手スーパーなどでの販売を可能とし、一般市場での認知と消費を広げようという戦略です（認証ラベル制度）。こうした動きの契機となったのが、英国の推進団体「第三世界情

従属論への批判に応答した。

23 **ヤング**（Iris Marion Young １９４９〜２００６年）専門はフェミニズム政治理論。

24 国際的ネットワーク「世界フェアトレード機構（ＷＦＴＯ）」（１９８９年発足）と、産品の認証を中心に活動する「国際フェアトレード・ラベル機構（ＦＬＯ）」（１９９７年設立）が共同でとりまとめ、２００９年に発表したもの。なお、２０１８年９月には、ＷＦＴＯとフェアトレード・インターナショナル（旧ＦＬＯ）が「国際フェアトレード憲章」を共同作成・発表している。

25 詳しくはペンダーグラスト［２００４］『コーヒーの歴史』樋口幸子訳、河出書房新社などを参照。

報ネットワーク（ＴＷＩＮ）」の創設者バラット・ブラウンの発言です。彼が１９９０年代に入り、「**市場に抗いつつ市場で勝負する**（"In and Against the Market"）」というスローガンを全面的に打ち出して以降、「フェアトレードの世界的な普及を通じて既存の市場や取引を公正なものに変革する」という新たな方向性が開かれたのです。その結果、事業規模の大きなフェアトレード企業も登場し、市場での認知度が急速に高まっていきました。

フェアトレード産品はなぜ高い？——「適正な価格」の根拠

こうした市場志向化によって、欧米を中心にフェアトレードの普及が進み、２０１６年段階では推定市場規模９０００億円以上に達しています。しかし日本では同年１１３億円とその１％ほどにすぎず、認知度も30％程度とまだまだです。[26] またフェアトレード自体は知っている人でも、その多くは「高くて買えない」という印象を持っていると思います。

たしかに、ものによっては値段が倍近くする場合もあります。高くなってしまう理由の第１は、需要の低さにあります。まだフェアトレード産品の需要が十分に拡大していないため、大規模な輸入ができず、個々の産品の末端価格が割高になってしまうわけです。

ただ、日本よりも認知度が高い欧米でも、やはり一般の商品よりは割高です。その最大の要因は、すでに述べた「生産者に人間らしい生活を保障し、その労働に見合った対価を渡す」という核心的原則にありますが、決してそれだけではありません。以下、フェアトレードにおける「適正な価格」の根拠をご説明しましょう。

前述の「憲章」では、「持続的かつ公正な取引関係に関する原則」の中で、「適正な価格」の基準を次のように定めています。「生産にかかる直接的・間接的コストのほか、天然資源の保全や将来の投資需要を充足するための費用も考慮する。フェアトレード産品の

26 フェアトレード・インターナショナル調べ、国際フェアトレード認証製品のみの数値。フェアトレード ジャパンのウェブサイト（https://www.fairtrade-jp.org/about_fairtrade/foreign_market.php）より。

購入者は、生産者および労働者が生計を持続的に維持できる取引条件、すなわち単に経済的・社会的・環境的条件を日々良好に保つというニーズを満たすだけでなく、将来の改善をも可能にする取引条件を提供する。（必要に応じた前払金《まえばらいきん》を含む）価格と支払条件は、その時点の市場条件だけでなく、以上の要素をも考慮した上で決定される」。

　これは経済学的には、生産費説（財の価格は生産にかかった費用に依存するという考え方）をベースに、直接コストだけでなく将来的な生活改善や投資の可能性などをも見据《みす》えて、一定の利益（マークアップ）を価格に上乗せするという考え方です。フェアトレードに批判的な新古典派経済学者はこれに対し、市場の需給関係に委ねず、利益を上乗せするマークアップ方式は資源の効率的配分を損なうとして否定的です。しかし例えばケインズは、その主著『雇用・利子および貨幣の一般理論』[27]で、長期的な供給価格は主要費用、補足費用、危険費用および利子費用の合計に等しいとして、すべての費用を価格に含める**フルコスト原則**を支持しています。また、生産者と消費者双方の利便のため、ともすれば激しくなる原料の価格変動を一定の範囲内に収めるべきと唱えた「原料の国際的コントロール」[28]という論文では、長期的に経済的な価格、つまり「適正な価格」とは、（可能な最低限のレベルではなく）大多数の生産者が住んでいる国々の一般的な生活水準に応じたものであるべきで、消費者にはその水準を下回るような価格を期待する権利はない、そしてこのような価格の安定化は非経済的な生産者を競争から保護するためでもない、とも述べています。ここには、**一時的な需給関係によって決まる市場価格が「適正」でない場合もあるということ**、そして**生産者の生活に配慮したうえで、「過保護」にならない経済的価格が資本主義経済の発展と持続可能性にとっても必要な要素である**ことが示唆されています。

　フェアトレードではこうした「適正な価格」として**最低買い入れ価格**を設定し、国際市

27　邦訳：塩野谷祐一訳、東洋経済新報社、１９８３年。

28　"The international control of raw materials," *Journal of International Economics* Vol. 4, Issue 3, August 1974, pp.299–315. １９４２年に執筆されたものだが、長らく公けにされず、ケインズ没後の１９７４年にようやく雑誌に掲載された。

場での価格変動に備えています。例えばレギュラーコーヒー用生豆の場合、ニューヨーク市場での相場と最低買い入れ価格のうち、より高いほうを採用します。また、生産者の組合やコミュニティが必要とするインフラ整備のためのフェアトレード・プレミアム（割増金）や、生豆が有機栽培の場合には有機プレミアムが付加されます。この最低買い入れ価格の制度についても、「需給関係を無視している」という批判があります。けれども最低買い入れ価格は、最低賃金や所得保障などの制度と同様に、労働力の再生産や自然環境・資源の保全にも資するのですから、むしろ資本主義経済の持続可能性を担保するものではないでしょうか。これはいわゆる「価格破壊」の状況が、経済の持続性を損《そこ》なうことでも裏づけられます。消費者が安さばかりを追求した結果、ディスカウントストアやファストファッション、１００円ショップが巷《ちまた》に溢れ、メーカーは四苦八苦しています。それがひいては労働者の低賃金につながり、消費を落ち込ませ……という悪循環を生んでいるわけですから、「適正な価格」はフェアトレードだけでなく、市場全般に拡大すべき考え方であるはずです。

「白熱教室」で有名になったサンデル[29]は、報酬や価格の決定に際しては環境保全などの道徳的・社会的価値も考慮すべきであり、その場合は補助金や価格の上乗せは正当化されるとして、これを**道徳的適価《てきか》**（moral desert）と呼んでいます。フェアトレードの「適正な価格」は、まさしくこの道徳的適価と言えます。

市場志向化がもたらしたもの

ところでフェアトレードのメインストリーム化は、運動そして社会全体にどのような影響をもたらしたでしょうか。市場志向化に成功した団体がある一方で、それに抗い連帯貿

29 **サンデル**（Michael Sandel １９５３年〜）アメリカの政治哲学者。共同体主義（コミュニタリアニズム）の立場から、共通善（社会全体に共通する善）を考慮した政治経済や社会のあり方を提唱。ロールズの正義の2原理に対しては、「無知のヴェール」や人間像に理論的欠陥があるとして批判している。

易を続ける団体の中にはその余波で売上が減り、経営難に陥《おちい》るところも少なくないと聞きます。ラベル産品を扱うにしても、輸入量が少なければ期待したほど収益を増やせないこともままあります。こうした状況を見ると、ラベルを軸とした市場志向化もまた、もともと強かった者だけを潤《うるお》わせ、最も弱い立場にいる人びとを置き去りにしている面は多分にあると思います。フェアトレードの市場拡大でいちばん利益を得たのは、スターバックスのようにフェアトレード産品を部分的に採り入れたことで社会的評価を得、それによって収益をアップさせた一部の大企業だけだ、という研究もあります。たしかに、スタバのような世界各地にチェーンを持つ巨大飲食企業が扱えば、フェアトレード産品は飛躍的に普及するかもしれません。しかし、それによって大企業の「グリーンウォッシング」[30]に加担してしまっているのではないか、という批判もあります。事実、現状では多くの企業にとって、フェアトレードは市場戦略の一手段にすぎず、必ずしも運動と目的を共有しているわけではありません。

「草の根の民衆交易」をスローガンに、いまも連帯貿易に取り組みつづけるオルター・トレード・ジャパンという会社があります。その元取締役の近藤康男さんは、フェアトレードの認証ラベル制度について、「量的にはあくまでも少数派の域を出ることはないだろうし、欧米の団体が主張するようにそれが現状の不公正な貿易にとって代わるなどというのは夢物語だ」と語っています[31]。この制度の創始者であるローツェンとヴァン・デル・ホフ[32]さえ、現在ではラベルやそれによる市場志向化に否定的です。前者はラベル運動ではフェアトレードの拡大に限界があると認め、後者は資本主義化したフェアトレードに失望しているのです。先ほど見たように、たしかに市場規模は金額の上では拡大しています。しかし、市場全体を席巻し、「公正な市場」を実現するには至っていません。特に日本の場

30 **グリーンウォッシング** 企業がうわべのキャッチフレーズやパッケージ、ラベリング、森林や海洋の写真を使ったイメージ広告、実績の誇大なアピール等々によって、環境や持続可能性に配慮しているかのように見せかけること。

31 近藤康男［2012］「市民・民衆の経済としての民衆交易・フェアトレードを考える」、APLA編『民衆交易とフェアトレードのこれからを考える』ATJあぷらブックレット2、APLA。

32 **ローツェン**（Nico Roozen 1953年〜）はオランダの経済学者、**ヴァン・デル・ホフ**（Frans van der Hoff 1939年〜）はオランダの神父。2人は共同で開発NGOソリダリダード（Solidaridad）を運営し、途上国のフェアトレードを支援。1988年に世界初の認証ラベル「マックス・ハーヴェラー（Max Havelaar）」を創設した。その経緯は2人の共著『フェアトレードの冒険――草の根グローバリズムが世界を変える』（永田千奈訳、日経BP社、2007年）に詳しい。

合、「グレーで歪《いびつ》な」構造があることは否《いな》めません。例えば過重《かじゅう》労働で一時期「ブラック企業」として批判を浴びた外食大手のゼンショーが、業務改善で「ホワイト化」し、ラベルを付けない「連帯・開発支援型」のフェアトレードを推進して90億円を売り上げた（2015年）[33]ことは大きな波紋を呼びました。ゼンショー1社の売上が、ラベルを付けないフェアトレードの総額の55％を占めるものだったからです。

となると、フェアトレードは、19世紀末英国から現代の米国トランプ政権にまで至る「自由かつ公正な貿易」の枠組み（大企業や圧力団体の利益を守るためにご都合主義的な二重基準を用いる大国主導の体制）に取り込まれてしまったのでしょうか。

ロールズは、国際的な正義を論じた『万民の法』（1999年）[34]で、「国益と正義」についてこう語っています。国家はその国益を追求するために、交戦権や自国の国民と領土に対する排他的支配権等の主権的諸機能を持ってはいるが、各国がそうした機能を保持したままでは、共通の正義の原理に基づいて国際的秩序を構築することはできない。したがって個別の国家や国民ではなく、**万民＝民衆**（peoples）をこそ法の主体とすべきだ、と。この考え方を貿易や市場にあてはめてみれば、国益主義は市場の「正義」にそむくものであり、国際競争力のない中小企業やその従業員、小規模農家を「競争」の名のもとに切り捨てる自由市場は「万民を主体とする公正としての正義」に基づいたものとは言えません。

では国益主義の対極にある自由貿易をひたすら推し進めればいいのかといえば、もちろんそれも違います。すでに述べたように、その結果が現在の新自由主義的グローバリゼーションであり、それによって多くの局面でむしろ不公正が拡大しているのですから、「保護貿易vs.自由貿易」という偽《にせ》の対立項にまどわされてはいけません。くりかえしになりますが、重要なのは「自由な市場」を維持しつつも、その暴走を防いで「公正な市場」に近

33 長坂寿久「フェアトレードとフェアトレードタウンの今」、読書案内③45ページ。

34 邦訳：中山竜一訳、岩波書店、2006年。

づける努力だと私は考えます。

もしフェアトレードが「市場における公正としての正義」を追求するなら、やはり市場志向化を通じた普及度・認知度のアップだけでは片手《かたて》落《お》ちということになるでしょう。国益や企業利益、個人の利益を超えた「**万民＝民衆の貿易（取引）**」「**民衆の経済**」という原点を忘れるべきではありません。

フェアトレードの新たな地平

市場志向化による運動の変質という問題についても、私は明るい展望があると考えています。

つい最近（2018年）、フェアトレードに携わる人びとが、決して市場志向化だけに目を奪われているわけではないことを示す2冊の本が相次いで出版されました。長坂寿久《ながさかとしひさ》さん編『フェアトレードビジネスモデルの新たな展開』（読書案内③）と、渡辺龍也さん編『フェアトレードタウン』（同⑩）です。長坂さんは国際政治学者、渡辺さんは国際開発協力とNPO論の専門家で、お2人とも長年にわたり日本のフェアトレード運動をリードしてきた方です。

前者には私も寄稿させてもらい、メキシコ先住民のコーヒー生産者団体が日本からの支援を得て、栽培から加工、直販、コーヒーショップ直営までの価値連鎖（バリューチェーン）[35]を構築し、それが生産者の収益向上と地域への波及効果をもたらし、人びとの尊厳と矜持《きょうじ》につながっていることを紹介しました（③の第8章）。ビジネスの観点から見ても、先住民には無理だと言われていた6次産業化[36]を実現し、メキシコ国内でのフェアトレードをも推進している点は注目に値します。それだけでなく、南北問題に関しても、それまで

35 **価値連鎖**　米国の経営学者ポーター（Michael Porter 1947年〜）が『競争優位の戦略』（邦訳：土岐坤訳、ダイヤモンド社、原著・邦訳ともに1985年）の中で用いた概念。研究開発・商品企画から原料調達、製造、販売（物流）までの各プロセスで価値が付加され、それが鎖のように連なって展開することを指す。経営学的には、この価値の鎖を有機的かつ効率的に結びつけることによって他社との差別化が可能となり、競争優位が確立されるとされる。

36 **6次産業化**　一次産業（農林水産業・原料部門）の事業者が、二次産業（製造加工業）を経て三次産業（サービス業・流通販売業）に至るまでの生産・流通過程のすべてに主体的かつ統合的に関わること。これにより従来各過程で二次産業、三次産業の事業者が得ていた加工費や流通マージンなどの付加価値を一次産業の事業者が得ることが可能となる。「6次」とは一次、二次、三次の各数字を足した造語。

「中心」に従属していた取引関係を対等なパートナーシップに転換した点で画期的です。しかもこのような動きは近年、メキシコに限らず他の地域にも広がっています。

また後者で紹介されている「フェアトレードタウン」の試みも、フェアトレード運動に新しい息吹《いぶき》を吹き込むものとして期待大です。フェアトレードタウンとは、一言でいえば「まちぐるみ・地域ぐるみでフェアトレードに取り組む運動」で、いまや日本を含め世界中に2000以上もの認定自治体があり、その輪がさらに広がりつつあります。例えば長坂さんも関わっている神奈川県逗子《ずし》市の場合、「途上国の村と先進国のまちが、フェアトレードを通じてともによりよいコミュニティづくりのために連携すること」を目指しています。全体として、新自由主義的グローバリゼーションに対抗するリローカリゼーション（地域回帰）の色合いが濃く、日本の文脈では「下からの新しいまちづくり」として位置づけられています。特に注目すべきは、日本独自の認定基準として「地域活性化への貢献」が掲げられている点です。

日本では2011年に熊本市がアジア初の認定を受け、その後名古屋市、逗子市、浜松市、札幌市、三重県いなべ市が続き、岐阜県垂井町《たるいちょう》などが認定に向けて努力を続けています。私はこれらのまちのほとんどを見て回ったのですが、考え方や取り組み方は自治体によってさまざまでした。けれども、住民が運動の主体である点、そして「南」への支援と足元の「公正な取引」（地産地消などを通じて）をつなぎあわせることが目指されている点で、見事に共通していました。

フェアトレードタウン運動の背景には、おそらく**「豊かさ」をめぐる価値観の転換**があると私は思います。単に物質的に満たされるだけでは豊かだとか幸福だとは言えない、公正な取引を通じて同じまちに住む者同士の信頼関係を育み、助け合いと分かち合い、連帯

［左端から］メキシコ・サンクリストバル市の歩行者天国にある先住民協同組合「マヤピニック」直営のカフェ／その店内／協同組合直販の焙煎コーヒー。中央がマヤピニックによるもの（筆者撮影）

や共同性に基づく新たな豊かさを築こうという集団的な意志が感じられるのです。これはアフリカをフィールドとする人類学者の松田素二《もとじ》さんが言うような、「〔新自由主義によって〕ばらばらに分断された諸個人をつなぎ合わせ連帯を構築するための共同性[37]」の萌芽《ほうが》なのではないかと思います。そして、経済人類学の祖カール・ポランニーの『大転換[38]』が指摘するように、産業革命後、価格メカニズムによって需要と供給が自動的に調整される資本主義市場が巨大化し、それまで社会を基盤としていた市場が社会から「離床《りしょう》する」、そしてその結果、リーマン・ショック[39]時のように市場の激しい動きに社会と人間が翻弄《ほんろう》されるという危機的状況に陥っているのが現在の世界であるとすれば、リローカリゼーションを訴えるフェアトレードタウン運動は、そのような混乱に対する「地域社会の自己防衛」と言えるでしょう。

「公正な取引」を広げる――「足元」の問題に向き合うために

フェアトレードに対しては、「遠くの貧しい生産者を助けるより、足元つまり自国の状況改善を優先すべきではないか」といった批判が寄せられることがあります。これに対して、理論的には先述のヤングの「構造的不正義」という論点を提示することが可能でしょう。あるいは、「情けは人のためならず」ではないですが、遠くの生産者を支援することが自分たちのためにもなる、と説くこともできます。フェアトレードでは有機栽培やトレーサビリティ（栽培・飼育から加工・製造・流通までの過程を消費者が把握できるようにすること）を重視していますから、それがめぐりめぐって地球環境保全や食の安全として消費者の利益にもなるからです。

しかし、おそらくこれだけでは、割高な価格や「遠くへの支援」に関して広範な理解を

37　松田素二［２００９］「序　現代世界における人類学の課題」、『文化人類学』74（2）、262〜271ページ。

38　邦訳：野口建彦・栖原学訳、東洋経済新報社、２００９年。ポランニーについて詳しくは本書第9章参照。

39　**リーマン・ショック**　２００８年9月、アメリカの大手投資銀行リーマン・ブラザーズ・ホールディングスが経営破綻したことで連鎖的に発生した世界的金融危機。日本経済にも大きな打撃を与えた。

得るのは難しいかもしれません。いまや先進国内でも貧困と格差が深刻化し、「フェアトレードどころじゃない」という空気が蔓延《まんえん》しているのですからなおのことです。現代のフェアトレードは、「途上国の貧困層vs.先進国の貧困層」という新たな対立構図を浮上させかねないのです。これを回避しグローバルな連帯を実現するには、途上国・先進国を問わず、貧困層の所得向上と生活改善が不可欠です。そのことを、私たちの「足元」である日本社会に即して考えてみます。

財政社会学を専門とする井《い》手《で》英策《えいさく》さんは、いま日本は「**分断社会**」と化していると言っています[40]。性別、出身、学歴、所得や雇用形態（正規・非正規）、世代等々を異にするだけで相手を敵とみなしたり、他人がどう思おうが、困っていようがおかまいなしの「冷淡で不機嫌な社会」です。井出さんはこれを、経済成長神話に基づく勤労国家体制の帰結とみなし、「**必要**」を原理に社会を建て直すべきだと説きます。あらゆる人が生活に必要な財を手にしやすいようにし、安心して暮らせるようにすることが、分断と停滞を終わらせる鍵だということです。この点で、前項で見たフェアトレードタウン運動のような共同性に根ざした取り組みは非常に有効だと思います。昨今、とりわけ都会では隣に誰が住んでいるのかさえ知らないことも珍しくなく、いわゆる地縁《ちえん》といったものが希薄化《きはくか》しています。フェアトレードタウンが広がり、住むまちの中に助け合いの気運が芽生えれば、貧困や困窮に怯《おび》えなくてすむ人が増えます。

さらには、現状のフェアトレードは貿易・商品市場を主要な対象にしていますが、今後は「**労働市場のフェアトレード化**」、つまり労働にも正義の2原理を適用することをも目指すべきだと思います。非正規労働者の待遇改善、ブラック企業や過労死の根絶、同一価値労働同一賃金原則[41]の確立、最低賃金の引き上げなど、日本では労働をめぐって課題が山

40　井手英策［2016］『18歳からの格差論』東洋経済新報社。

41　**同一価値労働同一賃金原則**　仕事の

積みなのにもかかわらず、新古典派や新自由主義の影響もあって抜本的な解決の兆《きざ》しは見えてきません（新自由主義者はすぐ「過剰な労働者保護は経済成長を損なう」と言いますが、働き手がいなければ、そして社会が崩壊すれば、経済も何もないのですからばかげた話です）。政府は２０１８年、「働き方改革」と称して、労働者を保護する措置（アメ）と企業が労働者をよりフレキシブルに（こき）使いやすくする措置（ムチ）をセットにした法案を成立させました。これはムチの部分にその本質（脱時間給という経営側のねらい）があると思いますので、過労死を助長し、安定的な雇用を破壊する「改悪」とも考えられ、国家が国民から「健康で文化的な最低限度の生活を営む権利」（憲法第25条第1項）を奪うに等しい所業です。資本主義社会にあっては、労働力も商品にすぎず、資本の圧倒的な力を前に多くの労働者はなすすべを知りません。労働市場にも「公正としての正義」を適用し、フェアトレードの「憲章」にならって、現状の抜け穴だらけの労働法制を厳格化すべきです。「憲章」では労働者・生産者の権利を守るため、国際労働機関（ＩＬＯ）が定める国際労働条約に準拠すべきとしています。一方日本は、ＩＬＯ国際労働条約の中でも最優先とされる８つの条約のうちの２つ、「強制労働の廃止」（１０５号条約）と「雇用と職業における差別待遇の禁止」（１１１号）をいまだに批准していないのです。

　米国の政治学者ブラウン[42]は、新自由主義がもたらす最大の害悪は、経済格差ではなく**民主主義の破壊**だと言っています。これは現代の米国や日本のような分断社会を見れば、説得力のある議論です。民主主義の本意は「民による統治」であり、社会が分断されてしまっていては実現しません。それに抗うには、まず経済・産業の各部門に「公正な取引」を導入して広がり続ける格差を是正し、「冷淡さと不機嫌」を一掃《いっそう》した上で、「民による統治」＝共同性をとりもどすしかないと私は思います。

内容が異なっても労働の価値が同一または同等であれば、その労働に従事する労働者に、性差や年齢などにかかわらず同一の賃金を支払うことを求める原則。従来の「同一労働同一賃金」では、女性が多く就く仕事の賃金が安く、男性が多く就く仕事の賃金が高いなど、主として性別役割分業に基づく格差が是正されないため考案されたもので、欧米を中心に普及しつつある。一般に知識・技能、精神的・肉体的負担、責任、労働環境の４つの要素から職務評価が行われる。

42 **ブラウン**（Wendy Brown　１９５５年〜）専門は政治理論とフェミニズム思想。邦訳に『いかにして民主主義は失われていくのか——新自由主義の見えざる攻撃』（中井亜佐子訳、みすず書房、２０１７年）など。

市場の「正義」は果たされるか

最後に改めて、フェアトレードを通じて追求される**市場の「正義」**について考えてみたいと思います。

少し前にお話しした、アリストテレスの正義論を思い出して下さい（404ページ）。3種の正義からなる「狭義の正義」の③に「市場における取引や交渉の公正性を確保する**交換的正義**」というものがありました。これを現代的に表現するなら、従属論のところで見た不等価交換（注21参照）の対極、つまり**等価交換**です。取引における公正さとは、等しい価値を持つ財を交換することだ、ということです（厳密にいうとこの考え方は、中世の神学者トマス・アクィナスがアリストテレスの正義論を解釈・咀嚼《そしゃく》して確立したものです）。

けれども、ここで難問《アポリア》が生じます。経済的価値の等しさを計る基準をどこに求めるべきでしょうか。すでに見たように新古典派では、自由市場における需給関係がおのずと財やサービスの経済的価値＝価格を導くと考えます。しかし、別の考え方もあります。先述のポランニーは、市場での価格（等価）はもともと市場メカニズム（需給関係）ではなく、社会の**慣習や法**によって設定されてきたことを論証しました。また、アリストテレスの「価格は正義の規則に基づく」という経済倫理に学び、交換における等価を維持するには公正《ジャスティス》さが必要だとも唱えました。それは社会を持続させ、多くの人々の「良き生活（good life）」を守るための知恵なのです。フェアトレードが取引の不公正を匡《ただ》すために採用している「適正な価格」は、ポランニー的な等価性概念の流れを汲《く》むものと言えます。ポランニーはまた、原始社会や古代社会の経済を参照枠としながら、あらゆる領域を市場化する近代以降の経済を徹底して相対化しました。その際、交換に代えて**互酬と再分配**を来たるべき経済社会の基盤に据えました。それが市場経済によって破壊された共同体（社会）を再生する道だからです。その議論に沿って考えるなら、フェアトレードを通じた取引の全般的な公正化によって、現在の市場を少しでも社会的・互酬的市場に近づけることが、市場の「正義」の実現への一歩だと私は考えます。

では、市場と「公正としての正義」の格差原理との関わりはどう考えたらよいでしょうか。20世紀で最も重要な経済学者の1人と言われるアロー[43]は、新古典派関連の研究も多いのですが、一方で**道徳や倫理のない市場は効率性を失う**とも指摘しています[44]。市場が効率的に機能するためには、経済学で一般に市場に影響を与えない「外部性」とみなされる要素、つまり信頼関係や正直さ・誠実さといった倫理的価値が不可欠だというのです。さらに、効率性のみならず**分配的正義**をも実現するには、市場だけでは足りないとも言っています。ただしアロー自身は、分配問題の解決については悲観的です。価値観の異なる人びとが全員一致で1つの社会的選択を行うことはありえず（「アローの不可能性定理[45]」）、客観的に正当性のある倫理的基準を打ち立てることは難しいからです。

アローのこの定理は非常に強力で、ロールズはこれへの反論として正義の2原理を提示したほどです。ただ、実はアローとロールズは、一方でほとんど同じことを言ってもいるのです。というのも、ロールズは「分配の公正」という論文で次のように述べているからです。「［新古典派が想定するような］完全に効率的な価格システムすらも、それを放置しておいたのでは公正な分配を決定するという特質を持たないので、適切な制度の枠組みが経済を取り囲んでいなければならない」。両者の違いは意外にも、経済学と政治学という領域の違い、問題関心の焦点のずれにすぎないのではないかとも思えてきます。

43 アロー（Kenneth Joseph Arrow　1921〜2017年）米国の経済学者。理論から応用まで革新的論文を多数発表、特にミクロ経済学への貢献が大きい。1972年、史上最年少の51歳でノーベル経済学賞を受賞。

44 アロー［1976］『組織の限界』村上泰亮訳、岩波書店。

45 **アローの不可能性定理**　ある比較的自然な条件のもとで、社会の個々の構成員の選好を社会全体の選好の秩序に統合することは論理的に不可能であることを数学的に証明したもの。

人間は基本的に利己的で、自分より他人を優先するには大きな配慮と勇気を要します。けれども一方で、どんな人も1人では生きられません。共に生きること、つまり相互依存がこの世界の共通原理なのです。フェアトレードも、近年の日本の反原発や反安保法制のデモ、セクシャルハラスメントを告発する「#MeToo 運動」、あるいはいまヨーロッパで起きている「黄色いベスト運動」（２０１８年11月～）や香港の「反逃亡犯条例運動」（２０１９年3月～）も、いずれも発端はさまざまな不公正への人びとの「怒り」です。それらはどれも、相互依存を認めて自己の枠を超え、「誰ひとり不公正をこうむらないように」と希求した末の行動ではないでしょうか。ロールズの議論には批判も多々ありますけれども、彼の正義の2原理は、こうした人間のごく自然な感情（不公正への怒り）への1つの応答であることは確かです。この原点に常に立ち戻り、市場の「正義」という難しい課題に共同（協働）で取り組むこと、さまざまな差異を超えて「万民」が共生できる社会を目指すことが、新自由主義への最大の抵抗のみならず、確かなオルタナティブになると思います。

最近の研究によると、より平等で差別のない地域ほど持続的な経済発展をなしうることがわかってきています[46]。私は、そうした平等で差別のない共生社会を実現するには、市場の「正義」だけでなく、経済評論家の内橋克人《うちはしかつと》さんが提起し、経済学者の故・佐野誠さんが理論化を試みた「**共生経済**」を築く必要があると考えます[47]。

【読書案内】

①ヴァンデルホフ、フランツ［２０１６］『貧しい人々のマニフェスト――フェアトレードの思想』

46 詳しくはスティグリッツ［２０１６］『スティグリッツ教授のこれから始まる「新しい世界経済」の教科書』桐谷知未訳、徳間書店、１３９～１４６ページを参照。

47 詳しくは本書第9章、特別収録、および「おわりに」を参照。筆者としても「共生経済」は非常に重要な概念と考えているが、本章の目的からやや逸

北野収訳、創成社（原著２０１４年）
②オックスファム・インターナショナル［２００６］『貧富・公正貿易・ＮＧＯ――ＷＴＯに挑む国際ＮＧＯオックスファムの戦略』渡辺龍也訳、新評論（原著２００２年）
③長坂寿久編著［２０１８］『フェアトレードビジネスモデルの新たな展開――ＳＤＧｓ時代に向けて』明石書店
④仲正昌樹［２０１３］『いまこそロールズに学べ――「正義」とはなにか？』春秋社
⑤ハーヴェイ、デヴィッド［２００７］『新自由主義――その歴史的展開と現在』渡辺治監修／森田成也他訳、作品社（原著２００５年）
⑥畑山要介［２０１６］『倫理的市場の経済社会学――自生的秩序とフェアトレード』学文社
⑦山本純一［２０１４］「フェアトレードの歴史と「公正」概念の変容――「報復的正義」から「互酬」、そして「分配的正義」から「交換的正義」へ」、『立命館経済学』第62巻第５・６号、３～16ページ（http://ritsumeikeizai.koj.jp/koj_pdfs/62501.pdf）
⑧ヤング、アイリス・マリオン［２０１４］『正義への責任』岡野八代・池田直子訳、岩波書店（原著２０１１年）
⑨渡辺龍也［２０１０］『フェアトレード学――私たちが創る新経済秩序』新評論
⑩渡辺龍也編著［２０１８］『フェアトレードタウン――〝誰も置き去りにしない〟公正と共生のまちづくり』新評論

⑤は資本主義にどっぷりと浸《つ》かり、曇《くも》ってしまった私たちの眼からウロコをとるために有益です。⑧は「構造的不正義」と社会的つながりを通して、私たち誰もが世界の貧困や不公正について「罪」ではなく政治的責任を担うべきことを説いた、著者渾身《こんしん》の遺作です。④はやや込み入った議論はありますが、ロールズ思想を理解するには最適の入門書です。①②③⑥⑦⑨⑩はフェアトレードの歴史や課題、最新の動向を知るのに役立ちます。

（山本純一）

れるので別稿に譲る。関心のある方は拙論「共生経済としてのフェアトレード――グローバリゼーションへの対抗運動の可能性と課題」（笠井賢紀・工藤保則編『共に生きていく社会――理論と実践から見る地域共生の作法』法律文化社、近刊）をお読みいただきたい。

第13章

世界の多様性をとらえる地域研究

地域研究とは何か

「地域研究」(Area Studies《エリア・スタディーズ》)という学問分野は、第二次世界大戦以後1960年代にかけて、主に米国のアカデミズムが先導する形で創設されました。今日では一般的に、対象地域の言語、歴史、文化に対する幅広い知識を身につけ、かつ特定の方法論に軸足をもち、理論構築と調査方法の研鑽《けんさん》を積みながら、個別のテーマや事象の考察を通してその地域を**動態的かつ総合的に理解する**ことをめざす学問分野と理解されています。その「方法論」の大きな特徴として、言語学・歴史学・(文化)人類学・政治学・経済学・社会学など複数の分野と関わりをもつこと(これを学際性といいます)や、現地での調査とその結果の分析を通じた実証研究を基盤とすることが挙げられます。

後述するように、地域研究の形成の背景に政治的な意図があったことや、情報集積に重点が置かれたことなどから、当時すでに学問的理論体系を確立していた経済学、社会学、政治学などの専門分野への帰属意識の高い研究者からは、「傍流《ぼうりゅう》」の学問領域と見なされたこともありました。しかし、地域研究者を自認する者たちは、既存理論や調査法の適用性に対して、現地の実態から疑問を投げかけ、新しい理論構築に挑戦し続けてきました。なぜなら、経済学、社会学などにおける理論の多くが、西洋近代の価値観やものの見方に影響を受け、どの地域にも通用する合理的で普遍的な発展モデルがあると考えていたからです。そうしたモノサシをもって現地調査に赴《おもむ》いた地域研究者たちは、まさしく理論と現実の乖離《かいり》に向き合うことになりました。地域研究の対象とされた諸地域――アジア、アフリカ、中東、ラテンアメリカなど、かつて植民地化された経験をもつ発展途上地域――では、単一のモデル通りに経済や社会が発展するなどということはほぼあり得なかったのです。主にこの経験から20世紀終盤には、地域研究の意義や貢献をめぐる議論は、「西洋的価値観対非西洋的価値観」（West vs. Non-West）という二元論的な対抗軸のもとに展開されていきました。

しかし20世紀末以降、グローバル化が進むと、地域研究の存在意義に対する再評価が行われる一方で、２０００年代には**グローバル・スタディーズ**という新しい研究領域が出現し、地域研究はこの傘下に位置づけられるようになりました。グローバル・スタディーズ（Global Studies）とは、国際関係論、国際政治学、国際経済学、人類学、地域研究、カルチュラル・スタディーズなど、１９９０年代までは国家や地域の枠組みで捉えられてきた地球規模の諸現象や問題を、従来の枠組みを超えて理解し、問題解決のために分析しようとする学問領域です。これにより、かつては地域研究として扱われなかったヨーロッパ研究や北米研究も、グローバル・スタディーズのもとで、新たに地域研究として認識されるようになりました。また、人やモノ、文化が地域や国の境を越えて移動し、他地域において影響力を増すにしたがい、特定の地理的範囲で切り取られてきた「地域」（area）を単位とするアプローチ自体、再考を迫られるようになりました。

今日では、社会主義体制が崩壊したことから、かつてあった第三世界[1]という枠組みは崩れ、「**北の先進地域対南の途上地域**」（Global North vs. Global South）という二元論的枠組み

1 **第三世界**　第二次世界大戦後の冷戦期に、欧米を中心とする西側先進資本

が、地球上の諸地域を分類する新たな枠組みとして使われるようになりました。今日世界を席巻《せっけん》する新自由主義的グローバリゼーションは、情報システムの世界的ネットワークの広がりによって、支配のシステムとなり得るという意味から、**覇権的《はけんてき》グローバリゼーション**[2]として批判されるようになりました。反（覇権的）グローバリゼーション運動や、代替的な発展モデルに基づく世界を求める運動は、経済グローバル化とそれを推進する市場経済論への抵抗として生まれています。**脱開発論**[3]、「**脱成長**[4]」の理論や「**差異の政治学**[5]」などとも親和性《しんわせい》が高い考え方で、いずれも現地社会の人々の営みに着目した考え方です。

　本章では、既存の方法論に対抗し続けた地域研究が、もともと政治的関心に基づく特定地域の現状分析という特徴が強かったのに対し、グローバル化時代の今日では、現代社会にある多様性を理解するための分析や研究者の姿勢に立脚しなければならないことを示したいと思います。

地域研究の歩み

あらためて、地域研究（エリア・スタディーズ）という学問分野が形成された経緯とその特徴について整理しておきましょう。

　地域研究は、米国において第二次世界大戦時の戦争遂行と、戦後の冷戦期に国際秩序の構築を展開するうえで、敵国を知るための研究の体系化を目的として登場しました。このとき主として関心が集まったのはアジア・アフリカ・ラテンアメリカなどの「第三世界」や、ソ連・中国・東欧などの社会主義国でした。一般に、地域研究の形成は米国のアカデミズムにおけるものという認識がありますが、実はそれ以前にイギリスやフランスも自国の植民地の維持・管理運営のために、アジアやアフリカに学問的関心を寄せ、知識を集積

主義諸国（第一世界）、ソ連を中心とする東側社会主義諸国（第二世界）に対し、これらのどちらにも属さない、アジア、アフリカ、ラテンアメリカなどの発展途上諸国の多くが第三世界と位置づけられた。冷戦終結後、第二世界は成立しなくなり、第三世界の意義も失われた。

2　覇権的グローバリゼーション　米国など一握りの大国と大資本とが中心となり、新自由主義的方策によって制度的な単一化をはかることで、世界規模の経済権力を集中化することを指す。反対に「下からのグローバリゼーション」とは、草の根の市民組織がイニシアティブをとり、民主的で水平的につながることでグローバルなネットワークを形成し、公正な政治・経済体制とそれによる人的潜在能力の発展を実現することを意味する。このような反新自由主義的グローバリゼーションは覇権的グローバリゼーションへのアンチテーゼとして、「下からのグローバリゼーション」と捉えられている。米国の社会学者エバンズ（Peter B. Evans　1944年〜）やポルトガルの経済学者ソウザ・サントス（Boaventura de Sousa Santos　1940年〜）などが提

していました。これらは植民地学やオリエント学としてヨーロッパに存在していた学問領域です。日本でも、南満州《みなみまんしゅう》（中国東北部）経営の中核的存在であった南満州鉄道の「調査部」において、中国研究が始まりました。[6] すなわち帝国主義時代の日本のアジア研究の形成にも、領土拡大といった政策的動機があったのです。地域研究は、政治・経済的な利害や時代の要請と結びついて生まれたといえます。

　こうした政治的背景のもとに形成された初期の地域研究は、非欧米世界を「遅れた世界」とみたり、国家の植民地経営や対外戦略上の目的の下に行われました。[7] しかし、そうした政治的な意図とは別に、基礎データ収集をむねとする地域研究は、対象地域について広範で精緻《せいち》な知識を獲得してゆきました。このときの地域研究は、対象地域に対する基礎的情報収集という意味においては一定の貢献をしました。

　国家の対外戦略と結びついて発展してきた地域研究は、やがて冷戦の終わりとともにその政策的な意義は弱まっていきました。その後は経済発展、環境問題、民主化、紛争と和平、といったように、各地域に共通するテーマへの学問的関心が高まってゆきます。さらにグローバル化が進む今日では、「脱開発」や「脱成長」、「市民社会」、「平和構築」といったテーマが、経済成長に関するテーマと並んで地域研究における重要な課題となりつつあります。こうして地域研究は国家利益のための学問分野という初期の課題からは離れ、学問としての主体性や市民間の相互理解に資するものとしての意義が問われるようになってきたのです。

地域研究の意義と志向性

現代の地域研究の意義は大きく3つあります。第1は、**理論と現実の間での相互検証**で

唱している。

3　脱開発論　単なる開発そのものの否定ではなく、地球や自然と人間の関係を破壊するような開発を否定する思想。市場原理主義的な資本主義開発路線に対するオルタナティブの提示として生まれた。「ポスト開発」とも。オーストリア生まれの思想家イヴァン・イリイチ（Ivan Illich １９２６～２００２年）、後述するアルトゥーロ・エスコバル（４５４ページ以下参照）などに代表される。

4　脱成長　無限の経済成長を求める結果、社会の再生産に不可欠な文化的・生態学的な生存基盤が破壊されるという矛盾に対する批判から、こうした生存基盤を持続的に再生するだけの節度ある生産・消費行動を主張するとともに、多様性を承認する必要性を訴える考え方。フランスの経済哲学者セルジュ・ラトゥーシュ（Serge Latouche １９４０年～）や経済学者マルク・アンベール（Marc Humbert １９４７年～）、国際開発論を専攻する中野佳裕、勝俣誠らが代表的な論者。

5　差異の政治学　ジェンダー（社会的性差）における非対称な権力関係の力学を読み解くフェミニズム（女性に対

す。欧米諸国で生まれた伝統的な専門分野の理論や概念が、その他の諸地域においてもあてはまるか否《いな》かを検証し、それが適用され得ない場合には、どのようにそれを説明することができるかを究明することにあります。つまり、極めて実証性の高い学問領域なのです。

地域研究はこの実証性によって、専門諸分野やそれらが提示するグランドセオリー（大理論）[8]の正当性・有効性を検証し、「ひとつの物差しで世界を見ることの傲慢《ごうまん》さ、専門の学問用語で権威づけた既成の社会諸科学のもつ独善性や閉鎖性を打ちくずす」役割を求められているのです（読書案内③）。

第2に、地域研究は、調査対象地域（通常は外国）で得た知見・洞察《どうさつ》を、比較の視点をもって自国の現象に照らし合わせ、双方向《そうほうこう》で問題解決を考えることが求められる学問領域であるという点です。これは、佐野誠さんが「**往還的《おうかんてき》アプローチ**」という呼称によって実践したもので、地域研究者は、対象地域から得た知見を、自国の社会問題に対する洞察に反映し、それによって地域という枠組みを超えて地球規模で発生する問題に対する発信を行うべきであるという姿勢です（読書案内①：本書末尾に特別収録されています）。佐野さんの主張を実現するためには、調査者は当該地域の人々の目線に立たねばなりません。こうした比較の往復運動は、双方の地域の社会構造や文化のより客観的な理解につながります。さらに、研究者が帰属する地域で育まれてきた当該地域に対する認識を見直し、そこにある課題や問題への取組みにも積極的に関与する必要性を自覚することにつながります。

第3は、地域研究は、特定地域で起こっている現象や構造を分析しながら、その対象地域を超えて、広く世界の動態を理解しようとする志向性をもつ学問であるという点です。それにはまず対象とする地域の社会・文化・歴史を深く理解する必要があります。その上で、個々の地域の特性に対する認識のもとに、**世界に存在する多様性**を理解し、そうした

する性差別の撤廃を目指す思想や運動）の議論として、日本では上野千鶴子の『差異の政治学』（岩波現代文庫、新版、2015年）によって知られている。上野は、ジェンダーに限らず、差異化は必ず「われわれ」と「かれら」という非対称な切断線を引くことで相互の間に権力関係を持ち込むため、政治的でない差異化は存在しないと主張する。本章では、人種や民族、階層における差異化によって、対抗的な政治的関係が生まれ、それに伴う抵抗の社会運動や政治的実践が展開されることを理解するための議論として捉えている。

6 加藤普章編［2000］『エリア・スタディ入門——地域研究の学び方』昭和堂。

7 田巻松雄［2006］「文献解題と基本的視座の提起」、山口博一・田巻松雄・小倉充夫編著／北川隆吉監修『地域研究の課題と方法——アジア・アフリカ社会研究入門 理論編』文化書房博文社、37〜58ページ。

8 **グランドセオリー** あらゆる領域で適応可能であると考えられている一般理論。

様々の差異を超えて**異なる人々が共存できる社会**の形成を展望する――それが地域研究という学問なのです。

地域研究の貢献――「市井の人々の知恵」の尊重

他者、異文化理解に対する謙虚《けんきょ》な学びの姿勢をもつことは、従来地域研究者に求められてきたモラルであると筆者は考えます。しかし、たとえ善意で「純粋な」知的関心、好奇心に基づく研究であり、他者を理解しようとするものの見方であったとしても、それがその研究者の歴史的・文化的体験と価値観に依拠しがちであったことも事実です。特に、１９９０年代初頭までは「第三世界」ないし「発展途上国」と称された地域についての開発・開発支援研究に関わる地域研究の場合は、こうした傾向が顕著でした。すなわち欧米先進国や日本の研究者は、無自覚に西洋の価値観に依拠して開発問題を分析し、政策提言を行う傾向にありました。これについて東南アジア研究者の矢野暢《とおる》さんは、地域研究が「『他者』を措定《そてい》することによって成立する学問」であるとし、西洋由来の近代化論に無自覚的に依拠しがちな研究姿勢を批判しました（読書案内⑧）。

こうした背景から、地域研究者には、調査する地域において、他地域で形成された既存の価値観や発展モデルをそのまま持ち込むのではなく、「現地」で育まれた価値観や日常の営みを支える文化規範から生まれた**市井《しせい》の人々の知恵**を尊重し、それに学ぶ姿勢が必要とされるようになってゆきました。

そこで、次に筆者が地域研究のテーマとして取り組んだ「参加型開発」と、関連する「コミュニティ参加」の概念を題材に、それらが他地域の価値観によって現地に導入され、「現地の人々の知恵」に立脚した解釈とは乖離していたものであったこと、そしてそれに気づいたのは現地の人々の語りに傾注《けいちゅう》した結果によるものであった、という事例を紹介したいと思います。

地域の価値観に立脚する――再発見された「コミュニティ参加」の概念

１９７０年代、戦後の経済開発目標とは裏腹に、多くの国が貧困から脱却できないなかで、開発政策は転換を迫られます。それまでの経済成長中心的な開発モデルから、ベーシック・ヒューマン・ニーズ[9]を中心とするパラダイムにシフトしていったのです。同じころ、発展途上国の開発問題を扱う国際開発学[10]の研究者や当該諸政府は、地域住民が開発事業の企画・実施段階でより積極的に参画することの重要性を主張するようになりました。

１９８０年代になると、専門家主導で外部から強要された調査や、それを基にした農村開発事業がいかに機能しないかが、日増しに明らかになってゆきました。特に農村部においては、開発を支援する組織が、住民が主体的に参加できる調査法を取り入れるようになってゆきます。[11]その際、ロバート・チェンバース[12]が提唱した「参加型農村調査法」（ＰＲＡ[13]）がこの分野で最も影響力をもつようになりました。これは地域社会の人々の知恵や認識を開発事業に直接的に反映させることをめざした画期的な調査方法でした。ここから、開発のための資源・資金管理とその分配の意思決定過程に、受益者と呼ばれる地域住民とそのコミュニティが主体的に参加することを「**コミュニティ参加**」、それに基づく開発手法を「**参加型開発**」と呼ぶようになります。この概念は開発分野で積極的に支持され、世界銀行ほか国際開発援助機関の政策や言説に影響を与えたのです。

コミュニティ参加型開発が肯定的に評価されたのは、受益者と称される助成の対象である地域コミュニティと、助成を与える機関（政府も含む）という二者間の力関係において、

9 **ベーシック・ヒューマン・ニーズ**（basic human needs：ＢＨＮ 人間の基本的諸要件）人間生活にとって最低限かつ基本的に必要とされるもの。１９７６年に国際労働機関（ＩＬＯ）が衣食住や水・衛生・健康・教育など基本的社会サービスや雇用および社会参加を人間の基本的諸要件として推進すべきことを主張した。ＢＨＮを充足するためには経済成長だけでなく、資産の再分配や制度改革が必要であるという考え方につながった。

10 **国際開発学**（または国際開発論）発展途上国の開発問題・開発援助政策に関して学際的アプローチによる分析を行い、政策批判や提言も行う学問分野。英国のサセックス大学に１９６６年に創設された開発学研究所（Institute of Development Studies）が研究機関としては代表的なもので、世界的にも国際開発学を牽引してきた。

11 Cooke, Bill and Kothari, Uma [2001] *Participation: The New Tyranny?*, London: Zed Books.

12 **チェンバース**（Robert Chambers １９３２年～）英国の開発学研究者。サセックス大学開発学研究所名誉教授。読書案内②をはじめ著書多数。

コミュニティの発言力と決定権を高め、その結果自主的な問題解決力を獲得する（これをエンパワメントと呼びます[14]）という主張に基づくものです。こうして、開発援助機関や国際ＮＧＯはこぞってこの概念や方法を取り入れてゆきました。

　他方、コミュニティ参加の促進が住民の発言力や意思決定権を高めるという命題に関する批判的議論もありました。例えば、ＰＲＡないし参加型開発の手法によって人々の能力や発言権が高まる先にあるのは、途上国社会の中の近代的部門（技術革新を伴《ともな》う資本集約的な企業経営的農業や、都市の製造業部門）に参入するということであって、これまでに剝奪《はくだつ》されてきた諸権利の回復を意味するわけではないという指摘です。すなわち、コミュニティ参加および参加型開発とは、それに与《くみ》する人々を、彼らがこれまで主導してこなかった社会（外部者が是《ぜ》とする理想的な社会）に適応するための能力を与えることであって、このような能力の向上は、当該コミュニティに固有の社会的規範や構造を破壊し、援助国・機関が想定する社会の理念や価値に沿って参加者とその社会を再構築することにつながりはしないだろうか、という批判です[15]。

　都市研究においても、コミュニティ参加の概念に関する批判的考察がなされています。例えば、インド・ムンバイのスラムにおける住環境改善事業では、コミュニティに共通する問題を議論し、その解決策を見出そうとする村の長老たちの寄り合いや伝統的な営みの中に、そのコミュニティ本来の主体的参加の実践がすでにあるにもかかわらず、これらが開発支援組織から「自然発生的な参加の形態」として認識されることは少ないことが指摘されました。すなわち、現地の伝統に基づく内発的な参加形態は排除され、代わって「コミュニティの主体的・自発的参加」という欧米諸国の価値観に基づく概念に限定されてしまっていたのです[16]。

13　参加型農村調査法（Participatory Rural Appraisal：ＰＲＡ）現地社会の人々が不足と考える諸要件をコミュニティ自身に選別してもらい、彼らの優先順位を尊重して具体的な開発（支援）事業を策定する、という理念に基づく方法。詳細は読書案内②を参照。

14　エンパワメント（empowerment）社会や組織の構成員ひとりひとりが、発展や改革の過程において、自分自身の意思でものごとを決定できるために必要な力をつけること。１９８０年代における女性の権利獲得運動のなかで使われるようになった言葉。開発政策の手段としては、住民自身に貧困から脱却するための力をつけさせるという意味で使われる。本章では、コミュニティ参加型開発の取組みにおいて、住民が意思決定過程において発言力を高め、主体的かつ能動的にかかわる能力を獲得する過程を意味する語として扱う。

15　Henkel, Heiko and Stirrat, Roderick [2001] "Participation as spiritual duty: empowerment as secular subjection," in Cooke, Bill and Kothari, Uma (eds.), *Participation: The New Tyranny?*, London: Zed Books, p. 182.

こうした議論を踏まえて、筆者はかつてコロンビアの首都ボゴタの貧困居住区において、住環境改善のための住民の互助《ごじょ》活動、行政との交渉、参加型開発支援事業への参画などについて調査を行いました。その結果、筆者が有していた参加型開発の概念が、現地コミュニティで使われている用語や概念とは異なっていたこと、さらに、「参加」による意思決定過程への関与の実態などは、国際開発論で前提とされていた効果とは大きく異なるものであることが明らかになりました。[17] 参与観察やインタビュー調査によって、住民自身が認識するコミュニティやコミュニティ参加の概念を分析すると、次の2つのことがわかってきました。

（1）「コミュニティ参加」の概念に関しては、行政が導入したものと住民の間にもとからあったもの（従来の自然発生的な互助や連帯の理念に立脚するもの）との間にずれがある。しかし住民はその乖離を理解した上であえて導入された概念を受け入れて活用しており、そこには生活に不可欠な物資やサービスを獲得するための住民の運動における実用主義が見出される。

（2）参加型開発支援事業を介して開始される政府の介入や、それ以外の内外の要素によって住民参加の実践が変容すること。より具体的にいえば、住民組織のリーダーシップの資質、住民と政治権力との関係、外部から来る非営利の支援機関と住民組織との関係などが、コミュニティ参加型開発の実施過程も、またそれを通じた住民の意思決定力や発言力をも左右すること。

こうして、「コミュニティ」や「参加」をめぐる所与《しょよ》の概念解釈からいったん離れて、現地の人々の理解や解釈を注意深く聞いていくと、自然発生的な互助や連帯の実践が、外から持ち込まれた参加型開発支援事業への関与によって、異なる解釈

16 Desai, Vandana [1995] *Community participation and slum housing: a study of Bombay*, New Delhi: Sage.

17 Hataya, Noriko [2010] *La ilusión de la participación comunitaria. Lucha y negociación en los barrios populares de Bogotá 1992–2003*, Bogotá: Universidad Externado de Colombia.

コロンビアの民衆居住区における，互助活動による住環境改善（下水道の建設，1999年，筆者撮影）

との交差をみながらまた変化してゆくという実態を把握することができました。こうして開発論で規定されてきた概念枠組みでは到底認識できなかったであろう、生き生きとしたコミュニティの実践に気づくことが可能となったのです。

地域研究者は、現地調査に赴く際に、対象とする問題ごとに、そのときどき最も主流と考えられる概念や調査方法を学び、それを現地に持ち込むことがありますが、規定の方法を無自覚に適用するのではなく、まずは現地の人々が当該概念をどのように認識・解釈しているのかを知ることから始める必要があるのです。

現地調査における倫理と双方向的な学び

近年の地域研究を含めた実証的社会科学の調査においては、相手国・地域に対してどのような「立ち位置」で調査に臨んだのか、とりわけ先進国出身の研究者が途上国の開発問題を扱うことをどのように正当化するのか、について説明が求められるようになっています。「立ち位置」を明らかにすべきという考え方は、一方向的で、調査する側はえらいのだとするような、上から目線に立った研究や、かつて人類学者に向けられた「情報搾取《さくしゅ》」という批判（現地の人々から情報を収集したのち、その結果を現地の人々に報告し、彼らからの意見や示唆を求めるということを一切してこなかったこと）に対する反省から生まれたものです。

こうした**開発・発展論における倫理**を問う研究者は、調査者の立ち位置について議論しますが、彼らにとって、現地調査における倫理の問題は、単に情報搾取の行動を対象としたものではなく、むしろ調査者が現地に入るときの先入観や拠《よ》って立つ考え方への批判として論じられます。調査者が他者としてその「立ち位置」を意識しないと、開発問題に関

18　ターナー（John Francis Charlewood

して外から持ち込まれる概念と現地で日常的に使われる概念との乖離や摩擦《まさつ》を、地域研究者自身が生み出しかねないからです。実際、これまで開発問題を扱う地域研究の多くが、現地調査において無自覚的に「自国の、あるいは西洋の価値」に立脚してきたため、この乖離に対して自覚的・批判的に向き合ってきませんでした。

「現地の人々の知恵と認識」の尊重は、こうした調査者の倫理に関する議論ともつながっています。参加型農村調査法（ＰＲＡ）を提唱したチェンバースは、調査者は先入観を捨てて、現地社会の価値基準に従って現地の人々が抱える欠如や必要性の問題を把握すべきであり、また彼らが自分たちの言葉でそれを表現し、その優先度を分析する評価の能力を有することを認めるべきだと主張しました。あるいは、自助建設（行政の支援や専門的技術に頼らず自分の力で自身の住居を建設する）の実践におけるセルフ・ヘルプ論（人々が互いに助け合って自分たちのもつ考えや資源、技術を駆使《くし》して問題を解決する能力があることを評価する議論）を主張したイギリスの建築家ターナー[18]も、同様に現地の一般の人々（専門家ではない生活者）が潜在的にもつ能力を、問題解決のための代替的能力、すなわち集団的互助能力とヴァナキュラー[19]な技術を駆使する能力として評価しました。[20]

東南アジアの経済史と開発の問題について、市民の目線に立って発言し続けた村井吉敬《よしのり》さん[21]の『小さな民からの発想』（読書案内⑥）は、発展途上国社会における市場原理主義的な開発がローカルな地域社会の生態系や文化的要素を考慮せず、それらの破壊につながっていることを批判しました。村井さんが主張する「小さな民」（最も弱い立場にある人々）の生活圏と日常の営みに根ざした視座や考え方を発展の分析に取り込むことの重要性は、発展・開発論における倫理の問題を追求する研究者も指摘しています。[22]彼らの主張に共通するのは、「開発論におけるメインストリーム（主流派）とされる考え方に対する既成の

Turner １９２７年〜）イギリスの建築家で都市計画の専門家。ペルーなどラテンアメリカ諸国における不正規開発地区において、住民の独創性と主体性を評価し、「自助建設（self-build）」の概念を適用し、住民が「建設する自由（freedom to build）」を主張した。

19　ヴァナキュラー（vernacular）とは土着の、または風土に根差したという意味。もとは建築の分野で、気候や立地、そこに住む人々の活動に応じた土着の技術や技法で建てられた建築物をヴァナキュラー建築と呼んだことに由来する。

20　Chambers, Robert［1997］*Whose reality counts? Putting the first last*, London: Intermediate Technology Publications; Turner, John F. C.［1976］*Housing by people*, London: Marion Boyars; Turner, John F. C. and Robert Fichter（eds.）［1972］*Freedom to build: dweller control of the housing process*, New York: Macmillan.

21　**村井吉敬**（１９４３〜２０１３年）社会経済学者。上智大学名誉教授。インドネシアを中心に東南アジア経済史、開発問題を研究。読書案内⑥のほか、『エビと日本人』（岩波新書、１９８８年）など著書・共編著多数。

解釈からできるだけ自由であれ」ということではないでしょうか。所与の解釈で狭く捉えられた主流概念から離れ、個々の文脈、地域社会固有の文化・歴史・価値のもとで当該概念を再構築することが重要なのです。

そして先ほどみたように、欧米的価値観に立脚した調査方法からの脱却を試みたＰＲＡさえも、それが主流化されることで、再び現地の人々の知恵や認識をおろそかにしてしまうという誤謬《ごびゅう》を繰り返すことにもなり得ます。実際、前述の、ＰＲＡの導入によって現地の人々が開発や改革の在り方を決める際の意思決定過程においてイニシアティブを獲得するという前提に対し、それがどのような価値観に基づいたものなのかという点が問題視されました。こうした調査者が「主流なもの、当然なもの」として持ち込んだ概念を、現地の人々も、またそれを分析する地域研究者も、現地の価値観に基づいた解釈と照らし合わせることで、双方の間に生じる齟齬《そご》を解消する必要があるのです。「コミュニティ」や「参加」といった概念についても、国家（または行政の開発事業担当者）や国際支援機関、そして調査者は自分たちが主流とみなす概念解釈を所与のものとせず、現地の価値観や解釈――住民が農村から都市へ移動しつつ、自助と互助の実践を通して定住化に取り組んできた、その伝統的なありかたをも含めて――につねに立ち戻り、それらを尊重しながら問題解決に取り組む必要があります。この過程で、調査者はしばしば現地の人々の知恵や実践から新たな学びを得ます。こうした双方向の学びを受け入れる姿勢が大切です。これこそが開発・発展論のみならず、地域研究においても守られるべき「倫理」なのです。

グローバル・スタディーズの創成

１９９０年代以降、冷戦の終結とともに、政治・経済・社会のあらゆる側面においてグ

22 Clark, David [2002] "Development ethics: a research agenda," *International Journal of Social Economics* 29 (11): pp. 830–848; Gasper, Des [2004] *The ethics of development: from economism to human development*, Edinburgh: Edinburgh University Press など。

ローバル化が加速度的に進展しました。社会科学の分野では、**グローバル・スタディーズ**という新しい学際的学問分野が形作られます。日本の大学においても、新たにグローバル・スタディーズまたは名称にグローバルを冠《かん》する学部や大学院が新設されてゆきました。

グローバル・スタディーズの研究プログラム（日本の大学院の研究専攻に相当）の嚆矢《こうし》は、カリフォルニア州立大学サンタ・バーバラ校の Global & International Studies Program（1999年設置）で、以後、平和、人権、開発、環境など地球規模の課題に焦点を当てた諸研究をグローバル・スタディーズと呼ぶようになりました。

日本の大学では、例えば筆者が所属する上智大学では地域研究が主導してグローバル・スタディーズ研究科が2004年に設置されました。グローバル・スタディーズという学問分野は、これまで第二次世界大戦後の冷戦期を通じて発展してきたいくつかの学問分野を横断ないし交差する特徴をもっています。1つは国際関係論および国際政治学で、国民-国家を軸に国家間の諸関係に焦点を当てると同時に、国際平和構築や核軍縮など、国連をはじめとする国際機関の仲介を経て、複数国・複数地域間での問題解決の方向性を考察する学問分野です。そしてもう1つが、本章で主題とする地域研究です。さらにそこへ、異文化相互理解を主なテーマとし、カルチュラル・スタディーズも含む国際文化論（学）という学際的分野も加わりました。

もちろん個々の大学の事情によって、グローバル・スタディーズの名のもとに統合された学問分野の内訳は異なりますが、総じてこれらの異なる学門分野が、次節で述べるような地球規模の課題の解明に取り組むことで融合し、互いに分析枠組みを提供しあう統合的な分野として発展してきたと考えることができるでしょう。

グローバル・イシューに向き合う地域研究

では、地球規模で取り組むべき課題（グローバル・イシュー）とは何を指すのでしょうか。１９９０年代以降、冷戦の構図が崩壊し、貿易自由化や金融緩和、人の移動の自由化が進むにしたがって、国境によって制約されない（ボーダーレス）、あるいは越境的（トランスボーダー）な人、カネ、モノの動きが新しいダイナミズムを生むようになりました。グローバル・イシューとは、こうした動向によってもたらされる様々な新しい事象および問題・課題を指します。例えば移民問題や多国籍企業による乱開発、環境破壊とそれがもたらす地球環境全体への影響などがその代表的なものです。とりわけ近年は自由貿易協定（ＦＴＡ）の拡大が新しい自由経済圏を作り、２か国間関係を超えて世界の経済と金融にインパクトを与えるようになりました。すなわち、これまで国際関係論で定石《じょうせき》とされてきた国民‐国家の単位や、国家間関係の枠組みに重きを置いた分析では扱いにくい現象が、目の前に広がるようになってきたのです。

同様に、従来特定の地理的範囲で定義された地域（area）の総合的理解をめざそうとしてきた地域研究においても、狭い地域（例えば現地の特定のコミュニティ）で起こっている事象が、グローバルなダイナミズムとどのように関連しているかを理解し分析することが難しくなってきました。事実、ごく狭い地域で発生した事象が、他の地域で起こっている事象とつながっていたり、複数の地域間で還流《かんりゅう》的な動きを見せたりするようになってきました。例えば、メキシコから米国への出稼ぎ労働者について、これまでのラテンアメリカ地域研究ではメキシコ国内の貧困問題との関連や、国境地域の労働力移動という視点から分析されてきました。しかし、現在は米国在住のメキシコ出身者をヒスパニックと捉え、出稼ぎ労働を米国社会の問題として考える研究も可能ですし、米国在住のヒスパニックが故郷の地域経済発展を支援する動きなどに注目する研究も出てきました。これらの研究は、どちらも従来のラテンアメリカ地域研究の枠組みでは捉えきれない現象を扱っています。

国境を越える移民の移動パターンにも変化が見られます。例えばブラジルの日系人の出稼ぎ移動は近年多様化しています。もともと19世紀末以降、日本から新天地を求めて移住した人々によりブラジルに日系社会が形成され、その後、ブラジルの経済危機と日本のバブル経済を機に起こった「デカセギ」現象は、ブラジルから日本への国際労働移動の現象を捉えた概念でした。現在は、このデカセギ労働者たちの子孫が1990年代に日本にやってきて、日本とブラジルを定期的に往来したり、北米やヨーロッパを含めた複数地域間を回流したりする新しい移動形態が確認されています。このような現象もまた、従来の国境・地域範囲を基準とした地域研究では十分に捉えることができません。ブラジル日系人に関していえば、米州大陸にとどまらず、アジア太平洋圏やヨーロッパにまで広がるラテンアメリカ出身者たちの動向やその経済活動、文化や価値観などをも視野に入れて分析する必要があります。こうして「地域」や「コミュニティ」の範囲や概念をつねに見直すことで、地域研究自体も変化してゆくことになるのです。このように、グローバル・イシューの出現とともに、地域研究の方法論にも刷新《さっしん》が求められる時代を迎えました。

覇権的グローバリゼーションへの批判的視座

グローバル・イシューの認識から、地域研究の方法論や視座の見直しが求められてきたのはここまで述べたとおりですが、昨今ではグローバリゼーションを所与の事実とするのではなく、グローバリゼーションそのものに対する批判も高揚しています。例えば自由貿易圏の形成や多国籍企業による資源の乱開発、土地収奪などによって、大企業や大資本にのみ富が集中し、今度は国内や地域内の格差の拡大が深刻化しました。１９９０年代後半になると、「反グローバリゼーション」という言説のもとに、こうした状況に対する抵抗として様々な社会運動が生まれ、注目を集めました。アカデミズムにおいても、これらの反グローバリゼーション運動を**21世紀の「新しい社会運動」**[23]として捉える潮流が生まれました。

この反グローバリゼーション運動は、20世紀から続く開発モデルに対する問題提起の延長線上に位置づけられるべきものであると筆者は考えます。経済発展論のこれまでの潮流に引き寄せてこれを論じるならば、資本主義経済発展の歴史において、一時は国家中心型経済戦略が席巻した高度経済成長期から、20世紀末の国際金融危機がもたらされてゆく中で、先進国・発展途上国を問わず多くの政府が、再び市場メカニズム重視の新自由主義政策へと転換してゆきました。こうして、多国籍企業や大企業が一人勝ちするような社会、マクロ経済の成長の陰で貧困が拡大し、所得格差だけでなく基本的社会サービスや社会保障の受益においても格差が深刻化する社会がつくられてきたのです。反グローバリゼーション運動は、こうした新自由主義政策とその結果生まれた世界的規模での社会的排除の拡大に対する抵抗の表明なのです。

ヨーロッパ諸国では、これに先立ち、早くは１９６０年代からすでに建築、デザイン、歴史、哲学、思想、社会学などの分野で、ポストモダニズム[24]の議論が展開されてきました。そして社会科学、とりわけ開発論に関連する分野では、先に述べたように脱成長論を打ち出す論者も出現しました。これらの系譜に連なる論者たちは、冷戦終結に至る前に、すでに資本主義体制の代替案としての社会主義体制の崩壊（限界）を予見し、かつ成熟した資

23 **新しい社会運動**　従来の労働運動や農民運動などのように、特定の社会階層に属する社会集団がその権利獲得のために行う集団的行動とは異なり、多様な主体が階層を超えて、あるいは階層横断的に集い、共有する問題意識のもとに組織する社会運動をさす。１９７０年代以降、欧米で出現した環境運動や人権運動などが嚆矢で、90年代には先住民の復権運動などもこれに加わった。

24 **ポストモダニズム**　モダニティ（近代性）がその成立条件を失った時代という認識のもとに、その閉塞性《へいそくせい》を打開するために近代主義、近代性を批判した運動。本章では、ミシェル・フーコ

本主義の限界を見直し、もうひとつの経済のあり方を問うていたのです。ポルトガルの経済学者ソウザ・サントス（注2参照）が提唱する「下からのグローバリゼーション」も、こうしたオルタナティブ・パラダイムの志向性に連なるものです。これまでの開発思想は、欧米の経験に基づく単一の経済・社会発展モデルを前提とし、近代化ののちに工業化・経済成長と続く段階的発展論に内在する矛盾を問わずに、それを他地域――とりわけかつては発展途上地域と呼ばれ、今日では「グローバル・サウス」と総称されている地域――にそのまま持ち込むものでした。こうした開発思想が、脱植民地主義、脱成長論の立場から批判されはじめたのです。

20世紀終盤にマクロ経済が回復・成長し、民政移管後の民主化過程が安定期に入ったとみなされてきたラテンアメリカ諸国においても、21世紀に入るとこうした議論が一部の研究者によって共有されるようになりました。グローバル化の進行とともに出現した新しい社会的排除や周縁に追い込まれた人々の実態が可視化《かしか》されることによって、「人間の尊厳」や普通の人々の日常生活に見出される普遍的な価値が重要視され、開発政策ひいてはグローバリゼーションがもたらす現実を批判的に見直そうとする動きが高まったためです。

テリトリーの概念

すでに述べてきたように、今日の地域研究では、「地域」という概念そのものを不断に問い直さなければならなくなっています。同時に、既存の地理的範囲に基づく「地域」を前提とした地域研究は、グローバル化が進む今日、グローバル・イシューを追究する方法論としては1つの転換点に達していると考えられます。ミクロレベルで、あるいはローカルな範囲で起こっている事象を、グローバルな観点から理解する必要が生まれているから

ー（Michel Foucault 1926〜84年）に代表されるフランスの哲学者・思想家など、主として思想・哲学分野の論者の議論とそれらの影響を受けた社会科学の議論を指す。

です。

　他方、グローバル化の進行と並行して、多様な行為者による社会運動が生まれ、その過程でこれまで不可視の状態に置かれていた弱い立場の人々、先住民をはじめ様々なマイノリティグループが可視化されるようになりました。その結果、国民－国家の単位によって理解されてきた「領土」（国境によって定められた各国の地理的・政治的範囲）概念も唯一無二のものではなくなってきました。多様な人々、多様な集団が領土を主張することで、新しい国民－国家の特性や地域性が体現されるようになったのです。すると国家レベル、地域（area）レベル、より狭い地域（local）レベルという異なる階層で構成された従来の地域性（例えば「日本」「東アジア地域」「東北地域」など）とは異なる、個々の地域に固有の「地域性」を定義づける必要が出てきます。この新たな「地域性」をより的確に表現する概念として、「**テリトリー**（territory）」の概念に注目したいと思います。

　テリトリーとは「領域」あるいは「領土」を意味し、一般的には国家権力や特定の部族集団が支配する地理的・政治的範囲として認識されてきました。歴史的には、民族、文化や伝統、慣習の差異（difference）を理由に戦争や植民地化が起き（前述の「差異の政治学」〔注5参照〕によるものです）、異なる集団の間に支配と被支配の関係が構築される中で、テリトリーをめぐって対立が生まれました。すなわち支配する側との差異を理由に、被支配集団はテリトリーを奪われてきたのです。そして各テリトリーには、つねに地域のアイデンティティが内包されています。これをふまえて今日では、地理的空間だけでなく社会関係や政治性も含む地域的アイデンティティを、「テリトリー性（territoriality 領域性）[25]」という言葉で表現する潮流があります。

　地理学者の森川洋さんによれば、テリトリー性とは、「地域（area）」や「場所（place）」

25　「テリトリー（territory）」と「テリトリー性（territoriality）」の概念は、

よりも動態的で社会的意味をもつ概念であり、地域固有のアイデンティティをさします。ここから、先住民の土地権利を求める運動や、その成果としての制度化の文脈で使われる「テリトリー」は、権力や権利を伴った社会的空間として認識されます（読書案内⑦）。

英語圏の人文地理学で培《つちか》われたテリトリー性の議論だけでなく、人類学や社会学においても、テリトリー性への注目がグローバル化が進行する中で高まりました。グローバル化や情報化の進展の中で地域が等質化する一方で、生活様式や産業活動の多様化によって逆に地域内の人々の日常生活も多様化し、地域の等質性の希薄《きはく》化もまた認められるようになりました。こうした文脈において、地域（area, local）ごとに見出される地域的アイデンティティも多様化していきました。また今日では、国家や社会階層ごとの伝統的結合は弛緩《しかん》し、他方で、社会運動を通じて出現した新しいタイプの社会組織によって主体性のある地域アイデンティティを主張する「テリトリー」の重要性が増してきました。このため、空間的な側面から社会構造を把握する上でもテリトリーの概念は鍵となってきました。テリトリー性は、その形成の過程を支配する政治的・社会的イデオロギーと強く関係するので、その研究は地域形成や地域変化の考察にも役立つという認識から、今日の地域研究においても必要不可欠な概念とみなされています。

もちろん、こうした社会運動に立脚するテリトリーの主張やそれに伴う戦略がつねに絶対的、普遍的な価値をもつと評価されるわけではありません。重要なのは、テリトリー性の概念によって、これまで中央権力から不可視の状態に追いやられ、地域的アイデンティティを否定されてきた集団や人々の存在、および彼らの生活空間を公正に認識し、それによってその集団と国家との関係性が再構築される可能性が開けたという点にあります。グローバル化社会においても、国民国家の概念に基づく国境という地理的範囲が存続する中

もともと人文地理学、特に英米の政治地理学の分野において、空間と権力の関係の一般的理論化をめざして確立された。政治地理学者の山﨑孝史は、これを「領域性」の理論として分析し、同議論における古典であるサック（Sack, Robert D.）の『人間の領域性——その理論と歴史』（*Human territoriality: Its theory and history*, Cambridge: Cambridge University Press, 1986）を紹介し、自身が中心となって２、４、５章を翻訳している（「ロバート・D・サック『人間の領域性——その理論と歴史』部分翻訳にあたって」、『空間・社会・地理思想』11号、２００７年、90～91ページ）。国家単位で排他的な主権と結び付けられる領土の分析は、領土内での多様性を把握できないという、政治学や国際関係論に対する「領土の罠」論による批判もここから生まれた（読書案内⑩）。本章では「テリトリー性」概念の社会運動論や地域研究における応用に注目し、論じている。

で、自らの固有性＝「差異」に基づくテリトリーを主張することで存在を認められた集団と、これまでその存在を否定してきた社会とがどのように理解し合い、共生を実現するかが今、双方の課題として問われているのです。

自然との関係性に基づく地域概念——生命の基盤としてのテリトリー

次に、この「差異に基づくテリトリー」の概念について、具体的な事例を挙げながら説明しましょう。アルトゥーロ・エスコバル[26]は社会運動論を再構築する研究で名高い人類学者ですが、その考え方の中心は、市場原理に基づき経済成長を求める開発への批判に置かれています。彼のこうした思想は、コロンビアの太平洋岸地域に暮らすアフロ系住民（アフリカ奴隷の子孫たち）の共同体が集団的土地所有権を求める運動や、同地における開発と環境保全との摩擦に関する民族誌的研究を通して育まれてきました。エスコバルは、コロンビアでは先住民同様、長年不可視の存在として疎外《そがい》されてきたアフロ系住民組織の地域的アイデンティティを、**「差異のテリトリー」**として捉えました（読書案内⑬）。ただ、エスコバルの本の副題（*place, movements, life, redes*：場所、運動、生命、ネットワーク）が示すように、彼はコロンビアにおいて支配的な（欧州とアンデス地域の近代性に由来する）民族、文化、経済に対し、太平洋岸地域の先住民やアフロ系住民という異なる（different）民族、文化、経済様式をもつ人々が、「居場所（place）」と生態的営み（自然資源への異なる関与の仕方）をめぐって抵抗運動を展開してきたことに目を向けているのです。エスコバルはまた、開発が環境を破壊することに注目するポリティカル・エコロジー[27]の枠組みにおいて、こうした「差異」を捉えようとしています。

エスコバルはそれまで、新しい社会運動論という枠組みで議論を展開してきましたが、

26　アルトゥーロ・エスコバル（Arturo Escobar　１９５１年〜）コロンビア生まれの人類学者。ノースカロライナ大学教授。ラテンアメリカにおける脱開発論者（注３参照）の１人。

27　ポリティカル・エコロジー（political ecology）環境問題の深刻化とともに使われ始めた分析枠組み、ないし生

1990年代以降高揚した、先住民やアフロ系マイノリティグループの文化的アイデンティティの主張と、先祖伝来の土地に対する復権要求運動に着目することで、それまでは周縁化されてきた民衆の主体的行動、文化と政治的アイデンティティを認め、彼ら独自の合理性や規範に価値を見出したのです。

「差異のテリトリー」の議論は、グローバル化時代に出現した2つの問題の交差によって生まれました。1つは周縁化され、政治的に疎外されてきた人々のアイデンティティの回復運動、もう1つは生物多様性と持続可能性の危機の認識に立った「持続的開発」の議論です。前者は、1990年代の先住民やアフロ系住民（および農民）などによる文化的、経済・政治的権利を主張する運動でした。この抵抗の運動が可視化されるに至り、国民国家という枠組みと西欧近代化論に立脚した発展論の中で定説化されてきた「ナショナルな」アイデンティティそのものが挑戦を受けることになったのです。これは同時に、旧植民地地域では、脱植民地主義のディスコース（言説[28]）とも交差してゆきます。この過程で、民族・テリトリーのアイデンティティが主張され、先に論じた「テリトリー」の重要性が認識されるようになります。エスコバルは、アフロ系住民共同体の文化や価値観を評価し、彼らが自然との関係性において、環境を破壊する市場原理主義的な開発モデルとは全く異なる合理性や「豊かさ」を体現してきたことを示すのです。ここには高地アンデス先住民の世界観を示す「ブエン・ビビール[29]」の概念も含まれます。

ここから生まれたのが後者の「持続的開発」の議論ですが、これについても、アフロ系住民共同体の営みから新しい視点が提示されます。例えば彼らは従来生活に必要最低限な資源のみを使い、それ以上の開発はしてきませんでした。また、河川では自給自足的な漁《ぎょ》労《ろう》を行ってきました。持続的開発とは、こうした自然と人間との共生的な関係が、自然環

態的な分配（によって生まれる対立＝コンフリクト）を分析する学問分野。ポリティカル・エコノミー（政治経済学）に準じて「政治生態学」とする直訳では意味が通じず、今のところカタカナ書きで通用されている。日本では環境社会学などの方法論に近い。

28　ディスコース（［仏］ディスクール *discours*）言説と訳されることが多い。ポスト構造主義、ポストモダニズムの認識論において、ある言葉や行いを、それが発せられた文脈においてその意味を分析するさいに多用される。

29　ブエン・ビビール（buen vivir）日本ではスペイン語のカタカナ表記によって認知され、一般的に「善《よ》く生きる」あるいは「善き生」と訳される。もともとケチュア語の *sumak kawsay*、アイマラ語の *suma qamaña*、ワラニー語の *ñandareko* をスペイン語に訳した言葉。西洋の思想に基づく近代化や発展の概念とは異なり、人々が社会的にも生態的にも調和のある状況を実現しようとした結果実現される、精神的にも満ち足りた生活を意味する。

境の保全に役立つのみならず、人間にとっても自らの生命の存続という課題の解決に資するという主張です。しかし、アフロ系住民の居住地の場合、鉱物資源の違法採掘などの外部から侵入した要素によって、森林や河川の生態系が変わってしまいました。近年では以前のように川で魚がとれなくなり、その分食料を共同体外の市場で調達しなければならなくなり、森で木を伐採《ばっさい》して現金に替える必要が出てきました。彼ら自身も、環境保全と生存戦略につながる自然との関係性を変えざるを得ない状況に直面しているのです。

１９９０年代は、環境問題がグローバル・イシューとして注目を集めました。先に述べた社会運動論で捉えられる新たな社会組織によるテリトリーの主張と、経済開発論における持続可能性の追求は、あるときは対立的に、あるときは共鳴しつつ、グローバル・イシューとしての環境問題のみならず、既存の社会と自然との関係に対する代替的な考え方の提示として現れました。

１９９０年代の先住民運動の高まりを背景に、ラテンアメリカ各国では、先住民やアフロ系住民を多文化・多民族国家として制度的に認める法改正がなされました。この動きは彼らの存在を可視化し、国家への「統合」をはかるものとして、一定の評価をされました。しかし既存の国民国家とその制度的枠組みや開発政策に「統合される」ことで、彼らの伝統的規範や生業《せいぎょう》の土台となってきたテリトリーが脅《おびや》かされる危険も生んだのです。具体的には、２０００年代の資源開発ブームによって、ラテンアメリカやアフリカ諸国で採掘主義的経済が広まり、社会に深刻な軋轢《あつれき》が生まれたことです。社会運動はその時々の社会を変容させる原動力になり得ますが、それに対する国家や市場の対応によって、問題解決には限界があったり、逆に反動を生んだりします。例えば先住民組織の伝統的生活様式や、文化・表象とその実践が、制度的に保護されたとしても、新自由主義的な経済開発路線の

機械による金の違法採掘（左）と，機械が掘り起こしたのちに採掘場で手作業で砂金採掘を行うアフロ系住民（2010 年頃，筆者撮影）

もとでグローバル（多国籍）資本に優先権を与えれば、天然資源を保有する地域に住む先住民共同体は、再び排除の対象となるのです。あるいは、環境保全政策の推進の影で、国立公園の予定敷地内に点在する先住民集落がその住処《すみか》を奪われることもあります。先祖伝来の土地で生業を営み、周囲の森林の守り人でもあった人々が、環境保全が目的とはいえ国家政策に統合されることで、新たな社会的排除をこうむるのです。

先住民やアフロ系住民は、「差異のテリトリー」の視点に立って、こうした近代性に拠って立つ経済合理性に異議を唱え続けています。しかし、現実の営みをみると、先にも触れたように、彼ら自身がその意思に反して、本来は資源の枯渇《こかつ》と環境破壊に加担するような経済行動に関わらざるを得ない状況においやられているのもまた事実なのです。このような状況下で、マイノリティグループが主張してきた「差異のテリトリー」を、どのように主体性のある地域的アイデンティティとして正当化しつつ、開発戦略との摩擦を解決してゆくべきか、国家も、また対象地域に生きる人々もともに考えてゆかねばならない段階にきているといえます。

共感、コミットメント、双方向性の方法論をめざす地域研究

「現地の人々の知恵と認識」を尊重し、市井の人々の声を聴くことによって現地社会の背景にある歴史、文化、価値を理解し、それに基づいた現状把握と問題解決の方法を考える姿勢は、一方向的なアプローチではなく、双方向的な姿勢だといえます。しかし現地の人々から知恵や認識を受け取るだけでは、従来批判されてきた国益重視型研究と、一方向的である点において変わりはありません。地域研究者は、既存の理論や先行研究によって蓄積された知識に新たな知見を加えるという学問上の還元《かんげん》だけでなく、社会への還元、つまり現地社会の問題解決につながるような提言なり発信をする責務をも負うのです。しかもそのときに、自らの拠って立つ思想的位置を明確にすることが重要だと考えられます。

地域の人々の個人的な人間関係には抵触《ていしょく》しないという意味での中立性は、たいていの場合維持できるでしょう。しかし、地域社会の中の微妙な問題、特に紛争や人権侵害に関わる社会問題の分析においては、その要因を追究するほど、研究者は自身の立ち位置を明らかにすることを迫られるのです。その上で問題の現状分析、原因解明に乗り出すとき、調査者はリスク（危険性）を負います。権力からの暴力や圧力、あるいは法的制約を受けるリスクです。例えば、「合法的」ではあるが攻撃的で衝突や軋轢を生む開発事業によって土地買収の対象となっている農民たちの抵抗運動を追うとき、調査者は、たとえ運動家でなくとも、農民側の視線に立って調査を行えば、開発事業者やそれを擁護する権力とは対立することになります。その結果、開発事業者や行政への調査が不可能となるだけでなく、公表した論考に不当な批判が浴びせられたり、現地での活動に圧力がかかったり、妨害されたりすることもあるのです。地域研究者はこのような危険を覚悟で思想的立場を明らかにし、権力に屈せず一貫した立場を貫くことを求められます。筆者はそれが地域研究者としての地域へのコミットメント（責任をもった関わり方）であると考えます。そうすることではじめて、社会的不正義をこうむっている人々に真に寄り添うことができます。筆者はこれを「**共感（compassion）の地域研究**」と呼んでいます（読書案内④）。

また、研究成果を社会に還元する方法として、地域の課題解決に資すると思えるような様々な提言を世に発信することが考えられます。その方法としては、学術論文としての成果発表だけでなく、一般読者を対象とした書籍の執筆・公刊、新聞雑誌などマスメディアへの意見投稿といったもののほかに、今日ではブログやＳＮＳ（ソーシャル・ネットワーキング・サービス）など速報性と普及力のあるインターネット媒体を通じた発信方法もあります。しかしアカデミズムの世界にも社会の側にも、こうした価値判断を伴う研究者の発信について、非学術的であると批判したり、あるいはまたタブー視する傾向も一方ではありました[30]。しかし、単純化した当該政府批判という表現ではなく、普遍的価値に立った意見表明は、広く世論に訴える力をもちえます。特定地域の問題に発しながら、市民社会全体に社会的不正義の実態を伝えることにもなり、その問題への意識化を促《うなが》す活動ともなりうると思います。このような行動こそが、共感とコミットメントを伴う地域研究の責務であり、それを自覚することが地域研究者の倫理であると筆者は考えます。

　そしてその先に位置づけられるのが、双方向の研究、すなわち「**協働する地域研究**」です。例えば現地協力者とともに共同研究を行って、地域、学界、社会全般にその成果を普及させたり、調査方法に参加型調査を取り込んだり、対象地域での民衆教育を通じて当該問題をともに考えたりすることによって、連携して解決方法を探るという実践を組み込むことが効果的です。こうした「協働する地域研究」をめざすには、現地の地域社会における協力者や共同研究者の発掘、支援ＮＧＯとの連携といったネットワークを形成することから始められるでしょう。そのためには彼らとの間の信頼関係の醸成《じょうせい》が必要不可欠なことは言うまでもありません。

　研究の真の現地還元が実現するか否《いな》かは、このような**双方向の学び**のためのアプローチを確立することにかかっていると筆者は考えます。それによってはじめて「共感と協働の地域研究」が成り立つと考えられます。すでに述べたように、情報通信技術とグローバル化がかつてない勢いで進展する時代、地域の問題も複雑化・多岐《たき》化をきわめています。これまで普遍的価値判断に基づく立ち位置を明らかにすることは、ややもすれば敬遠されて

30　前述の村井吉敬は、こうした価値判断を伴う発言に対するタブー視を、地域研究者の責任回避として批判し、日本の地域研究者はこのようなリスクを負わないできたと指摘している。村井吉敬［２０１３］「ＮＧＯ活動、市民運動そして大学――温かい心を大学に」、上智大学グローバル・コンサーン研究所／国際基督教大学社会科学研究所共編『グローバル化のなかの大学――教育は社会を再生する力をはぐくむか』上智大学出版、87～97ページ。

きました。しかし、現代の地域研究者は、リスクへの覚悟をもって思想的立場を明らかにした上で、双方向の学びをめざし、研究成果を社会に発信する責務を負うことを、よりいっそう自覚する必要があるのです。

多様性に密着する地域研究

「地域」という、地域研究の根幹となる概念までも再考を迫られている今日の地域研究は、今後どのような方向性のもとに、社会においてその存在意義を認められるのでしょうか。

先ほど紹介したエスコバルの「差異のテリトリー」の議論は、近代性から排除され続けてきた先住民やアフロ系住民のテリトリー（場所、文化、関係性、生態系）に価値を見出し、彼らの行動や思想の中に、支配的な開発モデルの誤謬を修正し、その限界を脱却する鍵を見出すものでした。これは市場経済を全面否定する考え方ではありませんが、周辺に追いやられた人々の生活の場としてのテリトリーに注目することで、地域、さらには世界の動態をより客観的に理解しようとする姿勢だと考えられます。あるいは１９９０年代初頭に登場した「脱開発」の議論の背景には、食糧、エネルギー、気候変動といった地球規模の危機と、依然として解決できていない貧困の問題とが組み合わさり、「転換の言説」が期待されていた状況がありました。「脱開発」を含めその多くが、近代性批判に立脚しています。これらの議論は、地域研究の今後の方向性を考える上でおおいにヒントになりうるものです。

どのように人間の生の営みの方向を転換すれば、自然や地球はこれ以上破壊されずにすむのか、という問いに対して、すぐに答えを出すことは容易ではありません。しかし、地域研究が明らかにする先住民の生活様式、世界観や価値観、伝統的規範は大きな示唆を与えてくれます。

以前は、未開発な世界がどのように「欧米先進諸国のように」発展するか、という考え方が主流でした。つまり欧米を基準とした唯一の方向を向くという意味での普遍的（universal）規範によって開発や発展の問題が考察されてきました。しかし、「差異のテリトリー」の意義を主張する一部の論者は、人間の営みと発展のかたちが決して単一・一様ではないこと、多様な生の営みと「発展」の在り方があり、それぞれのダイナミズムに固有の意義を見出すべきだと述べます。これは、自然と人間との関係性に着目した「関係性の存在論」に基づくもので、**多様な方向性にむかう価値を尊重するという意味での多元的（pluriversal）な規範**の存在を認めようとする考え方です。このような視座を取り入れることによって、グローバル化時代の地域研究は新しい意義を持ち得ると筆者は考えます。

反帝国主義、反植民地主義、反グローバル化というように、地域研究はこれまでも主流派の論理にアンチテーゼを提供してきました。1つの価値観、1つの合理性に収斂《しゅうれん》される現代のグローバル化に対抗し、多元的に相互連関する関係性に基づく共生と、社会を構成する多様性を尊重する世界の可能性を追求してきました。こうした眼差《まなざ》しから「地域」を見つめ、記述し、発信してゆくことがいま求められています。ここに、今日の地域研究の存在意義があると筆者は考えます。

【読書案内】

①佐野誠［2013］「ラテンアメリカ経済の研究は何のためにあるのか——日本語で書くことの可能性と意義」、日本ラテンアメリカ学会第34回定期大会・パネルB「地域研究は何のためにあ

るのか」報告ペーパー（本書巻末に特別収録）
②チェンバース、ロバート［２０１１］『開発調査手法の革命と再生――貧しい人々のリアリティを求め続けて』野田直人監訳、明石書店（原著２００８年）
③中嶋嶺雄／チャルマーズ・ジョンソン編著［１９８９］『地域研究の現在――既成の学問への挑戦』大修館書店
④幡谷則子［２０１３］「「地の知」に寄り添う」、上智大学グローバル・コンサーン研究所／国際基督教大学社会科学研究所共編『グローバル化のなかの大学――教育は社会を再生する力をはぐくむか』上智大学出版、50～63ページ
⑤福武慎太郎ほか［２０１４］「総特集 グローバル・スタディーズ」、『地域研究』第14巻第1号
⑥村井吉敬［１９８２］『小さな民からの発想――顔のない豊かさを問う』時事通信社
⑦森川洋［２００６］「テリトリーおよびテリトリー性と地域的アイデンティティに関する研究」、『人文地理』第58巻第2号、21～41ページ
⑧矢野暢［１９９３］「地域研究とは何か」、矢野暢編『地域研究の手法』弘文堂
⑨山口博一［１９９１］『地域研究論』アジア経済研究所
⑩山﨑孝史［２０１６］「境界、領域、「領土の罠」――概念の理解のために」、『地理』61－6、88～96ページ
⑪吉田昌夫編［２００２］『地域研究入門――世界の地域を理解するために』古今書院
⑫de Sousa Santos, Boaventura［2002］*Toward a New Legal Common Sense: Law, Globalization, and Emancipation*, London: Butterworths LexisNexis（2nd ed.）
⑬Escobar, Arturo［2008］*Territories of Difference: Place, Movements, Life, Redes*, Durham: Duke University Press
⑭――――［2012］*Encountering Development: The Making and Unmaking of the Third World*, Princeton: Princeton University Press

①は著者が「往還的アプローチ」を提唱した論考。②はＰＲＡの提唱者チェンバースが、ＰＲＡ導入の背景とその後の開発現場での方法論に関する議論をふりかえった概説書。③⑧⑨⑪は地域研究の形成と発展、課題を整理した入門書。④⑥は現地の人々の知恵を再認識する必要性を説いたもの。

⑤はグローバル・スタディーズの創設とそのもとでの地域研究の在り方についての解説。⑦⑩はテリトリーおよびテリトリー性の概念を地理学の見地から解説したもの。⑬⑭はエスコバルによる「差異のテリトリー」と「世界の多元性」に関する議論。⑫は覇権的グローバリゼーションへの批判の書です。

（**幡谷則子**）

特別収録

特別収録1

ラテンアメリカ経済の研究は何のためにあるのか[1◆1]

日本語で書くことの可能性と意義

佐野　誠

はじめに

ラテンアメリカ経済の研究は何のためにあるのか。またとりわけ、その成果を日本語で書くことにはどのような意味があるのか。こうした問題について考察することが本稿の課題である。ここでの議論は、主に経済学研究の視点からのものであり、他分野にもそのまま当てはまるかどうかはわからない。とはいえ、それは隣接社会科学においては多少とも共有されうるのではないかと考える。

本稿は次のように議論を進める。1では言語別の研究類型を示し、各々の意義を簡潔に考える。そこでは従来の暗黙の了解を明示すると共に、これまで相対的に未開拓だった往還型地域研究〔本書第13章439ページも参照〕とでも呼べる研究分野の可能性を示唆する。次に2では、この往還型地域研究の意義を浮かび上がらせるために、それと本質的に同じ構造をもつ知的活動や社会的実践について、ラテンアメリカ研究には必ずしもこだわらずに紹介・検討する。また3では、筆者自身による往還型地域研究の実践例を要約し、その成否の検討も含めた今後の議論に向けて、たたき台となる素材を提供したい。以上を踏まえて最後に、従来その存在理由が十分には自省されていなかったと思われる日本語による通常の地域研究は、往還型地域研究を基礎づける確かな大前提のひとつとしても、より緊張感をもって自覚的に取り組まれるべきであり、これによって社会的意義を新たに与えられるのではないか、ということを示唆しよう。

1　地域研究の諸類型
——各々の存在意義を自覚的に問う

簡略にするためFを外国語（ここでは現地語、英語を想定）による研究、Jを日本語によるそれとすれば、およそ次のような類型化が可能である。

Fは全体としては現地の、または国際的な研究水準を前提に、それを引き上げるもの、ある

1　未定稿第2版、2013年5月21日。

◆1　この文章は、著者（新潟大学教授・故人）が日本ラテンアメリカ学会第34回定期大会（2013年6月1日、獨協大学で開催）のパネルB「地域研究は何のためにあるのか」での発表原稿として用意したもので、まとまった文章としては著者の遺稿となった。著者による原注は番号、編者による補注は◆付きの番号で示した。また文中の〔　〕内は編者による補足であり、ふりがなは編集部が付した。

いは脱構築するものと定義できる。ここでは研究者の国籍とはひとまず無関係に、研究内容のいわばコスモポリタンな〔地球市民主義的な〕意義が問われる。また次のような2つの下位類型、F1とF2がみられる。

まずF1は現地の、または国際的な研究関心をそのまま共有した類型である。著者自身の専門分野であるアルゼンチン経済研究と密接に関連しており、このような特徴を明確に備えていると判断できる典型例として、ペロニスタ労働運動◆2の発生史に内在して独自の解釈を提示し、現地研究者や国際学界の注目を惹《ひ》いたMatsushita［1983］がある。

これに対してF2は、同じく国際的な研究水準を踏まえつつも、日本の研究者ならではの問題関心から切り込んでいく類型である。日本の大企業の雇用関係とアルゼンチンの多国籍自動車製造企業のそれを企業・労働組合への面談調査や労働協約・賃金表によって比較し、カッコ付きの限定的な「日本化」を指摘したSano y Di Martino［2003］は、その一例である。

経済学のうち特に新古典派系の世界では以上のFを偏重するため、議論はここで終わることになる。しかし私たちはさらに続けてJ、つまり日本語による研究にも検討を加えてみよう。するとそこにも、さしあたり2つの下位類型、J1とJ2をみてとれる。J1は上に述べたF1と研究水準上は相互転換可能な（はずの）ものであり、J2は同じくF2と相互転換可能な（はずの）ものである。またJ2それ自体にもさらに下位類型があり、その一例として通商・開発援助・外交などのための政策・実践志向的な研究（J2*）をあげられる。なおJ一般の派生物として、専門的な研究成果を社会にわかりやすく還元する作業も、私たちは時折手がけることがある。これは研究そのものとは言えないが、取り急ぎJ*と呼んでおこう。

ラテンアメリカ経済研究（またこれと密接に関連する領域の研究）をひとまず以上のように類型化してみたとき、J*とJ2*の目的ならびに存在意義はそれなりに明らかだろう。しかし、それら以外については直ちにいくつかの問いが生まれる。

①　J1とJ2は、F1やF2に現実に転換されない場合、いったい何のためにあるのだろうか？

②　J1とJ2の真価を理解できる専門家は言語的制約により（またラテンアメリカ研究者の層が著しく薄いため）数少ないのが現実だが、そうしたごく一部の人々の間で研究成果を了解ないし批判し合うことに何の意味があるのだろうか？

③　もしかするとそこには、一般社会も注目す

◆2　**ペロニスタ労働運動**　労働者保護政策を打ち出して大衆の支持を集め、大統領職にも就いたアルゼンチンの軍人・政治家ペロン（Juan Domingo Perón　1895～1974年／大統領在任1946～55年、73～74年）の支持者を中心とする労働運動。

る「何か」がラテンアメリカに起こったときに的確な現実認識を提供し、必要なら適切な対応策を示唆できる専門家としての役割が、密かに期待されているのだろうか？

④ だとすると私たちは、ひたすら「有事」に備えて日夜研鑽《けんさん》を積むだけの学術的オンコール・ワーカー〔不定期・短時間の要請に応じる契約労働者〕にすぎないのだろうか？　この場合、Ｊ１とＪ２はＪ２*と機能上どう差別化されるのだろうか？

⑤ あるいは特に「何か」がなくても、また「有事対応」とは独立に、世界の一角に関する学識（Ｊ１、Ｊ２、また教養Ｊ*）を日常的に提供し続けることで、日本語を解する人たちの世界観の豊富化に寄与するという意義もあると思われる。しかし「日本語を解する人たち」は均質な個人ではない。性別、世代別、地域別、職業・「身分」別、階級・階層別、民族・人種別など多様な差異と支配・被支配の関係に組み込まれている、異質な人たちである。それではいったい誰のためのＪ１であり、Ｊ２なのだろうか？

　Ｊの存在意義をめぐる問いはこの他にも発せられるかも知れないが、ここでいったん打ち止めにしておこう。これらだけでも非常に重い問題群であり、また、いきなり肩透かしを食らわせることになってしまうが、それらに全面解答する用意はいま筆者にはない。

　それでもここで重要なのは次の点、すなわち、筆者の知る限り、このような問いの立て方は（少なくとも公式には）従来あまりなされてこなかったのではないだろうか、ということにある。私たち自身の存在価値にもかかわるこうした根本問題を、いま改めて熟考すべき時が来ているように思う。そうしてＪの意味や意義を各自が捉え直し、自覚したときに、研究のあり方（問題関心、主題設定、研究方法、成果の発表方法）もより深く省察せざるを得なくなるのではないだろうか。そしてそうなれば、日本のラテンアメリカ研究の世界にもいくらか好影響が期待できるのではないだろうか。進行しつつある世代交代にも臨みながら、そう筆者は考えている。

　以下では、自らの存在意義により自覚的なＪのあり方を再考する手がかりとして、Ｊ１ともＪ２とも異なる、これまで十分には開拓されていない研究領域Ｊ３の可能性と意義について、筆者自身の試行錯誤の経験に依拠しながら問題提起してみたい。それは「往還型地域研究」とでも呼べるものである。

　ただし主題を明確にするために、あえて少しだけ回り道してみる。ラテンアメリカ経済研究や狭い意味での地域研究それ自体には必ずしもこだわらず、筆者の知る示唆的な知的活動をいくつか紹介する。そこに共通するのは「外国で（または外国について）得た知見や洞察、あるいは培った経験を、それ自体として深めるだけでなく、足元の類似した問題の考察や解決にも意識的に活用する（また必要に応じて逆方向にも同様の取り組みを行う）」という姿勢である。ここではそれを「往還する知」と呼んでおこう。

2 往還する知

2・1 「チェルノブイリは警告する」

最初の一例は綿貫［2012］である。環境学、生化学、平和研究、エコロジーを専門分野とするサイエンス・ライター、故・綿貫礼子〔1928〜2012年〕は、チェルノブイリ原発事故〔1986年〕の後、地域住民の国際救援活動と健康被害調査を仲間とともに開始した。以後20年以上にわたり、英語文献とロシア語文献を幅広く渉猟《しょうりょう》して徹底的な検討を加える一方、これと併行して現地調査を繰り返した。その過程で「〔原発事故で放出された放射性物質〕セシウム137による遺伝子発現の乱れが、ガン以外の多様な病気を母・子にもたらしてきた」という仮説を帰納的に導き、それを国際学会で発表したところ、現地の学者からも有望だとして支持されたという。しかし綿貫の活動はそこに留まらなかった。3・11の後、この仮説に照らして「福島でも予断なくあらゆる可能性を考えるべきである。特に持続的低線量被曝と生態系汚染が母親の生殖健康や子供に幅広い影響を与えるリスクを重視すべきだ」と提言したのである。

これを本稿の文脈と問題関心で整理し直すと次のようになる。綿貫は当初はコスモポリタンとしてチェルノブイリに赴き、文献研究と実地調査の両面から現地の実態に迫って独自の仮説を導き出す。のちに足元の福島で同質の悲劇が繰り返され、しかもその健康被害が過小評価されがちだとみるや、チェルノブイリで培《つちか》った自説をもってその風潮に挑み、志半ばで病に斃《たお》れた。まさしく「チェルノブイリは警告する」と訴えた、鮮やかな知的往還の実践例だと評価できる。

2・2 国際協力と福島支援——「共通」の課題に取り組むNGO

藤岡・中野［2012］も東京電力福島第一原発の事故と密接にかかわる主題を扱っている。そこには、国際協力NGOとしてアジアの発展途上諸国で長年経験を積み重ねてきた、そしてそれなりの自負のある人たちが、福島の原発事故に直面した時どう考え、どう対応してきたかが、実務者一流の観点から率直に語られている。

まず、核心的と思える箇所をいくつか引用しよう。

「今回の震災と原発事故は、これからＮＧＯが社会の中で果たして行こうとする役割をも問いかけている。…（中略）…普段海外で活動する国際協力ＮＧＯが初めて本格的に国内の災害救援に関わった…」（藤岡［２０１２］８〜９ページ）。

「なぜこれまで国内問題にとりくんでこなかったのか。なぜ福島支援を行うのか。福島支援と海外の途上国支援とはどう関係しているのか。原発問題にどういう立場をとるのか。福島支援を始めた団体は、これまで意識してこなかったこうした問題を考えるようになり、同時にこれまでの海外での自分たちの活動を振り返り始めている。／もしかすると、福島支援は日本の国際協力ＮＧＯにとって大きな転機となるかもしれない。途上国の「大変な」人たちを支援する「豊かな」日本の市民団体、というイメージから脱却して、途上国の人々と福島の人々の苦痛を結び、国境を越えて社会の矛盾に光を当て、一緒に苦労しながらよりよい世界を作って行こうという、新しいＮＧＯ像が生まれるかもしれない」（藤岡［２０１２］９ページ）。

また日本国際ボランティアセンター（ＪＶＣ）の関係者は次のように述べている。

「国外での経験を日本でどう生かせるのか、それがいま試されている」（谷山・谷山［２０１２］１５８ページ）。「ＪＶＣは福島で活動を始め、今後も福島に関わり続けようとしている。それはなぜか。／人道支援に携わる際のＪＶＣの基準の一つに、「日本社会との関わり、日本市民として責任がある場合」というものがある」（同１５９ページ）。

藤岡・中野［２０１２］は多彩な含蓄に富むが、いま本稿の問題関心からあえてその通奏低音《つうそうていおん》らしきものを取り出し、筆者なりに要約すれば、次のようになる。国際協力ＮＧＯはこれまで、発展途上諸国で社会の矛盾（それはしばしば日本と直接・間接にかかわるものである）に苦しむ人々に対して人道的観点から当たり前のように支援を行ってきた。それは彼ら・彼女らにとってごく自然な行為であり、特に難しく考えるべき何事かではなかった。一方、そうしたＮＧＯにとって、国内には自らのフィールドにみられるものと同類の問題などあるはずもなく、目線はあくまで外向き（南向き）でしかなかった。

しかし福島の原発事故は足元の社会的矛盾、したがって日本の市民と直接にかかわりのある矛盾をさらけ出した。それまで国内とは無縁だった国際協力ＮＧＯが、すべてではないが福島への支援活動に関与するようになったのは、その意味で自然なことであったと言える。発展途上諸国で支援活動を積み重ねてきた人たちが、本質的に同じ課題を抱えている（とわかった）国内の地域社会に往還し、いま新たな試行錯誤を進めているのである。

2・3　太田昌国にみる「知の方法の自己変革」

ラテンアメリカに一歩近づけよう。同地域の研究の世界にも「往還する知」の事例はないのか。まだ多くはないが、たしかにある。太田［2000］は地に足のついた、たくましい先駆的実践のあり様を、生き生きと語ってくれている。

太田昌国《まさくに》◆3は世界の社会変革運動の研究・出版活動の後、1970年代にラテンアメリカを長く旅し、エクアドル滞在中にボリビアの映画集団ウカマウの作品と偶然出会う。それはチェ・ゲバラ◆4の遺した問題（社会変革にとって先住民という存在はどう捉えられるべきか）を考察する「映像による帝国主義論」（太田［2000］283ページ）だった。

ウカマウと現地で対話するなかで「世界観・歴史観は共有できるということを非常に深く感じた」（同243ページ）太田は、帰国後、彼らの映画の自主上映活動と製作協力（資金提供、シナリオ修正）を手がけるようになる。その一方では、日本にもみられる共通の問題（アイヌ、琉球の人たち。また先住民ではないが抑圧されている在日の人々など）を意識的・自覚的に対象化し直しつつ、研究・評論活動を展開していく。こうした往還から、次のような興味深い方法論が導かれる。

「自分たちを世界のなかに相対化する方法をもつことが必要です。第三世界の歴史と文化を知ることの意味はここにあります。ぼくらの活動は、帝国主義本国内部におけるこのような「知の方法の自己変革」、ことばを換えると「意識化作業」の一環であることをめざします」（太田［2000］286ページ）。「先住民族の存在・思想・価値観を重視し、それによって自らを対象化するという方法」（同310ページ。ウカマウについての論評だが、自身の方法でもあると考えられる）、あるいは「別な地に住み、同じ問題を抱えていると自覚している私たち」（同前）といった思考法も、基本的に同種のものである。

2・4　ランス・テイラー：ラテンアメリカ体験から構造派マクロ経済学の体系化へ

最後に、ラテンアメリカ経済研究と接する世界にまで話を戻しておこう。ただし、ここでの例はラテンアメリカと日本との間の往還、つまりJ3ではなく、前者とアメリカ合州国との間の英語によるそれ、いわばE3になる。J3はE3と機能的に等価であるから、これはJ3の議論として読み替えても差し支えない。ここで

◆3　**太田昌国**（1943年～）評論家、編集者（出版社「現代企画室」編集長）、翻訳家。ラテンアメリカの歴史・文化・社会経済に精通。著書に『新たなグローバリゼーションの時代を生きて』（河合文化教育研究所、2011年）など。本文で紹介されているウカマウ集団の映画作品の一部は、太田の解説付きDVD（アンデス先住民の抵抗を描いた『第一の敵』シネマテーク・インディアス、など）で観ることができる。

◆4　**チェ・ゲバラ**（Ernesto Che Guevara　1928～67年）アルゼンチン生まれの革命家。盟友カストロとともにゲリラ戦をたたかい（キューバ革命：1953～59年）、親米独裁政権打倒後は国立銀行総裁や工業相としてキューバの社会主義経済建設を指導した。その理論と実践はラテンアメリカだけでなく世界中に多大な影響を及ぼした。

の主人公はニュー・スクール大学教授を務める構造派マクロ経済学者、ランス・テイラー（Lance Taylor）である。

Taylor［2000］に記された略歴から始めると、テイラーは1940年生まれ、アメリカ合州国アイダホ州出身である。カリフォルニア工科大学で物理学を志すが断念し、同大の経済学の講義でケインズ『〔雇用・利子および貨幣の〕一般理論』に触発され、経済学に転じる。ハーヴァードの大学院でホリス・チェネリー[5]の指導を受け、経済発展過程における産業構造変化を計量経済学的に考察した論文で学位を取得した後、1968年、ローゼンスタイン・ロダン[6]率いる経済政策顧問使節の一員として、エドゥアルド・フレイ[7]政権下のチリに派遣される。そこでラテンアメリカの構造派経済学[8]に出会い、目を見開かれた。また、構造派に影響を与えたケンブリッジのポスト・ケインジアンの経済学〔第3章参照〕にも傾倒するようになった。

テイラーは語る。「チリのその後の歴史が十二分に証明しているように、私は所得分配をめぐる争い（暗黙のものであれ、明白なものであれ）がいかに経済の変動を規定するかについて知識を吸収した。シュンペーター[9]は『経済分析の歴史』のなかで、大抵の経済学者は25歳頃に得た「洞察」（‘vision’）を練り上げながら経歴を重ねていくものだと力説している。たしかに私の場合も、経済の基本的な見方はチリに滞在した経験から導き出されたものだ。それは、1960年代末のサンティアゴの雰囲気に溢れていたラテンアメリカ経済委員会[10]の構造派流の考え方から、著しく影響を受けたのである（傍点による強調は引用者のもの）。ECLAの経済学者たち自身はまた、カレツキ[11]とカルドア[12]に知的債務を負っていた」（Taylor［2000］p. 666）。

実際、ラテンアメリカ体験で得た「洞察」は帰国後も活かされていく。「1976年のモデルは、もちろん、セルソ・フルタード[13]やマリア・ダ・コンセイソン・タバーレス[14]といったラテンアメリカの人たちによる以前の制度派的分析に依拠していた」（Taylor［2000］p. 666）。「チリから戻った後の3年間、私はハーヴァードで教え、次にブラジリア大学を1年間訪れた。（中略）スラッファ[15]、ロビンソン[16]、カルドア、カレツキ、そして少なからず人類学の文献を読んだが、その傍らで私は、ブラジルの所得分配の変化を描写できるようなCGEモデル[17]を構築した」（Taylor［2000］pp. 666–667）。

テイラーはその後もラテンアメリカ構造派の「洞察」とポスト・ケインジアンの数理的な分析手法を自覚的に「折衷《せっちゅう》」しつつ、まずは開発経済学の分野で「構造派マクロ経済学」を体系化する（Taylor［1983］）（なおMIT〔マサチューセッツ工科大学〕教員の時代には、初期の国際収

◆**5　チェネリー**（Hollis Burnley Chenery　1918～94年）アメリカの経済学者。開発経済学の先駆者の1人で、特に開発途上国の発展パターンを時系列および産業横断的に分析した研究が有名。

◆**6　ローゼンスタイン・ロダン**（Paul Narcyz Rosenstein-Rodan　1902～85年）ポーランド出身、イギリスとアメリカで活躍した開発経済学者。

◆**7　フレイ**（Eduardo Frei Montalva　1911～82年）チリの政治家。1964～70年大統領。民主主義・修正資本主義の立場をとり、アメリカ系資本のもとにあった銅産業の国有化や農地改革などを通じて経済自立化と社会の近代化に尽力した。

◆**8　構造派経済学**　開発途上国や先進国の経済、社会、政治構造の特異性に着目する異端派のマクロ経済分析を指す。ラテンアメリカ諸国の研究に起源を有することから「ラテンアメリカ構造学派」と呼ばれることも多いが、それ以外の地域の経済分析にも応用可能なため、「構造主義経済学」と称される場合もある。詳しくは第11章を参照。ラテンアメリカ出身の代表的な経済学者としてアルゼンチン出身のプレビッシュ（Raúl Prebisch　1901～86年）

支危機モデルに関するクルーグマンとの有名な共著論文も発表している[18])。しかしそこにとどまらず、青年時代に得た「洞察」を引き続き踏まえながら、より広くマクロ経済学全般の刷新と体系化も試みた（Taylor［2004］）。さらに注目すべきことには、こうして構築された一般的な「構造派マクロ経済学」の立場から、足元のリーマン・ショックと大後退（The Great Recession）の背景・現状をも理論的に考察してみせている（Taylor［2010］）。これはまさしく見事なE3だと言ってよいだろう。

以上に述べた通り、「往還する知」は活動分野を問わずひとつの新たな可能性を切り拓く。それはたしかに、一種の国際的な化学反応を通じて、従来にない視点や内省、そして目の前の現実に関与するための新たな知的基盤をもたらし得る。往還することの意義を、ここに見出すことができる。

3　筆者自身による往還型地域研究の試行錯誤

今度は筆者自身による「往還する知」の取り組みを紹介しよう。それは文字通り試行錯誤にすぎないが、何らかの示唆を与えられるものであれば幸いである。

3・1　アルゼンチンから日本へ、日本からアルゼンチンへ

筆者の元来の専門分野はアルゼンチン経済の研究それ自体にあった。そのひとつの中間総括として佐野［1998］がある。だが、その後現在に至るまで、かの地（場合によってはアルゼンチンに限らず他の南米諸国も含む）と日本（また必要に応じて近隣諸国）を往還する作業を続けてきている。

その流れを予《あらかじ》め整理すれば、まずは①アルゼンチンの2回にわたる新自由主義改革（1976～81年、1991～2001年）の負の帰結を確認し、それとの比較において日本の「構造改革」を批判的に捉える研究を手がけた。次に、②アルゼンチンの現代経済史から得た「新自由主義サイクル」という概念を日本経済に応用して一定の仮説を構築するとともに、そこから抜け出すための将来構想にも取り組むようになった。また、この作業の延長線上で、③日本の地域社会（新潟市）における規制緩和や「小さな政府」の問題点を間近に観察する機会を得ると同時に、競争偏重に対抗する「共生経済」の埋もれた事例についても実地調査することになった[2]。さらに、④こうした足元の実態や将来構想の研究を進める過程で、近年のアルゼンチンにみられる「ポスト新自由主義」のマ

や後出のフルタード（補注13参照）、チリ出身のオズワルド・スンケル（Osvaldo Sunkel　1929年～）などがいる。

◆9　**シュンペーター**（Joseph Alois Schumpeter　1883～1950年）オーストリア出身の経済学者。詳しくは第8章参照。

◆10　**ラテンアメリカ経済委員会**（Economic Commission for Latin America：ECLA）1948年、当該地域の経済・社会発展の促進などを目的に、国連経済社会理事会の地域委員会の1つとして設立された。ラテンアメリカ諸国のほかアメリカ、イギリス、フランスなどが加盟。チリのサンティアゴに本部を置く。84年、カリブ諸国が加わり、ラテンアメリカ・カリブ経済委員会（Economic Commission for Latin America and the Caribbean：ECLAC、スペイン語とポルトガル語ではCEPAL）と改称。日本も2006年に正式加盟している。

◆11　**カレツキ**（Michał Kalecki　1899～1970年）ポーランドの政治経済学者。ケインズ理論の同時発見者であり、分配理論や景気変動論の研究者としても有名。詳しくは第3章参照。

クロ経済運営や「連帯経済」[19]の多様な活動、そして両者の連環のあり方に改めて関心を抱くようになり、現在その方向で文献研究を進めつつある。

以下、①、②、④の各々について、核となる関連文献の要点だけ記しておこう（議論が細部に散逸しないよう、③は省略する）。なお、その前提としてまず、テイラーの場合と似たようなラテンアメリカ体験を筆者も味わったことに触れておく必要がある。

3・2 往還の初期条件【0】――ラテンアメリカ体験と方法論の自省

筆者の新自由主義批判の問題関心は、実は遠くハニーウェル［1987］の翻訳に遡《さかのぼ》る。ただし目の前の中曽根政権による原「構造改革」については、立ち入って考察してみることは当時ほとんどなかった。研究者の卵として、アルゼンチンの1回目の新自由主義改革（1976～81年）の失敗を理論的に考察したCanitrot［1980］にはすでに目を通しつつあった。また国鉄民営化や「民活」が大学院の研究室でよく熱い話題になり、同じ部屋にいたカナダの留学生から「アルゼンチンの金融自由化は失敗したが、日本はうまくいっている」と（後日バブル景気にすぎなかったとわかる現象について）聞かされていた。それにもかかわらず、である。事の重大さを十分理解できていなかったのに加え、（意味もわからないまま、とにかく）J1に専心していただけで、悪しきアカデミズムに毒されていた。

一方、アルゼンチン経済自体に関する筆者の当初の研究は、第一次大戦とロシア革命の後、世界農業問題（農産物の世界的過剰生産と中心資本主義諸国による農民・農業保護の強化）のゆえに同国が工業化を強いられながら、それに適応するための政治経済条件が十分ではなかった点を明らかにしようとするものだった。この歴史＝理論的研究と先に触れた翻訳の2つの問題関心は、必ずしも連動していなかった。

その後1980年代末の2年間、外務省専門調査員（ブエノス・アイレスの日本大使館）となった筆者に与えられた研究課題は労働問題と経済統合（現在の南米南部共同市場[20]の前身）であり、このうち特に前者は大きな意味をもった。長期の軍政を経て以前よりも弱体化したとはいえ、アルゼンチンの労働運動にはなおゼネストを繰り返し打つ力があった。また有産層も為替投機など経済的な拒否権を発動する力をもち、現実に強い影響を与えていることが感じとれた。こうして筆者もまたテイラーと同じく「所得分配をめぐる争い（暗黙のものであれ、明白なものであれ）がいかに経済の変動を規定するかについて知識を吸収した」のである。

◆12 **カルドア**（Nicholas Kaldor　1908～86年）ポスト・ケインジアンを代表するイギリスの経済学者。邦訳『経済成長と分配理論――理論経済学続論』（笹原昭五・高木邦彦訳、ポスト・ケインジアン叢書12、日本経済評論社、1989年）など。

◆13 **フルタード**（Celso Monteiro Furtado　1920～2004年）ブラジルの経済学者。プレビッシュらとともにラテンアメリカ構造派経済学の創設者の1人。パリ大学（ソルボンヌ）で学位（経済学）取得後、設立間もないラテンアメリカ経済委員会（ECLA、補注10参照）で開発政策研究を主導。北東ブラジル開発庁（SUDENE）初代長官、計画相、文化相などを歴任。ブラジルを中心に開発と低開発、貧困に深い関心を寄せた。低開発国の工業化では、資本集約的技術の採用と不公正な分配に伴う需要制約が非効率な産業を生み出し、経済発展が停滞するとした。

◆14 **タバーレス**（Maria da Conceição de Almeida Tavares　1930年～）ポルトガル生まれでブラジルに帰化。構造派を代表する経済学者の1人。リオデジャネイロ連邦大学名誉教授、元下院議員（労働者党）。ブラジル軍政期には構造派経済学についての予備知識はあったが、それにもとづく政策が当時のアルフォンシン政権（１９８３〜89年）の経済チームによって日々展開される――かつ諸利害の力の前に打ち砕かれる――様子を目の当たりにしたこと、また折しもマクロ経済に対する政治的・社会的要因の不確定な影響を重視する新潮流（社会的資本蓄積体制論。実は後述するＳＳＡのアルゼンチン版だった）が隆盛していたことも、確信を強めるのに役立った。それまで影響を受けていた（そして、アルゼンチン研究に際しての使い勝手の悪さから疑問を抱き始めていた）マルクス経済学の決定論的な社会観を、さらに相対化するようになった。なお念のために断っておくが、これは冷戦崩壊以前の段階でのことである。

偶然は重なる。帰国してみると、フランスのレギュラシオン・アプローチ〔第4章参照〕やアメリカ合州国の社会的蓄積構造理論（ＳＳＡ）〔詳細は第12章用語注1参照〕といった非決定論的な政治経済学が、硬直化していたマルクス経済学に代わって市民権を得つつあった。また、それらと共鳴し合うポスト・ケインジアンの経済学（西川潤[◆21]・早稲田大学教授［当時］の学部ゼミで無自覚に学んでいた）を再発見した。テイラーの場合と同様の「洞察」は、いよいよ確信されていくことになる。

３・３　往還【１】――アルゼンチンの新自由主義体験に照らして日本を「地域研究する」

以上の原体験を踏まえ、筆者はまずアルゼンチン経済の研究に傾注した。前にも述べたように、佐野［１９９８］がその中間総括である。とりわけ同書第4章では、チリとほぼ同時期に行われた世界初の教条的な新自由主義改革の破綻と１９８０年代の「失われた10年」の仕組みを理論的・実証的に考察した。さらに佐野［２００１ａ］では、２回目の新自由主義改革（１９９１〜２００１年）の帰結のうち殊《こと》に大量失業問題を実証的に論じた。[3] 1節で論じた類型化にしたがえば、これらはＪ１ということになる。

ひとつの職業的偶然で往還が始まる。ある共同研究に誘われ、通貨・金融危機に陥るまでの韓国経済の脆弱性をアルゼンチン経済の現代史に照らして考察してみる機会を与えられた。[◆22] そこからは、非ルイス・モデル型の労使関係による利潤圧縮（新自由主義改革以前のアルゼンチンにおいて繰り返された）と金融自由化に伴う不安定性がほぼ同時進行する、二重の「アルゼンチン化」という結論が導かれた（佐野［１９９９］／佐野［２００１ｃ］）。

これにすぐ続いてまた別の共同研究に参加し、今度は金融危機後の混迷する日本経済に対してアルゼンチンの「構造改革」が何を示唆するか

チリに亡命、ラテンアメリカ経済委員会（ＥＣＬＡ、補注10参照）、アジエンデ政権の経済省で勤務。マルクスやカレツキ（補注11参照）などの理論に基づきブラジルの経済発展や停滞を考察、輸入代替工業化が外貨制約や分配の悪化などの問題を生むことを指摘し、工業化の持続には輸出が必要であるとした。

◆**15 スラッファ**（Piero Sraffa　１８９８〜１９８３年）イタリア出身の経済学者。詳しくは第1章注41参照。

◆**16 ロビンソン**（Joan Violet Robinson　１９０３〜83年）ケインズ左派を代表するイギリスの経済学者。同じく経済学者である夫（Edward A. G. Robinson　１８９７〜１９９３年）の後任としてケンブリッジ大学初の女性教授となる。スラッファ（補注15参照）の問題提起を受けて提唱した不完全競争論（新古典派創設者の1人であるマーシャル［Alfred Marshall　１８４２〜１９２４年］が提示した「競争的市場」への対抗的理論）で知られる。後年はラディカルエコノミストとして、途上国の貧しい人々の立場に立ち、経済学の背後に存在するナショナリズムや非科学的プロパガンダ、主流派の均衡理論を批判した。邦訳『不完全競争

を検討することになった。その結果、韓国の事例とは異なって、日本の場合は主に一連の新自由主義改革そのものこそがマクロ経済的不安定化と格差・貧困の拡大を生み出しており、その意味において「アルゼンチン化」しつつあると結論している（佐野［２００１ｂ］）。この考察は佐野［２００５］においてさらに拡張されることになる。[4]

はじめは偶然に由来していた往還型地域研究は、以上の過程で次第に自覚的なものとなり、ここに筆者なりのＪ３が基礎づけられた。バブル経済以降の日本経済の問題点が新自由主義の「構造改革」と不可分だとする解釈は近年でこそ「常識」になりつつあるし、同改革の失敗はそれを先導した経済学者自身によっても追認された（中谷［２００８］）。だが、このＪ３が始まった時点では必ずしもそうではなく、そのような見方は非新古典派経済学の世界でもなおしばらくは半信半疑の扱いだった。[5] ましてや「アルゼンチン化」など、比喩に過ぎないとしても奇怪な珍説と受け止められていたに違いない。

筆者としては、すぐれて教条的であるがゆえに典型的なアルゼンチンの経験（「空想資本主義」の理論とも言えるシカゴ学派のマネタリー・アプローチ[♦23]を人口数千万人規模の国で２回も実践したのは、この国をおいてほかにない）[6]、つまり「極端にすればこうなる」という極限例を詳細に研究していたからこそ、ある種の既視感（投機ブームその他のマクロ経済的不安定化、格差・貧困の広がり等）と確信をもってそう主張できたのだと考えている。[7] その意味で、この往還には「先見」を与える意義があったと自己評価しておきたい。

ひとつ付け加えておくと、佐野［２００５］は、他の寄稿者による多少とも往還型の研究も含んで全体に斬新であり、また著名な経済評論家の協力を得られたこともあって、世論形成にも貢献したところがある。この意味においてもＪ３の試みは有意義だったと考えられる。

ただし、この段階に留まっていたなら、Ｊ３などと語るのはやや誇大広告の感ありだったことは率直に認めなければならない。なぜなら、議論の細部はともかく上述の「常識」は、わざわざ「アルゼンチン化」のレンズを通さない論者によっても（いつの間にか）ますます主張されるようになり、人口にも膾炙《かいしゃ》してきたからである。アルゼンチンの経験に依拠しながら、より繊細に日本の現実を解析し得る視点が必要だった。

3・4 往還【2】――「新自由主義サイクル」仮説の構築と対案の模索

初めからそう意識していたわけではないが、

の経済学』（加藤泰男訳、文雅堂書店、１９５７年）、『資本蓄積論』（杉山清訳、みすず書房、第3版１９７７年）、『異端の経済学』（宇沢弘文訳、日本経済新聞出版社、１９７３年）など。

♦17 **ＣＧＥモデル**（Computable General Equilibrium model：計算可能一般均衡モデル）数学的手法によって導かれる一般均衡（序章34ページ参照）のモデル。ＡＧＥモデル（Applied General Equilibrium model：応用一般均衡モデル）と呼ばれることもある。

♦18 **クルーグマン**（Paul Krugman １９５３年～）アメリカの経済学者。新古典派の国際貿易論が現実を反映していないとして、「規模による収穫逓増」を数理モデルにより実証。ＩＭＦ批判、緊縮財政批判でも知られる。邦訳『さっさと不況を終わらせろ』（山形浩生訳、ハヤカワ・ノンフィクション文庫、２０１５年）など。

2 自然栽培米のフェア・トレード、休耕田を活用したバイオエタノールの製造とグリーン・ガソリンの商業販売、かつての医療過疎地における医療生活協同組合運動の展開である（佐野［２０１３］１４９～１５５ページ）。

♦19 **連帯経済** 利益追求よりも社会的連帯を重視して営まれる経済。詳しくこの方向への第一歩となったのは、２００３年の日本ラテンアメリカ学会第24回定期大会シンポジウム報告「構造問題と新自由主義循環を超えて――ラテンアメリカとアジアをどう交差させるか」である。上述した往還【1】の過程で次のことがわかってきていた。つまり、アルゼンチンでも日本でも新自由主義政策がマクロ経済的不安定化や格差・貧困の拡大を引き起こし、それらが相互に増幅したといっても、その合間には政治的な配慮から補整政策（それ自体としてみればケインジアンの景気対策も含む）が措置された。その結果、景気浮揚や社会問題の緩和が限定的ながらしばらくは可能になる。そして問題の根源が曖昧にされ、自由化・規制緩和や「小さな政府」が改めて推進された。そこから帰結したのは再びマクロ経済的不安定化や格差・貧困の拡大、また両者の累積的因果連関にほかならない。こうしてまた補整政策が繰り返された。

以上の政治経済的な反復は、Kalecki［1990(1943)］が１９３０年代末のアメリカ合州国に検出した原型とは異なるものの、本質的にはやはり同じく「政治的景気循環」と呼べる。ただし、それは自由化政策に伴う制度転換よって起動するという点で現代固有のものであり、「新自由主義サイクル」と言う方がより適切である。[8]

およそ以上のように直観し、その素案《そあん》を先の学会報告で初めて提起した。その後、往還にとって戦略的な議論である日本経済の「新自由主義サイクル」をいく度かの機会に論じてみたが試行錯誤が続き、それを多少とも体系的かつ簡潔に文章化できたのは、ようやく佐野［２０１３］第1章においてである。これもなお、概念的なモデルによりながら筆者の最新の仮説を論じるにとどまっており、理論的深化（たとえばポスト・ケインジアンの累積的因果連関の理論による補強）や細かな実証は今後の課題だが、ひとまずバブル経済以降の「サイクル」の本質的構図は試供できたつもりでいる。[9] それはまた、今日ではよくみかける新自由主義批判よりも現実の認識において一段繊細であり、動態的な理解になっているのではないかと考える。

一方、この議論を踏まえつつ佐野［２０１３］第4章では、閉塞した現実を乗り越えるための対案も提起している。所得再分配による内需拡大を上級財の安定した地産地消（国内版フェア・トレード〔第12章参照〕）に連環させる「共生経済社会」というのがその骨子だが、[10] 詳細は本稿の課題とは外れるので省略する。ここで注意を喚起しておきたいのは、こうした議論の展開が次のようなもうひとつの往還を促しつつあるという点である。

は第9章、第12章および特別収録2の対談を参照。

◆**20 南米南部共同市場**　南米諸国間の関税同盟。域内では関税を撤廃し、域外では共通関税を設ける。１９９１年、南米における自由貿易市場の開設を目的にアルゼンチン、ウルグアイ、ブラジル、パラグアイ（現在の加盟4カ国）が調印、95年発足。準加盟国がチリ、コロンビア、エクアドル、ガイアナ、ペルー、スリナム。ボリビアが批准手続き中、ベネズエラが資格停止中。現地語略号（スペイン語Mercosur、ポルトガル語Mercosul）からカタカナでメルコスールと表記されることもある。

◆**21 西川潤**（１９３６～２０１８年）経済学者。専門は国際経済学、開発経済学。１９７０年代、欧米発の従属理論（開発途上国の経済の後進性が、先進国を中心とする世界資本主義の構造に起因するとする考え方）を日本に紹介した。著書『人間のための経済学――開発と貧困を考える』（岩波書店、２０００年）など。

3　これは佐野［２００９］に第3章として加筆収録されている。

◆**22** ルイス・モデル（別名「二重経済モデル」）とは、イギリスの新古典派経済学者ルイス（William Arthur

3・5　往還【3】——ポスト新自由主義の処方箋を求めて

アルゼンチンの典型的な新自由主義体験に照らして、日本を「アルゼンチン化」という導きの糸のもとに「地域研究する」。その過程で「新自由主義サイクル」という概念を導き、より繊細かつ動態的に日本経済の問題構図を提示する。そしてそこから離脱するための方途を構想する——J3がここまで進みかけた時、それまで反面教師としてきた南米南部の国はすでに2002年以降、兌換法《だかんほう》体制◆24（1991～2001年）という名のマネタリー・アプローチとは絶縁し、脱・新自由主義改革へと決定的に転換しつつあった（競争力を維持する介入型の通貨政策、機動的な資本規制や為替管理、所得再分配政策、貧困層廃品回収業者の協同組合ほか各種の「連帯経済」への支援など）。そして国際一次産品ブームや対外債務削減交渉の成功にも支えられながら、2011年まで未曾有《みぞう》の高度成長と社会指標の劇的改善を実現した。

一方、2008年以降は構造インフレが激化し、一時その年率は20％台に達した可能性もある[11]。政策体制転換後はしばらく黒字だった貿易収支と財政収支も近年は余裕がなくなり、かつて繰り返し問題となった対外制約が再び懸念され始めている。2012年からはブラジル経済の減速ほか国内外の諸要因が重なって、経済成長にもブレーキがかかるようになった。

このように、もはやアルゼンチンは「新自由主義サイクル」から離脱し、その意味において世界の先頭を走りつつ、より「高次元」での試行錯誤を重ねているようにみえる。ユーロ圏周辺諸国の経済危機をめぐって Krugman［2012］や Stiglitz［2012］など世界の著名な経済学者たちがアルゼンチン式解決（固定相場制の放棄、通貨切り下げ、デフォルト。つまりユーロ圏からの離脱）を提案したのも、そのためにほかならない。

だとすれば、日本は地球の裏側の国に何を学ぶべきであり、上述した「共生経済社会」の将来構想などにその教訓をどう生かすべきなのか——。方向は今までと正反対になるが、これこそ次なる往還の課題とならなければならないはずである。そしてそのために、まずはJ1およびび/またはF1として、「ポスト新自由主義サイクル」のアルゼンチンの成果と課題を正確に把握しておく必要がある。佐野［2009］の一部やラテン・アメリカ政経学会第49回全国大会（2012年）での報告「アルゼンチンにみる〈ポスト新自由主義〉の成果と課題」は、そうした問題意識に立つ。

おわりに：簡単な考察を兼ねた結び

Lewis 1915～91年）が提示した開発経済学のモデル。開発途上国の経済を近代的な資本家的部門（都市部）と伝統的な生存維持的部門（農村部）に分け（二重経済）、後者から前者に無制限に労働力が供給されることで労働供給曲線が無限に弾力的となり、経済が発展すると説いた。

4　これは佐野［2009］にも第1章として加筆収録されている。

5　それ以前から伊東光晴（1927年～）、宮崎義一（1919～98年）、内橋克人（1932年～）、金子勝（1952年～）、山家（やんべ）悠紀夫（1940年～）といった日本を代表する論客が経済自由化や「構造改革」を疑問とする先駆的な議論を展開していたが、そうした問題関心は当時なお十分には共有されていなかった。

◆23　マネタリー・アプローチ　新古典派マネタリズム（貨幣量の制御による物価安定化を重視し、完全雇用に向けた財政政策の無効を主張する反ケインズ的立場）の国際収支理論。完全雇用、貨幣の流通速度一定、一物一価などの非現実的仮定の上に、固定相場制の下にある開放経済の国際収支を貨幣の需給関係から解釈し、政府介入すなわち中央銀行の裁量的な金融政策がないか

「ラテンアメリカ経済研究は何のためにあるのか」という問題について考えるために、本稿では最初に言語別の研究類型を示し、そのうち特にJをめぐるいくつかの問題を提起した。それらに対していますぐ全面的な解答を与えることはできないものの、ともかく「Jは何のためにあるのか」と問いを立て、私たちの営為をより自覚的に再考してみることの重要性を指摘した。そしてそのための一助として、「往還する知」の先行事例を踏まえつつ、これまで相対的に「低開発」の研究分野であるJ3の可能性と意義について、筆者自身の試行錯誤を紹介しながらひとまず先に論じてみた。

　ところでJ3の大前提となるのは、主には、確かなJ1および/またはF1（部分的にはJ2やF2）である。他方、J3は本質的に日本語を解する読み手を志向した学的社会実践であり、そうした読み手（特に研究者以外で外国語文献を読解できない人たち、あるいは外国語文献を広く咀嚼《そしゃく》する余裕のない人たち）にとって、当該J3の適否を判断しうる材料はJ1にほかならない。つまりJ3によってJ1が改めて存在理由を与えられる、という面がある。とすれば、自他によるJ3を予想しつつ、F1（およびF2）に比肩《ひけん》しうる、またはそれらへと少なくとも潜在的には転換可能なJ1（およびJ2）を、一層の緊張感をもって自覚的に進めるということ――ここにJの存在意義の少なくともひとつを求められるのではないか。これが現時点での筆者の暫定的結論である。

【参考文献】

内橋克人・佐野誠編［2005］『ラテン・アメリカは警告する――「構造改革」日本の未来』新評論

太田昌国編［2000］『アンデスで先住民の映画を撮る――ウカマウの実践40年と日本からの協働20年』現代企画室

佐野誠［1998］『開発のレギュラシオン――負の奇跡・クリオージョ資本主義』新評論

――［1999］「第6章　韓国はアルゼンチン化するか?」、松本厚治・服部民夫編『韓国の経済体制改革に関する調査研究』産業研究所、所収

――［2001a］「第5章　ネオ・リベラル改革、大量失業、雇用政策」、宇佐見耕一編『ラテンアメリカ福祉国家序説』アジア経済研究所、所収

――［2001b］「第7章　アルゼンチン」、財務省財務総合政策研究所『「経済の発展・衰退・再生に関する研究会」研究報告書』所収（https://www.mof.go.jp/pri/research/conference/zk051/zk051h.pdf）

――［2001c］「第7章　韓国経済のアルゼンチン化?」、松本厚治・服部民夫編『韓国経済――先進国移行論は正しかったのか』文眞堂、所収

――［2005］「序章　「失われた10年」を超えて――ラテン・アメリカの教訓」、内橋・佐野［2005］所収

――［2009］『「もうひとつの失われた10年」を超えて――原点としてのラテン・アメリカ』新評論

ぎり国際収支は自動的に安定すると説く。

6　マネタリー・アプローチによれば、固定相場制の下で中央銀行が裁量的な経済政策に関与しなければ、対外均衡（国際収支の均衡）と国内均衡（完全雇用）の両方が達成される。これは自由放任主義が市場経済の理想的な均衡を可能にするという、極端な「空想資本主義」論にほかならない。

7　だからといって筆者は、この典型論の方法論を絶対化するつもりなど毛頭ない。筆者の試行錯誤の過程ではたまたまそうした手法が有効に思えた、というだけのことである。社会科学を含む科学の方法論には無政府主義的なところもあってよい（ファイヤアーベント［1981］）。

8　補整政策の契機も考慮すれば「新古典派総合サイクル」と表現する方が正確かも知れない。

9　実はこの議論の本質論的な構えも、アルゼンチンのかつての政治的景気循環に関するO'Donnell［1977］のそれを意識したものである。ただし佐野［2013］第1章は、政策・制度転換の政治・社会的契機を動態的に説明するには至っていない。今後の課題である。

――［２０１３］『99％のための経済学【理論編】――「新自由主義サイクル」、ＴＰＰ、所得再分配、「共生経済社会」』新評論
谷山博史・谷山由子「南相馬での災害ＦＭ支援を通して――活動におけるコミュニティへの展開と葛藤」、藤岡・中野［２０１２］所収
中谷巌［２００８］『資本主義はなぜ自滅したのか――「日本」再生への提言』集英社インターナショナル
ハニーウェル、マーティン編著［１９８７］『世界債務危機――ＩＭＦとラテン・アメリカ』佐野誠訳、批評社
ファイヤアーベント、Ｐ・Ｋ［１９８１］『方法への挑戦――科学的創造と知のアナーキズム』村上陽一郎・渡辺博訳、新曜社
藤岡美恵子［２０１２］「はじめに」、藤岡・中野［２０１２］所収
藤岡美恵子・中野憲志編［２０１２］『福島と生きる――国際ＮＧＯと市民運動の新たな挑戦』新評論
綿貫礼子編［２０１２］『放射能汚染が未来世代に及ぼすもの――「科学」を問い、脱原発の思想を紡ぐ』新評論
Canitrot, Adolfo［1980］*Teoría y Práctica del Liberalismo. Política Antiinflacionaria y Apertura Económica en la Argentina, 1976–1981*, Buenos Aires: CEDES
Kalecki, Michał 1990］"Political Aspects of Full Employment (1943)," in *Collected Works of Michał Kalecki. Volume I. Capitalism: Business Cycles and Full Employment*, Oxford: Clarendon Press
Krugman, Paul［2012］"Down Argentina Way," *The New York Times*, May 3, 2012 (http://krugman.blogs.nytimes.com/2012/05/03/down-argentina-way/)
Matsushita, Hiroshi［1983］*Movimiento Obrero Argentino 1930 / 1945*, Buenos Aires: Siglo Veinte
O'Donnell, Guillerrmo［1977］"Estado y Alianzas en la Argentina 1955–1976," *Desarrollo Económico*, Volumen 16, Númeo 64
Sano, Makoto, y Luis A.Di Martino［2003］"Tres Casos de "Japonización" de la Relación de Empleo en Argentina," *Revista de la CEPAL*, Número 80
Stiglitz, Joseph［2012］"Discursos Completos de Joseph Stiglitz y Cristina Kirchner en el Seminario sobre Economía," IADE (http://www. iade.org.ar/noticias/discursos-completos-de-joseph-stiglitz-y-cristina-kirchner-en-el-seminario-sobre-economia)
Taylor, Lance［1983］*Structuralist Macroeconomics. Applicable Models for The Third World*, New York: Basic Books
Taylor, Lance［2000］"Lance TAYLOR (born 1940)," in Philip Arestis and Malcom Sawyer (eds.), *A Biographical Dictionary of Dissenting Economists*, Second Edition, Cheltenham, UK, and Northampton, MA, USA: Edward Elgar
Taylor, Lance［2004］*Reconstructing Macroeconomics. Structuralist Proposals and Critiques of the Mainstream*, Cambridge, MA, USA, and London, England: Harvard University Press
Taylor, Lance［2010］*Maynard's Revenge. The Collapse of Free Market Economics*, Cambridge, MA, USA, and London, England: Harvard University Press
Zaiat, Alfredo［2013］"Paritarias e Inflación," *Página 12*, 18 de mayo de 2013 (http://www.pagina12.com.ar/diario/economia/2-220277-2013-05-18.html)

10　マクロのポスト新自由主義改革とミクロの「共生経済」「連帯経済」を整合的に調合するという問題関心それ自体は、佐野［２００５］69～70ページにおいて示唆されていた。佐野［２０１３］第4章は、その具体案である。

◆**24**　**兌換法体制**　カレンシー・ボード制とも呼ばれ、自国通貨を主要国の通貨［実際には米ドル］と一定の為替レートで無制限に交換することを金融当局が保証し、国内の通貨発行量を外貨準備の大きさにリンクさせることでインフレを抑制しようとした固定相場制の一種である。実質的には国内通貨ペソと正貨（通常は金［きん］など）としての米ドルを交換する「米ドル本位制」でもあった。

11　２００８年、インフレ率の公式統計が政治的に操作されているのではないかという疑惑が浮上し、その後、地方政府や各種の民間機関が代替的な推計値を作成・公表している。ただし直近ではいずれも10%台に収まってきている（Zaiat［2013］）。

特別収録2

対談

連帯・共生の経済を

日本型貧困を世界的視野で読み解く[1]

内橋克人・佐野誠

内橋　先日、ある出版社から、格差社会を生きるハウツー本を何人かの知識人の意見を並べてまとめる、という企画への執筆依頼が寄せられました。格差・貧困社会をどう変革していくのか、歪《ゆが》んだ現実への憤りが企画の底流になっているのならば分かる。が、そうではなく、格差・貧困を生み出す社会を所与のものとして、そのなかでいかにうまく泳いで自分だけは生き抜くか。そのための処世術を、就職氷河期に社会に出て苦しむ若者などに向けて売るのだという。それはできないと断りました。

　ところが、出来上がった本の新聞広告を見て、仰天《ぎょうてん》しました。見ると、これまで盛んに格差・貧困を論じてきた学者たちがずらり名を連ねている。糾弾《きゅうだん》と変革の対象であるはずの社会がすでに既定の、所与のものとして流通している。

　一方で、働く貧困層に閉じこめられた若者たちが声をあげ、自らの力で立ち上がっていこうとしている。一過性でない、真に社会変革へ向けての運動として力を発揮してほしい。

　けれども、若者たちの憤懣《ふんまん》を、巧《たく》みにからめとってしまう力学の存在もまた侮《あなど》ることができない。求められるまま、頻繁にメディアに登場して発言を続けるうち、いつの間にかタレントまがいの有名人になっていく。ワーキングプアとは、いまメディアでものを言っているあの連中のことか、となって、社会の底辺に堆積している、もっと悲惨な貧困の存在が隠されてしまうのではないか。

　私が一番恐れるのは、貧困・格差すら、いまや商品として消費されてしまうこと。現実社会の、所与の、既定の、もはや変えようのない社会構造ででもあるかのような装いをもって流通し、認知されてしまう。貧困の消費、風化が政治の求めるままに進んでいるのではないか、ということです。

　いうまでもありませんが、実態は、震災・交通遺児、母子家庭、生活保護世帯、障害者、難病患者を抱える家庭、多重債務者、ホームレス……と、就職氷河期の若者どころではない、はるかにきびしい状況に放置され、物言うことさえできない人びと。いってみれば「隠された貧

右：内橋氏，左：佐野氏（対談時）

1　初出：総合誌『世界』（岩波書店）2008年1月号。本書収録にあたり、漢数字をアラビア数字に改めた。また文中の〔　〕内および下段注はすべて編者による補足・解説であり、ふりがなは編集部が付した。

困」が砂地に沁み込む水のように、21世紀日本の奥深いところで広範に根を張りはじめた。あっという間に「商品化される貧困」にひと役買う学者たちに、私は違和感をもたざるを得ない。

今日は、そうした日本社会の根本を正視しながら、いったいこれは何に由来するのか、なすべき変革とは何か、そのような視点で議論をすすめたいと思います。

現実と乖離する経済学

内橋　先進国と称されるこの日本で社会病理としての貧困が深化しているわけですが、その新しい局面について、最初に3つの問題提起をしておきたいと考えます。

まず、貧困一般というより絶対的貧困の出現。つまり人間生存に必要な限界水準の底が抜けたということですね。先進国には先進国なりの生存の最低基準があるはずですが、その底が抜けた。いくらまじめに働いても年収２００万円に満たない勤労者が１０００万人をはるかに超え、就業人口の5分の1以上を占めるようになった。生活保護世帯数も年々、記録更新を続けています。なぜなのか。

単なる景気の好不況ではない、新たな政治・経済の仕組みが生まれたのではないか。たとえば日本資本主義の黎明期《れいめいき》に横行した児童・少年労働さえ密かに復活している。かつての紡績女工が姿を変えて21世紀日本の労働現場に現れた。日系ブラジル人の幼い子どもたちが、日本企業の現場で働き、その僅少な賃金水準に一般給与がサヤ寄せされていく。

第二に、そうした貧困マジョリティー（多数派）をしり目に、他方でアメリカ社会を彷彿《ほうふつ》とさせるニュー・リッチ（新・超富裕層）が台頭し、華麗な消費をみせびらかす。ミドル（中間層）が崩壊し、上層と底辺へと激しく二極分解していく。

さらに、農業恐慌の恐れが出てきた。私は「昭和恐慌」の生き証人たちの話を聞いて本にまとめておりますが、往時の農村恐慌、生きるための満蒙開拓団、十五年戦争へ、の歴史が生き返った。激しい米価の下落――世界的な穀物価格高騰のなかで日本のコメだけ暴落――で、辛《かろ》うじて踏みとどまってきた農業従事者が、２００７年、もはや再生産を続けるのも難しい危機に陥ってしまった。

グローバル化、ＥＰＡ（自由貿易協定）の波のなかで、かつて新大陸アメリカの巨大規模農業による安価な穀物・農産物が入ってきてイギリスの農業が成り立たなくなったのと同じことが、現代日本に起こっている。また、工業と違って農業は農民自身の生活の必要から生産調整ができにくいですから、コメ農家たちが懸命に働けば働くほどブランド米の価格も下がる。いまの農業従事者の子供、孫の世代はどうなるのか。農業恐慌再来論を笑うことのできない時代に入った。

格差・貧困問題を論じる人たちは、雇用を前提とする世界で、雇用からあぶれた人々について、都市の目で論じがちですが、被雇用者の世界で起きていることだけでなく、農業恐慌に象徴されるような新たな、全体的な危機に私たちは見舞われている、そうみるべきではないのか、と。

佐野　ご指摘の「全体的な危機」は、大きくは新自由主義の問題と通底していると思います。この対談でもおいおい明らかになるはずですし、また言い古されたことかもしれませんが、まずはそれを確認しておきたい。というのは、このことは、これまで格差問題を論じてきた一部の方々の一種の危うさとも、また恐らくはアカデミズムとジャーナリズムをどう切り結ぶかという問題とも関連しているからです。

格差・貧困という目の前の現象を、データを適当に散りばめてもっともらしく論じるのは、ある意味でだれにでもできることです。しかし、その基盤にある事実を整理する視点は、そうした論者の持っている理論あるいは世界観と切り離せない関係にあり、そこに何か問題があるとすると、それが事実の整理の仕方の危うさに反映してきます。

その理論がよく俎上《そじょう》に上る新古典派経済学ということになりますが、これがちょっと曲者《くせもの》です。新古典派の経済学にも、素朴な、旧来型の市場原理主義的な新古典派と、ノーベル賞を受賞するようなレベルの、進化した、旧来の新古典派を内部批判する新古典派があります。両者が混在しているのでわかりにくい。格差問題をあれこれ論じている方々は、後者の考え方ももちろんご存じですね。しかし、そういう方々やメインストリームの経済学者たちが、たとえば大学でどのようなカリキュラムを組むかとなると、話は別なのです。

初級の必須科目は、教科書を見れば一目瞭然ですが、19世紀末から20世紀前半にかけて確立された旧来型の新古典派に近い内容です。ところが、それを学生に刷り込み的に勉強させたあげくに、中級に行くと、旧来型の考え方は仮定が非現実的であるとして、最新理論の要約のようなことをまた勉強させる。事実上、初級の内容を中級、上級で否定する、矛盾したカリキュラム構成になっています。

中級、上級の理論を使った現状批判それ自体は、私たちの世界観とそう大きくは違わない。世界銀行副総裁だったスティグリッツ[2]が、アフリカやラテン・アメリカ、アジアでのＩＭＦ〔国際通貨基金〕の所業を厳しく批判するとき、学問的にも誠実に筋を通している。

2　**スティグリッツ**（Joseph E. Stiglitz　1943年〜）アメリカの経済学者。2001年ノーベル経済学賞受賞。クリントン政権下で大統領経済諮問委員会委員長（1995〜97年）、世界銀行上級副総裁・チーフエコノミスト（97〜2000年）を務める。

しかし、世界中のどれほど多くの学生が入門レベルで非現実的な仮定に立った経済学の刷り込みをされてきたかを考えると、恐ろしいものがあります。学部を終えてキャリア官僚やジャーナリスト、政治家となって、政策的・政治的に実践していくときに、よりどころとする世界観をどこに求めるかというと、結局、この刷り込まれた世界観に帰っていくのです。日本で格差・貧困を論じてきた方々の危うさの原因の一端は、恐らくそんなところに求められる。ここに根本的な問題があります。

内橋 初級・中級・上級に分けるとして、それを教える立場の教授は同じ人物ですか。

佐野 大学にもよりますが、同じ人たちの場合もありますね。

内橋 その場合、学者の頭の中ではどういう区別のなされ方なのでしょう。

佐野 初級レベルでは、バーチャルな世界だけれども、思考の一種の基準を与えるものとして一応教えておく。より現実的な世界にたどりつくために、中級、上級をやる……。

内橋 まさに根源的な経済学批判が必要ですね。破壊された社会統合をどう回復するのか、それが問われている重大な局面で、経済学を学ぶ学生と教える学者が、ある意味で統合拒絶症というような性癖、慣習をひきずり、しかも欧米から来る思想に乗って平然と〝バラバラ教育・授業〟を続ける。

自らの経済学を築き上げようとする努力は、ごく限られた人を除いて見られない。

貧困は、初級、中級、上級でどう位置づけられ、どのような理論的説明がなされているのでしょうか。それぞれ別の社会的原因として教えているのなら、学問の名に値しない。そんな経済学を教えられた連中が、この国を支配している。

佐野 実際に、政策形成に大きな影響を与えていますね。２００７年5月に規制改革会議の「再チャレンジ」関係の委員会の場で、こういう発言がありました。「不用意に最低賃金を引き上げることは、その賃金に見合う生産性を発揮できない労働者の失業をもたらし、そのような人々の生活をかえって困窮させることにつながる」。何をかいわんやですが、初級レベルで刷り込まれる経済学理論からすると、これは全くリーズナブルな〔理にかなった〕話なのです。規制緩和して柔軟な労働市場がつくられると、右下がりの労働需要曲線と右上がりの労働供給曲線が交わるところで均衡生産量と均衡雇用量が達成され、非自発的失業は生じないという〔序章23、36～37ページ参照〕。しかし、そのときの仮定を疑う教育があっていいはずです。

右下がりの労働需要曲線の前提には、労働の限界生産性が徐々に下がっていくという仮定

（収穫逓減の法則）がおかれています。それが現実にはあり得ないことは、1920年代から問題提起され、実際に１９２０、３０年代のイギリス、第二次大戦直後のアメリカ、さらに私が知る限りでは80年代のペルーでも企業調査を通じて確証されています。また日本の製造業についても１９６０年代から90年代にかけての統計を使った実証研究があり、やはり同じ結論になっています。しかし、それらの成果が還元されないままに、制度化された真実として、法則が一人歩きする。それに則って、右下がりの労働需要曲線が真理であるかのように教えられる。

一方、労働者が、あたかも事業家あるいは資本家と同様に利益を自由に最大化でき、高い賃金をもらわなければより多くの労働をオファーしないという前提、これも現実にはあり得ない。ですから右上がりの労働供給曲線も非現実的です。

さらに、全体としては企業と労働者が市場のプレイヤーとして全く対等で、権力的にもイコールな存在として描かれる。どこをどういうふうに現実と結びつければいいのか、教える方は苦しまないのかと思いますね。非正規雇用の問題もそうですが、多くの人たちがパワーハラスメントに悩んでいる現実とアカデミックな教育の内容がいかに矛盾しているか。

内橋　バブル崩壊直後、「90年代不況」という言葉を私は使った。すると、「年代」ということは10年だ、この不況がそんなに長く続くはずはない、と批判を浴びた。彼らは、景気は今年下期には回復する、と。毎年正月に、同じことを言う。むろん、いっこうに回復しない。何年目かに「おっしゃるように、下期回復とはいきませんでしたね」と冷やかすと、「それは現実のほうが悪い」とおっしゃった。著名な方ですが、経済学者とかエコノミストはこれで飯が食えるのか、と。

書いていることと、テレビなどで発言することも、見事に使い分けている。現実との乖離は深まるばかりです。

日本型貧困の由来

内橋　貧困を論じる経済学のあり方そのものを問い直さねばならない。そういう危機の時代に私たちは立ち会っているわけですね。曲がりなりにも先進国とされるこの日本で、なぜナショナル・ミニマム〔国家が国民に保障する最低限の生活水準〕さえ維持できないのか。

過去、長い時間にわたって日本は「会社一元支配社会」のなかにあった。従業員の全人格支配と引き換えに、しかし、ある種の会社共同体が維持されていて、その一員として会社にロイヤリティ〔忠誠〕を差し出しさえすれば、その限りにおいて、「会社福祉体系」の恩恵から排除されずに済んだ。

けれども、その代償として、社会全体としての近代的な福祉・社会保障体系は構築されないまま放置され、少なくとも80年代までできてしまった。ところが、90年代不況のなかでその会社共同体が崩壊していく。

一方で雇用・労働の解体が強権的に進められ、他方で会社共同体に代わる社会福祉・保障体系はまったく用意されないまま、ともに崩壊していく。産業革命後のイギリスを象徴するような「救貧思想」——貧困は当人の罪とみる——が「社会保障不在」の現実を正当化する理屈として新自由主義思想と容易に合体した。社会福祉とは、国家的な窃盗である、というようなニュアンスの言葉を平然と口にする政治家、学者が、時代の隙間を埋めたということではなかったでしょうか。

日本のせいぜい上位30社の巨大企業がこの間、激しく多国籍化の道を突進し、たとえ国内市場は貧困、不況のままでも、もはや関係なく、国外で利益をあげることができる時代へと一転した。国内では限界までコストを切り下げ、利益極大化を追求し、偽装請負から日雇いまで、超低賃金労働を使い捨てていく仕組みができ上がった。新たな貧困の構造が社会の装置として完成してしまったと思います。ナショナル・ミニマム、市民社会という概念を持ち、社会保障の体系を企業の外に築いてきたヨーロッパとの違いは歴然です。

佐野　日本の格差・貧困の由来、原因を突き詰めて考える場合に、世界的な視野が必要だと思います。これまでも多くの論者が、問題の根本に新自由主義があると指摘しています。新自由主義は１９７０年代終わりからのサッチャー革命で始まったとよく言われるが、もう一度歴史を解きほぐしてみたい。

サッチャーが崇拝していた人物といえば、チリで73年にクーデターを起こした軍人大統領ピノチェが有名です（日本では「ピノチェト」と表記するが、現地語では「ピノチェ」）。サッチャーが82年にアルゼンチンとフォークランド紛争を起こしたとき、ピノチェは暗黙の支持をイギリスに与えた。しかしその恩義だけに由来しているわけではなく、もともとピノチェがクーデター後に始めた新自由主義、市場原理主義的な政策をサッチャーは高く評価していたのです。

73年にチリで軍事クーデターが起きて、「シカゴ・ボーイズ」（ミルトン・フリードマン[3]の弟子たち）が新自由主義政策に着手する。3年後にアルゼンチンでもクーデターが起きて、新自由主義改革を始める。そのもとでバブルが起こり、破綻して、金融危機・通貨危機になり、対外債務危機の形で実体経済にも影響した。失業率がチリで20～30％に上るなど、80年代初め

3　フリードマン（Milton Friedman　１９１２～２００６年）アメリカの経済学者。１９７６年ノーベル経済学賞受賞。シカゴ大学でマネタリスト（貨幣量の制御による物価安定化を重視し、完全雇用に向けた財政政策の無効を主張する反ケインズ派）の系譜を主導。

に二国ともかつてない経済・社会危機を迎える。

チリはその失敗からそれなりに学んで、80年代に独裁政権のもとで補整を始めた。一方アルゼンチンは、83年の民政移管の前後、まずは緊急避難的に、政府による民間債務の引き受け、金融・資本規制、貿易規制等々の補整を行ない、次にはその合理化を図ったのですが、それもいろいろな理由で80年代末に行き詰まると、チリとは異なって、90年代にもう一度、もっと原理主義的な新自由主義の実験に入るわけです。貿易・金融の自由化、民営化、雇用の柔軟化に加えてカレンシー・ボード[4]を採用し、それによるバブルとその部分的な崩壊、これに対する補整をへて、２００１年末に、「アルゼンチン危機」と言われる形で最終的に破綻する。

その意味では、いまの日本の問題を考え直すための原点は、恐らくサッチャーでもチリでもなく、アルゼンチンということになる。大規模で原理主義的な新自由主義の実験を2回にわたって行なった国は他にない。この間、アルゼンチンでは貧困・格差問題が、日本とは比べものにならないほど深刻化しました。徹底してやればそのくらいになるという実例です。

翻《ひるがえ》って日本では、80年代に、それまでも徐々に進んでいた自由化、規制緩和に本格的に踏み出します。金融自由化、民営化、行財政改革が進み、見事にバブルが起きて、それが破綻する。90年代に入って、初めは財政金融政策で補整し、少し景気が浮揚する。そのままいくかと思いきや、90年代半ばに橋本構造改革が始まる。それが97、98年の金融危機という戦後最も深刻な後退を招く。小渕政権は大型減税、公共事業拡大、公的資金の大量投入、破綻銀行の国有化等々の形で補整する。多少景気が回復し始めたところで、森政権から小泉政権にかけて再び構造改革を始める。アメリカの２００１年の景気後退と相まって深刻な事態になると、日銀が量的緩和やゼロ金利政策の続行である程度補整しますが、景気対策としては効果がない。そこにたまたま外から神風が吹いた。それはアメリカの景気回復であり、何といっても中国の高度成長による輸出需要の拡大です。神風が吹いて、リストラ（その背後にも労働市場の規制緩和がありました）で身軽になった企業が投資を再開し、たいした補整をやらないまま何年か過ぎた。その過程で、格差社会と後に言われるような様々な問題が一挙に噴出することになった。２００５、6年からはメディアで盛んに格差社会が取り上げられ、安倍政権は小泉改革の継承とともに「再チャレンジ」という名の補整政策を掲げたものの、道半ばにして福田政権と交代し、その福田政権も同じく小泉改革を継承するけれども補整はさらに進めるという。

このように長期の目で世界的視野から見直す

4　カレンシー・ボード　特別収録1の編者注◆24を参照。

と、問題は単に小泉構造改革それ自体ではなくて、80年代に始まる新自由主義政策とその補整の「政治的景気循環」――アルゼンチンの先行事例に着想を得て私はこれを「新自由主義サイクル」と呼んでいます――だとわかる。問題はより根深い。80年代に生まれた人たちが大人になろうとしていますが、彼らはそのレジーム〔体制〕にすっぽり包み込まれて育ってきて、レジーム自体が当たり前になっている。しかしこのサイクルの中に改めて物事を整理し直すと、中曽根、橋本、小泉の各政権の時代、それぞれ断片的におかしいと思われていたことが1つにつながって見えてきます。

内橋　佐野さんが取り組んでこられた新自由主義サイクルを理論的に体系づける「佐野経済学」の完成に、私などは大きな期待をつないでいるわけです。歴史の中での経済の変動が、人々の暮らしと連動するような理論体系を1日も早く築かれ、今日の格差・貧困問題もその体系のなかに位置づけて糺《ただ》していっていただきたい、そう大きな夢をかけているのです。

日本型新自由主義の政治構造

内橋　ところで、新自由主義グローバリゼーションのなかで日本の格差・貧困を考えるとき、富の吸い上げ、所得の移転という側面も深く考えなければならないと思います。日本社会一般でいえば、家計から企業へ、企業・国家からアメリカへ、の富の吸い上げの構造ですね。歴史的にも稀《ま》れな超長期の預貯金のゼロ金利で３３１兆円もの「得べかりし所得」（バブル崩壊後）が、家計からその先の金融機関へ、そして企業へ、と移転された。吸い上げられた所得は最終的にどこへ行ったのか。グローバル化の進展につれて、企業・富裕層は富の海外移植に熱を上げ、いまや国の外に持ち出され、積み上がった海外資産残高は５１５８兆円にものぼります。

日本は、世界一の債権大国と呼ばれるようになってすでに16年です。ところが、プラザ合意[5]当時（１９８５年）、１ドル・２４０円だった円は、いま１１０円台、さらに１０８円台へ、と切り上がり、これだけで海外資産価値は四十数％以上、削ぎ落とされた計算です。円高になればなるほど、海外資産から一定の〝アガリ〟を得るのに必要な投入量は労働・資本・知財ともに大きくなっていく。

昨今、世界的な問題になっているサブプライムローン（低所得層向け住宅ローン）にしても、日本のメガバンクが大きな損失を出した。まさに「アメリカが食い、世界が貢《みつ》ぐ」構図です。アメリカの三大赤字（財政・経常・貿易収支赤字）を補てんした日本政府によるドル買い・円売りも、同じ図式でした。人びとの身近な社会

5　プラザ合意　１９８５年9月22日、ニューヨークのプラザホテルで開かれたG５（米・英・仏・西独・日）蔵相・中央銀行総裁会議において得られた、ドル高是正にかんする合意。ドル・円関係ではこれで急速にドル安・円高が進行した。

保障・福祉を担う地方自治体の財政窮迫にしても、日米構造調整プログラムで迫られた公共事業の地方への押しつけ、結果としての財政窮迫、住民サービスの削ぎ落とし……などと無関係ではありません。

新自由主義グローバリゼーションの進展と日本型貧困、この両者をつなぐ文脈を明らかにすること。この構図の起源がラテン・アメリカにあるのかも知れませんが、ラテン・アメリカ型と日本型という2つのモデルの共通性と、それぞれの異質性、この両面からの対比が、先進的な研究の分野として登場しなければならないと思います。

佐野　モデルということで言えば、「元祖」のラテン・アメリカはすでに一歩先、ポスト新自由主義を模索する段階に入っています。チリは90年代の初めから、ブラジルも90年代の半ばから、経済の自由化と再規制を臨機応変に使い分け、これと同時に格差・貧困の是正を図る、単なる新自由主義とは一線を画する政策体系をとりつつあります。これをチリではイギリスのニュー・レイバー〔「新しい労働党」＝90年代末に政権を奪還した労働党内の新勢力〕よりも先に「第三の道」と呼び、ブラジルでは「社会自由主義」といいました。いずれも中道左派政権のもとでの補整、あるいは妥協的な試みで、理論的基礎も含め多くの限界がありますが……。アルゼンチンも特に２００３年以降は、新自由主義サイクルの補整にとどまらず、より積極的にサイクルそのものを断ち切ろうという、再規制その他の政策レジームに移りつつあります。原点としてのラテン・アメリカがそのように進化したものですから、遅れてきた日本がいまや異様に突出してみえる。その点で恐らく日本が新自由主義の新たな典型的モデルになる、いや実際もうなっていると言っていいのかも知れませんね。

内橋　日本が世界最大の債権大国だということはすでに触れましたが、同じく巨大な海外投資を続けるアメリカとの本質的な違いも大きいものがあります。

アメリカは、3つの赤字は他国からの資金流入でつじつま合わせをしながら、海外では日本の何倍という高い投資効率で「外からの資本所得」を吸い上げています。21世紀初頭において海外からの資本所得は３８１０億ドル。国内での企業活動によって得られる利潤３８００億ドルを上回った。

海外からの資本所得のうち、海外への直接投資がもたらした利潤は２０４０億ドル。日本はどうかといいますと、直接投資で稼ぐアメリカ型にははるかに遠く、米国政府債や債券・証券からの低利息の収入が間接投資のほとんど全てです。

佐野　そうした金利生活者的な経済の成り立ちや、それと表裏一体の格差・貧困問題を背後で規定してきたのは日本型新自由主義サイクルの政治構造だと思います。いかにしてそのような政治構造が実現可能となったのか、内橋さんも『悪夢のサイクル』〔文藝春秋、２００６年〕で小選挙区制の問題やメディアの責任など、何点か挙げていらっしゃいます。新自由主義の過去二十数年間のサイクルを包括するような形で政治分析をすることが重要だと思います。

そのときに参考になる、ラテン・アメリカでの面白い研究があります。アルゼンチン出身で、国際的にも知られ、アメリカでも活躍しているオドンネル[6]という政治学者がいます。かつて民主主義でも全体主義でもない軍事政権を「官僚的権威主義体制」と呼び、「シカゴ・ボーイズ」が跋扈《ばっこ》した時代、第１回目の新自由主義政策が強行されたときの政治構造を分析する理論的枠組みを与えました。

しかし、第２回目のアルゼンチンのネオリベラル改革は、実はいわゆる民主体制のもとで、もっとラディカルな政策を実行したという側面があるわけです。ペルーのフジモリ政権も少なくとも発足当初は同じでした。となると、上から権威主義的に押しつけられて新自由主義サイクルが起動したというだけでは済まされない。なぜ民主体制のもとでラディカルな新自由主義改革が可能なのか、その政治的な正当化の構造を分析する必要が出てくるわけです。そのときオドンネルが提示したのが「委任型民主主義」（お任せ型の民主主義）です。もともとの議論としては、行政に権力が集中しやすい政治制度が歴史的に根づいているアルゼンチンなどでは、特に深刻な社会経済危機の後、いったん選挙で選出された大統領がトップダウンで裁量的に好きな政策を行なうことができる、そういうタイプの民主主義をお任せ民主主義と呼んだわけです。

それでは、日本はどうか。オドンネルの議論の文脈から少しずれるので、政治学者からの批判を覚悟で私なりにあえて流用するのですが、小選挙区制の問題やメディアの責任のほかに、臨調〔臨時行政調査会〕、平岩研究会[7]、経済戦略会議、今日の規制改革会議や経済財政諮問会議という形で、あたかも国民の代表であるかのような顔をした人たちが政府によって選ばれ、働く人びとの利害の代表者が必ずしも入らないままに、国民が合意したかのごとくに議論が進められて、実際に経済社会政策に大きな影響を与える。内橋さんも指摘されているとおりです。これも日本型の「お任せ」構造だろうと思うわけです。

内橋　「民意の偽装」ですね。小泉構造改革のもとで、あれだけの雇用・労働の解体や、長期

6　オドンネル（Guillermo Alberto O'Donnell　１９３６〜２０１１年）ラテン・アメリカ政治の分析をもとに民主主義・民主化・権威主義の理論化に尽力。アメリカ出身の政治学者シュミッター（Philippe C. Schmitter　１９３６年〜）との共著『民主化の比較政治学』（真柄秀子訳、未來社、１９８６年）は民主化研究の記念碑的作品。

7　平岩研究会　当時東京電力会長だった平岩外四（がいし）を座長とする、細川首相の私的諮問機関「経済改革研究会」をさす。この会が１９９３年末に発表した報告書（通称「平岩リポート」）は、日本型新自由主義改革の基礎的指針となった。

のゼロ金利政策がなぜ可能だったのか。すべて民意の偽装によっていたと思います。首相官邸独裁、これもお任せ民主主義で可能になった日本型モデルでしょう。官邸を支えたのが経済財政諮問会議や規制改革・民間開放推進会議、それに日本経団連。この三者が民意を偽装し、官邸独裁を可能にしたと思います。

未成熟な民主主義、戦後解放の足腰の弱さ、本当の意味での民意不在も……。

佐野 たしかにそうですね。日本での官邸主導政治体制への移行は、単に上にいる人たちが良からぬことを決めて、そのプロットに従って物事を進めたというだけでは弱くて、市民がなぜそれをくいとめたり、チェックしたりできなかったのかについての分析が必要です。

ラテン・アメリカが最終的に新自由主義サイクルから抜け出しつつある、あるいは少なくとも新自由主義を進歩的に補整しようとしている、というときの1つの大きなモメントは、連帯の力です。ラテン・アメリカの場合、野党がより賢かったとか、進歩的な連合政権をつくり上げたという政治政党レベルの話だけではなく、社会的なレベルでの連帯経済（社会的経済、あるいは内橋さんの言われる共生経済）、つまり国家所有の公的部門と利潤追求型の民間部門の間を行く、形は民間だけれども社会的な目的のために存在する経済社会組織の問題にもなります。

たとえばアルゼンチンでは、新自由主義改革がもたらした貧困のもとで、地域通貨のネットワークや、政府から扶助を引き出すための失業者運動、破綻した企業の自主管理再建、日本のホームレスの人たちと同じような、ごみを拾ってそれをリサイクルする生き延び方（カルトネーロス）などが編み出された。それらに共通しているのは、個々人が独立して生き延びていくだけではなくて、協働の連帯組織、たとえば協同組合をつくり上げる力があることです。そこへさらに地域住民やＮＧＯ、労働組合、自治体などが連携していく。「ネットワークとしての連帯経済・共生経済」ですね。

ラテン・アメリカでは連帯を信じることができる雰囲気、文化もまだ残っていて、必要になると、この社会資本が活用されてレジスタンスが湧き起こる。それが社会経済的な連帯の組織を生み、政党政治レベルにも影響し、進歩的な政権の成立や維持の基盤になっていく、そういう仕組みがどうもあるようなのです。

一方、すでに新自由主義サイクルに入って二十数年たった日本では、事態の極度の悪化にもかかわらず、必ずしもそういう声が十分にはあがってこない。労働組合が本気になって非正規雇用の問題に取り組み始めたのがここ数年であることが象徴的です。連帯がそぎ落とされるような仕組みが、だれかがプロットをつくったというよりも（そういう面もありますが）、いろいろな客観的事情でつくり上げられてきたのではないか。市民の間にもそういうマインドが蔓延し、新自由主義が当たり前すぎて、何かもう1つの世界を構想できなくなっている。

内橋　ファシズムに行くのか、現在のパラダイムを革新に向けて変えていこうという抵抗へ行くのか。日本の場合、抵抗あるいは連帯に行かないように絶えず社会統合を切り崩す仕掛けが存在している。ジャーナリズムの問題も大きいけれども、ここに映像、ネットが加わり、社会統合を切り崩す頑強な力となる。人々が連帯、参加、共生、協同へ向けて行動を起こせないようにする社会・文化的装置――たとえば東大、家産官僚〔国家の財産を支配層の私有財産のようにみなして管理する官僚〕、天皇制――が厳存しています。太平洋戦争へと動き始めた時代からのモメントがそのままいまも生き続け、これが日本型モデルを生み出し、共生経済を容易には達成できない障壁の役割も果たしているのではないでしょうか。

佐野　そうしたいわば「文化的」な素地があるところへもってきて、経済学初級教育の刷り込みがありますから、問題が二重になっていて、そういう意味では苦しいところですね。

ラテン・アメリカでなぜ、軍事独裁や権威主義体制によって物事を解決せざるを得なかったかというと、異議申し立ての力がそもそも前提条件としてあったからです。多少ともポピュリズム的なところはあったけれども、連帯や協同で自分たちの身の丈に合った世の中をつくっていこうという文化が頑強にある。支配層にとってはそれが非常に疎《うと》ましく、何とか叩きつぶしたいから、実力行使になりがちで、60、70年代には権威主義体制という形で、その後はもっとうまい「お任せ民主主義」の形で「操作」していったのです。

1人ひとりの抵抗から連帯へ

内橋　この50年を振り返ってみて、日本は変わってないなあ、と。絶望感に襲われます。貧困のどん詰まりまで行って、ファシズム化していくのはとても怖いが、メディアの発達した現代では、権力的裏づけさえ持てば、非常に巧妙に、簡単に、そして強権的に、21世紀型ファシズムへとなだれ込ませることができる。「装置化された貧困」が生み出す偽装された民意が、その流れを後押しする。遡れば昭和恐慌、経済の軍需化、戦争へ、であり、近くはアメリカのフリーランチ・プログラムを受けるような貧困層が望んでイラク戦争へと出向いていくように……。

正月そうそう、悲観的なことは言いにくいけれども、２００８年は過去、先送りしてきたさまざまなツケが吹き出す年になるのではないか。

日銀の利上げも、本来なら3度目をやっているべきところ、サブプライム問題で見送らざるを得なかった。2011年にはプライマリーバランスの黒字化を達成しなければ、ということで、これに向けて動き始めるでしょう。民主党もしだいに馬脚をあらわしている。選挙を通じて政権交代すれば、それでいいのかというと、もっと強力な何かが出てきそうなおそれもないわけではない……。

佐野　先ほどもお話ししたように、90年以降のチリや90年代後半からのブラジルの中道左派政権は、ときに新自由主義とも見紛う経済政策と社会政策とを結合する政策を推し進めました。日本の民主党も体質的にはそんなところがある。自民党の新主流派よりもさらに市場原理主義的な人たちと、旧社会党勢力が合体すれば、ある面では、ラテン・アメリカで言われる社会自由主義に近いものになる。けれどもそれはやはり妥協的な形態であり、部分的には成果も出せますが、同時に多くの限界を露呈することになる。いちばん大きな限界は、新自由主義的な政策レジームに根本からの異議申し立てができないことです。前回〔2007年7月〕の参院選で問題になった民主党の農業政策（戸別所得補償）も、一応自由化を前提としての話ですから。政治がこうした限界を抱える一方で、市民のレベルでは連帯を有効に組織化し得るマインドや回路が十分に育っていないとすると、確かに非常にペシミスティックな展望が描けますね。

内橋　まかり間違えば21世紀型ファシズムの出現。それはアメリカに隷従《れいじゅう》しながら、経済を軍需化することによって経済的成長をねらう路線だと思います。貧困の由来をきちんと見究めて提示できれば、1人ひとりの抵抗が連帯への道を切りひらくことも可能か、と夢見る思いですが、現実にはそこが切断されている。日本の貧困はまことに手ごわい……。

佐野　経済学の世界も、冒頭で述べた新古典派経済学への批判とともに、もっと前向きに、オルターナティブを打ち出せているかというと、まだ生煮えというところが現状でしょう。もっとすっきりとわかりやすく、しかもきちんとオルターナティブになるような、体系的なものが必要です。

その意味でも、ラテン・アメリカの経済学者たちの、過去60年近くにわたる知的格闘はなかなか興味深い。1950年代初めにチリがIMFの介入を受け入れて経済安定化政策を実施し、他の国々もそれに続くわけですが、その結果、かえって不況になり、インフレもひどくなったことから、IMFの基盤となっている新自由主義的な考え方自体がどうもおかしいのではないかと考える人たちが出てきました。

もともと、新古典派の自由貿易理論については戦前から疑いが持たれていました。そして、アルゼンチンのプレビッシュ[8]をはじめ、１９４０年代後半までには、すべての経済学説を南の発展途上国の立場から相対化し、新しい経済学をつくろうとする学者たちが登場するわけです。彼らは、途上国の経済やこれと密接に結びついた社会・政治の構造はＩＭＦや新古典派の理論・仮定とは全く違っているのだから、各国の経済、社会、政治の特異な「くせ」を見抜いて、その構造を重視した「構造派経済学」をうち立てなければならないと考えた。以来、半世紀以上も格闘してきたわけです。

今日の目から見れば様々な限界はあれ、その試み自体は評価できるし、特にＩＭＦと渡り合うときにはかなり有効でした。ここ30年ほどは、現実の「構造」を重視するという彼らの問題提起が先進国の経済学者にも受け入れられ、より洗練された理論をアメリカ人のテイラー[9]らが展開し、それがケンブリッジ起源のポスト・ケインジアン理論〔第3章参照〕と連携し合いながら国際的に広がりつつあります。彼らの努力も尊重されるべきですが、ただ残念ながら、初学者にも理解できるようなテキストは、若干の例を除けばまだ十分提供されていません。

内橋　「日本の経済学」が必要ですね。欧米の経済学に日本の現実を合わせ、解釈や分析を加えて普遍性を装うあり方ではなく、いま日本が置かれている世界史的にも極めて特異な状況をどう解決していくのか、それを担うものは私たちをおいてない、という学究者の姿勢ですね。これを抜きにして21世紀日本の貧困問題は解決のしようがないと思います。

佐野　日本の現実の「構造」を基盤にして批判的経済学を組み立てようとするときに、前々から注目しているのは、「ＦＥＣ自給圏」「共生経済」「市民資本」「自覚的消費者」「マネー」など、内橋さんが提起してこられたいくつかの独創的な概念です。理論的にさらに詰め、先学の成果と結び付けていけば、現代の貧困問題の解決の道筋を示す、いわば日本的な構造派経済学——あるいは私が提唱している「異端派総合」——の有力な手がかりになると思っています。

内橋　いま、農業恐慌が懸念される中で、各地に「ＦＥＣ自給圏」（食糧、エネルギー、そしてケア［人間関係、人的資源］を自給することは、グローバル化の中でそれぞれの国が留保すべき権利だ、という考え方）のサポーターが出てきています。もう1つは「市民資本の形成」。1つ1つは、小さな運動かもしれませんが、社会統合の回復に向けての1つのモメントです。個人と個人の連帯は、分断された社会ではなかなか難しいけれども、産業間の連鎖は比較的できつつある。いままでの地域資源をうまく利用しながら、一種のゼロエミッション型——産業

8　プレビッシュ（Raúl Prebisch　１９０１〜86年）アルゼンチンの経済学者。国連ラテンアメリカ経済委員会（ＥＣＬＡ）の事務局長を長く務め、「一次産品交易条件の長期悪化傾向説」を唱えたことで有名。第11章および第12章４１６ページ以下も参照。

9　テイラー（Lance Taylor　１９４０年〜）アメリカの構造派マクロ経済学者。「特別収録1」４７１ページ以下参照。

Aの廃棄物が産業Bの原料になるというつながり——で連帯が進み、自分たちの手で産業競争力をつけることができる。廃棄物＝原料という考え方で動き出す地域が増えてきました。いままでお金を払って廃棄していたものを生かすことで大きく競争力がつく。そうした取り組みを積み重ねれば、日本的な新しい、下からの連帯は可能かとも思います。

佐野　そうした様々な日常的な経験を言語化し、理論的にすくい上げることによって、それがまた主体的に意識化されるという効果はかなりある。内橋さん一流のキーワードは、分析的であると同時に、規範的な概念にもなっている。経済学者が使う業界用語（ジャーゴン）は、ほとんどが分析的です。規範的な概念を考えないと、どんなに丹念な現状分析をして、それに基づくと大体こういう政策が望ましいでしょうと言っても、市民の共感を得られず、上滑りになりがちなのです。望ましい社会はこうだと予感させるような概念を理論的に詰めて、その学問的な基礎づけをきちんと行なうことができれば、もっと頑強な、堅固な基盤になるわけです。

内橋　どこに私たちがつかむべきクモの糸が垂れているか。その糸は何本か見えてきたと思います。スーザン・ジョージ[10]は「あなたはグローバル化を否定しているのか」と問われて、「とんでもない。私たちが言っていることこそが本当のグローバリゼーションだ」と答えている。現在叫ばれるマネー資本主義のもとでのグローバル化は、世界をバリアフリー（障壁の取り外し）にし、マネーを自由に跳梁《ちょうりょう》させるというものだ、そうではない、真の国際連帯を私たちは望んでいるのだ、と。これまで、私たち国民は、規制緩和にしろ、構造改革にしろ、実に巧みに言葉をすり替えられてきました。それをもとの言葉に戻す。「マネーをしてお金に戻せ」とは、作家ミヒャエル・エンデ[11]の遺した遺言ですが……。

佐野　経済学の場合は、よく言われることですが、市民が経済学者にだまされなくなるための経済学批判、オルターナティブの経済学を、日本の現実に即しながら、いかにわかりやすい形で初級から考え直すか、これに尽きる感じがします。それが格差・貧困問題を根底から批判的にとらえ返す思考法を与えるからです。内橋さんの「FEC自給圏」に共鳴して、地域でいろいろな実践が出てきているのは明るい兆しですし、いま私たちが進めているオルターナティブの経済学に向けての準備作業も、手ごたえは全くゼロではない。国内外にある、そういった1つ1つの成果をネットワーク化していくこと、そしてその際、アカデミズムとジャーナリズムの望ましい連携の仕方とはどのようなものかを改めて模索すること、これが今後に求められて

10　**ジョージ**（Susan George　1934年〜）アメリカ出身の政治経済学者、社会運動家。新自由主義的グローバリゼーション、IMF・世界銀行主導の構造調整政策への鋭い批判で知られる。

11　**エンデ**（Michael Ende　1929〜95年）ドイツの児童文学作家。代表作に『モモ』『はてしない物語』など。『エンデの遺言——根源からお金を問うこと』（TV放映されたドキュメンタリーを書籍化したもの。NHK出版、2000年）では、とりわけ日本の経済・社会の行く末に警鐘を鳴らしている。

いると思います。

内橋　本誌（『世界』）に連載された経済学者の伊東光晴[12]さんとロナルド・ドーア[13]さんの往復書簡（「21世紀、日本の大企業のビヘイビアは変ったのか」）に、「洗脳世代」という言葉が登場しました。私は心に大きく相槌《あいづち》を打ちながら読ませていただきましたが、この言葉は、佐野さんのいわれた初級経済学を刷り込まれた連中、またシカゴ・ボーイズに通じますね。実は、ジャーナリズムの世界にそうした人びとがひろく勢力をひろげ始めているのです。

佐野さんの「新自由主義サイクル」論がジャーナリストたちのテキストになり、深く学んでもらえるようになれば、そうなって初めてアカデミズムとジャーナリズムの連携にも希望がもてるようになってくるのではないでしょうか。

12　**伊東光晴**（１９２７年〜）日本の経済学者。専門は理論経済学、マクロ経済学。詳しくは第6章注41参照。

13　**ドーア**（Ronald Philip Dore　１９２５〜２０１８年）日本の経済・社会構造の研究を専門とするイギリスの社会学者。

対談再掲への付言

佐野経済学の可能性――歴史と未来を広く深く照らすその光

内橋克人

佐野誠さんの具体的な仕事、また彼が探求しつづけた「異端派総合」については、本書冒頭の「はじめに」や「序章」、およびこのあとの「おわりに」で詳しく紹介されるので、もはや多言を要さないであろう。ここでは、右の対談再掲の経緯と、佐野さんの知的・学問的誠実についての私見をひとこと述べておきたい。

一般向け総合誌『世界』の紙上で行なわれた、やや歳月を経た対談をここに収めたのは、ひとえに「佐野経済学」の射程の広さと深さ――世界史的視座の広さ、そして問題の本質を探求する思索の深さ――を、佐野さんの作品を読んだことのない方々にも、ぜひ知っていただきたいという思いからである。残念ながら、ここで語られている暗い見通しは、12年の時を経てなかば現実化してしまっている。佐野さんはすぐれた政治経済学者としての透徹したまなざしで、現在の惨状を予見していたといえる（むろんその的中を彼は喜ばなかったであろうが）。だが同時に彼は、政治知性を身につけた市民の抵抗の力に大きな期待をよせてもいた。

この対談からおよそ5年後、佐野さんは有言実行、まさに「市民が経済学者にだまされなくなるための経済学」をひとつの形にされた。本書「おわりに」でも紹介される、『99％のための経済学』と題する2冊の本（教養編・理論編）である。私は感嘆のうちに読了し、担当するラジオ番組でこの2書を強く推《お》した（NHKラジオ第1「ビジネス展望」2013年11月5日朝）。闘病中だった佐野さんへのエールの意味もあったが、なにより震災後2年余を経て、ますます混迷をきわめつつあった政治・経済・社会状況のただなかに、佐野さんの警鐘を高く高くうちひびかせねばと切実に感じていた。そして彼が1日も早く回復され、佐野経済学によってこの状況にくさびをうちこんでくれるものと信じて疑わなかった。

だがあろうことか、放送の翌朝、佐野さんは逝《い》ってしまわれた。そのときの痛み、暗闇につきおとされたような思いは、いまもなお私をとらえて離さない。

「チリの奇跡」という言葉がある。1970年代以降、中南米諸国を「実験場」として強行されたアメリカ主導の新自由主義経済改革の、チリにおける「輝かしい成果」をあらわす言葉だ。73年9月11日、アメリカの全面的支援を得たピノチェ率いる軍部のクーデタによって、アジェンデ人民連合政権が苛烈な暴力をもって倒され、反体制派の粛清《しゅくせい》として90年までの間に推計10万人もの人々が拉致《らち》・拷問・虐殺された。そうして反対勢力を一掃しつつ、国営企業の民営化、貿易・資本取引の自由化、緊縮財政などの新自由主義改革が強力におしすすめられ、結果的にチリは一定の「経済成長」をなしとげたのだった。

その「成果」が目にみえはじめる1980年代後半から、チリは欧米を中心に南米経済の「優等生」と呼ばれ、その「奇跡」が手放しで賞賛されるようになる。投資先を見失った世界経済のなかで、有望な投資先途上国としてチリをもちあげる必要があったのだ。そのような時代の真ん中で、日本のある主流派経済学者が、この「チリの奇跡」を全面的に礼賛している。「世界有数の重債務国が、貿易の自由化によって、経済の国際化・活性化・情報化を達成しつつある」「このような急激な構造改革は、複数政党・多数決民主主義の下では、短時間には実現困難だったろう。強い政治力＝軍事政権をバックにした官僚の強力な政策あってこそ、既得権を持つ保守勢力が排除され、その後の『静かな革命』によって新興の産業が育ち、輸出を急速に伸ばしているのだ」と……（京都大学教授（当時）・福地崇生《たかお》氏「経済教室」、『日本経済新聞』１９８８年10月１日）。

　このようなとらえ方は、主流派＝新古典派経済学の解釈の典型でもあろう。「改革」の名のもとに民に痛みを強いる権力の欺瞞《ぎまん》がここに凝縮している。凄惨《せいさん》な人権侵害を伴ったクーデタをもって「静かな革命」とは。この「経済学者」の関心がどこに、何に、誰にあるかは明らかだ。それは佐野さんが２冊目の単著『開発のレギュラシオン』で、「純粋経済」の概念の愚《ぐ》として描いたものでもある。

　この「もうひとつの９・11」の、まさに現場に居合わせたのが宇沢弘文さんであった。宇沢さんは当時シカゴ大学に在籍し、その日はあるパーティーに出席していた。会場にアジェンデ虐殺の一報が入ると、フリードマンの流れをくむ市場原理主義者たち（いわゆるシカゴ・ボーイズ）が歓声を上げたという。その瞬間、宇沢さんは、「以後一切シカゴ大学とは関係しないと心に固く決め」たのだった（宇沢・内橋『始まっている未来――新しい経済学は可能か』岩波書店、２００９年、16ページ）。

　そして「佐野経済学」もまた、シカゴ・ボーイズ的「経済学」の対極にある。

　１９９８年、彼が38歳にして書き上げた大著『開発のレギュラシオン――負の奇跡・クリオージョ資本主義』は、冒頭からそのことを証している。佐野さんはこの本の前書きで、在アルゼンチン大使館に専門調査員として勤務していた時期のある日の風景を描写し、みずから「稚拙《ちせつ》な思考風景」と断りつつも、こう綴《つづ》っている――

（ブエノスアイレスの大統領府）カサ・ロサダ前の五月広場では鳩が群れをなして餌《えさ》をついばみ、ビジネスマンだけでなく老人の憩《いこ》う姿も目にする。木曜日の午後ともなると、前の〔ホルヘ・ラファエル・ビデラ〕軍事政権下で行方不明となった人たちの母親が静かなデモ行進を行い、また事あるごとに労働組合が政府糾弾の抗議集会を催している。ここは「市民社会」が目に見える場所なのだ。（『開発のレギュラシオン』ｉページ）

　佐野さんの目はこうしてつねに、風景を構成する複雑な歴史的・社会的事象を緻密《ちみつ》にていねいにとらえようとしていた。なおかつその目は、時に軍事独裁さえも「自律的で効率的な官僚制度」として「開発途上国の後発的スパートを可能にするためのほとんど必然的な方途」とみなす開発経済学の論法を看過《かんか》せず、次のように鋭く警鐘を鳴らす。

一度この種の体制（そのつど「効率的」と称される官僚的権威主義体制）を実利的観点から肯定《こうてい》してしまえば、政治倫理的な歯止めがかからなくなり危険である。少なくとも筆者には、たとえばラテン・アメリカの元祖「官僚的権威主義体制」の下での凄《すさ》まじい人権侵害を、実利的な観点から「政治的コスト」だと簡単に片づけることはできない。（同331ページ、以上〔　〕内補足と傍点は内橋、ルビは編集部による）

この本の副題にある「負の奇跡」とは、新古典派・新自由主義陣営がまきちらしてきたハッピー・バランス、すなわち「おめでたい市場均衡論」への痛烈な批判であろう。同時に本書には、時に「効率」や「実利」を偏重しがちな経済学そのものへの内省的批判がつねに底流としてある。

自分の立場から佐野経済学の全体像をつかもうとするとき、私は3人の傑出《けっしゅつ》した書き手にして、すぐれた歴史経済学者（それぞれ公式の肩書きは別にあるが、あえてこう呼んでおく）による3つの作品を手がかりとしてきた。

まず、インド出身の厚生経済学者アマルティア・センの『合理的な愚か者――経済学＝倫理学的探究』（大庭健・川本隆史訳、勁草書房、1989年）。主流派経済学が分析の基盤とする「経済人《ホモ・エコノミクス》」とは、合理的愚者《ぐしゃ》（rational fool）にほかならないという、これまた痛烈な新古典派批判の書である。センが1998年（佐野さんの『開発のレギュラシオン』公刊と同年）、分配および貧困・飢餓研究への貢献でノーベル経済学賞を受賞したこと、彼が提起した「潜在能力」の概念が国連開発計画（UNDP）に多大な影響をあたえ、人間開発指数（HDI）の普及にむすびついたことは広く知られている。

2冊目は、アメリカの歴史家バーバラ・W・タックマンの大作『愚行の世界史――トロイアからベトナムまで』（上・下、大社淑子訳、中公文庫、2009年）。トロイア戦争、カトリックとプロテスタントの抗争、アメリカ独立戦争、ベトナム戦争という4つの史実のなかに、「失政」の要因を丹念にさぐるこの書で、タックマンはこう厳しく指弾している。政治家が犯した罪とは、その個人の政治的生涯にとどまるものではない、と。さらに為政者《いせいしゃ》の愚行とは、国や地域、政治形態を問わず、つねに特定の政治的権力を長引かせるために犯されるのだとも述べている。いずれもそのまま現代日本への警鐘ともなりうる、鋭く普遍的な指摘である。

そして3冊目が、佐野さんも高く評価したカナダ出身の世界的ジャーナリスト、ナオミ・クラインの『ショック・ドクトリン――惨事便乗型資本主義の正体を暴く』（上・下、幾島幸子・村上由見子訳、岩波書店、2011年）である。正鵠《せいこく》を得た副題で表現されているように、クラインはこの書で、戦争・紛争のみならず自然災害すらも、市場原理主義を貫徹するための「荒療治《あらりょうじ》」に利用するグローバルなマネー資本主義の本質をみごとにえぐりだした。

佐野経済学には、この3冊の書物の精神が包摂《ほうせつ》されていると私は思う。すなわち「事実の緻密な検証のつみかさね」、そしてそれにもとづく「既存の政治経済体制への倫理的批判と規範の探求」である。佐野さんはそのような手法と姿勢を本能的にうけつぎつつ止揚《しよう》することで、（政治）経済学を刷新した。しかもその研究は、1％の人々の自由を後づけで理論化するためでなく、「誰もが共生できる社会」の構築に捧げられていた。私はその倫理性、規範性に心打たれ、佐野経済学に惚《ほ》れこんだのだった。

佐野さんとは、私の提唱する「ＦＥＣ経済圏」や「共生経済」といった概念のさらなる理論化を手助けしてもらいつつ、さまざまな共同作業を行なってきた。初めての共編著『ラテン・アメリカは警告する』（本書「特別収録１」４７６ページ参照）の出版直前（２００５年３月）には、私が講師を務めたＮＨＫテレビ「人間講座――「共生経済」が始まる」にゲストとしてお招きし（第７～８回）、ラテン・アメリカにおける新自由主義改革の無残な歴史、それをのりこえようとする各国の取り組みなどを詳細に語ってもらった。ともに編むはずだった叢書「セリエ共生経済」（本書「おわりに」参照）の計画も着々と進んでいた。その矢先の突然の訃報《ふほう》であった。

だが、嘆いてばかりはいられない。主流派＝新古典派は、その理論的瑕疵《かし》をさらけだしつつも、いまなお経済・金融政策を左右し、いっぽうで社会には、官邸独裁を「強い政治力」と称して許すような空気が厳然と存在しつづけているからだ。

佐野経済学は、分析と規範によってこの空気にくさびをうちこむ力をもつ。具体的・現実的かつ高度な理論体系に裏打ちされた、社会的・歴史的経済学がそこにある。それは歴史と未来を広く深く照らしだすひと筋の光だ。たとえその光がいまはいかに細く、散逸《さんいつ》していようとも、私たちは佐野さんの遺した作品をつうじて、その光を大きく、太くしていかねばならない。

「反主流＝異端の諸学派・諸理論を束ねることで新古典派を徹底批判し、新たな経済学を模索するために」――佐野さんはこの「異端派総合」を希求しつづけた誠意の学者であった。だが、あえて言うならば、佐野経済学こそが、そしてそれと並走する現時点での異端派こそが、真の王道であり、真の正統である。佐野さんの遺志を継ごうとする人々の手で世に出ることになった本書が、そのことを証してくれるだろう。また、対談で佐野さんが指摘するように、現在の閉塞《へいそく》が経済学教育の歪《ゆが》みに大きく起因するならば、本書はその是正のために投じられる最良の一石となろう。

おわりに

本書を閉じるに当たり、本書成立をめぐる少し感傷的なインサイド・ストーリーを語らせて下さい。それは、「異端派総合」という言葉の提唱者、元新潟大学教授の故・佐野誠さん（「はじめに」を参照）に関する逸話です。

２０１３年の秋深い午後、編者は、悪性リンパ種の１つである「びまん性大細胞型B細胞リンパ腫」で闘病中の佐野誠さんを病室に訪ねました。佐野さんは２０００年代の中頃にこの病気に罹患し、一度は手術によって腫瘍を取り除き健康を取り戻していたのですが、２０１３年の夏に病気が再発し、都内の病院で療養を続けていたのです。編者は見舞いの数日前、ご家族からの連絡で、佐野さんがもう長くはないと告げられており、ある程度の覚悟をして入院先の病院へ向かったのでした。

感染症を防ぐために手を消毒しアイソレーション・キャップとマスクを装着して病室に入室すると、1年ぶりに再会した佐野さんは、昔のように精悍《せいかん》で美丈夫《びじょうぶ》な佐野さんではありませんでした。病魔のためにやつれ果て、鼻や喉や腕にチューブを付けられた非常に痛々しい姿がそこにはありました。日中の大半はモルヒネの影響で昏睡状態だったとのことですが、編者が訪れたときには運良く意識が覚醒しており、発話は無理だったものの、ベッドから半身を起こして編者を迎え入れてくれました。世事に疎《うと》い編者は、死にゆく人を前にして何をしゃべって良いのか分からず最初は戸惑いましたが、湿っぽい話は避け、いつものように、大学業界をネタにした下らない冗談を口にしたところ、それまでうっすらと目を閉じていた佐野さんの目が少し開き、クスッと笑ってくれたので、緊張感もほぐれました。「面会は短めにお願いします」と看護師から告げられていたこともあって、編者は、とりとめの無い話を10分ほどで切り上げ、「じゃあ、また来るね。早く元気になって、また酒でも一緒に飲みに行きましょう」と陽気に話しかけ病室を出ようとしたその時のことです。ふと見ると、それまでうっすらと笑みを浮かべてた佐野さんの顔が急にクシャクシャになり、右の手のひらを顔の前に立てた拝むようなポーズで編者に向かって何度も何度も泣きながら頭を下げるのでした。佐野さんなりの最期の別れの挨拶だったのでしょうか。常日頃からどちらかと言えばドライな合理主義者を気取っていた編者ですが、その光景は深く心に突き刺さったのを覚えています。佐野さんが短い生涯を閉じたのは、そのわずか数日後の11月6日です。享年53歳の若さでした。

最後の最後に、佐野さんが何を思っていたのか、今となっては分かりません。しかし、病が再発し闘病生活を続ける間、自由に自らの思いを発信できなくなったことは、さぞかし無念であったろうことは、察するに余りあります。編者と同じ日に佐野さんを見舞った新評論の編集者も編者と同様の気持になったそうです。

私たちは佐野さんの死後合流し、「彼の思いを世に伝える本を出版したい」という点ですぐに意気投合しました。それがまさに本書の出発点だったというわけです。

＊＊＊

佐野さんは私たちにとっては身近な存在であり盟友でしたが、大半の読者にとっては未知の人でしょうから、その人となりを紹介しておきたいと思います。

佐野さんは、１９６０年1月24日、新潟県見附《みつけ》市で生まれ、新潟県の県立長岡高校を卒業後、１９７８年4月、現役で早稲田大学政治経済学部に入学しました。早稲田大学在学中の佐野さんは、途上国問題に関心を持ち、当時「人間のための経済学」を探求していたケインズ派の著名な開発経済学者・西川潤教授（故人）のゼミで学びます。しかし、知的好奇心旺盛な佐野さんは、主流派やケインズ派の開発理論を勉強する傍《かたわ》ら、異端派の王道・マルクスへの関心も高め、宇野弘蔵による独自の『資本論』解釈や、「世界農業問題」という世界経済論的な視角での途上国研究に強く魅了されるようになります。ちなみに、「世界農業問題」とは、１９２０年代における農産物の過剰生産問題が30年代の世界大恐慌の背景にあったとする考え方で、その鍵となる国の1つがアルゼンチンでした。この過程でラテンアメリカへの関心が佐野さんの心に芽生え、佐野さんは研究を深めるために大学院への進学を決意、進学先は早稲田大学ではなく、その当時、宇野学派の一大拠点だった東北大学に決めました（１９８２年）。東北大学大学院経済学研究科博士課程前期（＝修士課程）では、宇野学派の重鎮の1人で農業経済論を専門としていた故・渡邉寛教授の下で、「世界農業問題」をアルゼンチン側の視点で分析するという課題に取り組みます。その後、修士論文を書き上げた佐野さんは、そのまま博士課程後期に進学（１９８４年）してアルゼンチン研究を続けるのですが、ご自身の意志と、「ラテンアメリカの研究をするならばその道の専門家にも教えを請うべきだ」という渡邉教授の勧めもあって、ラテンアメリカ研究者が多く集まっていた筑波大学にも籍を置き、歴史人類学研究科の特別研究生として細野昭雄助教授（当時）などの下で学びます。１９８７年には、東北大学の博士課程を単位取得で満期退学するのと同時に、東北大学経済学部の助手として採用されますが、時を隔てることなく外務省の専門調査員としての職が得られたため、助手職を辞し、アルゼンチン・ブエノスアイレスに向かい、日本大使館で勤務しながら研究活動を深めていくのです（１９８７〜89年）。

このアルゼンチン滞在が、その後の佐野さんの研究対象や研究方法を決定づけました。経済の発展と停滞がどのようなメカニズムで生じるのか、発展あるいは停滞は人々にどのように豊かさあるいは貧困をもたらすのか――この地で、そうした経済学の基本的な課題に向き合うことになったからです。帰国後は新潟大学に職を得、本格的なラテンアメリカ研究者としてのキャリアをスタートさせました。その後も、１９９３年には日本政府からパラグアイの総選挙監視団員として派遣されたり、２００１年には、アルゼンチン国立ラプラタ大学国際関係研究所に招聘されて現地で集中講義を実施するなど、ラテンアメリカ諸国との関わりは深く広く続きました。

＊＊＊

佐野誠 主要業績一覧

佐野誠［1985］「揺籃期中進国問題の歴史的前提——アルゼンチンの古典的国民経済と固有の社会問題」,『研究年報経済学』（東北大学経済学会）第 47 巻第 3 号

———［1986］『現代資本主義と中進国問題の発生——両大戦間期のアルゼンチン』批評社

ハニーウェル，M 編［1987］『世界債務危機——IMF とラテンアメリカ』佐野誠訳，批評社

佐野誠［1991］「民主化後のアルゼンチン——進歩的調整の挫折から新たな保守同盟へ」,『アジア経済』（アジア経済研究所）第 32 巻 7 号

アボイテス，J［1994］『メキシコ経済のレギュラシオン——農業における接合と賃労働関係の再編』岡本哲史・佐野誠訳，大村書店

佐野誠［1995］「1973 年のアルゼンチン経済の産業連関分析」,『経済学年報』（新潟大学）第 20 巻

———［1995］「雇用関係からみたアルゼンチンの生産性問題」,『商学論集』（新潟大学）第 27 号

———［1996］「戦前アルゼンチン資本主義の発展軌道——黄金時代から構造的危機へ」,『経済論集』（新潟大学）第 60 巻

Sano Makoto［1997］"Economic Reform - Current State and Issues," in Yamaoka Kanako ed., *Cuba's Survival - Socialism with Reality -*, IDE.

佐野誠［1998］『開発のレギュラシオン——負の奇跡・クリオージョ資本主義』新評論

———［1999］「レギュラシオンから異端派総合へ——開発の現実が求めるもの」,『経済論集』（新潟大学）第 66 巻

———［1999］「ラテンアメリカ開発論の系譜」,『図説ラテンアメリカ』小池洋一他編，日本評論社

———［2000］「韓国のアルゼンチン化？——通貨・金融危機の背後に」,『経済学年報』（新潟大学）第 24 巻

———［2002］「グローバリゼーションと小零細企業——ペルーの事例に関する予備的考察」,『地域研究論集』（国立民族学博物館）第 4 巻 1 号

———［2003］「開発パラダイムの比較分析」,『市場経済の神話とその変革——社会的なことの復権』佐藤良一編，法政大学出版局

野口真・平川均・佐野誠編著［2003］『反グローバリズムの開発経済学』日本評論社

Di Martino, L.A. y Sano Makoto［2003］"Tres casos de "japonización" de la relación de empleo en Argentina," *Revsita de la CEPAL*, 80, Agosto.

Sano Makoto［2005］"Is East Asia becoming "Latin Asia" ?: Lessons from the Brazilian miracle," in Costas Lapavitsas and Makoto Noguchi eds., *Beyond Market Driven Development: Drawing on the Experience of Asia and Latin America*, Routledge.

内橋克人・佐野誠編著［2005］『ラテン・アメリカは警告する——「構造改革」日本の未来』新評論

吾郷健二・佐野誠・柴田德太郎編著［2008］『現代経済学——市場・制度・組織』岩波書店

佐野誠［2009］『「もうひとつの失われた 10 年」を超えて——原点としてのラテン・アメリカ』新評論

———［2010］「基礎的なマクロ経済モデルの脱構築——日本の文脈で考える」,『経済論集』（新潟大学）第 89 巻

———［2011］「CGE モデルの問題点に関する論点整理——TPP 論争との関連において」,『経済論集』（新潟大学）第 91 巻

———［2011］「日本経済の新自由主義サイクル（1）起点：バブル経済とその崩壊」,『経済論集』（新潟大学）第 95 巻

———［2012］『99%のための経済学【教養編】——だれもが共生できる社会へ』新評論

———［2013］『99%のための経済学【理論編】——「新自由主義サイクル」, TPP, 所得再分配,「共生経済社会」』新評論

前ページに掲げたリストは、生前に佐野さんが残した研究成果のうち、主要なものだけを時系列で列挙したものです。これ以外にも佐野さんには多くの研究業績がありますが、紙幅の都合上割愛しました。

この業績一覧からまず第1に分かることは、佐野さんが極めて早熟かつ知的生産性の高い研究者であったということです。佐野さんは東北大学の修士課程に進学後、スペイン語をほぼ独学でマスターしてアルゼンチン研究を始めるのですが、なんと弱冠《じゃっかん》26歳の若さで、その研究成果を書籍として出版して周囲の人々を驚かせます。それが処女作『現代資本主義と中進国問題の発生』（1986年）です。また、その翌年には、ロンドンにある民間の研究機関LAB（Latin America Bureau）所属の経済学者M・ハニーウェルがまとめた話題の書を、『世界債務危機』（1987年）というキャッチーなタイトルを付け翻訳したことで、またまた回りを仰天させます（原題はThe Poverty Brokers「貧困ブローカー」）。佐野さんはわずか27歳で、すでに出版物を2つ持っていたのです。これはまさに驚くべき偉業です。当時の東北大学の経済学部のキャンパスでは、「渡辺ゼミの院生に早稲田から来たものすごい秀才がいて、いまアルゼンチンで勉強しているらしい」という噂が広がっていたのを覚えています。

もっとも、このような優れた才能は、残念ながら、20世紀の旧態依然とした大学制度の下では、逆に年配の研究者から妬まれてしまい、才能あるがゆえに、大学教員の座を射止めにくい、という苦労を佐野さんに強いました。当時、名門大学の就職は私募（＝コネ採用）ばかりが横行し、選考過程が恣意的で不透明だったのです。佐野さんは、いくつかの名門大学で教員候補として名前が挙がるものの、最後には嫉妬のバリアに邪魔されてどの人事案件も潰されてしまいます。結局、新潟大学が佐野さんを救ってくれたのは、彼が30代になってからでした。

しかし、佐野さんがいかに有能であったかは、例えば43歳の時に、アルゼンチンの経済学者ディ・マルティーノさんと執筆したDi Martino, L. A. y Sano Makoto［2003］で分かります。この論文は、国連のラテンアメリカ・カリブ経済委員会（CEPAL《セパル》）が発行する権威ある研究雑誌（*Revista de la CEPAL*）に掲載されたものですが、この雑誌に日本人の論文が採用されることはほとんどありません。ちなみに、この号には合計10本の論文が掲載されていますが、その内の1つは、ノーベル経済学賞を受賞したジョセフ・スティグリッツの論文です。

業績一覧からうかがえる第2のポイントは、『ラテン・アメリカは警告する』（2005年）や『99％のための経済学【教養編】』（2012年）、『99％のための経済学【理論編】』（2013年）などのタイトルが示唆しているように、一貫して新自由主義イデオロギーとそれを支える新古典派経済学の危険性について警告し続けていたことです。

佐野さんの倫理的スタンスははっきりしていました。規制緩和や自由化や効率性という美名の下に人々の暮らしや尊厳や権利や自然環境が侵害されることのないような社会、障害を持った人や貧しい人や地方在住者やマイノリティーが差別なく包摂されるような社会、民主主義や人権や法の下の平等がきちんと保障され、戦火に逃げ惑うことのないような平和な状態を常に享受できるような社会……佐野さんは、それを共生社会と名付け、そのような社会の実現のために経済学の知識は役立てるべきだというのが持論でした。この点は、あとでもう一度触れます。

業績一覧から分かる第3のポイントは、佐野さんの問題関心が極めて広かったということです。アルゼンチン研究という狭い専門分野のみに特化して蛸壺《たこつぼ》的な研究をするのではなく、佐野さんの関心は広くラテンアメリカ地域全般、その後はアジアや日本にまで広がるものでした。また、実証的な研究と並行して理論への関心も失うことなく保持し、異端派経済学のほとんどを自家薬籠《じかやくろう》中《ちゅう》のモノとして新古典派経済学の超克《ちょうこく》を目指していたことも大きな特徴の1つです。

佐野さんは終生、新古典派経済学には批判的でしたが、異端派の学説にはどれも好意的で、宇野理論以外にも、レギュラシオン理論（本書第4章）やポスト・ケインジアン（第3章）、進化経済学（第5章）、制度派経済学（第2章）、スラッフィアン（第1章、第6章）などの可能性について熱く語っていました。

「はじめに」で述べたように、佐野さんは特定の異端派的立場に拘泥することなく、新古典派批判に使える経済学ならば、それを総動員して、新自由主義的な世界観と闘うべき、という「異端派総合」の考えを有していました。学閥やセクトで徒党を組んだり、学内政治に汲々《きゅうきゅう》として世俗的な名誉のためにムダな時間を浪費するのではなく、常に、新自由主義を超克するためには何をなすべきか、という大局観を失わない研究者だったのです。

このような大局観が保持できた背景の1つには、早稲田大学で新古典派経済学とケインズ経済学を学んだ上でマルクスや宇野弘蔵を読み込んだ、若い頃の学問的ルーツが影響していると推測できます。たった一つの経済理論だけを科学として信奉するのではなく、多様性を尊重した勉強法によって柔軟な思考力が陶冶《とうや》され、そのことが、大局に立った「異端派総合」という発想へとつながっていったのでしょう。この立場からの代表的な業績には、『現代経済学』（２００８年）や『反グローバリズムの開発経済学』（２００３年）があります。

実際、佐野さんの異端派人脈は豊富でした。佐野さんの回りには常に多くの研究者が集まっていたように記憶しています。それらの人は皆、佐野さんの「異端派総合」的なオープンマインドに惹かれていたと思いますが、同時に、佐野さんの人間としての魅力にも惹かれていたはずです。佐野さんはただ単に秀才だっただけでなく、温厚で面倒見が良くユーモアのセンスがあって、おまけに二枚目俳優のような風貌を持っていました（佐野さんは、２００６年に日本でもヒットした中国ドラマ『大漢風——項羽と劉邦』で劉邦役を演じた肖栄生《シャオロンション》という俳優にそっくりでした）。夭逝《ようせい》することなく、もう少し長生きをしていたならば、おそらくは日本を代表する異端派経済学の巨人になっていたでしょう。それを考えると、佐野さんの早すぎる死は返す返すも残念です。

＊　＊　＊

続いて、佐野さんのいくつかの研究業績についてコメントを付し、読書案内に代えたいと思います。まだ佐野さんの著書を繙《ひもと》いたことがないという人はぜひご一読を勧めます。

まず第1に、佐野さんが38歳の時に書き上げた『開発のレギュラシオン』（１９９８年）は、かつて米国や英国に次ぐ高所得国であったアルゼンチンの経済がなぜ凋落《ちょうらく》したのかを、経済主体間の利害調整に着目して経済発展のあり方を論じるレギュラシオン理論（本書第4章）の枠組みを用いて分析した名著です。この本は、ラテンアメリカ研究者にもレギュラシオン理論の研究者にも大きなインパクトを与え、佐野さんの名声を全国区にしたと言っても過言ではありません。主流派＝新古典派経済学に対抗して、マルクス経済学、ケインズ経済学など非主流の経済学の結集、すなわち「異端派総合」を自らのテーマとする決意を初めて語ったのもこの本の中でです。

その10年後に出版した『「もうひとつの失われた10年」を超えて』（２００９年）では、ポスト・ケインズ派（本書第3章）、新開発主義（第11章）、進化経済学（第5章）などの異端派経済学を駆使して、経済停滞・危機の先行例であるラテンアメリカを考察し、新自由主義政策が採用される過程には、「経済危機↓自由化・規制緩和↓補正↓危機↓さらなる自由化・規制緩和↓補整↓危機」などの現代特有の政治的景気循環（＝新自由主義サイクル）があることを指摘しています。

他方、佐野さんは、ラテンアメリカ研究で得られた知見の光で日本の社会を照射し、市民と問題を共有し解決策を模索すること――つまり研究の社会化――にも果敢に挑戦しました。その視点はそれまでの佐野さんの本にも「日本のアルゼンチン化」「日本版委任型民主主義（おまかせ民主主義）」などの議論によって随所に盛り込まれてはいましたが、ある時期からそれを自身の使命としたのです。経済評論家の内橋《うちはし》克人《かつと》さんとお2人で共同編集代表を務め、私たちも参加した『ラテン・アメリカは警告する』（２００５年）がそのひとつの到達点であり、出発点でもありました。この本の計画が進行していた当時、日本経済は１９９０年代以降の「失われた10年」と呼ばれる長期の低迷と社会的困難のなかにありましたが、それよりはるか以前に、地球の反対側でほとんど同様の経済社会現象を経験した地域――すなわちラテンアメリカ――があったことを想起すべきだと佐野さんは訴えたのです。佐野さんはその際、新自由主義改革による負の累積効果に共通する要因を丁寧にあぶり出し、日本はかの地の経験から「何をすべきではないか」という「負の教訓」を学ぶべきだと主張したのです。

日本の研究者がラテンアメリカをテーマとするとき、自身の足元（つまり日本社会）の問題と結びつける視点を失わず、分野・対象を超えて対話を試みるなら、その研究は必ずや応答を得て、社会へと還元される道も拓《ひら》けるはずだ――これが佐野さんの信念であり、こうした横断的な研究姿勢が生み出すものを彼は「往還《おうかん》する知」（特別収録1を参照）と呼んでいました。それは細分化された専門領域におのおの沈潜《ちんせん》し、ラテンアメリカ各国の政策や市民の実践にも、自らが住まう日本の現実にも積極的に関わろうとしない、傍観者的な態度に終始するラテンアメリカ研究者への鋭い批判でもありました。本書第13章は、佐野さんの信念に共鳴したラテンアメリカ地域研究者からのひとつの応答です。

自らの対象地域で起こっている現象にのみ注目し、それを日本語で表現することで満足してはいないか。ありもしない「客観性」を信じ、自身の研究に価値がないと批判されるのを恐れ、国家や政策からの自律を主張しながら、一方で予算獲得に汲々とするばかりになってはいないか。こうした佐野さんの発言や論考に触れるたび、私たちは内省を迫られてきたものです。今後もそれは変わらないでしょう。

また、「往還的な知」とともに佐野さんがこだわったのが「地方」の視点です。それは彼が少年期を新潟という地方都市で過ごし、後年はこの地の大学に職を得たことに関係しているかもしれません。しかしそれ以上に重要な動機となったのは、日本の地方をとりまく状況です。中央集権的な政治や財政制度のもとで、多くの自治体が長らく深刻な困難に直面しつづけています。そのうえ貿易自由化や規制緩和など一連の新自由主義政策によって産業と雇用が失われ、雇用機会も教育機関や文化施設も大都市に集中してしまい、若年層の流出と高齢化が加速してまったく歯止めがかかっていません。地方が疲弊《ひへい》するということは、日本社会全体が疲弊していくことにほかならず、佐野さんはこの状況を深く憂《うれ》いていました。東日本大震災・東京電力福島第1原子力発電所事故を契機に、福島をはじめとする原発立地地域――地方の問題が圧縮して現れている場所――にいっそう関心をよせた理由もそこにあったと想像します。その探究の成果の一部は、新潟市議会からの受託で行われた2つの調査報告「新潟市の地域経済の課題に関する研究」（２０１１年度）、「新潟市の地域経済社会に関する研究――共生経済の構築に向けた課題」（２０１２年度）として発表されています。

この問題に関しても佐野さんは、大都市を研究や生活の拠点とする研究者たちの「地方」への関心の低さと、それに伴う日本経済・社会への理解の一面性をつねづね批判していました。しかし彼の憂いや批判にもかかわらず、東北や福島を犠牲にしてきた東京大首都圏は、あいかわらず「復興五輪」といった欺瞞《ぎまん》をうそぶいて地方を犠牲にし、「恐竜」のようにおのが体軀《たいく》＝経済をひたすら巨大化させ、持続性を危うくする奢侈《しゃし》的な消費を繰り広げています。それはまさに、佐野さんが『99％のための経済学【理論編】』（２０１３年）の末尾で警告した通りの展開です。主流派は、「いや、まさにその消費が日本経済のエンジンなのだ、東京の経済が停滞すれば日本経済全体が落ち込んでしまうじゃないか」と言うかもしれません。でもそれならなおのこと、いまの経済の仕組みそのものを問い直す必要があるはずです。佐野さんの「地方」への深い関心の根底には、日本の経済・社会の破滅の予感、そしてそれを回避するには地方の真の再生が欠かせないという確固たる思いがあったのだと想像します。

病をおして執筆し、遺著となった『99％のための経済学【教養編】【理論編】』（２０１２～13年）の2冊は、日本への新たな警告であるとともに、より公正な社会を目指すための実践的な提案を含む渾身の作品です。現代ではたった1％の人々が世界の富の大半を握り、残りの99％の人々は貧困のなかにあると言われます。佐野さんはこの2著で、そのような現代経済とその背景にある思想や政治経済制度を根底的に批判し、そのうえでそれらを乗り越える道程を示しました。

まず『教養編』では「日本型新自由主義サイクル」のもとで広がる社会の病理を指摘し、そのオルタナティブとして「共生経済社会」の創発を提案し、そのための政治行動＝「市民革命」を呼びかけています（「共生経済」は内橋克人さんが１９８０年代から、主として協同組合を念頭において提唱してきた概念です。佐野さんはこれに触発され、そこに中小企業や自治体をも加え、協同・連帯・参加・自立を軸とした「共生経済社会」を構想していました）。続く『理論編』では、新自由主義とその基礎にある新古典派経済学の誤りを労働と貿易を例に的確かつ簡潔に批判し、内需主導型成長への転換と、内橋さんが提唱する「ＦＥＣ（食料・エネルギー・福祉）自給圏」創造の両輪による「共生経済社会」の構想を示しました。読者のあなたがもし「共生」というキーワードに関心があるならば、これら2冊の本は必読文献です。一読をお勧めします。

なお、佐野さんはこの構想を構想で終わらせないために、日本各地および東アジア圏の共生経済の事例を集めたシリーズ「セリエ共生経済」という叢書の出版企画を温めていたそうです。シリーズの共同編集者には佐野さんと内橋克人さんの2人が就任する予定で、新評論の編集部とも調整が進んでいたと聞きました。もし佐野さんが存命ならば、今頃はそのシリーズが世に出て、さぞかし大きなインパクトを日本の言論界に与えたことでしょう。それを考えると、つくづく、佐野さんの夭折《ようせつ》が悔やまれます。

佐野さんが尊敬する経済学者であり、本書第11章の執筆者でもあるブレッセル＝ペレイラさんは、ブラジルの連帯経済運動（さきほど触れた「共生経済社会」と多分に重なるもの）を率い、労働省連帯経済局の初代局長を務めた畏友パウル・シンジェル氏の死にあたって、次のように述べています。「（シンジェル氏は）決して野心的ではなく、権力、名声、金銭を求めず、価値、真実、正義を求めた」（フォーリャ・デ・サンパウロ紙、２０１８年４月22日）。この人物評はそのまま佐野さんにもあてはまるように思います。佐野さんもまた、権力や権威には容易に屈せず、理論と実証によってのみ真実を追い求め、社会に蔓延《まんえん》する不正義に対しては毅然《きぜん》と立ち向う正義の人でした。

「異端派総合」は佐野さんの急逝《きゅうせい》によって、私たちに課題として残されることになりました。現状ではまだ異端派経済学の大同《だいどう》団結《だんけつ》や相互交流の動きは弱く、異端派はバラバラのままです。佐野さんが目指した「共生経済社会」もまた遠い未来の彼方にあります。しかし、世界経済が低迷し、失業、格差、分断、民族憎悪、軍事対立、環境破壊が深刻化するにつれ、主流派経済学への信頼が揺らぎ始めているのも事実です。財政・金融政策に関しても、最近では現代金融理論（ＭＭＴ）などの異端派が注目されはじめました。また、世界各地で、共生経済あるいは連帯経済と呼ばれる草の根の活動が根気強く続いています。私たちはこれらの動きに励まされながら、佐野さんが提唱した「異端派総合」の灯火《ともしび》を消さぬよう、今後もささやかな抵抗を続けていきたいと思います。

＊＊＊

本書は当初、佐野さんとお付き合いがあった方々に広くご寄稿いただき、いわゆる追悼文集に近い形で出版される予定でした。しかし、それでは読者は限られ、生前、「異端派経済学を広く世に知らしめることで社会変革に寄与したい」と語っていた佐野さんの意思を生かせなくなってしまいます。そのことに気づいた私たち編者と新評論の編集部で知恵を出し合った結果、「異端派に分類されるさまざまな経済学のエッセンスを初学者にもわかりやすく紹介する本を追悼記念として出そうじゃないか」ということで意見がまとまり、紆余曲折《うよきょくせつ》を経て本書が誕生したという次第です。書名に「パラレルワールド」という言葉を入れたのは、「はじめに」でも述べたように、主流派＝新古典派経済学とは異なる多様で豊かな経済学の世界があることを知ってもらいたいとの思いからです。また本書末尾には、佐野さんの遺作となった論文「ラテンアメリカ経済の研究は何のためにあるのか」および、内橋さんとの対談を収録しました。彼が思い描いていた「往還する知」や「共生経済社会」のイメージに触れる手がかりにしていただければと思います。

本書がこうして完成にいたったのは、何よりも執筆者のみなさまがこの企画に共鳴し、私たちからのご依頼を快諾下さり、すばらしい原稿をお寄せ下さったおかげです。それぞれが各分野を代表する著名で多忙な研究者でありながら、度重なる推敲・改稿のご依頼に快く応じて下さったこと、また、出版が大幅に遅れたにもかかわらず、最後まで海のような広い心を持って対応していただいたこと、これらすべてに心より感謝申し上げます。そして、やはり非常にお忙しいなか、佐野さんへの思いを込めた一文をお寄せ下さった内橋克人さんにも、御礼を申し上げます。内橋さんとの交流が佐野さんの研究を豊饒化《ほうじょうか》し、共生経済や地方への関心を育んだことは間違いありません。最も信頼を寄せた「信念と良心の知性」内橋さんにご参加いただけたことを、佐野さんもさぞ喜んでおられると思います。

また、経済学史研究者の柳澤哲哉さん（埼玉大学）と小沢佳文さん（九州産業大学）からは、「はじめに」と「序章」に関する貴重なアドバイスをいただくことができました。深く感謝いたします。もちろん、当該部分に残りうる誤りの全ては、編者（岡本）の責めに帰すものです。さらに、出版元である新評論の山田洋さん、吉住亜矢さんは、佐野さんのほとんどの本に編集者として関わり、病をえてからは適切な治療法や医療機関を探すなどして、佐野さんを支えてこられました。今回も1つ1つの原稿を丹念に読み込み、細部に至るまで粘り強く加筆修正の提案をしてくれました。出版に費やしたお2人の情熱と膨大な作業に敬意を表します。

そして何より、本書の完成を心待ちにし、編集作業を温かく見守って下さった佐野さんのご遺族に、謹《つつし》んで完成をご報告いたします。とりわけ奥様の佐野俊代さんからは、出版にあたり物心両面でひとかたならぬご支援を賜りました。衷心より御礼を申し上げます。

佐野さんが亡くなってからまもなく7年になります。霊魂がもし存在するのであれば、佐野さんも草葉の陰から、本書が、不正義溢れる現代社会へのささやかなアンチテーゼとなることを願っていることでしょう。私たちも同じです。佐野さんが撒《ま》いた「異端派総合」という小さな種がいつかどこかで花を咲かせ、共生経済社会という実を付けることを心から祈りたいと思います。

本書を佐野誠さん（1960～2013年）の思い出に捧げます。

2019年7月

小池洋一・岡本哲史

図表一覧

画像一覧

マ

ヤ

タ

ナ

ハ

サ

事項索引

原則として，大項目の下位に，関連する個別の語を中・小項目として配置した。たとえば「一般均衡」はア行ではなく，大項目「均衡」の下位にある。ただし，引きやすさを考慮し，ア行の当該位置で「一般均衡→均衡」のように大項目への参照を促した。

ヤ

ヤング（Iris Marion Young）　417, 419, 427, 433

行澤健三　226

吉原直毅　109, 114

ラ

ラサール（Ferdinand Johann Gottlieb Lassalle）　320

リカード（David Ricardo）　2, 3, 24, 28, 31, 35, 47, 71, 83, 84, 109, 137, 195, 220–228, 230, 232, 233, 234, 236, 238, 239, 243, 246, 309, 379, 415–416
　『政治経済学と課税の原理』（邦題『経済学および課税の原理』）　220–221, 224, 227, 233, 239, 247
リスト（Friedrich List）　3, 121, 358, 359

ルイ・フィリップ（Louis-Philippe）　72
ルイス（William Arthur Lewis）　393, 477
　ルイス・モデル　393, 475, 477
ルーカス（Robert Emerson Lucas, Jr.）　3, 43
ルソー（Jean-Jacques Rousseau）　64
ルンドバル（Bengt-Åke Lundvall）　282, 288, 290, 302

レーガン（Ronald Wilson Reagan）（政権）　313, 333, 360, 362
レーニン（Vladimir Ilyich Lenin）　109, 110, 111

ローゼンシュタイン＝ロダン（Paul Narcyz Rosenstein-Rodan）　260, 357, 472
ローツェン（Nico Roozen）　423
ロドリック（Dani Rodrik）　347, 353
ロビンソン（Joan Violet Robinson）　52, 109, 472, 475
ローマー（John E. Roemer）　109, 114
ローマー（Paul Michael Romer）　277
ロールズ（John Rawls）　404, 406–409, 413, 414, 417, 424, 431, 433
　格差原理（第 2 原理）　407–408, 413, 415, 431
　正義の 2 原理　407–408, 417, 428, 431, 432

ワ

ワイトリング（Wilhelm Weitling）　71, 109
ワルラス（Léon Walras）　3, 24, 34, 48, 52, 229, 230, 231, 337
　ワルラス法則　38

ハロッド（Roy Forbes Harrod）　237, 382
　ハロッド＝ドーマーモデル　382–383

ピグー（Arthur Cecil Pigou）　3, 35
ピケティ（Thomas Piketty）　109, 111, 349, 353, 401
ヒックス（John Richard Hicks）　3, 41, 230–231
　IS-LM 分析　41
ピノチェ（Augusto José Ramón Pinochet Ugarte）　49, 314, 486, 497
ヒューム（David Hume）　128, 130, 145, 253, 405
ヒールズ（Frank Geels）　292–293
ヒルファディング（Rudolf Hilferding）　109, 110
廣松渉　109, 112

フォン・ハーバラー（Gottfried von Haberler）　237
ブラウン（Wendy Brown）　429
フーリエ（Francois Marie Charles Fourier）　72, 109
フリードマン（Milton Friedman）　3, 43, 49, 257, 267, 332, 333, 411, 486, 498
フリーマン（Chris Freeman）　282, 302
フルタード（Celso Monteiro Furtado）　109, 357, 358, 361, 472, 473, 474
プレスコット（Edward Christian Prescott）　3, 43
プレビッシュ（Raúl Prebisch）　357, 358, 361, 416, 417, 472, 494
　プレビッシュ＝シンガー命題→一次産品交易条件の長期悪化傾向

ヘクシャー（Eli Filip Heckscher）　238
　ヘクシャー＝オリーンの理論　238–239, 244
ヘーゲル（Georg Wilhelm Friedrich Hegel）　68, 109, 320
ヘス（Moses Hess）　71, 109
ヘラルド・フィッリップス（Gerard L. F. Philips）　64
ベンサム（Jeremy Bentham）　96, 106, 405

ボウルズ（Samuel Bowles）　109, 114
ポッゲ（Thomas W. M. Pogge）　409
ホブソン（Samuel George Hobson）　319
ポランニー，ポラニー（Karl Polanyi）　3, 109, 303–330, 351, 353
　『大転換』　305, 306, 307, 310, 315, 316, 329, 353, 427
　二重運動の歴史　310, 315
ホール（Peter A. Hall）　184, 185
ポル・ポト（Pol Pot）　63
ボワイエ（Robert Boyer）　109, 169, 188, 189

マ

マーシャル（Alfred Marshall）　3, 34, 35, 48, 61, 228, 232, 237, 280, 475
松尾匡　109, 114, 116
マルクス（Karl Marx）　3, 28, 55–108, 110, 111, 112, 113, 114, 127, 147, 177, 195, 232, 233, 234, 238, 305, 319–320, 324, 329, 502, 505
　『共産主義者宣言』（エンゲルスとの共著）　62, 72, 75, 320
　『ゴータ綱領批判』　75, 320
　『資本論』　3, 55–56, 58–59, 61, 73, 75, 77, 79, 84, 85, 86, 93, 96, 99, 100, 107, 108, 111, 112, 115, 116–117, 195, 502
　マルクス経済学　5, 6, 55–117, 147, 169, 237, 304, 402, 475, 506
　　応用系マルクス経済学　109, 110–111
　　人文系マルクス経済学　109, 110, 111–112, 117
　　数理系マルクス経済学　109, 110, 112–114
　　講座派　109, 112
　マルクス主義　109, 362, 403
　マルクスの基本定理　99–108
　マルクスの経済学　77, 113
　マルクス派　3, 108, 109, 111, 112, 114, 171, 172, 359
マルサス（Thomas Robert Malthus）　3, 24, 47, 136, 309, 316
マレルバ（Franco Malerba）　283

ミーゼス（Ludwig Heinrich Edler von Mises）　3, 42, 318
三土修平　52, 109, 117
ミル，J. S.（John Stuart Mill）　2, 3, 24, 26, 28, 30, 31, 226–230, 232, 233, 234–235, 236, 237, 241, 243, 246, 335, 344, 354, 404, 405
ミンスキー（Hyman Philip Minsky）　139, 154, 158, 166

村井吉敬　445, 459, 462

メッテルニヒ（Metternich）　72
メンガー（Carl Menger）　3, 24, 33, 122, 230, 231, 232, 318, 332, 337
メンデル（Gregor Johann Mendel）　193

森嶋通夫　52, 109, 112, 113

小泉構造改革　159, 487, 488, 490
コモンズ（John Rogers Commons）　3, 109, 119, 127–143, 145
3 種類の取引（バーゲニング取引，経営管理取引，割当取引）　129–130
コール（George Douglas Howard Cole）　319

サ

サイアート（Richard Michael Cyert）　264
サイモン（Herbert Alexander Simon）　264, 265
サッチャー（Margaret Hilda Thatcher）（政権）　257, 313, 333, 362, 486
佐野誠　9, 52, 109, 166, 272, 324–327, 432, 439
サミュエルソン（Paul Anthony Samuelson）　3, 9, 41, 109, 112–113, 222–223, 224, 230, 238
サン＝シモン（Claude Henri de Rouvroy, Comte de Saint-Simon）　71, 109
サンデル（Michael Sandel）　422

ジェヴォンズ（William Stanley Jevons）　3, 24, 32–33, 34, 230–231, 232, 337
シュンペーター（Joseph Alois Schumpeter）　3, 123, 158, 199, 275, 277, 278–284, 284, 287, 300, 302, 374, 472, 473
ネオ・シュンペタリアン　3, 275–302
シンガー（Hans Wolfgang Singer）　416, 417

スターリン（Joseph Vissarionovich Stalin）　63, 109
スティグリッツ（Joseph Eugene Stiglitz）　3, 345, 353, 411, 483, 504
ステュアート（James Steuart）　255, 258
スミス（Smith, Adam）　2, 3, 24–31, 32, 33, 35, 36, 38, 47, 53, 55, 71, 83, 109, 120–121, 130, 219, 230, 232, 246, 253, 310, 311, 365
『国富論』　3, 25–30, 55, 83, 311
スラッファ（Piero Sraffa）　109, 113–114, 233, 472, 475
スラッフィアン経済学　3, 28, 109, 505

セイ（Jean-Baptiste Say）　31, 410
セイ（の）法則（セイの販路説）　30–31, 36, 38, 40, 49, 383, 410

ソウザ・サントス（Boaventura de Sousa Santos）　437, 451
ソスキス（David Soskice）　184, 185, 188
ソロー（Robert Merton Solow）　3, 276–277

タ

ダーウィン（Charles Robert Darwin）　3, 191, 193, 280
タバーレス（Maria da Conceição de Almeida Tavares）　472, 474
玉野井芳郎　321–322, 327

チェネリー（Hollis Burnley Chenery）　472
チェンバース（Robert Chambers）　441, 445, 462
チボー（Charles Mills Tiebout）　267, 268

テイラー（Lance Taylor）　3, 471–472, 474, 475, 494

トインビー（Arnold Toynbee）　345, 354
ドブリュー（Gerard Debreu）　3, 35, 246

ナ

中曽根康弘（政権）　313, 333, 474
ナポレオン 3 世（ルイ・ナポレオン・ボナパルト Charles Louis-Napoléon Bonaparte）　72, 73

ヌルクセ（Ragnar Nurkse）　260, 261–262, 357, 358

根井康之　322–323, 327
ネルソン（Richard R. Nelson）　218, 282

ハ

ハイエク（Friedrich August von Hayek）　3, 42, 43, 49, 123, 140, 332, 333, 334, 339–341, 351
バウアー（Bruno Bauer）　69, 109
ハーヴェイ（David Harvey）　109, 116, 349, 350, 353, 433
橋本健二　109, 111
ハーシュマン（Albert Otto Hirschman）　109, 249–274, 357, 358, 360
『離脱・発言・忠誠』　265–272
ハーフィンダール＝ハーシュマン指数　250, 251
パース（Charles Sanders Peirce）　128
バブーフ（François Noël Babeuf）　74
ハミルトン（Alexander Hamilton）　358, 359, 367, 372
パレート（Vilfredo Frederico Damaso Pareto）　3, 49, 50, 337
パレート効率性（パレート最適）　337, 410

人名索引

著作およびその人物が創始・考案した定理や理論，あるいはその人物の理論・思想から派生した学派・潮流などは，後掲の事項索引ではなく，この人名索引において，当該人名の下位項目として配置した（例：「マルクス経済学」や『資本論』は事項索引のマ行・サ行にではなく，人名索引の「マルクス」の項目内にある。また「セイの法則」は事項索引のサ行にではなく，人名索引の「セイ」の項目内にある）。

ア

アグリエッタ（Michel Aglietta）　109, 169, 188
アマーブル（Bruno Amable）　109, 184–187, 188
アリストテレス（Aristotélēs）　404, 407, 430
アルチュセール（Louis Pierre Althusser）　109, 112
アロー（Kenneth Joseph Arrow）　3, 35, 230, 244, 411, 431
　アロー＝ドブリューの一般均衡論　244, 246

井出英策　428
伊東光晴　51, 52, 166, 238, 241, 301, 478, 496
イリイチ（Ivan Illichi）　321, 438
岩田正美　109, 111

ヴァイナー（Jacob Viner）　236, 237
ヴァネク（Jaroslav Vanek）　239
ヴィクセル（Johan Gustaf Knut Wicksell）　3, 33, 48
ウィックスティード（Philip Henry Wicksteed）　3, 33, 48
ヴェブレン（Thorstein Bunde Veblen）　3, 109, 119–127, 132, 143, 144, 145, 216, 217, 356
ヴォルテール（Voltaire）　64
宇沢弘文　323, 327, 329, 411, 498
内橋克人　325, 327, 329, 476
宇野弘蔵　109, 112, 116, 502, 505
　宇野学派　109, 112

エスコバル（Arturo Escobar）　438, 454–455, 460, 463
エッジワース（Francis Ysidro Edgeworth）　228, 229, 237
エマニュエル（Arghiri Emmanuel）　109, 237, 238, 243
エンゲルス（Friedrich Engels）　56, 72, 73, 74, 320

オウエン（Robert Owen）　109, 316–317
大西広　109, 114, 116
置塩信雄　100, 109, 113, 116
　マルクス＝置塩の定理　100
オドンネル（Guillermo Alberto O’ Donnell）　490
オリーン（Bertil Gotthard Ohlin）　237, 238–239
オルソン（Mancur Olson, Jr.）　237, 268

カ

カニンガム（William Cunningham）　345, 354
柄谷行人　109, 320–321
カルドア（Nicholas Kaldor）　109, 472, 474
カレツキ（Michał Kalecki）　3, 109, 148, 472, 473, 475
　カレツキアン経済学　147, 151, 152–154, 160, 161, 165, 166, 167

ギゾー（François Pierre Guillaume Guizot）　70, 72
ギンタス（Herbert Gintis）　109, 114

クズネッツ（Simon Smith Kuznets）　393
グリューン（Karl Theodor Ferdinand Grün）　71
クルーグマン（Paul Krugman）　3, 160, 244, 245, 473, 476
グレアム（Frank Dunstone Graham）　237

ケインズ（John Maynard Keynes）　3, 31, 34, 35, 40–41, 52, 137, 139, 140, 147–148, 154, 155, 156–157, 158, 167, 202, 241, 249, 280, 281, 302, 347, 356, 372, 383, 384, 421, 472
　『雇用・利子および貨幣の一般理論』　3, 35, 42, 148, 158, 166, 167, 202, 281, 421, 472
　ケインズ革命　3, 41–42, 223
　ケインズ経済学，ケインズ理論　41, 42, 113, 157, 169, 280, 304, 347, 505, 506
　ケインズ主義（的政策）　181, 252, 312, 313, 386, 403
　ケインズ派　3, 5, 41, 171, 172, 354, 357, 360, 372, 502
　ニュー・ケインジアン　3, 160
　ポスト・ケインジアン（ポスト・ケインズ派）　3, 28, 41, 109, 139, 147–167, 326, 347, 362, 376, 384, 472, 474, 475, 477, 494, 505, 506
ケネー（François Quesnay）　109, 195

小泉純一郎（政権）　333

nal of Political Economy 誌編集人。博士（経済学，サンパウロ大学）。専門は開発経済学，マクロ経済学。現在のテーマは新開発主義，新古典派経済学の方法論的批判，社会民主主義と開発国家など。ブラジル連邦政府財務省，行政改革省，科学技術省の各大臣を歴任。著書に *The Political Construction of Brazil*（2017），*Developing Brazil: Overcoming the Failure of the Washington Consensus*（2009, 以上 Lynne Rienner Publishers）など，共著に *Globalization and Competition: Why Some Emergent Countries Succeed while Others Fall Behind*（Cambridge University Press, 2009），*Developmental Macroeconomics: New Developmentalism as a Growth Strategy*（Routledge, 2014），共編著に *Financial Stability and Growth*, Routledge Studies in Development Economics（Routledge, 2014）などがある。**【第 11 章】**

森岡真史（Masashi Morioka）1967 年大阪府生まれ。1993 年，京都大学大学院経済学研究科博士課程中退。博士（経済学）。現在，立命館大学国際関係学部教授。専門は経済理論および経済思想。著書に『数量調整の経済理論―品切回避行動の動学分析』（日本評論社，2005 年），『ボリス・ブルツクスの生涯と思想―民衆の自由主義を求めて』（成文社，2012 年），*Microfoundations of Evolutionary Economics*（塩沢由典・谷口和久との共著，Springer, 2019）などがある。**【第 5 章】**

安原毅（Yasuhara Tsuyoshi）1963 年兵庫県生まれ。京都大学経済学部卒。2001 年，メキシコ国立自治大学経済学部大学院博士課程にて Ph.D. 取得（経済学）。南山大学外国語学部講師（1992 年～）を経て，現在同大学国際教養学部教授。専攻は開発経済学，ラテンアメリカ経済論。主要業績に『メキシコ経済の金融不安定性』（新評論，2003 年：2004 年度国際開発研究大来賞），「グローバリゼーションの中のラテンアメリカ―経済危機と経済政策」（『神奈川大学評論』77 号，2014 年），“Análisis de la industria manufacturera por el modelo Poskeynesiano y Kaleckiano,” *Qué hacer: científico en Chiapas*, Vol. 3, No. 1, Universidad Autónoma de Chiapas, 2018 などがある。**【第 3 章】**

矢野修一（Yano Shuichi）1960 年愛知県生まれ。京都大学大学院経済学研究科博士課程退学。京都大学博士（経済学）。現在，高崎経済大学経済学部教授。専攻は世界経済論。著書に『可能性の政治経済学』（法政大学出版局，2004 年），『サステイナブル社会とアメニティ』（共著，日本経済評論社，2008 年），『デフレーション現象への多角的接近』（共著，日本経済評論社，2014 年），『新・アジア経済論』（共編著，文眞堂，2016 年），訳書にアルバート・ハーシュマン『離脱・発言・忠誠』（ミネルヴァ書房，2005 年），同『連帯経済の可能性』（共訳，法政大学出版局，2008 年），スーザン・ストレンジ『国際通貨没落過程の政治学』（共訳，三嶺書房，1989 年），エリック・ヘライナー『国家とグローバル金融』（共訳，法政大学出版局，2015 年）などがある。**【第 7 章】**

山田鋭夫（Yamada Toshio）1942 年愛知県生まれ。1969 年，名古屋大学大学院経済学研究科博士課程満期退学。経済学博士。大阪市立大学教授，名古屋大学教授，九州産業大学教授などを経て，現在，名古屋大学名誉教授。専門は理論経済学および現代資本主義論。著書に『レギュラシオン理論』（講談社現代新書，1993 年），『レギュラシオン・アプローチ』（増補新版，藤原書店，1994 年），『さまざまな資本主義』（藤原書店，2008 年），*Contemporary Capitalism and Civil Society: The Japanese Experience*, Springer, 2018 などがある。**【第 4 章】**

山本純一（Yamamoto Junichi）1950 年東京都生まれ。早稲田大学政治経済学部卒業，スペイン留学，会社勤務を経て，メキシコ大学院大学経済修士課程満期退学。帰国後，慶應義塾大学環境情報学部助教授・同教授。現在は同大学名誉教授，フリースクール「大地の大学」代表。専門は政治経済学，メキシコ地域研究。著作に『メキシコから世界が見える』（集英社新書，2004 年），『インターネットを武器にした〈ゲリラ〉―反グローバリズムとしてのサパティスタ運動』（慶應義塾大学出版会，2002 年：義塾賞），最近の業績として「メキシコの連帯経済―「共通善」としてのコーヒーのフェアトレードを中心にして」（幡谷則子編『ラテンアメリカの連帯経済―コモン・グッドの再生をめざして』上智大学出版，2019 年）などがある。**【第 12 章】**

1980 年，東北大学経済学部卒。1985 年，東北大学大学院経済学研究科博士課程後期 3 年の課程単位取得退学。東北大学助手，北海道大学経済学部助教授・教授などを経て，現在，北海道大学大学院経済学研究院特任教授。博士（経済学）。主要業績に『経済学方法論の形成―理論と現実との相剋 1776–1875』（北海道大学図書刊行会，2001 年），『イギリス歴史学派と経済学方法論争』（北海道大学出版会，2013 年：2018 年経済学史学会賞），『イギリス経済学における方法論の展開―演繹法と帰納法』（共編著，昭和堂，2010 年），『経済学方法論の多元性―歴史的観点から』（共編著，蒼天社出版，2018 年）などがある。**【第 10 章】**

佐野誠（Sano Makoto）1960 年新潟県生まれ。経済学者，博士（経済学）。1982 年早稲田大学政治経済学部卒業後，東北大学大学院，筑波大学大学院，東北大学助手，外務省専門調査員（在アルゼンチン日本大使館）などを経て 98 年より新潟大学教授（経済学部および大学院現代社会文化研究科）。2001 年，アルゼンチン国立ラ・プラタ大学国際関係研究所招聘教授として集中講義。主著『開発のレギュラシオン』（1998 年），『「もうひとつの失われた 10 年」を超えて』（2009 年），『99% のための経済学【教養編】』（2012 年），『同【理論編】』（2013 年），内橋克人（本書「特別収録 2」）との共編著『ラテン・アメリカは警告する』（2005 年，以上新評論），柴田德太郎（本書第 2 章）・吾郷健二との共編著『現代経済学』（岩波書店，2008 年）など。2013 年 11 月 6 日没。**【特別収録 1・2】**

塩沢由典（Shiozawa Yoshinori）1943 年長野県生まれ。京都大学理学部数学科卒，同修士。フランス政府給費留学生としてニース大学，パリ第 9 大学に学ぶ。京都大学数学科・同経済研究所助手，大阪市立大学経済学部教授・同大学院創造都市研究科教授・研究科長，中央大学商学部教授を勤め，現在大阪市立大学名誉教授。専門は理論経済学。（日本）進化経済学会第 2 代会長，同フェロー。『市場の秩序学―反均衡から複雑系へ』（筑摩書房，1990 年）でサントリー学芸賞（1991 年），『リカード貿易問題の最終解決』（岩波書店，2014 年）で進化経済学会賞（2016 年）。単著に『近代経済学の反省』（日本経済新聞社，1983 年），『関西経済論―原理と議題』（晃洋書房，2010 年），共著に *A New Construction of Ricardian Theory of International Values*（2017），*Microfoundations of Evolutionary Economics*（2019，以上 Springer）などがある。反均衡・複雑系・過程分析などを標語とする現代古典派経済学のリーダーの 1 人。**【第 6 章】**

柴田德太郎（Shibata Tokutaro）1951 年東京都生まれ。東京大学経済学部卒業，東京大学大学院経済学研究科修了。経済学博士（東京大学）。西南学院大学経済学部講師，同大学助教授，東京大学経済学部助教授，同大学教授を経て，現在，帝京大学経済学部教授（東京大学名誉教授）。専門は制度進化の経済学，アメリカ金融制度論，現代資本主義論。主要業績に『大恐慌と現代資本主義』（東洋経済新報社，1996 年），『資本主義の暴走をいかに抑えるか』（ちくま新書，2009 年），『制度と組織―理論・歴史・現状』（編著，桜井書店，2007 年），『現代経済学』（吾郷健二・佐野誠との共編著，岩波書店，2008 年），『世界経済危機とその後の世界』（編著，日本経済評論社，2016 年）などがある。**【第 2 章】**

幡谷則子（Hataya Noriko）1960 年神奈川県生まれ。2008 年，ユニヴァーシティ・カレッジ・ロンドン（UCL：University College London）にて Ph.D. 取得（地理学）。アジア経済研究所研究員（1984 年 4 月～2001 年 3 月）を経て，2001 年 4 月より上智大学外国語学部教員，現在，上智大学外国語学部イスパニア語学科教授。専門は社会学，ラテンアメリカ地域研究。主要業績に『ラテンアメリカの都市化と住民組織』（古今書院，1999 年），*La ilusión de participación comunitaria: Lucha y negociación en los barrios irregulares de Bogotá, 1992–2003*, Bogotá: Universidad Externado de Colombia, 2010，『小さな民のグローバル学―共生の思想と実践をもとめて』（共編著，上智大学出版，2016 年），近刊に『ラテンアメリカの連帯経済―コモン・グッドの再生をめざして』（上智大学出版，2019 年）などがある。**【第 13 章】**

ブレッセル＝ペレイラ，ルイス・カルロス（Luiz Carlos Bresser-Pereira）1934 年ブラジル・サンパウロ生まれ。ジェトゥリオ・ヴァルガス財団サンパウロ校教授を経て，現在同校名誉教授。*Brazilian Jour-*

執筆者紹介
（50音順）

飯塚倫子（Iizuka Michiko）石川県生まれ。サセックス大学科学政策研究所（SPRU）にて博士号（科学技術イノベーション政策），同大学開発学研究所（IDS）にて修士号（開発学），ロンドン大学インペリアルカレッジにてディプロマ（環境管理）取得。（財）国際開発センター研究員，国連ラテンアメリカ・カリブ経済環境委員会環境担当官，国連大学マーストリヒト技術革新・経済社会研究所（UNU-MERIT）リサーチ・フェローを経て，現在政策研究大学院大学教授。SPRU，UNU-MERIT 外部フェローを兼任。専攻は持続可能な開発目標達成のための科学技術イノベーション（STI for SDGs），途上国の科学技術イノベーション政策（天然資源，農業，環境分野）。主要業績に「協働が生み出す革新システム」（田中祐二・小池洋一編『地域経済はよみがえるか』新評論，2010 年），“Potential for Innovation in Mining Value Chains: Evidence from Latin America,” in A. Daly, D. Humphreys, J. Raffo and G. Valacchi（eds.）, *Global Challenges for Innovation and IP in the Mining Industries*, Cambridge University Press（近刊），共編著に *Chile's Salmon Industry: Policy Challenges in Managing Public Goods*, Springer, 2016 などがある。**【第 8 章】**

内橋克人（Uchihashi Katsuto）1932 年兵庫県生まれ。経済評論家。著書に『共生の大地』（岩波新書，1995 年），『経済学は誰のためにあるのか』（編著，岩波書店，1997 年），『不安社会を生きる』（文藝春秋，2000 年），『「節度の経済学」の時代』（朝日新聞社，2004 年），『悪夢のサイクル―ネオリベラリズム循環』（文藝春秋，2006 年），『始まっている未来―新しい経済学は可能か』（宇沢弘文との共著，岩波書店，2009 年），『新版 匠の時代』（全 6 巻，岩波現代文庫，2011 年），『共生経済が始まる』（朝日文庫，2011 年），『荒野渺茫』（I・II，岩波書店，2013 年）などがある。2006 年，第 16 回イーハトーブ賞，2009 年，第 60 回 NHK 放送文化賞受賞。**【特別収録 2】**

岡本哲史（Okamoto Tetsushi）1962 年徳島県生まれ。専攻はラテンアメリカ経済論（チリ経済），開発経済学，国際経済学。1986 年，東北大学経済学部卒。1992 年，東北大学大学院経済学研究科博士課程後期満期退学。博士（経済学）（東北大学，2001 年）。1989 年，メキシコ・グアダラハラ大学で学ぶ（外務省日墨交流計画）。東北大学助手，九州産業大学講師などを経て，現在，九州産業大学経済学部教授。チリ・カトリック大学歴史研究所客員研究員（1998 年 8 月～99 年 8 月），チリ大学物理数学学部客員研究員（2005 年 8 月～06 年 8 月，2011 年 8 月～12 年 8 月）。主要業績として『衰退のレギュラシオン―チリの開発と衰退化 1830～1914 年』（新評論，2000 年），『ラテンアメリカはどこへ行く』（共著，ミネルヴァ書房，2017 年），『現代経済学―市場・制度・組織』（共著，岩波書店，2008 年）などがある。**【編者，はじめに，序章，第 1 章，第 11 章翻訳，おわりに】**

小池洋一（Koike Yoichi）1948 年埼玉県生まれ。1971 年立教大学経済学部卒。アジア経済研究所研究員・主任調査研究員・部長（1971～2000 年），この間ジェトゥリオ・ヴァルガス財団サンパウロ校客員研究員（1977～79 年），サンパウロ大学経済研究所客員教授（1992～93 年），英国開発学研究所（IDS）客員研究員（1993～94 年），拓殖大学国際開発学部教授（2000～2007 年），立命館大学経済学部教授・特任教授（2007～19 年）を経て，現在立命館大学社会システム研究所客員研究員，アジア経済研究所名誉研究員。専門は経済開発論，地域研究（ラテンアメリカ）。主要業績として『社会自由主義国家―ブラジルの「第三の道」』（新評論，2014 年），『抵抗と創造の森アマゾン―持続的な開発と民衆の運動』（共編著，現代企画室，2017 年），『現代ラテンアメリカ経済論』（共編著，2011 年，ミネルヴァ書房），『市場と政府―ラテンアメリカの新たな開発枠組み』（共編著，アジア経済研究所，1997 年）などがある。**【編者，はじめに，第 9 章，おわりに】**

佐々木憲介（Sasaki Kensuke）1955 年岩手県生まれ。専攻は経済学史・経済思想・経済学方法論。

装訂——山田英春

経済学のパラレルワールド　入門・異端派総合アプローチ

2019年11月15日　初版第1刷発行

編　者　岡本哲史・小池洋一
発行者　武　市　一　幸

発行所　株式会社　新　評　論

〒169-0051 東京都新宿区西早稲田3-16-28
http://www.shinhyoron.co.jp

TEL 03(3202)7391
FAX 03(3202)5832
振替 00160-1-113487

定価はカバーに表示してあります。
落丁・乱丁本はお取り替えします。

印刷　理想社
製本　中永製本所

ISBN978-4-7948-1140-0
Printed in Japan